About Pearson

Pearson is the world's learning company, with presence across 70 countries worldwide. Our unique insights and world-class expertise comes from a long history of working closely with renowned teachers, authors and thought leaders, as a result of which, we have emerged as the preferred choice for millions of teachers and learners across the world.

We believe learning opens up opportunities, creates fulfilling careers and hence better lives. We hence collaborate with the best of minds to deliver you class-leading products, spread across the Higher Education and K12 spectrum.

Superior learning experience and improved outcomes are at the heart of everything we do. This product is the result of one such effort.

Your feedback plays a critical role in the evolution of our products and you can contact us - reachus@pearson.com. *We look forward to it.*

सामान्य अध्ययन

पेपर-1

लेखक

- डॉ. शीलवंत सिंह
- सारिका
- डॉ. एस. एस. पाण्डेय
- वी.के. सिंह
- डॉ. ए. पी. सिंह
- रमेश पाण्डेय

भारतीय इतिहास, कला एवं संस्कृति

सीनियर एडिटर —ऐक्विज़िशन्स: **शेरेल साइमन**
सीनियर एडिटर—प्रोडक्शन: **विपिन कुमार**
एडिटोरियल असिस्टेन्ट —डेवलपमेन्ट: **रक्षा शर्मा**

ISBN 978-93-868-7391-0

प्रथम मुद्रण

प्रकाशक: पियर्सन इंडिया एजुकेशन सर्विसेज प्राइवेट लिमिटेड, सीआईएन: U72200TN2005PTC0571228
पूर्व में ट्यूटर विस्टा ग्लोबल प्राइवेट लिमिटेड, दक्षिण एशिया में पियर्सन एजुकेशन के लाइसेंसी

मुख्य कार्यालय: 15वीं मंजिल, टॉवर-बी, वर्ल्ड ट्रेड टॉवर, प्लॉट नं. 1, ब्लॉक-सी, सेक्टर-16, नोएडा-201 301, उत्तर प्रदेश, भारत
पंजीकृत कार्यालय: चौथी मंजिल, सॉफ्टवेयर ब्लॉक, इल्नेट सॉफ्टवेयर सिटी, टी.एस.-140, ब्लॉक्स 2 एवं 9,
राजीव गांधी सालाय, तारामनी, चेन्नई-600 113, तमिलनाडु, भारत
फैक्स: 080-30461003, फोन: 080-30461060
www.in.pearson.com, E-mail: companysecretary.india@pearson.com

टाइपसेटर: सक्षम प्रिन्टोग्राफिक्स, दिल्ली
मुद्रक : थॉम्सन प्रेस (इंडिया) लिमिटेड़

विषय-सूची

भारतीय इतिहास, कला एवं संस्कृति

प्रवृत्ति विश्लेषण एवं समग्र रणनीति

संघ लोक सेवा आयोग ने नए पाठ्यक्रम में भारतीय इतिहास वाले खंड का नाम बदलकर भारतीय इतिहास और भारतीय राष्ट्रीय आंदोलन कर दिया है। इससे यह अर्थ निकाला जा सकता है कि अब इस खंड से पूछे जाने वाले प्रश्नों में भारतीय राष्ट्रीय आंदोलन के प्रश्नों की बहुलता हो सकती है। अभ्यर्थियों के लिए ज़रूरी है कि वे सामान्य अध्ययन के भारतीय इतिहास वाले खंड की तैयारी करते समय भारतीय राष्ट्रीय आंदोलन पर विशेष जोर डालें। अमूमन छात्रों में यह प्रवृत्ति देखने को मिलती है कि वे प्रारंभिक परीक्षा को तथ्यों के ज्ञान की परीक्षा मानते हैं। इस क्रम में वे हजारों तथ्यों को रट डालते हैं। परन्तु तथ्यों को रटने का महत्व तभी है जब विषय को समग्रता एवं क्रमबद्धता के साथ पढ़ा जाए।

विगत वर्षों के प्रश्नों को देखने से लगता है कि इस विषय को समग्रतापूर्वक पढ़े बिना, प्रश्नों का सही उत्तर देना मुश्किल है। अब प्रश्न उठता है—समग्र अध्ययन कैसे किया जाये? सम्ग्र अध्ययन के लिए सबसे पहले विषय को उप-भागों में बांटा जाये जैसे—1857 का विद्रोह, सामाजिक-धार्मिक सुधार आंदोलन, कांग्रेस का उदय, अंग्रेजों की शिक्षा नीति, महात्मा गांधी का अभ्युदय और उनके आंदोलन। इसके बाद प्रत्येक उप-भागों को कई खंडों में विभक्त करें। उदाहरण के लिए 1857 के विद्रोह (उप-भाग) को तैयार करना है तो इसके खण्ड होंगे—विद्रोह के क्या कारण रहे, इसकी असफलता के क्या कारण थे, भारतीय स्वतंत्रता संग्राम में इसका क्या महत्व है, विद्रोह की प्रकृति क्या थी यानी क्या यह सैनिक विद्रोह था या इसे प्रथम स्वतंत्रता संग्राम कहा जा सकता है। इस प्रकार प्रत्येक उपभागों के विभिन्न खंडों का अध्ययन कर अभ्यर्थी इस विषय के सभी प्रश्नों को आसानी से हल कर सकता है। इसके अतिरिक्त अभ्यर्थियों को महत्वपूर्ण तिथियों और घटनाओं को क्रमानुसार लिखकर अपने नोट्स तैयार करने चाहिए और समय-समय पर नोट्स को दोहराते रहना चाहिए। अब प्रश्न उठता है कि क्या सैकड़ों तिथियों और घटनाओं को रटना संभव है? इस संदर्भ में अभ्यर्थी को यह समझना आवश्यक है कि इतिहास विषय की प्रत्येक तिथि किसी बड़ी ऐतिहासिक घटना से जुड़ी होती है और यदि वह घटना याद रहती है तो तिथि भी स्वत: याद रहती है। उदाहरण के लिए यह सवाल पूछा जाये कि रेग्यूलेटिंग एक्ट किस सन् में पारित हुआ? ऐसे तथ्यात्मक प्रश्नों की तैयारी के लिए यदि आप भारत के संवैधानिक इतिहास का समग्रता से अध्ययन करें तो न केवल तथ्यात्मक अपितु अवधारणात्मक प्रश्नों को हल करने में सक्षम होंगे।

प्रवृत्ति विश्लेषण

प्रारंभिक परीक्षा में भारतीय इतिहास वाले खंड की तैयारी करते समय अभ्यर्थियों को तीन बातें विशेष तौर पर समझ लेनी चाहिए। ये तीन बातें हैं—प्रामाणिक पुस्तकों का अध्ययन, विषय को भाग अथवा खण्डों में बांट कर तैयार करने की प्रवृति और सभी विषयों का समग्र अध्ययन। जब बात प्रामाणिक पुस्तकों की आती है तो इस संदर्भ में एनसीईआरटी की पुस्तकें, झा एवं श्रीमाली, दत्त एवं मजूमदार और बीएल ग्रोवर विशेष रूप से सहायक सिद्ध हो सकती हैं। प्रामाणिक पुस्तकों के चयन के बाद बारी आती है किसी विषय के समग्र अध्ययन की। बिना समग्र अध्ययन के आपको सिविल सेवा प्रारंभिक परीक्षा में पूछे जा रहे प्रश्नों को हल करने में दिक्कत का सामना करना पड़ सकता है।

भारत का इतिहास तीन खंडों में विभाजित है—प्राचीन, मध्यकालीन और आधुनिक। प्राचीन और मध्यकालीन भारत की तैयारी के लिए एनसीईआरटी की पुस्तकों का अध्ययन काफी मददगार साबित हो सकता है। आधुनिक भारत के लिए एनसीईआरटी की पुस्तक के साथ बी.एल. ग्रोवर की आधुनिक भारत, विपिन चंद्र एवं सुमित सरकार की स्वतंत्रता संग्राम आदि की पुस्तकें पढ़ी जा सकती हैं। आधुनिक भारत की तैयारी करते समय महत्वपूर्ण व्यक्तियों के बारे में जानना महत्वपूर्ण है, लेकिन इसके साथ-साथ स्वतंत्रता संग्राम के राजनीतिक, प्रशासनिक, सामाजिक और आर्थिक पहलुओं को जानना भी ज़रूरी है। पिछले कुछ वर्षों की प्रारंभिक परीक्षा के सामान्य अध्ययन के पेपर का विश्लेषण करने पर ज्ञात होता है कि अब प्रारंभिक और मुख्य परीक्षा के बीच का अंतर कम होता जा रहा है। इसलिए वे विद्यार्थी जो अभी तक प्रारंभिक परीक्षा की तैयारी के नाम पर तथ्यों को रटते थे, नुकसान उठा सकते हैं। अभ्यर्थियों का प्रमुख ध्यान मुख्य परीक्षा पर ही होना चाहिए और प्रारंभिक परीक्षा को मुख्य परीक्षा की तैयारी का

साधन मानना चाहिए। इसके अलावा इतिहास के कई खंड ऐसे हैं जिनकी तैयारी के लिए चार्ट प्रणाली उपयुक्त हो सकती है। विभिन्न वायसराय पर सवाल पूछे जाते रहे हैं, इसलिए इसका सबसे बेहतर तरीका यह है कि एक चार्ट बनाया जाए और विभिन्न वायसराय को और उनके कार्यकाल में हुई घटनाओं को कालक्रमानुसार उसमें अंकित कर लिया जाए। इस चार्ट को समय-समय पर दुहरा लेने से परीक्षा में इससे संबंधित प्रश्नों के गलत होने की संभावना कम हो जाएगी।

भारतीय इतिहास का तुलनात्मक अध्ययन करें। 1857 की क्रांति के तथ्यात्मक एवं अवधारणात्मक दोनों दृष्टिकोण से अध्ययन करें। संवैधानिक विकास को विभिन्न चरणों के अंतर्गत किए गए क्रमिक परिवर्तन भली प्रकार समझें। गांधीजी के महत्वपूर्ण आंदोलनों को क्रमिक रूप से विशेष अध्ययन करें। ब्रिटिश कालीन भारतीय अर्थव्यवस्था के अवधारणात्मक पक्ष को समग्रता से तैयार करें। सामाजिक आर्थिक सुधार आंदोलन का वर्गीकरण कर विभिन्न विचारधाराओं के साथ समाहित करते हुए अध्ययन करें। विभिन्न समयावधि में प्रकाशित पत्र, पत्रिकाएं एवं समाचार पत्र तथा प्रेस, शिक्षा, न्याय, प्रशासन के ऐतिहासिक विकास पर आधारित तथ्यात्मक एवं अवधारणात्मक ऐतिहासिक संकल्पनाओं का अध्ययन अवश्य करें।

विगत वर्षों के प्रश्नों के आधार पर विश्लेषण व अध्ययन रणनीति

प्राचीन इतिहास

विषयवस्तु	2002	2003	2004	2005	2006	2007	2008	2009	2010	2011	2012	2013	2014	2015	2016	2017	परीक्षोपयोगी अध्ययन स्रोत
प्रागैतिहासिक काल	–	–	–	–	1	–	3	–	1	–	1	–	–	–	–	–	प्रमुख विशेषताएं तथा अभिलक्षण
सैन्धव सभ्यता	–	–	1	–	1	–	–	2	–	–	1	–	–	–	–	1	सामाजिक आर्थिक एंव राजनीतिक विशेषताएं
वैदिक सभ्यता	1	–	–	1	–	1	1	–	1	2	1	1	–	–	1	1	प्रमुख ग्रंथ उपनिषद और इनके अभिलक्षण
सूत्रकाल, महाकाव्य काल एवं संगम काल	1	1	–	1	–	1	–	2	1	–	–	–	–	–	–	–	धर्म एवं सम्प्रदाय की विशेषताएं एवं लक्षण
बौद्ध, जैन, भागवत एवं शैव धर्म	2	1	1	1	3	1	3	2	1	–	–	–	–	1	1	2	संस्थापक और सिद्धांत अभिलक्षण, अधिवेशन
मौर्य एवं मौर्योत्तर काल	1	2	–	1	3	1	1	3	2	1	1	1		–	1	–	राजनैतिक आर्थिक नीतियां और विशेषताएं
गुप्तकाल एवं गुप्तोत्तर काल तथा वर्द्धन वंश	1	2	–	–	–	1	2	–	1	2	2	–	–	–	–	–	कला संस्कृति एवं धार्मिक राजनैतिक स्थिति
800 ई से 1200 ई तक ही राजनैतिक सामाजिक स्थिति	–	4	1	2	–	–	1	1	5	–	–	–	–	–	1	–	सामाजिक आर्थिक एवं राजनैतिक स्थिति
कुल पूछे गए प्रश्न	6	10	3	6	8	5	11	10	12	5	6	2	2	1	4	4	

- धार्मिक आंदोलन के संस्थापक, अधिवेशन और पुस्तकें, प्राचीन भारतीय इतिहास के संस्थापक के कालानुक्रम और उनकी सामाजिक, आर्थिक एवं राजनैतिक गतिविधियों से संबंधित तथ्यात्मक प्रश्न पूछे गए हैं। उन्हीं की कालावधि में विभिन्न प्रकार की घटनाओं से भी प्रश्न पूछे जाते हैं। औसत प्रश्न: 1–2
- प्राचीन इतिहास के अध्ययन के लिए आवश्यक है कि अभ्यार्थी प्राचीन भारतीय इतिहास, पुरानी एन. सी. आर. टी. कक्षा 6 की तथा प्राचीन एन. सी. आर. टी. कक्षा 11 की रोमिला थापर और रामशरण शर्मा की पुस्तकें क्रमशः 3 से 4 बार अध्ययन करें।
- प्राचीन इतिहास में सर्वाधिक प्रश्न सैंधव सभ्यता, बौद्ध जैन भागवत एवं शैव धर्म, मौर्य एंव मौर्योत्तर काल गुप्त एंव गुप्तोत्तर काल तथा 8वीं ईसवीं से 12वीं ईसवीं तक की राजनीतिक सामाजिक स्थिति पर प्रश्न पूछे जाते हैं।
- प्राचीन इतिहास में पूछे जाने वाले प्रश्न पूर्णतः तथ्यात्मक, सूचनात्मक और तुलनात्मक होते हैं।
- प्राचीन इतिहास के अध्ययन के लिए एन. सी. ई. आर. टी. के बाद आवश्यक है कि अभ्यार्थी विषयवस्तु के अनुसार विगत वर्षों के प्रश्नों को देखकर ही नोट्स तैयार करें।

मध्यकालीन इतिहास

क्र. सं.	विषयवस्तु	2002	2003	2004	2005	2006	2007	2008	2009	2010	2011	2012	2013	2014	2015	2016	2017	विगत वर्षों के प्रश्नों के आधार पर परीक्षोपयोगी अध्ययन स्रोत
1.	दिल्ली सल्तनत	5	–	2	1	1	–	1	1	2	4	1	2	1	–	1	–	सामाजिक, आर्थिक, राजनैतिक और कला एंव संस्कृति की स्थिति
2.	बहमनी एवं विजयनगर साम्राज्य	–	2	1	–	–	–	–	2	–	–	2	–	–	–	1	–	सामाजिक, आर्थिक, राजनैतिक और कला एंव संस्कृति की स्थिति
3.	भक्ति आंदोलन	1	1	–	–	1	–	–	–	–	–	–	1	2	–	1	–	सामाजिक, आर्थिक, राजनैतिक एंव कला एंव संस्कृति की स्थिति
4.	मुगल साम्राज्य	4	2	2	2	–	1	1	2	3	–	2	4	3	1	1	1	सामाजिक, आर्थिक, राजनैतिक एंव कला एंव संस्कृति की स्थिति
5.	मराठा वंश	–	–	–	–	–	–	–	–	–	2	1	–	–	–	–	1	सामाजिक, आर्थिक, राजनैतिक और कला एंव संस्कृति की स्थिति
कुल पूछे गए प्रश्न		**10**	**5**	**5**	**3**	**2**	**1**	**2**	**5**	**5**	**6**	**6**	**5**	**6**	**1**	**4**	**2**	

- दक्कन और दक्षिण भारत के संस्थापकों और उनके स्थापत्य कला से संबंधित प्रश्न पूछे गए हैं। दिल्ली सल्तनत, मुगलकाल के संस्थापकों के कालानुक्रम और उनकी कला संस्कृति, धार्मिक पुस्तकों, स्थापत्य कला के साथ प्रमुख आर्थिक एवं सामाजिक कार्यक्रम से संबंधित प्रश्न पूछे जाते हैं। भक्ति और सूफी आंदोलन के प्रवर्तक, बहमनी और विजयनगर साम्राज्य के संस्थापकों का क्रम और उनकी गतिविधियों से संबंधित प्रश्न पूछे जाते हैं।
- मध्यकालीन इतिहास के लिए पुरानी एन. सी. ई. आर. टी पुस्तक कक्षा 7 एंव कक्षा 11 मध्यकालीन भारत रामशरण शर्मा की पुस्तक कम से कम तीन से चार बार अध्ययन करें।
- एन. सी. ई. आर. टी अध्ययन के उपरान्त द्वितीय चरण में एस. के. पाण्डे मध्यकालीन इतिहास और पियर्सन की इसी पुस्तक में वर्णित मध्यकालीन इतिहास का खण्ड पढ़े।
- अंतिम चरण में मध्यकालीन इतिहास के विषयवस्तु के अनुसार सामाजिक, आर्थिक एवं राजनैतिक विषय वस्तु को ध्यान में रखते हुए ही बिन्दु आधारित नोट्स तैयार करें।

आधुनिक भारत एवं स्वतंत्रता आन्दोलन

क्र. सं.	विषयवस्तु	2002	2003	2004	2005	2006	2007	2008	2009	2010	2011	2012	2013	2014	2015	2016	2017	विगत वर्षों के प्रश्नों के आधार पर परीक्षोपयोगी अध्ययन स्रोत
1.	मुगल साम्राज्य का विघटन एवं यूरोपीय वाणिज्य का प्रारंभ	–	–	2	–	–	1	–	–	–	–	1	–	–	–	–	–	मुगल साम्राज्य के विघटन के कारण और उनकी नीतियां, यूरोपीयों के भारत में प्रवेश का क्रम और उनकी सामाजिक आर्थिक तथा राजनैतिक गतिविधियां
2.	1857 का विद्रोह एवं 19वीं शताब्दी का जनान्दोलन	–	–	–	1	–	–	–	–	12	1	1	2	–	–	–	–	विद्रोह के कारण विद्रोह की प्रकृति स्वरूप अभिलक्षण और विद्रोह से सम्बन्धित प्रमुख भारतीय एवं विदेशी नेता।
3.	सामाजिक, सांस्कृतिक-जागृति, निम्न जाति, मजदूर संघ एवं किसान आंदोलन	3	2	2	2	–	1	–	–	–	4	5	2	–	2	1	3	संस्थाओं के संस्थापक स्थापना वर्ष उद्देश्य और विशेषताएं
4.	प्रमुख संस्थाएं, सन्धियां, आयोग, अधिनियम	–	2	3	–	–	3	–	–	–	–	1	3	–	–	–	2	सामाजिक, आर्थिक और राजनैतिक संस्थाएं, और प्रमुख आयोग वर्ष क्षेत्र प्रमुख अधिनियम और उसके अभिलक्षण
5.	स्वतंत्रता संग्राम एवं राष्ट्रीय आंदोलन	14	11	7	12	2	10	7	8	4	8	3	5	22	2	3	1	स्वतंत्रता आंदोलन का प्रारम्भ वर्ष उसकी घटनाएं और उसके परिणाम तथा उसके प्रभाव
	कुल पूछे गए प्रश्न	**17**	**15**	**14**	**15**	**2**	**15**	**7**	**8**	**16**	**13**	**11**	**12**	**22**	**4**	**4**	**6**	

- प्रमुख गवर्नर जनरल के सकारात्मक और नकारात्मक कार्य, सभी प्रमुख अधिनयम के अभिलक्षण, कृषि, भू-राजस्व, शिक्षा, सेना, न्याय प्रणाली से संबंधित अंग्रेजों की नीतियां। प्रमुख धार्मिक, सामाजिक आंदोलन (हिंदू, मुस्लिम, पारसी, सिक्ख और यहूदी), सभी प्रमुख विद्रोह (मुख्य नेता, विद्रोह का कारण और घटनाएं), यूरोपियों के आगमन का क्रम।
- स्वतंत्रता आंदोलन और उसके नेतृत्वकर्ता, आंदोलन की घटनाएं, उसके प्रभाव, पत्र, पत्रिकाएं, समाचार पत्र, प्रसिद्ध नारे इत्यादि। प्रमुख सम्मेलन, संधियां, समझौते, प्रस्ताव, योजना, फार्मूला, आधुनिक भारत के प्रमुख नेता, आयोग, समितियां और शिष्टमंडल, प्रमुख युद्ध और आधुनिक भारत की संधियां और उसके परिणाम।
- आधुनिक भारत के अध्ययन के लिए कक्षा 8 की पुरानी एन. सी. ई. आर. टी. तथा कक्षा 12 की पुरानी एन. सी. ई. आर. टी. पुस्तकों का तीन से चार बार अध्ययन करें।
- द्वितीय चरण में स्वतंत्रता आन्दोलन विपिन चन्द्रा की पुस्तक का अध्ययन बारी बारी करें।
- पियर्सन की इसी पुस्तक के अध्ययन के उपरान्त विगत वर्षों के पूछे गए प्रश्नों के आधार पर नोट्स तैयार करें।

भारतीय कला एवं संस्कृति एवं विरासत

	2006	2007	2008	2009	2010	2011	2012	2013	2014	2015	2016	2017
• सिंधु घाटी सभ्यता कला एवं स्थापत्य	–	1	–	–	–	1	1	–	1	1	–	–
• वैदिक काल	–	1	1	1	1	–	–	1	–	–	–	–
• वेदोत्तर काल	1	–	–	–	1	–	1	–	–	–	–	–
• मौर्य साम्राज्य	–	1	1	1	1	1	–	–	1	–	1	–
• उत्तर मौर्य काल	–	1	1	1	1	–	–	–	1	1	–	–
• बारवेल, सातवाहन संगमकालीन तमिल राज्य	–	1	–	1	–	–	–	–	–	–	–	–
• गुप्त वंश, वाकाटक वंश एवं वर्द्धन वंश	1	1	–	–	–	1	1	–	1	1	–	–
• गुप्तकालीन क्षेत्रीय राज्य पल्लव, चोल, चालुक्य (बादामी एवं कतयाण) राष्ट्रकूट, पाल, प्रतिहार	1	1	–	–	–	1	1	1	1	1	1	1
• प्रा. मध्यकालीन भारत (750-1200)	–	–	1	1	1	1	1	1	1	1	1	–
• 13वीं शताब्दी +14वीं शताब्दी	1	1	1	–	–	1	1	1	1	–	–	–
• 15वीं और 16वीं शताब्दी	1	1	1	–	–	1	1	–	1	–	–	1
• मुगल	1	1	1	–	–	–	–	1	–	–	–	–
• आधुनिक कला एवं संस्कृति तथा व्यक्ति	–	–	1	1	1	1	1	1	1	1	–	–
कुल	**6**	**10**	**8**	**6**	**6**	**8**	**8**	**6**	**9**	**6**	**3**	**2**

विगत वर्षों के प्रश्नों के आधार पर विश्लेषण व अध्ययन रणनीति

क्र. सं.	विषय वस्तु	प्रश्नों की प्रवृत्तियों	अध्ययन रणनीति
1.	प्राचीन, मध्य कालीन एवं आधुनिक कला	इनकी विशेषताएं, प्राथमिकता के आधार पर समग्रता में इसके अभिलक्षण	भारत की कला संस्कृति से पूछे गए प्रश्नों के आधार पर विभिन्न कालाविधि में उनके अभिलक्षणों के क्रमशः फुट नोट तैयार करें।
2.	चित्रकारी	राज्यों से सम्बन्धित है तथा उनकी विशेषता तथा क्षेत्र के सम्बन्ध तथा समकालीन शासक/राजा	सभी पेन्टिंग (प्रा. म.आ. काल) को चित्र के आधार पर समग्रता से बिंदुवार तथ्यों का एकत्रण करें। तुलनात्मक अध्ययन चित्रकारी के विभिन्न पहलू एवं उसके लक्षण की प्राथमिकता के आधार पर सूची तैयार करें।
3.	मेला, महोत्सव, उत्सव, आयोजन और पर्व	सम्बन्धित राज्य क्षेत्र एवं जातीय समूह आयोजन का उद्देश्य, उसका महत्व, ऐतिहासिक पृष्ठ भूमि, उससे सम्बन्धित रीति-रिवाज़ और परम्पराएं	आयोजन मेला महोत्सव आदि का नाम, मनाए जाने का कारण, क्षेत्र स्थान तथा इसके समसामयिक संदर्भ

(Continued)

क्र. सं.	विषय वस्तु	प्रश्नों की प्रवृत्तियों	अध्ययन रणनीति
4.	त्योहार और पर्व	सम्बन्धित राज्य, स्थान तथा त्योहार की विशेषता और उसका पौराणिक, सामाजिक, आर्थिक महत्व	धर्म, जाति, वर्ग समूह तथा क्षेत्रीय आधार पर इसका वर्गीकरण
5.	नृत्य	स्थानीय, राज्य स्तरीय तथा राष्ट्रीय	तथ्यात्मक, सूचनात्मक और चित्रात्मक संकलन राष्ट्रीय नृत्य के मानक राज्य
6.	भारतीय कला, संस्कृति विरासत से सम्बन्धित व्यक्तित्व	नृत्य, कला, वादन, गायन, चित्रकलाकार, मूर्तिकार, लेखक	विषयवार वर्गीकरण नाम-विशेषता
7.	भारतीय कला, संस्कृति विरासत से सम्बन्धित संस्थाएं, संगठन	स्थिति, स्थान, स्थापना वर्ष	विषयवार वर्गीकरण शोध संस्थान, पुस्तकालय, संगठन
8.	चित्रकला	क्षेत्र स्थान और उसका महत्व	क्षेत्रवार वर्गीकरण और इससे संबन्धित प्रमुख व्यक्तित्व

विशेषः भारतीय भाषा व दर्शन भारत के विख्यात मूर्ति और शिल्प कला तथा परम्परागत रीति-रिवाज और उससे संबंधित प्रमुख संस्थान, संगठन, स्मारक और उसके निर्माता, लेखक और उनकी पुस्तकें बौद्ध, जैन, शैव से संबंधित आधारभूत एवं मौलिक जानकारी पर भी प्रश्न पूछे जाते हैं तथा भारतीय कला संस्कृति के संवाहक उदियमान व्यक्तित्व पर आधारित सूचनात्मक प्रश्न पूछे जाते हैं।

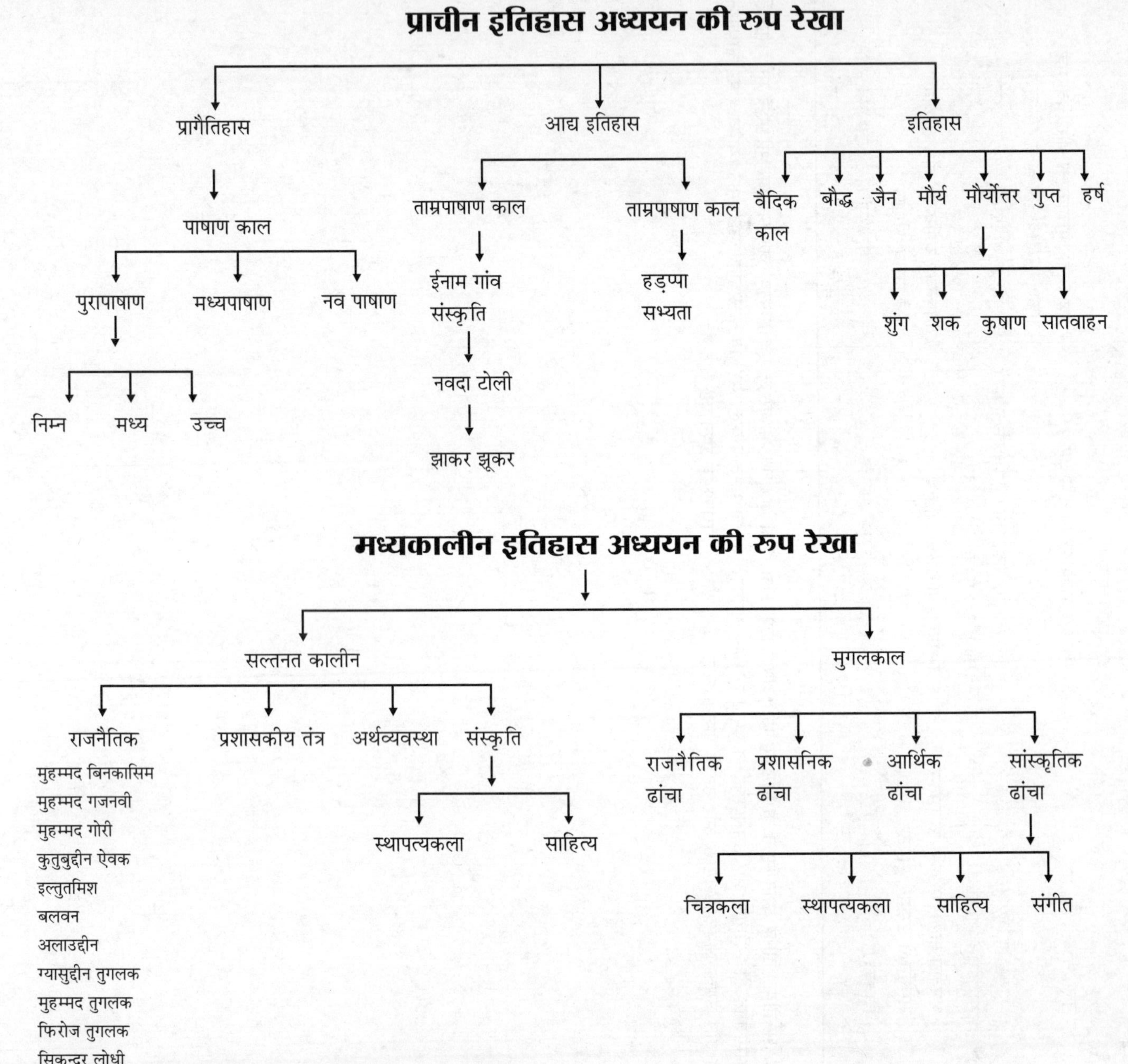
प्राचीन इतिहास अध्ययन की रूप रेखा
प्रागैतिहास
आद्य इतिहास
इतिहास
पाषाण काल
पुरापाषाण
मध्यपाषाण
नव पाषाण
निम्न
मध्य
उच्च
ताम्रपाषाण काल
ताम्रपाषाण काल
ईनाम गांव संस्कृति
नवदा टोली
झाकर झूकर
हड़प्पा सभ्यता
वैदिक काल
बौद्ध
जैन
मौर्य
मौर्योत्तर
गुप्त
हर्ष
शुंग
शक
कुषाण
सातवाहन
मध्यकालीन इतिहास अध्ययन की रूप रेखा
सल्तनत कालीन
मुगलकाल
राजनैतिक
प्रशासकीय तंत्र
अर्थव्यवस्था
संस्कृति
मुहम्मद बिनकासिम
मुहम्मद गजनवी
मुहम्मद गोरी
कुतुबुद्दीन ऐवक
इल्तुतमिश
बलवन
अलाउद्दीन
ग्यासुद्दीन तुगलक
मुहम्मद तुगलक
फिरोज तुगलक
सिकन्दर लोधी
स्थापत्यकला
साहित्य
राजनैतिक ढांचा
प्रशासनिक ढांचा
आर्थिक ढांचा
सांस्कृतिक ढांचा
चित्रकला
स्थापत्यकला
साहित्य
संगीत

आधुनिक इतिहास अध्ययन की रूप रेखा

<table>
<tr><th>विषय वस्तु</th><th>पूछे गए प्रश्नों की प्रवृत्तियों</th><th>अध्ययन संरचना/विधा</th></tr>
<tr><td>1. यूरोपीय कम्पनियों का आगमन</td><td>1. यूरोप के प्रमुख समुद्री यात्री/दूत, उनके आने का समय, देश तथा उनके प्रमुख कार्य
2. यूरोपियों का आगमन, उनकी समयावधि/क्रम उनकी प्रमुख सामाजिक, सांस्कृतिक, आर्थिक एवं राजनैतिक गतिविधियाँ</td><td>1. प्रमुख यात्री, लेखक, राजदूत नाम—विशिष्टताएँ
2. यूरोपियों के नाम
अंग्रेज़ → राजनैतिक
अंग्रेज़ → सामाजिक
अंग्रेज़ → आर्थिक
डच
पुर्तगाली
स्पेनिस/स्पेनिश</td></tr>
<tr><td>2. ईस्ट इण्डिया कम्पनी एवं क्षेत्रीय राज्य</td><td>EIC की कार्य स्वरूप तथा कम्पनी की राजनैतिक, प्रशासनिक, सामाजिक और सांस्कृतिक अभिलक्षण EIC क्षेत्रीय राज्यों से सम्बंध—बंगाल, पंजाब, मैसूर</td><td>1. कम्पनी का संक्षिप्त परिचय
2. कम्पनी, राजनैतिक, सामाजिक, प्रशासनिक, सांस्कृतिक कार्य
3. कम्पनी का बंगाल, पंजाब, मैसूर अन्य से सम्बन्ध।</td></tr>
<tr><td>3. गवर्नर/गवर्नर जनरल, वायसराय</td><td>इनके कार्यों का विषयवार वर्गीकरण
1. राजनैतिक
2. प्रशासनिक
3. न्यायिक
4. शिक्षा
5. प्रेस
6. युद्ध
7. आयोग/समिति
प्रमुख आर्थिक एवं प्रशासनिक नीति तथा भारतीयों की प्रतिक्रिया</td><td></td></tr>
<tr><td>4. 1857 की क्रान्ति</td><td>विद्रोह के केन्द्र/क्षेत्र, भारतीय+ब्रिटिश नेता विद्रोह का कारण—सर्वमान्य कारण क्रम से 1857 क्रान्ति की पृष्ठभूमि, प्रकृति, स्वरूप विद्रोह के दौरान अंग्रेज़ों की गतिविधियाँ (विद्रोह से पहले, विद्रोह के समय, विद्रोह के बाद।) क्रान्ति की प्रमुख घटनाएँ</td><td><table>
<tr><th>केन्द्र/ क्षेत्र</th><th>भारतीय नेता 1, 2</th><th>ब्रिटिश नेता 1, 2</th><th>परिणाम</th></tr>
<tr><td>उ. भारत</td><td>क्रिया कलाप</td><td>क्रिया कलाप</td><td></td></tr>
<tr><td>लखनऊ</td><td></td><td></td><td></td></tr>
</table>
• क्रान्ति की पृष्ठिभूमि एवं कारण
• प्रमुख घटनाएं एवं उसका प्रभाव
• प्रमुख नेता और उसका क्षेत्र और भूमिका</td></tr>
<tr><td>5. गवर्नर/गवर्नर जनरल/वायसराय</td><td>उनके सामाजिक, आर्थिक एवं राजनैतिक कार्य</td><td>प्रमुख घटनाएं एवं उनके अभिलक्षण</td></tr>
<tr><td>6. प्रमुख विद्रोह</td><td>विद्रोह का क्षेत्र, स्वरूप, विषयवस्तु प्रमुख नेता, कारण एवं प्रभाव</td><td>विषयवार (वर्गीकरण)
• जनजाति
• आदिवासी
• किसान/मजदूर
• अन्य</td></tr>
</table>

(Continued)

विषय वस्तु	पूछे गए प्रश्नों की प्रवृत्तियों	अध्ययन संरचना/विधा
7. सामाजिक एवं धार्मिक सुधार आंदोलन 19वीं शताब्दी	आंदोलन का नाम केन्द्र नेता संगठन की प्रमुख गतिविधियाँ	सारणीगत अध्ययन
8. (1) कांग्रेस से पूर्व राजनैतिक संगठन (2) भारतीय राष्ट्रीय कांग्रेस	1. संगठन – नेता + प्रमुख गतिविधियाँ 2. कांग्रेस के 1885 से लेकर 1950 तक अध्यक्ष (महत्वपूर्ण) तथा लिए गए महत्वपूर्ण निर्णय स्थान –गरम दल –नरम दल	सारणीगत अध्ययन
9. भारत में क्रांतिकारी आंदोलन विदेश में क्रांतिकारी आंदोलन	आंदोलन/प्रमुख नेता/घटना का कारण / तिथि–स्थान/परिणाम विदेश	सारणीगत अध्ययन
10. स्वतंत्रता आंदोलन की सभी प्रमुख घटनाएँ	(1) बंगाल विभाजन तथा स्वदेशी आंदोलन (2) मुस्लिम लीग (3) मार्लेमिंटो, दिल्ली दरबार और राजधानी परिवर्तन (4) होमरूल (5) गांधी एवं उनके प्रारम्भिक आंदोलन (6) किसान आंदोलन एवं किसान सभा (7) ट्रेड यूनियन एवं साम्यवादी दल (8) रौलेट ऐक्ट/जलियांवाला बाग (9) खिलाफत (10) असहयोग (11) स्वराज पार्टी (12) साइमन कमीशन (13) सविनय अवज्ञा (14) गांधी–इरविन समझौता (15) गोलमेज सम्मेलन (16) सम्प्रदायिक पंचाट और पूना पैक्ट (17) प्रांतीय चुनाव और मंत्रिमंडल का गठन (18) देशी रियासतें (19) द्वितीय विश्वयुद्ध/पाकिस्तान की मांग (20) व्यक्तिगत सत्याग्रह (21) क्रिप्स मिशन (22) भारत छोड़ो आंदोलन (23) सुभाष चन्द्र बोस और आजाद हिंद फौज (24) कैबिनेट मिशन (25) संविधान सभा (26) अंतरिम सरकार का गठन (27) भारत का विभाजन एवं स्वतंत्रता	(1) आंदोलन/घटना/विषयवस्तु (2) समय, गवर्नर जनरल प्रमुख अभिलक्षण प्रमुख बिन्दू।

कला, संस्कृति एवं विरासत

विषयवस्तु	अध्ययनगत स्वरूप
1. सिंधु घाटी सभ्यता, कला एवं स्थापत्य	• स्मारक, नगर योजना, मूर्तिकला, मौद्रिक कला, अभिलेख के अभिलक्षण/विशेषताएं और वर्तमान से सम्बद्धता
2. वैदिक काल तथा वेदोत्तर काल	• धार्मिक एवं दार्शनिक साहित्य, षडदर्शन • सूत्र, जैन तथा बौध साहित्य, वास्तुकला, मृदभाण्ड कला, आहत मुद्रा इत्यादि की विशेषताएं और महत्व
3. मौर्य साम्राज्य	• नृत्य, वीणा, ढोल, तुरही, बांसुरी, मंजीरा, आदि वाद्य यंत्रों का प्रयोग • नृत्य नाटिकाएँ, रंगमंच • किला, स्तूप, शिला, स्तम्भ एवं गुहा लेख • मूर्तिकला • चैत्य • मृदभाण्ड कला • असम्प्रदायिक साहित्य • पाटलिपुत्र की नगर योजना • निम्नलिखित की विशेषताएं अभिलक्षण और उनकी विशिष्टताएं
4. उत्तर मौर्य काल	• धार्मिक, वैज्ञानिक साहित्य • तत्कालीन प्रमुख नगरों की नगर योजना • स्तूप, चैत्य, शैलकृत गुफाएँ, विहार • मूर्तिकला, गांधार कला, टेराकोटा, मथुरा कला • निम्नलिखित की विशेषताएं अभिलक्षण और उनकी विशिष्टताएं
5. बारवेल, सातवाहन संगमकालीन तमिल राज्य	• संगम साहित्य • अन्य साहित्य • चैत्य • निम्नलिखित की विशेषताएं अभिलक्षण और उनकी विशिष्टताएं
6. गुप्त वंश, वाकाटक वंश एवं वर्धन वंश	• नालंदा, विक्रमशिला, वल्लभी • विज्ञान साहित्य • स्मृतियां, अन्य साहित्य • पंचायतन शैली • निम्नलिखित की विशेषताएं अभिलक्षण और उनकी विशिष्टताएं
7. गुप्तकालीन क्षेत्रीय राज्य पल्लव, चोल, चालुक्य (बादामी एवं कतयाण) राष्ट्रकूट, पाल, प्रतिहार पल्लव कला महेन्द्र वर्मन, मामल्ल, राजसिंह नंदि वर्मन	मंदिर निर्माण की विभिन्न शैलियां नागर, द्रविड़, बेसर, पल्लव कला चोल कला। • साहित्य • निम्नलिखित की विशेषताएं अभिलक्षण और उनकी विशिष्टताएं

(Continued)

विषयवस्तु	अध्ययनगत स्वरूप
8. प्रा. मध्यकालीन भारत (750–1200)	• संस्कृत साहित्य, तमिल साहित्य का विकास एंव विकासशील भाषाओं का साहित्य • मंदिर स्थापत्य • मूर्तिशिल्प • चित्रकला • निम्नलिखित की विशेषताएं अभिलक्षण और उनकी विशिष्टताएं
9. 13वीं शताब्दी और 14वीं शताब्दी	• फारसी साहित्य, उ. भारत की क्षेत्रीय भाषाओं का साहित्य सल्तनतकालीन स्थापत्य तथा कला के विभिन्न रूप • द. भारत की भाषाओं का साहित्य, चित्रकला।
10. 15वीं और 16वीं शताब्दी	• प्रांतीय राजवंश-बंगाल, कश्मीर, गुजरात, मालवा, बहमनी, विजय नगर साम्राज्य • लोदी वंश, सूर वंश आदि की कला साहित्य एवं स्थापत्य • 15वीं और 16वीं शताब्दी के दौरान भारतीय कला, संस्कृति और धर्म के संरक्षण के लिए चलाए गए विभिन्न प्रकार के अभियान और कार्यक्रम
11. मुगल	• फारसी इतिहास, हिंदी एवं अन्य धार्मिक साहित्य, अन्य साहित्य • मुगल स्थापत्य (नगर, महल, मकबरा आदि), प्रांतीय स्थापत्य • मुगल चित्रकला, प्रांतीय चित्रकला • शास्त्रीय संगीत • मुगल काल में संस्कृति, सभ्यता, रीति-रीवाज और परंपराओं के संदर्भ में किए गए प्रयास • भारतीय कला एवं संस्कृति के संरक्षण और संवर्धन के लिए तत्कालीन शासकों की नीतियां
12. आधुनिक भारत	• अंग्रेज़, पुर्तगाली, फ्रांसीसियों की भारत में कला, साहित्य एवं स्थापत्य में योगदान • अंग्रेज़ी शासन काल के दौरान विभिन्न प्रकार के आधुनिक कलाकृतियों, स्मारक और भवनों के निर्माण में योगदान के साथ-साथ उनके विकास और संवर्द्धन में बनायी गयी प्रमुख संस्थाएं और संगठन • अंग्रेज़ी शासन के दौरान विभिन्न प्रकार के नियम, अधिनियम और कार्यक्रम जो कि भारतीय कला एवं संस्कृति, साहित्य तथा विरासत के संरक्षण के लिए किए गए प्रयास
13. समकालीन/समसामायिक परिदृश्य	• समकालीन/समसामयिक परिदृश्य में भारतीय कला संस्कृति को प्रभावित करने वाले सामाजिक, आर्थिक, राजनैतिक कारक और उनके प्रभाव • हाल के वर्षों में सरकार द्वारा बनाई गयी नीतियां, उनका विश्लेषण और महत्व • भारतीय कला संस्कृति में आंतरिक एवं बाह्य स्तर पर अन्तर्द्वन्द तथा टकराव के कारण और उसका समाधान
14. आज कल और कल	• भारतीय कला संस्कृति की विरासत को प्रभावित करने वाले वैश्विक और समकालीन भारत के कारण, प्रभाव और उनका मूल्यांकन

भाग-1 प्राचीन भारत

अध्याय 1

प्रागैतिहासिक संस्कृतियाँ

इस अध्याय में आप सीखेंगे किः

- प्रागैतिहासिक काल का उद्भव और विकास कैसे हुआ।
- इस काल के मानव आपस में किस प्रकार से सामाजिक, आर्थिक एवं राजनीतिक क्रियाकलाप करते थे।
- इस काल के लोगों का अपनी आजीविका और रहन-सहन में किस प्रकार बदलाव आया।

भारत में प्रागैतिहासिक संस्कृतियाँ

मानव के विकास का वर्तमान स्वरूप उसके क्रमिक विकास का परिणाम है। आरंभ में मानव ने हजारों वर्षों तक आखेटक तथा खाद्य संग्राहक के रूप में अपना जीवन व्यतीत किया। कालान्तर में वह कृषि, पशुपालन एवं स्थायी निवास करने लगा तथा खानाबदोश जीवन से मुक्त हुआ। भारत में मानव के विकास का अद्यतन साक्ष्य शिवालिक पहाड़ियों के अभिनूतन युगीन निक्षेपों से मिलते हैं। मानव के जिस रूप के साक्ष्य यहाँ प्राप्त हुए हैं, उसे रामापिथेकस के नाम से जाना जाता है। परंतु पूरे भारतीय उपमहाद्वीप में आदि मानव का कोई जीवाश्म (फॉसिल) नहीं मिला है। भारत में मानव का सर्वप्रथम साक्ष्य नर्मदा घाटी के हथनौरा नामक स्थान से मिला है, जो मध्यपाषाण काल से संबंधित स्थल है। प्रागैतिहासिक काल में मानव के विभिन्न क्रिया कलापों के अध्ययन को ही प्रागैतिहासिक संस्कृति के रूप में जाना जाता है।

इतिहासकारों ने प्राचीन भारतीय इतिहास को तीन भागों में बाँटा है—

प्रागैतिहासिक काल (Prehistoric Period)

इस काल की जानकारी का सम्पूर्ण अध्ययन पुरातात्विक स्रोतों पर निर्भर है। इस काल मे मानव लेखन कला से अपरिचित था, इसलिए इस काल को 'प्रागैतिहासिक काल' कहते हैं। भारतीय प्रागैतिहास को उद्घाटित करने का श्रेय प्राइमरोज नामक एक ब्रिटिश को जाता है, जिसने 1842 ई. में कर्नाटक के रायचूर जिले के लिंगसुगुर नामक स्थान में प्रागैतिहासिक औजारों की खोज की। 1863 ई. में राबर्ट ब्रूसफूट ने पल्लवरम् (तमिलनाडु) से हैंडएक्स की खोज की।

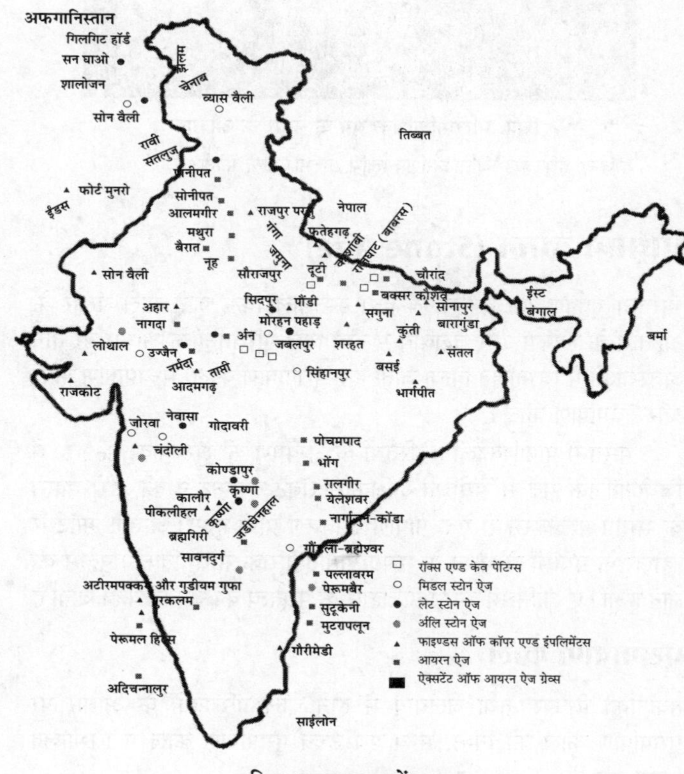

चित्रः पाषाण युग में भारत

आद्य ऐतिहासिक काल (Epochal Period)

इस काल में मानव लिपि से तो परिचित था, परंतु उस लिपि को अभी तक पढ़ा नहीं जा सका है, इसलिए इसे 'आद्य-ऐतिहासिक काल' कहा जाता है। हड़प्पा सभ्यता भारत के आद्य ऐतिहासक काल से संबंधित है।

ऐतिहासिक काल (Historical Period)

इस काल में मानव लिपि से परिचित था और वह लिपि पढ़ी भी जा चुकी है, यह 'ऐतिहासिक काल' कहलाता है। यह काल ऋग्वेद काल से प्रारंभ होता है जिसका समय 1500 ई.पू. से है।

600 ई.पू. के पश्चात् का काल ऐतिहासिक कहलाता है। इसका कारण यह है कि भारत में प्राचीनतम लिखित सामग्री अशोक के अभिलेख हैं जिनका समय 300 ई.पू. है। अशोक के अभिलेखों में प्रयुक्त यूनानी, खरोष्ठी, अरामेइक और ब्राह्मी भाषाओं के विकास में 300 वर्ष और लगे होंगे ऐसा भाषाविदों का मत है इसके अतिरिक्त गौतम बुद्ध और महावीर जैन को भी ऐतिहासिक काल की श्रेणी में रखा जाता है।

चित्र: पेलियोलिथिक युग के पत्थर के औज़ार

सौजन्य: हेरिटेज इमेज पार्टनरशिप लिमि./एल्मी स्टोक फोटो

पाषाण काल (Stone Age)

भारतीय पाषाण युग को मानव द्वारा इस्तेमाल किए जाने वाले पत्थर के औज़ारों के स्वरूप और जलवायु में होने वाले परिवर्तनों के आधार पर तीन अवस्थाओं में विभाजित किया जाता है—पुरापाषाण काल, मध्यपाषाण काल और नवपाषाण काल।

भारत में पाषाणकालीन बस्तियों के अन्वेषण की शुरूआत 1863 ई. में जियोलॉजिक सर्वे से संबंधित अधिकारी रॉबर्ट ब्रूसफूट ने की, उसे मद्रास के समीप पल्लवरम से एक पाषाण उपकरण प्राप्त हुआ। अन्ततः मार्टिमर व्हीलर के प्रयासों से भारत के समग्र प्रागैतिहासिक सांस्कृतिक अनुक्रम का ज्ञान हुआ। ए. कनिंघम को 'प्रागैतिहासिक पुरातत्व का जनक' कहा जाता है

पुरापाषाण काल

तकनीकी विकास तथा जलवायु में होने वाले परिवर्तनों के आधार पर पुरापाषाण काल को निम्न, मध्य एवं उच्च पुरापाषाण काल में विभाजित किया गया है।

निम्न पुरापाषाण काल (20 लाख, ई.पू. से 1 लाख ई.पू.)

यह पाषाण युग का प्रारंभिक चरण है। इसे 'निम्न पुरापाषाण काल' के रूप में जाना जाता है। इस समय मनुष्य पत्थरों (क्वार्ट्जाइट) से निर्मित हथियारों (हस्तकुठार, विदारणी, खण्डक) का उपयोग करता था। जिन्हें कोर (Core) उपकरण कहा गया।

निम्न पुरापाषाण स्थल भारतीय महाद्वीप के लगभग सभी क्षेत्रों में प्राप्त होते हैं, जिनमें असम की घाटी, सोहन घाटी नर्मदा घाटी एवं बेलनघाटी प्रमुख हैं। इस काल के लोग शिकारी एवं खाद्य संग्राहक की श्रेणी में आते हैं। इस काल के उपकरण क्वार्टजाइट नामक पत्थर के बने मिले हैं। इस काल से प्राप्त उपकरणों के आधार पर भारत में दो भिन्न संस्कृतियों की पहचान की गई है—1. चॉपर-चॉपिंग पेबुल (Pebble) संस्कृति (सोहन संस्कृति) तथा 2. हैंड एक्स संस्कृति (मद्रासियन संस्कृति)।

मध्य पुरापाषाण काल (1 लाख ई.पू. से 40 हजार ई.पू.)

मध्य पुरापाषाण काल में शल्क उपकरणों की प्रधानता बढ़ गई तथा कच्चे माल के रूप में क्वार्ट्जाइट के स्थान पर चर्ट और जैस्पर प्रमुख हो गया। इस काल में फलकों की सहायता से बेधनी, छेदनी एवं खुरचनी जैसे उपकरण बनाए गए।

फलकों की अधिकता के कारण ही मध्य पुरापाषाण काल को फलक संस्कृति भी कहा जाता है। एच डी सांकलिया ने नेवासा (गोदावरी नदी के तट पर) को प्रारूप स्थल घोषित किया है।

उच्च पुरापाषाण काल (40 हजार ई.पू. से 10 हजार ई.पू.)

उच्च पुरापाषाण काल आधुनिक मानव अर्थात् होमोसेपियन्स के अस्तित्व का युग था। इस काल में मानव उपकरणों के निर्माण में हड्डी, हाथी दाँत एवं सींगों का प्रयोग करने लगा था। नए चकमक उद्योग की स्थापना तथा होमोसेपियन्स का उदय इस काल की दो महत्वपूर्ण घटनाएं हैं।

उच्च पुरापाषाण काल के उपकरणों में तक्षणी एवं खुरचनी के उपरोक्त अस्थि के उपकरण महत्वपूर्ण थे। मानव रहने के लिए शैलाश्रयों का प्रयोग करने लगा। इस काल मे नक्काशी और चित्रकारी दोनों रूपों में कला का विकास हुआ।

मध्यपाषाण काल

हिम युग के अन्त के पश्चात् मध्यपाषाण काल का प्रारंभ माना जाता है। भारत में मध्यपाषाण काल के विषय में जानकारी सर्वप्रथम 1867 ई. में हुई जब सी एल कार्लाइल ने विंध्य क्षेत्र मे लघु पाषाण उपकरण खोज निकाले। इस काल के औजार छोटे पत्थरों से बने हुए हैं, जिन्हें माइक्रोलिथिक या सूक्ष्म पाषाण कहा गया है।

मध्यपाषाण युगीन औजार बनाने की तकनीक को फ्लूटिंग कहा जाता है। इस काल के कुछ सूक्ष्म औजारों का आकार ज्यामितीय है, जिसमें ब्लेड, इस काल में सैटेलाइट टूल्स (फेंककर मारे जाने वाले औजार) का प्रयोग होने लगा था। नव चन्द्राकार तथा समलम्ब औजार प्रमुख हैं।

मध्यपाषाण काल के लोग शिकार, मछली पकड़ने तथा खाद्य-संग्रहण पर निर्भर करते थे। इस काल में बाघोर (राजस्थान) तथा आदमगढ़

भीमबेटका (मध्य प्रदेश) से पशुपालन का प्राचीनतम साक्ष्य प्राप्त होता है। इसी काल में मानव ने सर्वप्रथम कुत्ते को पालतू पशु बनाया था।

स्थायी निवास का प्रारंभिक साक्ष्य सराय नाहर राय एवं महदहा से स्तंभ गर्त के रूप में मिलता है। सराय नाहर राय (उत्तर प्रदेश) से बड़ी मात्रा में हड्डी एवं सींग निर्मित उपकरण प्राप्त हुए हैं तथा महदहा से हड्डी का वाणाग्र प्राप्त हुआ है।

मध्यपाषाण काल के मनुष्यों ने अनुष्ठान के साथ शवों को दफनाने की प्रथा प्रारंभ की। मध्य भारत की विशेषता दर्शाने वाली लेखनियों से मध्यपाषाण कालीन शवों को अनुष्ठान के साथ दफनाने का साक्ष्य मिला है।

नवपाषाण काल (Neolithic Age)

नवपाषाण या नियोलिथिक शब्द का प्रयोग सबसे पहले सर जॉन लुबाक ने 1865 ई. में किया था। पुरातत्वविद् मिल्स बुरकिट के अनुसार—पशुओं को पालतू बनाना, कृषि व्यवहार का प्रथम प्रयोग, घिसे तथा पॉलिशदार पत्थर के औजार एवं मृद्‌भाण्डों का निर्माण नवपाषाण काल की प्रमुख विशेषता है।

पाकिस्तान के बलूचिस्तान में अवस्थित मेहरगढ़ तथा भारत के कश्मीर में स्थित बुर्जहोम एवं गुफ्कराल महत्वपूर्ण नवपाषाण कालीन स्थल हैं। बुर्जहोम में गर्त निवास का साक्ष्य मिलता है, जहाँ कब्रों में पालतू कुत्ते भी मालिकों के शवों के साथ दफनाए जाते थे।

चिरांद (बिहार) से हड्डियों के उपकरण पाए गए हैं, जो मुख्य रूप से हिरण के सींगों के हैं। मृदभाण्ड निर्माण का प्रारंभ नवपाषाण से हुआ। मृद्‌भाण्ड का प्राचीनतम साक्ष्य चौपानीमाण्डों से प्राप्त हुआ है।

कर्नाटक में संगनकल्लू (मैसूर) तथा पिकलीहल से 'राख के टीले' प्राप्त हुए हैं। महदहा (बेलन घाटी) से गौशाला के साक्ष्य प्राप्त हुए हैं। कोल्डिहवा (उत्तर प्रदेश) से वन्य एवं कृषिजन्य दोनों प्रकार के चावल के साक्ष्य मिलते हैं। यह धान की खेती का प्राचीनतम साक्ष्य है।

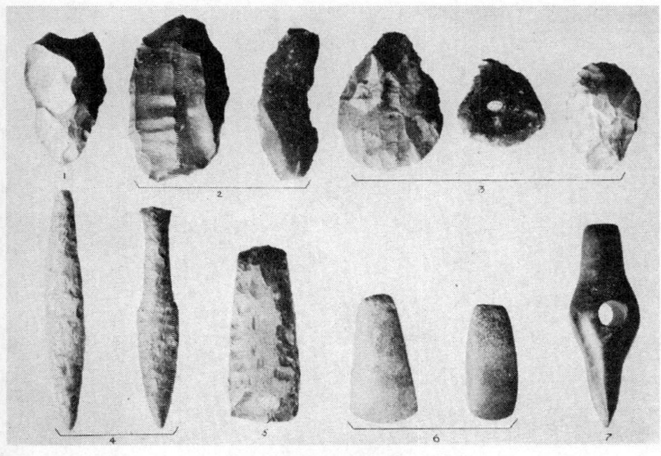

चित्र: हड्डी के औज़ार

सौजन्य: विक्कमीडिया कॉमन पब्लिक डॉमेन ईमेज.एचटीटीपीएस://कॉमनस. विक्कीमीडिया.ओआरजी/विक्की/फाइल:हिस्ट्री_ऑफ_इनवेंसन_यूएसएनएम_51_ यूरोपीयन_स्कूलपूचर.जेपीजी

महाराष्ट्र में बोरी नामक स्थान से प्राप्त पत्थर के उपकरणों को 14 लाख वर्ष पुराना बताया गया है। प्राचीनतम स्थायी जीवन (बस्ती) के साक्ष्य मेहरगढ़ से मिले हैं।

ताम्रपाषाण काल (Copper Stone Age)

नवपाषाण युग का अंत होते-होते धातुओं का इस्तेमाल शुरू हो गया था। मानव ने सर्वप्रथम ताँबा धातु का प्रयोग किया। जिस काल में लोगों ने पत्थर के साथ-साथ ताँबे के हथियारों का प्रयोग करना प्रारंभ कर दिया, उसे ताम्रपाषाण युग (2000 ई.पू. से 500 ई.पू.) कहा गया। ताम्रपाषाण काल के लोग मुख्यत: ग्रामीण समुदाय के थे। भारत में ताम्र पाषाण अवस्था के मुख्य क्षेत्र दक्षिण-पूर्वी राजस्थान (अहाड़ एवं गिलुण्द), पश्चिमी मध्य प्रदेश (मालवा, कायथा और एरण), पश्चिमी महाराष्ट्र तथा दक्षिण-पूर्वी भारत हैं।

मालवा संस्कृति की एक विलक्षणता है—मालवा मृदभाण्ड, जो ताम्रपाषाण मृद्‌भाण्डों में उत्कृष्टतम माना गया है। मालवा संस्कृति के स्थल हैं—अहमदनगर के जोरवे, नेवासा एवं दैमाबाद, पुणे में चन्दौली, सोनेगाँव एवं इनामगाँव।

जोरवे संस्कृति ग्रामीण थी, फिर भी इसकी कई बस्तियाँ, जैसे—दैमाबाद और इनामगाँव में नगरीकरण की प्रक्रिया प्रारंभ हो गई थी। दैमाबाद से ताँबे का रथ चलाता हुआ, मनुष्य, साँड, गैण्डे तथा हाथी की आकृतियाँ प्राप्त हुई हैं। इनामगाँव एक बड़ी बस्ती है, जो किलाबन्द है तथा खाई से घिरी हुई है। ताम्रपाषाणिक स्थलों में सबसे बड़ा उत्खनित ग्रामीण स्थल एच. डी. आकलिया द्वारा उत्खनित नवदाटोली है, जहाँ से सर्वाधिक फसल के साक्ष्य प्राप्त हुए हैं।

अहाड़ संस्कृति का प्राचीन नाम ताम्बावती अर्थात् ताँबा वाली जगह है। गिलुण्द इस संस्कृति का स्थानीय केन्द्र माना जाता है। अहाड़ के लोग पत्थर के बने घरों में रहते थे। यहाँ से ताँबे की बनी कुल्हाड़ियाँ, चूड़ियाँ तथा कई तरह की चादरें प्राप्त हुई हैं।

कायथा के मृद्‌भाण्डों पर प्राक् हड़प्पन, हड़प्पन और हड़प्पोत्तर संस्कृति का प्रभाव दिखाई देता है। कायथा से स्टेटाइट और कॉर्नेलियन जैसे कीमती पत्थरों की गोलियों के हार पात्रों में जमे पाए गए हैं। गैरिक मृद्‌भाण्ड संस्कृति भी एक महत्वपूर्ण ताम्रपाषाणकालीन संस्कृति है। इसका काल 2000 से 1500 ई.पू. निर्धारित किया गया है।

प्रमुख ताम्रपाषाणिक संस्कृति

संस्कृति	काल
1. अहाड़ संस्कृति	2100 ई.पू. से 1800 ई.पू.
2. कायथा संस्कृति	2100 ई.पू. से 1800 ई.पू.
3. सावाल्दा संस्कृति	2100 ई.पू. से 1800 ई.पू.
4. प्रभास संस्कृति	1800 ई.पू. से 1200 ई.पू.
5. मालवा संस्कृति	1700 ई.पू. से 1200 ई.पू.
6. रंगपुर संस्कृति	1500 ई.पू. से 1200 ई.पू.
7. जोरवे संस्कृति	1400 ई.पू. से 700 ई. पू.

महापाषाण काल (Megalithic Period)

पाषाण (मेगालिथ) वे कब्रें हैं जिनमें मानव को दफनाया जाता था समाधि के आस-पास पाषाण (पत्थरों) प्रयोग होता था। ये समाधियां विभिन्न प्रकार की थीं यथा—1. डोलमेन 2. मेनहिरि 3. केयर्न सर्किल

महापाषाण काल से सम्बद्ध मानव साधारणतः पहाड़ों के ढलान पर रहता था। दक्कन, दक्षिण भारत, उत्तर-पूर्वी भारत तथा कश्मीर में यह प्रथा प्रचलित थी। यहाँ पर कब्रों में लोहे के औजार, घोड़े के कंकाल तथा पत्थर एवं सोने के गहने भी प्राप्त हुए हैं। यहाँ आंशिक शवाधान की पद्धति भी प्रचलित थी। जिसके तहत शवों को जंगली जानवरों के खाने के लिए छोड़ दिया जाता था। ब्रह्मगिरि, आदिनचल्लूर, मास्की पुदुको, चिंगलपुट, गुण्टूर, नागार्जुनीकोंडा आदि इसके प्रमुख शवाधान केन्द्र हैं। महापाषाणकालीन लोग धान के अतिरिक्त रागी की खेती भी करते थे। इतिहासकारों ने महापाषाण काल का निर्धारण 1000 ई.पू. से लेकर प्रथम शताब्दी ई.पू. के बीच किया है। दक्षिण भारत में लौह काल महापाषाण काल के समकालीन था।

अध्यांय सार संग्रह

- जिस काल के इतिहास का लिखित विवरण नहीं मिलता है, वह काल प्रागैतिहासिक काल कहलाता है, जैसे—पाषाण कालीन इतिहास।
- जिस काल के लिखित विवरण तो मिलते हैं, लेकिन उसका अर्थ स्पष्ट नहीं हो सका है, वह काल आद्य ऐतिहासिक काल कहलाता है, जैसे-सिन्धु सभ्यता।
- जिस काल के लिखित साक्ष्य का स्पष्ट विवरण प्राप्त होता है वह काल ऐतिहासिक काल कहलाता है, जैसे—महाजनपदों के बाद का काल (छठी सदी ई.पू. से)।
- प्रागैतिहासिक काल को सामान्यतः तीन भागों में बांटा गया है—पुरापाषाण काल, मध्य पाषाणकाल तथा नव या उत्तर पुरापाषाण काल।
- सर्वप्रथम पाषाणकालीन सभ्यता तथा संस्कृति का अन्वेषण ब्रूस फुट महोदय ने 1863 ई. में किया।
- पुरापाषाण काल को तीन भागों में बांटा जाता है—(i) निम्न पुरापाषाण काल (5,000000-50,000 ई.पू.) (ii) मध्य पुरापाषाण काल (50,000-40,000 ई.पू.) तथा (iii) उच्च पुरापाषाण काल (10,000-4,000 ई.पू.)।
- पुरापाषाण युग के स्थल वर्तमान पाकिस्तान के सोहन घाटी एवं महाराष्ट्र में पाये गये हैं।
- लोहदा नाला (बेलन घाटी, उत्तर प्रदेश) से पशु की हड्डी से बनी मूर्ति प्राप्त हुई है।
- हथनौरा (मध्य प्रदेश) से हाथी का सबसे पुराना जीवाश्म मिला है।
- मध्य पुरापाषाण युग के औजार मुख्यतः शल्क के थे। अतः इस संस्कृति को फलक संस्कृति की संज्ञा दी गई है।
- यह काल नियन्डरथल मानव का था। मोस्तारी संस्कृति इसी काल से संबद्ध है।
- पुरापाषाण काल में आग का आविष्कार हुआ जबकि नवपाषाण काल में पहिए का विकास हुआ।
- इस युग की दो (विश्वव्यापी) विशेषताएं हैं—नए चकमक उद्योग की स्थापना तथा आधुनिक प्रारूप के मानव (होमोसेपिएन्स) का उदय।
- इस काल के मानवों की गुफाएं भीमबेटका से मिली हैं, जिनमें विभिन्न कालों की चित्रकारी देखने को मिलती है।
- उच्च पुरापाषाण कालीन चित्रों में भैस, हाथी, बाघ, गैंडे तथा सूअर के चित्र प्रमुख हैं।
- भीमबेटका गुफा की खोज 1958 में बी. एस. वाकणकर ने की थी।
- उच्च पुरापाषाण काल में अस्थि उपकरणों का प्रयोग महत्वपूर्ण था। आंध्र प्रदेश के वेटमचर्ला से अनेक अस्थि उपकरण मिले हैं।
- मध्य पाषाण काल में पाषाण के लघु उपकरण बनाये जाते थे।
- भारत में सबसे पहले लघु पाषाण उपकरण 1867 ई. में विंध्य क्षेत्र में सी. एल. कार्लाइल द्वारा खोजा गया।
- प्रमुख मध्यपाषाणकालीन उपकरण हैं—इकधर, फलक, वेधनी, अर्द्धचन्द्राकार, समलंब इत्यादि।
- मध्यपाषाण काल में प्रक्षेपास्त्र तकनीक का विकास हुआ जिससे तीर-कमान का प्रचलन आरंभ हुआ।
- स्थायी निवास की अवधारणा नवपाषाण काल में आई तथा मानव ने 'कुत्ते' को सर्वप्रथम पालतू बनाया।
- इस काल के लोग पॉलिशदार पत्थर के औजारों और हथियारों का प्रयोग करते थे।
- नवपाषाण काल की प्रमुख विशेषताएं थीं—कृषि का आरंभ, गर्त-आवास (बुर्जहोम), मानव शव के साथ कुत्ता दफनाना, बड़ी मात्र में अस्थि के औजार, पोत-निर्माण, ऊन के साक्ष्य, स्थायी जीवन एवं समाज का निर्माण।
- ताम्रपाषाण कालः मुख्यतः ग्रामीण संस्कृति थी। इसे कृषक संस्कृति, पशुचारिक संस्कृति एवं क्षेत्रीय संस्कृति भी कहा जाता है।
- ताम्रपाषाण कालीन लोग तांबे और पाषाण (पत्थर) का साथ-साथ प्रयोग करते थे। यह भारत में कई संस्कृतियों का आधार बना।
- दक्षिणी-पूर्वी राजस्थान की संस्कृति को आहर संस्कृति कहा जाता है। आहार का प्राचीन नाम ताम्बवती था।
- नवदाटोली, एरण और नागदा मालवा संस्कृति के मुख्य स्थल हैं। नवदाटोली का उत्खनन कार्य प्रो. एच.डी. संकालिया ने करवाया।
- ताम्रपाषाण काल के लोग मातृदेवी की पूजा करते थे। वृषभ धार्मिक सम्प्रदाय का प्रतीक था।
- ताम्रपाषाण काल के लोग लाल मृद्‌भांड़ों का प्रयोग करते थे तथा अग्नि-पूजा का प्रचलन था।
- लौह काल का निर्धारण सामान्यतः 1000 ई. पू. से 600 ई.पू. के बीच किया जाता है।
- उत्तर भारत में लौह काल के साथ-साथ चित्रित धूसर मृदभांड (पी.जी.डब्ल्यू.) संस्कृति कायम हुई।
- दक्षिण भारत में लौह काल महापाषाण संस्कृति के समकालीन था।

2 अध्याय

सिन्धु घाटी सभ्यता

इस अध्याय में आप सीखेंगे किः

- सिन्धु सभ्यता का विकास और विस्तार कैसे हुआ।
- वे कौन सी ऐसी परिस्थितियाँ आयी जिसमें इस सभ्यता का विनाश हो गया अथवा यह सभ्यता सतत विकसित होती गयी, इसके कारणों के बारे में विभिन्न विचारों के विमर्श के संदर्भ में अध्ययन करेंगे।
- इस सभ्यता के सामाजिक, आर्थिक एवं राजनैतिक प्रगति और उसके प्रभाव क्या थे।
- इस सभ्यता के नगर नियोजन प्रणाली और उनकी जीवन शैली तथा धार्मिक क्रिया कलाप कैसा था।

भौगोलिक विस्तार एवं कालक्रम (Geographical Expansion and Chronology)

सिन्धु सभ्यता का उद्भव ताम्रपाषाणिक पृष्ठभूमि पर भारतीय उपमहाद्वीप के पश्चिमोत्तर भाग में हुआ। यह सभ्यता भारतीय उपमहाद्वीप में प्रथम नगरीय क्रान्ति की अवस्था को दर्शाती है। यह सभ्यता उत्तर में जम्मू के माण्डा से लेकर दक्षिण में प्रवरा (नर्मदा की सहायक) नदी के तट पर स्थित दैमाबाद तक और पश्चिम में बलूचिस्तान के मकरान तट पर स्थित सुत्कागेण्डोर से लेकर पूर्व में उत्तर प्रदेश के आलमगीरपुर तक फैली हुई थी। प्राचीन सभ्यताओं में यह सबसे विस्तृत सभ्यता थी।

इसका क्षेत्र त्रिभुजाकार है, जिसका क्षेत्रफल लगभग, 12,99,600 वर्ग किमी. है, जो प्राचीन मिस्र और मेसोपोटामिया की सभ्यता से बड़ा है। रेडियो कार्बन (सी-14) पद्धति के आधार पर इसका काल 2350 ई.पू. से 1750 ई.पू. के बीच निर्धारित किया गया है।

सर्वप्रथम चार्ल्स मैसन ने 1826 ई. में हड़प्पा सभ्यता के बारे में जानकारी दी। वर्ष 1921 में भारतीय पुरातत्व सर्वेक्षण विभाग के अध्यक्ष जॉन मार्शल के निर्देशन में इस स्थल का ज्ञान हुआ। सर्वप्रथम हड़प्पा की खोज के कारण इसका नाम हड़प्पा सभ्यता पड़ा।

सिन्धु घाटी सभ्यता के निर्माताओं का निर्धारण करने का महत्वपूर्ण स्रोत कंकाल है। सर्वाधिक कंकाल मोहनजोदड़ो से प्राप्त हुए हैं। कंकालों के परीक्षण से यह निर्धारित हुआ है कि सिन्धु सभ्यता में चार प्रजातियाँ निवास करती थीं—भूमध्यसागरीय, ऑस्ट्रेलॉयड, अल्पाइन तथा मंगोलायड। सिन्धु सभ्यता में सबसे ज्यादा भूमध्यसागरीय प्रजाति के लोग निवास करते थे।

नगर निर्माण योजना

सिन्धु घाटी सभ्यता की प्रमुख विशेषता उसकी नगर योजना एवं जल निकास प्रणाली है। सड़कें एक-दूसरे को समकोण पर काटती थीं। प्रत्येक नगर दो भागों में विभक्त थे—पश्चिमी टीले और पूर्वी टीले। पश्चिमी टीले अपेक्षाकृत ऊँचे, किन्तु छोटे होते थे। इन टीलों पर किले अथवा दुर्ग स्थित थे। इसे नगर दुर्ग कहा जाता था। यहाँ प्रशासक वर्ग रहता था।

पूर्वी टीले या निचले नगर पर नगर या आवास क्षेत्र के साक्ष्य मिले हैं, जो अपेक्षाकृत बड़े थे। इसमें सामान्य नागरिक, व्यापारी, शिल्पकार, कारीगर और श्रमिक रहते थे।

घरों के दरवाजे एवं खिड़कियाँ मुख्य सड़क में न खुलकर गलियों में खुलते थे, परंतु लोथल इसका अपवाद है, जहाँ के दरवाजे एवं खिड़कियाँ मुख्य सड़कों की ओर खुलते थे। कुछ भवनों की दीवारों पर प्लास्टर के भी साक्ष्य मिले हैं। यद्यपि मकान बनाने में कई प्रकार की ईंटों का उपयोग होता था, किन्तु सबसे प्रचलित आकार 4:2:1 का था।

सड़कों के दोनों ओर नालियों के निर्माण के लिए पक्की ईंटों का प्रयोग किया गया था। घरों का पानी बहकर सड़कों तक आता था, जहाँ इनके नीचे मोरियाँ बनी हुई थीं। ये मोरियाँ ईंटों और पत्थर की सिल्लियों से ढंकी रहती थीं। इन मोरियों में नरमोखे (मेनहोल) भी बने थे। सिन्धु स्भ्यता के लोग ईंटों की चिनाई (जुड़ाई) के लिए मिट्टी, जिप्सम, बजरी के गारे (मिश्रण) का प्रयोग करत थे।

सिन्धु-सभ्यता में बड़े-बड़े भवन मिले हैं, जिनमें स्नानागर, अन्नागार, सभा भवन, पुरोहित आवास आदि प्रमुख हैं। मोहनजोदड़ो को सबसे महत्वपूर्ण सार्वजनिक स्थल विशाल स्नानागार है, जबकि अन्नागर सिन्धु सभ्यता की सबसे बड़ी इमारत है। सिन्धु सभ्यता एक पूर्ण विकसित सभ्यता का प्रतिनिधित्व करती है, जिसकी प्रधान विशेषता नगरीकरण है।

पुरातौत्विक साहित्य में साधारणतः किसी अज्ञात संस्कृति का नामरण उस स्थल के नाम पर कर दिया जाता है जहाँ पहले-पहले खुदाई होती है।

भारतीय-पुरातत्व सर्वेक्षण के महानिदेशक जॉन मार्शल के निर्देश पर 1921 में दयाराम साहनी की देखरेख सर्वप्रथम हड़प्पा की खुदाई हुई।

चित्र: सिन्धु घाटी सभ्यता के स्थल

राजनीतिक स्थिति

सिन्धु सभ्यता के लोगों ने सबसे अधिक ध्यान वाणिज्य और व्यापार की ओर दिया। अतः हड़प्पा का शासन संभवतः वणिक वर्गों के हाथों में था। इतिहासकार हण्टर के अनुसार, यहाँ की शासन व्यवस्था जनतांत्रिक पद्धति से चलती थी। मैके के अनुसार, हड़प्पा सभ्यता में जनप्रतिनिधि का शासन था। स्टुअर्ट पिग्गट ने इस सभ्यता की जुड़वाँ राजधानियाँ हड़प्पा और मोहनजोदड़ो के होने का अनुमान लगाया है।

सामाजिक स्थिति

समाज की इकाई परंपरागत तौर पर परिवार थी। मातृदेवी की पूजा और मुहरों पर अंकित चित्र से यह परिलक्षित होता है कि सैन्धव समाज संभवतः मातृप्रधान या मातृसत्तात्मक था। सैन्धव समाज संभवतः अनेक वर्गों, जैसे—पुरोहित, व्यापारी, अधिकारी, शिल्पी, जुलाहे एवं श्रमिक में विभाजित थे। व्यापारी वर्ग सबसे प्रभावशाली था।

इस सभ्यता के निवासी संभवतः शाकाहारी एवं मांसाहारी दोनों थे। आभूषण सोने, चाँदी और माणिक्य के बनाए जाते थे। गरीब लोग संभवतः शंख, सीप और मिट्टी के बने हुए आभूषण पहनते थे। हाथी दाँत तथा शंख का उपयोग अलंकरण तथा चूड़ियाँ बनाने के लिए किया जाता था। आभूषणों का प्रयोग पुरुष और महिलाएँ दोनों करते थे।

तीन प्रकार के शवाधान-पूर्ण, आंभिक एवं दाह संस्कार का प्रमाण मिलता है। लोथल से युग्मित शवाधान मिलने से विद्वानों ने यहाँ सती प्रथा के प्रचलन का अनुमान लगाया है।

आर्थिक स्थिति

कृषि

सैन्धवकालीन अर्थव्यवस्था समृद्ध कृषि आंतरिक एवं वाह्य व्यापार के संतुलन पर आधारित थी। इस सभ्यता के लोग नौ फसलें—गेहूँ, जौ, राई, मटर, तिल, सरसों, चावल, कपास, अनाज आदि पैदा करते थे। कृषि कार्य हेतु प्रस्तर (पत्थर) एवं काँसे के औजारों का प्रयोग किया जाता था। इस सभ्यता से कोई फावड़ा या फाल नहीं मिला है। संभवतः ये लोग लकड़ी के हलों का प्रयोग करते थे।

कालीबंगा से जुते हुए खेत एवं बनावली से मिट्टी का हल जैसा खिलौना प्राप्त हुआ है। मोहनजोदड़ो, हड़प्पा एवं लोथल से अन्नागार के साक्ष्य प्राप्त हुए हैं। सबसे पहले कपास पैदा करने का श्रेय सिन्धु सभ्यता के लोगों को दिया जाता है। ये लोग—तरबूज, खरबुजा, नारियल, अनार, नींबू, केला आदि फलों से परिचित थे।

पशुपालन

सिन्धु सभ्यता में बैल, भैंस, गाय, भेड़, बकरी, कुत्ते, खच्चर आदि जानवर पाले जाते थे। लोथल एवं रंगपुर से घोड़े की मृण्मूर्तियाँ तथा सुरकोटडा से घोड़े के अस्थिपंजर प्राप्त हुए हैं, परंतु घोड़े पालने का स्पष्ट साक्ष्य नहीं मिला है। हाथी को पालतू बना लिया गया था। कूबड़ वाला साँड सबसे प्रिय पशु था। ऊँट की अस्थियाँ कालीबंगा से प्राप्त हुई हैं।

व्यापार एवं वाणिज्य

सिन्धु सभ्यता के लोगों के जीवन में व्यापार का सबसे बड़ा महत्व था। इसकी पुष्टि हड़प्पा, मोहनजोदड़ो तथा लोथल में अनाज के बड़े-बड़े कोठारों तथा ढेर सारी सीलों (मृण्मुद्राओं) के एक रूप लिपि और मानकीकृत माप-तौलों के अस्तित्व से होती है। देशी एवं विदेशी दोनों

प्रकार के व्यापार उन्नत अवस्था में थे। व्यापार विनिमय प्रणाली पर आधारित था।

बन्दरगाह या व्यापार तंत्र से जुड़े प्रमुख नगर बालाकोट, डाबरकोट, सुत्कागेण्डोर, सोत्कोकोइ, मुण्डीगाक, मालवान, भगतराव तथा प्रभासपाटन थे। मेसोपोटामियाई अभिलेखों में मेलुहा (सिन्ध क्षेत्र) के साथ व्यापारिक संबंध की चर्चा है। दिलमुन सैन्धव एवं मेसोपोटामिया के बीच मध्यस्थ बंदरगाह था। दिलमुन की पहचान बहरीन द्वीप से तथा मनका की पहचान ओमान से की गई है।

सैन्धव सभ्यता का व्यापार

आयातित वस्तुएँ	स्थल/क्षेत्र
ताँबा	खेतड़ी (राजस्थान), बलूचिस्तान
टिन	ईरान, अफगानिस्तान
सोना	अफगानिस्तान, फारस, कर्नाटक
चाँदी	ईरान, अफगानिस्तान, मेसोपोटामिया
खेलखड़ी	बलूचिस्तान, राजस्थान, गुजरात
हरित मणि	दक्षिण भारत
शंख एवं कौड़ियाँ	सौराष्ट्र (गुजरात), दक्षिण भारत
स्लेट	काँगड़ा (हिमाचल प्रदेश)
सीसा	ईरान, राजस्थान, अफगानिस्तान, दक्षिण भारत
नील-रत्न	बदख्शाँ, मेसोपोटामिया
गोमेद	सौराष्ट्र (गुजरात)
स्टेटाइट	ईरान
स्फटिक	दक्कन पठार, उड़ीसा, बिहार

उद्योग एवं शिल्प कला

सिन्धु सभ्यता में लोगों को लोहे का ज्ञान नहीं था, वे ताँबा में टिन मिलाकर काँसा बनाना जानते थे। हड़प्पा में नाव बनाने के साक्ष्य मिले हैं। धातुओं से लघु मूर्तियाँ बनाने के लिए मोम-साँचा विधि प्रचलित थी। लोथल से मिट्टी निर्मित नाव के पाँच नमूने मिले हैं।

सिन्धु सभ्यता में प्रमुख उद्योग सूती-वस्त्र निर्माण था। मुद्रा निर्माण, मूर्ति निर्माण, आभूषण एवं मनके बनाने के साक्ष्य भी मिलते हैं। बर्तन निर्माण भी अत्यंत महत्वपूर्ण व्यवसाय था। भारत में चाँदी सर्वप्रथम सिन्धु सभ्यता में पाई गई है। सैन्धव सभ्यता के अंतर्गत कांस्य कला, मृण्मूर्तियाँ, मनका-निर्माण तथा मुहर निर्माण की कला प्रचलित थी।

सिन्धु सभ्यता की सबसे प्रसिद्ध कलाकृति है—मोहनजोदड़ो से प्राप्त नृत्य की मुद्रा में नग्न स्त्री की कांस्य प्रतिमा। इसके अतिरिक्त अन्य प्रसिद्ध कलाकृतियाँ हैं—हड़प्पा एवं चान्हूदड़ो से प्राप्त काँसे की गाड़ियाँ, मोहनजोदड़ो से प्राप्त दाढ़ी वाले सिर की पत्थर की मूर्ति (संभवत: पुजारी), स्वास्तिक चिन्ह, मोहनजोदड़ो से प्राप्त हाथी दाँत पर मानव चित्र।

मिट्टी के बर्तन में एकरूपता है। ये बर्तन सादे हैं और उन पर लाल पट्टी के साथ-साथ काले रंग की चित्रकारी मिलती है। हड़प्पा सभ्यता से पक्की मिट्टी की मृण्मूर्तियाँ मिली हैं। बर्तनों पर वनस्पति का चित्रांकन पशुओं की अपेक्षा ज्यादा है।

माप-तौल

तौल में 16 या उसके आवर्तकों का व्यवहार होता था, जैसे—16, 64, 160, 320, 640, आदि। सोलह के अनुपात की यह परंपरा आधुनिक काल तक चलती रही है। माप तौल के बाट घनाकार, वर्तुलाकार, बेलनाकार, शंक्वाकार एवं ढोलाकार थे। सैन्धव लोग मापना भी जानते थे। ऐसे डण्डे पाए गए हैं, जिन पर माप के निशान लगे हुए हैं। इनमें एक काँसे का भी है। मोहनजोदड़ो से सीप का तथा लोथल से हाथी दाँत से निर्मित पैमाना मिला है।

मुहर

मुहरें हड़प्पा सभ्यता की सर्वोत्तम कलाकृतियाँ हैं। अब तक लगभग 2000 मुहरें प्राप्त हुई हैं। इनमें से अधिकांश मुहरें (लगभग 500) मोहनजोदड़ो से मिली हैं। आमतौर पर मुहरें चौकोर होती थी। चौकोर मुहरों पर लेख व पशुआकृति दोनों होती थीं, जबकि बेलनाकार मुहरों पर ज्यादातर लेख अंकित होते थे।

बेलनाकार, वृत्ताकार, आयताकार मुहरें भी मिली हैं। अधिकांश मुहरें सेलखड़ी की बनी होती थीं, परंतु कुछ गोमेद, मिट्टी एवं चर्ट की बनी थीं। मुहरों पर सर्वाधिक चित्र एक सींग वाले साँड (वृषभ) का है।

लिपि

सिन्धु लिपि में लगभग 64 मूल चिन्ह एवं 250 से 400 तक अक्षर हैं। इस लिपि का सबसे पुराना नमूना 1833 ई. में मिला था और वर्ष 1923 तक पूरी लिपि प्रकाश में आ गई, किन्तु यह अभी तक पढ़ी नहीं जा सकी है। लिपि भाव चित्रात्मक है तथा प्रत्येक अक्षर किसी ध्वनिभाव या वस्तु का सूचक है। यह क्रमश: दाईं ओर से बाईं ओर तथा बाईं ओर से दाईं ओर लिखी जाती है। इस पद्धति को बोस्ट्रोफेदोन कहा गया है।

धार्मिक स्थिति

सिन्धु सभ्यता के लोग मानव, पशु तथा वृक्ष तीनों रूपों में ईश्वर की उपासना करते थे। इस सभ्यता के लोग भूत-प्रेत, तन्त्र-मन्त्र आदि में विश्वास करते थे। बड़ी संख्या में ताबीजों की प्राप्ति से उनके अन्ध विश्वासों का पता चलता है।

भक्ति एवं परलोक जैसी अवधारणा इस सभ्यता के धार्मिक जीवन के अंग थे। वे यज्ञ से परिचित थे तथा पुनर्जन्म में विश्वास करते थे। कालीबंगा से अग्निवेदिका का साक्ष्य प्राप्त हुआ है।

सिन्धु सभ्यता में मातृदेवी की उपासना, पशुपति शिव की उपासना, लिंग एवं योनि पूजा, नाग पूजा, वृक्ष पूजा, पशु पूजा, अग्नि पूजा, जल पूजा आदि का प्रचलन था। स्वास्तिक एवं चक्र के साक्ष्य सूर्य पूजा के प्रतीक हैं। हड़प्पा से प्राप्त एक मूर्तिका में स्त्री के गर्भ से निकलता एक पौधा दिखाया गया है। मोहनजोदड़ो से प्राप्त एक मुहर पर पद्मासन मुद्रा में एक तीन मुख वाला पुरुष ध्यान की मुद्रा में बैठा हुआ है, जिसके सिर पर तीन सींग हैं। इसके बाईं ओर गैण्डा एवं भैंसा तथा दाईं ओर हाथी एवं ब्याघ्र हैं। आसन के नीचे दो हिरण बैठे हुए हैं। इसे पशुपति शिव का रूप माना गया है।

सिन्धु सभ्यता के पतन के कारक

सिन्धु सभ्यता के पतन के लिए कोई एक कारण नहीं था, बल्कि अलग-अलग स्थलों के लिए अलग-अलग कारक उत्तरदायी थे।

पतन के संदर्भ में विद्वानों के मत

विद्वान	मत
के.यू. आर. कनेडी	प्राकृतिक आपदा
जॉन मार्शल	प्रशासनिक शिथिलता
गार्डन चाइल्ड एवं ह्वीलर	बाह्य एवं आर्यों के आक्रमण
जॉन मार्शल, मैके एवं एवं एस.आर. राव	बाढ़
ऑरेल स्टाइन, ए.एन. घोष	जलवायु परिवर्तन
एम.आर. साहनी	भूगर्भिक परिवर्तन
एच.टी. लैम्ब्रिक	अस्थिर नदी तंत्र
राइक्स	भूकम्प

सिन्धु सभ्यता के प्रमुख स्थल

क्र.	स्थल	भौगोलिक अवस्थिति	खोजकर्ता/वर्ष
1.	हड़प्पा	रावी नदी मोण्टगोमरी, पाकिस्तान	दयाराम साहनी, 1921
2.	मोहनजोदड़ो	सिन्धु नदी, लरकाना, पाकिस्तान	रखालदास बनर्जी, 1922
3.	सुत्कागेण्डोर	दाश्क नदी, बलूचिस्तान, पाकिस्तान	औरैल स्टाइल, 1927 एवं जॉर्ज डेल्स
4.	आमरी	सिन्धु नदी, सिन्ध, पाकिस्तान	एन.जी. मजूमदार, 1929 एवं जार्ज एफ डेल्स 1963/79
5.	चान्हूदड़ो	सिन्धु नदी, सिन्ध, पाकिस्तान	एन.जी. मजूमदार, 1931
6.	कालीबंगा	घग्गर नदी, राजस्थान	अमलानंद घोष, 1953-60
7	कोट्दीजी	सिन्धु नदी, सिन्ध, पाकिस्तान	फजल अहमद, 1953-54
8.	रोपड़	सतलज नदी, पंजाब	यज्ञदत्त शर्मा, 1953-54
9.	रंगपुर	मादर नदी तट, गुजरात	रंगनाथ राव, 1953-54
10.	सुरकोट्डा	कच्छ, गुजरात	जे.पी. जोशी, 1954
11.	लोथल	भोगवा नदी, अहमदाबाद, गुजरात	रंगनाथ राव, 1957
12.	आलमगरीपुर	हिण्डन नदी, उत्तर प्रदेश	यज्ञदत्त शर्मा, 1958
13.	धौलावीरा	कच्छ, गुजरात	बी.बी. लाल, 1959 एवं आर-एस-बिष्ट, 1990-91
14.	राखीगढ़ी	घग्गर नदी, हरियाणा	सूरजभान, 1963
15.	मोतीथल	हरियाणा	सूरजभान, 1968
16.	बनवाली	सरस्वती नदी, हिसार, हरियाणा	आर.एस. बिष्ट, 1973
17	बालाकोट	अरब सागर, बलूचिस्तान, पाकिस्तान	आर.एस. बिष्ट, 1974/77
18.	भगवानपुरा	सरस्वती नदी, कुरूक्षेत्र, हरियाणा	जीपी जोशी, 1975-76
19.	अल्लाहदीनो	सिन्धु नदी, पश्चिमी पंजाब, पाकिस्तान	डब्ल्यू ए फेयरसर्विस, 1976
20.	कुणाल	सरस्वती नदी, हिसार, हरियाणा	एस.आर. राव, 1994

अध्याय सार संग्रह

- मोहनजोदड़ो का अर्थ होता है—मृतकों का टीला।
- कालीबंगा का अर्थ काले रंग की चूड़ियों से लगाया जाता है।
- लोथल का सबसे महत्वपूर्ण निर्माण डॉक-यार्ड या गोदी है।
- बनवाली से अच्छे किस्म के जौ, सरसों और तिल मिले हैं।
- अग्निकुंड लोथल और कालीबंगा से प्राप्त हुए हैं।
- कालीबंगा और बनवाली में दो सांस्कृतिक धाराओं प्राक्-हड़प्पा एवं हड़प्पा-कालीन संस्कृति के दर्शन होते हैं।
- हड़प्पा काल में व्यापार का माध्यम वस्तु विनिमय था।
- कालीबंगा के मकान कच्ची ईंटों से बने थे।
- चावल के प्रथम साक्ष्य लोथल से प्राप्त हुए हैं।
- हड़प्पा मुहरों पर सर्वाधिक एक शृंगी पशु का अंकन मिलता है।
- घोड़े की जानकारी मोहनजोदड़ो, लोथल तथा सुरकोटदा से प्राप्त हुई है।
- स्वास्तिक चिह्न हड़प्पा संस्कृति की देन है।
- चन्हूदड़ो एकमात्र पुरास्थल है जहां से वक्राकार ईंटें मिली हैं।
- हड़प्पा सभ्यता का परवर्ती काल रंगपुर तथा रोजदी में परिलक्षित होता है।
- हड़प्पा में अन्नागार गढ़ी से बाहर व मोहनजोदड़ो में गढ़ी के अंदर मिले हैं।
- आर-37 कब्रिस्तान हड़प्पा से प्राप्त हुआ है।
- रोपड़ से मात्र एक मुद्रा प्राप्त है।
- हड़प्पा पंजाब में रावी नदी के तट पर स्थित है।
- कालीबंगा में प्रथम काल से ही साधारण चूल्हों के साथ तंदूरी चूल्हे भी मिले हैं।
- कोटदिजि के भवनों में नालियों का समुचित प्रबंध नहीं था।
- मोहनजोदड़ों से प्राप्त कांस्य मूर्ति का रूप आस्ट्रोलायड है।
- सुल्कागेण्डोर दशक नदी के पूर्वी तट पर स्थित है।
- राणागुण्डई से घोड़े के दांत के साक्ष्य मिले हैं।
- आलमगीरपुर से प्राप्त सामग्री ह्रासोन्मुखी हड़प्पा सभ्यता की द्योतक है।
- सिन्धुवासी मुख्यत: आभूषण, रत्न और वस्त्रों का निर्यात करते थे।
- अफगानिस्तान, ईरान, बलूचिस्तान, मेसोपोटामिया तुर्कमेनिया से कच्चे माल का आयात करते थे।

अध्याय 3

वैदिक सभ्यता

इस अध्याय में आप सीखेंगे किः

- इस सभ्यता का उद्भव विकास कैसे हुआ और इसमें किस प्रकार सामाजिक, आर्थिक एवं राजनैतिक परिवर्तन हुए।
- इस सभ्यता के दौरान वैदिक, साहित्यिक, वेद उपनिषद की रचना कैसे और किन परिस्थितियों में हुई और इस साहित्य ने उस काल के मानव को कैसे और कहाँ तक प्रभावित किया।
- इस काल की संस्कृति कैसे भारत की महान संस्कृति कहलायी और इसके लिए कौन-कौन से दार्शनिक, विचारक और प्रवर्तकों ने इसे कैसे नयी ऊचाईयाँ दी।

उद्भव

वैदिक सभ्यता के निर्माता आर्य थे। वैदिक संस्कृति में आर्य शब्द का अर्थ—श्रेष्ठ, उत्तम, अभिजात्य कुलीन तथा उत्कृष्ट होता है। सर्वप्रथम एक जर्मन संस्कृत विद् मैक्समूलर ने 1853 ई. में आर्य शब्द का प्रयोग श्रेष्ठ मानवीय समुदाय के रूप में किया था जिनकी भाषा संस्कृत थी। आर्यों की भाषा संस्कृत थी। भारत में आर्यों की जानकारी ऋग्वेद से मिलती है, जो हिन्द-यूरोपीय भाषाओं का सबसे पुराना ग्रन्थ है। इसमें आर्य शब्द का 36 बार उल्लेख है। इराक़ से प्राप्त 1600 ई.पू. के कस्साइट अभिलेख तथा सीरिया से प्राप्त 1400 ई.पू. के मितन्नी अभिलेख में आर्य शब्द का उल्लेख मिलता है, जिससे पश्चिम एशिया में आर्य भाषा-भाषियों की उपस्थिति का पता चलता है।

आर्यों के मूल निवास स्थान के संदर्भ में विद्वानों के बीच मतभेद हैं। सर्वाधिक मान्य मत के अनुसार, आर्यों का मूल निवास आल्पस पर्वत के पूर्वी क्षेत्र (यूरेशिया) में था।

अध्ययन की सुविधा के लिए वैदिक संस्कृति को दो भागों में बाँटा गया है—ऋग्वैदिक काल (1500-1000 ई.पू.) एवं उत्तरवैदिक काल (1000-600 ई.पू.)।

ऋग्वैदिक काल (Rigvedic Period)

इस काल के अध्ययन का एकमात्र स्रोत ऋग्वेद है। ऋग्वैदिक काल में आर्यों का जीवन अस्थायी प्रकार का होता था।

मूल स्थान संबंधी विभिन्न मत

विद्वान	मूल स्थान
दयानन्द सरस्वती	तिब्बत
नेहरिंग एवं प्रो. गार्डन चाइल्ड	दक्षिणी रूस
प्रो. मैक्समूलर	मध्य एशिया (बैक्ट्रिया)
बालगंगाधर तिलक	उत्तरी ध्रुव
डॉ. अविनाशचन्द्र दास	सप्तसैन्धव प्रदेश
गंगानाथ झा	ब्रह्मर्षि देश
गाइल्स महोदाय	हंगरी तथा डेन्यूब नदी की घाटी

ऋगवैदिक कालीन आर्य यायावर घुमन्तू थे। जो एक ही स्थान पर स्थायी रूप से घर बनाकर नहीं रहते थे।

भौगोलिक विस्तार

ऋग्वेद में सप्त सैन्धव प्रदेश का वर्णन मिलता है। यह सात नदियाँ— सिन्धु (सिंध/सुवासा), सतलुज (शतुद्रि), व्यास (विपाशा), रावी (परूष्णी),

चेनाब (अस्किनी), झेलम (वितस्ता) तथा घग्घर (सुषोमा) से घिरा क्षेत्र था। ऋग्वेद में अफगानिस्तान की चार नदियाँ—कुभा (काबुल), क्रुमु (कुर्रम), गोमती (गोमल) और सुवास्तु (स्वात) का उल्लेख है। इससे स्पष्ट है कि आर्य सर्वप्रथम पंजाब और अफगानिस्तान क्षेत्र में बसे थे।

ऋग्वैदिक आर्यों की सबसे पवित्र नदी सरस्वती थी, जिसे मातेतमा, देवीतमा एवं नदीतमा कहा गया है। ऋग्वेद में चार समुद्रों का उल्लेख है। संभवत: समुद्र किसी जलराशि का वाचक था। ऋग्वेद में गंगा नदी का एक बार जबकि यमुना नदी का तीन बार उल्लेख हुआ है। मरूस्थल के लिए धन्व शब्द का उपयोग किया गया है। ऋग्वेद में हिमालय पर्वत एवं इसकी एक चोटी मुजवंत का भी उल्लेख है। ऋग्वैदिक पुरातात्विक साक्ष्य मुख्यत: तीन प्रकार के हैं—काले एवं लाल मृद्भाण्ड, ताम्र पुंज तथा गेरूवर्णी मृद्भाण्ड।

राजनीतिक स्थिति

ऋग्वैदिक प्रशासन मुख्यत: एक कबीलाई व्यवस्था वाला शासन था, जिसमें सैनिक भावना प्रमुख थी। सबसे छोटी इकाई कुल (परिवार) थी, जिसका प्रधान कुलप होता था। ग्राम, विश और जन ये उच्चतर इकाई थे। ग्राम संभवत: कई परिवारों के समूह को कहते थे। ग्रामणी ग्राम का प्रधान होता था।

'विश' कई ग्रामों का समूह था। इसका प्रधान विशपति कहलाता था। अनेक विशों का समूह जन होता था। जन के अधिपति को 'जनपति' या 'राजा' कहा जाता था। ऋग्वेद में 'जन' शब्द का उल्लेख 275 बार मिलता है, जबकि 'जनपद' शब्द का उल्लेख एक बार भी नहीं मिलता है।

जनों के प्रधान को राजन कहा जाता था। राजा के चुनाव में समिति का महत्वपूर्ण योगदान था। राजा को गोपति कहा जाता था। राजा की सहायता हेतु पुरोहित, सेनानी एवं ग्रामीण नामक प्रमुख अधिकारी थे। इनमें सबसे प्रमुख पुरोहित था।

ऋग्वेद में सभा, समिति, विदथ तथा गण जैसी संस्थाओं का उल्लेख मिलता है। ऋग्वेद की सबसे प्राचीन संस्था विदथ थे। सभा मुख्य रूप से वृद्ध जनों एवं कुलीन व्यक्तियों की संस्था थी। इसके सदस्यों को सुजान कहा जाता था। समिति कबीलों की आम सभा थी, जिसके प्रमुख को ईशान कहा जाता था। स्त्रियाँ केवल सभा में ही भाग ले सकती थी। विदथ में लूटी गई वस्तुओं का बँटवारा होता था।

बलि प्रजा द्वारा राजा को स्वेच्छा से दिया जाने वाला उपहार था। राजा इसके बदले उनकी सुरक्षा की जिम्मेदारी लेता था।

राजा नियमित या स्थायी सेना नहीं रखता था। व्रात, गण, ग्राम और सर्ध नाम से कबायली टोलियाँ लड़ाई लड़ती थी।

दशराज्ञ युद्ध परूष्णी (रावी) नदी के तट पर भरत वंश के राजा सुदास तथा दस अन्य जनों (पाँच आर्य एवं अनु अनार्य) के बीच हुआ था। पाँच आर्य कबीले—पुरू, यदु, तुर्वस, द्रुहु, एवं अनु तथा पाँच अनार्य कबीले—अकीन, पक्थ, भलानश, विषाणी एवं शिवि थे। इसमें सुदास की विजय हुई थी। ऋग्वेद के 7वें मण्डल में इस युद्ध का उल्लेख हुआ है।

सामाजिक स्थिति

ऋग्वैदिक समाज के संगठन का आधार गोत्र था, जो प्रत्येक व्यक्ति की पहचान का आधार था। समाज पितृसत्तात्मक था। संयुक्त परिवार की प्रथा प्रचलित थी। ऋग्वेद के 10वें मण्डल में वर्णित पुरुष सूक्त में चार वर्णों की उत्पत्ति का वर्णन मिलता है। इसमें कहा गया है कि ब्राह्मण परम-पुरुष के मुख से, क्षत्रिय उसकी भुजाओं से, वैश्य उसकी जाँघों से एवं शूद्र उसके पैरों से उत्पनन हुआ है। इस काल में व्यवसाय के आधार पर ही समाज का विभेद प्रारंभ हुआ।

प्रारंभ में हमें तीन वर्णों का उल्लेख मिलता है—ब्रह्म, क्षत्र एवं विश। शूद्र शब्द का उल्लेख सर्वप्रथम ऋग्वेद के 10वें मण्डल के पुरुष सूक्त में मिलता है। ऋग्वेद में दास प्रथा का उल्लेख भी मिलता है।

स्त्रियों की दशा

ऋग्वैदिक समाज में स्त्रियों की दशा काफी अच्छी थी। कन्याओं का उपनयन संस्कार होता था। स्त्रियों में पुनर्विवाह, नियोग प्रथा एवं बहुपति विवाह का प्रचलन था। बाल विवाह का प्रचलन नहीं था। स्त्रियों को यज्ञ करने का अधिकार था। लोपामुद्रा, घोषा, सिक्ता, विश्ववारा, अपाला आदि विदुषी स्त्रियों ने ऋग्वेद की बहुत-सी ऋचाओं की रचना की है। पर्दा प्रथा एवं सती प्रथा का प्रचलन नहीं था।

आर्थिक स्थिति

ऋग्वैदिक आर्यों का प्रारंभिक जीवन अस्थायी था। इनकी संस्कृति मूलत: ग्रामीण थी। कबायली संरचना के अनुकूल पशुपालन मुख्य पेशा तथा कृषि गौण पेशा था। पशुओं में गाय सर्वाधिक महत्वपूर्ण थी, जिसका ऋग्वेद में 176 बार उल्लेख मिलता है।

धनी व्यक्ति को गोमत तथा राजा को गोपति कहा जाता था। पणि नामक व्यापारी पशुओं की चोरी करने के लिए कुख्यात थे। ऋग्वेद में घोड़ा, बैल, भैंस, भैंसा, भेड़, बकरी, ऊँट तथा सरामा नामक एक पवित्र कुतिया का उल्लेख है। जबकि बाघ और हाथी का उल्लेख नहीं है। ऋग्वेद के चतुर्थ मण्डल में खेती प्रक्रिया का वर्णन मिलता है। एक ही अनाज यव अथवा जौ का उल्लेख है।

ऋग्वेद में बढ़ई, रथकार, बुनकर, चर्मकार, कुम्हार आदि शिल्पियों के उल्लेख मिलते हैं। बढ़ई के लिए तक्षण तथा धातुकर्मी के लिए कर्मार शब्द मिलता है। सोना के लिए हिरण्य शब्द मिलता है। ऋग्वेद में कपास का उल्लेख नहीं मिलता है। इस काल में ऋण देकर ब्याज लेने वाले को बेकनाट (सूदखोर) कहा जाता था।

धार्मिक स्थिति

आर्य बहुवेदववादी होते हुए भी एकेश्वरवाद में विश्वास करते थे। इस समय प्राकृतिक शक्तियों का मानवीकरण कर उनकी पूजा की गई। यज्ञों का महत्वपूर्ण स्थान था। वे मुख्य रूप से प्रकृति के पूजक थे।

प्रकृति के प्रतिनिधि के रूप में आर्यों के देवताओं की तीन श्रेणियाँ थीं—

1. आकाश के देवता—सूर्य, द्यौस, वरूण, मित्र, पूषन, विष्णु, सवितृ, उषा, अश्विन इत्यादि।
2. अन्तरिक्ष के देवता—इन्द्र, रूद्र, मारूत, वायु, पर्जन्य, मातरिश्वन आदि।
3. पृथ्वी के देवता—अग्नि, सोम, पृथ्वी, बृहस्पति आदि।

ऋग्वेद में इन्द्र का वर्णन सर्वाधिक लोकप्रिय देवता के रूप में किया जाता है, जिसे 250 सक्त समर्पित हैं। इन्द्र को आर्यों का युद्ध नेता तथा वर्षा, आँधी, तूफान का देवता माना जाता है।

ऋग्वेद के 5वें मण्डल में अग्नि सूक्त वर्णित है। जिसमें अग्नि की स्तुति में 200 सूक्त मिलते हैं। ऋगवेद काल में इन्द्र के बाद अग्नि दूसरे सबसे महत्वपूर्ण देवता थे। इस काल में अग्नि देवताओं तथा मनुष्यों के बीच मध्यस्थ था। इसके माध्यम से देवताओं को आहुतियाँ दी जाती थीं।

तीसरे प्रमुख देवता वरूण थे जो जलनिधि का प्रतिनिधित्व करते हैं। वरूण को ऋतस्य गोपा कहा गया है। ऋग्वेद के 9वें मण्डल में सोम की स्तुति है। सोम को पेय पदार्थ का देवता माना जाता है। द्यौस को ऋग्वैदिक कालीन देवों में सबसे प्राचीन माना जाता है।

गायत्री मंत्र ऋग्वेद के तीसरे मण्डल में उल्लेखित है। इसके रचनाकार विश्वामित्र हैं। यह सूर्य देवता को समर्पित है। देवताओं की उपासना की मुख्य रीति स्तुतिपाठ करना तथा यज्ञ बलि अर्पित करना था। स्तुति पाठ पर अधिक जोर था।

ऋग्वैदिक कालीन लोगों की उपासना का दृष्टिकोण भौतिकवादी था। पुनर्जन्म की अवधारणा नहीं थी। यज्ञ की तुलना में प्रार्थना ही अधिक प्रचलित थी।

उत्तरवैदिक काल (Later Vedic)

उत्तरवैदिक काल से संबंधित जानकारी हमें सामवेद, यजुर्वेद, अथर्ववेद तथा ब्राह्मण ग्रन्थ, आरण्यक, उपनिषद आदि से प्राप्त होती है। उत्तरवैदिक काल में आर्यों के जीवन में स्थायित्व आया। कृषि का महत्व व्यापक रूप से बढ़ा तथा विंध्याचल के उत्तर के सम्पूर्ण क्षेत्र में पहुँचने में सफल हुए।

भौगोलिक विस्तार

उत्तरवैदिक काल में आर्यों के प्रसार का वर्णन शतपथ ब्राह्मण के विदेह माधव की कथा में मिलता है। शतपथ ब्राह्मण में रेवा (नर्मदा नदी) का उल्लेख है। उत्तरवैदिक साहित्य में त्रिकबुद, कौच्च, मैनाक आदि पर्वतों का उल्लेख है, जो पूर्वी हिमालय में पड़ते हैं।

ऋग्वैदिक आर्यों ने ब्रह्मवर्त से आगे बढ़कर गंगा-यमुना दोआब तथा उसके निकट के क्षेत्र पर अधिकार करके उसका नाम ब्रह्मर्षि देश रखा। तत्पश्चात् हिमालय और विंध्याचल के मध्य क्षेत्र पर अधिकार करके उसका नाम मध्य देश रखा। कालांतर में सम्पूर्ण उत्तरी भारत उनके अधिकार में आ गया, जिसका नाम उन्होंने आर्यावर्त रखा।

राजनीतिक स्थिति

उत्तरवैदिक काल में पहली बार क्षेत्रीय राज्यों का उदय हुआ। पूरू एवं भरत कबीला मिलकर कुरू तथा तुर्वस एवं क्रीवी मिलकर पांचाल कहलाए। प्रारंभिक कुरूओं की राजधानी आसन्दीवत् थी, जिसके अंतर्गत कुरूक्षेत्र (सरस्वती एवं दृषद्वती के बीच की भूमि) सम्मिलित था। बाद में हस्तिनापुर उनकी राजधानी हो गई।

पांचालों की राजधानी काम्पिल्य थी। पांचालों के प्रसिद्ध शासक प्रवाहण जैवालि विद्वानों के संरक्षक थे। शतपथ ब्राह्मण में पांचाल को वैदिक सभ्यता का सर्वश्रेष्ठ प्रतिनिधि कहा गया है। उत्तरवैदिक काल में पांचाल सर्वाधिक विकसित राज्य था।

उत्तरवैदिक काल में छोटे-छोटे जन मिलकर जनपद में परिवर्तित हो गए। इसी समय राष्ट्र शब्द का प्रयोग भी पहली बार हुआ। राजा की उत्पत्ति का सिद्धांत सर्वप्रथम ऐतरेय ब्राह्मण में मिलता है। अधिकारों में वृद्धि के परिणामस्वरूप अलग-अलग दिशाओं के राजा के नाम अलग-अलग होने लगे। जैसे—

क्षेत्र	राज्य का नाम	राजा का नाम
पूर्व	साम्राज्य	सम्राट
पश्चिम	स्वराज्य	स्वराट
उत्तर	वैराज्य	विराट
दक्षिण	भोज्य	भोज
मध्य देश	राज्य	राजा

राजा का राज्याभिषेक राजसूय यज्ञ के द्वारा सम्पन्न होता था, जिसका विस्तृत वर्णन शतपथ ब्राह्मण से मिलता है, राजा की सहायता के लिए उच्च कोटि के अधिकारी थे, जिन्हें रत्निन कहा गया है। शतपथ ब्राह्मण में 12 रत्नियों का वर्णन मिलता है।

सबसे प्राचीन संस्था विदथ उत्तरवैदिक काल में समाप्त हो गई। राजा पर सभा और समिति का नियंत्रण समाप्त हो गया।

अथर्ववेद में सभा एवं समिति को प्रजापति की दो पुत्रियाँ कहा गया है। उत्तरवैदिक काल में राजतंत्र ही शासन का आधार था। कहीं-कहीं गणतंत्र के उदाहरण भी मिलते हैं। स्थायी सेना नहीं होती थी।

राजा न्याय का सर्वोच्च अधिकारी होता था। ब्राह्मण को मृत्युदण्ड नहीं दिया जाता था। उत्तरवैदिक काल में राजा अपनी प्रजा से नियमित कर वसूलने लगा, जिसे बलि, शुल्क या भाग कहा जाता था। इसकी मात्र 1/16 भाग थी।

सामाजिक स्थिति

उत्तरवैदिक काल में सामाजिक व्यवस्था का आधार वर्णाश्रम व्यवस्था ही था, यद्यपि वर्ण व्यवस्था में कठोरता आने लगी थी। समाज में

चार वर्ण—ब्राह्मण, क्षत्रिय, वैश्य और शूद्र थे। ब्राह्मण, क्षत्रिय तथा वैश्य इन तीनों को द्विज कहा जाता था। ये उपनयन संस्कार के अधिकारी थे। चौथा वर्ण (शूद्र) उपनयन संस्कार का अधिकारी नहीं था और यहीं से शूद्रों को अपात्र या आधारहीन मानने की प्रक्रिया शुरू हो गई।

यज्ञ का अनुष्ठान बढ़ जाने के कारण ब्राह्मणों की शक्ति में अपार वृद्धि हुई। ब्राह्मण लोग अपने यजमानों के लिए तथा अपने लिए धार्मिक अनुष्ठान और यज्ञ करते थे। इन्हें अदायी (दान लेने वाला) और सोमपाई (भ्रमण करने वाला) कहा गया है।

ऐतरेय ब्राह्मण में चारों वर्णों के कर्तव्यों का वर्णन मिलता है। इस काल में केवल वैश्य ही कर चुकाते थे। ब्राह्मण एवं क्षत्रिय दोनों वैश्यों से वसूले राजस्व पर जीते थे। शूद्र का कार्य अन्य वर्गों की सेवा करना था। समाज में रथकार का स्थान ऊँचा था, जिसका उपनयन संस्कार किया जाता था।

ऋग्वैदिक काल की अपेक्षा उत्तरवैदिक काल में स्त्रियों की दशा में गिरावट आई। ऐतरेय ब्राह्मण में पुत्री को सभी दु:खों का स्रोत तथा पुत्र को परिवार का रक्षक बताया गया है।

उत्तरवैदिक काल में आश्रम व्यवस्था स्थापित हुई। जिसमें केवल तीन आश्रमों ब्रह्मचर्य, गृहस्थ तथ वानप्रस्थ की जानकारी मिलती है, चौथे आश्रम सन्यास की अभी स्पष्ट स्थापना नहीं हुई थी।

आर्थिक स्थिति

उत्तरवैदिक काल में कृषि आर्यों का मुख्य पेशा हो गया। लोहे के उपकरणों के प्रयोग में कृषि क्षेत्र में क्रान्ति आ गई। यजुर्वेद में लोहे के लिए श्याम अयस एवं कृष्ण अयस शब्द का प्रयोग हुआ है। शतपथ ब्राह्मण में कृषि की चार क्रियाओं—जुताई, बुआई, कटाई और मड़ाई का उल्लेख हुआ है। पशुपालन गौण पेशा हो गया।

इस काल की मुख्य फसल धान और गेहूँ हो गई। यजुर्वेद में ब्रीहि (धान), यव (जौ), माण (उड़द), मुद्ग (मूँग), गोधूम (गेहूँ), मसूर आदि अनाजों का वर्णन मिलता है। अथर्ववेद में सर्वप्रथम नहरों का उल्लेख हुआ है।

तैतरीय संहिता में ऋण के लिए कुसीद शब्द मिलता है। शतपथ ब्राह्मण में महाजनी प्रथा का पहली बार ज़िक्र हुआ है तथा सूदखोर को कुसीदिन कहा गया है। निष्क, शतमान, पाद, कृष्णल आदि माप की विभिन्न इकाइयाँ थीं। द्रोण अनाज मापने के लिए प्रयुक्त किए जाते थे।

उत्तरवैदिक काल के लोग चार प्रकार के मृद्भाण्डों से परिचित थे—काला व लाल मृद्भाण्ड, काले पॉलिशदार मृद्भाण्ड, चित्रित धूसर मद्भाण्ड और लाल मृद्भाण्ड।

उत्तरवैदिक आर्यों को समुद्र का ज्ञान हो गया था। इस काल के साहित्य में पश्चिमी और पूर्वी दोनों प्रकार के समुद्रों का वर्णन है।

धार्मिक स्थिति

उत्तरवैदिक आर्यों के धार्मिक जीवन में मुख्यत: तीन परिवर्तन दृष्टिगोचर होते हैं—देवताओं की महत्ता में परिवर्तन, अराधना की रीति में परिवर्तन तथा धार्मिक उद्देश्यों में परिवर्तन।

उत्तरवैदिक काल में इन्द्र के स्थान पर सृजन के देवता प्रजापति को सर्वोच्च स्थान मिला। रूद्र और विष्णु दो अन्य प्रमुख देवता इस काल के माने जाते हैं। वरूण मात्र जल के देवता माने जाने लगे, जबकि पूषन अब शूद्रों के देवता हो गए।

इस काल में प्रत्येक वेद के अलग-अलग पुरोहित हो गए। ऋग्वेद का पुरोहित होता, सामवेद का उद्गाता, यजुर्वेद का अध्वर्यु एवं अथर्ववेद का ब्रह्मा कहलाता था। उत्तरवैदिक काल में अनेक प्रकार के यज्ञ प्रचलित थे, जिनमें सोमयज्ञ या अग्निष्टोम यज्ञ, अश्वमेघ यज्ञ, वाजपेय यज्ञ एवं राजसूय यज्ञ महत्वपूर्ण थे।

मृत्यु की चर्चा सर्वप्रथम शतपथ ब्राह्मण तथा मोक्ष की चर्चा सर्वप्रथम उपनिषद में मिलती है। पुनर्जन्म की अवधरणा वृहदराण्यक उपनिषद में मिलती है। निष्काम कर्म के सिद्धांत का प्रतिपादन सर्वप्रथम ईशोनिषद् में किया गया है।

वैदिक साहित्य (Vedic Literature)

ऋग्वेद

ऋग्वेद विश्व का प्रथम प्रमाणिक ग्रन्थ है। यह देवताओं को स्तुति से संबंधित रचनाओं का संग्रह है। ऋग्वेद 10 मण्डलों में विभक्त है। इसमें 2 से 7 तक के मण्डल प्राचीनतम माने जाते हैं। प्रथम एवं दशम मण्डल बाद में जोड़े गए हैं। इसमें कुल 1028 सूक्त हैं। इसकी भाषा पद्य रूप में है।

ऋग्वेद की अनेक बातें ईरानी भाषा के प्राचीनतम ग्रन्थ अवेस्ता में मिलती हैं। प्रसिद्ध वाक्य असतो मा सद्गमय ऋग्वेद से लिया गया है। प्रसिद्ध गायत्री मंत्र ऋग्वेद के तीसरे मण्डल में है।

यजुर्वेद

'यजुस + वेद' शब्दों से यजुर्वेद शब्द की व्युतपत्ति हुई। यजुस का अर्थ है यज्ञ। यजुर्वेद के मंत्रों का उच्चारण आध्वर्यु नामक पुरोहित करता था। इस वेद में अनेक प्रकार के यज्ञों को सम्पनन करने की विधियों का उल्लेख है। यह गद्य तथा पद्य दोनों में लिखा गया है। यजुर्वेद के दो मुख्य भाग हैं—कृष्ण यजुर्वेद एवं शुक्ल यजुर्वेद। इसमें पहली बार राजसूय तथा वाजपेय जैसे दो राजकीय समारोहों का उल्लेख है। शुक्ल यजुर्वेद को वाजसनेयी संहिता भी कहा जाता है।

अथर्ववेद

अथर्ववेद की रचना अथर्वा ऋषि द्वारा की गई है। अत: अथर्वा ऋषि के नाम पर ही इसे अथर्ववेद कहते हैं। इस वेद में कुल 20 मण्डल, 731 सूक्त एवं 5839 मंत्र हैं। इस वेद के महत्वपूर्ण विषय हैं—ब्रह्मज्ञान, औषधि प्रयोग, रोग निवारण, तंत्र-मंत्र, टोना-टोटका आदि। इसे ब्रह्मवेद, भैषज्यवेद एवं महीवेद के नाम से भी जाना जाता है।

वैदिक साहित्य से संबंधित साहित्य

वेद	ब्राह्मण	उपनिषद	उपवेद
ऋग्वेद	ऐतरेय, कौषितकी	ऐतरेयोपनिषद्, कोषितकी उपनिषद्	आयुर्वेद
यजुर्वेद			धनुर्वेद
1. शुक्ल यजुर्वेद	शतपथ	ईशोपनिषद्, वृहदारण्य कोपनिषद्	
2. कृष्ण यजुर्वेद	तैतरीय	कठोपनिषद्, मैत्रायणी उपनिषद्, श्वेताश्वतरोपनिषद्	
सामवेद	पंचविश, षड्विश एवं जैमिनीय	छान्दाम्योपनिषद् कैनोपनिषद	गन्धर्ववेद
अथर्ववेद	गोपथ ब्राह्मण	प्रश्नोपनिषद्, मुण्डकोपनिषद, माण्डुक्योपनिषद्	शिल्पवेद

ब्राह्मण ग्रन्थ

यज्ञों एवं कर्मकाण्डों के विधान एवं इनकी क्रियाओं को भली-भाँति समझने के लिए नवीन ब्राह्मण ग्रन्थ की रचना हुई। यज्ञ के विषयों का अच्छी तरह से प्रतिपादन करने वाले ग्रन्थ ही ब्राह्मण ग्रन्थ कहे गए। ब्राह्मण ग्रन्थों में वैदिक संहिताओं की गद्यात्मक व्याख्या है।

आरण्यक

आरण्यकों में दार्शनिक एवं रहस्यात्मक विषयों, जैसे—आत्मा, मृत्यु, जीवन आदि का वर्णन है। इन ग्रन्थों को आरण्यक इसलिए कहा गया है, क्योंकि इन ग्रन्थों को आरण्यक अर्थात् वन में पढ़ा जाता था। अथर्ववेद का कोई आरण्यक ग्रन्थ नहीं है।

प्रमुख दर्शन एवं उसके प्रवर्तक

दर्शन	प्रवर्तक
योग	पतंजलि (योगसूत्र)
न्याय	गौतम (न्यायसूत्र)
सांख्य	कपिल (सांख्य कारिका)
वैशेषिक	कणाद या उलूक
पूर्व मीमांसा	जैमिनी
उत्तर मीमांसा	बादरायण (ब्रह्मसूत्र)

उपनिषद्

उपनिषद् का शाब्दिक अर्थ है—समीप बैठना अर्थात् ब्रह्म विद्या को प्राप्त करने के लिए गुरू के समीप बैठना। उपनिषद् वैदिक साहित्य के अन्तिम भाग हैं, इसलिए इन्हें वेदान्त भी कहा जाता है। इनकी कुल संख्या 108 है। प्रमुख 12 उपनिषद् हैं। भारत का प्रसिद्ध राष्ट्रीय आदर्शवाक्य सत्यमेव जयते मुण्डकोपनिषद् से तथा तत् एवं असि नामक दार्शनिक अवधारणा छान्दोग्य उपनिषद् से ली गई है। आध्यात्मिक ज्ञान के संबंध में नचिकेता एवं यम संवाद कठोपनिषद् से लिया गया है। उपनिषद् प्राचीनतम दार्शनिक विचारों का संग्रह है।

वेदांग

वेदों के अर्थ को अच्छी तरह समझने में वेदांग सहायक होते हैं। इसमें कम शब्दों में अधिक तथ्य रखने का प्रयास किया गया है। वेदांगों की संख्या छः है—शिक्षा, कल्प, व्याकरण, निरूक्त, छन्द एवं ज्योतिष।

वेदांग		अर्थ
शिक्षा	—	शब्दों के उच्चारण के नियम
कल्प	—	कर्मकाण्डों के विधान
व्याकरण	—	भाषा के विभिन्न तत्वों का विवेचन
निरूक्त	—	वैदिक साहित्य का शब्दकोश
छन्द	—	वैदिक साहित्य का काव्य शास्त्र
ज्योतिष	—	खगोल विद्या

अध्याय सार संग्रह

- जब आर्य भारत में आए, तब वे तीन श्रेणियों में विभक्त थे—योद्धा, पुरोहित और सामान्य। जन आर्यों का प्रारंभिक विभाजन था। शूद्रों के चौथे वर्ग का उद्भव ऋग्वैदिक काल के अंतिम दौर में हुआ।
- इस काल में राजा की कोई नियमित सेना नहीं थी। युद्ध के समय संगठित की गई सेना को 'नागरिक सेना' कहते थे।
- ऋग्वेद में किसी परिवार का एक सदस्य कहता है—मैं कवि हूँ, मेरे पिता वैद्य हैं और माता चक्की चलाने वाली है, भिन्न-भिन्न व्यवसाओं से जीविकोपार्जन करते हुए हम एक साथ रहते हैं।
- हिरण्य एवं निष्क शब्द का प्रयोग स्वर्ण के लिए किया जाता था। इनका उपयोग द्रव्य के रूप में भी किया जाता था।
- ऋग्वेद में 'अनस' शब्द का प्रयोग बैलगाड़ी के लिए किया गया है।
- ऋग्वैदिक काल में दो अमूर्त देवता थे, जिन्हें श्रद्धा एवं मनु कहा जाता था।
- वैदिक लोगों ने सर्वप्रथम ताँबे की धातु का इस्तेमाल किया था।
- भारत में आर्य लोग जहाँ सर्वप्रथम बसे वह सारा प्रदेश 'सप्तसैंधव प्रदेश' के नाम से प्रसिद्ध हुआ।
- ऋग्वेद में सोम देवता के बारे में सर्वाधिक उल्लेख मिलता है।
- अग्नि को अतिथि कहा गया है, क्योंकि मातरिश्वन उन्हें स्वर्ग से धरती पर लाया था।
- यज्ञों का सम्पादन कार्य 'ऋद्विज' करते थे। इनके चार प्रकार थे—होता, अध्वर्यु, उद्गाता और ब्रह्म।
- संतान की इच्छुक विधवा महिलाएँ नियोग प्रथा का वरण करती थीं जिसके अंतर्गत उन्हें अपने देवर के साथ साहचर्य स्थापित करना पड़ता था।
- 'पणि' व्यापार के साथ-साथ मवेशियों की चोरी भी करते थे। उन्हें आर्यों का शत्रु माना जाता था।
- उत्तर वैदिक काल के लोग पक्की ईंटों का इस्तेमाल करना नहीं जानते थे।
- अथर्ववेद में एक स्थान पर विश द्वारा राजा के चुनाव का वर्णन मिलता है।
- शतपथ ब्राह्मण के अनुसार राजा वही होता है, जिसे प्रजा का अनुमोदन प्राप्त हो।
- यम और नचिकेता की कहानी कठोपनिषद में वर्णित है।
- उत्तर वैदिक काल में स्थायी सैन्य व्यवस्था का श्रीगणेश हुआ।
- उत्तर वैदिक काल में सर्वाधिक शक्तिशाली राज्य कुरु और पांचाल थे।
- शिल्पियों में रथकार आदि जैसे कुछ वर्गों का स्थान ऊँचा था और उन्हें यज्ञोपवीत पहनने का अधिकार प्राप्त था।
- तैत्तरीय ब्राह्मण में करघा के लिए 'वेमन' शब्द का प्रयोग मिलता है।
- उत्तर वैदिक कालीन आर्यों को गोबर की खाद तथा ऋतुओं के बारे में जानकारी थी।
- भारत में लोहे का साक्ष्य उत्तर वैदिक काल में सर्वप्रथम अंतरजीखेड़ा से प्राप्त होता है।
- राजसूय यज्ञ करने वाले प्रधान पुरोहित को 2,40,000 गाएं दक्षिणा में दी जाती थी।
- उत्तर वैदिक काल में धार्मिक क्षेत्र में पशुओं की बलि देने की प्रथा का प्रचलन हुआ।

अध्याय 4

मगध साम्राज्य

इस अध्याय में आप सीखेंगे कि:

- भारत में जनपदों, महा जनपदों और राज्यों का कैसे विस्तार हुआ और इसमें शासन करने वाले शासकों ने कैसे इसे महान और शक्तिशाली साम्राज्य बना दिया।
- इन शासकों की नीतियाँ और कार्यप्रणाली तथा संरचना कैसी थी कि सीमित संसाधनों में उस काल में इन्होंने कई प्रतिमान/मानक स्थापित किये।

महाजनपदों का उदय

छठी शताब्दी ई.पू. में व्यापार की प्रगति, लोहे के व्यापक प्रयोग, मुद्रा का प्रचलन और नगरों के उत्थान से धार्मिक, सामाजिक और राजनीतिक परिस्थितियों में युगांतकारी परिवर्तन आया। इस काल में कृषि में नवीन तकनीक तथा लोहे के प्रयोग के कारण अधिशेष उत्पादन होने लगा। कृषि अधिशेष से व्यापार एवं वाणिज्य को बल मिला, जिससे दूसरी नगरीय क्रान्ति आई। इस कारण उत्तर वैदिक काल के जनपद, महाजनपदों में परिवर्तित हो गए।

महाजनपदों की कुल संख्या 16 थी, जिसका उल्लेख बौद्ध ग्रन्थ—अंगुत्तर निकाय, महावस्तु एवं जैन ग्रन्थ—भगवती सूत्र में मिलता है। इसमें मगध, कोसल, वत्स और अवन्ति सर्वाधिक शक्तिशाली थे। यह काल द्वितीय नगरीकरण के नाम से जाना जाता है।

मल्ल महाजनपद के दो भाग थे—एक की राजधानी कुशीनगर एवं दूसरे की पावा थी। कुशीनगर में बुद्ध को महापरिनिर्वाण प्राप्त हुआ, जबकि पावा में महावीर को।

वत्स महाजनपद की राजधानी कौशाम्बी थी। राजा निचक्षू ने कौशाम्बी को अपनी राजधानी बनाया था। बुद्ध काल में उदयन यहाँ का प्रसिद्ध राजा था। अश्मक गोदावरी नदी के तट पर स्थित महाजनपद था, जिसकी राजधानी पोतना अथवा पोटिल थी। महाजनपदों में केवल अश्मक ही नर्मदा नदी के दक्षिण में स्थित था। शेष 15 महाजनपद उत्तर भारत में अपस्थित थे।

गान्धार महाजनपद की राजधानी तक्षशिला प्राचीन काल में विद्या एवं व्यापार का प्रसिद्ध केन्द्र थी। तक्षशिला झेलम तथा सिन्धु नदी के मध्य स्थित थी। पुष्कलावती यहाँ का प्रमुख नगर था।

महाजनपद एवं उनकी राजधानियाँ

महाजनपद	राजधानी	महाजनपद	महाजन
मगध	राजगृह	वत्स	कौशाम्बी
अवन्ति	उज्जयिनी/महिष्मती	कुरू	हस्तिनापुर
वज्जि	वैशाली	मत्स्य	विराटनगर
कोसल	श्रावस्ती	पांचाल	अहिच्छत्र/ कांपिल्य
काशी	वाराणसी	सूरसेन	मथुरा
अंग	चम्पा	गान्धार	तक्षशिला
मल्ल	कुशीनारा	कम्बोज	हाटक
चेदि	सोथवती	अश्मक	पोतन

अश्वसेन काशी, कोख्य कुरू, विराट मत्स्य, अवन्तिपुत्र सूरसेन, प्रसेनजित कोसल तथा चन्द्रवर्मन गांधार के प्रमुख शासक थे।

मगध का उत्कर्ष

महाजनपदों में मगध, वत्स, कोसल एवं अवन्ति अत्यंत शक्तिशाली थे। ये महाजनपद राजनीतिक वर्चस्व के लिए आपस में संघर्षरत थे। इनमें मगध और अवन्ति ज्यादा महत्वपूर्ण सिद्ध हुए। अंततः मगध ने अवन्ति पर भी

अपनी श्रेष्ठता स्थापित कर ली। विस्तृत उपजाऊ मैदान, कृषि में लोहे तथा नवीन तकनीक का प्रयोग, क्षेत्र एवं हाथियों की उपलब्धता, खनिज संसाधनों की उपलब्धता, व्यापार की अनुकूल दशा तथा प्राकृतिक सुरक्षा ने मगध के उत्कर्ष में महत्वपूर्ण योगदान दिया।

योग्य शासकों एवं मंत्रियों के योग्य नेतृत्व ने मगध के उद्भव की प्रक्रिया को आसान बना दिया। मगध पर क्रमशः हर्यक वंश, शिशुनाग वंश एवं नन्द वंश ने शासन किया, तत्पश्चात् मौर्य वंश की स्थापना हुई थी।

हर्यक वंश (544–412 ई.पू.)

बिम्बिसार (544-492 ई.पू.) यह प्रथम शक्तिशाली शासक था। इसे श्रेणिक के नाम से भी जाना जाता था। बिम्बिसार ने अंग राज्य को जीतकर अपने पुत्र अजातशत्रु को वहाँ का शासक नियुक्त किया। मगध राज्य की आरंभिक राजधानी गिरिब्रज (राजगृह) थी।

इसकी प्रथम पत्नी कोशल देवी कोसल राज प्रसेनजित की बहन थी, दूसरी लिच्छवि राजकुमारी चेल्लना थी तथा तीसरी भद्रकुल के प्रधान की पुत्री क्षेमा थी। वैवाहिक संबंधों के बदले मगध को कोसल से काशी का गाँव प्राप्त हुआ था।

बिम्बिसार ने अपने राजवैद्य जीवक को अवन्ति नरेश चण्डप्रद्योत के राज्य में चिकित्सार्थ भेजा था। बिम्बिसार बुद्ध का समकालीन तथा बौद्ध धर्मानुयायी था। इसने बौद्धों को वेलवन नामक वन दान में दिया था।

अजातशत्रु (492-460 ई.पू.) अपने पिता बिम्बिसार की हत्या करके मगध का शासक बना, जो कुणिक नाम से जाना जाता था। इसने काशी तथा वज्जि संघ को एक लंबे संघर्ष के बाद मगध साम्राज्य में मिला लिया। इसके मंत्री वस्सकार द्वारा वैशाली के लिच्छवियों में फूट डालने के कारण ही अजातशत्रु के वज्जि संघ पर विजय प्राप्त हुई। इस युद्ध में अजातशत्रु ने रथमूसल तथा महाशिलाकण्टक नामक नए हथियारों का प्रयोग किया।

इसके शासन काल के 8वें वर्ष में बुद्ध को निर्वाण प्राप्त हुआ। बुद्ध के अवशेषों पर उसने राजगृह में स्तूप का निर्माण कराया। इसी के काल में राजगृह की सप्तपर्णी गुफा में प्रथम बौद्ध संगीति का आयोजन किया गया, जिसमें बुद्ध की शिक्षाओं को सुत्तपिटक तथा विनयपिटक के रूप में लिपिबद्ध किया गया।

उदयिन (460-444 ई.पू.) अजातशत्रु की हत्या कर मगध का शासक बना। पुराणों एवं जैन ग्रन्थों के अनुसार, गंगा तथा सोन नदियों के संगम पर पाटलिपुत्र (कुम्रहार) नामक नगर की स्थापना की तथा उसे अपनी राजधानी बनाया। उदयिन जैन धर्मावलम्बी था।

शिशुनाग वंश (412–344 ई.पू.)

शिशुनाग (412-394 ई.पू.) ने अवन्ति तथा वत्स राज्य पर अधिकार कर उसे मगध साम्राज्य में मिला लिया। इसे जनता द्वारा चयनित शासक माना जाता था। शिशुनाग वे वज्जियों के ऊपर कठोर नियंत्रण रखने के लिए पाटलिपुत्र के अतिरिक्त वैशाली को अपनी दूसरी राजधानी बनाया।

कालाशोक (394-366 ई.पू.) का नाम पुराण तथा दिव्यावदान में काकवर्ण मिलता है। इसने वैशाली के स्थान पर पुनः पाटलिपुत्र को अपनी राजधानी बनाया। कालाशोक की मृत्यु के पश्चात् उसके उत्तराधिकारियों ने 344 ई. पू. तक शासन किया। इस वंश का अन्तिम शासक नन्दिवर्द्धन (महानन्दिन) था।

गणराज्य

महाजनपद काल में कुछ गणराज्य भी मौजूद थे। इनमें लिच्छवी सबसे बड़ा तथा शक्तिशाली गणराज्य था। प्रमुख गणतंत्र निम्नलिखित थे—

1. कपिल वस्तु के शाक्य—यह नेपाल की तराई में स्थित था। बुद्ध का जन्म इसी गणराज्य में हुआ था। अंततः कोसल महाजनपद ने इसे अपने राज्य में मिला लिया।
2. रामग्राम के कोलिय—यह गणराज्य शाक्यों का पड़ोसी था।
3. कुशीनारा के मल्ल—केसपुत्त के कालाम—बुद्ध के गुरू आलार कालाम इसी गणराज्य से थे।
4. मिथिला के विदेह—यहाँ के राजा जनक अपने विद्वता के लिए प्रसिद्ध थे।
5. वैशाली के लिच्छवी—यह बुद्ध काल का सबसे शक्तिशाली गणराज्य था। इसकी राजधानी वैशाली थी।

पिप्लिवन के मोरिय, अलकप्पा के बुलि, पावा के मल्ल और सुसुमारगिरि के भग्ग अन्य गणराज्य थे। लेकिन इनके बारे में विशेष जानकारी नहीं मिलती है।

नन्द वंश (344–322 ई.पू.)

नन्द वंश का संस्थापक महापद्मनन्द एक शूद्र शासक था। पुराणों में महापद्मनन्द को सर्वक्षत्रन्तक (क्षत्रियों का नाश करने वाला) तथा भार्गव (परशुराम का अवतार) कहा गया है। एक विशाल साम्राज्य स्थापित कर उसने एकराट एकच्छत्र की उपाधि धारण की।

महापद्मनन्द के आठ पुत्रों में धनानन्द सिकन्दर का समकालीन था। ग्रीक (यूनानी) लेखकों में इसे अग्रमीज कहा गया है। धनानन्द के समय 326 ई.पू. में सिकन्दर ने पश्चिमोत्तर भारत पर आक्रमण किया था। 322 ई.पू. में चन्द्रगुप्त मौर्य ने अपने गुरू चाणक्य की सहायता से धनानन्द की हत्या कर मौर्यवंश के शासन की नींव डाली। कहा जाता है कि नन्दों की सेना से भयभीत होकर सिकन्दर ने भारत पर आक्रमण नहीं किया।

विदेशी आक्रमण (Foreign Invasion)

ईरानी आक्रमण

भारत में प्रथम विदेशी आक्रमण ईरान के हखमनी वंश के शासक डेरियस-प्रथम या दारा प्रथम (दारयवहु) ने 1516 ई.पू. में किया। उसने सिंधु नदी के पश्चिमी स्रोत और सिंध स्रोत को जीत कर अपेन साम्राज्य में मिला लिया यह स्रोत फारस (ईरान) का शताब्दी (20 वां प्रांत) बन गया।

सिकन्दर द्वारा 331 ई.पू. में दारा तृतीय को पराजित करने के साथ ही भारत से ईरानी अधिकार समाप्त हो गया।

ईरानी आक्रमण का प्रभाव

- क्षत्रप शासन प्रणाली का विकास हुआ।
- समुद्री मार्ग की खोज से विदेशी व्यापार को प्रोत्साहन मिला साथ ही खरोष्ठी लिपि तथा आरमेइक लिपि का विकास हुआ।
- अभिलेख उत्कीर्ण करने की प्रथा प्रारम्भ हुई।

यूनानी आक्रमण (Greek Invasion)

भारत पर प्रथम यूनानी आक्रमण सिकन्दर ने 326 ई.पू. खैबर दर्रे को पार कर किया। आक्रमण के समय तक्षशिला का शासक आम्भी था, जिसने समर्पण कर दिया।

सिकन्दर का सबसे प्रसिद्ध युद्ध झेलम नदी के तट पर राजा पोरस के साथ हुआ, जो वितस्ता के युद्ध के नाम से जाना जाता था। इस युद्ध में पोरस की पराजय हुई। वितस्ता के युद्ध को हाइडेस्पीज का युद्ध के नाम से भी जाना जाता है। पोरस का राज्य झेलम और चिनाब नदी के बीच पड़ता था।

सिकन्दर की सहायता करने वाले भारतीय शासक शशिगुप्त, आम्भी और संजय थे। सिकन्दर की सेना ने व्यास नदी से आगे बढ़ने से इनकार कर दिया था। भारतीय भू-भाग पर सिकन्दर की अन्तिम विजय पाटल राज्य के विरुद्ध थी।

सिकन्दर ने दो नगरों की स्थापना की। पहला नगर 'निकैया' (विजय नगर) विजय प्राप्त करने के उपलक्ष्य में तथा दूसरा अपने प्रिय घोड़े के नाम पर बुकाफेला रखा।

सिकन्दर विजित भारतीय प्रदेशों को अपने सेनापति फिलिप को सौंप कर वापस लौट गया। लगभग 323 ई.पू. में बेबीलोन में उसका निधन हो गया। सिकन्दर भारत में लगभग 19 वर्ष रहा। अरस्तू सिकन्दर के गुरू थे।

यूनानी आक्रमण का प्रभाव

- प्राचीन भारत और प्राचीन यूरोप को निकट आने का अवसर मिला।
- मुद्रा निर्माण की कला के विकास में योगदान।
- गांधार शैली के विकास में योगदान।
- छोटे-छोटे राज्यों के एकीकरण के लिए मार्ग प्रशस्त हुआ।

अध्याय सार संग्रह

- ईसा पूर्व छठी शताब्दी में आर्थिक दशा में महत्वपूर्ण परिवर्तन हुआ। व्यापार में प्रगति, सिक्कों का प्रचलन और नगरों का उत्थान तीन महत्वपूर्ण परिवर्तन दृष्टिगोचर होते हैं।
- 'रत्नीन' प्रशासनिक अधिकारी थे। ये राजा के प्रति उत्तरदायी थे।
- मगध, वत्स, कोसल और अवंति ये चार इस काल के शक्तिशाली राज्य थे।
- इस काल में राजतंत्रात्मक राज्यों के अतिरिक्त कुछ गणराज्य भी थे, जो प्रायः हिमालय की तलहटी में स्थित थे।
- ऐसा प्रतीत होता है कि इस काल में उच्च अधिकारी और मंत्री अधिकतर पुरोहित अर्थात् ब्राह्मणों में से नियुक्त किए जाते थे।
- इस काल में करारोपण प्रणाली नियमित हो गई। बलि, शुल्क और भाग नामक कर पूरी तरह स्थापित हो गए।
- योद्धा और पुरोहित वर्ग के लोग करों के भुगतान से मुक्त थे। करों का अधिकांश बोझ किसानों पर पड़ता था, जो मुख्यतः वैश्य थे।
- इस काल में पहली बार निवास की भूमि और कृषि की भूमि अलग-अलग कर दी गई। इस काल में सर्वप्रथम स्थायी, नियमित एवं सुदृढ़ सेना का गठन हुआ।
- मौर्यकाल में साधारण जनता की भाषा पालि थी। इसीलिए अशोक ने अपने सभी अभिलेख इसी भाषा में उत्कीर्ण करवाये।
- यूनानी और लैटिन लेखकों ने पाटलिपुत्र को 'पालिब्रोथा' के रूप में उल्लिखित किया है।
- अशोक के अभिलेखों की तुलना ईराकी शासक डेरियस-I से की जाती है।
- मेगस्थनीज ने भारत में सात जातियों या वर्गों का उल्लेख किया है, जिसमें किसानों की संख्या सर्वाधिक थी।
- अशोक के कलिंग अभिलेख से पता चलता है कि प्रांतों में हो रहे अत्याचारों से वह बड़ा चितिंत था।
- अर्थशास्त्र में 18 अधिकरण तथा 180 प्रकरण हैं।
- संभ्रांत घरों की स्त्रियों को प्रायः अनिष्कासिनी कहा गया है।
- मौर्य शासन काल में वस्त्र उद्योग एक महत्वपूर्ण उद्योग था और राज्य द्वारा संचालित होता था।
- मनुस्मृति तथा अर्थशास्त्र से पता चलता है कि शूद्रों को सम्पत्ति का अधिकार प्राप्त था।
- एरियन ने पाटलिपुत्र में स्थित चन्द्रगुप्त के राजप्रासाद को 'सूसा' और एकबतना' के प्रासादों से सुंदर बताया है।
- स्तंभों मे सर्वाधिक महत्वपूर्ण अशोक द्वारा निर्मित सारनाथ का सिंह स्तंभ है, जिसके शीर्ष पर चार सिंह एक-दूसरे से पीठ सटाये बैठे हैं।
- मेगास्थनीज की कृति 'इण्डिका' है, जबकि मुद्राराक्षस विशाखदत्त द्वारा रचित है।
- मॉस्की शिलालेख में अशोक के नाम की खोज 1915 में बीडन द्वारा की गई।

अध्याय 5

धार्मिक आन्दोलन

इस अध्याय में आप सीखेंगे किः

- छठीं शताब्दी में वे कौन-कौन सी ऐसी परिस्थितियाँ आयी जिसके कारण बौद्ध और जैन धर्म का जेन्म हुआ।
- बौद्ध और जैन धर्म से सम्बन्धित सिद्धांत और मानक पुस्तकें, उनकी शिक्षाओं के बारे में जानकारी क्या है।
- बौद्ध एवं जैन के सम्मेलन तथा उनके सम्प्रदाय और उनके विभाजन के कारण क्या थे। इसके साथ-साथ यह जानकारी प्राप्त होगी कि कैसे बौद्ध धर्म का विस्तार पूरी दुनिया में हो गया है जबकि जैन धर्म भारत में ही सीमित रहा।

छठी शताब्दी ई.पू. के उत्तरार्द्ध में मध्य गंगा के मैदानों में अनेक धार्मिक सम्प्रदायों (Religious Sects) का उदय हुआ, जिनमें जैन और बौद्ध सर्वाधिक महत्वपूर्ण हुए।

जैन धर्म (Jainism)

जैन शब्द संस्कृत के 'जिन' शब्द से बना है, जिसका अर्थ—विजेता होता है, अर्थात् जिन्होंने अपने मन, वाणी एवं काया को जीत लिया हो। जैन साधुओं को निर्ग्रन्थ (बन्धनरहित) कहा गया है। जैन धर्म के प्रथम तीर्थंकर ऋषभदेव या आदिनाथ थे, जिनका जन्म अयोध्या में हुआ था। आदिनाथ ने कैलाश पर्वत पर शरीर का त्याग किया था। ऋषभदेव और अरिष्टनेमि (22वें तीर्थंकर) का उल्लेख ऋग्वेद मिलता है।

23वें तीर्थंकर पार्श्वनाथ काशी के राजा अश्वसेन के पुत्र थे। अपने अनुयायियों (निर्ग्रन्थ) को इन्होंने चातुर्याम शिक्षा या चार आचरण पालने करने को कहा—सत्य (सदा सत्य बोलना), अहिंसा (प्राणियों की हिंसा न करना), अस्तेय (चोरी न करना) तथा अपरिग्रह (सम्पत्ति न रखना)।

महावीर स्वामी

24वें तीर्थंकर महावीर स्वामी को जैन धर्म का वास्तविक संस्थापक माना जाता है, जिनका वास्तविक नाम वर्धमान था। इन्होंने 30 वर्ष की अवस्था में अपने अग्रज नन्दिवर्द्धन से आज्ञा लेकर गृहत्याग दिया। बाहर (12) वर्ष की कठोर तपस्या के बाद जृम्भिक ग्राम में ऋजुपालिका नदी के किनारे साल वृक्ष के नीचे उन्हें कैवल्य की प्राप्ति हुई।

ज्ञान प्राप्ति के पश्चात् महावीर केवलिन कहलाए। सभी इन्द्रियों पर विजय प्राप्त करने के कारण उन्हें जिन (विजेता) कहा गया। तपस्या के रूप में अद्भूत पराक्रम दिखाने के कारण वे महावीर कहलाए। उन्हें निर्ग्रन्थ (बन्धनरहित) के नाम से भी जाना गया। बौद्ध साहित्य में महावीर को निगण्ठनाथ पुत्र भी कहा गया है।

ज्ञान प्राप्ति के पश्चात् महावीर ने अपना प्रथम उपदेश राजगृह के निकट वितुलांचल पहाड़ी पर मेघकुमार को दिया। जमालि (दामाद) इनका प्रथम शिष्य बना। चम्पा नरेश दधिवाहन की पुत्री चन्दना इनकी प्रथम भिक्षुणी हुई। महावीर के 11 शिष्यों को गणधर कहा गया। महावीर के जीवनकाल में ही दस गणधरों की मृत्यु हो गई, केवल सुधर्मन जीवित बचा।

जैन धर्म की प्रमुख शिक्षाएं

महावीर ने अपने उपदेश लोक भाषा प्राकृत में दिए। देश के अलग-अलग भागों में प्राकृत के अनेक रूप प्रचलित थे। मगध में बोली जाने वाली प्राकृत मागधी कहलाती थी। प्राकृत में ही जैन साहित्य की रचना की गई।

जैन धर्म में संसार को दु:ख मूलक माना गया है। मनुष्य जरा वृद्धावस्था तथा मृत्यु से ग्रस्त है। सांसारिक जीवन की तृष्णाएँ व्यक्ति को घेरे रहती हैं। यही दु:ख का मूल कारण है। संसार त्याग तथा सन्यास मार्ग ही व्यक्ति को सच्चे मार्ग पर ले जा सकता है।

संसार के सभी प्राणी अपने-अपने संचित कर्मों के अनुसार, फल भोगते हैं। कर्मफल ही जन्म तथा मृत्यु का कारण है।

कर्मफल से छुटकारा पाकर ही व्यक्ति निर्वाण की ओर अग्रसर होता है।

त्रिरत्न

कर्मफल से मुक्ति के लिए त्रिरत्न का अनुशीलन आवश्यक है। जैन धर्म के त्रिरत्न हैं (इनमें आचरण पर सर्वाधिक बल दिया गया है)—सम्यक दर्शन—सत् में विश्वास, सम्यक ज्ञान—सद्रूप का शंकाविहिन तथा वास्तविक ज्ञान, सम्यक आचरण—सांसारिक विषयों से उत्पन्न सुख-दुःख के प्रति समभाव।

महाव्रत एवं अणुव्रत

सम्यक आचरण के पालन के संदर्भ में पाँच महाव्रतों का पालन आवश्यक है। पाँच महाव्रतों में चार अहिंसा, अमृषा (झूठ न बोलना), अपरिग्रह (संग्रह न करना) तथा अस्तेय (चोरी न करना) का प्रतिपादन पार्श्वनाथ ने किया था, जबकि पाँचवाँ महाव्रत ब्रह्मचर्य महावीर द्वारा जोड़ा गया था। गृहस्थ जीवन व्यतीत करने वाले जैनियों के लिए भी इन्हीं व्रतों की व्यवस्था है, लेकिन इनकी कठोरता में पर्याप्त कमी की गई है, इसलिए इन्हें अणुव्रत कहा गया है।

सम्यक ज्ञान

जैन दर्शन के अनुसार, सम्यक ज्ञान पाँच प्रकार के होते हैं—मति (इन्द्रिय जनित ज्ञान), श्रुति (श्रवन ज्ञान), अवधि (दिव्य ज्ञान), मनःपर्याय (दूसरे के मन को जान लेना), कैवल्य ज्ञान (सर्वोच्च ज्ञान)। जैन मतानुसार ज्ञान के तीन स्त्रोत हैं—प्रत्यक्ष, अनुमान एवं तीर्थंकरों के वचन।

जीव-अजीव

अजीव (निर्जीव सत्ता) का विभाजन पाँच भागों में किया गया है—पुद्गल, काल, आकाश, धर्म तथा अधर्म। धर्म का तात्पर्य, जो गति का साधन अथवा स्थित है, अधर्म का तात्पर्य, जो स्थिरता का साधन अथवा स्थिति है। पुद्गल का तात्पर्य उस तत्व से है, जिसका संयोग तथा विभाजन किया जा सके।

आत्मा स्वभाविक रूप से उज्जवल, सर्वज्ञाता तथा आनन्दमय है। विश्व में असंख्य आत्माएँ हैं, जो मूलतः समान हैं।

जीवों (जीवनों) और अजीवों (निर्जीव सत्ताओं) के पारस्परिक क्रिया संबंधों के आधार पर विश्व कार्य चलते हैं।

आत्मा की शुद्धि लम्बे समय तक उपवास, अहिंसा और इन्द्रिय निग्रह द्वारा संभव है। अज्ञानता के कारण कर्म जीव की ओर आकर्षित होने लगता है, जिसे आस्त्रव कहते हैं। कर्म का जीव के साथ संयुक्त हो जाना बन्धन है। आत्मा में कर्म के प्रवाह को रोकना संवर तथा प्रविष्ट कर्म को बाहर निकालने की प्रक्रिया निर्जरा कहलाती है।

अनन्त चतुष्टय

जब जीव से कर्म का अवशेष बिल्कुल समाप्त हो जाता है, तब वह (कैवल्य) मोक्ष की प्राप्ति कर लेता है। ऐसी स्थिति में आत्मा अनन्त ज्ञान, अनन्त दर्शन, अनन्त वीर्य तथा अनन्त आनन्द की स्थिति में होती है, जिसे अनन्त चतुष्ट्य कहा गया है।

कैवल्य

जैन धर्म में सिर्फ संघ के सदस्यों के लिए कैवल्य का प्रावधान है, सामान्य गृहस्थों के लिए नहीं। सामान्य गृहस्थों को सन्यासी या भिक्षु के जीवन में प्रवेश करने के पूर्व 11 कोटियों से गुजरना पड़ता है। जैन धर्म में पुनर्जन्म, कर्मवाद, मोक्ष एवं आत्मा की सत्ता को स्वीकार किया गया है। यह वेद की अपौरूषेयता तथा ईश्वर के अस्तित्व को अस्वीकार करता है। यह वर्णव्यवस्था की निन्दा नहीं करता है।

संलेखना

जैन धर्म में अहिंसा एवं काया क्लेश पर अत्यधिक जोर दिया गया है। काया क्लेश के अंतर्गत उपवास द्वारा आत्महत्या का विधान है। इस पद्धति को संलेखना एवं निषिद्धि कहा जाता है।

महावीर ने अपना उपदेश प्राकृत (अर्द्ध मगधी) भाषा में दिया। इस धर्म के मुख्य (क्रोड) सिद्धांत को अनेकान्तवाद, स्यादवाद, सप्रमंगी सिद्धांत, सप्रतिध सिद्धांत अथवा नयवाद के नाम से जाना जाता है। स्यादवाद ज्ञान की सापेक्षता का सिद्धांत है।

जैन संघ एवं सम्प्रदाय

महावीर की मृत्यु के पश्चात् केवल एक गणधर सुधर्मन जीवित बचा, जो जैन संघ का प्रथम अध्यक्ष बना। सुधर्मन की मृत्यु के बाद जम्बूस्वामी 44 वर्षों तक जैन संघ का अध्यक्ष रहा, जो अन्तिम केवलिन था। लगभग 300 ई.पू. के आस-पास मगध में 12 वर्षों का भीषण अकाल पड़ा, जिसके कारण भद्रबाहु शिष्यों के साथ दक्षिण चले गए। बचे हुए साधु स्थूलभद्र के नेतृत्व में वहीं बने रहे। स्थूलभद्र के अनुयायी श्वेताम्बर तथा भद्रबाहु के अनुयायी दिगम्बर कहलाए।

श्वेताम्बर एवं दिगम्बर में अंतर

श्वेताम्बर	दिगम्बर
मोक्ष प्राप्ति के लिए वस्त्र त्यागना आवश्यक नहीं	मोक्ष के लिए वस्त्र त्यागना आवश्यक
स्त्रियाँ निर्वाण की अधिकारी	स्त्रियों को निर्वाण संभव नहीं
कैवल्य प्राप्ति के बाद भी लोगों को भोजन की आवश्यकता	कैवल्य प्राप्ति के बाद भोजन की आवश्यकता नहीं
श्वेताम्बर मतानुसार महावीर विवाहित थे	दिगम्बर मतानुसार महावीर अविवाहित थे
19वें तीर्थंकर स्त्री थी	19वें तीर्थंकर पुरुष थे

जैन धर्म का प्रचार

महावीर स्वामी के समय में जैन धर्म का सर्वाधिक प्रसार हुआ। महावीर के समकालीन बिम्बिसार, चण्डप्रद्योत, अजातशत्रु, उदयिन, दधिवाहन एवं चेटक जैन धर्मानुयायी थे। महापद्मानन्द भी जैनी थे। मौर्य शासक चन्द्रगुप्त मौर्य एवं सम्प्रति जैन धर्मानुयायी थे। सम्प्रति ने जैन आचार्य सुहास्ति से शिक्षा ग्रहण की थी।

चन्द्रगुप्त मौर्य के समय में पाटलिपुत्र में प्रथम जैन संगीति का आयोजन हुआ। कलिंग नरेश खारवेल कट्टर जैन अनुयायी थे। उसके हाथी गुम्फा अभिलेख में जैन धर्म का प्राचीनतम अभिलेखीय साक्ष्य मिलता है। उदयगिरि पहाड़ी में खारवेल ने जैन साधुओं के लिए एक गुफा का निर्माण करवाया।

पूर्व मध्यकाल में राष्ट्रकूट, गंग, गुजरात के चालुक्य एवं चन्देल शासकों ने जैन धर्म को प्रश्रय दिया। राष्ट्रकूट शासक अमोघवर्ष जैन धर्म का अनुयायी था। गंग वंश के राजा राजमल चतुर्थ का मंत्री एवं सेनापति चामुण्डराय ने 974 ई. में श्रवणबेलगोला के पास एक बाहुबली की मूर्ति का निर्माण करवाया, जो गोमतेश्वर की मूर्ति कहलाती है। यहां पर प्रत्येक 12 वर्ष में महामस्तकाभिषेक किया जाता है।

चौहान शासक पृथ्वीराज ने जैन विद्वान अर्णोराज धर्मघोष सूरी को आश्रय दिया। मध्यकाल में मुहम्मद-बिन-तुगलक ने जिनसेन सूरी तथा मुगल बादशाह अकबर ने हरि विजय सूरी नामक विद्वान को आश्रय दिया। महावीर की शिक्षाओं को साहित्यों में संकलित करने के लिए दो जैन सभाओं का भी आयोजन किया गया।

जैन संगीतियाँ

सम्मेलन वर्ष	स्थान	अध्यक्ष	मुख्य बिन्दु
प्रथम (322-298 ई.पू.)	पाटलिपुत्र	स्थूलभद्र	12 अंगों का संकलन
द्वितीय (512 ई.)	वल्लभि	देवार्धि क्षमाश्रवण	11 अंगों को लिपिबद्ध किया गया

जैन साहित्य

जैन साहित्य प्राकृत एवं संस्कृत भाषा में मिलते हैं। प्राचीनतम जैन ग्रन्थ पूर्व कहे जाते हैं, पूर्व की संख्या 14 है। जैन साहित्य को आगम (सिद्धांत) कहा जाता है। इसके अंतर्गत 12 अंग, 12 उपांग, 10 प्रकीर्ण, 6 छेदसूत्र, 4 मूलसूत्र एवं अनुयोग सूत्र आते हैं। दूसरे जैन सम्मेलन में 11 अंगों को लिपिबद्ध किया गया तथा 12वें अंग दृष्टिवाद को नष्ट मान लिया गया।

जैन ग्रन्थ आचारांग सूत्र में जैन भिक्षुओं के आचार नियम, भगवती सूत्र में महावीर के जीवन, नाय धम्मकष सत्त में महावरी की शिक्षाओं का संग्रह तथा उपवासदसाओं में उपासकों के जीवन सम्बंधी नियम दिए गए हैं। कुवलयमाया में हूण शासक तोरमाण तथा भद्रबाहु चरित से चन्द्रगुप्त मौर्य के राज्यकाल की घटनाओं पर प्रकाश पड़ता है।

भद्रबाहु लिखित कल्पसूत्र, हरिभद्र सूरी कृत अनेकान्त विजय एवं धर्मबिन्दु तथा सर्वनन्दी कृत लोकविभंग प्रमुख जैन साहित्य हैं। संस्कृत में भद्रबाहु द्वारा लिखित कल्पसूत्र में तीर्थंकरों का जीवन चरित है।

जैन धर्म के तीर्थंकर एवं उनके प्रतीक

तीर्थंकर	प्रतीक	तीर्थंकर	प्रतीक
1. ऋषभदेव	वृषभ	2. अजितनाथ	गज
3. सम्भवनाथ	अश्व	4. अभिनन्दन नाथ	कपि
5. सुमतिनाथ	क्रौंच	6. पद्मप्रभु	पद्म
7. सुपार्श्वनाथ	स्वास्तिक	8. चन्द्रप्रभु	चन्द्र
9. सुविधिनाथ	मकर	10. शीतलनाथ	श्रीवत्स
11. श्रेयांसनाथ	गैण्डा	12. पूज्यनाथ	महिष
13. विमनाथ	वाराह वाराह	14. अनन्तनाथ	श्येन
15. धर्मनाथ	वज्र	16. शान्तिनाथ	मृग
17. कुन्थुनाथ	अज	18. अरनाथ	मीन
19. मल्लिनाथ	कलश	20. मुनिसुव्रत	कूर्म
21. नेमिनाथ	नीलोत्पल	22. अरिष्टनेमि	शंख
23. पार्श्वनाथ	सर्पफण	24. महावीर	सिंह

जैन धर्म के पतन के कारण

अहिंसा पर अत्यधिक बल, आत्मपीड़न, कठोर व्रत एवं तपस्या पर बल, जाति व्यवस्था के दर्शन को बनाए रखना, ब्राह्मण धर्म से पूर्णतः पृथक नहीं करना, बौद्ध धर्म का विस्तार एवं ब्राह्मण धर्म का पुनरूत्थान जैन धर्म के पतन के मुख्य कारण थे।

बौद्ध धर्म (Buddhism)

बौद्ध धर्म के संस्थापक महात्मा बुद्ध थे। बुद्ध का अर्थ 'प्रकाशमान' अथवा 'जाग्रत' होता है। बुद्ध का जन्म शाक्यों की राजधानी कपिलवस्तु के समीप लुम्बिनी में हुआ था। उनका नाम सिद्धार्थ रखा गया। उनका गोत्रीय अभिधान गौतम था, जिसका सर्वत्र बौद्ध साहित्य में उल्लेख मिलता है।

गौतम बुद्ध के जन्म पर कालदेव तथा कौण्डिन्य नामक ब्राह्मण ने भविष्यवाणी की थी कि यह बालक चक्रवर्ती राजा या सन्यासी होगा। गौतम बुद्ध के जीवन संबंधी चार दृश्य अत्यन्त प्रसिद्ध हैं, जिन्हें देखकर उनके मन में वैराग्य की भावना उठी—

1. वृद्ध व्यक्ति 2. बीमार व्यक्ति 3. मृत व्यक्ति
4. प्रसन्न मुद्रा में सन्यासी।

29 वर्ष की अवस्था में उन्होंने गृहत्याग दिया, जिसे बौद्ध ग्रन्थों में महाभिनिष्क्रमण कहा गया है। बुद्ध सर्वप्रथम अनुपिय नामक आम्र उद्यान में कुछ दिन रूके। वैशाली के समीप उनकी मुलाकात सांख्य दर्शन के आचार्य आलार कलाम तथा राजगृह के समीप रूद्रक रामपुत्र से हुई। ये दोनों बुद्ध के प्रारंभिक गुरू थे।

छः वर्ष तक अथक परिश्रम एवं घोर तपस्या के बाद 35 वर्ष की आयु में 'वैशाख पूर्णिमा' की एक रात पीपल वृक्ष के नीचे निरंजना (पुनपुन) नदी के तट पर सिद्धार्थ को ज्ञान प्राप्त हुआ, इसी दिन से वे तथागत कहलाए। ज्ञान प्राप्ति के बाद गौतम 'बुद्ध' के नाम से प्रसिद्ध हुए। इस घटना को निर्वाण कहा गया है।

धर्म-चक्र-प्रवर्तन

उरूवेला से बुद्ध सारनाथ (ऋषि पत्तनम एवं मृतदाव)आए। यहाँ उन्होंनें पाँच ब्राह्मण संन्यासियों को अपना प्रथम उपदेश दिया, जिसे बौद्ध ग्रन्थों में धर्म-चक्र-प्रवर्तन के नाम से जाना जाता है। बौद्ध संघ में प्रवेश सर्वप्रथम यहीं से प्रारंभ हुआ।

ज्ञान प्राप्ति के 8वें वर्ष वैशाली के लिच्छवियों ने बुद्ध को वैशाली आमंत्रित किया तथा कूटाग्रशाला नामक विहार दान में दिया।

अपने शिष्य आनन्द के कहने पर बुद्ध ने वैशाली में महिलाओं को संघ में प्रवेश की अनुमति दी। प्रजापति गौतमी पहली भिक्षुणी थी। गौतमी की पुत्री नन्दा, बुद्ध की पत्नी यशोधरा, वैशाली की नगरवधू आम्रपाली तथा बिम्बिसार की पत्नी क्षेमा भी बुद्ध की शिष्या बन गई।

ज्ञान प्राप्ति के 20 वें वर्ष बुद्ध श्रावस्ती पहुँचे तथा वहाँ अंगुलिमाल नामक डाकू को अपना शिष्य बनाया।

बुद्ध ने अपने जीवन के सर्वाधिक उपदेश कोसल देश की राजधानी श्रावस्ती में दिए। बुद्ध ने अन्तिम उपदेश कुशीनगर में 'सुभद्द' को दिया था।

महापरिनिर्वाण

अपने शिष्य चुन्द के यहाँ सूकरमाद्दव भोज्य सामग्री खाने से बुद्ध अतिसार रोग से पीड़ित हो गए। 80 वर्ष की अवस्था में इनकी मृत्यु हो गई। इसे बौद्ध परम्परा में महापरिनिर्वाण के नाम से जाना जाता है।

बुद्ध की मृत्यु के बाद उनके अस्थि अवशेष के आठ भाग किए गए तथा प्रत्येक पर स्तूप बनवाए गए।

बौद्ध धर्म की शिक्षाएं

बुद्ध ने आम जनता की भाषा पालि में उपदेश दिए। उनके अनुसार सृष्टि दु:खमय, क्षणिक एवं आत्मविहीन है। वे कर्म एवं पुनर्जन्म में विश्वास करते हैं तथा ईश्वर एवं अपौरूषेय वेद की सत्ता को अस्वीकार करते हैं। बौद्ध धर्म की मुख्य शिक्षा जन्म आधारित वर्ण व्यवस्था को भी अस्वीकार करना है। बुद्ध के जीवन की प्रमुख घटनाओं को प्रतीकों के माध्यम से दर्शाने की परंपरा रही है। जैसे, (जन्म—कमल एवं साँड), (गृहत्याग—घोड़ा), (ज्ञान—बोधिवृक्ष), (निर्वाण—पदचिन्ह) तथा (मृत्यु—स्तूप)।

बौद्ध दर्शन के अनुसार मानव शरीर भौतिक तथा मानसिक तत्वों के पाँच स्कन्धों से निर्मित है—रूप, संज्ञा, वेदना, विज्ञान एवं संस्कार। चार आर्य सत्य बौद्ध धर्म के मूल सिद्धान्त हैं। ये हैं—दु:ख है, दु:ख का कारण है, दु:ख का निदान है और दु:ख निदान के उपाय हैं।

अष्टांगिक मार्ग

गौतम बुद्ध ने चतुर्थ आर्य सत्य में दु:ख निरोध का उपाय बताया। इसे 'दु:ख निरोध गामिनी प्रतिपदा' कहा जाता है। इसे 'मध्यमा प्रतिपदा' या मध्यम मार्ग भी कहते हैं। उनके इस मध्यम प्रतिपद में आठ सोपान हैं, इसलिए इसे अष्टांगिक मार्ग भी कहते हैं।

इसके आठ सोपान हैं—सम्यक् दृष्टि, सम्यक् संकल्प, सम्यक् वाक्, सम्यक् कर्मांत, सम्यक् आजीव, सम्यक् व्यायाम, सम्यक् स्मृति एवं सम्यक् समाधि।

प्रतीत्य समुत्पाद

प्रतीत्य समुत्पाद बुद्ध के उपदेशों का सार एवं उनकी सम्पूर्ण शिक्षाओं का आधार स्तंभ है। प्रतीत्यसमुत्पाद का शब्दिक अर्थ है—प्रतीत्य (किसी वस्तु के होने पर) समुत्पाद (किसी अन्य वस्तु की उत्पत्ति)। प्रतीत्यसमुत्पाद के 12 क्रम हैं, जिन्हें द्वादश निदान कहा जाता है।

प्रतीत्यसमुत्पाद, बौद्ध धर्म का कारण—कार्य सिद्धांत है। प्रतीत्यसमुत्पाद में ही अन्य सिद्धान्त जैसे, क्षणभंगवाद तथा नैरात्मवाद आदि समाहित हैं। दु:ख के कारणों को प्रतीत्यसमुत्पाद (इसके प्राप्त होने से यह उत्पन्न होता है) कहा गया है। इसे हेतु परंपरा भी कहा जाता है।

बौद्ध धर्म के अनुसार, मनुष्य के जीवन का परम लक्ष्य है—निर्वाण प्राप्ति। निर्वाण का अर्थ है—दीपक का बुझ जाना अर्थात् जीवन-मरण के चक्र से मुक्ति।

त्रिरत्न

बौद्ध धर्म के त्रिरत्न हैं—बुद्ध, संघ और धम्म। बौद्ध दर्शन के अनुसार, यह सृष्टि विभिन्न चक्रों में विभाजित है। इसमें एक बुद्ध चक्र तो दूसरा शून्य चक्र होता है। हम बुद्ध चक्र में हैं।

दस शील

बौद्ध धर्म में निर्वाण प्राप्ति के लिए सदाचार तथा नैतिक जीवन पर अत्यधिक बल दिया गया है। दस शीलों का अनुशीलन नैतिक जीवन का आधार है। इन दस शीलों को शिक्षापद भी कहा गया है, ये हैं—अहिंसा, सत्य, अस्तेय (चोरी न करना), अपरिग्रह (धन संचय न करना), ब्रह्मचर्य, असमय भोजन न करना, व्यभिचार न करना, मद्य सेवन न करना, आरामदायक शय्या का त्याग तथा आभूषणों का त्याग।

बौद्ध संघ

बौद्ध धर्म के त्रिरत्न बुद्ध, धम्भ व 'संघ' का संघ महत्वपूर्ण अंग है। सारनाथ में ही बुद्ध ने घोषित किया कि धम्म और संघ के निर्धारित नियम ही उनके उत्तराधिकारी हैं। यह विवरण महापरिनिर्वाण सुत्त में मिलता है।

स्त्रियों को भी संघ में प्रवेश का अधिकार प्राप्त था। इसमें प्रवेश के लिए 15 वर्ष या उससे अधिक उम्र अनिवार्य थी। बौद्ध संघ में चोर, हत्यारों, ऋणी व्यक्तियों, राजा के सेवक, दास तथा रोगी व्यक्तियों का प्रवेश वर्जित था।

बौद्ध संघ में प्रवेश को उपसम्पदा कहा जाता था। संघ की सभा में प्रस्ताव को नत्ति कहा जाता था। प्रस्ताव पाठ अनुसावन अथवा कम्पवाचा कहा जाता था। किसी पवित्र अवसर पर भिक्षुओं के एकत्र होकर चर्चा करने को उपोसथ कहा जाता था। वर्षा ऋतु के दौरान मठों में प्रवास के समय भिक्षुओं द्वारा अपराध स्वीकारोक्ति समारोह पवरन कहलाता था।

बौद्धों के लिए महीने के चार दिन अमावस्या, पूर्णिमा और दो चतुर्थी दिवस उपवास के दिन होते थे। बौद्धों का सबसे पवित्र एवं महत्वपूर्ण दिन या त्योहार वैशाख की पूर्णिमा है, जिसे 'बुद्ध पूर्णिमा' के नाम से जाना जाता है। इस दिन का अत्यधिक महत्व इसलिए है, क्योंकि इसी दिन बुद्ध का जन्म, ज्ञान की प्राप्ति एवं महापरिनिर्वाण की प्राप्ति हुई।

स्तूप, चैत्य एवं विहार

स्तूप का शाब्दिक अर्थ है—'किसी वस्तु का ढेर'। स्तूप का विकास संभवत: मिट्टी के ऐसे चबूतरे से हुआ, जिसका निर्माण मृतक की चिता के ऊपर अथवा मृतक की चुनी हुई अस्थियों को रखने के लिए किया जाता था। स्तूपों को मुख्यत: चार भागों में बाँटा जा सकता है—

1. शारीरिक स्तूप प्रधान स्तूप होते थे, जिसमें बुद्ध के शरीर, धातु, केश और दन्त आदि को रखा जाता था।
2. पारिभोगिक स्तूप इसमें महात्मा बुद्ध के द्वारा उपयोग की गई वस्तुओं, जैसे, भिक्षापात्र, चीवर, संघाटी, पादुका आदि को रखा जाता था।
3. उद्देशिका स्तूप ऐसे स्तूप होते थे, जिनका सम्बन्ध बुद्ध के जीवन से जुड़ी घटनाओं की स्मृति से जुड़े स्थानों से था।
4. पूजार्थक स्तूप ऐसे स्तूप होते थे, जिनका निर्माण बुद्ध की श्रद्धा के वशीभूत धनवान व्यक्तियों द्वारा तीर्थ स्थानों पर होता था।

स्तूप के महत्वपूर्ण हिस्से इस प्रकार होते हैं—

- वेदिका (रेलिंग) का निर्माण स्तूप की सुरक्षा के लिए होता था।
- मेधि (कुर्सी) वह चबूतरा जिस पर स्तूप का मुख्य हिस्सा आधारित होता था।
- अण्ड स्तूप का अर्द्ध गोलाकार हिस्सा होता था।
- हर्मिका स्तूप के शिखर पर अस्थि की रक्षा के लिए।
- छत्र धार्मिक चिन्ह का प्रतीक।
- यष्टि छत्त को सहारा देने के लिए होता था।
- सोपान मेधि पर चढ़ने-उतरने हेतु सीढ़ी।

चैत्य इसका शब्दिक अर्थ है—चिता संबंधी। शवदाह के पश्चात् बचे हुए अवशेषों को भूमि में गाड़कर उनके ऊपर जो समाधियाँ बनाई गईं, उन्हीं को प्रारंभ में चैत्य या स्तूप कहा गया।

विहार—बौद्ध चैत्यों या स्तूपों के पास भिक्षुओं के रहने के लिए आवास बनाया जाता था, जिसे विहार कहा जाता था। चैत्यों के उपासना स्थल में परिवर्तित हो जाने के कारण उसके समीप ही विहार का निर्माण होने लगा।

बौद्ध धर्म का प्रसार

बुद्ध की मृत्यु के पश्चात् बौद्ध धर्म के विचारों का प्रचार-प्रसार करने के लिए चार बौद्ध संगीतियों का आयोजन किया गया।

बौद्ध संगीतियाँ

संगीति	स्थान	समय	शासनकाल	अध्यक्ष	कार्य
प्रथम	सप्तपर्णीगुफा (राजगृह)	483 ई.पू.	अजातशत्रु	महाकस्सप	बुद्ध के उपदेशों को सुत्तपितक तथा विनयपिटक में अलग-अलग संकलित किया गया।
द्वितीय	वैशाली	383 ई.पू.	कालाशोक	साबकमीर (सर्वकामनी)	भिक्षुओं में मतभेद के कारण स्थविर एवं महासंघिक में विभाजन।
तृतीय	पाटलिपुत्र	250 ई.पू.	अशोक	मोग्गलिपुत्त तिस्स	अभिधम्मपिटक का संकलन।
चतुर्थ	कुण्डलवन (कश्मीर)	72 ई.	कनिष्क	वसुमित्र	बौद्ध, संघ का हीनयान एवं महायान सम्पद्रायों में विभाजन।

हीनयान

हीनयान के प्रमुख सम्प्रदाय हैं—वैभाषिक तथा सौत्रन्त्रिक। वैभाषिक सम्प्रदाय की उत्पत्ति मुख्य रूप से कश्मीर में हुई। विभाषशास्त्र पर आधारित होने के कारण इसे वैभाषिक नाम दिया गया है।

सौत्रान्तिक मत का मुख्य आधार सूत्र (सूत्त) पिटक है। अत: इसे सौत्रान्तिक कहा जाता है। यह चित्त तथा बाह्य जगत दोनों की सत्ता में विश्वास करते हैं। सौत्रान्तिक सम्प्रदाय के प्रवर्तक कुमारलात थे।

स्थविरवादी, सर्वास्तिवादी तथा समित्या हीनयान के अन्य प्रमुख उपसम्प्रदाय हैं। स्थविरवादी परंपरागत धर्म था। सर्वास्तिवादी के अनुसार, दृश्य जगत के धर्म पूर्णत: क्षणिक हैं। समित्या एक ऐसी आत्मा की परिकल्पना करता है,जो एक जीवन से दूसरे जीवन में चली जाती है।

महायान

महायान बौद्ध सम्प्रदाय के दो मुख्य भाग हैं—शून्यवाद या माध्यमिका एवं विज्ञानवाद या योगाचार। शून्यवाद मत के प्रवर्तक नागार्जुन थे, जिनकी प्रसिद्ध कृति माध्यमिक कारिका है, इसे सापेक्षवाद भी कहा जाता है। इसके अनुसार, प्रत्येक वस्तु का अर्थ विनाशवाद नहीं है। यहाँ शून्यता के दो प्रकार अस्तित्व शून्यता एवं विचार शून्यता माना गया है।

विज्ञानवाद (योगाचार) मत का विकास ईसा की तीसरी सदी में मैत्रेयनाथ द्वारा किया गया। यह मत चित्त अथवा विज्ञान को ही एकमात्र सत्ता स्वीकार करता है। इसमें योगाभ्यास एवं आचरण पर विशेष बल दिया गया है। असंग द्वारा लिखित सूत्रलंकार इस धर्म से संबंधित प्राचीनतम ग्रन्थ है।

हीनयान एवं महायान में अंतर

हीनयान	महायान
बुद्ध एक महापुरुष	बुद्ध एक देवता
व्यक्तिवादी धर्म, सभी को अपने प्रयत्नों से मोक्ष प्राप्त करना चाहिए।	परसेवा तथा परोपकार पर बल, उद्देश्य समस्त मानव जाति का कल्याण।
मूर्ति पूजा एवं भक्ति में विश्वास नहीं।	मूर्ति पूजा का विधान, मोक्ष के लिए बुद्ध की कृपा।
साधन पद्धति अत्यन्त कठोर, भिक्षु जीवन का हिमायती	सिद्धांत सरल एवं सुलभ, भिक्षुओं तथा उपासकों को भी महत्व।
आदर्श 'अर्हत' पद को प्राप्त करना।	आदर्श 'बोधिसत्व' है।
साहित्य पाली भाषा में	साहित्य संस्कृत भाषा में।

वज्रयान सम्प्रदाय

पूर्व मध्यकाल में बौद्ध धर्म की महत्वपूर्ण विशेषता थी—बौद्ध धर्म में तन्त्र-मन्त्र का बढ़ता प्रभाव। इसके प्रभाव से वज्रयान नामक सम्प्रदाय का उद्भव हुआ। वज्रयान साधु, गुहय साधना का प्रयोग करने लगे और पंचमकार (मद्य, माँस, मैथुन, मत्स्य, मुद्र) की साधना करने लगे। वज्रयान का सबसे अधिक विकास 8वीं शताब्दी में हुआ।

वज्रयान सम्प्रदाय के अंतर्गत ही 10वीं शताब्दी में एक अन्य सम्प्रदाय काल चक्रयान अस्तित्व में आया, इसमें सर्वोच्च देवता कालचक्र को माना गया। बंगाल में ही सहजयान पन्थ का विकास हुआ। 8वीं शताब्दी में कश्मीर के सर्वज्ञमित्र नामक व्यक्ति ने तंत्रवाद को बौद्ध सम्प्रदाय में अपनाया था। इस पन्थ में पुरुष के साथ स्त्री की कल्पना भी जुड़ गई। तारा के अतिरिक्त निचले स्तर पर कुछ अन्य स्त्रियाँ थीं, जैसे—मातंगी, पिशाची, योगिनी, डाकनी आदि।

गुप्तकाल के पश्चात् बौद्ध धर्म पर तान्त्रिक प्रभाव के कारण महायान संप्रदाय—मंत्रयान, बज्रयान, सहजपान आदि का रूप धारण कर लेता है जनसाधारण की धार्मिक भावना की तुष्टि के लिए, विविध धार्मिक क्रियायों, अनुष्ठानों गूढ़क्रियायों को सम्मिलित करना पड़ा। इन कारणों से महायान का नया रूप मंत्रयान के रूप में आया। अर्थहीन धरणियों को मंत्र के रूप में प्रयुक्त किया जाता था। किंतु लोगों में विश्वास था कि धरणियों के जप एंव पाठ का चमत्कारिक प्रभाव होता है

प्रारंभ में मंत्रयान ग्रंथों में वोधिसत्व अवलोकितेश्वर की पूजा की जाती थी किंतु आगे चलकर तारा की पूजा की महिमा का वर्णन है छठी शताब्दी मंजूश्रीमूलकल्प में तारा की पूजा का प्रचलन सर्वाधिक हो गया। सातवीं शताब्दी से तो अधिकांशतर स्रोत तारा, योगिनी, अकिनी आदि से ही संबंधित हैं।

बौद्ध साहित्य

महात्मा बुद्ध के परिनिर्वाण के उपरांत आयोजित विभिन्न बौद्ध संगीतियों में संकलित किए गए त्रिपिटक सम्भवत: सर्वाधिक प्राचीन धर्मग्रन्थ हैं। त्रिपिटक—सुत्तपिटक, विनयपिटक एवं अभिधम्मपिटक।

सुत्तपिटक सुत्त का शब्दिक अर्थ है—धर्मोपदेश। यह पिटक पाँच निकायों में विभाजित है—

1. **दीर्घनिकाय—**गद्य एवं पद्य दोनों में रचित इस निकाय में अन्य धर्मों के सिद्धांतों का खण्डन तथा बौद्ध धर्म के सिद्धांतों का समर्थन किया गया है।
2. **मज्झिम निकाय—**इसमें महात्मा बुद्ध को कहीं साधारण मनुष्य तो कहीं अलौकिक शक्ति वाले दैव रूप में वर्णित किया गया है।
3. **संयुक्त निकाय—**गद्य एवं पद्य दोनों शैलियों के प्रयोग वाला यह निकाय अनेक संयुक्तों का संकलन मात्र है।
4. **अंगुत्तर निकाय—**इसमें महात्मा बुद्ध द्वारा भिक्षुओं को उपदेश में कही जाने वाली बातों का वर्णन है। इसमें छठी शताब्दी ई.पू. के सोलह महाजनपदों का उल्लेख मिलता है।
5. **खुद्दक निकाय—**इसे कई ग्रंथों का संकलन माना जाता है—यथा—धम्मपद, विभानवत्थु, सुत्तनियात, थेरीगाथा, जातक आदि।

विनियपिटक—इसमें बौद्ध मठों में रहने वाले भिक्षु-भिक्षुणियों के अनुशासन संबंधी नियम दिए गए हैं। बौद्ध संघ की कार्य-प्रणाली की व्यवस्था भी इसी ग्रन्थ में उल्लिखित है। यह पतिमोक्ख, सुत्तविभंग खन्धक तथा परिवार में विभक्त है।

अभिधम्मपिटक—इसमें महात्मा बुद्ध के उपदेशों एवं सिद्धान्तों तथा बौद्ध मतों की दार्शनिक व्याख्या की गई है। एक मान्यता के अनुसार इस पिटक का संकलन अशोक के समय में सम्पन्न तृतीय बौद्ध संगीति में मोग्गलिपुत्त तिस्स ने किया।

त्रिपिटकों के अतिरिक्त कुछ अन्य बौद्ध ग्रन्थ भी पालि भाषा में लिखे गए हैं। ये हैं—

- **मिलिन्दपन्हों**—इससे ईसा की प्रथम दो शताब्दियों के भारतीय जनजीवन के विषय में जानकारी मिलती है। इसमें यूनानी शासक मिनाण्डर एवं बौद्ध भिक्षु नागसेन के बीच बौद्ध मत पर वार्तालाप का वर्णन है।
- **दीपवंश**—लगभग चतुर्थ शताब्दी ई. में रचित सिंहल द्वीप के इतिहास पर प्रकाश डालने वाला यह पहला ग्रन्थ है।
- **महावंश**—मदन्त महानाम द्वारा संभवत: 5वीं एवं 6ठीं शताब्दी ई. में रचित इस ग्रन्थ में मगध के राजाओं की क्रमबद्ध सूची मिलती है।
- **महावस्तु**—यह विनयपिटक से संबंधित ग्रन्थ है।

बौद्ध ग्रन्थ

अश्वघोष ने *बुद्धचरित, सौन्दरानन्द, सारिपुत्र प्रकरण, सूत्रलंकार, वज्रसूची* आदि ग्रन्थों की रचना की। सौनन्दरानन्द में बुद्ध के चचेरे भाई सौन्दरानन्द के सन्यास लेने तथा बौद्ध धर्म में दक्षित होने का विवरण है। सारिपुत्र प्रकरण में बुद्ध के शिष्य सारिपुत्र के बौद्ध धर्म में दीक्षित होने का नाटकीय विवरण है। वसुबन्धु की *अभिधर्मकोष,* असंग का *महायान सूत्रलंकार,* आर्यदेव की *चतुःशतिका,* दिड नाग का *प्रमाण समुच्चय,* शान्तिदेव का *शिक्षा समुच्चय* अन्य बौद्ध ग्रन्थ हैं।

बौद्ध धर्म के पतन के कारण

बौद्ध धर्म के पतन के कारण निम्नलिखित हैं—

- बौद्ध धर्म में कर्मकाण्डों का प्रारंभ।
- बौद्ध भिक्षुओं का आम लोगों के जीवन से दूर जाना।
- मूर्तिपूजा का प्रारंभ, भक्तों से भारी मात्र में दान लेना प्रारंभ।
- ब्राह्मण धर्म का पुनरूत्थान।
- बुद्ध को ब्राह्मणों ने विष्णु का अवतार मानकर वैष्णव धर्म में समाहित कर लिया।
- बौद्ध विहारों में कुरीतियाँ।
- कुछ शासकों का बौद्ध विरोधी दृष्टिकोण।

बौद्ध एवं जैन मत में तुलना

समानता	असमानता
1. दोनों के संस्थापक क्षत्रिय कुल के थे।	बौद्ध निर्वाण इसी जीवन में संभव मानते हैं, जबकि जैन शरीर में मुक्ति के पश्चात् ही इसे संभव मानते हैं।
2. दोनों में वेदों की प्रमाण्यता के प्रति अनास्था है।	बौद्ध मत मुक्ति हेतु मध्य मार्ग का उपदेश देता है, जबकि जैन कठोर साधना पर बल देता है।
3. कर्मकाण्डों के फली-भूत होने का निषेध किया गया है। कर्म व पुनर्जन्म दोनों मानते हैं।	बुद्ध ने जाति प्रथा की कठोर निन्दा की है, जबकि महावीर ने नहीं।
4. शूद्रों व महिलाओं के द्वारा मोक्ष प्राप्ति की संभावना का विरोध किया गया।	महावीर ने बुद्ध की अपेक्षा अहिंसा व अपरिगृह पर अधिक बल दिया है।

अन्य सम्प्रदाय (Other Sects)

बौद्ध ग्रन्थों के अनुसार, छठी सदी ई.पू. में भारत में लगभग 62 सम्प्रदाय थे, जिनमें कुछ प्रमुख सम्प्रदाय निम्नलिखित थे—

सम्प्रदाय	संस्थापक	मुख्य विचार
भौतिकवादी	अजितकेसकम्बलिन	इसका मत था कि मृत्यु के बाद कुछ भी शेष नहीं बचता। अच्छे या बुरे कर्मों का कोई फल नहीं होता।
अक्रियावादी	पूरणकश्यप	कर्म और पुनर्जन्म में विश्वास नहीं करते।
आजीवक	मक्खलिपुत्र गोशाल	इनका मत था कि आत्मा का अनेकानेक पुनर्जन्मों के अटलचक्र से गुजरना ही पड़ता है।
नियतिवादी पकुध कच्चायन	पकुध कच्चायन	संसार में न कोई किसी को मारता है और न ही कोई मारा जाता हैं सब कुछ पूर्व से ही निश्चित है।
अनिश्चियवादी या संदेहवादी	संजयवेलट्ठिपुत्तं	जीवन संबंधी प्रत्येक प्रश्न पर इनको अनिश्चया संदेह था यथा—न तो यह कहा जा सकता है कि स्वर्ग या नरक है या फिर नहीं।

अध्याय सार संग्रह

- जैन व बौद्ध धर्म को नास्तिक इसलिए माना जाता है कि वे वेदों की प्रामाणिकता में विश्वास नहीं करते।
- ऋग्वैदिक कालीन यज्ञों में सात पुरोहित होते थे, जबकि उत्तर वैदिक यज्ञों में 14 पुरोहित होते थे।
- जैन धर्म में देवताओं के अस्तित्व को स्वीकार किया गया है किंतु उनका स्थान जिन से नीचे रखा गया है।
- जैन धर्म संसार की वास्तविकता को स्वीकार करता है पर सृष्टिकर्ता के रूप में ईश्वर को नहीं स्वीकारता है।
- बौद्ध धर्म की तरह जैन धर्म में वर्ण व्यवस्था की निंदा नहीं की गई है।
- महावीर के अनुसार पूर्व जन्म में अर्जित पुण्य एवं पाप के अनुसार ही किसी का जन्म उच्च अथवा निम्न कुल में होता है।
- जैन धर्म पुनर्जन्म एवं कर्मवाद में विश्वास करता है। उनके अनुसार कर्मफल ही जन्म तथा मृत्यु का कारण है।
- जैन धर्म में मुख्यत: सांसारिक बंधनों से मुक्ति प्राप्त करने के उपाय बताए गए हैं।
- जैन धर्म में अहिंसा पर विशेष बल दिया गया है। इसमें कृषि एवं युद्ध में भाग लेने पर प्रतिबंध लगाया गया है।
- जैन धर्म में संलेखना से तात्पर्य है—'उपवास द्वारा शरीर का त्याग।'
- कालांतर में जैन धर्म दो समुदायों में विभाजित हो गया:
  (1) तेरापंथी (श्वेताम्बर)
  (2) समैया (दिगम्बर)
- भद्रबाहु एवं उनके अनुयायियों को दिगम्बर कहा गया। ये दक्षिणी जैनी कहे जाते थे।
- स्थलबाहु एवं उनके अनुयायियों को श्वेताम्बर कहा गया। श्वेताम्बर संप्रदाय के लोगों ने ही सर्वप्रथम महावीर एवं अन्य तीर्थंकारों (पार्श्वनाथ) की पूजा आरंभ की। ये सफेद वस्त्र धारण करते थे।
- महावीर के धर्म उपदेशों का संग्रह इन्हीं पूर्वा में है। इनकी संख्या 14 है तथा इनका संग्रह सम्भूतविजय तथा भद्रबाहु ने किया था।
- जैन धर्म ग्रंथ प्राकृत भाषा में लिखे गए हैं। कुछ ग्रंथों की रचना अपभ्रंश शैली में भी हुई है।
- जैन धर्म ने वेदों की प्रामाणिकता नहीं मानी तथा वेदवाद् का विरोध किया।

अध्याय 6

मौर्य एवं मौर्योत्तर काल

इस अध्याय में आप सीखेंगे किः

- मौर्य साम्राज्य की नींव कैसे और किन परिस्थितियों में पड़ी तथा इस साम्राज्य के प्रमुख अभिलक्षणों के बारे में सीखेंगे।
- मौर्य शासन के दौरान उसकी सामाजिक, आर्थिक, राजनैतिक नीतियाँ क्या थीं।
- मौर्य एवं मौर्योत्तर काल के दौरान अन्य शासकों/समकालीन शासकों के बारे में भी जानकारी क्या है।

मौर्य साम्राज्य (Mauryan Empire)

मौर्य साम्राज्य के रूप में पहली बार भारत में एक अखिल भारतीय साम्राज्य का निर्माण हुआ, मौर्य राजवंश में चन्द्रगुप्त, बिन्दुसार एवं अशोक जैसे महान शासक हुए; जिनके प्रयासों से राज्य का विस्तार एवं विकास हुआ।

कौटिल्य का अर्थशास्त्र, दीपवंश एवं महावंश, वायुपुराण, जैन साहित्य, विशाखदत्त का मुद्राराक्षस, अशोक के शिलालेख तथा यूनानी लेखकों: नियार्कस, अनासिक्रिट्स, मेगस्थनीज का विवरण मौर्य इतिहास के उल्लेखनीय स्त्रोत हैं।

चन्द्रगुप्त मौर्य (321–298 ई.पू.)

चन्द्रगुप्त मौर्य ने अपने गुरू चाणक्य की सहायता से नन्द वंश के अन्तिम शासक घनानन्द को पराजित कर मौर्य वंश की स्थापना की।

ब्राह्मण साहित्य में चन्द्रगुप्त मौर्य को शूद्र, बौद्ध एवं जैन ग्रन्थ में क्षत्रिय तथा मुद्राराक्षस ने निम्न कुल का माना है। जस्टिन, स्ट्रेबो, एरियन ने चन्द्रगुप्त मौर्य को 'सैण्ड्रोकोट्स' तथा एप्पियॉनस एवं प्लूटार्क ने 'एण्ड्रोकोट्स' कहा है। सर्वप्रथम विलियम जोन्स ने ही सैण्ड्रोकोट्स को चन्द्रगुप्त मौर्य से साम्यता स्थापित किया था।

305 ई.पू. में चन्द्रगुप्त ने तत्कालीन यूनानी शासक सेल्यूकस निकेटर को पराजित किया। सन्धि हो जाने के पश्चात् सेल्यूकस ने चन्द्रगुप्त से 500 हाथी लेकर बदले में एरिया (हेरात), अराकोसिया (कन्धार), जेड्रोसिया (बलूचिस्तान) एवं पेरोपनिसडाई (काबुल) के क्षेत्रों का कुछ भाग उसे सौंपा और अपनी पुत्री हेलेना का विवाह चन्द्रगुप्त से कर दिया। इस युद्ध का विवरण सिर्फ एप्पियॉनस ही देता है।

बंगाल पर चन्द्रगुप्त की विजय महास्थान अभिलेख से ज्ञात होती है। चन्द्रगुप्त मौर्य की दक्षिण भारत की विजय के विषय में जानकारी तमिल ग्रन्थ *अहनानूर* एवं *पुरनानूर* तथा अशोक के अभिलेखों से मिलती है। यूनानी लेखक प्लूटार्क के अनुसार, चन्द्रगुप्त ने छः लाख सेनानियों के साथ सम्पूर्ण भारत को रौंद डाला।

चन्द्रगुप्त मौर्य ने सुदर्शन झील (गिरनार क्षेत्र) का निर्माण करवाया तथा अशोक ने ई.पू. तीसरी शताब्दी में इससे नहरें निकाली।

शक क्षत्रप रूद्रदामन के जूनागढ़ अभिलेख में इन दोनों के कार्यों का वर्णन है।

सेहगौरा ताम्रपत्र तथा महास्थान अभिलेख चन्द्रगुप्त मौर्य से संबंधित हैं। ये अभिलेख अकाल के समय किए जाने वाले राहत कार्यों के संबंध में विवरण देते हैं।

अपने जीवन के अन्तिम चरण में पुत्र के पक्ष में सिंहासन छोड़कर चन्द्रगुप्त मौर्य ने जैन साधु भद्रबाहु से जैन धर्म की दीक्षा ली और श्रवणबेलगांव (मैसूर) जाकर 298 ई.पू. में उपवास द्वारा शरीर त्याग दिया।

बिन्दुसार (298–273 ई.पू.)

चन्द्रगुप्त मौर्य के पश्चात् उसका पुत्र बिन्दुसार ने शासन की बागडोर अपने हाथ में ली। यूनानी लेखों में इसे अमित्रेचेट्स (जिसका संस्कृत रूपांतरण

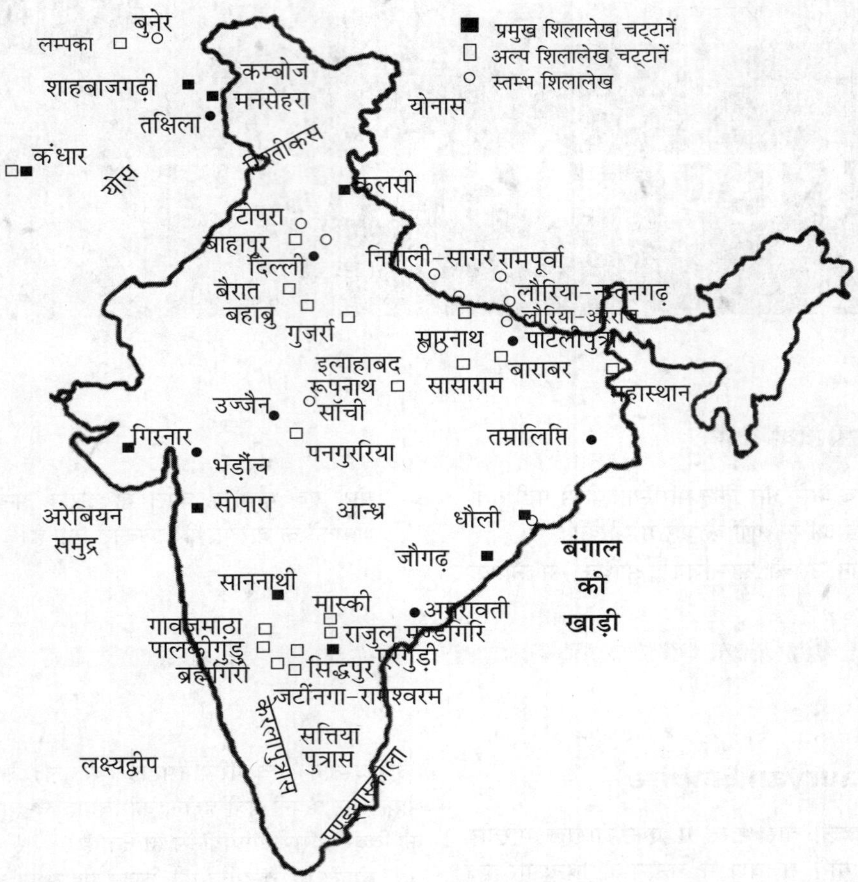

चित्र: अशोक के अभिलेख स्थल

अमित्रघात है), वायुपुराण में भद्रसार तथा जैन ग्रन्थों में सिंहसेन कहा गया है। अमित्रघात का अर्थ होता है—शत्रुओं का नाश करने वाला।

बौद्ध ग्रन्थ दिव्यावदान के अनुसार, बिन्दुसार के समय में तक्षशिला में अमात्यों के विरुद्ध दो विद्रोह हुए; जिनका दमन करने के लिए पहली बार उज्जैन के प्रशासक अशोक तथा दूसरी बार सुसीम को भेजा गया।

एथीनियस नामक एक अन्य यूनानी लेख ने बिन्दुसार तथा सीरिया के शासक एण्टियोकस प्रथम के बीच मैत्रीपूर्ण पत्र-व्यवहार का विवरण दिया है, जिसमें भारतीय शासक ने तीन वस्तुओं की माँग की थी—मदिरा, मीठी अंजीर तथा दार्शनिक। सीरियाई सम्राट ने प्रथम दो (मदिरा तथा मीठी अंजीर) वस्तुएँ भिजवा दीं, परंतु तीसरी वस्तु अर्थात् दार्शनिक के सम्बन्ध में यह कहा कि यूनानी कानून के अनुसार दार्शनिकों का विक्रय नहीं किया जा सकता।

सीरिया के शासक एण्टियोकस ने डायमेकस को तथा मिस्र के शासक टॉलेमी द्वितीय ने डायनोसियस नामक राजदूत मौर्य दरबार में भेजा था। बिन्दुसार आजीवक सम्प्रदाय का अनुयायी था।

अशोक (273–232 ई.पू.)

अशोक 273 ई.पू. में शासन संभाला, किन्तु उत्तराधिकार युद्ध के कारण 4 वर्ष बाद उसका विधिवत् राज्याभिषेक 269 ई.पू. में हुआ। महावंश के अनुसार, अशोक ने अपने 99 भाइयों की हत्या कर, मंत्री राधागुप्त की सहायता से अपने बड़े और सौतेले भाई सुसीम (सुमन) को हटाकर गद्दी प्राप्त की।

अशोक को उसके शिलालेखों में सामान्यतः 'देवनामप्रिय' कहकर संबोधित किया गया है। भब्रू अभिलेख में उसे प्रियदर्शी जबकि मास्की में बुद्धशाक्य कहा गया है। अशोक नाम का उल्लेख मास्की, गुर्जरा, निट्टूर तथा उदगेलम अभिलेख में मिलता है।

सर्वप्रथम 1837 ई. में जेम्स प्रिन्सेप नामक अंग्रेज विद्वान ने अशोक के लेखों (ब्राह्मी लिपि) का उद्वाचन किया, सिंहली अनुश्रुतियों—दीपवंश तथा महावंश में देवनामप्रिय उपाधि अशोक के लिए प्रयुक्त की गई। वर्ष 1915 में मास्की (कर्नाटक) से प्राप्त लेख में '*अशोक*' नाम भी पढ़ लिया गया।

बौद्ध ग्रन्थों में अशोक की माता का नाम धम्मा, पासादिका तथा सुभद्रांगी मिलता है। बौद्ध ग्रन्थों से अशोक की पत्नी असन्धि मित्र, महादेवी, पद्मावती, तिष्यरक्षिता तथा प्रयाग स्तंभ लेख में कारूवाकी का नाम प्राप्त होता है। बौद्ध ग्रन्थों में अंशोक की दो पुत्रियों-संघमित्र तथा चारूमती एवं दो पुत्रें-कुणाल एवं महेन्द्र के नाम का उल्लेख मिलता है। पुत्र जालौक का उल्लेख राजतरंगिणी में तथा तीवर का उल्लेख प्रयाग स्तंभ लेख में मिलता है।

राजनीतिक जीवन

अशोक ने अपने राज्याभिषेक के 9वें वर्ष, 261 ई.पू. में कलिंग पर विजय प्राप्त की। अपने राज्याभिषेक के 9 वें वर्ष अर्थात् 261 ई.पू. अशोक ने कलिंग विजय की उल्लेख 13 वें शिलालेख से मिलता है उस समय कलिंग का कौन राजा था इसके लिखित रूप में स्पष्ट पुष्ट साक्ष्य नहीं मिलते।

मौर्य शासक अशोक के 13वें शिलालेख से यह ज्ञात होता है कि अशोक के पाँच यवन राजाओं के साथ मैत्रीपूर्ण सम्बन्ध थे—जिनमें अन्योिक (एण्टियोकस द्वितीय थियोस—सीरिया का शासक), तुरमय या तुरमाय (टॉलेमी द्वितीय फिलाडेल्फस—मिस्र का राजा), अन्तकिनी या एनिकीनी (एण्टीगोनस गोनातास—मेसीडोनिया या मकदूनिया का राजा), मग, मकमास या मेगारस (साइरीन का शासक), अलिक सुन्दर या एलिरू सण्ट्रो (अलेक्जेण्डर—एपाइरस या एपीरस का राजा)।

अशोक के दूसरे एवं 13वें शिलालेख में संगम राज्यों—चोल, पाण्ड्य, सत्तियपुत्त एवं केरलपुत्त सहित ताम्रपर्णी (श्रीलंका) की सूचना मिलती है। अशोक के द्वितीय शिलालेख से स्पष्ट होता है कि भारत में अशोक का अधिकार चोल, पाण्ड्य, सत्तियपुत्त, केरलपुत्त एवं ताम्रपर्णी (श्रीलंका) को छोड़कर सर्वत्र था, क्योंकि इन राज्यों को प्रत्यन्त या सीमावर्ती राज्य कहा गया है। अशोक ने खस एवं नेपाल में विजय की। राजतरंगिणी के अनुसार, उसने कश्मीर में श्रीनगर तथा नेपाल में देवपत्तन नामक नगर बसाया।

धार्मिक जीवन

अशोक पहले ब्राह्मण धर्म का अनुयायी था। राजतरंगिणी के अनुसार, वह शैव धर्म का उपासक था। उसके अभिलेखों में सर्वत्र उसे 'देवनामप्रिय', 'देवाना प्रियदसि' कहा गया है, जिसका अर्थ है—देवताओं का प्रिय या देखने में सुन्दर। इससे उसकी हिन्दू धर्म में आस्था के संकेत मिलते हैं।

सिंहली अनुश्रुतियों (दीपवंश एवं महावंश) के अनुसार, अशोक ने अपने शासन के चौथे वर्ष में बड़े भाई सुमन के पुत्र निग्रोध के व्यक्तित्व से प्रभावित होकर बौद्ध धर्म अपना लिया। तत्पश्चात् मोग्गलिपुत्ततिस्स के प्रभाव से वह पूर्णरूपेण बौद्ध हो गया। दिव्यावदान अशोक को बौद्ध धर्म में दीक्षित करने का श्रेय उपगुप्त नामक बौद्ध भिक्षु को जाता है।

अशोक ने राज्याभिषेक के 10वें वर्ष बोधगया, 12वें वर्ष निगालीसागर तथा 20वें वर्ष लुम्बिनी की यात्रा की। निगालीसागर में कनकमुनि के स्तूप का संवर्द्धन किया। लुम्बिनी में भूमिकर घटाकर 1/8 भाग कर दिया। रूम्मिनदेई अभिलेख में इस बात की चर्चा है।

अशोक का धम्म

धम्म शब्द संस्कृत भाषा के धर्म का प्राकृत रूपांतर है। अशोक के धम्म की परिभाषा राहुलोवादसुत्त से ली गई है। स्वनियंत्रण अशोक की धम्म नीति का मुख्य सिद्धांत था।

भब्रू लघु शिलालेख में अशोक के धम्म का उल्लेख मिलता है, जिसमें वह त्रिसंघ-बुद्ध, धम्म और संघ में विश्वास करता है। उसने अपने 12वें शिलालेख में धम्म की 'सारवृद्धि' पर जोर दिया है। साँची और सारनाथ लघु स्तम्भ लेख में संघ में फूट डालने के विरुद्ध जारी आदेश कौशाम्बी और पाटलिपुत्र के महामात्रों को दिए गए हैं।

धम्म की स्थापना धम्म के विकास एवं धम्म की देख-रेख के लिए धम्म-महामात्र की नियुक्ति की गई। अशोक ने धम्म के विचारों को प्रसारित करने के लिए सीरिया, मिस्त्र, ग्रीस तथा श्रीलंका आदि देशों में दूत भी भेजे।

अशोक के अभिलेख

अशोक के अभिलेख राज्यादेश के रूप में जारी किए गए हैं। वह पहला शासक था, जिसने अभिलेखों के द्वारा जनता को सम्बोधित किया। अशोक के अभिलेख—ब्राह्मी, खरोष्ठी, यूनानी एवं अरमाइक लिपि में है। सभी अभिलेखों की भाषा प्राकृत है।

शाहबाजगढ़ी एवं मानसेहरा अभिलेखों में खरोष्ठी लिपि तथा तक्षशिला एवं लघमान अभिलेखों में अरमाइक लिपि का प्रयोग किया गया है। शर-ए-कुना (कन्धार) अभिलेखों में अरमाइक एवं यूनानी भाषा का प्रयोग किया गया है।

अशोक के अभिलेखों का विभाजन निम्नलिखित वर्गों में किया जा सकता है—

- **शिलालेख**—इन्हें वृहद् शिलालेख एवं लघु शिलालेख दो वर्गों में बाँटा जाता है।
- **स्तम्भलेख**—इन्हें दीर्घ स्तम्भलेख एवं लघु स्तम्भलेख में विभाजित किया जाता है।
- **गुहालेख**—ये गुफाओं में उत्कीर्ण लेख हैं।

अशोक के दीर्घ शिलालेख

शिलालेख	स्थान
शाहबाजगढ़ी	पेशावर (पाकिस्तान)
मानसेहरा	हजारा (पाकिस्तान)
कालसी	देहरादून (उत्तराखण्ड)
गिरनार	जूनागढ़ (गुजरात)
जौगढ़	गन्जाम (ओडिशा)
सोपारा	थाणे (महाराष्ट्र)
एर्रगुड़ी	कुर्नूल (आन्ध्र प्रदेश)
धौली	पुरी (ओडिशा)

अशोक के लघु शिलालेखा

लघु शिलालेख	स्थान
मास्की	रायचूर (कर्नाटक)
गुर्जरा	दतिया (मध्य प्रदेश)
ब्रह्मगिरि	मैसूर (कर्नाटक)
भाब्रू	जयपुर (राजस्थान)
अहरौरा	मिर्जापुर (उत्तर प्रदेश)
जटिंग रामेश्वर	कर्नाटक
सासाराम	बिहार
रूपनाथ	जबलपुर (मध्य प्रदेश)
पालिक गुण्डु	कर्नाटक
राजुल मण्डगिरि	कुर्नूल (आन्ध्र प्रदेशल)
गोविमठ	मैसूर (कर्नाटक)
सिद्धपुर	कर्नाटक
उदगेलन	वेल्लारी (कर्नाटक)
पनगुडरिया	मध्य प्रदेश
सन्नाती	कर्नाटक
एर्रगुड़ी	कुर्नुल (आन्ध्र प्रदेश)
सारोमारो	मध्य प्रदेश
नेट्टूर	मैसूर

अशोक के दीर्घ स्तम्भलेख

दीर्घ स्तम्भ लेख	स्थान
इलाहाबाद	उत्तर प्रदेश
टोपरा-दिल्ली	हरियाणा
मेरठ-दिल्ली	उत्तर प्रदेश
लौरिया-अरराज	बिहार
रामपुरवा	बिहार
लौरिया-नन्दनगढ़	बिहार

धौली तथा जौगढ़ के शिलालेखों पर 11वें, 12वें तथा 13वें शिलालेख उत्कीर्ण नहीं किए गए हैं। इनकी जगह दो पृथक लेख हैं।

अशोक के लघु शिलालेख, स्तम्भ लेख (दीर्घ एवं लघु) एवं गुहालेखों की लिपियाँ केवल ब्राह्मी हैं।

अशोक के लघु स्तम्भलेख

लघु स्तम्भ लेख	स्थान
इलाहाबाद-कौशाम्बी	उत्तर प्रदेश
साँची	मध्य प्रदेश
सारनाथ	उत्तर प्रदेश
निगालीसागर	नेपाल की तराई
रूम्मिनदेई	नेपाल की तराई

स्तम्भ लेखों में मुख्य रूप से धम्म तथा प्रशासनिक बातों का उल्लेख है। इन पर लेखों की संख्या 7 है। फिरोजशाह तुगलक ने मेरठ तथा टोपरा के स्तम्भ दिल्ली मँगा लिए थे। इलाहाबाद स्तम्भ लेख पहले कौशाम्बी में था। अकबर के शासनकाल में जहाँगीर द्वारा इसे इलाहाबाद के किले में रखा गया।

चौदह शिलालेख

शिलालेख	संबंधित तथ्य
पहला	पशुबलि की निन्दा।
दूसरा	मनुष्यों एवं पशुओं दोनों की चिकित्सा व्यवस्था का उल्लेख। चोल, पाण्ड्य, सत्तिपुत्त एवं केरलपुत्त की चर्चा।
तीसरा	राजकीय अधिकारियों (युक्त, रज्जुक और प्रादेशिक) को हर पाँचवें वर्ष दौरा करने का आदेश।
चौथा	भेरीघोष की जगह धम्मघोष की घोषणा।
पाँचवाँ	सभी-सम्प्रदायों के लिए सहिष्णुता की बात।
छठाँ	धम्म महामात्र किसी भी समय राजा के पास सूचना ला सकता है प्रतिवेदक की चर्चा।
सातवाँ	सभी-सम्प्रदायों के लिए सहिष्णुता की बात।
आठवाँ	सम्राट की धर्मयात्रओं का उल्लेख। बोधिवृक्ष के भ्रमण का उल्लेख।
नौवाँ	विभिन्न प्रकार के समारोहों की निन्दा।
दसवाँ	ख्याति एवं गौरव की निन्दा तथा धम्म नीति की श्रेष्ठता पर बल। ग्यारहवाँ धम्म नीति की व्याख्या।
बारहवाँ	सर्वधर्म समभाव एवं स्वी महामात्र की चर्चा।
तेरहवाँ	कलिंग युद्ध का वर्णन, पड़ोसी राज्यों का वर्णन, अपराध करने वाली आटविक जातियों का उल्लेख।
चौदहवाँ	यह लेख कहीं संक्षेप में, कहीं मध्यम रूप में और कहीं विस्तृत रूप में है।

अशोककालीन पश्चिमी शक्तियों (यवन, गान्धार, कम्बोज, भोज, आन्ध्र पितनिक) का वर्णन 13वें शिलालेख में है।

कौशाम्बी (इलाहाबाद) स्तम्भलेख को 'रानी का अभिलेख' भी कहा जाता है। रूम्मिनदेई अभिलेख अशोक का सबसे छोटा अभिलेख माना जाता है। इसे आर्थिक अभिलेख भी कहा जाता है।

प्रशासनिक व्यवस्था

कौटिल्य ने राज्य की सप्तांग विचारधारा को प्रतिपादित किया। राज्य के सात अंग हैं—राज्य, राजा, मंत्री, मित्र, कर/कोष, सेना तथा दुर्ग।

मौर्य प्रशासन केन्द्रीकृत शासन प्रणाली थी, जिसमें शासन का केन्द्र बिन्दु राजा होता था। अर्थशास्त्र एवं अशोक के शिलालेख में मंत्रिपरिषद (परिषद्) का उल्लेख मिलता है। मंत्रिपरिषद के सदस्यों का चुनाव उनके चरित्र की भली-भाँति जाँच के बाद किया जाता था, जिसे उपधा परीक्षण कहा जाता था।

अर्थशास्त्र में वर्णित प्रमुख तीर्थ

तीर्थ	सम्बन्धित विभाग
पुरोहित	प्रधानमंत्री, प्रमुख धर्माधिकारी
प्रशास्ता	राजकीय कागजात सुरक्षित करना
सेनापति	युद्ध विभाग का मंत्री
युवराज	राजा का उत्तराधिकारी
समाहर्ता	राजस्व विभाग का प्रधान (वित्त मंत्री)/ राजस्व संग्रहीता
सन्निधाता	राजकीय कोषाध्यक्ष
प्रदेष्टा	फौजदारी न्यायालय का न्यााधीश (कमिश्नर)
नायक	सेना का संचालक अथवा नगर रक्षा का अध्यक्ष
कर्मान्तिक	उद्योगों एवं कारखानों का अध्यक्ष
दण्डपाल	पुलिस अधिकारी
व्यावहारिक	नगर का प्रमुख न्यायाधीश
नागरिक	नगर का प्रमुख अधिकारी या नगर कोतवाल
दुर्गपाल	राजकीय दुर्ग रक्षकों का अध्यक्ष
अन्तपाल	सीमावर्ती दुर्गों का रक्षक
आटविक	वन विभाग का प्रधान
दौवारिक	राजमहलों की देख-रेख करने वाला प्रधान
आन्तर्वेशिक	अन्त:पुर का अध्यक्ष
मन्त्रिपरिषदाध्यक्ष	परिषद् का अध्यक्ष

अर्थशास्त्र में सबसे उच्च अधिकारी को तीर्थ कहा गया है। कुल 18 तीर्थों की चर्चा मिलती है, जिसके लिए अधिकतर स्थानों पर महामात्र शब्द भी मिलता है। इसके अतिरिक्त 26 अध्यक्षों की चर्चा भी मिलती है।

मौर्यकालीन प्रान्त

मौर्य साम्राज्य पाँच बड़े प्रान्तों में विभाजित था। उत्तरापथ की राजधानी तक्षशिला, दक्षिणापथ की सुवर्णगिरि, अवन्ति की उज्जयिनी, कलिंग की तोसाली तथा प्राची (मध्य प्रदेश) की राजधानी पाटलिपुत्र थी। प्रान्तों का शासन राजवंशीय कुमार या आर्यपुत्र नामक पदाधिकारियों द्वारा होता था। अशोक सिंहासनारूढ़ होने से पूर्व उत्तरापथ एवं अवन्ति का कुमार रह चुका था। कुमारामात्या की सहायता हेतु प्रत्येक प्रान्त में महामात्र नामक अधिकारी होते थे।

अर्थशास्त्र में वर्णित प्रमुख अध्यक्ष

अध्यक्ष	संबंधित विभाग
पण्याध्यक्ष	वाणिज्य का अध्यक्ष
पौतवाध्यक्ष	माप-तौल का अध्यक्ष
सुराध्यक्ष	शराब एवं मदिरा का अध्यक्ष
सूनाध्यक्ष	बूचड़खाने का अध्यक्ष
आकराध्यक्ष	खानों का अध्यक्ष
सीताध्यक्ष	कृषि विभागों का अध्यक्ष
कुप्याध्यक्ष	वन तथा उसकी सम्पदा का अध्यक्ष
सूत्रध्यक्ष	कताई, बुनाई विभाग का अध्यक्ष
लोहाध्यक्ष	धातु विभाग का अध्यक्ष
लक्षणाध्यक्ष	टकसाल का अध्यक्ष
मुद्राध्यक्ष	पासपोर्ट विभाग का अध्यक्ष
लवणाध्यक्ष	नमक विभाग का अध्यक्ष
शुल्काध्यक्ष	चुंगी एवं शुल्क विभाग का अध्यक्ष
देवताध्यक्ष	धार्मिक संस्थान का अध्यक्ष
नवाध्यक्ष	जहाजरानी विभाग का अध्यक्ष
विवीताध्यक्ष	चारागाह का अध्यक्ष
समस्थाध्यक्ष	बाजार का अध्यक्ष

मौर्य काल में प्रान्तों को चक्र कहा जाता था, जो मण्डलों में विभाजित थे। इन पर महामात्य नामक अधिकारी थे जो मण्डल, जिलों में विभाजित थे, जिन्हें विषय या आहार कहा जाता था। प्रादेशिक, रज्जुक और युक्त इससे जुड़े अधिकारी थे। गाँव और जिले के बीच एक मध्यवर्ती स्तर था; गोप और स्थानिक इससे जुड़े अधिकारी थे। स्थानिक, युक्त, रज्जुक, प्रादेशिक एवं समाहर्ता बढ़ते हुए क्रम में अधिकारी थे।

ग्राम समूहों के अन्तर्गत विभिन्न कोटियाँ थीं—स्थानीय (800 ग्राम), द्रोणमुख (400 ग्राम), खार्वटिक (200 ग्राम), संग्रहण (10 ग्राम) आदि। 'ग्राम' प्रशासन की सबसे छोटी इकई थी, इसका प्रधान ग्रामिक होता था।

मेगस्थनीज के अनुसार, नगर का प्रशासन तीस सदस्यों का एक मण्डल करता था, जो 6 समितियों में विभक्त था। प्रत्येक समिति में 5 सदस्य होते थे।

पहली समिति का कार्य उद्योग शिल्पों का निरीक्षण; दूसरी समिति का विदेशियों की देख-रेख; तीसरी समिति का जन्म-मरण का लेखा-जोखा रखना; चौथी समिति का व्यापार/वाणिज्य; पाँचवीं समिति का निर्मित वस्तुओं के विक्रय का निरीक्षण करना तथा छठी समिति का बिक्री कर वसूल करना था।

यूनानी स्त्रोतों से तीन प्रकार के अधिकारियों के विषय में जानकारी मिलती है—एस्ट्रोनोमोई (नगर का प्रमुख), एग्रोनोमोई (जिले का अधिकारी) एवं सैनिक अधिकारी।

मौर्यकाल में दीवानी न्यायालय धर्मस्थीय तथा फौजदारी न्यायालय कण्टकशोधन कहलाता था। दीवानी न्यायालय का न्यायाधीश धर्मस्थ / व्यावहारिक एवं फौजदारी न्यायालय का न्यायाधीश प्रदेष्टा कहलाता था।

मौर्य काल में गुप्तचरों को गूढ़पुरुष तथा इसके अधिकारी को सर्पमहामात्य कहा गया है। अर्थशास्त्र में दो प्रकार के गुप्तचरों का वर्णन है—संस्था, जो संगठित होकर कार्य करते थे तथा संचरा, जो घुमक्कड़ थे।

आर्थिक स्थिति

कृषि

मौर्यकाल मुख्यतः कृषि प्रधान था। राजकीय भूमि को सीता कहा जाता था। भूमि पर राज्य तथा कृषक दोनों का अधिकार होता था। राजकीय भूमि (सीता भूमि) की व्यवस्था करने वाला प्रधान अधिकारी सीताध्यक्ष कहलाता था। इस भूमि पर दासों, कर्मचारियों और कैदियों द्वारा जुताई-बुआई होती थी। अर्थशास्त्र में क्षेत्रक (भू-स्वामी) और उपवास (काश्तकार) में स्पष्ट भेद किया गया है।

कौटिल्य ने '*अर्थशास्त्र*' में कृष्ट (जुती हुई), अकृष्ट (बिना जुती हुई), स्थल (ऊँची भूमि) आदि अनेक प्रकार की भूमियों का वर्णन किया है। अदेवमातृक भूमि वह होती थी, जिसमें बिना वर्षा के भी अच्छी खेती होती थी। राज्य की ओर से सिंचाई का समुचित प्रबन्ध किया गया था, जिसे सेतुबन्ध कहा गया है।

मौर्य काल में भूमि पर उपज का एक-चौथाई (1/4) या छठा भाग (1/6) भू-राजस्व के रूप में वसूला जाता था। सिंचाई के लिए अलग से उपज का 1/5 से 1/3 भगा कर के रूप में लिया जाता था।

वाणिज्य एवं व्यापार

मौर्य काल में अनेक उद्योग प्रचलित थे, जिनमें सूत कातने एवं बुनने का उद्योग प्रमुख था। बंग का मलमल विख्यात था। कौटिल्य ने चीनपट्ट का भी उल्लेख किया है। यह रेशम चीन से आता था।

वाणिज्य एवं व्यापार पर राज्य का नियंत्रण था। इस काल में ताम्रलिप्त पूर्वी तट का महत्वपूर्ण बन्दरगाह था, पश्चिमी तट पर भड़ौच तथा सोपरा प्रमुख बंदरगाह थे। कौटिल्य ने स्थल मार्ग की अपेक्षा नदी मार्ग को तथा उत्तर के मार्गों की तुलना में दक्षिण के मार्ग को ज्यादा महत्वपूर्ण माना है, क्योंकि दक्षिण में सोने एवं कीमती धातु मिलते थे।

वे वस्तुएँ जिनका राज्य स्वयं व्यापार करता था, राजपण्य कहलाती थीं। व्यापारियों का नेता सार्थवाह कहलाता था। मौर्यकाल में देशी उत्पादों पर 4% तथा आयातित वस्तुओं पर 10% बिक्री कर लिया जाता था। कौटिल्य ने महाजनी व्यवस्था का भी विस्तृत विवरण दिया है। सम्भवतः ब्याज की राशि 15% थी।

राजस्व के स्रोत

मौर्य काल में दुर्ग (नगरों से प्राप्त आय), राष्ट्र (जनपदों ग्रामों से प्राप्त आय), सेतु (फल-फूल एवं सब्जियों से प्राप्त आय), ब्रज (पशुओं से प्राप्त आय), सीता (राजकीय भूमि से होने वाली आय), प्रणय (आपातकालीन कर), हिरण्य (नकद राजस्व), उदकभाग (सिंचाई कर), वर्तनी (सीमा कर) तथा पिण्डकर पूरे गाँव से कर राजस्व के प्रमुख स्त्रोत थे।

मेगस्थनीज के अनुसार, बिक्रीकर न देने वालों को मृत्युदण्ड दिया जाता था। मौर्यों की राजकीय मुद्रा पण थी। मौर्यकाल में आहत मुद्राएँ भी प्रचलित थीं। अर्थशास्त्र में सिक्के के लिए रूप शब्द का प्रयोग हुआ है। इस काल में सोने का सिक्का सुवर्ण एवं पाद, चाँदी का सिक्का कर्षापण, पण और धरण तथा ताँबे का सिक्का मासक, काकणी और अर्द्धकाकणी कहलाता था।

सामाजिक स्थिति

मेगस्थनीज ने भारतीय समाज को सात जातियों में विभक्त किया है—दार्शनिक, किसान, अहीर, कारीगर व शिल्पी सैनिक, निरीक्षक तथा सभासद। इनमें सबसे अधिक संख्या किसानों की थी।

कौटिल्य ने वर्णाश्रम व्यवस्था को सामाजिक संगठन का आधार माना है तथा चारों वर्णों के व्यवसाय निर्धारित किए हैं। अर्थशास्त्र में शूद्रों को आर्य कहा गया है तथा उन्हें मलेच्छों से भिन्न माना गया है। इस काल में शूद्रों को व्यापक पैमाने पर कृषि कार्य में लगाया गया। कौटिल्य ने नौ प्रकार के दासों की चर्चा की है। अशोक के शिलालेखों में दास और कर्मकार का उल्लेख है। मेगस्थनीज के अनुसार भारत में दास प्रथा नहीं थी।

समाज में वेश्यावृत्ति की प्रथा प्रचलित थी तथा इसे राजकीय संरक्षण भी प्राप्त था। स्वतंत्र रूप से वेश्यावृत्ति करने वाली स्त्रियाँ रूपाजीवा कहलाती थीं। इनके कार्यों का निरीक्षण गणिकाध्यक्ष करता था। सम्भ्रान्त परिवारों की स्त्रियाँ प्रायः घर के अन्दर ही रहती थीं। कौटिल्य ने ऐसी स्त्रियों को अनिष्कासिनी कहा है। समाज में विधवा विवाह प्रचलित था। कुछ विधवाएँ स्वतंत्रत रूप से जीवन-यापन करती थीं, जिन्हें छन्दवासिनी कहा जाता था।

धार्मिक स्थिति

मौर्यकाल में वैदिक धर्म प्रचलित था, किन्तु कर्मकाण्ड प्रधान वैदिक धर्म अभिजात ब्राह्मण तथा क्षत्रियों तक ही सीमित था। इस काल में बड़े-बड़े यज्ञों का आयोजन किया जाता था। मेगस्थनीज ने धार्मिक व्यवस्था में डायोनीसस एवं हेराक्लीज की चर्चा की है, जिसकी पहचान क्रमश: शिव एवं कृष्ण से की गई है।

जनसाधारण में नागपूजा का प्रचलन था। मूर्तिपूजा का भी प्रचलन था। पतंजलि के अनुसार, मौर्यकाल में देवमूर्तियों को बेचा जाता था, जिन्हें बनाने वाले शिल्पियों को देवताकार कहा जाता था। अर्थशास्त्र में वरूण, नागराज और संकर्षण देवताओं का उल्लेख है।

चन्द्रगुप्त जैन धर्म का तथा बिन्दुसार आजीवक धर्म का अनुयायी था। अशोक प्रारंभ में ब्राह्मण धर्म (शैव) मानता था, लेकिन बाद में बौद्ध धर्म का अनुयायी हो गया। अशोक तथा उसके पौत्र दशरथ ने कुछ गुफाएँ आजीवकों को दान में दी थीं।

कला एवं स्थापत्य

मौर्यकालीन कला को राजकीय एवं लोक कला में बाँटा जा सकता है। राजकीय कला के अंतर्गत नगर निर्माण, स्तूप, गुफाएँ तथा स्तम्भों का निर्माण हुआ। लोक कला के अन्तर्गत मुख्यत: यक्ष एवं यक्षिणियों की मूर्तियों का निर्माण हुआ।

पाटलिपुत्र के 'कुम्रहार' से एक लकड़ी निर्मित राजप्रासाद का अवशेष प्राप्त हुआ है। मेगस्थनीज ने पोलिब्रोथा (पाटलिपुत्र) नगर का वर्णन किया है। फाह्यान के अनुसार, पाटलिपुत्र का राजप्रासाद देवताओं द्वारा निर्मित है।

मौर्यकालीन कला का उत्कृष्ट प्रदर्शन अशोक के स्तम्भों में दिखाई पड़ता है। ये चमकदार एकाश्म स्तम्भ, लाला बलुआ पत्थर से निर्मित होते थे। इन स्तम्भों के दो मुख्य भाग उल्लेखनीय हैं—स्तम्भ यष्टि या गावदुम लाट और शीर्ष भाग। शीर्ष भाग के मुख्य अंश हैं घण्टा, जिसे अवांगमुखी कमल भी कहते हैं। इसके ऊपर गोल अण्ड या चौकी है। अशोक के स्तम्भों में सिंह, घोड़ा, हाथी और बैल प्राप्त होते हैं।

अशोक के एकाश्म स्तम्भों में सर्वोत्कृष्ट सारनाथ स्तम्भ लेख हैं। सारनाथ के शीर्षस्तम्भ पर चार सिंह पीठ सटाए बैठे हैं। ये चार सिंह एक चक्र धारण किए हुए हैं, जिसमें 24 तीलियाँ हैं। यह चक्र बुद्ध के धर्मचक्र प्रवर्तन का प्रतीक है। रामपुरवा में नटुआ बैल ललित मुद्रा में खड़ा है। संकिशा स्तम्भ के शीर्ष स्तम्भ पर हाथी की आकृति है। अशोक के स्तम्भ पर ईरानी एवं यूनानी प्रभाव दिखाई देता है।

स्तूप मौर्यकालीन स्थापत्य की महत्वपूर्ण देन है। साँची का महास्तूप, सारनाथ का धर्मराजिका स्तूप, भरहुत तथा तक्षशिला स्थित स्तूपों का निर्माण मूलत: अशोक के काल में हुआ था। ये स्तूप ईंटों के बने थे। अब तक का सबसे प्राचीन स्तूप नेपाल की सीमा पर पिपरहवा से प्राप्त हुआ है।

अशोक ने वर्तमान बिहार के गया जिले में स्थित बाराबर हिल्स (पहाड़ियों) में स्थित सुदामा गुफा, कर्ण चौपड़ गुफा आजीवक संप्रदाय को दान में थी। अशोक ने एक अन्य गुफा विश्व झोपड़ी का निर्माण करवाया।

अशोक के पौत्र दशरथ ने नागार्जुनी पहाड़ी में गोपिका व लोमष ऋषि की गुफा का निर्माण करवाया।

ओडिशा में उदयगिरि की पहाड़ियों को काटकर एक शैल कृत हाथी की मूर्ति उत्कीर्ण की गई है। यह धौली हस्ति नाम से विख्यात है। इसमें एक हाथी को चट्टान को फाड़कर बाहर आते हुए दर्शाया गया है।

मौर्य साम्राज्य का पतन

अशोक के उत्तराधिकारी के रूप में कुणाल, सम्प्रति, दशरथ, शालिशुक एवं वृहद्रथ का नाम प्राप्त होता है। वृहद्रथ मौर्य वंश का अन्तिम शासक था, जिसकी हत्या उसके ब्राह्मण सेनापति पुष्यमित्र शुंग ने 185 ई.पू. में कर दी थी।

मौर्य साम्राज्य जैसे विस्तृत साम्राज्य के पतन के लिए किसी एक कारण का होना पर्याप्त नहीं है। स्पष्ट साक्ष्यों के अभाव में विद्वानों ने अलग-अलग कारण प्रस्तुत किए हैं। इतिहासकार हरिप्रसाद शास्त्री ने धार्मिक नीति (प्रामण विरोधी नीति), हेमचन्द्र राय चौधरी ने अहिंसक एवं शान्तिप्रिय नीति तथा रोमिला थापर ने अत्यधिक केन्द्रीकृत शासन व्यवस्था को मौर्य साम्राज्य के पतन का कारण बताया है।

मौर्योत्तर काल (Post Maurya Period)

मौर्य साम्राज्य के पतन के उपरांत कुछ समय के लिए भारत की राजनीतिक एकता भंग हो गई। पूर्वी भारत, मध्य भारत, दक्कन में मौर्यों का स्थान कई स्थानीय राजवंशों; जैसे—शुंग, कर्ण्व और सातवाहनों ने ले लिया, जबकि उत्तर-पश्चिमी भारत पर अनेक विदेशी आक्रमणकारियों यथा इण्डोग्रीक, शक, पार्थियन्स (पार्थियाई) कुषाण ने अपने राज्यों की स्थापना की।

शुंग वंश

शुग संभवत: उज्जैन प्रदेश के थे तथा इनके पूर्वज मौर्यों के अधीन थे। पुष्यमित्र शुंग ने 185 ई.पू. में मौर्य शासक वृहद्रथ मौर्य की हत्या करके शुंग वंश की स्थापना की। पुष्यमित्र शुंग सेनानी के नाम से शासन करता था। बाणभट्ट के हर्षचरित में पुष्यमित्र को अनार्य कहा गया है।

पुष्यमित्र शुंग कट्टर ब्राह्मणवादी था। धनदेव के अयोध्या अभिलेख के अनुसार उसने दो अश्वमेघ यज्ञों का अनुष्ठान किया। सुप्रसिद्ध संस्कृत व्याकरण के ज्ञाता पतंजलि उसके अश्वमेघ यज्ञ के पुरोहित थे। संभवत: पुष्यमित्र बौद्ध विरोधी था, लेकिन भरहुत स्तूप बनाने का श्रेय पुष्यमित्र शुंग को ही दिया जाता है। साँची स्तूप में काष्ठ वेदिका के स्थान पर उसने पाषाण वेदिका बनवाई।

शुंग शासक भागभद्र (भागवत) के शासनकाल के 14वें वर्ष में तक्षशिला के यवन शासक एण्टियालकिट्स के राजदूत हेलियोडोरस ने विदिशा में वासुदेव के सम्मान में गरूड़ स्तम्भ स्थापित किया। इस पर दम्भ (आत्मनिग्रह), त्याग तथा अप्रसाद तीन शब्द अंकित हैं। हेलियोडोरस का गरूड़ स्तम्भ हिन्दू धर्म से संबंधित प्रथम स्मारक है। इस काल में भागवत धर्म का उदय हुआ तथा वासुदेव की उपासना प्रारंभ हुई।

अग्निमित्र, वसुमित्र, वज्रमित्र, भागभद्र एवं देवभूति क्रमशः पुष्यमित्र शुंग के उत्तराधिकारी हुए थे। अग्निमित्र 'मालविकाग्निमित्र' का नायक है, जिसमें अग्निमित्र की अमात्य परिषद की चर्चा है। देवभूति इस वंश का अन्तिम शासक था।

कण्व वंश

शुंग वंश के अन्तिम शासक देवभूति की हत्या कर उसके मंत्री वसुदेव ने 75 ई.पू. में कण्व वंश की स्थापना की। यह भी ब्राह्मण वंश था। इसमें केवल चार शासक हुए—वसुदेव, भूमिमित्र, नारायण तथा सुशर्मन। अन्तिम शासक सुशर्मन की हत्या 30 ई.पू. में सिमुक ने कर दी और एक नवीन ब्राह्मण वंश आन्ध्र सातवाहन की नींव डाली।

सातवाहन वंश (60 ई.पू.—37 ई.पू.)

सातवाहन वंश की स्थापना सिमुक ने की थी, सातवाहन वंश को पुराणों में आन्ध्र भृत्य भी कहा गया है। यह वंश किसी-न-किसी रूप में लगभग चार शताब्दियों तक बना रहा, जो प्राचीन भारत में किसी एक वंश का सर्वाधिक कार्यकाल है। प्रतिष्ठान इस वंश की राजधानी थी।

शातकर्णी प्रथम

शातकर्णी प्रथम इस काल का पहला महत्वपूर्ण शासक था, जिसकी उपलब्धियों की जानकारी नागानिका (इसकी रानी) के *नानाघाट* अभिलेख से मिलती है। भूमिदान का पहला साक्ष्य इसी अभिलेख से प्राप्त होता है। इसने दो-अश्वमेघ तथा एक राजसूय यज्ञ का अनुष्ठान किया था। पुराणों मे इसे कृष्ण का पुत्र कहा गया है।

हाल

सातवाहन वंश का हाल महानतम शासक था। वह एक बड़ा कवि तथा कवियों एवं विद्वानों के आश्रयदाता के रूप में प्रसिद्ध था। हाल ने *गाथासप्तशती* नामक एक मुक्तक काव्य की रचना की थी। यह प्राकृत भाषा में है। उसकी राजसभा में *वृहत्कथा* के रचचिता गुणाढ्य तथा *कातंत्र* नामक संस्कृत व्याकरण के लेखक सर्ववर्मन निवास करते थे।

गौतमीपुत्र शातकर्णी (106-130 ई.)

यह सातवाहन वंश का महानतम शासक गौतमीपुत्र शातकर्णी था, जिसकी सैन्य विजयों की जानकारी इसकी माता बलश्री के नासिक अभिलेख से प्राप्त होती है। इस अभिलेख में उसे एकमात्र ब्राह्मण एवं अद्वितीय ब्राह्मण कहा गया है। इस अभिलेख के अनुसार उसके घोड़ों ने तीनों समुद्रों का पानी पिया था। नासिक (जोगलथम्बी) से चाँदी के 8 हजार सिक्के प्राप्त हुए हैं, जिनमें एक तरफ नहपान तथा दूसरी तरफ गौतमीपुत्र शातकर्णी का नाम है।

उसने राजाराज, वेंकटस्वामी, विंध्यनरेश की उपाधियाँ ग्रहण कीं। उसने बौद्ध संघ को अजकालिकय तथा कार्ले के भिक्षुसंघ को करजक नामक ग्राम दान में दिए।

वशिष्ठीपुत्र पुलुमावी (130-159 ई.)

गौतमीपुत्र शातकर्णी का उत्तराधिकारी वशिष्ठीपुत्र पुलुमावी था, जिसे शक शासक रूद्रदामन ने दो बार पराजित किया। पुलुमावी को दक्षिणापथेश्वर भी कहा गया है। उसके अभिलेख नासिक, कार्ले और अमरावती में मिले हैं।

यज्ञश्री शातकर्णी

यज्ञश्री शातकर्णी (174-203 ई.) सातवाहन वंश का अन्तिम महान शासक था, जिसके सिक्के पर नाव का चित्र अंकित है। सातवाहन साम्राज्य के अवशेष पर वाकाटक एवं इक्ष्वाकु वंश की स्थापना हुई।

सातवाहन कालीन संस्कृति

इस समय में महिलाओं की दशा अच्छी थी। महिलाएँ शिक्षित थीं, पर्दा प्रथा नहीं था। स्त्रियाँ भी सम्पत्ति में भागीदार होती थीं। सातवाहन समाज में मातृसत्तात्मक ढाँचे का आभास मिलता है। समाज में अन्तर्जातीय विवाह होते थे। राजपरिवार की महिलाएँ बौद्ध धर्म को प्रश्रय देती थीं जबकि पुरुष वैदिक धर्म को।

सातवाहनों ने ब्राह्मणों और बौद्ध भिक्षुओं को कर-मुक्त ग्रामदान देने की प्रथा प्रारंभ की, जो आबाद भूमि और ग्राम दान में दिए जाते थे। सातवाहनों की राजकीय भाषा प्राकृत थी; सातवाहनों ने सर्वप्रथम सीसे की मुद्रा चलाई थी।

इक्ष्वाकु वंश

ये सातवाहनों के सामन्त थे। इस वंश के संस्थापक श्रीशान्तमूल थे, जिन्होंने अश्वमेघ यज्ञ किया था। इसके उत्तराधिकारी वीरपुरुषदत्त ने नागार्जुनकोण्डा के प्रसिद्ध स्तूप का निर्माण करवाया। इस वंश के शासक बौद्ध मत के मानने वाले थे।

चेदि वंश

कलिंग के चेदि वंश से संबंधित जानकारी का मुख्य स्त्रोत खारवेल का हाथीगुम्भा अभिलेख (प्रथम शताब्दी ई.पू.) है। इस अभिलेख से अस्पष्ट रूप से पता चलता है कि इस वंश की स्थापना महामेघवाहन नामक व्यक्ति ने की थी। खारवेल इस वंश का महानतम शासक था, वह जैन तीर्थंकर शीतलनाथ की मूर्ति मगध से लाने में सफल हुआ, जिसको तीन शताब्दी पूर्व मगध के शासक महापद्मनन्द द्वारा कलिंग से ले जाया गया था।

जैन लोगों को ग्राम दान में दिए जाने का प्रथम उल्लेख *हाथीगुम्फा* अभिलेख से प्राप्त होता है। इस अभिलेख में दक्षिण के तीन राज्यों—चोल, चेर एवं पाण्ड्यों को उसके द्वारा पराजित किए जाने का उल्लेख है।

हिन्द-यवन (इण्डो-ग्रीक)

उत्तर-पश्चिम से पश्चिमी विदेशियों के आक्रमण मौर्योत्तर काल की सबसे महत्वपूर्ण राजनीतिक घटना थी। इनमें सबसे पहले आक्रमणकारी थे, बैक्ट्रिया के ग्रीक (यूनानी) जिन्हें प्राचीन भारतीय साहित्य ने यवन कहा है। सर्वप्रथम यूनानी आक्रमणकारियों ने हिन्दूकुश पर्वत पार किया। इन्हें इण्डो-ग्रीक, हिन्द-यवन एवं बैक्ट्रियन ग्रीक के नाम से भी जाना जाता है।

डेमेट्रियस प्रथम

भारतीय सीमा में सर्वप्रथम प्रवेश करने का श्रेय डेमेट्रियस प्रथम को है। इसने 183 ई.पू. के लगभग पंजाब के कुछ भागों को जीतकर साकल को

अपनी राजधानी बनाया। डेमेट्रियस ने भारतीयों के राजा की उपाधि धारण की और यूनानी तथा खरोष्ठी दोनों लिपियों वाले सिक्के चलाए। डेमेट्रियस के उपरांत यूक्रेटाइड्स ने भारत के कुछ हिस्सों को जीतकर तक्षशिला को अपनी राजधानी बनाया।

मिनाण्डर (160-120 ई.पू.)

यह सबसे प्रसिद्ध यवन शासक था। यह संभवतः डेमेट्रियस कुल का था। मिनाण्डर बौद्ध साहित्य में मिलिन्द के नाम से प्रसिद्ध है। प्रसिद्ध बौद्ध ग्रन्थ मिलिन्दपन्हों में बौद्ध भिक्षु नागसेन एवं मिनाण्डर की वृहद् वार्ता संकलित है।

भारत पर बैक्ट्रिया के यूनानी राजाओं के शासन के आरंभ के साथ ही सिक्कों पर राजाओं के नाम व तिथियाँ उत्कीर्ण की जाने लगीं।

हिन्द-यवन शासकों का इतिहास जानने का एकमात्र स्त्रोत सिक्के हैं। इनके चाँदी के सिक्के द्रम कहे जाते थे। सर्वप्रथम इण्डो-ग्रीक शासकों ने ही लेख वाले सिक्के (मुद्रालेख) तथा सोने के सिक्के जारी किए।

एक अन्य वैक्ट्रियन यूक्रेटाइड्स ने भी भारत के कुछ भागों को जीतकर तक्षशिला को अपनी राजधानी बनाया। इस वंश के सबसे प्रतापी शासक एण्टियालकीड्स ने हेलियोडोरस को भागभद्र के दरबार में भेजा था।

शक

शक मूलतः सीरिया के उत्तर में निवास करने वाली जाति थी। शक बोलन दर्रे के रास्ते भारत आए। भारतीय स्त्रोतों में शकों को सीथियन नाम दिया गया है। शक पाँच शाखाओं में विभक्त थे, जिनमें प्रथम अफगानिस्तान में, दूसरी पंजाब में (राजधानी-तक्षशिला), तीसरा मथुरा में, चौथी पश्चिमी भारत में तथा 5वीं शाखा ने ऊपरी दक्कन में अपना प्रभुत्व स्थापित किया।

तक्षशिला के शक शासकों में मोगा/माउस प्रमुख था। इसे प्रथम शक शासक माना जाता है। इसके अनेक सिक्के प्राप्त हुए हैं।

महाराष्ट्र के पश्चिमी शक शासकों में क्षहरात वंश का नहपान सबसे प्रसिद्ध था। सातवाहन शासक गौतमीपुत्र शातकर्णी से पराजित हुआ था। नहपान ने अपने सिक्कों में अपने को राजा लिखा है। इसके सिक्के अजमेर से नासिक तक मिलते हैं।

रूद्रदामन प्रथम (130–150 ई.)

भारत में शकों का सर्वाधिक प्रसिद्ध राजा रूद्रदामन हुआ। रूद्रदामन ने अपने समकालीन शातकर्णी द्वितीय (वशिष्ठीपुत्र पुलुमावि) को दो बार हराया। रूद्रदामन ने सुदर्शन झील की मरम्मत कराई। इस झील का निर्माण मौर्य काल में हुआ था। इसके समय सौराष्ट्र प्रान्त का शासक सुविख्यात था।

रूद्रदामन संस्कृत भाषा का संरक्षक था। उसने ही सबसे पहले विशुद्ध संस्कृत भाषा में लम्बा अभिलेख (जूनागढ़ अभिलेख) जारी किया। इस वंश का अन्तिम शासक रूद्रसिंह तृतीय था। मालवा के एक शासक विक्रमादित्य ने 57 ई.पू. में शकों को पराजित किया था। इसी विक्रमादित्य के नाम पर एक नवीन सम्वत् विक्रम सम्वत् की नींव पड़ी।

पार्थियाई / पहलव

पार्थियाई मध्य एशिया के ईरान से आए थे। पश्चिमोत्तर भारत में शकों के आधिपत्य के बाद पार्थियाई लोगों का आधिपत्य हुआ, जिन्हें भारतीय स्त्रोतों में पहलव कहा गया है। भारत में पार्थियन साम्राज्य का वास्तविक संस्थापक मिथ्रेडेट्स प्रथम (171-130 ई.पू.) था।

पहलव वंश का सर्वाधिक शक्तिशाली शासक गोन्दोफर्निस (20-41 ई.) था। खरोष्ठी लिपि में उत्कीर्ण तख्तेबही अभिलेख में इसे गुदुव्हर कहा गया है। फारसी में उसका नाम बिन्दफर्ण है, जिसका अर्थ है—'यश विजयी'। गोन्दोफर्निस के शासनकाल में सेण्ट टॉमस इसाई धर्म का प्रचार करने के लिए भारत आया था। इसकी राजधानी तक्षशिला थी। पार्थियन राजाओं के सिक्कों पर धार्मिय (धार्मिक) उपाधि मिलती है। उन्होंने बौद्ध धर्म ग्रहण कर लिया था। गोन्दोफर्निस ने देवव्रत की उपाधि ली थी। इस साम्राज्य का अन्त कुषाणों द्वारा किया गया।

कुषाण

पार्थियाई लोगों के बाद कुषाण भारत में आए, जिन्हें यूचि तथा तोचेरियन (तोखारी) भी कहा जाता है। इनका मूल निवास स्थान चीन की सीमा पर स्थित चीनी तुर्किस्तान था। कालान्तर में यूचि कबीला पाँच भागों में बँट गया था। इन्हीं में से एक कबीले ने भारत के कुछ भागों पर शासन किया।

कुजुल कडफिसस (15–64 ई.)

भारत में सर्वप्रथम कुजुल कडफिसस ने कुषाण वंश की स्थापना की। इसने रोमन सिक्कों की नकल करके ताँबे के सिक्के ढलवाए तथा महाराजाधिराज की उपाधि धारण की।

कडफिसस प्रथम के प्रारंभिक सिक्कों के मुख्य भागों पर यूनानी राजा हर्मियस की आकृति है और पृष्ठ भाग पर उसकी अपनी, इसका अर्थ यह हुआ कि वह पहले यूनानी राजा हर्मियस के अधीन था।

विम कडफिसस

यह भारत में कुषाण शक्ति का वास्तविक संस्थापक माना जाता है। इसने बड़ी संख्या में सोने के सिक्के चलवाए। इसके सिक्कों पर एक ओर यूनानी लिपि तथा दूसरी ओर खरोष्ठी लिपि उत्कीर्ण है। यह शैव मत का अनुयायी था। इसके कुछ सिक्कों पर शिव, नन्दी तथा त्रिशूल की आकृतियाँ मिलती हैं। इसने महेश्वर की उपाधि धारण की।

कनिष्क

कनिष्क सर्वाधिक विख्यात कुषाण शासक था, जिसने 78 ई. में एक सम्वत् चलाया, जो शक सम्वत् कहलाता है। इसे वर्तमान में भारत सरकार द्वारा भी प्रयोग में लाया जाता है। वर्तमान में शक सम्वत् चैत्र (21 या 22 मार्च) से प्रारंभ होता है। कनिष्क की प्रथम राजधानी पेशावर (पुरूषपुर) एवं दूसरी राजधानी मथुरा थी। कनिष्क ने कश्मीर को जीतकर वहाँ 'कनिष्कपुर' नामक नगर बसाया। उसने काशगर, यारकन्द तथा खोतान पर भी विजय प्राप्त की।

कनिष्क ने पाटलिपुत्र पर आक्रमण कर वहाँ से प्रसिद्ध विद्वान अश्वघोष, बुद्ध का भिक्षापात्र और एक अनोखा कुक्कुट प्राप्त किया था। महास्थान (बोगरा) में पाई गई सोने की मुद्रा पर कनिष्क की एक खड़ी मूर्ति अंकित है। मथुरा में कनिष्क की एक प्रतिमा मिली है, जिसमें उन्हें घुटने तक चोगा एवं पैरों में भारी जूते पहने हुए दिखाया गया है।

कनिष्क कला एवं संस्कृति साहित्य का महान संरक्षक था। इसके समय में मूर्तिकला की गान्धार एवं मथुरा शैली का जन्म हुआ। उसके दरबार में पार्श्व, वसुमित्र, अश्वघोष, नागार्जुन तथा चरक जैसे विद्वान निवास करते थे।

हुविष्क

कनिष्क का उत्तराधिकारी हुविष्क हुआ, जिसने कश्मीर में हुष्कपुर नामक नगर की स्थापना करवाई। उसके सिक्कों पर शिव, स्कन्द तथा विष्णु की आकृतियाँ उत्कीर्ण हैं। कुषाण शासकों ने महाराजाधिराज (भारतीय उपाधि), देवपुत्र (चीनी उपाधि), कैसर (रोमन उपाधि) जैसी उपाधियाँ धारण कीं। मन्दिर बनवाने की प्रथा (देवकुल) भी प्रारंभ की। कुषाणों ने सर्वाधिक शुद्ध स्वर्ण सिक्के (124 ग्रेन) जारी किए। इन्हें सर्वप्रथम ताम्र सिक्के चलाने का श्रेय भी प्रदान किया जाता है।

प्रशासनिक स्थिति

कुषाण शासकों ने चीनी शासकों के अनुरूप देवपुत्र की उपाधि धारण की। कुषाणों ने राज्य शासन में क्षत्रप प्रणाली चलाई। शकों एवं पार्थियन ने दो आनुवंशिक राजाओं के संयुक्त शासन की परिपाटी चलाई। शक शासक त्रतार (मुक्तिदाता) की उपाधि लेते थे। कुषाणों ने प्रान्तों में द्वैध शासन की प्रणाली प्रारंभ की। यूनानियों ने सेनानी-शासन (मिलिटरी गवर्नरशिप) की परिपाटी चलाई।

सातवाहन शासकों ने ब्राह्मणों एवं बौद्ध भिक्षुओं को पहली शताब्दी ई.पू. में कर मुक्त भूमि प्रदान करने की प्रथा प्रारंभ की। सातवाहनों के समय का नानाघाट अभिलेख भूमिदान का प्रथम अभिलेखीय प्रमाण है।

आर्थिक स्थिति

वाणिज्य एवं व्यापार

आर्थिक रूप से इस काल में—वाणिज्य व्यापार की प्रगति हुई। इस काल में वाणिज्य एवं व्यापार की उन्नति का प्रमुख कारण नगरीय एवं ग्रामीण क्षेत्रों में नए वर्गों का उदय, रोम, चीनी एवं दक्षिण-पूर्व एशिया के साथ व्यापारिक सम्बन्ध एवं मानसून की खोज थी।

कुषाणों ने चीन से ईरान तथा पश्चिम एशिया तक जाने वाले रेशम मार्ग पर नियंत्रण रखा था। यह मार्ग उनके साम्राज्य से गुजरता था। सिल्क मार्ग आय का बहुत बड़ा स्रोत था।

ईसा की पहली सदी में हिप्पालस नामक ग्रीक नाविक ने अरब सागर से चलने वाली मानसून हवाओं की जानकारी दी। इससे पश्चिमी एशिया के बन्दरगाहों से व्यापार और अधिक सुगम हो गया। ईसा की पहली शती से व्यापार मुख्यत: समुद्री मार्ग से ही होने लगा, इससे पूर्व अधिकतर व्यापार स्थल मार्ग से होता था।

भारत-रोम व्यापार

प्रथम शताब्दी ई. में अज्ञात यूनानी नाविक ने अपनी *पेरीप्लस ऑफ द एरिथ्रियन सी* नामक पुस्तक में भारत द्वारा रोमन साम्राज्य को निर्यात की जाने वाली वस्तुओं का विवरण दिया गया है। प्लनी ने प्रतिवर्ष रोम से भारत में जाने वाले सोने की भारी मात्र के लिए दु:ख प्रकट किया है। अरिकामेडु को *'पेरिप्लस ऑफ द एरिथ्रियन सी'* में पेडोक नाम से संबोधित किया गया है।

इस काल में भारत और रोम के बीच व्यापार विकसित अवस्था में था। व्यापार सन्तुलन भारत के पक्ष में था और रोम से मुख्यत: स्वर्ण मुद्राएँ प्राप्त होती थीं। रोमवासी मुख्यत: मसाले का आयात करते थे। काली मिर्च को यवनप्रिय कहा जाता था।

रोम को निर्यातित प्रमुख वस्तुएँ मसाले, काली मिर्च, मोती, मलमल, हाथी दाँत की वस्तुएँ, इत्र, चन्दन, कछुवा की खोपड़ी, केसर, जटामासी, हीरा, रत्न, तोता, शेर, चीता आदि।

रोम से आयातित प्रमुख वस्तुएँ—कलश, शराब, सोना एवं चाँदी के सिक्के पुखराज, टिन, ताँबा, शीशा, लाल चमकीले अर्टेटाइन मृद्‌भाण्ड थीं। भारत चीन से कच्चे रेशम, रेशम के धागे और रेशमी वस्त्र मंगाता था। भड़ौच (मृगुकच्छ) बन्दरगहा से इन वस्तुओं का निर्यात पश्चिमी देशों को किया जाता था। अरब और मिस्र से घोड़े लाए जाते थे।

सोपारा (पश्चिमी तट); भड़ौच (गुजरात), देवल (सिन्ध), पोलूरा (उड़ीसा तट), चौल, नौरा, टिंडिस, मुजरिम (केरल तट),

कोरकई, पुहार/कावेरीपत्तनम्, नागपत्तनम् (तमिल तट), मसूलीपत्तनम्, कौण्डेक, साइला एवं निट्रिंग (आन्ध्र तट) थे।

शिल्प एवं उद्योग

दीर्घनिकाय में 24 प्रकार एवं महावस्तु में 36 प्रकार के व्यावसायियों तथा मिलिन्दपन्हों में 75 प्रकार के व्यवसायों की चर्चा है। व्यापार एवं विनिमय में मुद्राओं का प्रयोग मौर्योत्तर युग की सबसे बड़ी देन है।

इस काल का प्रमुख उद्योग, वस्त्र उद्योग था। भारत ने सीसा ढालने की जानकारी ईस्वी सन् के आरम्भ में आकर प्राप्त की।

मौर्योत्तरकाल में शाटक नामक वस्त्र के लिए मथुरा; ईंटों के बने रंगाई के हौज के लिए उरैयूर एवं अरिकमेडु; वृक्ष के रेशों से बने वस्त्र के लिए मगध; मलमल के लिए बंग एवं पुण्ड्र क्षेत्र तथा मसाले के लिए दक्षिण भारत प्रसिद्ध था।

व्यापारिक प्रगति के कारण शिल्पकारों ने शिल्प श्रेणियों को संगठित किया। श्रेणियों के पास अपना सैन्य बल होता था। श्रेणी का प्रधान प्रमुख, निगम का प्रधान श्रेष्ठि तथा पूग का प्रधान ज्येष्ठक कहलाता था। श्रेणियाँ महाजन का भी कार्य करती थीं।

व्यापारिक कारवाँ के प्रधान को सार्थवाह कहा जाता था। क्रेता और विक्रेता के मध्य सौदेबाजी पणितव्य कहलाती थी। प्रस्थ, आढ़क, द्रोण और खारी बढ़ते हुए क्रम में इस काल के बाट थे।

सिक्के

हिन्द-यवन शासकों ने भारत में सर्वप्रथम सोने के सिक्के चलाए। उनके सिक्कों पर द्विभाषिक लेख होते थे।एक तरफ यूनानी भाषा एवं लिपि में तथा दूसरी तरफ प्राकृत भाषा और खरोष्ठी लिपि में। उन्होंने सोने, ताँबे एवं चाँदी के सिक्के चलाए। सोने का सिक्का वजन में 133 ग्रेन का होता था। कुषाणों ने सर्वप्रथम शुद्ध स्वर्ण के सिक्के चलाए जो 124 ग्रेन के थे। सातवाहनों ने सीसे के अतिरिक्त चाँदी, ताँबा, पोटीन आदि के सिक्के भी चलाए।

इस काल में विभिन्न प्रकार के सिक्के प्रचलित थे। सोने के सिक्के कनिष्क, दीनार, सुवर्ण और पल, चाँदी के सिक्के शतमान, ताँबे के सिक्के काकणी तथा सोना, चाँदी, ताँबा, राँगा, सीसा आदि सभी धातुओं से निर्मित सिक्के कर्षापण कहलाते थे।

सामाजिक स्थिति

मौर्योत्तर काल में परंपरागत चारों वर्ण—ब्राह्मण, क्षत्रिय, वैश्य और शूद्र मौजूद थे, किन्तु शिल्प और वाणिज्य में उन्नति का फायदा शूद्रों को मिला। इस काल में बड़ी संख्या में जनजातीय तत्वों तथा विदेशी तत्वों का आत्मसातीकरण किया गया। यूनानी, शक, पार्थियन और कुषाण सभी भारत में अपनी-अपनी पहचान अन्ततः खो बैठे। वे भारतीय समाज में योद्धाओं के वर्ग में अर्थात् क्षत्रिय वर्ग में समाविष्ट हुए। इस काल के विदेशी शासकों को मलेच्छ एवं निम्न क्षत्रिय वर्ग के रूप में मान्यता मिली।

धार्मिक स्थिति

भक्ति का विकास इस काल के धर्म की प्रमुख विशेषता है। कालांतर में भक्ति के साथ अवतारवाद की परिकल्पना भी जुड़ गई एवं अवतारवाद के साथ मूर्तिपूजा की संकल्पना भी जुड़ गई। इस काल में कई विदेशी शासक विष्णु के उपासक बन गए। आर्य देवताओं के समानान्तर गैर-आर्य देवता भी स्थापित हो गए, जैसे—गणेश, कार्तिकेय, मातृदेवी, वृक्ष पूजा, सर्प पूजा आदि। मोरा से प्राप्त प्रथम सदी ई. के एक लेख में संकर्षण, वासुदेव, प्रद्युम्न, साम्ब व अनिरूद्ध की पूजा का वर्णन मिलता है।

इस काल में बौद्ध धर्म और उसकी महायान शाखा का सर्वाधिक प्रचार-प्रसार हुआ। बौद्ध धर्म में मूर्ति पूजा आरम्भ हुई एवं इसका प्रचलन ब्राह्मण समुदाय में भी हुआ। बुद्ध की सबसे प्राचीन मूर्ति मथुरा से मिली है। भारत में सबसे पहले बुद्ध की प्रतिमाओं की पूजा की गई। बौद्ध धर्म की महायान शाखा के अनुयायियों ने सर्वप्रथम बुद्ध की प्रतिमा को स्थापित करके उनकी पूजा आरंभ की।

कला एवं संस्कृति

कुषाण काल में कला के क्षेत्र में दो स्वतंत्र शैलियों का विकास हुआ—गान्धार कला एवं मथुरा कला। गान्धार शैली को ग्रीक-बौद्ध शैली भी कहा जाता है। गान्धार शैली में बुद्ध की प्रतिमाएँ यूनान और रोम की मिश्रित शैली में बनाई गईं। मथुरा शैली मूलतः देशी कला थी, जिसमें बुद्ध की विलक्षण प्रतिमाएँ बनीं, परंतु इस जगह की ख्याति कनिष्क की सिरविहिन खड़ी मूर्ति को लेकर है। यहाँ महावीर की भी कई प्रस्तर मूर्तियाँ बनाई गईं।

आन्ध्र प्रदेश में नागार्जुनकोण्डा और अमरावती बौद्ध कला के महान केन्द्र थे, जहाँ बुद्ध के जीवन की कथाएँ अनगिनत पट्टों पर चित्रित की गई हैं तथा इसमें प्रमुख रूप से सफेद पत्थर का प्रयोग किया गया है।

गान्धार कला एवं मथुरा कला में अंतर

गान्धार कला	मथुरा कला
गहरे नीले एवं काले पत्थर का प्रयोग होता था।	लाल पत्थर का प्रयोग होता था।
संरक्षक—शक एवं कुषाण थे।	संरक्षक—कुषाण थे।
यथार्थवादी था।	आदर्शवादी था।
मुख्यतः बुद्ध की मूर्तियाँ थीं।	बौद्ध, जैन तथा ब्राह्मण धर्म से संबंधित मूर्तियाँ थीं।

साँची के महास्तूप का निर्माण मौर्य काल में हुआ था। शुंग काल में उसे पाषाण पट्टिकाओं से जोड़ा गया तथा वेदिका भी पत्थर की ही बनाई गई, जिससे इसका आकार पहले से दोगुना हो गया। सातवाहन काल में वेदिका के चारों दिशाओं में चारण तोरण लगा दिए गए।

इस काल में विदेशी शासकों ने संस्कृत साहित्य का संरक्षण एवं सम्पोषण किया। अश्वघोष ने बुद्ध चरितम् (बुद्ध की जीवनी) सौन्दरानंद एवं 'सारिपुत्र प्रकरण' नामक ग्रंथ लिखे तथा सौन्दरानन्द नामक काव्य भी लिखा, महायान बौद्ध सम्प्रदाय की प्रगति के फलस्वरूप अनेक अवदानों की रचना हुई। धार्मिकेत्तर साहित्य का सबसे अच्छा उदाहरण वात्स्यायन का कामसूत्र है।

मौर्योत्तर काल में यूनानियों के सम्पर्क में आने के बाद खगोल और ज्योतिषशास्त्र के क्षेत्र में काफी प्रगति हुई। संस्कृत ग्रन्थों में ग्रह नक्षत्रों के संचार सम्बन्धी बहुत सारे यूनानी शब्द मिलते हैं। भारतीय ज्योतिष यूनानी चिन्तनों से प्रभावित हुआ। चिकित्साशास्त्र, वनस्पतिशास्त्र एवं रसायनशास्त्र का विभेद विवेचन चरक एवं सुश्रुत ने किया है।

अध्याय सार संग्रह

- यूनानी लेखकों ने चन्द्रगुप्त मौर्य के लिए सैन्ड्रोकोटस तथा एन्ड्रोकोटस नामों का प्रयोग किया है।
- चन्द्रगुप्त के प्रारंभिक जीवन की जानकारी के लिए मुख्यत: बौद्ध स्रोतों पर निर्भर रहना पड़ता है।
- मुद्राराक्षस नाम ग्रंथ मे चन्द्रगुप्त को 'वृषल' तथा 'कुलहीन' कहा गया है।
- प्लूटार्क के अनुसार चन्द्रगुप्त ने 6 लाख सेना लेकर समूचे भारत पर अपना आधिपत्य स्थापित किया।
- मॉस्की शिलालेख में 'अशोक' नाम की उल्लेख किया गया है।
- अशोक बौद्ध धर्म का अनुयायी था। उसने 'देवानांप्रियदर्शी' की उपाधि धारण की।
- कल्हण ने 'राजतरंगिजी' में उल्लेख किया है कि अशोक शैव धर्म का अनुयायी था।
- मौर्यकाल में कर मुक्त भूमि को ब्रम्हदेय कहा जाता था।
- अपने अभिषेक के बीसवें वर्ष अशोक ने लुम्बिनी (बुद्ध के जन्म स्थान) में लगान की दर को एक-चौथाई से घटाकर आठवां हिस्सा कर दिया।
- मेगस्थनीज ने 'इण्डिया' नामक ग्रंथ की रचना की।
- बिन्दुसार की मृत्यु के समय अशोक उज्जैन का वायसराय था।
- अशोक ने कश्मीर में 'श्रीनगर' नामक नगर की स्थापना की।
- पुष्यमित्र शुग के मौर्यों को सत्ताच्युत कर 185 ई.पू. में शुंग वंश स्थापना की।
- शुग वंश के अंतिम शासक देवभूति की हत्या कर उसके सचिव वसुदेव ने ई.पू. 75 में कण्व वंश की स्थापान की।
- सातवाहनों को आन्ध्र भी कहा जाता है। इसका पहला शासक सिमुक था।
- शक शासक अपने को क्षत्रप कहते थे।
- कनिष्क ने शक संवत की शुरूआत 78 ई. में की।
- गार्गी संहिता में भवन आक्रमण का उल्लेख मिलता है।
- बेस नगर के अभिलेख में पवन राजदूत हेलियोडोरस का वर्णन भागवत धर्म के अनुयायी के रूप में किया गया था।
- शक शासक रूद्रदामन ने सुराष्ट्र स्थित सुदर्शन झील का जीर्णोद्धार किया था।
- कुषाण काल में सोने की मुद्राएं सर्वाधिक प्रचलन में थी।

अध्याय 7

गुप्त एवं गुप्तोत्तर काल

इस अध्याय में आप सीखेंगे किः

- गुप्त काल का उद्‌भव और विकास कैसे और किन परिस्थितियों में हुआ तथा इस काल के शासकों ने कैसे अपने शासन को शीर्ष स्तर पर पहुंचाया।
- गुप्त काल की कला, संस्कृति और साहित्य विकास इत्यादि की प्रगति कैसे बेहतर थी।
- गुप्तोत्तर काल के बदलते घटनाक्रम में विदेशी यात्रियों ने भारत के संस्कृति का विस्तार पूर्वक वर्णन किया तथा इसके अभिलक्षणों की चर्चा की।

गुप्त काल (Gupta Empire)

कुषाणों के पतन के उपरांत उत्तर भारत में अनेक राजतंत्र एवं गणतंत्र का उदय हुआ। राजतंत्रों में नागवंश, आभीर, इक्ष्वाकु तथा गणतंत्रों में अर्जुनायन, मालव, यौधेय, लिच्छवी, शिवि तथा कुणिन्द शामिल थे। गुप्त संभवतः कुषाणों के सामन्त थे। गुप्त वंश का आरंभिक राज्य उत्तर प्रदेश और बिहार में था। कुषाणों से प्राप्त सैन्य तकनीक एवं वैवाहिक संबंधों ने गुप्त साम्राज्य के प्रसार एवं सुदृढ़ीकरण में महत्वपूर्ण योगदान दिया।

चन्द्रगुप्त प्रथम (319–335 ई.)

इस वंश का में सबसे पहला शासक चन्द्रगुप्त प्रथम था। यह गुप्त वंश का वास्तविक संस्थापक था। इसके राज्यारोहण की तिथि 319 ई. है तथा इसे गुप्त संवत् का आरम्भ माना जाता है। उसने लिच्छवि राजकुमारी कुमारदेवी से विवाह किया तथा अपने स्वर्ण सिक्के पर कुमारदेवी का नाम खुदवाया।

समुद्रगुप्त (335–375 ई.)

समुद्रगुप्त, चन्द्रगुप्त प्रथम का उत्तराधिकारी हुआ। इस समय के कुछ सोने के सिक्के प्राप्त हुए हैं, जिन पर काँच नाम उत्कीर्ण है तथा सर्वराजोच्छेत्ता विरूद भी मिलता है। अभिलेखों में यह विरूद समुद्रगुप्त के लिए प्रयुक्त हुआ है। समुद्रगुप्त को प्रयाग प्रशस्ति में लिच्छवि दौहित्र भी कहा गया है।

समुद्रगुप्त एक महान विजेता था। हरिषेण लिखित प्रयाग प्रशस्ति के 7वें श्लोक से उसकी सामरिक विजयों का विवरण प्राप्त होता है। यह प्रशस्ति चम्पू शैली में लिखी गई है। समुद्रगुप्त का विजय अभियान पाँच चरणों में सम्पन्न हुआ था।

उत्तरी भारत के नौ राज्यों की विजय को आर्यावर्त राज्य प्रसभोद्धरण कहा गया है, अर्थात् राज्यों का बलात् उन्मूलन कर, उन्हें अपने साम्राज्य में मिला लिया। दक्षिणापथ के 12 राज्यों के प्रति उसने ग्रहणमोक्षानुग्रह (ग्रहण, मोक्ष तथा अनुग्रह) की नीति अपनाई। दक्षिण विजय को धर्म विजय भी कहा जाता है।

गणतंत्रीय राज्यों ने सर्वकरदान, आज्ञाकरण और प्राणाभागमन के द्वारा समुद्रगुप्त के प्रचंड शासन को परितुष्ट करने की चेष्टा की। विदेशी शासकों ने समुद्रगुप्त की अधीनता स्वीकार करते हुए आत्मनिवेदन, कन्योपायन तथा गुत्मन्दक की विधि अपनाई। अपने विजय अभियान को पूरा करने के पश्चात् उसने अश्वमेघ यज्ञ सम्पन्न किया तथा अश्वमेघ पराक्रम की उपाधि ली। समुद्रगुप्त से श्रीलंका के शासक मेघवर्मन ने गया में एक बौद्ध मठ बनाने की अनुमति माँगी थी, जिसकी अनुमति दे दी गई थी। अश्वमेघ प्रकार के सिक्कों पर राजमहिषी दत्तदेवी की आकृति तथा अश्वमेघ पराक्रम अंकित है।

समुद्रगुप्त विजेता के साथ-साथ कवि, संगीतज्ञ तथा विद्या का संरक्षक था। उसके सिक्कों पर उसे वीणा बजाते हुए दिखाया गया है तथा कविराज की उपाधि प्रदान की गई है। सिक्कों पर उसने व्याघ्र पराक्रम, अप्रतिरथ,

पराक्रमांक आदि विरूद धारण किए। उसने महान् बौद्ध भिक्षु वसुबन्धु को संरक्षण दिया था। वी.ए. स्मिथ ने समुद्रगुप्त को भारत का नेपोलियन कहा है।

इलाहाबाद के अशोक स्तम्भ पर ही समुद्रगुप्त के सन्धि विग्राहक हरिषेण ने संस्कृत भाषा में प्रशंसात्मक वर्णन प्रस्तुत किया है, जिसे प्रयाग प्रशस्ति कहा गया है। प्रयाग प्रशस्ति में सर्वप्रथम भारतवर्ष शब्द का उल्लेख मिलता है।

चन्द्रगुप्त द्वितीय (375–415 ई.)

समुद्रगुप्त के पश्चात् चन्द्रगुप्त द्वितीय का नाम उल्लिखित है, परन्तु दोनों शासकों के बीच रामगुप्त नामक एक दुर्बल शासक के अस्तित्व का भी पता चलता है। विशाखदत्त कृत देवीचन्द्रगुप्त नामक नाटक में भी चन्द्रगुप्त विक्रमादित्य से पूर्व रामगुप्त का गुप्त शासक के रूप में वर्णन किया गया है।

मेहरौली (दिल्ली) में लौह स्तम्भ खुदवाकर अपना विजयोत्सव मनाया था, इस स्तम्भ पर चन्द्र नामक शासक की विजय का वर्णन है, जिसकी पहचान चन्द्रगुप्त द्वितीय से की गई है। चन्द्रगुप्त द्वितीय के विजयों का उल्लेख उसके उदयगिरि अभिलेख में मिलता है। उज्जयिनी को उसने द्वितीय राजधानी बनाया था।

चन्द्रगुप्त द्वितीय ने सम्भवतः रामगुप्त की विधवा ध्रुवदेवी से विवाह कर लिया था। अपनी पुत्री प्रभावती का विवाह वाकाटक नरेश रूद्रसेन द्वितीय से तथा अपने पुत्र का विवाह कदम्ब राजवंश में किया था।

चन्द्रगुप्त द्वितीय ने विक्रमादित्य, विक्रमांक एवं परमभागवत की उपाधि धारण की थी। उसके अन्य नाम देवगुप्त, देवराज तथा देवश्री थे। शकों (रूद्रसिंह तृतीय) पर विजयोपरान्त उसे शकारि कहा गया।

चन्द्रगुप्त दरबार में कालिदास, धन्वन्तरि, क्षपणक, अमरसिंह, शंकु, वेताल भट्ट, घटकर्पर, वराहमिहिर, वररूचि जैसे नवरत्न मौजूद थे। उसका सचिव वीरसेन शैव था और सेनापति आम्रकार्दव बौद्ध था। उसके समय में प्रसिद्ध चीनी यात्री फाहयान (399-414 ई.) भारत आया था। उसके समय में पाटलिपुत्र एवं उज्जयिनी शिक्षा के प्रमुख केन्द्र थे।

कुमारगुप्त प्रथम (415–455 ई.)

सर्वाधिक गुप्तकालीन अभिलेख कुमारगुप्त प्रथम के समय के प्राप्त हुए हैं। कुमारगुप्त के विलसड अभिलेख से ही कुमारगुप्त प्रथम तक गुप्तों की वंशावली प्राप्त होती है। कुमारगुप्त प्रथम के सुव्यवस्थित शासन का वर्णन उसके मन्दसौर अभिलेख से मिलता है, जिसकी रचना वत्सभट्टी प्रथम ने की थी।

कुमारगुप्त प्रथम ने नालन्दा विश्वविद्यालय की स्थापना करवाई। उन्होंने महेन्द्रादित्य, श्रीमहेन्द्र और अश्वमेघ महेन्द्र आदि उपाधियाँ धारण कीं। उनके समय में गुप्तकालीन मुद्राओं का सबसे बड़ा ढेर बयाना (राजस्थान) से प्राप्त हुआ है, जिसमें मयूर शैली की मुद्राएँ सर्वाधिक महत्वपूर्ण थी।

स्कन्दगुप्त (455–467 ई.)

स्कन्दगुप्त के समय मध्य एशिया के हूणों ने आक्रमण किया। भीतरी स्तम्भ लेख के अनुसार प्रथम हूण आक्रमण इसी के समय हुआ, जबकि जूनागढ़ अभिलेख के अनुसार स्कन्दगुप्त ने हूणों के आक्रमण को विफल कर दिया। जूनागढ़ अभिलेख में हूणों को म्लेच्छ कहा गया है।

स्कन्दगुप्त को कहौम स्तम्भ लेख में शक्रादित्य, आर्यमन्जुश्री मूलकल्प में देवराय तथा जूनागढ़ अभिलेख में 'श्री परिक्षिप्तवक्षा' कहा गया है। जूनागढ़ अभिलेख के अनुसार स्कन्दगुप्त ने सुदर्शन झील का पुनरूद्धार कार्य सौराष्ट्र के गवर्नर पर्णदत्त के पुत्र चक्रपालित को सौंपा था। पुष्यगुप्त वैश्य ने चन्द्रगुप्त मौर्य के समय, तुषास्फ ने अशोक के समय, सुविशाख रूद्रदामन के समय भी सुदर्शन झील से का पुनर्निर्माण करवाया।

बुद्धगुप्त ने नालन्दा महाविहार को धन दान में दिया था। नरसिंहगुप्त ने हूण नरेश मिहिरकुल को पराजित किया। भानुगुप्त के ऐरण अभिलेख (510 ई.) से सती प्रथा का पहला अभिलेखीय प्रमाण मिलता है। गुप्तों के पतन के साथ नए वंशों का उदय हुआ।

उनमें वल्लभी के मैत्रक, कन्नौज के मौखरि तथा थानेश्वर के वर्धन वंश आदि प्रमुख थे।

राजत्व का सिद्धांत (Principle of Kingship)

राजा का दैवी उत्पत्ति का सिद्धांत जो मनुस्मृति में प्राप्त हैं, गुप्त युग तक लोकप्रिय हो चुका था। राजा को रक्षा और पालन करने वाले भगवान विष्णु के रूप में देखा जाने लगा और राजसत्ता की देवी लक्ष्मी, विष्णु की पत्नी के रूप में सिक्कों की पीठ पर सदा अंकित रहतीं। चन्द्रगुप्त विक्रमादित्य ने अपनी तुलना इन्द्र, वरूण, यम और कुबेर से की है।

राजपद वंशागत था, परंतु राजसत्ता ज्येष्ठाधिकार की अटल प्रथा के अभाव में सीमित थी। राजा को धर्म के अनुसार वर्णाश्रम धर्म का रक्षक बताया गया था। गुप्त शासक साम्राज्यवादी थे, लेकिन केन्द्रीय शासन का जो नियंत्रण मौर्य युग में देखने को मिलता है, वह इस युग में नहीं मिलता, क्योंकि गुप्त युग में ही विकेन्द्रीकरण की प्रवृत्ति बढ़ने लगी थी।

प्रशासनिक व्यवस्था

कामन्दक (नीतिसार) एवं कालिदास दोनों ने मंत्रिमण्डल या मंत्रिपरिषद का उल्लेख भी किया है। मंत्रियों का चयन सम्राट द्वारा उनकी व्यक्तिगत योग्यता के आधार पर राजकुमार, सामन्तों तथा उच्च अधिकारियों में से किया जाता था। मंत्रियों के लिए मंत्रित तथा सचिव शब्द प्रयुक्त किया जाता था।

गुप्त साम्राज्य के सबसे बड़े अधिकारी कुमारामात्य होते थे। उन्हें राज उनके अपने ही प्रान्त में नियुक्त करता था। वे नकद वेतन पाते थे।

हरिषेण (समुद्रगुप्त का सन्धिविग्रहिक), वीरसेन (चन्द्रगुप्त द्वितीय का सन्धिविग्रहिक), शिखरस्वामी (चन्द्रगुप्त द्वितीय का मंत्री), पृथ्वीषेण (कुमारगुप्त का मंत्री), चक्रपालित (स्कन्दगुपत के मंत्री) एवं पर्णदत्त (स्कन्दगुप्त के मंत्री) गुप्तकाल के प्रमुख अधिकारी थे।

साम्राज्य का विभाजन प्रान्तों में हुआ था, जसे भुक्ति कहा जाता था। इस पर उपरिक नामक अधिकारी नियुक्त किया जाता था। सीमान्त प्रदेश के प्रशासक को गोप्ता कहा जाता था। प्रान्तों का विभाजन विषयों अर्थात् जिलों में हुआ था जिसका प्रधान विषयपति होता था। जिले के अन्य अधिकारी थे—शौल्किक (सीमा शुल्क एवं चुगी संग्रहकर्ता), गौल्मिक (वन एवं दुर्ग अधिकारी) ध्रुवाधि करण (भूमिकर अधिकारी) पुस्तपाल (रिकॉर्ड रखने वाला) आदि।

गुप्तकालीन अधिकारी एवं उनके विभाग

अधिकारी	विभाग
महाबलाधिकृत	सेनापति महादण्डनायक न्यायाधीश
सन्धिविग्रहिक	युद्ध तथा सन्धि के विषयों से संबंधित
दण्डपाशिक	पुलिस विभाग का सर्वोच्च अधिकारी
विनयस्थिति स्थापक	शिक्षा तथा धर्म सम्बन्धी अधिकारी
भाण्डागाराधिकृत	राजकोष का अधिकारी महाअक्षपटलिक लेखा विभाग का सर्वोच्च अधिकारी
युक्त पुरुष	युद्ध में प्राप्त तथा हस्तगत की गई सम्पत्ति का लेखा-जोखा करने वाला अधिकारी
महाप्रतिहार	राजाप्रसाद से संबंधित विषयों की देख-रेख करने वाला अधिकार।

विषय को वीथियों में बाँटा गया था। वीथी से छोटी इकाई पेठ थी, पेठ अनेक ग्रामों का समूह थी। सबसे छोटी प्रशासनिक इकाई गाँव थी, जिसका प्रधान मुखिया या महत्तर (ग्राम वृद्ध) था। नगर प्रशासन के प्रमुख अधिकारी को पुरपाल, नगर रक्षक या द्रांगिक कहा जाता था। नगर परिषद के प्रमुख को नगरपति कहा जाता था। नारद और बृहस्पति स्मृतियों से यह ज्ञात होता है कि गुप्त युग में न्याय व्यवस्था अत्यधिक विकसित थी।

संक्षेप में प्रशासनिक व्यावस्था को निम्न प्रकार से समझा जा सकता है—

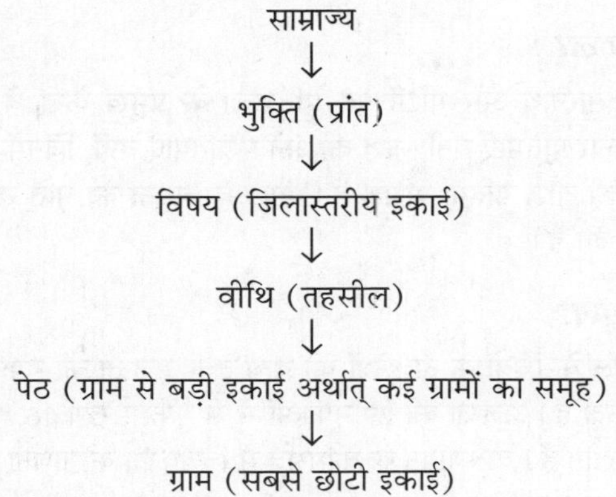

आर्थिक स्थिति

कृषि

आर्थिक व्यवस्था का मुख्य आधार कृषि थी। इस काल में सामान्यत: भूमि पर सम्राट का स्वामित्व माना जाता था। वह भूमि से उत्पादन के 1/6 भाग का अधिकारी था। इस प्रकार के कर को भाग कहा जाता था।

करों की अदायगी दोनों ही रूपों हिरण्य (नकद) तथा मेय (अन्न) में की जाती थी। इसके अतिरिक्त वणिकों एवं शिल्पियों पर 'राजकर' लगाया जाता था। इन्हें कर के रूप में बेगार (विष्टि) देना पड़ता था।

अमरकोष में 12 प्रकार की भूमि का उल्लेख मिलता है। निवर्तन, कुल्यावाप, द्रोणावाप तथा आढ़वाप भूमि मापन का पैमाना था।

भूमि के प्रमुख प्रकार

वास्तु (वास करने योग्य भूमि), क्षेत्र (खेती के उपयुक्त भूमि), खिल (नहीं जोती जाने वाली भूमि), अप्रहत (बिना जोती गई जंगल भूमि) तथा औदक (दलदली भूमि) आदि भूमि के प्रमुख प्रकार थे।

गुप्तकालीन कर—इस काल के कर के अन्तर्गत वैष्ठिका (बेगार), भट्ट (पुलिस कर), प्रणय (ग्रामवासियों पर लगाया जाने वाला अनिवार्य कर), चारासन (चारागाहों पर शुल्क), चाट (लुटेरों द्वारा उत्पीड़न से मुक्तिका कर), दशापराध (दस प्रकार के अपराधों पर किए गए जुर्माने), हलदण्ड (हल पर लगाया जाने वाला कर), भूतोवात प्रत्यय (नशीली वस्तुओं पर कर) आते थे।

वाणिज्य एवं व्यापार

वस्त्र उद्योग इस काल का प्रधान उद्योग था। मिट्टी के बर्तन एवं मृण्मूर्तियाँ बनाने तथा पत्थर एवं धातु के सामान तैयार करने का उद्योग भी विकसित हुआ। मेहरौली का लौह-स्तम्भ गुप्तकालीन धातु निर्माण कला का सर्वोत्कृष्ट उदाहरण माना जाता है। शिल्पियों एवं व्यवसायियों के श्रेष्ठीसंघ होते थे इनके मुखिया को श्रेष्ठी एवं व्यापारिक कारावां के नेता को सार्थवाह कहते थे। श्रेष्ठीसंघ अपने व्यवसाय के अतिरिक्त प्रशासन में भाग लेती व मुहरें चलाती थी।

इस काल तक रोमन व्यापार का पतन हो चुका था, लेकिन दक्षिण-पूर्व एशिया एवं चीन के साथ व्यापार में वृद्धि हुई। ताम्रलिप्ति पूर्वी तट का, जबकि भृगुकच्छ (भड़ौच) पश्चिमी भारत का प्रमुख बन्दरगाह था। इस काल में चीन से रेशम (चीनांशुक), यूथोपिया से हाथीदाँत तथा अरब, ईरान एवं बैक्ट्रिया से घोड़ों का आयात किया जाता था।

सिक्के

गुप्त शासकों ने सोने, चाँदी एवं ताँबे के सिक्के चलाए। इस काल में सोने के सिक्के को दीनार कहा जाता था। सोने का सिक्का 144 ग्रेन का होता था। चाँदी के सिक्कों का प्रयोग स्थानीय लेन-देन में किया जाता था। फाह्यान के अनुसार, सामान्य लोग खरीद-बिक्री के लिए कौड़ी का प्रयोग करते थे। गुप्त शासकों ने सबसे अधिक स्वर्ण मुद्राएँ जारी की। इनके ताँबे के सिक्के बहुत ही कम मिलते हैं।

सामाजिक स्थिति

गुप्तकालीन समाज परपंरागत चार वर्णों में विभाजित था। चार वर्णों का आधार गुण और कर्म न होकर जन्म था। समाज में ब्राह्मणों का स्थान सर्वोच्च था। क्षत्रिय वर्ण का भी मुख्य कार्य क्षेत्र की रक्षा तथा सैनिक सेवा थी। वैश्य वर्ण का मुख्य कार्य कृषि एवं व्यवसाय था तथापि वे क्षत्रिय का व्यवसाय अपनाते थे। वाणिज्य-व्यापार के पतन के कारण वैश्यों की सामाजिक स्थिति में गिरावट दिखाई है।

इस काल में शूद्रों की स्थिति में सुधार हुआ। अब उन्हें रामायण, महाभारत और पुराण सुनने का अधिकार मिल गया।

इस काल में अनुलोम एवं प्रतिलोम विवाहों के फलस्वरूप अनेक मिश्रित जातियों का उदय हुआ। वर्ण संकर जाति तथा प्रतिलोम विवाह से उत्पन्न सन्तान को अछूत माना जाता था। फाह्यान के अनुसार समाज में अछूतों का स्पर्श वर्जित था। स्मृतियों में इन्हें अन्त्यज अथवा चाण्डल कहा गया है।

दास-प्रथा

इस काल में दास-प्रथा प्रचलित थी। मनु सात प्रकार के तथा नारद 15 प्रकार के दासों का उल्लेख करते हैं। दास मुक्ति के अनुष्ठान का विधान भी सर्वप्रथम नारद ने ही किया। इस काल के अन्त में दास-प्रथा में शिथिलता आई।

स्त्रियों की दशा

इस काल में स्त्रियों की दशा में पहले की अपेक्षा गिरावट आई। इसका प्रमुख कारण उपनयन संस्कार बन्द होना, अल्पायु में विवाह होना, पर्दा प्रथा तथा सती प्रथा का प्रचलन था।

गुप्त काल में उत्तर भारत में देवदासी प्रथा के भी साक्ष्य प्राप्त होते हैं। कामसूत्र एवं मुद्राराक्षस में गणिकाओं तथा वेश्याओं का वर्णन मिलता है। स्त्रियों को सम्पत्ति संबंधी अधिकार भी दिए गए।

धार्मिक स्थिति

गुप्त शासकों का राजकीय धर्म वैष्णव था। उन्होंने परमभागवत की उपाधि धारण की तथा गरूड़ को अपना राजकीय चिन्ह बनाया। दो गुप्त शासकों समुद्रगुप्त एवं कुमारगुप्त को अश्वमेघ यज्ञ करने का श्रेय प्राप्त है। स्कन्दगुप्त का जूनागढ़ अभिलेख तथा बुद्धगुप्त का ऐरण स्तम्भलेख विष्णु की स्तुति से प्रारंभ होता है। इस काल में हिन्दू धर्म के तीन महत्वपूर्ण पक्ष विकसित हुए-

1. मूर्ति उपासना का केन्द्र बन गई।
2. यज्ञ का स्थान उपासना ने ले लिया।
3. वैष्णव तथा शैव धर्मों का समन्वय हुआ।

गुप्तकाल में वैष्णव धर्म सम्बन्धी सबसे महत्वपूर्ण अवशेष देवगढ़ (झाँसी) का पंचायतन श्रेणी दशावतार मन्दिर है। इस मन्दिर में शेषनाग की शय्या पर विश्राम करते हुए नारायण विष्णु को दिखाया गया है। गुप्तकाल में नारायण, संकर्षण, लक्ष्मी जैसे अवैदिक देवी-देवताओं को वैष्णव धर्म का अभिन्न अंग बना लिया गया। गुप्तकाल में मन्दिरों और मूर्तियों के निर्माण के साथ-साथ अवतारवाद की धारणा का उदय हुआ। विष्णु के दस अवतार-मत्स्य, कूर्म, वाराहा, नरसिंह, वामन, परशुराम, राम, कृष्ण, बुद्ध और कल्कि हैं।

त्रिमूर्ति के अंतर्गत गुप्तकाल में ब्रह्मा, विष्णु और महेश (शिव) की पूजा आरंभ हुई। गुप्तकाल में अन्य देवताओं की तुलना में दैवी शक्ति का वैभव अत्यन्त बढ़ गया। अर्द्धनारीश्वर के रूप में शक्ति और शिव दोनों सम्प्रदायों का एकीकरण हुआ, परंतु शक्ति की प्रधानता स्वीकार की गई।

गुप्तकाल में बौद्ध एवं जैन धर्मों का भी प्रचार-प्रसार हुआ। महायान शाखा के अंतर्गत बोधिसत्वों की प्रतिमाएँ बनाई जाने लगीं। विहारों, चैत्यों और मूर्तियों का निर्माण हुआ। इस काल के प्रसिद्ध बौद्ध आचार्य वसुबन्धु, असंग एवं दिङ.गनाग थे। फाह्यान के अनुसार, 'गुप्तकाल में कश्मीर, अफगानिस्तान और पंजाब बौद्ध धर्म के केन्द्र थे।'

कला एवं स्थापत्य

इस काल में स्थापत्य, मूर्तिकला एवं चित्रकला के अतिरिक्त अन्य विविध कलाओं का उत्थान हुआ, कला एवं संस्कृति की दृष्टि से यह काल स्वर्ण युग कहलाता है।

स्थापत्य कला

इस काल में ही मन्दिर निर्माण कला का जन्म हुआ था। देवगढ़ का दशावतार मन्दिर (वैष्णव मंदिर) भारतीय मन्दिर निर्माण में शिखर का संभवत: पहला उदाहरण है। इस काल के मन्दिरों के निर्माण में छोटी-छोटी ईंटों तथा पत्थरों का प्रयोग किया जाता था।

गुप्त काल के मन्दिर की प्रमुख विशेषता है—गर्भगृह, दालान, सभाभवन, ड्योढ़ी, प्राचीरयुक्त प्रांगण, चपटी और शिखरयुक्त छतों का निर्माण। देवता की मूर्ति को गर्भगृह में स्थापित किया जाता था और गर्भगृह के चारों ओर प्रदक्षिणापथ बनाया जाता था।

भूमरा एवं खोह का शिवमन्दिर, तिगवा एवं उदयगिरि का विष्णु मन्दिर, सिरपुर का लक्ष्मण मन्दिर, देवगढ़ का दशावतार मन्दिर तथा भीतरगाँव का ईंटों का मन्दिर इस काल की प्रमुख इमारतें हैं।

मूर्तिकला

मथुरा, सारनाथ और पाटलिपुत्र मूर्तिकला के प्रमुख केन्द्र थे। विष्णु की मानवाकार प्रतिमाएँ बनीं। बुद्ध की अनेक प्रतिमाएँ बनीं, जिनमें सारनाथ एवं मथुरा की बौद्ध प्रतिमा प्रसिद्ध है। गंगा और यमुना का मूर्ति रूप गुप्तकाल की ही देन है।

चित्रकला

इस काल के चित्रों के अवशेषों को बाघ तथा अजन्ता की गुफाओं में देखा जा सकता है। अजन्ता की 29 गुफाओं में से गुफा संख्या 16, 17 एवं 198 गुप्तकालीन हैं। वात्स्यायन के कामसूत्र में चित्रकला की गणना 64 कलाओं में से एक में की गई है। समुद्रगुप्त को उनके सिक्कों पर वीणा बजाते हुए दिखाया गया है।

शिक्षा एवं साहित्य

पाटलिपुत्र, वल्लभी, उज्जैयिनी, काशी और मथुरा इस काल के प्रमुख शैक्षणिक केन्द्र थे। नालन्दा भी आगे चलकर विश्वविद्यालय शैक्षणिक केन्द्र के रूप में विकसित हुआ। इस काल की अधिकांश रचनाएँ संस्कृत भाषा में हुईं। अधिकांश पुराणों की रचना इसी काल में हुई। महाभारत और रामायण का अन्तिम रूप से संकलन इसी काल में हुआ। याज्ञवल्क्य, नारद, कात्यायन एवं बृहस्पति की स्मृतियाँ इसी काल में लिखी गई।

भारत के प्रमुख षड्दर्शनों का अन्तिम रूप से संकलन गुप्तकाल में ही हुआ। असंग ने महायान संग्रह, योगाचार भूमिशास्त्र, महायान सूत्रलंकार जैसे ग्रन्थ की रचना की।

विज्ञान एवं तकनीक

इस काल में सबसे अधिक प्रगति गणित एवं ज्योतिष के क्षेत्र में हुई। आर्यभट्ट इस काल के सबसे महान वैज्ञानिक, गणितज्ञ एवं खगोलशास्त्री थे। इनकी प्रसिद्ध रचना आर्यभट्टीय है। आर्यभट्ट ने प्रमाणित किया कि पृथ्वी गोल है, अपनी धुरी पर घूमती रहती है, जिस कारण ग्रहण लगता है। शून्य की खोज भी आर्यभट्ट ने की।

ब्रह्मगुप्त ने ब्रह्मसिद्धांत में गुरूत्वाकर्षण का सिद्धांत दिया था। वाराहमिहिर ने ज्योतिष के महत्वपूर्ण सिद्धान्त प्रतिपादित किए। उनहोंने पंचसिद्धान्तिका, वृहत-संहिता, वृहतजातक एवं लघुजातक की रचना की। नागार्जुन रसायन विज्ञान के ज्ञाता थे, उन्होंने रस चिकित्सा की खोज की। धन्वन्तरि ने अष्टांग हृदय नामक आयुर्वेद ग्रन्थ की रचना की।

गुप्तकालीन प्रमुख साहित्य

रामायण—पहली एवं दूसरी शताब्दी के दौरान संस्कृत भाषा में इसकी रचना महर्षि बाल्मीकि ने की थी। इसमें मूलत: 6000 श्लोक थे, जो कालान्तर में 12000 और फिर 24000 हो गए। इसे चतुर्विंशति साहस्त्रसी संहिता भी कहा गया है।

महाभारत—ईसा-पूर्व चौथी शताब्दी में इसकी रचना महर्षि वेदव्यास ने की थी। महाभारत में मूलत: 8800 श्लोक थे, जिसे जयसंहिता कहा जाता है। श्लोकों की संख्या 24000 होने पर यह भारत कहलाया। गुप्तकाल में श्लोकों की संख्या एक लाख होने पर यह शतसाहस्त्री संहिता या महाभारत कहलाया।

पुराण—ऐतिहासिक कथाओं का सबसे अच्छा क्रमबद्ध विवरण पुराणों में मिलता है। पुराणों की कुल संख्या 18 है, पुराणों में सर्वाधिक प्राचीन एवं प्रमाणिक मत्स्य पुराण हैं।

स्मृति—भारतीय इतिहास में ई.पू. द्वितीय शताब्दी से लेकर मध्यकाल तक विभिन्न स्मृति ग्रन्थों की रचना हुई। मौर्योत्तर काल में रचित मनुस्मृति सबसे प्राचीन और प्रमाणिक है। इसके पश्चात् गुप्तकाल में क्रमश: याज्ञवल्क्य, नारद, पराशर, बृहस्पति एवं कात्यायन स्मृति की रचना हुई।

गुप्तोत्तर काल/पूर्व मध्यकाल (Post Gupta Period)

गुप्तों के पतन के उपरांत राजनीतिक व्यवस्था में सामन्तवाद नामक नई प्रवृत्ति का उद्भव हुआ, जिसने विकेन्द्रीकरण एवं क्षेत्रीयता की भावना को बढ़ावा दिया। यद्यपि इस दौरान कुछ प्रमुख राजवंशों ने शासन किया, लेकिन सम्पूर्ण भारत को एकसूत्र में बाँधा नहीं जा सका। राजनीतिक व्यवस्था की यह प्रवृत्ति तुर्क शासन की स्थापना तक जारी रही।

गुप्त साम्राज्य के पतन के साथ-साथ अनेक नए वंशों का उदय हुआ, जिनमें—वल्लभी के मैत्रक, पंजाब के हूण, मालवा और मगध के उत्तरगुप्त, कन्नौज के मौखरि तथा थानेश्वर के पुष्यभूति वंश प्रमुख थे।

थानेश्वर का पुष्यभूति (वर्द्धन वंश)

गुप्त साम्राज्य के पतन के बाद हरियाणा के थानेश्वर नामक स्थान पर 'वर्द्धन वंश' की स्थापना हुई। यह वंश हूणों के साथ हुए अपने संघर्ष के कारण प्रसिद्ध हुआ। इस वंश में नरवर्द्धन, राजवर्द्धन, आदित्यवर्द्धन एवं प्रभाकरवर्द्धन शासक हुए। प्रभाकरवर्द्धन के दो पुत्र-राज्यवर्द्धन एवं हर्षवर्द्धन तथा पुत्री राज्यश्री थी।

हर्षवर्द्धन (606–647 ई.)

प्रभाकरवर्द्धन के पश्चात् राज्यवर्द्धन शासक बना। राज्यवर्द्धन की मालवराज देवगुप्त एवं गौड़ शासक शशांक द्वारा मिलकर हत्या कर दी गई तथा राज्यश्री को कन्नौज में गिरफ्तार कर लिया गया। ऐसी ही विकट परिस्थिति में हर्षवर्द्धन थानेश्वर का राजा बना।

हर्षवर्द्धन ने आचार्य दिवाकर मित्र की सहायता से राज्यश्री को खोज निकाला और सती होने से बचाया तथा वापस कन्नौज लाया। कन्नौज के मंत्रियों एवं राज्यश्री की सहमति से हर्ष कन्नौज का भी शासक बन गया। इसकी राजधानी थानेश्वर से कन्नौज चली आई।

हर्ष ने गौड़ शासक शशांक को पराजित किया था। नर्मदा नदी के किनारे हर्ष और चालुक्य शासक पुलकेशिन द्वितीय के बीच युद्ध (632 ई.) में हुआ था। ह्वेनसांग के विवरण और ऐहोल अभिलेख से ज्ञात होता है कि इस युद्ध में सम्भवत: हर्ष की हार हुई थी। हर्ष ने कश्मीर पर आक्रमण कर वहाँ से बुद्ध का दाँत लाकर कन्नौज के निकट एक संघाराम में स्थापित किया।

चीन के साथ भी हर्ष ने मैत्रीपूर्ण सम्बन्ध स्थापित किए, उसने 641 ई. में अपने दूत चीन भेजे तथा 643 ई. और 646 ई. में दो चीनी दूत उसके दरबार में आए।

हर्ष का साम्राज्य सामन्ती संगठन पर आधारित था, जो हर्ष की उपाधियों परमभट्टारक, महाराजाधिराज, सकलोत्तरापथेश्वर, चक्रवर्ती, सार्वभौम परमेश्वर, परम माहेश्वर आदि से स्पष्ट हो जाता है। ह्वेनसांग ने हर्ष को शिलादित्य कहा था।

ह्वेनसांग हर्ष की सेना को चतुरंगिणी कहता है, जिसमें पैदल, घुड़सवाल, रथ और हाथी की टुकड़ियाँ थीं। अवन्ती (युद्ध और शान्ति का मंत्री), सिंहनाद (सेना का प्रधान) तथा कुन्तल (घुड़सवार सेना का प्रधान) का भी उल्लेख मिलता है।

राज्य को सर्वाधिक आय भूमि से प्राप्त होती थी। भोगिक कर वसूलने वाला तथा पुस्तपाल जमीन का हिसाब रखने वाला पदाधिकारी था। उपज का छठा भाग राजस्व के रूप में वसूल किया जाता था।

हर्ष एक धर्मसहिष्णु शासक था। प्रारंभ में वह शैव था, बाद में वह बौद्ध धर्म का सम्पोषक हो गया। हर्ष ने लगभग 643 ई. में कन्नौज तथा प्रयाग में दो विशाल धार्मिक सभाओं का आयोजन किया था। कुम्भ मेले को प्रारंभ करने का श्रेय हर्षवर्द्धन को दिया जाता है। हर्ष को तीन नाटकों प्रियदर्शिका, रत्नावली तथा नागानन्द के रचयिता माना जाता है।

ह्वेनसांग का यात्रा विवरण

हर्ष के शासनकाल का महत्व चीनी यात्री ह्वेनसांग के भ्रमण के कारण भी है। नालन्दा महाविहार अर्थात् बौद्ध विश्वविद्यालय में पढ़ने के लिए और भारत से बौद्ध ग्रन्थों को ले जाने के लिए वह 630 ई. में स्थलमार्ग से भारत आया। भारत से वह 645 ई. में चीन लौट गया। भारत को वह यिन तु कहकर पुकारता है। चीन लौटकर '*सी-यू-की*' नामक पुस्तक में भारत के संदर्भ में विस्तृत विवरण दिया है। ह्वेनसांग की जीवनी उसके सहयोगी ह्नी-ली ने लिखी है।

थानेश्वर में उसने जयगुप्त नामक बौद्ध विद्वान से शिक्षा प्राप्त की। 637 ई. में वह नालन्दा पहुँचा, उस समय नालन्दा विश्वविद्यालय के आचार्य शीलभद्र थे। असोम के शासक भास्करवर्मन ने इसे अपने देश में आमंत्रित किया। उसने कन्नौज की धर्मसभा तथा प्रयाग की छठे महामोक्षपरिषद में भाग लिया।

ह्वेनसांग के अनुसार, हर्ष समस्त भारत का स्वामी था, जो प्रजा के हित में शासन करता था। यद्यपि अपराध के लिए मृत्युदण्ड नहीं दिया जाता था, परंतु गंभीर अपराधों के लिए अंग-भंग की सजा दी जाती थी। अग्नि, जल व विष द्वारा सत्य परीक्षा किया जाना ही किसी भी व्यक्ति की निर्दोषता अथवा दोष के निर्णय के साधन थे।

समाज वर्ण और जाति प्रथा के आधार पर संगठित था। चारों वर्णों (ब्राह्मण, क्षत्रिय, वैश्य, शूद्र) में धार्मिक अनुष्ठानजनित पवित्रता थी। ह्वेनसांग ने शूद्रों को कृषक कहा है।

शिक्षा का विश्वविख्यात केन्द्र नालन्दा महाविहार था, जहाँ चीन, जापान, तिब्बत, श्रीलंका इत्यादि जगहों से विद्वान अध्ययन के लिए आते थे। नालन्दा विश्वविद्यालय का भरण-पोषण 100 गाँवों के राजस्व से होता था। वल्लभी शिक्षा का दूसरा विख्यात केन्द्र था।

बंगाल का पाल वंश (Paal Dynasty)

8वीं शताब्दी के मध्य में बंगाल में अशान्ति एवं अव्यवस्था फैली हुई थी: उसे मत्स्य न्याय कहा गया है। मत्स्य न्याय का अभिप्राय अराजकता से है। पाल वंश की स्थापना बौद्ध धर्म के अनुयायी गोपाल (750-770 ई.) ने की थी। गोपाल ने ओदन्तपुरी में एक मठ का निर्माण करवाया था। जो वंश का महत्वपूर्ण केन्द्र था।

धर्मपाल (770–810 ई.)

गोपाल के पश्चात् उसका पुत्र धर्मपाल पाल वंश का राजा हुआ। उसने बंगाल को उत्तरी भारत के प्रमुख राज्यों की श्रेणी में स्थापित कर दिया। धर्मपाल की महत्वपूर्ण सफलता थी—कन्नौज के शासक इन्द्रायुद्ध को परास्त कर चक्रायुध को अपने संरक्षण में कन्नौज की गद्दी पर बैठाना।

11वीं शताब्दी में गुजराती कवि सोड्ढल ने धर्मपाल को उत्तरापथ स्वामी की उपाधि से सम्बोधित किया है। धर्मपाल एक उत्साही बौद्ध था। उसके लेखों में उसे परम सौगात कहा गया है। उसने विक्रम शिला तथा सोमपुरी (पहाड़पुर) में प्रसिद्ध विहारों की स्थापना की। उसकी राजसभा में प्रसिद्ध बौद्ध लेखक हरिभद्र निवास करता था।

उसने प्रसिद्ध विक्रमशिला विश्वविद्यालय की स्थापना भागलपुर (बिहार) में की थी।

देवपाल (810–850 ई.)

अरब यात्री सुलेमान ने देवपाल को प्रतिहार राष्ट्रकूट शासकों से अधिक शक्तिशाली माना है। देवपाल ने मुंगेर में अपनी राजधानी स्थापित की थी। देवपाल ने सुवर्णद्वीप के शैलेन्द्रवंशी शासक बालपुत्तदेव को नालन्दा में विहार बनवाने की अनुमति दी तथा बौद्ध विहार के अनुरक्षण के लिए पाँच गाँव अनुदान में प्रदान किए। देवपाल बौद्ध धर्म का संरक्षक था। लोकेश्वर शतक के रचयिता वज्रदत्त को उसने संरक्षण दिया।

महीपाल प्रथम (988–1038 ई.)

इसे पाल वंश का दूसरा संस्थापक माना जाता है। इसके काल में राजेन्द्र चोल ने बंगाल पर आक्रमण किया तथा पाल शासक को पराजित किया। उसने बौद्ध भिक्षु अतिस के नेतृत्व में तिब्बत में एक धर्म प्रचारक मण्डल भेजा था।

रामपाल (1077–1120 ई.)

पाल वंश का अन्तिम शासक रामपाल को माना जाता है। इसके शासनकाल में कैवर्तों का विद्रोह हुआ था, जिसका उल्लेख संध्याकर नन्दी के रामपालचरित में मिलता है। रामपाल के बाद कुमारपाल, गोपाल तृतीय तथा मदनपाल ने लगभग 30 वर्ष तक शासन किया। पाल राजाओं द्वारा बड़ी संख्या में हाथी रखे जाते थे। 9वीं शताब्दी के मध्य में सुलेमान नामक अरब व्यापारी ने भारत की यात्रा की थी। उसने पाल शासक को रूहमा कहा है।

पाल कालीन संस्कृति

बंगाल के पाल शासक बौद्ध धर्म (वज्रयान सम्प्रदाय) के अनुयायी थे। पाल शासकों के समय में सन्तरक्षित, कमलशील और दीपंकर नामक बौद्ध विद्वानों ने तिब्बत की यात्रा की। संस्कृत के अतिरिक्त बंगला लिपि एवं भाषा तथा जनभाषा की प्रगति पालों के अधीन हुई। केदार मिश्र एवं दर्मपाणी देवपाल के योग्य मंत्री थे। हिन्दू काव्य में दायभाग का जन्मदाता जीमूतवाहन को पाल शासकों का संरक्षण प्राप्त था।

पाल कलाकारों को काँस्य मूर्तियाँ बनाने में महारत हासिल थी। मूर्तिकला का विकास बौद्ध धर्म के महायान और वज्रयान सम्प्रदायों के प्रभावों से हुआ। इस कला के प्रमुख केन्द्र नालन्दा, बोधगया एवं कुर्किहार थे।

बंगाल का सेन वंश (Sena Dynasty)

पाल राजवंश के पतनोपरान्त बंगाल का शासन-सेन राजवंश के हाथों में आ गया, जिसकी स्थापना सामन्तसेन ने की।

विजयसेन (1095–1158 ई.)

सेन वंश का प्रथम महान शासक विजयसेन था। कवि धोयी द्वारा रचित देवपाड़ा प्रशस्ति लेख में विजयसेन की यशस्वी विजयों का उल्लेख करते हुए कहा गया है कि उसने नव्य एवं वीर (नेपाल एवं मिथिला) को पराजित किया। विजयसेन ने विजयपुरी और विक्रमपुर नामक दो राजधानियों की

स्थापना की। उसकी उपलब्धियों से प्रभावित होकर श्रीहर्ष नामक कवि ने उसकी प्रशंसा में विजयप्रशस्ति नामक काव्य की रचना की।

बल्लालसेन (1158–1178 ई.)

विजयसेन की मृत्यु के पश्चात् बल्लालसेन बंगाल का शासक बना। इसे बंगाल में जाति प्रथा तथा कुलीन प्रथा को संगठित करने का श्रेय प्राप्त है। वह कुलीनवाद के नामसे प्रसिद्ध एक सामाजिक आन्दोलन का प्रचलनकर्ता भी था। बल्लालसेन स्वयं विद्वान तथा विद्वानों का संरक्षक था। उसने दानसागर ग्रन्थ की रचना की थी तथा एक अन्य ग्रन्थ अद्‌भुत सागर की रचना को प्रारंभ किया था, किन्तु उसे पूर्ण नहीं कर पाया। बल्लालसेन ने गौड़ेश्वर, परममाहेश्वर, नि:शंकशंकर, परमभट्टारक, महाराजाधिराज जैसी उपाधियाँ धारण कीं।

लक्ष्मणसेन (1179–1205 ई.)

बल्लालसेन का उत्तराधिकारी उसका पुत्र लक्ष्मण सेन हुआ। उसने बंगाल की प्राचीन राजधानी गौड़ के निकट ही एक अन्य राजधानी लक्ष्मणवती (लखनौती) की स्थापना की। लक्ष्मणसेन ने गहड़वाल शासक जयचन्द को पराहित किया था। 1202 ई. में मुहम्मद बिन बख्तियार खिलजी ने उसकी राजधानी लखनौती पर आक्रमण करके उस पर अधिकार कर लिया।

लक्ष्मणसेन स्वयं विद्वान तथा विद्वानों का उदार संरक्षक था। उसने अपने पिता बल्लालसेन द्वारा प्रारंभ किए गए अद्‌भुत *सागर* नामक ग्रन्थ की रचना को पूरा किया। लक्ष्मणसेन की राजसभा में गीत गोविन्द के लेखक जयदेव, पवनदूत के लेखक धोयी, ब्राह्मण सर्वस्व के रचयिता हलायुध आदि निवास करते थे।

राजपूत वंश (Rajput Dynasties)

राजपूतों का आविर्भाव इस काल की महत्वपूर्ण विशेषता है। राजपूतों की उत्पत्ति के विषय में भिन्न-भिन्न मत प्रचलित हैं। कुछ विद्वान इसे भारत में रहने वाली एक जाति मानते हैं, तो कुछ अन्य इसे विदेशियों की संतान मानते हैं। कुछ विद्वान राजपूतों को आबू पर्वत पर वशिष्ठ के अग्निकुण्ड से उत्पन्न हुआ मानते हैं। इस आधार पर आधारित है तथा प्रतिहार, चालुक्य, चौहान और परमार राजपूतों का जन्म 'अग्निकुंड' से माना जाता है।

गुर्जर-प्रतिहार वंश

इनकी उत्पत्ति गुजरात व दक्षिण-पश्चिम राजस्थान में हुई थी। प्रतिहारों के अभिलेखों में उन्हें श्रीराम के अनुज लक्ष्मण का वंशज बताया गया है, पुलकेशिन द्वितीय के ऐहोल अभिलेख में सर्वप्रथम गुर्जर जाति का उल्लेख हुआ है। गुर्जर-प्रतिहार वंश की स्थापना हरिश्चन्द्र नामक राजा ने की, किन्तु इस वंश का वास्तविक प्रथम महत्वपूर्ण शासक नागभट्ट प्रथम था। नागभट्ट प्रथम (730-756 ई.) ने अरबों से लोहा लिया और उन्हें सिन्ध से आगे नहीं बढ़ने दिया। ग्वालियर प्रशस्ति में उसे 'म्लेच्छों का नाशक' बताया गया है।

वत्सराज (775–800 ई.)

वत्सराज एक शक्तिशाली शासक था, उसने त्रिपक्षीय संघर्ष में सर्वप्रथम भाग लिया। उसने पाल शासक धर्मपाल को पराजित किया, किन्तु राष्ट्रकूट शासक ध्रुव से पराजित हुआ। उसकी मृत्यु के बाद उसका पुत्र नागभट्ट द्वितीय (800-833 ई.) गद्दी पर बैठा। नागभट्ट ने कन्नौज पर अधिकार करके उसे प्रतिहार साम्राज्य की राजधानी बनाया।

मिहिर भोज प्रथम (836–885 ई.)

कल्हण तथा अरब यात्री सुलेमान के विवरणों से भी मिहिर भोज काल की घटनाओं की जानकारी मिलती है। भोज को अपने समय की दो प्रबल शक्तियों—पाल नरेश देवपाल तथा राष्ट्रकूट नरेश ध्रुव से पराजित होना पड़ा। कन्नौज को पुन: प्राप्त किया। भोज वैष्णव धर्मानुयायी था। उसने आदिवाराह तथा प्रभास जैसी उपाधियाँ धारण कीं, जो उसके द्वारा चलाए गए चाँदी के द्रम्म सिक्कों पर भी अंकित हैं।

महेन्द्रपाल प्रथम (885–910 ई.)

मिहिर भोज के उपरांत उसके पुत्र महेन्द्रपाल प्रथम ने शासन किया। उसने राष्ट्रकूट शासक इन्द्र तृतीय को पराजित किया, किन्तु कश्मीरी शासक से युद्ध में पराजित होना पड़ा। उसकी राजसभा में प्रसिद्ध विद्वान राजशेखर निवास करते थे।

महीपाल प्रथम (912–944 ई.)

महीपाल इस वंश का अन्तिम प्रभावशाली राजा था। इसके शासनकाल में बगदाद निवासी अल मसूदी (915-916 ई.) गुजरात आया था। अल मसूदी गुर्जर-प्रतिहार को अल गुर्जर और राजा को बौरा कहकर पुकारता है, जो संभवत: आदि वराह का विशुद्ध उच्चारण है। राजशेखर उसे आर्यावर्त का महाराधिराज कहता था। राजशेखर को महेन्द्रपाल प्रथम तथा महीपाल दोनों का संरक्षण प्राप्त था।

963 ई. में राष्ट्रकूट शासक कृष्ण तृतीय ने प्रतिहार राजा को पराजित किया। 1015 ई. में महमूद गजनवी ने कमजोर गुर्जर शासक राज्यपाल को पराजित किया। राज्यपाल का पुत्र त्रिलोचनपाल भी 1019 ई. में महमूद गजनवी से पराजित हुआ। इस वंश का अन्तिम शासक यशपाल (1036 ई.) था।

कन्नौज का गहड़वाल वंश (Gahadavala's Dynasty)

कन्नौज में गहड़वाल वंश की स्थापना चन्द्रदेव ने की। चन्द्रदेव ने महाराजाधिराज की उपाधि धारण की। इस वंश का सर्वाधिक शक्तिशाली शासक गोविन्दचन्द्र (1114-1155 ई.) था। गोविन्दचन्द्र स्वयं बड़ा विद्वान था। उसे उसके लेखों में विविध विद्याविचार वाचस्पति कहा गया है। गोविन्दचन्द्र का शान्ति एवं युद्ध मंत्री लक्ष्मीधर भी शास्त्रों का प्रकाण्ड पण्डित था। उसने *कृत्यकल्पतरू* नामक ग्रन्थ की रचना की।

इस वंश का अन्तिम शक्तिशाली शासक जयचन्द (1170-1194 ई.) था। 1194 ई. में चन्दावर के युद्ध में वह मुहम्मद गोरी से पराजित हुआ तथा मारा गया। उसने संस्कृत के प्रख्यात कवि श्रीहर्ष को संरक्षण प्रदान किया, जिसने नैषधचरितम् एवं खण्डन-खडय की रचना की। अपनी विजय के उपलक्ष्य में उसने राजसूय यज्ञ भी किया था।

शाकम्भरी का चौहान वंश
(Chahamana Dynasty)

चौहान वंश की अनेक शाखाओं में 7वीं शताब्दी में वासुदेव द्वारा स्थापित शाकम्भरी (साम्भर एवं अजमेर के निकट) के चौहान राज्य का इतिहास में विशेष स्थान है। चौहान प्रतिहार शासकों के सामन्त थे। 10वीं शताब्दी के प्रारंभ में वाक्पतिराज प्रथम ने प्रतिहारों से अपने को स्वतंत्र कर लिया। उसके पुत्र सिद्धराज ने अपने राज्य का विस्तार करके 'महाराजाधिराज' की उपाधि धारण की।

अजयराज (12वीं शताब्दी) एक महान निर्माता था। इसने अजमेर नगर की स्थापना की। अजयराज की उत्तराधिकारी अर्णोराज (1130-1150 ई.) एक महत्वपूर्ण शासक था। इसने अजमेर के निकट सुल्तान महमूद की सेना को पराजित किया।

विग्रहराज चतुर्थ अथवा वीसलदेव (115–1163 ई.)

इसकी सबसे बड़ी सफलता तोमरों की स्वाधीनता समाप्त करके उसे अपना सामन्त बनाना था। उसने *हरिकेल* नामक एक संस्कृत नाटक की रचना की। इस नाटक के कुछ अंश अढ़ाई दिन का झोपड़ा नामक मस्जिद की दीवारों पर उत्कीर्ण किए गए हैं। उसने सरस्वती का प्रसिद्ध मन्दिर बनवाया। उसके दरबार में कथा सरित्सागर के रचयिता सोमदेव निवास करते थे।

पृथ्वीराज तृतीय (1178–1192 ई.)

सोमेश्वर का पुत्र पृथ्वीराज तृतीय चौहान वंश का एक महान शासक सिद्ध हुआ। कथाओं में उसे रायपिथौरा कहा गया है। उसने बुन्देलखण्ड के चन्देल शासक परमार्दिदेव को 1182 ई. में एक रात्रि अभियान में पराजित किया। इसमें परमार्दिदेव के आल्हा-ऊदल नामक लोकप्रसिद्ध सेनानायकों ने भयंकर युद्ध किया। 1186 ई. में पृथ्वीराज तृतीय ने गुजरात के चालुक्य शासक भीम द्वितीय पर आक्रमण किया।

1191 ई. में मुहम्मद गौरी तथा पृथ्वीराज तृतीय के बीच तराइन का प्रथम युद्ध हुआ, जिसमें मुहम्मद गोरी पराजित हुआ। अगले ही वर्ष 1192 ई. में मुहम्मद गोरी व पृथ्वीराज चौहान के बीच तराइन का द्वितीय युद्ध हुआ, जिसमें पृथ्वीराज पराजित हुआ तथा उसे बन्दी बनाकर कुछ समय बाद हत्या कर दी गई।

पृथ्वीराज तृतीय के राजकवि चन्दबरदाई ने *पृथ्वीराजरासो* नामक अपभ्रंश महाकाव्य और जयानक ने *पृथ्वीराज विजय* नामक संस्कृत काव्य की रचना की। अन्य रचनाओं में जयचन्द का *हम्मीर* महाकाव्य प्रसिद्ध है।

जेजाकभुक्ति का चन्देल वंश
(Chandelas of jejakabhuti)

जेजाकभुक्ति (बुन्देलखण्ड) क्षेत्र में चन्देल वंश की स्थापना 9वीं शताब्दी में नन्नुक ने की थी। उसकी राजधानी खजुराहो थी। नन्नुक के पौत्र जयसिंह अथवा जेजा के नाम पर यह प्रदेश जेजाकभुक्ति कहलाया। इस वंश के प्रसिद्ध शासक यशोवर्मन (925-950 ई.) ने खजुराहो के प्रसिद्ध विष्णु मन्दिर (चतुर्भुज मन्दिर) का निर्माण करवाया।

धंग (950–1002 ई.)

धंग को प्रतिहारों से पूर्ण स्वतंत्रता का वास्तविक श्रेय दिया जाता है। उसने कालिंजर को अपनी राजधानी बनाया। उसने भटिण्डा के शाही शासक जयपाल को सुबुक्तगीन के विरुद्ध सैनिक सहायता भेजी। उसने खजुराहो में जिननाथ, विश्वनाथ, वैद्यनाथ आदि भव्य मन्दिरों का निर्माण करवाया। उसने प्रयाग के संगम में डूबकर शरीर का त्याग किया था।

विद्याधर (1019–1029 ई.)

विद्याधर चन्देल शासकों में सर्वाधिक शक्तिशाली शासक था। मुसलमान लेखक उसके नाम का उल्लेख नन्द तथा विदा नाम से करते हैं। विद्याधर ने 1019 ई. में गुर्जर प्रतिहार शासक राज्यपाल का वध कर दिया, क्योंकि वह महमूद गजनवी से युद्ध करने के स्थान पर भाग खड़ा हुआ था।

चन्देल शासक कीर्तिवर्मन (1060-1100 ई.) ने चेदि वंश के कर्ण को परास्त किया। चन्देल वंश का अन्तिम शक्तिशाली शासक परमार्दिदेव अथवा परमल था। 1182 ई. में पृथ्वीराज ने इसे पराजित कर महोबा पर तथा 1203 ई. में कुतुबुद्दीन ऐबक ने कालिंजर पर अधिकार कर लिया और अन्ततः 1205 ई. में चन्देल राज्य दिल्ली में मिल गया।

मालवा का परमार वंश
(Paramara Dynasty)

परमारवंशी शासक प्रारंभ में प्रतिहारों के सामन्त थे। इस वंश का संस्थापक उपेन्द्र था तथा प्रथम स्वतंत्र एवं शक्तिशाली शासक सीचक अथवा श्रीहर्ष था। परमारों की प्रारंभिक राजधानी उज्जैन थी, जो बाद में धारा हो गई।

वाक्पतिमुंज (973–995 ई.)

मालवा में परमारों की शक्ति का उत्कर्ष वाक्पतिमुंज के समय में प्रारंभ हुआ। मुंज कला एवं साहित्य का महान संरक्षक था। उसने धारा में मुंज सागर झील का निर्माण कराया, मुंज ने श्रीवल्लभ, पृथ्वी वल्लभ, अमोघवर्ष आदि उपाधियाँ धारण की थीं। उसके दरबार में पद्मगुप्त, धनन्जय धनिक तथा हलायुध आदि विद्वान थे।

राजा भोज (1000–1055 ई.)

यह परमार वंश का सबसे महान शासक था। उदयपुर प्रशस्ति के अनुसार उसने तुरूष्कों (तुर्कों) को पराजित किया तथा धारा को अपनी राजधानी

बनाया। उसने 1008 ई. में महमूद गजनवरी के विरुद्ध शाही शासक आनन्दपाल को सैनिक सहायता दी थी। 1305 ई. में अलाउद्दीन खिलजी ने मालावा को सल्तनत में मिला लिया था।

भोज अपनी विद्वता के कारण कविराज उपाधि से प्रख्यात था। उसने चिकित्साशास्त्र पर आयुर्वेद सर्वस्व एवं स्थापत्यकला पर समरांगण सूत्रधार नामक पुस्तक लिखी। भोज के दरबारी विद्वानों में भास्कर भट्ट, दामोदर मिश्र, धनपाल आदि प्रमुख थे।

गुजरात (अन्हिलवाड़) का चालुक्य वंश (Chalukya Dynasty)

चालुक्य अथ्वा सोलंकी अग्निकुल से उत्पन्न राजपूतों में से एक थे। इस वंश का संस्थापक मूलराज प्रथम था। उसने गुजरात के एक बड़े भाग को जीतकर अन्हिलवाड़ को अपनी राजधानी बनाया। इस वंश के शाक जैन धर्म के पोषक एवं संरक्षक थे।

भीम प्रथम (1022–1064 ई.)

इस वंश का सबसे शक्तिशाली शासक भीम प्रथम था। इसके शासनकाल में गुजरात पर महमूद गजनवी का आक्रमण (1025 ई.) हुआ। उसने सोमनाथ के मन्दिर को लूटा तथा विनष्ट किया। भीम प्रथम ने सोमनाथ मन्दिर को जो पहले लकड़ी और फिर ईंटों द्वारा निर्मित था, के स्थान पर पत्थर द्वारा निर्माण कराया। भीम प्रथम के सेनानायक विमल शाह ने माउण्ट आबू पर प्रसिद्ध जैन मन्दिर का निर्माण करवाया।

जयसिंह सिद्धराज (1094–1143 ई.)

यह पराक्रमी तथा वीर होने के साथ-ही-साथ विद्वानों का आश्रयदाता भी था। प्रसिद्ध जैन आचार्य हेमचन्द उसके दरबार में थे। जयसिंह ने सिद्धपुर में रूद्रमहाकाल का मन्दिर बनवाया। आबू पर्वत पर उसने एक मण्डल का निर्माण करवाया।

कुमारपाल (1153–1172 ई.)

यह एक महत्वाकांक्षी शासक था। प्रसिद्ध जैन आचार्य हेमचन्द ने कुमारपाल को जैन धर्म में दीक्षित किया था। इसके पश्चात् परम अर्हत की उपाधि धारण की और सम्पूर्ण साम्राज्य में अहिंसा के सिद्धांतों को क्रियान्वित किया।

अजयपाल (1172–1176 ई.)

इसके शासनकाल में शैव एवं जैन धर्मावलम्बियों के मध्य गृह युद्ध आरंभ हो गया, जिसके परिणामस्वरूप अनेक जैन भिक्षुओं की हत्या कर दी गई और अनेक जैन मन्दिरों को नष्ट कर दिया गया।

मूलराज द्वितीय (1176-1178 ई.) तथा भीम द्वितीय (1178-1195 ई.) इस वंश के अन्य प्रमुख शासक थे। सम्भवत: भीम द्वितीय (कहीं-कहीं मूलराज द्विती उल्लिखित) ने 1178 ई. में मुहम्मद गोरी को गुजरात आक्रमण के समय पराजित किया था। भीम द्वितीय के एक मंत्री लवण प्रसाद ने गुजरात में बघेल वंश की स्थापना की।

गुप्तोत्तर कालीन अन्य राजवंश (Post Gupta Period)

गौड़ वंश

यह बंगाल का प्रमुख राजवंश था, शशांक इस वंश का प्रमुख शासक था। शशांक ने कर्ण सुवर्ण को अपनी राजधानी बनाया था। उस वंश के कुछ स्वर्ण सिक्के मिले हैं, जिन पर गजलक्ष्मी का चित्र अंकित है। वह शैव मतावलम्बी था। उसने गया स्थित बोधिवृक्ष को कटवा दिया था।

वल्लभी के मैत्रक वंश

इसकी स्थापना भट्टारक ने की थी। ये गुप्तों के अधीन सामन्त थे। इस वंश के शासक ध्रुवसेन द्वितीय से हर्ष ने अपनी पुत्री का विवाह किया था। वल्लभी बौद्ध धर्म एवं शिक्षा का महान केन्द्र था।

कलचुरि वंश

इसकी स्थापना कोक्कल प्रथम ने की थी। गांगेय (1019-1040 ई.) इस वंश का सबसे प्रतापी राजा था, जिसने विक्रमादित्य की उपाधि धारण की थी।

पूर्वी गंग वंश

इसका सर्वाधिक प्रतापी शासक अनन्तवर्मा चोड़गंग था। उसने 976-1048 ई. तक राज्य किया। चोड़गंग ने पुरी के प्रसिद्ध जगन्नाथ मन्दिर का निर्माण करवाया।

कन्नौज के लिए त्रिदलीय संघर्ष

हर्ष के पश्चात् कन्नौज विभिन्न शक्तियों का केन्द्र बन गया। 8वीं शताब्दी में कन्नौज पर अधिकार करने के लिए तीन बड़ी शक्तियों—पाल, प्रतिहार एवं राष्ट्रकूट के बीच संघर्ष आरंभ हो गया। यह संघर्ष लगभग 200 वर्षों तक चला।

कन्नौज पर स्वामित्व के लिए संघर्ष का आरंभ पाल शासक धर्मपाल ने किया थां इस त्रिदलीय संघर्ष का कोई लाभदायक परिणाम नहीं निकला। यह संघर्ष अनेक चरणों में सम्पन्न हुआ।

संघर्ष के विभिन्न चरण

चरण	पाल शासक	प्रतिहार शासक	राष्ट्रकूट शासक	निष्कर्ष
प्रथम	धर्मपाल	वत्सराज	ध्रुव	राष्ट्रकूटों को सफलता
द्वितीय	धर्मपाल	नागभट्ट द्वितीय	–	गुर्जर-प्रतिहारों को सफलता
तृतीय	धर्मपाल	नागभट्ट द्वितीय	गोविन्द तृतीय	राष्ट्रकूटों को सफलता
चतुर्थ	देवपाल, नारायणपाल	रामभद्र, मिहिरभोज	अमोघवर्ष, कृष्ण द्वितीय	प्रतिहारों को सफलता
पंचम	–	महेन्द्रपाल, महिपाल	इन्द्र तृतीय	पहले राष्ट्रकूटों को सफलता,बाद में प्रतिहार अन्तिम रूप से सफल रहे

प्रशासनिक व्यवस्था

सामन्तवाद का विकास इस काल प्रमुख विशेषता थी, राजनीतिक विकेन्द्रीकरण इस काल की एक अन्य प्रमुख विशेषता है। राजतंत्र सैद्धांतिक रूप से अनियंत्रित अथवा निरंकुश था। सामन्तवाद के विकास से केन्द्रीय सत्ता कमजोर हुई, जबकि प्रान्तीय व स्थानीय सत्ता मजबूत हुई।

सामंतवाद के विकास से भूमि के स्वामित्व एवं नियंत्रण आधारित प्रशासनिक संरचना का उदय हुआ। सामन्त एवं उसके स्वामी शासक के बीच सेवक (दास) व स्वामी का संबंध होता था।

प्रशासन में राजा की सहायता के लिए अनेक मंत्री एवं पदाधिकारी होते थे। पाल, सेन, चन्देल, चौहान तथा कलचुरि आदि अभिलेखों में मंत्रियों का उल्लेख मिलता है।

गुप्तोत्तर कालीन, प्रशासनिक व्यवस्था विभिन्न स्तरों में विभाजित थी। हर स्तर पर विभिन्न प्रकार के अधिकारी मौजूद थे। थोड़े-बहुत परिवर्तन के साथ पूर्व की प्रशासनिक व्यवस्था चलती रही।

आर्थिक स्थिति

गुप्तोत्तर काल में अधिकारियों, मन्दिरों, ब्राह्मणों आदि को उनकी सेवाओं के बदले भू-क्षेत्र प्रदान करने से सामन्तवाद का उदय हुआ। यद्यपि भूमिदान की प्रथा का प्रारंभ सातवाहन काल में हुआ था। जिन जमीनों को अनुदान के रूप में दिया जाता था, उन्हें आप्रद, शासन, चतुर्वेदिग्राम, ब्रह्मदेय ग्राम आदि कहा जाता था, परंतु अनुदान प्राप्तकर्ता को भूमि को बन्धक रखने या बेचने का अधि कार नहीं होता था।

स्थायी रूप से प्रदत्त धर्मदाय को मूल्यनीवि या अक्षयनीवि आदि नामों से जाना जाता था। भूमि कर सिद्धांत जमीन की उत्पादन क्षमता एवं वास्तविक उत्पादन के आधार पर 1/12 से लेकर 5/6 भाग तक निर्धारित होता था। करों का संग्रह गाँव का मुखिया करता था। भूमि मापन के कुछ लोक प्रचलित मापक थे, जैसे—निर्वतन, पट्टिकहल, भूमि, पातक, खरिवाप, कूल्यावाप, द्रोणवाप, आढ़वाप, खण्डूवाप, नालिकवाप आदि।

'नारद स्मृति' के अनुसार, इस काल में उत्पादन क्षमता के अनुसार भूमि को चार भागों में विभक्त किया गया—(1) उर्वर, (2) बंजर, (3) खिल (तीन-चार साल तक बोई) तथा (4) मरू (रेतीली)।

उद्योग एवं व्यापार

पूर्व मध्यकाल (गुप्तोत्तर काल) में व्यापार का ह्रास हुआ, जिसके अनेक कारण थे, चोर-डाकुओं के कारण मार्गों का असुरक्षित होना, सामंतवादी प्रकृति बढ़ने के कारण केन्द्रीय शक्ति का ह्रास तथा व्यापारियों के एक राज्य से दूसरे राज्य में आने-जाने पर अधिक चुंगी कर आदि।

इस समय बंगाल मलमल, पान, सुपारी तथा सण (सन) के लिए, मगध एवं कलिंग धान (चावल) के लिए, मालवा गन्ने, अफीम एवं सीपी के लिए, गुजरात सूती कपड़े, नील एवं चमड़े की निर्मित वस्तुओं के लिए प्रसिद्ध था।

भड़ौच के बने हुए वस्त्र इतने प्रसिद्ध थे कि उन्हें वरोज कहा जाता था। मध्य प्रदेश चुनरी के लिए प्रसिद्ध था। कश्मीर में वस्त्रोउद्योग—विशेषकर सफेद लिनन का उल्लेख ह्वेनसांग ने किया है। पौधों के रेशों में बना हुआ कपड़ा दुकूल कहलाता था। प्रतिहारों के ग्वालियर अभिलेख में तेलियों तथा मालियों को मुखिया का उल्लेख है।

कर व्यवस्था

व्यापारियों को पण्य वस्तुओं पर अधिक कर देना पड़ता था। तरशुल्क राज्य की आय का प्रमुख स्त्रोत था। पाल अभिलेखों में इसे वसूलने वाले अधिकारी को तरिक कहा गया है। मल्लकर या तुरूष्क दण्ड उपद्रवी जनजातियों से निपटने के लिए लगाया जाता था। भाग, भोग, हिरण्य, प्रत्यय उद्रंग, प्रस्थ तथा उपरिकर इस काल के प्रमुख कर थे।

सिक्के

पूर्व मध्यकाल में सिक्कों का उपयोग कम हो गया था। व्यापार का माध्यम वस्तु विनिमय था। साधारण लेन-देन और व्यापार कौड़ियों के माध्यम से होता था, जिन्हें प्रतिहार अभिलेखों में कपर्दक कहा गया है। सोने के सिक्कों की मात्रा बहुत कम थी। अधिकांश सिक्के चाँदी एवं ताँबे के थे। पाल एवं सेन राजाओं में केवल देवपाल के छः सोने के सिक्के मिले हैं और गुजरात के चालुक्यों में केवल जयसिंह सिद्धराज का एक सोने का सिक्का मिला है।

सामाजिक स्थिति

गुप्तोत्तर काल में भारत में दो सशक्त सामाजिक धाराएँ प्रवाहित हुईं। पहली विदेशी जातियों का आत्मसातीकरण तथा दूसरी जाति प्रथा की कठोरता।

परंपरागत रूप से सामाज मुख्यत: चार वर्गों में विभाजित था। समाज में ब्राह्मणों का स्थान सर्वश्रेष्ठ था। राजपूतों का अभ्युदय इस काल की महत्वपूर्ण घटना है, जिन्होंने प्राचीन क्षत्रियों का स्थान ले लिया।

वाणिज्य-व्यापार में गिरावट के कारण वैश्यों की स्थिति में गिरावट आई। उनके लिए कृषि, पशुपालन और व्यापार जैसे व्यवसाय निर्दिष्ट किए गए हैं। कुसीद वृत्ति (सूद पर रूपये उधार देना) वैश्यों का व्यवसाय बताया गया है। अलबरूनी ने वैश्यों एवं शूद्रों में कोई अन्तर नहीं पाया है।

समाज में शूद्रों की संख्या सर्वाधिक थी। आर्थिक दृष्टि से इस युग की महत्वपूर्ण विशेषता है, कृषि कार्य का आमतौर पर शूद्रों का व्यवसाय होना। शूद्रों में कुछ वर्णसंकर जातियाँ भी थीं। अनुलोम एवं प्रतिलोम विवाहों के परिणामस्वरूप अनेक वर्णसंकर जातियों की उत्पत्ति हुई। अनुलोम जातियाँ द्विज मानी जाती थीं, इसलिए उन्हें यज्ञोपवीत संस्कार का अधिकार था। इस काल में जन्मी वर्णशंकर जातियों में कायस्थ सर्वाधिक उल्लेखनीय थे। सबसे निम्न जाति अत्यज थी, जिनमें सर्वाधिक निम्न चाण्डाल थे।

धार्मिक स्थिति

शैव, वैष्णव, बौद्ध एवं जैन सभी धर्मों का समाज में स्थान था। शक्ति पूजा इस काल में बहुत व्यापक हो गई। शैव धर्म पाशुपत, कापालिक, अघोरी, लिंगायत, शिवाद्वैत आदि अनेक उप-सम्प्रदायों में विभाजित था। कापालिकों में नर बलि की प्रथा प्रचलित थी।

बुद्ध एवं जैन को विष्णु का अवतार माना जाने लगा। ईश्वरीय सम्प्रदायों में शक्ति, परमदेवता की अर्द्धांगिनी के रूप में संसार में प्रचलित हो गई। दुर्गा की उपासना का श्रेय मार्कण्डेय पुराण को है।

बौद्ध धर्म ने तान्त्रिक प्रभाव के कारण मन्त्रयान, वज्रयान, सहजयान आदि रूप धारण कर लिए थे। हर्ष तथा पालों ने बौद्ध धर्म को संरक्षण दिया था।

कला एवं संस्कृति

इस काल की मुख्य कृतियाँ मन्दिर हैं। भौगोलिक आधार पर शास्त्रकारों ने इनकी तीन शैलियाँ निर्धारित की हैं—नागर, द्रविड़ एवं बेसर। नागर शैली उत्तरी भारत में हिमालय से विन्ध्य प्रदेश के भू-भाग में, द्रविड़ शैली कृष्णा तथा कुमारी अन्तरीज के बीच अर्थात् आधुनिक तमिलनाडु प्रदेश और बेसर विन्ध्य और कृष्णा के बीच, जिसे दक्षिणावर्त भी कहा जाता है, नामक प्रदेशों में प्रचलित थी।

नागर शैली के मन्दिर चतुष्कोणीय होते हैं। नागर शैली के मन्दिरों के शिखरों में खड़ी रेखा की प्रधानता होने के कारण इसे रेखीय शिखर भी कहते हैं। वर्गाकार तथा ऊपर की ओर वक्र होते हुए शिखर इन मन्दिरों की विशेषताएँ हैं।

द्रविड़ शैली के मन्दिर आयताकार तथा शिखर पिरामिड के आकार का होता है। गर्भगृह के चारों ओर वर्गाकार छत से ढका हुआ बाड़ा होता है, जिसे 'प्रदक्षिणा-पथ' कहते हैं। बाद में इन मन्दिरों के साथ अनेक स्तम्भयुक्त मण्डपत, गलियारे तथा विशाल गोपुरम भी जोड़ दिए गए हैं।

बेसर शैली में नागर और द्रविड़ शैली के तत्व मिश्रित हैं। बेसर शैली के मन्दिरों में देबुल, गर्भगृह और जगमोहन (सभा मण्डप) होता था। इस शैली के मन्दिर अर्द्धगोलाकार होते थे।

उड़ीसा के मन्दिर शुद्ध नागर शैली का प्रतिनिधित्व करते हैं। लिंगराज मन्दिर पूर्व विकसित नागर शैली के सर्वोत्तम उदाहरण हैं। पूरी का जगन्नाथ मन्दिर भी लिंगराज मन्दिर की तरह नागर शैली में बना है। भारतीय राजाओं और पूर्वी वास्तुकला की महान उपलब्धि कोणार्क का सूर्य मन्दिर है।

खजुराहो के मन्दिर चन्देल राजाओं के समय 950-1050 ई. के बीच बनाए गए हैं। खजुराहो में मन्दिर चबूतरों पर निर्मित हैं। यहाँ के मन्दिरों की वास्तुकला की मुख्य विशेषता शिखर है। इन शिखर पर छोटे-छोटे शिखर संलग्न हैं। इन्हें उरूश्रृंग कहते हैं।

राजस्थान—यहाँ ब्राह्मण एवं जैन मन्दिर स्थित हैं। यहाँ के कुछ मन्दिरों के शिखर नागर शैली से मिलते-जुलते हैं। पश्चिमी भारत मन्दिर-निर्माण शैली का चरमोत्कर्ष दिलवाड़ा के जैन मन्दिर हैं, जो दसवीं और तेरहवीं सदी में सफेद संगमरमर के बने हैं।

अध्याय सार संग्रह

- चंदेल शासक धंग ने अपने अंतिम समय में प्रयाग के संगम में डूबकर अपने जीवन का अंत कर लिया था।
- राजपूत काल में महिलाओं को सम्मानित स्थान प्राप्त था, लेकिन जौहर और सती-प्रथा का प्रचलन भी था।
- राजपूत काल में ब्राह्मण तथा जैन धर्म अधिक लोकप्रिय थे। दिलवाड़ा के जैन मंदिर में जैन तीर्थंकर आदि नाथ की मूर्ति है।
- राजपूतों की उत्पत्ति के विदेशी मत के समर्थन में विद्वानों ने गुर्जर-प्रतिहार वंश को 'खंजर' नामक जाति की संतान कहा है, जो हूणों के साथ भारत आयी थी।
- इतिहास प्रसिद्ध चौहान शासक पृथ्वीराज तृतीय सोमेश्वर का पुत्र था।
- खालीमपुर लेख से पता चलता है कि बंगाल में मत्स्यन्याय शासन से मुक्ति दिलाने के लिए जनता ने गोपाल नामक एक सेनानायक को राजा बनाया।
- धर्मपाल ने कन्नौज में एक बड़े दरबार का आयोजन किया था, जिसमें भोज, मत्स्य, मद्र, कुरु, यदु, यवन, अवन्ति, गन्धार तथा कीर आदि शासकों ने भाग लिया था।
- सेन वंशीय शासक लक्ष्मण सेन के समय बख्तियार खिलजी ने लखनौती पर आक्रमण किया, जिसमें लक्ष्मण सेन को अपनी जान बचाकर भागना पड़ा।
- 12वीं सदी में उत्तर भारत में प्रभुत्व स्थापित करने के लिए चन्देलों, गहड़वालों और चौहानों के बीच संघर्ष हुआ, जिसे 'त्रिपक्षीय संघर्ष' कहा जाता है।
- दिगम्बर जैन धार्मिक सम्प्रदाय के अनुयायियों को अस्पृश्य माना जाता था।
- बीसलदेव ने आनासागर झील तथा वीसलसागर नामक तालाब का निर्माण कराया था।
- गरुण गुप्त वंश का राजकीय चिह्न था। प्रयाग प्रशस्ति से पता चलता है कि गुप्तों का राजस्व गरुण मुद्रा में अंकित हुआ करती थी।
- बौद्ध दार्शनिक नागार्जुन रसायन और धातुविज्ञान का विद्वान था । उसने यह प्रमाणित किया कि सोना, चाँदी, ताँबा आदि खनिज पदार्थों के रासायनिक प्रयोग से रोगों का निवारण हो सकता है।
- गुप्त काल में व्यापारियों तथा शिल्पियों के चार संगठन थे—नियम, पूग, गण तथा श्रेणी।
- देवगढ़ (झाँसी) का दशावतार मंदिर भारतीय मंदिर निर्माण में शिखर का संभवत: पहला उदाहरण है। यह विष्णु मंदिर है।
- रेशम का व्यापार वेजेन्टाइन से इतना बढ़ गया था कि वहाँ के शासक को रेशम मूल्य नियंत्रण हेतु पूरे राज्य में यह आदेश जारी करना पड़ा था कि रेशम का एक पाउंड सोने के आठ टुकड़ों से ज्यादा मूल्य नहीं होगा।
- गुप्त काल में चीनी रेशम को चिनांशुक तथा रेशों से निर्मित कपड़ों को 'दुकूल' कहा जाता था।
- पुत्र के अभाव में पुरुष की संपत्ति पर उसकी पत्नी का अधिकार होता था। उसके बाद उसकी पुत्रियों के अधिकार का विधान था।
- दास मुक्ति के अनुष्ठान का विधान सर्वप्रथम नारद ने किया है।
- गुप्तकाल में दासों की स्थिति पूर्व काल से अधिक दयनीय थी।
- इस काल में व्यापार एवं वाणिज्य में ह्रास हुआ। ग्राम आत्मनिर्भर थे, जहाँ उत्पादन स्थानीय आवश्यकताओं के लिए होता था।
- मंदिरों को दान में दी गई भूमि को 'देवदेय' कहा जाता था।
- जिन ब्राह्मणों ने अपने मूल कर्म और जाति स्वर को छोड़कर क्षत्रियों के कार्यों को अपना लिया था, वे 'ब्रह्म क्षत्रिय' कहलाते थे।
- वे ब्राह्मण जो लाख, नमक, दूध, घी, शहद, मांस का व्यवसाय करते थे, 'शूद्र ब्राह्मण' कहलाते थे।
- ब्राह्मणों को दिया जाने वाला भूमि दान अग्रहार कहलाता था। इस पर उन्हें कर नहीं देना पड़ता था।
- सिंचाई के लिए जलाशयों एवं अरघट्ट (रहट) का प्रयोग होता है।
- भूमिकर सिद्धांतत: भूमि की उत्पादन क्षमता एवं वास्तविक उत्पादन के आधार पर 1/6 से 1/12 भाग तक निर्धारित होता था।
- इस युग में तांत्रिक धर्म का प्रचलन बढ़ गया था। यह शूद्र व स्त्री सभी के लिए था।
- कृषकों को शूद्रों के समकक्ष माना जाता था। कृषकों से बलपूर्वक कृषि कार्य कराया जाता था। इससे जागीरदारी प्रथा को बल मिला।
- कुटीर उद्यमी एवं श्रमिक भी नि:शुल्क श्रम करने के लिए विवश किए जाते थे।
- करों का संग्रह गांव का मुखिया करता था, जो पारिश्रमिक के रूप में अनाज, दूध, श्रलावन आदि प्राप्त करता था।
- विषयपति जिले का अधिकारी होता था। भुक्ति का प्रधान उपरिक होता था।
- भड़ौच में बने हुए वस्त्र को 'वरोज' कहा जाता था।
- समाज की सबसे निम्न जाति अंत्यज थी, जिनमें सर्वाधिक निम्न चांडाल थे।
- नालंदा देश का सर्वोच्च शिक्षा संस्थान तथा बौद्ध शिक्षा का अंतर्राष्ट्रीय केंद्र था।

अध्याय 8

संगम काल

इस अध्याय में आप सीखेंगे किः

- संगम काल भारतीय प्रायद्वीप में क्या महत्व रखता है और इसका उद्भव और विकास कैसे हुआ।
- संगम काल की सामाजिक और आर्थिक स्थिति क्या और कैसी थी।
- संगम काल में विज्ञान तकनीक, कला साहित्य की कैसे बेहतर प्रगति सम्भव हो पायी।

संगम काल (Sangam Period)

भारतीय प्रायद्वीप के दक्षिणी छोर अर्थात् कृष्णा नदी के दक्षिण में तीन राज्यों में थे—चोल, चेर और पाण्ड्य। अशोक के द्वितीय शिलालेख में चोल, पाण्ड्य केरलपुत्र एवं सतीयपुत्र का उल्लेख है, जो साम्राज्य की सीमा पर बसते थे। संगम शब्द का अर्थ संघ, परिषद्, गोष्ठी अथवा तमिल कवियों का सम्मेलन है।

विभिन्न संगम

संगम	अध्यक्ष	संरक्षक शासकों की संख्या	स्थल	सदस्यों की संख्या
प्रथम	अगस्त्य ऋषि	पाण्ड्य (89)	मदुरै	549
द्वितीय	तोलकाप्पियर	पाण्ड्य (59)	कपाटपुरम	49
तृतीय	नक्कीरर	पाण्ड्य (49)	उत्तरी मदुरै	49

चोल राज्य

यह राज्य पूर्वी, तमिलनाडु में पेन्नार तथा वेलार नदियों के मध्य स्थित था। इसका प्रतीक चिह्न बाघ था। प्रारम्भिक राजधानी उत्तरी मनलूर थी। चोलों की अन्य राजधानियाँ—उरैयुर, तंजावुर एवं पूहार थीं। उरूवप्पहर्रेउलंजेत चेन्नि राजवंश का प्रथम शासक था। उसने अपनी राजधानी उरैयर में स्थापित की।

करिकाल प्रारम्भिक चोल राजाओं में सर्वाधिक महत्वपूर्ण शासक था। इसका काल लगभग 190 ई.पू.—माना जाता है। करिकाल का अर्थ था—जले हुए पैरों वाला व्यक्ति। उसने पुहार (कावेरी पत्तनम्) की स्थापना की और कावेरी नदी के किनारे 160 किमी लंबा बाँघ बनवाया।

तन्जौर के निकट वेण्णि के युद्ध से उसे अत्यधिक प्रसिद्धि प्राप्त हुई। इस युद्ध में उसने चेर तथा पाण्ड्य राज्य के ग्यारह राजाओं के समूह पर विजय प्राप्त की। करिकाल सात स्वरों (संगीत) का ज्ञाता तथा वैदिक धर्म अनुयायी था।

चेर राज्य

यह राज्य आधुनिक कोंकण, मालाबार का तटीय क्षेत्र, उत्तरी त्रवणकोर एवं कोच्चि तक विस्तृत था। चैर राजवंश का प्रतीक चिह्न धनुष था। उदयन जेराल इस वंश का शासक था। कहा जाता है कि उसने 'महाभारत' के युद्ध

में भाग लेने वाले वीरों को भोजन करवाया था। उदयन जेरियल ने एक बड़ी पाठशाला बनवायी।

शेनागुट्टूवन को लाल चेर भी कहा जाता था, उसने उत्तर दिशा में चढ़ाई की और गंगा को पार किया। उसका यशोगान परणर कवि ने किया हैं। यह कौमार्य की देवी उपासना से संबंधित पतिनी संप्रदाय का संस्थापक था। अदिग इमान नामक चेर शासक को दक्षिण में गन्ने की खेती प्रारंभ करने का श्रेय दिया जाता है। नेदुनजेराल आदन ने मरन्दै को अपनी राजधानी बनाया। उसने इमयतरम्बन की उपाधि ग्रहण की जिसका अर्थ होता है हिमालय तक सीमा वाला।

पाण्ड्य राज्य (Pandya Dynasty)

पाण्ड्य राज्य प्रायद्वीपों के सुदूर दक्षिण और दक्षिण-पूर्वी भाग में था मदुरै इसकी राजधानी थी। इसका प्रतीक चिह्न कार्प (एक प्रकार की मछली) था। मेगास्थनीज ने पाण्ड्य राज्य का उल्लेख 'माबर' नाम से किया है। यह राज्य मोतियों के लिए प्रसिद्ध था। यहाँ स्त्रियों का शासन था।

पाण्ड्य शासक नेडियोन ने पहरूली नामक नदी को अस्तित्व प्रदान किया तथा समुद्र पूजा भी प्रारंभ कराई। पाण्ड्य शासकों में सबसे विख्यात नेंडुजेलियन था। उसकी प्रसिद्धि तलैयालंगनम के युद्ध में विजय के परिणामस्वरूप हुई। पत्तुपातु में नेंडुजेलियन के जीवन का विवरण मिलता है। नेंडुजेलियन ने रोमन सम्राट ऑगस्टस के दरबार मे अपना दूत भी भेजा था। संगम कालीन कवियों नक्कीर, कल्लादनार एवं मागुडिमरूदन को संरक्षण प्रदान किया। नेंडुजेलियन के बाद उसक छोटा भाई कोरकै गद्दी पर बैठा। उसने 'सती कण्णगी' के सम्मान में विशाल उत्सव आयोजित करवाया।

प्रशासनिक व्यवस्था

संगमकालीन प्रशासन राजतन्त्रत्मक एवं वंशानुगत था। समस्त अधिकार राजा में निहित थे जो प्रजा को सन्तान के रूप में मानता था। राज्य का सर्वोच्च न्यायालय राजा की सभा (मनरम) होती है। राजा का जन्म प्रतिवर्ष मनाया जाता था, जिसे पेरूनल कहते थे।

राज्य मण्डलों मे विभाजित था। मण्डल नाडू या जिला में तथा नाडू उर या गावँ में विभाजित था। समुद्रतटीय कस्बों को पतिनम्, बड़े गाँव पेरूर, छोटे गाँव तथा पुरानें गाँव मुडूर कहलाते थे। मंत्री (अमैईयच्चार), पुरोहितार (पुरोहितार), सेनापति (सेनापतियार), दूत (दूतार), गुप्तचर (ओर्रार) प्रमुख अधिकारी थे।

संगमकालीन शासकों के पास पेशवर सैनिक होते थे। सेना की अग्र टुकड़ी तुसी और पिछली टुकड़ी कुलै कहलाती थी।

सेना प्रमुख को एनाडि की उपाधि दी जाती थी। युद्ध में मारे सैनिको की पाषाण मूर्तियाँ स्मारक स्वरूप बनाई जाती थीं।

आर्थिक स्थिति

संगमकालीन अर्थव्यवस्था सुचालित तथा पूर्णतया: आत्मनिर्भर थी। सामान्य लोग अधिकांशत: कृषक अथवा पशुपालक, शिकारी तथा मछुवारे थे। समृद्ध और शक्तिशाली वर्ग में तीन प्रकार के लोग थे—वेतर, वेलिर और वेल्लार। संगम साहित्य में व्यापारी वर्ग को वेनिगर कहा गया है। अधिकांश व्यापार वस्तु विनियम द्वारा होता था। बाजार को अवनम के नाम से जाना जाता था, यह लेन -देन का एक केंद्र होता था।

पेरिप्लस ऑफ इरिथ्रियन सी के अनुसार, टिंडिस, मुजरिम, नेलसिंडा, नौरा पश्चिमी तट के प्रमुख बन्दरगाह थे। चोल राज्य में पुहार (कावेरी पट्टनम), पाण्ड्य राज्य में शालियूर तथा चेर राज्य में कोर्कई प्रमुख बंदरगाह थी। कोरोमण्डल समुद्रतट पर अरिकमेडु प्रसिद्ध बंदरगाह थी।

आयात की जाने वाली मुख्य वस्तुएँ थीं—सिक्के (सोना-चाँदी) पुखराज महीन कपड़े, छपे वस्त्र, सुरमा, शीश, टिन ताँबा एवं शराब आदि। निर्यात की जाने वाली वस्तुओं में प्रमुख थीं—काली मिर्च, मोती, हाथी दाँत, रेशमी वस्त्र, नीलमणि, हीरे, मसाले, सूती-वस्त्र आदि। प्रथम शताब्दी ई. में रोम के साथ व्यापार तमिलों के लिए इतना अधिक लाभप्रद था कि पाण्ड्य नरेश ने रोमन नरेश ऑगस्टस का सहयोग प्राप्त करनें कें लिए उनकें पास दो दूत भेजे थे।

सामाजिक स्थिति

संगम युग चार वर्णों में विभक्त था। ये वर्ण थे—अरसर (शासक), अण्डनर(ब्राह्मण) वेनिगर (वणिक) तथा वेल्लार या वेलिर (किसान)। यह वर्ण व्यवस्था आर्य युगीन वर्ण व्यवस्था से भिन्न थी। तमिल भूमि में ब्राह्मण का दर्शन सबसे पहले संगम युग में होता है। इस युग में तीव्र सामाजिक विषमता का बोध होता है। तोलकाप्पियम में तमिल समाज के तीन वर्णो में विभाजन का उल्लेख मिलता है। विवाह को आर्यों द्वारा एक संस्कार के रूप में अपनाया गया। अस्पृश्यता तथा दास-प्रथा का भी प्रचलन था।

वेल्लार (धनी किसान); उणवार (साधारण हलवाहा); कडैसियर (भूमिहीन मजदूर); अरसर (शासन वर्ग); पुलैयन (रस्सी बनाने वाली जाति); मलवर (डाका डालने वाला); एनियर (शिकारियों की जाति); परत्तियर (गणिका); पुलैयन (रस्सी की चारपाई का निर्माता); वेनिगर (वणिक या व्यापारी वर्ग); कणिगैचर (नर्तकी); अण्डनर (ब्राह्मण); एवं (मजदूर कृषक वर्ग) सामाजिक व्यवस्था कें प्रमुख अंग थे।

धार्मिक स्थिति

संगम युग में धर्म का संबंध कर्मकाण्डों और कतिपय आध्यात्मिक अवधारणाओं से था। उनके कर्मकाण्ड का संबंध जीवात्मावादी तथा मानरूपी देवपूजा के विविध रूपों में था। पुनर्जन्म, वीरपूजा, पितृपूजा का सम्पूर्ण दर्शन मृत्यु से संबंधित था। जीवात्मावादी तमिल संगम धर्म का एक प्रमुख अंग है और इसमें प्रस्तर, जल, नक्षत्र और ग्रहों की पूजा शमिल थी।

वैदिक संस्कृति को दक्षिण भारत में पहुँचाने का श्रेय अगस्त्य ऋषि को दिया जाता है। संगम युग में दक्षिण मे धर्म का प्रचलन हो चुका था। दक्षिण भारत में मुरुगन की उपासना सबसे प्राचीन है। बाद में मुरुगन का नाम सुब्रह्मण्यम् भी मिलता है और स्कन्द कार्तिकेय के साथ इस देवता का एकीकरण होता है। मुरुगन का प्रतीक है—मुर्गा (कुक्कुट)।

विभिन्न प्रदेशों सें जुड़े देवता

क्षेत्र	देवता	निवासी
कुरुन्जि (पर्वत)	मुरुगन	कुरुवर (शिकारी)
पल्लै (निर्जन स्थल)	कोरनाबाई	मरवर (योद्धा)
मुल्लै (जंगल)	मेयन (विष्णु)	कुरुम्बर (गड़रिए)
मरुदम (जुते क्षेत्र)	इन्द्र	उलवर (कुषक)
नेयतल (समुद्रतट)	वरूण	पटदावर (मछुवारे)

संगम सहित्य

तमिल की प्रचीनतम रचनाओं को संगम सहित्य कहते हैं। संगमकालीन रचनाओं को दो वर्गो में विभाजित किया जाता है—अगम (प्रेम संबंधी) तथा पूरम (राजाओं की प्रंशसा) तमिल प्रदेश के लोग ईस्वी के आंरभ के पहले से ही लिखना जानते थे। ब्राह्मी लिपि में लिखे गए 75 से भी अधिक छोटें-छोटे अभिलेख प्राकृतिक गुफाओं विशेषकर मदुरै प्रदेश में पाए गए है।

ऐत्तुथोगई (आठ संग्रह ग्रंथ,) पत्तुपतु (दस गीतों का संग्रह) तथा पदितपतु (चेर शासकों का शौर्य विवरण) प्रमुख संगम साहित्य है। तोल्लकापियम की रचना तोल्लकापियर ने, शिलप्पादिकारम् की इलंगोआदिगल ने, मणिमैखलै की सीतलै सत्तनार ने, जीवक चिन्तामणि की तिरूक्तदेवर ने, 'तिरूक्कुराल' की तिरूवल्लुवर ने, अहनानुरु की रूद्रश्रमण ने तथा एनगुरूनूर की किलार द्वारा की गई।

अध्याय सार संग्रह

- अनुमानतः संगम साहित्य की रचना 300 ई.पू. के आस-पास की गई।
- संगम साहित्य में प्रेम विषयक काव्य संग्रह को अकम कहा जाता है।
- चोल शासक करिकाल ने पुहार बंदरगाह का निर्माण करवाया था।
- संगम काल में ग्राम प्रशासन को अम्बलम कहा जाता था।
- संगम साहित्य के अंतर्गत प्रसिद्ध तमिल व्याकरण ग्रंथ 'तोल्लकापियम' की रचना द्वितीय संगम के दौरान की गई थी।
- तृतीय साहित्य के आचार्य नक्कीरर थे।
- संगम साहित्य में केवल चेर राजाओं के संबंध में विस्तार से उल्लेख है।
- संगम साहित्य मजिमेकर्ले से शवों को जलाने, दफनाने के रीति-रिवाजों का विवरण मिलता है।
- प्रथम संगम के आचार्य थे अगत्तियार या अगस्त्य जो उत्तर भारत से आर्य संस्कृति को दक्षिण भारत लेकर आए।
- संगम साहित्य में राजा की सभा के लिए नार्लेप शब्द का प्रयोग मिलता है
- संगम साहित्य वीरता से संबंधित रचनाओं को पुरम कहा जाता है।
- संगम काल में शक्तिशाली सरदार 'वेलीर' कहलाते थे।
- संगम समाज में प्रचलित गंधर्व विवाह को तमिल में कलवु कहा गया है।
- द्वितीय संगम कपाटपुरम नगर में आयोजित हुआ था।
- संगम काल में कर संग्रहक को 'वरियार' कहा जाता था।
- संगमयुग के धार्मिक जीवन में यज्ञों, श्राद्ध आदि का भी विशेष महत्व था। लोगों को भूत-प्रेत एंव जादू होने में भी विश्वास था।
- संगम समाज में गजिकाओं तथा नर्तकियों को सम्मान की दृष्टि से देखा जाता था।
- संगम साहित्य में सत्ती प्रथा का स्पष्ट उल्लेख मिलता है।
- संगम समाज में ब्राह्म्णों को 'अरसर' और 'अत्रियों' को उल्वर कहा जाता था।
- संगमयुगीन सैन्य व्यवस्था में सेनानायक को 'एनाडि' कहा जाता था। एनाडि को राज्य में महत्वपूर्ण एंव सम्मानजनक स्थिति प्राप्त थी।

भाग–2 मध्यकालीन भारत

अध्याय 9

राजपूत काल

इस अध्याय में आप सीखेंगे कि:

- किस प्रकार अरबों ने भारतीय क्षेत्र पर आक्रमण किया और किन कारणों से उन्हें सफलता मिली।
- अरब के भारत पर आक्रमण से इसके सामाजिक, आर्थिक एवं राजनैतिक प्रभाव क्या हुए।
- किन कारणों से और कैसे मोहम्मद गौरी की भारत पर विजय सम्भव हो पायी।

सिन्ध की विजय

भारतीय क्षेत्रों पर प्रथम सफल अरब आक्रमण 712 ई. में मुहम्मद-बिन-कासिम के नेतृत्व में सिन्ध क्षेत्र पर स्थल मार्ग से हुआ। इस समय सिन्ध का शासक दाहिर था। इससे पूर्व अरब मकरान और बलूचिस्तान पर अधिकार कर चुके थे। भारत की तत्कालीन राजनैतिक स्थिति अस्थिर थी और उत्तर भारत में कोई केन्द्रीय राजनैतिक शक्ति स्थापित नहीं थी। अरबों के आक्रमण के विषय में पर्याप्त सूचना फुतूह-अल-बलदान एवं चचनामा से मिलती है।

सिन्ध विजय का प्रभाव

अरबों ने भारतीय जनजीवन को काफी प्रभावित किया और स्वयं भी प्रभावित हुए। अरबों ने चिकित्सा, दर्शनशास्त्र, नक्षत्र विज्ञान, गणित और शासन प्रबंध की शिक्षा भारतीयों से ली। बगदाद के खलीफाओं ने भारतीय विद्वानों को संरक्षण प्रदान किया। मंसूर के समय (753-774 ई.) में अरब विद्वान भारत से बगदाद अपने साथ दो पुस्तकें लेकर गए- ब्रह्मगुप्त का *ब्रह्म सिद्धांत* तथा खण्डखाद्य। भारतीय विद्वानों की सहायता से अलफजारी ने अरबी में इन पुस्तकों का अनुवाद किया।

अरब आक्रमणकारी मुहम्मद-बिन-कासिम ने सिन्धवासियों से जजिया नामक कर की पहली बार वसूली की। सम्भवत: सिन्ध विजय अभियान में मुहम्मद-बिन-कासिम की बौद्धों ने सहायता की थी। अरबों ने सिन्ध में ऊँट पालन तथा खजूर की खेती का प्रचलन किया तथा अरबों ने 'दिरहम' नामक सिक्के का सिन्ध में प्रचलन करवाया।

महमूद गज़नवी

यामिनी वंश का संस्थापक अलप्तगीन था। उसने गज़नी को अपनी राजधानी बनाया। अलप्तगीन का दामाद सुबुक्तगीन प्रथम तुर्की शासक था, जिसने भारत पर आक्रमण किया। दसवीं शताब्दी के समय जयपाल ने गज़नीपर आक्रमण किया था। सुबुक्तगीन की मृत्यु के बाद उसका पुत्र एवं उत्तराधिकारी महमूद गजनवी (999-1030 ई.) गद्दी पर बैठा।

सुबुक्तगीन की विजयों से उत्साहित होकर महमूद गज़नवी ने 1000-1027 ई. तक भारत पर 17 बार आक्रमण किया। उसके इन आक्रमणों का उल्लेख विद्वान हेनरी इलियट ने किया है। बगदाद के खलीफा अल कादिर बिल्लाह ने उसे यमीन-उद्दौला तथा अमीन-उल-मिल्लाह की उपाधियाँ प्रदान कीं।

महमूद के दरबारी इतिहासकार उत्बी ने उसके आक्रमणों को जेहाद माना है, जिसका मूल उद्देश्य इस्लाम का प्रसार और बुतपरस्ती (मूर्ति पूजा) को समाप्त करना था। महमूद गज़नवी ने बुतशिकन (मूर्तिभंजक) की उपाधि ली थी। महमूद का प्रमुख उद्देश्य भारत की सम्पत्ति को लूटना भी था।

महमूद के आक्रमण के समय मुल्तान एवं सिन्ध में मुस्लिम राज्य तथा उत्तर-पश्चिमी भाग में हिन्दू राज्य था, जिसका शासक जयपाल था। उस

समय कश्मीर में ब्राह्मण वंश का राज्य था, वहाँ की शासिका रानी दिद्दा थी। कन्नौज में, प्रतिहार वंश का राज्य था, वहाँ का शासक राजपाल था। बंगाल में पाल वंश का शासन था, वहाँ का समकालीन शासक महीपाल प्रथम था।

भारत पर महमूद गज़नवी के आक्रमण

महमूद का प्रथम महत्वपूर्ण आक्रमण 1001 ई. में हिन्दूशाही शासक जयपाल पर हुआ। इस युद्ध में महमूद की विजय हुई तथा जयपाल पराजित हुआ एवं उसने आत्मदाह कर लिया। महमूद का दूसरा महत्वपूर्ण आक्रमण मुल्तान पर (1004-05 ई.) हुआ। वहाँ शिया सम्प्रदायी करमाथियों का शासक अब्दुल फतह दाऊद था।

पंजाब में महमूद ने प्रत्यक्ष शासन स्थापित करने का निर्णय लिया, जिससे दूर स्थित प्रान्तों की विजय के लिए भारत से सैनिकों की आवश्यकता पूरी हो सके। उसने भारत में एक सेना गठित की तथा उसकी कमान तिलक नामक हिन्दू के हाथ में सौंपी।

महमूद के दरबार में अलबरूनी, फिरदौसी, उत्बी एवं फर्रूखी आदि विद्वान थे, इसी के दरबार में फिरदौसी ने शाहनामा की रचना की। अलबरूनी, महमूद के आक्रमण के समय भारत आया, जिसकी प्रसिद्ध पुस्तक *किताबुलहिन्द* तत्कालीन इतिहास जानने का महत्वपूर्ण साधन है। इसमें भारतीय गणित, इतिहास, भूगोल, खगोल दर्शन आदि की समीक्षा की गई है।

महमूद गज़नवी के कुछ प्रमुख आक्रमण

राज्य	वर्ष
भटिण्डा	1005 ई.
नगरकोट	1009 ई.
थानेश्वर	1014 ई.
कश्मीर	1015 ई.
मथुरा	1019 ई.
कालिंजर	1019-1023 ई.
सोमनाथ	1025 ई.
पश्चिमोत्तर (सिन्ध)	1027 ई. में अन्तिम अभियान

महमूद का सर्वाधिक उल्लेखनीय आक्रमण गुजरात में समुद्र तट पर स्थित शिव मन्दिर सोमनाथ या सोमेश्वर के मन्दिर (1025 ई.) पर था। उस समय वहाँ का शासक भीम प्रथम था। इस मन्दिर को लूटते हुए महमूद ने ब्राह्मणों समेत लगभग 50,000 हिन्दुओं का कत्ल कर दिया था।

महमूद गज़नवी की सेना की सर्वप्रमुख विशेषता घुड़सवार धनुर्धर थे, जिसका लाभ उसे वैहिन्द युद्ध में मिला। महमूद गजनवी की सेना में सबसे प्रभावशाली दल गाजी सैनिक थे। इस्लाम धर्म के लिए कोई भी खतरा लेने के लिए तत्पर सैनिक को गाजी सैनिक कहा जाता था। महमूद गज़नवी की मृत्यु 1030 ई. में हुई।

महमूद के आक्रमणों का उद्देश्य एवं प्रभाव

महमूद के आक्रमणों का मुख्य उद्देश्य धन लूटना था यद्यपि उसके दरबारी इतिहासकार उत्बी ने उसके आक्रमणों को जिहाद कहा है। महमूद के आक्रमणों के परिणामस्वरूप उत्तर भारत रणनीतिक दृष्टि से असुरक्षित हो गया तथा उक्त क्षेत्र में किसी राजवंश के उभरने की संभावना समाप्त हो गई।

मुइज़ुद्दीन मुहम्मद गौरी

12वीं शताब्दी के मध्य में गौरी वंश का उदय हुआ। गौरी साम्राज्य का आधार उत्तर-पश्चिम अफगानिस्तान था। आरम्भ में गौरी गज़नी के अधीन था। गौरी जो वंश का प्रधान था, उसका नाम था शंसबनी। मुहम्मद गौरी इसी वंश का था।

भारत पर मुहम्मद गौरी के आक्रमण

भारत पर मुहम्मद गौरी का प्रथम आक्रमण 1175 ई. में मुल्तान पर हुआ। उस समय मुल्तान पर करमाथी जाति के शासक (मुस्लिम) थे। 1178 ई. में गौरी ने गुजरात पर आक्रमण किया, किन्तु भीम द्वितीय ने उसे आबू पर्वत की तलहटी में अन्हिलवाड़ा के युद्ध में पराजित किया। भारत में यह मुहम्मद गौरी की पहली पराजय थी।

पंजाब में उस समय गज़नी राजवंश का शासन था। 1186 ई. में गौरी ने छल से खुसरव को कैद कर लिया। उसके पश्चात् सम्पूर्ण पंजाब पर गौरी का अधिकार हो गया और गज़नवी की सल्तनत समाप्त हो गई। इस युद्ध में उसे कश्मीर के शासक विजयदेव से सहायता मिली।

तराइन का प्रथम युद्ध (1191 ई.)

पंजाब को जीतने के बाद मुहम्मद गौरी की राज्य की सीमाएँ दिल्ली और अजमेर के शासक पृथ्वी राज तृतीय की राज्य की सीमाओं से मिलने लगीं। 1191 ई. में भटिण्डा के निकट तराइन का प्रथम युद्ध गौरी और पृथ्वीराज चौहान (राय पिथौरा) के बीच सम्पन्न हुआ। इसमें मुहम्मद गौरी पराजित हुआ। गौरी की भारत में यह दूसरी पराजय थी।

तराइन का द्वितीय युद्ध (1192 ई.)

तराइन के प्रथम युद्ध में पराजित होने के बाद गौरी गज़नी लौट गया, लेकिन 1192 ई. में वह पुनः तराइन आ पहुँचा। 1192 ई. में तराइन का द्वितीय युद्ध प्रारंभ हुआ। एक बड़ी सेना के साथ पृथ्वीराज चौहान ने गौरी का सामना किया, किन्तु वह गौरी से पराजित हो गया।

चन्दावर का युद्ध

1194 ई. में मुहम्मद गौरी ने कन्नौज के शासक जयचन्द पर आक्रमण किया तथा चन्दावर के युद्ध में उसे पराजित किया। जयचन्द की पराजय के

उपरान्त उसकी हत्या कर दी गई। जयचन्द को पराजित करने के उपरान्त मुहम्मद गौरी अपने विजित प्रदेशों की जिम्मेदारी कुतुबुद्दीन ऐबक को सौंपकर वापस गज़नी चला गया।

मुहम्मद गौरी के साथ प्रसिद्ध सन्त शेख मोइनुद्दीन चिश्ती भारत आए। वे भारत में चिश्ती सम्प्रदाय के संस्थापक थे। मुहम्मद गौरी के सेनापति 'बख्तियार खिलजी' ने बंगाल व बिहार में लूट की व उसने 'नालन्दा एवं विक्रमशिला विश्वविद्यालयों' को जला दिया।

मुहम्मद गौरी के सिक्कों पर एक ओर कलमा खुदा रहता था तथा दूसरी ओर लक्ष्मी की आकृति अंकित रहती थी। अजमेर पर गौरी के अधिकार के उपरान्त उस समय के सिक्कों पर एक तरफ पृथ्वीराज का चित्र और तिथि तथा दूसरी तरफ मुहम्मद साम शब्द उत्कीर्ण हैं।

1205 ई. में मुहम्मद गौरी का अन्तिम मुकाबला खोखरों से हुआ। मुहम्मद गौरी जब वापस गज़नी जा रहा था, तो मार्ग में दमयक नामक स्थान पर 13 मार्च, 1206 को उसकी हत्या कर दी गई। 1206 ई. में मुहम्मद गौरी की मृत्यु के उपरांत ऐबक ने भारत में एक वंश की नींव डाली, जिसे 'गुलाम वंश' के नाम से जाना जाता है।

अध्याय सार संग्रह

- मुहम्मद बिन कासिम के नेतृत्व में अरबों ने सिन्ध पर 711–712 ई. में आक्रमण किया।
- सुबुक्तगीन ने गजनी में स्वतंत्र राज्य की नींव डाली थी। महमूद गज़नवी सुबुक्तगीन का पुत्र था।
- महमूद गज़नवी ने भारत पर 17 आक्रमण किए। उसके आक्रमणों का उद्देश्य मध्य एशिया में तुर्की फारसी राज्य की स्थापना करना था।
- किताबुल हिन्द नामक पुस्तक की रचना अलबरूनी ने की थी।
- 1191 ई. में तराइन के प्रथम युद्ध में पृथ्वीराज चौहान ने मुहम्मद गौरी को पराजित किया।
- 1192 ई. में तराइन के द्वितीय युद्ध में मुहम्मद गौरी ने पृथ्वीराज चौहान को पराजित किया।
- गौरी वंश का उदय उत्तर-पश्चिम अफगानिस्तान में 12वीं शताब्दी के मध्य हुआ था।
- मुहम्मद गौरी पहला ऐसा इस्लामी शासक था जिसने भारत में मुस्लिम शासन की स्थापना की।
- मुहम्मद गौरी ने भारत में अपना अंतिम अभियान खोखरों के विरूद्ध किया।
- पृथ्वीराज चौहान के विरूद्ध कन्नौज के शासक जयचंद ने मुहम्मद गौरी को सहायता प्रदान की थी।
- मुहम्मद गौरी के गुलाम बख्तियार खिलजी ने 1197–98 में बिहार, 1199 में बंगाल तथा 1202 में कालिजट का सफल अभियान किया।
- अलबरूनी का वास्तविक नाम अबू रैहान मुहम्मद था।
- महमूद गज़नवी की सेना का नेतृत्व करने वाला हिन्दू सेनापति तिलक था।

अध्याय 10

दिल्ली सल्तनत

इस अध्याय में आप सीखेंगे कि:

- दिल्ली सल्तनत की स्थापना कैसे और किन चरणों में हुई तथा इसके शासकों की सामाजिक, आर्थिक एवं राजनैतिक स्थितियों और विशेषताओं के बारे में जानकारी प्राप्त होगी।
- दिल्ली सल्तनत काल के भाषा साहित्य और स्थापत्य कला का विकास कैसे हुआ।

गुलाम वंश (Slave Dynasty or Ghulam Dynasty) (1206–1290 ई.)

1206 से 1290 ई. के मध्य भारत में दिल्ली सल्तनत (Delhi Sultanate) के गुलाम वंश के सुल्तानों का शासन था। 1163 ई. में गयासुद्दीन मुहम्मद को गोर की राजगद्दी प्राप्त हुई। तुर्की परम्परा का पालन करते हुए उसने अपने छोटे भाई मुइजुद्दीन मुहम्मद गौरी को गज़नी प्रदेश का शासक नियुक्त किया। गौरी ने 1173–1206 ई. तक शासन किया। कुतुबुद्दीन ऐबक मुहम्मद गौरी का गुलाम था।

मुहम्मद गौरी ने उसे 1192 ई. में भारतीय प्रदेश का प्रशासक नियुक्त किया था क्योंकि गौरी का कोई उत्तराधिकारी नहीं था। अत: भारतीय क्षेत्र का नियंत्रण उसे ही प्राप्त हो गया। इस कारण इस वंश को गुलाम वंश के नाम से जाना जाता है।

कुतुबुद्दीन ऐबक (1206–1210 ई.)

ऐबक 1206 ई. में भारतीय प्रदेश का शासक हुआ। 1208 ई. में उसे मुहम्मद गौरी के गज़नी के साम्राज्य के उत्तराधिकारी महमूद से दासता मुक्ति पत्र प्राप्त हुआ, जो ऐबक के वैध सुल्तान बनने के लिए आवश्यक था।

सिंहासन पर बैठने के उपरांत उसने सुल्तान की उपाधि नहीं ग्रहण की, बल्कि केवल मलिक और सिपहसालार की पदवियों से ही सन्तुष्ट रहा। उसने हसन निजामी और फक्र-ए-मुदब्बिर को संरक्षण दिया। वह लाखों में दान दिया करता था तथा अपनी असीम उदारता के कारण ही उसे लाखबख्श कहा गया।

ऐबक ने न तो अपने नाम का खुतबा पढ़वाया और न ही अपने नाम के सिक्के चलाए। ऐबक ने 1206 से 1210 ई. तक लगातार लाहौर को ही अपनी राजधानी बनाए रखा। उसने प्रसिद्ध सूफी सन्त '*ख्वाजा कुतुबुद्दीन बख्तियार काकी*' के नाम पर दिल्ली में कुतुबमीनार की नींव रखी, जिसे इल्तुतमिश ने पूरा करवाया।

1210 ई. में चौगान खेलते समय घोड़े से गिर जाने के कारण ऐबक की मृत्यु हो गई। कुतुबुद्दीन का उत्तराधिकारी उसका अनुभवहीन व अयोग्य पुत्र आरामशाह था, किन्तु इल्तुतमिश ने इसे अपदस्थ करके सिंहासन पर अधिकार कर लिया।

इल्तुतमिश (1210–1236 ई.)

ऐबक की मृत्यु के समय इल्तुतमिश बदायूँ का सूबेदार (गवर्नर) था। वह ऐबक का गुलाम तथा दामाद था। 1197 ई. में अन्हिलवाड़ा के युद्ध के पश्चात् उसे ऐबक ने खरीदा था। इल्तुतमिश ही दिल्ली सल्तनत का वास्तविक संस्थापक था। इल्तुतमिश ने सुल्तान के पद को वंशानुगत बनाया। मुहम्मद गौरी ने 1206 ई. में खोखरों के विद्रोह के समय इल्तुतमिश की असाधारण योग्यता के कारण ही उसे दासता से मुक्त कर दिया था।

1229 ई. में इल्तुतमिश को बगदाद के अब्बासी खलीफा से मान्यता का अधिकार पत्र प्राप्त हुआ, जिससे सुल्तान के रूप में उसकी स्वतंत्र स्थिति एवं दिल्ली सल्तनत को औपचारिक मान्यता प्राप्त हुई। इल्तुतमिश ने इक्ता संस्था का प्रयोग भारतीय समाज की सामन्तवादी व्यवस्था को समाप्त करने तथा साम्राज्य के दूरस्थ भागों को केन्द्र के साथ संयुक्त करने के एक साधन के रूप में प्रयुक्त किया।

इल्तुतमिश ने अपने वफादार गुलाम अमीरों (सरदारों) की एक टुकड़ी रखी, जिसे तुर्कान-ए-चहलगनी या चालीसा (चालीस अमीरों का समूह) कहा जाता था। ख्वारिज्म के अन्तिम शाह जलालुद्दीन माँगबरनी का पीछा करते हुए 1212 ई. में चंगेज खाँ सिन्ध तक पहुँच गया। जलालुद्दीन ने इल्तुतमिश से शरण माँगी, जिसे इल्तुतमिश ने अस्वीकार कर दिया और इस प्रकार नवोदित तुर्की साम्राज्य को उसने मंगोल आक्रमण से बचा लिया।

इल्तुतमिश ने बंगाल पर पूर्ण रूप से अधिकार कर लिया। 1233-34 ई. में कालिंजर को भी सफलतापूर्वक लूटा। इल्तुतमिश ने शुद्ध अरबी के सिक्के चलाए और सिक्कों पर टकसाल का नाम लिखवाने की परंपरा शुरू की। उसने चाँदी का टंका एवं ताँबे का जीतल प्रारंभ किया।

इल्तुतमिश ने अपने उत्तराधिकारी के रूप में ज्येष्ठ पुत्र का चयन करने की सामान्य प्रथा को तोड़ दिया और अपनी पुत्री रजिया को अपना उत्तराधिकारी नियुक्त किया और लाहौर के स्थान पर दिल्ली को राजधानी बनाया।

इल्तुतमिश ने विद्वानों को संरक्षण दिया, उसके दरबार में मिनहाज-उस-सीराज एवं मलिक ताजुद्दीन जैसे विद्वान निवास करते थे। इल्तुतमिश ने बदायूँ में हौज्शम्शी तथा जोधपुर में अतारकिन का दरवाजा निर्मित किया। उसने अपने पुत्र नसीरूद्दीन की याद में सुल्तानगढ़ी का मकबरा निर्मित किया। इसके अतिरिक्त उसने मुहम्मद गौरी की याद में मदरसा-ए-मुइज्जी तथा अपने पुत्र की याद में नासिरी मदरसा निर्मित किया।

रजिया सुल्तान (1236–1240 ई.)

इल्तुतमिश की मृत्यु के उपरांत 1236 ई. में रजिया सुल्तान बनी। वह भारत की प्रथम मुस्लिम शासिका थी। उसका विरोध प्रसिद्ध तुर्क अमीरों ने किया, जिनमें निजाम-उल-मुल्क जुनैदी, मलिक अलाउद्दीन जानी, मलिक सैफुद्दीन कूची, कबीर खाँ-अयाज और मलिक ईजुद्दीन सलारी प्रमुख थे।

सुल्तान की शक्ति एवं सम्मान में वृद्धि करने के लिए रजिया ने पर्दा प्रथा का त्याग किया और वह पुरुषों के समान कुबा (कोट) और कुलाह (टोपी) पहनकर दरबार में बैठती थी तथा शासन का कार्य वह स्वयं संभालती थी। एतगीन को रजिया ने बदायूँ का अक्तादार और फिर अमीर हाजिब का महत्वपूर्ण पद तथा अल्तूनिया को सरहिन्द (भटिण्डा) का अक्तादार नियुक्त किया। एक अबीसीनियाई हब्शी अफसर जलालुद्दीन याकूत जिसके प्रति वह विशेष अनुराग रखती थी, को अमीर-ए-आखूर (अश्वशाला का प्रधान) नियुक्त किया।

1240 ई. में सरहिन्द के सूबेदार अल्तूनिया ने विद्रोह कर दिया। रजिया ने अल्तूनिया से विवाह कर लिया। अमीरों ने रजिया के भाई बहरामशाह को दिल्ली की गद्दी पर बैठाया। दोनों दिल्ली की ओर बढ़े, किन्तु वह बहरामशाह द्वारा पराजित हुई तथा 13 अक्टूबर, 1240 में उसकी हत्या कर दी गई।

तुर्की अमीरों की ईर्ष्या तथा उसका स्त्री होना, रजिया के पतन के कारण थे। जैसा कि मिन्हास-उस-सिराज का मानना है कि रजिया के व्यक्तित्व में महान शासक के सभी गुण मौजूद थे, परंतु उसमें एक ही दुर्गुण था और वह था उसका औरत होना।

मुइजुद्दीन बहरामशाह (1240–42 ई.)

इसके शासनकाल में नवीन पद नायब या नायब-ए-ममलिकात का सृजन हुआ। इसके द्वारा सुल्तान से शासन की वास्तविक शक्ति नायब के पास आ गई। सर्वप्रथम यह पद (नायब) रजिया के विरुद्ध षड्यन्त्र करने वाले एक नेता एतगीन को मिला। इस प्रकार वास्तविक शक्ति व सत्ता के अब तीन दावेदार थे, सुल्तान, नायब और वजीर।

1241 ई. में तायर बहादुर के नेतृत्व में मंगोल आक्रमण हुआ, उसी बहाने एकत्रित तुर्की सरदारों की सेना ने बहरामशाह को 1242 ई. में पराजित कर वध कर दिया।

अलाउद्दीन मसूदशाह (1242–1246 ई.)

यह इल्तुतमिश के पुत्र सुल्तान रूकनुद्दीन फिरोजशाह का पुत्र था। इसके समय नायब का पद कुतुबुद्दीन हसन गौरी को दिया गया, जो रजिया के समय नायब-ए-लश्कर के पद पर था। इसके समय बलबन की शक्ति में काफी बृद्धि हुई, उसे 'अमीर-ए-हाजिब' का पद प्राप्त हुआ।

नासिरुद्दीन महमूद (1246–1265 ई.)

बलबन की सहायता से नासिरूद्दीन महमूद ने दिल्ली सल्तनत की गद्दी प्राप्त की। कुछ थोड़े से समय को छोड़कर शासन सत्ता पूर्णतया उसके नायब बलबन के हाथों में रही। 1249 ई. में उसने बलबन को 'उलूग खाँ' की उपाधि प्रदान की और सेना पर पूर्ण नियंत्रण के साथ 'नायब-ए-ममलिकात' का पद दिया।

इसके काल में भारतीय मुसलमानों का एक अलग दल बन गया था, जो बलबन का विरोधी था। इसका नेता इमादुद्दीन रिहान था। मिनहाजुद्दीन सिराज की तबकाते नासिरी इसे ही समर्पित है। 1265 ई. में नासिरूद्दीन महमूद की मृत्यु के पश्चात् बलबन ने स्वयं को सुल्तान घोषित किया।

बलबन (1265–1287 ई.)

बलबन इल्तुतमिश का गुलाम था। बलबन का मूल नाम बहाऊद्दीन था। बलबन दिल्ली सल्तनत का एक ऐसा शासक था, जो सुल्तान न होते हुए भी सुल्तान के छत्र का उपयोग करता था। वह पहला शासक था, जिसने सुल्तान के पद और अधिकारों के बारे में विस्तृत रूप से विचार प्रकट किए। उसने सुल्तान की प्रतिष्ठा को स्थापित करने के लिए रक्त एवं लौह की नीति अपनाई।

बलबन ने चालीसा दल का दमन किया, बलबन के शासन की सफलता का मुख्य श्रेय उसका गुप्तचर विभाग था। मंगोलों का मुकाबला करने के लिए उसने सैन्य विभाग दीवान-ए-अर्ज की स्थापना की।

बलवन ने ईरानी परंपरा पर आधारित 'सिजदा' एवं पायबोस प्रथा प्रारंभ की और 'नौरोज' त्यौहार मनाना प्रारंभ करवाया।

1279 ई. में बंगाल के सूबेदार तुगरिल खाँ ने विद्रोह कर मुगीसुद्दीन की उपाधि ग्रहण की और अपने नाम के सिक्के चलाए तथा खुतबा पढ़वाया। बलबन ने विद्रोह को दबाया तथा विद्रोहियों को मृत्युदण्ड दिया।

बलबन की मृत्यु के बाद उसका पौत्र कैकुवाद उसका उत्तराधिकारी हुआ, जो एक अत्यन्त विलासी एवं कामुक व्यक्ति था। अमीरों के एक गुट के नेता आरिज-ए-मुमालिक मलिक फिरोज (जलालुद्दीन) ने कैकुवाद की हत्या करके राजगद्दी छीन ली। इस प्रकार दिल्ली सल्तनत में मामलूक वंश अर्थात् गुलाम वंश का अन्त हो गया।

खिलजी वंश (Khilji Dynasty) (1290–1320 ई.)

जलालुद्दीन फिरोजशाह खिलजी ने खिलजी वंश की स्थापना की थी। इस वंश के कुल चार शासकों ने 1290 ई. से 1320 ई. तक अर्थात् 30 वर्षों तक शासन किया। खिलजियों के हाथ में सत्ता आने से सत्ता में कुलीन तंत्र का अन्त हो गया तथा सत्ता कुलीन तुर्कों के हाथों से निकलकर निम्नवर्गीय तुर्कों, अफगानों व हिन्दुस्तानी मुसलमानों के हाथ में आ गई। इसी कारण खिलजी वंश की स्थापना को खिलजी क्रान्ति के नाम से भी जाना जाता है।

जलालुद्दीन फिरोज खिलजी (1290–96 ई.)

इसने अपनी योग्यता से एक सैनिक के स्तर से उठते हुए सर-ए-जाँदार (शाही अंगरक्षक) के पद को प्राप्त किया। बाद में वह समाना का गवर्नर बना दिया गया। मंगोल आक्रमण का सफलतापूर्वक सामना करने के बाद कैकुवाद ने उसे दिल्ली बुलाकर शाइस्ता खाँ की उपाधि दी तथा आरिज-ए-मुमालिक (सेना मंत्री) का पद प्रदान किया।

कैकुवाद द्वारा बनवाए गए अपूर्ण किलोखरी (कूलागढ़ी) के महल में जलालुद्दीन ने अपना राज्याभिषेक करवाया। इसने तुर्कों, गैर-तुर्कों और भारतीय मुसलमानों को शासन में सम्मिलित करके भारत के मुसलमानी राज्य को एक विस्तृत आधार प्रदान करने का प्रयत्न किया।

जलालुद्दीन के समय 1292 ई. में अब्दुल्ला के नेतृत्व में मंगोलों ने पंजाब पर आक्रमण कर दिया तथा सुनाम तक पहुँच गए। जलालुद्दीन ने उसे सिन्धु नदी के तट पर परास्त किया। इस पराजय के पश्चात् चंगेज खाँ के एक वंशज उलुग ने अपने 4000 समर्थकों के साथ इस्लाम स्वीकार कर भारत में ही रहने का निश्चय किया। इनको नवीन मुसलमान कहा गया।

जलालुद्दीन अपने भतीजे अलाउद्दीन से मिलने और बधाई देने (देवगिरि आक्रमण के पश्चात्) 19 जुलाई, 1296 को कड़ा गया, जहाँ उसके भतीजे अलाउद्दीन द्वारा छलपूर्वक सुल्तान जलालुद्दीन का वध कर दिया गया।

अलाउद्दीन खिलजी (1296–1316 ई.)

अलाउद्दीन ने खलीफा की सत्ता को मान्यता प्रदान करते हुए 'यामिन-उल-खिलाफत-नासिरी-अमीर-उल मोमिनीन' की उपाधि धारण की। सुल्तान बनने के पश्चात् अलाउद्दीन ने सर्वप्रथम पूर्व सुल्तान के पुत्र अर्कली खाँ सहित उसके परिवार के समस्त सदस्यों का कत्ल करवा दिया। तदुपरान्त उसने बलबनी और जलाली अमीरों को जड़-मूल सहित नष्ट कर दिया।

अलाउद्दीन के राज्यारोहण के साथ ही सल्तनत के साम्राज्यवादी युग का सूत्रपात हुआ। वह प्रारंभ से ही साहसी एवं महत्वाकांक्षी था। जब वह कड़ा का सूबेबार था, तभी उसने 1292 ई. में मालवा पर आक्रमण कर भिलसा नगर को लूटा तथा अपार सम्पत्ति एकत्रित कर ली।

अलाउद्दीन ने अपना राज्याभिषेक दिल्ली में बलबन के लालमहल में करवाया। इसके समकालीन अमीर खुसरो और उसके परवर्ती इसामी दोनों ने उसे 'एक भाग्यवादी व्यक्ति' कहा है। राजपूताना, यादव, होयसल व काकतीय राज्य इसके करद राज्य थे। गुजरात सल्तनत का एक प्रान्त था। 1298 ई. में खिलजी सेना ने गुजरात के शासक कर्ण की सम्पत्ति तथा उसकी पत्नी कमला देवी को दिल्ली भेजा था। कमला देवी से आलउद्दीन ने बाद में विवाह कर लिया।

इसके शासनकाल में मंगोलों के सर्वाधिक आक्रमण हुए। इन अनवरत युद्धों से आलाउद्दीन ने अपनी सल्तनत का प्रभावशाली विस्तार किया। उत्तर भारत में आधुनिक पंजाब, सिन्ध और उत्तर प्रदेश केन्द्रीय शासन के सीधे नियंत्रण में थे। पाण्ड्य राजाओं ने अलाउद्दीन का कभी आधिपत्य स्वीकार नहीं किया और न ही कोई कर दिया। बिहार, बंगाल, उड़ीसा तथा कश्मीर आदि प्रान्त दिल्ली सल्तनत से स्वतंत्र थे। अधिकांश मध्य भारत जिसमें चन्देरी, एलिचपुर, उज्जैन और माण्डू जैसे महत्वपूर्ण राज्य, केन्द्रीय सरकार द्वारा नियुक्त प्रान्तपतियों के सीधे नियंत्रण में थे।

गुजरात विजय के दौरान नुसरत खाँ ने मलिक काफूर को एक हजार दीनार में खरीदा था। गुजरात विजय से वापस आने पर सुल्तान अलाउद्दीन के समक्ष तोहफे के रूप में प्रस्तुत किया। शीघ्र ही वह सुल्तान अलाउद्दीन के काफी नजदीक आ गया और 1307 ई. में सुल्तान ने उसे दिल्ली सल्तनत का मलिक-ए-नायब बना दिया। काफूर ने सफलतापूर्वक खिलजी सेना का नेतृत्व करते हुए देवगिरि वारंगल, द्वारसमुद्र, मालाबार एवं मदुरै को जीतकर दिल्ली सल्तन के अधीन कर दिया। काफूर ने वारंगल के शासक प्रतापरूद्रदेव द्वितीय को परास्त कर कोहिनूर हीरा प्राप्त किया।

1303 ई. में चित्तौड़ विजय अलाउद्दीन की एक महत्वपूर्ण विजय थी। इस समय यहाँ का शासक रतन सिंह था। इससे पहले सल्तनत का कोई शासक चित्तौड़ को नहीं जीत सका था। अलाउद्दीन ने चित्तौड़ का नाम अपने पुत्र खिज्र खाँ के नाम पर खिज्राबाद रखा। इस अभियान में अमीर खुसरो ने भी हिस्सा लिया। खुसरो ने चित्तौड़ के जौहर प्रथा का वर्णन किया है।

विद्रोह

अलाउद्दीन के काल में बहुत-से विद्रोह हुए, जैसे—अकत खाँ, मलिक उमर, मंगू खान, हाजी मौला तथा नवीन मुसलमानों द्वारा आदि। इनमें पहला विद्रोह नवीन मुसलमानों का था। इसके समय मंगोलों ने सबसे अधिक आक्रमण किए। आक्रमण के दौरान महत्वपूर्ण सेनापति जफर खाँ मारा गया।

अलाउद्दीन के सुधार

अलाउद्दीन ने राजनीति को धर्म से काफी प्रभावित नहीं होने दिया। उसने खलीफा की सत्ता को मान्यता दी, लेकिन प्रशासन में उनके हस्तक्षेप को

स्वीकार नहीं किया। उसने यामीन-उल-खिलाफत नासिरी-अमीर-उल मुमनिन (खलीफा का नायब) की उपाधि ग्रहण की। वह निरंकुश राजतंत्र में विश्वास करता था।

अमीर खुसरो ने खजाइन-उल-फुतुह में अलाउद्दीन खिलजी को विश्व का सुल्तान युग विजेता, जनता का चरवाहा आदि उपाधियों से विभूषित किया है। अलाउद्दीन ने गुप्तचर पद्धति को पूर्णतया संगठित किया। इस विभाग का मुख्य अधिकारी रीद-ए-मुमालिक था। उसके अंतर्गत अनेक वरीद (सन्देशवाहक या हरकारे) थे। वरीद के अतिरिक्त अलाउद्दीन ने अनेक सूचनादाता नियुक्त किए, जो मुनहियन या मुन्हीं कहलाते थे।

इसने सेना का केन्द्रीकरण किया तथा स्थायी सेना के गठन हेतु सीधी भर्ती की और केन्द्रीय कोषागार से सैनिकों को नकद वेतन देना प्रारंभ किया। किलों या दुर्गों में अनुभवी तथा विवेकशील सेनानायक नियुक्त किए जाते थे, जिन्हें कोतवाल कहा जाता था।

अलाउद्दीन ने घोड़ों को दागने एवं सैनिकों का हुलिया लिखे जाने की प्रणाली अपनायी। स्थायी सेना को गठित करने वाला अलाउद्दीन पहला सुल्तान था।

सेना की इकाइयों का विभाजन हजार, सौ और दस पर आधारित था, जो खानों, मालिकों, सिपहसालारों इत्यादि के अंतर्गत थे। दस हजार की सैनिक टुकड़ियों को तुमन कहा जाता था। निरीक्षण करके नियुक्त किए गए सैनिकों को सरकारी भाषा में मुर्त्तव कहा जाता था।

बाजार सुधार

सैनिक आवश्यकताओं से परिचालित होकर अलाउद्दीन ने बाजार नियंत्रण नीति लागू किया। अलाउद्दीन खिलजी के बाजार नियंत्रण के बारे में विस्तृत जानकारी तारीख-ए-फिरोजशाही (बरनी) से मिलती है, इसके अलावा अमीर खुसरो के *खजाइनुल फुतुह*, इसामी की *फुतुहसलातीन* तथा इब्नबतूता के *रेहला* नामक ग्रन्थ से भी इस बारे में जानकारी मिलती है। गल्ला मंडी, सराय-ए-अदल तथा घोड़ों मवेशियों तथा दासों के बाजार अस्तित्व में थे।

अलाउद्दीन ने राजधानी के आर्थिक मामलों की देख-रेख के लिए दीवान-ए-रियासत नामक एक नवीन विभाग की स्थापना की। दीवान-ए-रियासत व्यापारी वर्ग पर नियंत्रण रखता था। वह बाजारों पर भी नियंत्रण रखता था और नाम-तौल का निरीक्षण भी करता था, इसने राशनिंग प्रणाली भी शुरू की।

कुतुबुद्दीन मुबारक शाह खिलजी (1316-1320 ई.)

पहला शासक जिसने स्वयं को खलीफा घोषित किया (ऐसा करने वाला सल्तनत का वो प्रथम शासक था) और अलइमाम, उल इमाम (उल वासिक विल्लाह), खिलाफत-उल-लह आदि उपाधि ग्रहण की। कभी-कभी वह राज दरबार में स्त्रियों के वस्त्र पहनकर आ जाता था। बरनी के अनुसार मुबारक कभी-कभी नग्न होकर दरबारियों के बीच दौड़ा करता था। इसका एक मंत्री नासिरूद्दीन खुसरो शाह था जो हिन्दू से मुस्लिम बना था।

खुसरो शाह (1320 ई.)

मुबारक शाह के पश्चात् खुसरोशाह (1320 ई.) में दिल्ली सल्तनत का शासक बना। वह प्रथम भारतीय मुसलमान था, जो दिल्ली का शासक बना। नासिरूद्दीन खुसरो शाह हिन्दू धर्म से परिवर्तित मुसलमान था। उसने पैगम्बर के सेनापति की उपाधि धारण की। उसके शत्रुओं ने उसके विरुद्ध इस्लाम का शत्रु और इस्लाम खतरे में है, का नारा दिया। इसने अपने नाम के खुतबे पढ़वाए।

तुगलक वंश (Tughlaq Dynasty) (1320-1414 ई.)

तुगलक वंश का संस्थापक गयासुद्दीन तुगलक को माना जाता है। इस वंश में कुल आठ शासक हुए। इन आठ शासकों ने 1320 ई. से 1414 ई. तक अर्थात् 94 वर्षों तक शासन किया। दिल्ली सल्तनत के काल में तुगलक वंश के शासकों ने सबसे अधिक समय तक शासन किया। दिल्ली पर शासन करने वाले तुर्क राजवंशों की कड़ी में अन्तिम तुगलक वंश था। अमीर खुसरो के *तुगलकनामा* से तुगक वंश के बारे में जानकारी मिलती है।

गयासुद्दीन तुगलक (1320-1325 ई.)

गयासुद्दीन का मूल नाम गाजी तुगलक अथवा गाजी बेग तुलगक था। इब्नबतूता के अनुसार वह तुर्कों की करौना शाखा से सम्बन्धित था। गयासुद्दीन तुगलक काफी प्रतिभाशाली था। मंगोल आक्रमणों का सफलतापूर्वक सामना करने के कारण अलाउद्दीन खिलजी ने इसे दीपालपुर का गवर्नर बना दिया था।

राज्य की आर्थिक स्थिति को ठीक करने के लिए लगान व्यवस्था को पुनर्व्यवस्थित किया। अलाउद्दीन खिलजी द्वारा लागू की गई भूमि लगान तथा बाजार व्यवस्था को त्याग दिया। लगान निश्चित करने में बटाई का प्रयोग फिर से प्रारंभ कर दिया, ऋणों की वसूली बन्द करवा दी, भू-राजस्व की दर को 1/3 किया।

इसने कृषि में उत्पादन को प्रोत्साहन देने के लिए इसने नहर सिंचाई पद्धति को प्रोत्साहन दिया। वह प्रथम सुल्तान था जिसने नहर का निर्माण करवाया। साथ-ही-साथ डाक व्यवस्था को व्यवस्थित किया। इसके लिए प्रत्येक 3/4 मील पर डाक लाने वाले कर्मचारी अथवा घुड़सवार नियुक्त किए गए।

अलाउद्दीन द्वारा चलाई गई दाग तथा चेहरा प्रथा को प्रभावशाली ढंग तथा उत्साह से लागू किया गया। 1323 ई. में उसने शाहजादे जौना खाँ (मोहम्मद बिन तुगलक) को दक्षिण भारत में सल्तनत के प्रभुत्व की पुनर्स्थापना के लिए भेजा। जौना खाँ ने वारंगल के काकतीय एवं मदुरा के पाण्ड्य राज्यों पर विजय प्राप्त कर उसे दिल्ली सल्तनत में शामिल कर लिया। तेलंगाना का नाम सुल्तानपुर रखा गया। तुगलकाबाद शहर की नींव डाली।

सर्वप्रथम गयासुद्दीन तुगलक के समय में ही दक्षिण के राज्यों को दिल्ली सल्तनत में मिलाया गया। इसमें सर्वप्रथम वारंगल था। बंगाल के

अभियान से लौटते समय स्वागत समारोह के लिए निर्मित लकड़ी के भवन (तुगलकाबाद के समीप अफगानपुर गाँव) के गिरने से 1325 ई. में इसकी मृत्यु हो गई। निजामुद्दीन औलिया ने गयासुद्दीन तुगलक के विषय में कहा था कि '*हनूज दिल्ली* दूर *अस्त*' अर्थात् '*हूजूर, दिल्ली अभी* दूर *है*'।

मोहम्मद बिन तुगलक (1325–1351 ई.)

गयासुद्दीन तुगलक की मृत्यु के पश्चात् उसका पुत्र जौना खाँ, मोहम्मद बिन तुगलक के नाम से 1325 ई. में दिल्ली सल्तनत का सुल्तान बना। मोहम्मद बिन तुगलक दिल्ली सल्तनत का सर्वाधिक विलक्षण व्यक्तित्व वाला शासक भी था। वह अरबी एवं फारसी का महान विद्वान तथा ज्ञान-विज्ञान की विभिन्न विधाओं, जैसे—खगोलशास्त्र, दर्शन, गणित, चिकित्सा विज्ञान, तर्कशास्त्र आदि में पारंगत था।

मोहम्मद बिन तुगलक ने 200 ग्रेन का एक सोने का सिक्का दीनार तथा 140 ग्रेन का एक चाँदी का सिक्का चलाया, जिसे अदली कहा जाता था। वह दिल्ली का प्रथम सुल्तान था, जिसने कृषि भूमि के आकलन के लिए एक रजिस्टर तैयार करवाया।

इसके शासनकाल में 1333 ई. में मोरक्को का यात्री इब्नबतूता भारत आया था। सुल्तान ने उसका खूब स्वागत किया तथा दिल्ली काजी नियुक्त किया। 1342 ई. में इब्नबतूता सुल्तान के राजदूत के हैसियत से चीनी शासक तोगन तिमूर के दरबार में गया। इस यात्री ने मोहम्मद तुगलक के समय की घटनाओं का अपनी पुस्तक *रेहला* में उल्लेख किया है। मोहम्मद बिन तुगलक की मृत्यु पर बदायुनी ने लिखा है कि जनता को राजा से और राजा को जनता से मुक्ति मिल गई।

मोहम्मद बिन तुगलक के प्रयोग

दोआब में कर वृद्धि (1325 ई.)

अपने शासनकाल के आरंभ में इसने दोआब में कर वृद्धि की जो कुल उपज का 50% तक थी। बरनी के अनुसार यह वृद्धि दस या बीस गुनी थी, जबकि फरिश्ता के अनुसार, यह तीन से चार गुना अधिक थी। वह कृषि में शस्यावर्तन प्रणाली लागू करने वाला प्रथम शासक था।

राजधानी परिवर्तन (1327 ई.)

इसने अपनी राजधानी को दिल्ली से हटाकर दौलताबाद में स्थापित किया। दौलताबाद मूल रूप से देवगिरि था, जिसको मुबारक खिलजी के काल में कुतुबाबाद कहा जाता था। देवगिरि को कुतबुल इस्लाम भी कहा गया है। तत्कालीन इतिहासकारों के अनुसार दिल्ली की समस्त जनता को दौलताबाद जाने के आदेश दिए गए और दिल्ली उजाड़ हो गई। 1335 ई. में इसने पुन: दिल्ली को ही राजधानी बनाया।

सांकेतिक मुद्रा का प्रचलन (1329 ई.)

मुहम्मद तुगलक ने आर्थिक व्यवस्था में नया प्रयोग करते हुए सांकेतिक मुद्रा का प्रचलन किया। इसके लिए उसने चाँदी के टंका के स्थान पर काँसे के नए सिक्के चलाए तथा उनका मूल्य टंका के बराबर घोषित कर दिया। तुगलक से पूर्व इस सांकेतिक मुद्रा का चीन के कुबलई खाँ तथा ईरान के कैरवतू ऐसा प्रयोग कर चुके थे।

मोहम्मद तुगलक की यह योजना असफल रही, क्योंकि उसने नकली मुद्रा बाजार को नियंत्रित करने के कड़े उपाय नहीं किए और जैसा कि बरनी मानता है कि प्रत्येक हिन्दू के घर में टकसालें स्थापित हो गई थीं, प्रजा ने काँसे तथा ताँबे के सिक्कों को दबा लिया।

खुरासान अभियान (1330 ई.)

यह तरमाशरीन के साथ मैत्री का परिणाम था। कहा जाता है कि त्रिमैत्री संगठन (मोहम्मद बिन तुगलक, तरमाशरीन तथा मिस्र के सुल्तान) खुरासन के सुल्तान अबू सय्यद के विरुद्ध बनाया गया था। अभियान के लिए सुल्तान की सेना जब तैयार हुई तो ट्रांस ऑक्सियाना में राजनीतिक परिवर्तन होने के कारण तरमाशरीन को शासक पद से हटा दिया गया। इस प्रकार यह अभियान कभी भी प्रारंभ न हो सका।

कराचिल का सैनिक अभियान (1332 ई.)

सुल्तान की एक विजय योजना थी, जिसका विनाशकारी अन्त हुआ। कराचिल कुमायूँ की पहाड़ियों में स्थित एक क्षेत्र था। सर्दी और बर्फीले तूफान में लगभग सम्पूर्ण सेना मारी गई। जो सैनिक इन प्राकृतिक आपदाओं से बच गए वे प्लेग से मारे गए। इसका सैन्य नेतृत्व खुसरो मलिक कर रहा था।

प्रशासनिक सुधार

मोहम्मद तुगलक ने उलेमा वर्ग को भी न्यायिक परिधि में ला दिया। मोहम्मद तुगलक ने कृषि की उन्नति के लिए एक नवीन विभाग खोला जिसके लिए नए मंत्री अमीर-ए-कोही को नियुक्त किया। इसने सर्वप्रथम अकालग्रस्त लोगों के लिए अकाल संहिता तैयार करवाई। सिंचाई के लिए सैकड़ों कुएँ खुदवाए तथा अकालग्रस्त कृषकों को कृषि ऋण (तकावी) प्रदान किया गया।

विद्रोह

मोहम्मद बिन तुगलक के समय सबसे अधिक (चौंतीस) विद्रोह हुए जिसमें सत्ताइस विद्रोह अकेले दक्षिण भारत में हुए।

इसके काल के प्रमुख विद्रोह हैं—दक्षिण में बहाउद्दीन गुरशस्प, मुल्तान में बहरामकिश्लू तथा बंगाल में गयासुद्दीन का विद्रोह आदि।

योगदान

मोहम्मद बिन तुगलक के उदारवादी विचारों का प्रमाण हमें कुछ जैन परंपराओं में मिलता है, जिसके अनुसार उसने जैन विद्वान जिनप्रभा सूरि तथा राजशेखर का स्वागत किया। इसामी के अनुसार सुल्तान हिन्दुओं के होली और अन्य त्योहारों में हिस्सा लेता था। नगर कोट पर आक्रमण के अवसर पर उसने ज्वालामुखी के देवी मन्दिर को नष्ट नहीं किया। हिन्दुओं को उसने सम्मानित पदों पर नियुक्त किया।

मोहम्मद तुगलक की 20 मार्च, 1351 को मृत्यु हो गई। इस पर अब्दुल कादिर बदायूँनी ने कहा था—'सुल्तान को उसकी प्रजा से और प्रजा को सुल्तान से मुक्ति मिल गई'।

फिरोजशाह तुगलक (1351–1388 ई.)

1351 ई. में मोहम्मद तुगलक की मृत्यु के उपरांत उसका चचेरा भाई फिरोजशाह तुगलक दिल्ली की गद्दी पर बैठा। उसके सामने ऋणग्रस्त किसानों का असन्तोष, साम्राज्य के विघटन की समस्या, राज्य का खाली खजाना तथा अमीर वर्ग का असन्तोष आदि समस्याएँ थीं।

इसने मोहम्मद बिन तुगलक द्वारा प्रदत्त समस्त ऋणों (तकावी) को माफ कर दिया। दण्ड संहिता को संशोधित करके दण्डों को अधिक मानवीय बनाया तथा सुल्तान को भेंट देने की प्रथा को समाप्त कर दिया। फिरोजशाह पहला सुल्तान था, जिसने जनकल्याणकारी कार्य किया।

फिरोज तुगलक ने कर प्रणाली को धार्मिक या मजहबी स्वरूप प्रदान किया और कम-से-कम तेईस प्रचलित करों को समाप्त करके इस्लामी शरियत कानून द्वारा अनुमति प्राप्त केवल चार करों—खराज, जकात, जजिया और खुम्स को आरोपित किया। इसने ब्राह्मणों पर भी जजिया कर लगाया।

नहर प्रणाली के निर्माण के बाद इसने उलेमा की स्वीकृति के पश्चात् हक-ए-शर्ब नामक सिंचाई कर भी लगाया, जो भूमि की उपज का 10% होता था। इसने नियंत्रणाधीन फलों के 1200 बाग लगाए। इसने सरकारी पदों (सैनिक तथा असैनिक) को वंशानुगत बनाया तथा अधिकतर सैनिकों को वेतन के बदले जागीरें देने की प्रथा को पुनर्जीवित किया।

फिरोज तुगलक ने कुछ नए प्रकार के सिक्के चलाए। उसने शसगनी (चाँदी) नामक एक सिक्का चलाया जो 6 जीतल के बराबर होता था तथा अद्दा नामक एक सिक्का भी चलाया जो मिश्रित धातु का (चांदी व ताँबा) होता था, जो आधा जोतल के बराबर होता था। इसने विख नामक एक सिक्का चलाया। जो मिश्रित धातु का होता था वह 1/4 जीतल के बराबर होता था।

योगदान

इसके शासनकाल में खिज्राबाद एवं मेरठ से अशोक के दो स्तम्भ लेखों को लोकर दिल्ली में स्थापित किया गया। अपने कल्याणकारी कार्यों के अंतर्गत फिरोज ने एक रोजगार दफ्तर एवं मुस्लिम अनाथ स्त्रियों, विधवाओं एवं लड़कियों की सहायता हेतु एक नए विभाग दीवान-ए-खैरात की स्थापना की।

इसने इल्तुतमिश द्वारा निर्मित हौज-ए-शिम्सी और अलाउद्दीन खिजली द्वारा निर्मित हौज-ए-खास की मरम्मत करवाई। इसने कुछ नए नगरों का निर्माण कराया—फतेहाबाद, फिरोजाबाद, हिसार, फिरोजा, फिरोजपुर और जौनपुर।

फिरोज को इतिहास एवं चिकित्साशास्त्र में रूचि थी। संस्कृत में लिखे गए ग्रन्थों का उसने फारसी में अनुवाद कराया। उसने ज्वालामुखी मन्दिर के पुस्तकालय से लूटे गए तेरह सौ ग्रन्थों में से कुछ का फारसी में विद्वान अलाउद्दीन द्वारा दलायले फिरोजशाही नाम से अनुवाद करवाया। दलायले फिरोजशाही आयुर्वेद से संबंधित ग्रन्थ था।

फिरोज ने अपनी आत्मकथा *फतूहात-ए-फिरोजशाही* की रचना की, जबकि *सीरत-ए-फिरोजशाही* की रचना किसी अज्ञात विद्वान द्वारा की गई। बरनी ने *फतवा-ए-जहाँदारी* एवं *तारीख-ए-फिरोजशाही* की रचना की। इस काल में भवन निर्माण को काफी प्रोत्साहन मिला। इसने समय जानने के लिए ताश घड़ियाल नामक यंत्र का भी प्रचलन किया था। फिरोज ने अपने को खलीफा का नायब पुकारा और अपने सिक्कों पर खलीफा का नाम अंकित करवाया।

फिरोज तुगलक की तुष्टीकरण की नीति अन्त में साम्राज्य के विघटन के लिए जिम्मेदार हो गई। 1338 ई. में फिरोज तुगलक की मृत्यु हो गई। फिरोज को मध्यकालीन भारत का पहला कल्याणकारी निरंकुश शासक कहा जाता है। हेनरी इलियट और एलिफिन्स्टन ने फिरोज को सल्तनत युग का अकबर कहा है।

फिरोजशाह के उत्तराधिकारी

तुगलक शाह जो फिरोज तुगलक का पुत्र था, गयासुद्दीन तुगलक द्वितीय के नाम से गद्दी पर बैठा। अपने राज्यारोहण के दो वर्ष भीतर ही वह षड्यंत्रों का शिकार हो गया। इसके बाद अमीरों के दो गुटों ने दो अलग व्यक्तियों को शासक बनाया। ये थे नासिरूद्दीन महमूद और अबू बकर, फिर थोड़े समय के लिए हुमायूँ शासक हुआ और अन्त में नासिरूद्दीन महमूद शासक हुआ।

सुल्तान नासिरूद्दीन के शासनकाल में मध्य एशिया के महान मंगोल सेनानायक तैमूर ने 1398 ई. में भारत पर आक्रमण किया। नासिरूद्दीन महमूद गुजरात भाग गया और तैमूर ने उत्तर भारत को लूटा। तैमूर के आक्रमण से जो अव्यवस्था उत्पन्न हुई, उसका लाभ उठाकर बहुत सारे क्षेत्र सल्तनत से स्वतंत्र हो गए।

सैय्यद वंश (Sayyid Dynasty) (1414–1451 ई.)

इस वंश का संस्थापक खिज्र खाँ था। सैय्यद वंश के कुल चार शासक हुए। सैय्यद वंश के विषय में जानकारी का एकमात्र स्रोत याहिया बिन अहमद सरहिन्दी की पुस्तक *तारीख-ए-मुबारकशाही* है।

खिज्र खाँ (1414–1421 ई.)

खिज्र खाँ ने मंगोल आक्रमणकारी तैमूर को सहयोग प्रदान किया था और उसकी सेवाओं के बदले तैमूर ने उसे लाहौर, मुल्तान एवं दिपालपुर की सूबेदारी सौंपी। तैमूर के भारत से वापस जाते ही खिज्र खाँ ने स्वयं को उत्तर पश्चिमी भारत में तैमूर का वायसराय घोषित करके शासन प्रारंभ किया।

इसने सुल्तान की उपाधि नहीं धारण की, बल्कि रैयत-ए-आला की उपाधि से ही सन्तुष्ट रहा। इसने अपने सिक्कों पर तुगलक शासकों का ही नाम रहने दिया। मंगोलों का खुतबा पढ़वाया। इसने एक सम्प्रभुता सम्पन्न शासन के रूप में शासन नहीं किया अपितु वह तैमूर के पुत्र एवं उत्तराधिकारी शाहरूख के प्रतिनिधि या डिप्टी के रूप में शासन करने का दिखावा करता रहा।

मुबारक शाह (1421–1434 ई.)

मुबारक शाह ने शाह की उपाधि धारण की अपने नाम से खुतबा पढ़ावाया और अपने नाम के सिक्के चलवाए। याहिया बिन सरहिन्दी को संरक्षण प्रदान किया। जिसने ग्रंथ *तारीख-ए-मुबारक शाही* की रचना की। इसने कश्मीर के गृहयुद्ध में जैनुल-अवीदीन का पक्ष लिया और उसे गद्दी पर बैठाने में सहायता की। यह सैय्यद वंश का सबसे योग्यतम शासक था। यमुना नदी के किनारे इसने मुबारकबाद नामक नगर बसाया था।

मोहम्मद शाह (1434–1443 ई.)

मुबारक शाह के बाद उसका दत्तक पुत्र मोहम्मद शाह गद्दी पर आसीन हुआ। यह मुबारक शाह के भाई फरीद खाँ का पुत्र था मोहम्मद शाह अयोग्य शासक सिद्ध हुआ। इसने सैय्यद वंश के पतन का मार्ग प्रशस्त किया।

अलाउद्दीन आलमशाह (1443–1451ई.)

अलाउद्दीन आलमशाह इस वंश का अन्तिम शासक था। यह विलासी प्रवृति का था। इसके समय में यह कहावत 'देंखो शाह ए-आलम का राज्य दिल्ली से पालम तक'। इसकी मृत्यु के पश्चात् उसका दामाद और जौनपुर का शासक हुसैनशाह ने बदायूँ को अपने राज्य में मिला लिया। इसकें साथ ही सैय्यदों की सत्ता समाप्त हो गई तथा लोदी वंश के नाम से एक नए राजवंश की स्थापना हुई।

लोदी वंश (Lodi Dynasty) (1451–1526 ई.)

दिल्ली सल्तनत के राजवंशों में लोदी वंश अन्तिम था। 1451ई. में बहलोल लोदी ने लोदी वंश के नाम से प्रथम अफगाान राज्य की स्थापना की । लोदी वंश का शासन काल 75 वर्षो तक रहा। इस दौरान तीन शासको नें शासन किया। अन्तिम शासक इब्राहीम लोदी को मुगल शासक बाबर ने 1526 ई. में पानीपत के प्रथम युद्ध में पराजित कर भारत में मुगल साम्राज्य की स्थापना की।

बहलोल लोदी (1451–1489 ई.)

यह लोदी वंश का संस्थापक था। यह बहलोल शाह गाजी के नाम से दिल्ली के सिंहासन पर बैठा । बहलोल लोदी की मुख्य सफलता जौनपुर (148 4ई.) के विरुद्ध थी। इसने हुसैन शाह शर्की को पराजित किया और उसे जौनपुर से खदेड़ दिया तथा वहाँ अपने पुत्र बरबक शाह को नियुक्त किया। *तारीख-ए-दाउदी* के लेखक अब्दुल्लाह के अनुसार बहलोल कभी सिंहासन पर नहीं बैठता था। यह साधारण व्यक्ति था।

बहलोल का अन्तिम आक्रमण ग्वालियर के विरुद्ध हुआ। इसने अफगान सरदारों सें जनजातीय भावना के अनुकूल समान व्यवहार किया। बहलोल ने बहलोली सिक्का चलाया, जो अकबर से पहले तक उत्तर भारत में विनिमय का मुख्य साधन बना रहा। वह धर्मान्ध शासक नहीं था। इसने हिन्दुओं के प्रति धार्मिक कट्टरता का व्यवहार नहीं किया, बल्कि राय प्रताप सिंह, राय करन नरसिह, राय, त्रिलोकचन्द्र तथा राय दादू जैसे हिन्दू सरदारों को महत्वपूर्ण पदों पर नियुक्त किया।

सिकन्दर शाह लोदी (1489–1517ई.)

इसका प्रारंभिक नाम निजाम शाह था। इसने अफगान सरदारो से समानता के व्यवहार को त्याग दिया तथा सुल्तान को सर्वोच्च मानने के लिए बाध्य किया। सिकन्दर लोदी ने स्वंय कहा था यदि मैं अपने गुलाम को भी पालकी में बिठा दूँ तो मेरे आदेश पर मेरे सभी सरदार उसे अपने कन्धों पर उठा लें जाएँगे। यह लोदी वंश का सर्वश्रेष्ठ शासक साबित हुआ। इसने बिहार को दिल्ली सल्तनत का अंग बना लिया।

राजस्थान के शासकों पर अपने अधिकार को सुरक्षित रखने तथा व्यापारिक मार्गो पर नियंत्रण स्थापित करने के उद्देश्य से 1504 ई. में आगरा नगर की स्थापना की। वहाँ पर इसने एक किले का भी निर्माण कराया जो बादलगढ़ का किला के नाम से मशहूर था। 1506ई. में आगरा को सिकन्दर ने अपनी राजधानी बनाया।

राज्य के हिसाब-किताब की लेखा परीक्षण प्रणाली की शुरूआत में उसने खाद्यान्न करों (अनाज-कर)को समाप्त कर दिया तथा व्यापार से प्रतिबंधों को हटा दिया जिसमें लोगों की आर्थिक समृद्धि को बढ़ावा मिले। नाप के लिए एक पैमाना गज-ए-सिकंदरी प्रारंभ किया गया, जो प्राय: 30 इंच का होता था। इसने मुहर्रम और ताजिए निकालना बंद कर दिया था। सिकंदर लोदी ने हिंदुओं पर जजिया कर पुनः लगा दिया। धार्मिक दृष्टि से वह असहिष्णु था।

इसके आदेश से एक आयुर्वेदिक ग्रंथ का फारसी में अनुवाद किया गया,जिसका *नाम फरंहगे सिकंदरी* रखा गया। इसके शासन काल में गान-विद्या के एक श्रेष्ठ ग्रंथ *लज्ज्त-ए-सिकंदरशाही* की रचना हुई, जो भारतीय संगीत पर पहला फरसी ग्रंथ है।

इब्राहिम लोदी (1517–1526ई.)

सिकंदर लोदी की मृत्यु के पश्चात् उसका ज्येष्ठ पुत्र इब्राहिम लोदी 22 नवम्बर, 1517 ई. ने सल्तनत की गद्दी पर बैठा। यह लोदी वंश का अंतिम शासक सिद्ध हुआ। इसी के समय में 1526 ई. में पानीपत का प्रथम युद्ध हुआ जिसमें बाबर ने इब्राहिम लोदी को पराजित कर भारत में नए राजवंश मुगल वंश की स्थापना की।

पंजाब का शासक दौलत खाँ लोदी एवं इब्राहिम लोदी के चाचा आलम खाँ ने काबुल के तैमर वंशी शासक बाबर को भारत पर आक्रमण के लिए निमंत्रण दिया। अप्रैल 1526 को पानीपत के मैदान में युद्ध हुआ, जिसमें इब्राहिम लोदी की हार हुई।

इब्राहिम लोदी की सबसे बड़ी सफलता ग्वालियर विजय थी। इसी के समय ग्वालियर अन्तिम रूप से सल्तनत में शामिल हुआ। इब्राहिम लोदी द्वारा ग्वालियर पर आक्रमण के समय वहाँ का शासक राजा मान सिह का पुत्र विक्रम जीत था। इसी के काल में घटोली का युद्ध हुआ, जिसमें राणा सांगा की जीत और लोदियों को पराजय का मुँह देखना पड़ा था।

सल्तनत का प्रशासन
(Administration of Sultanate)

राजनीतिक आदर्श

सल्तनत के शासक इस्लाम धर्म के अनुयायी थे, किन्तु शासन धर्मनिरपेक्ष कानून (जवाबित) के आधार पर चलाए जाते थे। खलीफा सैद्धांतिक प्रधान होता था। दिल्ली के सुल्तानों ने समय-समय पर खलीफा से शासन करने की सनद प्राप्त की, खलीफा का नाम सिक्कों पर खुदवाया तथा शुक्रवार नमाज के समय खलीफा के नाम से खुतबा जारी किया। इल्तुतमिश इस मानदण्ड के हिसाब से दिल्ली का प्रथम वैधानिक सुल्तान था। दिल्ली सल्तनत की प्रकृति सैनिक राज्य की थी। किन्तु कुछ शासकों ने (फिरोजशाह तुगलक) कल्याणकारी राज्य का भी स्वरूप प्रदान किया।

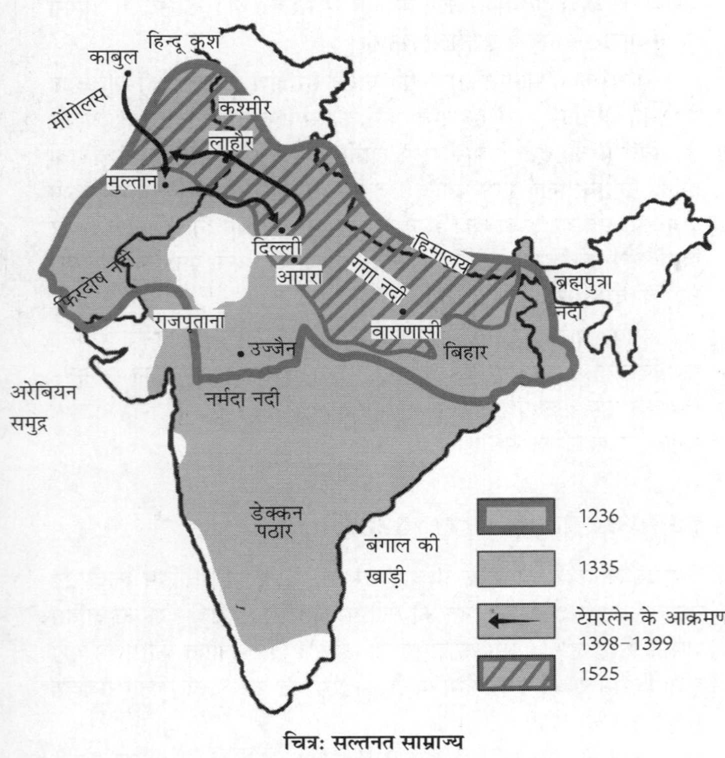

चित्र: सल्तनत साम्राज्य

केन्द्रीय प्रशासन

दिल्ली सल्तनत के प्रशासन का मुख्य केन्द्र सुल्तान होता था। सैद्धान्तिक रूप से सुल्तान खलीफा के अधीन होता था, किन्तु व्यावहारिक रूप में वह सिविल, सैनिक तथा न्यायिक मामलों का प्रधान होता था। सुल्तान ही जनहित के नागरिक एवं राजनैतिक नियम के निर्धारक होते थे। इसके प्रतीक के रूप में वह खुतबा अपने नाम से पढ़वाता था तथा अपने नाम से सिक्के जारी करवाता था।

प्रान्तीय प्रशासन

सल्तनत काल में प्रांतीय प्रशासन की कोई स्पष्ट सूचना नहीं मिलती है,यद्यपि इब्नबतूता का मानना है कि मोहम्मद बिन तुगलक के काल में 23 प्रांत थे। 14वीं सदी में सल्तनत कि विस्तार के कारण प्रांतों को जिलों में बाँट दिया गया, इन्हें शिक कहा जाता था। शिकों की स्थापना बलबन ने की थी। शिक का शासक शिकदार कहलाता था। शिकों या जिलों को परगनो में बाँटा गया था प्रत्येक परगने में आमिल एवं प्रशासनिक अधिकारी तथा मुशरिफ या मुन्सिफ राजस्व विभाग का प्रधान होता था।

शासन की सबसे छोटी इकाई ग्राम थी, जो स्वशासन और पैतृक अधिकारियों की व्यवस्था के अंतर्गत थी। गाँव के मुख्य अधिकारी थे -पटवारी (लेखाकार),चौधरी ,खुत, मुकद्दम (मुखिया) जो शासन को लगान वसूल करने में मदद करते थे। कुछ केन्द्रशासित प्रदेश या खालसा क्षेत्र होते थे जिनमे शिक और शहर शामिल थे। इसके प्रभारी अधिकारी शहना (अधीक्षक) कहलाते थे और सुल्तान द्वारा नियुक्त होते थे। इस क्षेत्र से एकत्र किया गया राजस्व सीधे केंद्र के खजाने में जाता था। इसी प्रकार प्रत्येक उपक्षेत्र में आमिल नाम का एक पदाधिकारी होता था जो राजस्व इकट्ठा करके राजकोष में जमा करता था।

सैन्य प्रशासन

सल्तनत कालीन सैन्य संगठन मुख्यत: तुर्की और मंगोल पद्धति पर आधारित था। इल्तुतमिश के शासनकाल में सल्तनत की सेना को 'हश्म-ए-कल्ब' (केन्द्रीय सेना) या कल्ब-ए-सुल्तानी कहा जाता था। सल्तनतकालीन सुल्तानों में बलबन ने सैन्य विभाग की स्थापना की तथा अनाउद्दीन खिलजी को एक स्थायी सेना के गठन का श्रेय दिया जाता है। सेना के मुख्य तीन भाग थे—(1) घुड़सवार सेना (2) गज सेना (3) पैदल सेना (पायक)। सुल्तान के पास नावों का एक बेड़ा होता था। नावों के बेड़े का संचालन मीर बहर नामक अधिकारी के नेतृत्व में होता था, जिसका उपयोग सैनिक सामान ढोने के लिए किया जाता था।

सल्तनतकालीन समाज

भारत में तुर्कों के आगमन से भारतीय समाज का स्वरूप परिवर्तित हुआ, क्योंकि उसमें नए लोग जुड़े जो अपने साथ नया धर्म, नई संस्कृति और नई परमपराएँ लेकर आए थे।

समाज में प्रमुखत: दो वर्ग थे—**अशराफ** और **अजलाफ**। अशरफ (शरीफ का बहुवचन) वर्ग में अमीर, उनके वंशज और उच्च वर्गीय उलेमा आते थें इस वर्ग में दो कोटियाँ थी। अहल-ए- सैफ और अहल-ए-कलम। अहल-ए-सैफ योद्धा वर्ग था और ये स्वयं को श्रेष्ठ मानते थे। अहल-ए-कलम विद्वान् वर्ग थे, जो धार्मिक और न्यायिक पदों पर आसीन थे।

बँटाईदार के लिए कृषक या आर्थिक शब्द का प्रयोग किया गया है। हलवाह या भूमिहीन मजदूर दोनों निम्न श्रेणी के किसान थे और सर्वाधिक जनसंख्या इनकी ही थी। भूमिहीन या स्वतंत्र किसान को तुर्को ने खुदकाश्त (प्राय: अपनी जमीन पर खेती करले वाला) और मलिक-ए-जमीन कहा है। शिल्पकार, चर्मकार, पहरेदार इनमें से कुछ वर्ग अछूत माने जाते थे।

अर्थव्यवस्था

भारत में तुर्की सुल्तानों की आर्थिक नीति मुस्लिम कानूनविदों की हनफी विचारधारा के वित्तीय सिद्धान्त के ढाँचे पर आधारित थी। इसे तुर्की सुल्तानों ने गजनवियों से लिया था। इस्लामी अर्थव्यवस्था संबंधी सिद्धान्त बगदाद के मुख्य काजी अबू याकूद द्वारा लिखित पुस्तक *किताब-उल-खराज* में लिपिबद्ध है। दिल्ली सल्तनत की वित्तीय व्यवस्था के अनुसार प्रारंभ में इस्लामी करारोपण प्रणाली स्थापित नहीं हो पाई थी। सबसे प्रथम पंजाब में इस्लामी करारोपण प्रणाली स्थापित हुई थी।

सर्वप्रथम जजिया भू-राजस्व (खराज) के साथ वसूल किया जाता था। स्त्रियाँ, बच्चे, भिखारी, पुजारी, साधु आदि जजिया कर से मुक्त थे। फिरोज तुगलक ने ब्राह्मणों पर भी जजिया लगाया जो पहले इस कर से मुक्त थे। मुहम्मद गौरी ने भारत में इक्ता प्रथा की शुरूआत की तथा इल्तुतमिश ने इसे ठोस स्वरूप प्रदान किया। बलबन ने इक्ता को जीवन भर के लिए प्रदान करने तथा अपने उत्तराधिकारियों को हस्तांतरित करने पर पूर्ण प्रतिबंध लगा दिया।

अलाउद्दीन तथा मोहम्मद बिन तुगलक ने भूमि की पैमाइश करके लगान लेने की पद्धति रखी, मोहम्मद बिन तुगलक ने इक्ता व्यवस्था में सुधार करते हुए 'मुक्ता' तथा राजस्व से जुड़े सारे अधिकार वापस लेकर 'बली-उल-खराज' नामक एक नए अधिकारी को दे दिए।

फिरोज तुगलक ने इक्ता व्यवस्था में पुन: परिवर्तन करके इक्ताओं पर वंशानुगत अधिकार प्रदान कर दिया, इक्ताओं के हस्तांतरण पर रोक लगा दी तथा सैनिकों को पुन: इक्ताओं या भूमि अनुदानों के रूप में देने की प्रथा की शुरूआत की। फिरोज तुगलक के शासनकाल में सर्वाधिक इक्ताओं (भूमि अनुदान) की शुरूआत की गई।

विज्ञान एवं तकनीक

संभवत: रहट का प्रयोग दिल्ली सल्तनत के युग में ही प्रारंभ हुआ। इसका प्रयोग सिंचाई के लिए किया जाता था। रहट का पहला विस्तृत लिखित विवरण 16वीं शताब्दी में *बाबरनामा* में मिलता है। वस्त्र उद्योग के क्षेत्र में चरखे का यान्त्रिक उपकरण के रूप में बहुत महत्व रहा है। भारत में इसका (चरखे) पहला लिखित उल्लेख इसामी की *फुतूह-उस-सलातीन* (1350 ई.) में मिलता है। रेशम के कीड़े पालने की प्रथा दिल्ली सल्तनत में ही प्रचलित हुई।

इस काल के कुछ अन्य तकनीकी आविष्कारों में एक आविष्कार कागज निर्माण भी है। 13वीं शताब्दी में यहाँ मुस्लिम लोग कागज का इस्तेमाल करने लगे थे। अमीर खुसरो ने 13वीं शताब्दी के अन्त में इसका उल्लेख किया है। इस काल का एक प्रमुख आविष्कार फिरोज तुगलक द्वारा समय-सूचक उपकरणों का प्रयोग है।

उद्योग एवं व्यापार

सल्तनतकाल में भारत उद्योग एवं व्यापार की दृष्टि से विकसित था। विदेशों से वस्तुएँ मँगाई एवं भेजी जाती थीं। व्यापार जल एवं थल दोनों मार्गों से होता था। देश के विभिन्न भागों में व्यापारिक वस्तुओं पर कर प्राप्त करने के लिए चौकियाँ स्थापित की गई थीं, जिसका सर्वप्रथम उल्लेख मिनहाजुद्दीन सिराज के *तबकाते नासिरी* में मिलता है।

सल्तनतकाल के महत्वपूर्ण व्यापारिक केन्द्र दिल्ली, थट्टा, देवल, सरसुती, अन्हिलवाड़, सतगाँव, सोनार गाँव, आगरा, वाराणसी, लाहौर आदि प्रसिद्ध थे। गुजरात का देवल व्यापारिक दृष्टि से मध्यकाल में समृद्ध माना गया है। यह अन्तर्राष्ट्रीय बन्दरगाह का कार्य करता था। अन्हिलवाड़ नगर व्यापारियों के लिए तीर्थस्थल के समान था। यहाँ पर बड़ी संख्या में मुस्लिम व्यापारी रहते थे।

देवगिरि के निवासी अधिकतर व्यापारी थे, जो रत्नों का व्यापार करते थे। यहाँ के रंग-बिरंगे वस्त्रों की तुलना अमीर खुसरो ने रंग-बिरंगे फूलों से की है। बंगाल चावल एवं रेशम के लिए विख्यात था। प्रसिद्ध चीनी यात्री माहुआन वहाँ पर रेशम के कीड़े पाले जाने का उल्लेख करता है। मध्यकाल में बनारस एक विशेष प्रकार की पगड़ियों के निर्यात के लिए प्रसिद्ध था। सतगाँव रेशमी रजाइयों के लिए, आगरा नील उत्पादन के लिए एवं बनारस सोने, चाँदी एवं जरी के काम के लिए प्रसिद्ध था।

सल्तनत काल में भारत से विदेशों में भेजे जाने वाले महत्वपूर्ण सामान—लोहा, हथियार, अनाज, सूती वस्त्र, जड़ी-बूटी, मसाले, फल, शक्कर एवं नील आदि थे। सूती वस्त्र उत्तम किस्म का होता था, जिसे अनेक देशों में निर्यात किया जाता था। *बाबरनामा* में भारतीय श्वेत वस्त्रों की प्रशंसा की गई है।

भाषा एवं साहित्य

तुर्की भाषा एवं हिन्दुस्तानी भाषाओं के मेल से उर्दू का जन्म हुआ। उर्दू का शाब्दिक अर्थ होता है शाही शिविर क्योंकि इसका विकास शाही सैन्य शिविरों में हुआ। अमीर खुसरों ने इसे हिन्दवी या देहलवी कहा है। यह फारसी लिपि में लिखी जाती है। मुहम्मद गेसूदराज को उर्दू गद्य का जन्मदाता माना जाता है। उन्होंने फारसी लिपि में उर्दू ग्रन्थ *मिरान-उल-आशिकीन* की रचना की।

बड़ी संख्या में संस्कृत ग्रन्थों का फारसी में अनुवाद किया गया। जियाउद्दीन नक्शवी ने शुक सप्तति का अनुवाद फारसी में तूतीनामा नाम से किया। अनेक सूफी सन्तों ने लोक भाषाओं में भी रचना की जैसे मलिक मुहम्मद जायसी ने *पद्मावत* तथा मुल्ला दाउद ने *चन्दायन* की रचना अवधी में की।

सल्तनतकालीन स्थापत्य

स्थापत्य	निर्माणकर्ता	स्थान
कुव्वत-उल इस्लाम मस्जिद	कुतुबुद्दीन ऐबक	दिल्ली
अढ़ाई दिन का झोपड़ा	कुतुबुद्दीन ऐबक	अजमेर
कुतुबमिनार	कुतुबुद्दीन ऐबक (इल्तुतमिश ने पूरा करवाया)	दिल्ली
निजामुद्दीन औलिया का मकबरा	इल्तुतमिश	दिल्ली
अलाई दरवाजा	अलाउद्दीन खिलजी	दिल्ली
तुगलकाबाद का किला	गयासुद्दीन तुगलक	दिल्ली
मोती मस्जिद	वजीर मुआ मुइया	दिल्ली

अध्याय सार संग्रह

- दिल्ली सल्तनत एक धर्म प्रधान राज्य था, जिसमें खलीफा पूरे मुस्लिम जगत् का सर्वोच्च था।
- सल्तनत शासन में उत्तराधिकार का कोई निश्चित सिद्धांत नहीं था।
- केंद्रीय शासन का प्रधान सुल्तान था। वह राज्य का सर्वोच्च न्यायाधीश, कानून का सूत्रधार और सेवाओं का प्रधान सेनापति था।
- सुल्तान के कार्यों में सहायता प्रदान करने के लिए मंत्रियों की व्यवस्था की, जो अपने-अपने विभागों के प्रभारी होते थे, किंतु उनकी नीति सदैव सुल्तान द्वारा निर्देशित व शासित होती थी।
- राजकीय शक्ति का व्यावहारिक नियंत्रण रखने हेतु केवल दो ही कारक थे—अमीर तथा उलेमा।
- अमीर वर्ग में विदेशी मूल के लोग थे, जो दो समूहों में बँटे थे—तुर्कीदास और गैर-तुर्की, जिन्हें 'ताजिक' कहा जाता था।
- इस्लामी धर्माचार्यों तथा शरीयत कानून के रूढ़िवादी व्याख्याकारों को उलेमा कहा जाता था।
- बरनी के अनुसार सल्तनत के चार स्तंभ दीवान-ए-विजारत, दिवान-ए-आरिज या अर्ज, दीवान-ए-इंशा और दीवान-ए-रसालत थे।
- सल्तनत का प्रधानमंत्री वजीर कहलाता था, उसके कार्यालय को दीवान-ए-विजारत (राजस्व विभाग) कहा जाता था।
- दीवान-ए-आरिज सैन्य विभाग था, जिसके प्रधान को आरिज-ए-मामलिक कहा जाता था।
- दीवान-ए-इंशा पत्र-व्यवहार का शाही कार्यालय था जिसका संचालन दबीर द्वारा किया जाता था।
- दीवान-ए-रसालत का प्रधान विदेशी मंत्री था। इसका कार्य विदेशी वार्ता और कूटनीतिक संबंधों की देखभाल करना था।
- प्रांतों के गवर्नर या इक्ता के प्रधान को वली, नाजिम, नायब, मुक्ती या इक्तादार कहा जाता था।
- 14वीं सदी में सल्तनत के विस्तार के कारण प्रांतों को जिलों में बाँट दिया गया, जिन्हें 'शिक' कहा जाता था। शिक का प्रधान 'शिकदार' कहलाता था।
- शिकों को परगने में बाँटा गया था। प्रत्येक परगने में आमिल एवं मुंसिफ नामक अधिकारी होते थे। आमिल मुख्य प्रशासनिक अधिकारी तथा मुंसिफ राजस्व विभाग का प्रधान होता था।
- प्रशासन की सबसे छोटी इकाई ग्राम थी। ग्राम के प्रमुख अधिकारी थे—खुत, चौधरी, मुकद्दम और पटवारी।
- न्याय व्यवस्था के प्रमुख स्रोत—कुरान, हदीस, इजमा तथा कयास थे।
- सुल्तान काजियों और मुफ्तियों की सहायता से न्याय का कार्य देखता था। काजी एवं मुफ्ती का पद वंशानुगत होता था।
- इस्लामी कानूनों की व्यवस्था करने वाले विधिवेत्ता 'मुजतहिन्द' कहे जाते थे।
- फौजदारी कानून हिंदू एवं मुसलमान दोनों के लिए बराबर था।
- प्रांतों के इक्तादार न्याय का कार्य सँभालते थे।
- राज्य का सबसे बड़ा न्यायाधीश सुल्तान होता था, जिसका निर्णय अंतिम होता था। वह धार्मिक मामलों में सद-उस-सुदुर से सलाह लेता था।
- आर्थिक दृष्टि से सल्तनत राज्य समृद्ध था। कृषि और व्यापार दोनों उन्नत अवस्था में थे।
- इस काल का मुख्य व्यवसाय बुनाई, रंगाई, धातु कार्य, चीनी व्यवसाय, कागज व्यवसाय आदि था।
- आयात की प्रमुख वस्तु घोड़े और खच्चर थे।
- निर्यात की वस्तुओं में कृषि संबंधी वस्तुएं, वस्त्र, अफीम और नील शामिल थे।
- सल्तनत काल में पाँच मुख्य कर थे—(1) उश्र (2) खराज (3) खुम्स (4) जकात और (5) जजिया।
- उश्र मुसलमानों से लिया जाने वाला भूमि कर था, जो 5 से 10 प्रतिशत होता था।
- खराज गैर-मुसलमानों पर लगने वाला भूमि कर था, जो 1/3 से 1/2 भाग होता था।
- लूट, खानों अथवा भूमि में गड़े हुए खजानों से प्राप्त धन, जिसके 1/5 भाग पर राज्य का अधिकार होता था, खुम्स कहा जाता था।
- जकात मुसलमानों से लिया जाने वाला धार्मिक कर था।
- जजिया गैर-मुसलमानों पर लगने वाला धार्मिक कर था। स्त्रियाँ, बच्चे, भिखारी, पुजारी, साधु आदि इस कर से मुक्त थे।
- समाज का सबसे सम्मानित वर्ग विदेशी मुसलमानों का था।
- समाज का दूसरा प्रमुख वर्ग भारतीय मुसलमानों का था, जो हिंदू से मुसलमान बने थे।
- स्त्रियों का अपने पतियों अथवा अन्य संबधियों पर निर्भर रहना हिंदुओं तथा मुसलमानों दोनों के सामाजिक जीवन की प्रमुख विशेषता थी।
- पर्दा-प्रथा का प्रचलन बढ़ गया था। विवाह कम उम्र में होता था।
- उच्च वर्ग की स्त्रियों को शिक्षा का अवसर मिलता था।
- राजपूतों की स्त्रियों में जौहर-प्रथा का प्रचलन था।
- इस काल में भी हिंदू स्मृतिकारों ने ब्राह्मणों का समाज में ऊंचा स्थान जारी रखा।
- शूद्रों की स्थिति अत्यंत दयनीय थी। इस काल में शूद्रों का परम कर्तव्य था दूसरी जातियों की सेवा करना।
- इस काल में दास प्रथा थी। अलाउद्दीन के पास पचास हज़ार दास थे जबकि फिरोज तुगलक के समय दासों की संख्या दो लाख तक पहुँच गयी।
- सल्तनत काल में मुस्लिम समाज नस्ल और जातिगत वर्गों में विभाजित रहा।

विजयनगर बहमनी साम्राज्य

इस अध्याय में आप सीखेंगे किः

- विजयनगर और बहमनी साम्राज्य की स्थापना कैसे हुई और दक्षिण भारत का यह राजवंश कैसे लगभग 300 वर्षों तक शासन कर पाया।
- विजयनगर और बहमनी साम्राज्य की प्रशासनिक और भू-राजस्व नीति कैसे अन्य शासकों से भिन्न रही है।
- भारतीय कला, संस्कृति, साहित्य का विकास कैसे और किन परिस्थितियों में बेहतर स्थितियों में पहुँच गया।

विजयनगर साम्राज्य (Vijaynagar Empire)

विजयनगर साम्राज्य की स्थापना 1336 ई. में हरिहर एवं बुक्का नामक दो भाईयों ने अपने गुरू विद्यारण्य की प्रेरणा से तुंगभद्रा नदी के तट पर अनैगोण्डी में की। ये वारंगल के काकतीयों के सामन्त थे और बाद में काम्पिली राज्य में मंत्री बने। इस राज्य की राजधानियाँ क्रमशः अनैगोण्डी, विजयनगर, बेनुगोण्डा तथा चन्द्रगिरि बनी। विजयनगर के शासकों ने सदैव भगवान विरूपाक्ष की ओर से शासन करने का दावा किया, जिनके बारे में माना जाता था कि वे कृष्णा नदी से दक्षिण की ओर की समस्त भूमि के स्वामी हैं। विजयनगर साम्राज्य के चार राजवंशों ने लगभग तीन सौ वर्षों तक शासन किया।

प्रमुख राजवंश, शासनकाल एवं संस्थापक

राजवंश	शासनकाल	संस्थापक
संगम वंश	1336-1485 ई.	हरिहर और बुक्का
सालुव वंश	1485-1505 ई.	नरसिंह सालुव
तुलुव वंश	1505-1570 ई.	वीर नरसिंह
अरविडु वंश	1570-1650 ई.	तिरूमल्ल (तिरूमाल)

संगम वंश (1336-1485 ई.)

हरिहर प्रथम (1336-1356 ई.) इस वंश का संस्थापक था। इसने अपनी राजधानी अनैगोण्डी को बनाया। इसने 1346 ई. में होयसल राज्य व 1352-53 ई. में मदुरै को अपने साम्राज्य में मिलाया। इसके पश्चात् बुक्का प्रथम शासक बना इसके शासन में बुक्का प्रथम (1356-1377 ई.) ने 1374 ई. में चीन में एक दूत मण्डल भेजा गया। इसने 1377 ई. में मदुरै के अस्तित्व को मिटाकर, विजयनगर साम्राज्य को सम्पूर्ण दक्षिण भारत में फैला दिया।

कुमारकम्पन की पत्नी गंगादेवी ने इस विजय का वर्णन अपनी 'मदुरम् विजयम्' में किया है। उसने हिन्दू वेद-मार्ग-प्रतिष्ठापक की उपाधि ग्रहण की। हरिहर द्वितीय (1377-1404 ई.) ने राजव्यास/राजबाल्मीकी की उपाधि धारण की। इसकी सबसे बड़ी सफलता पश्चिम में बेलगाँव और गोवा को बहमनी राज्य से छीनना था। विद्वान सायण इसका मुख्यमंत्री था।

देवराय प्रथम (1406-1422 ई.) अपने राज्यारोहण के तुरन्त बाद इसे फिरोजशाह बहमनी के आक्रमण का सामना करना पड़ा। पराजय के परिणामस्वरूप इसे सुल्तान फिरोजशाह के साथ अपनी लड़की की शादी करनी पड़ी और दहेज के रूप में दोआब क्षेत्र में स्थित बाकापुर भी सुल्तान को देना पड़ा, ताकि भविष्य में युद्ध की गुंजाइश न रहे। देवराय प्रथम द्वारा जनकल्याण हेतु 1410 ई. में तुंगभद्रा पर बाँध बनवाकर अपनी राजधानी के लिए जल प्रणाली की व्यवस्था की।

इसके शासन काल में इतालवी यात्री निकोलोकोण्टी ने विजयनगर की यात्रा की। कोण्टी ने विजयनगर के सामाजिक जीवन, त्योहारों का भी वर्णन अपने वृत्तान्त में किया है। इसके दरबार में हरविलासम तथा तेलुगू कवि श्रीनाथ निवास करते थे।

देवराय द्वितीय (1422-1496 ई.) के अभिलेख सम्पूर्ण विजयनगर साम्राज्य में प्राप्त हुए हैं। इसको इम्माडि देवराय या प्रौढ़ देवराय भी कहा जाता था। पुर्तगाली यात्री नूनिज के अनुसार, क्विलान, श्रीलंका, पुलीकट आदि इसे कर देते थे। इसके अभिलेखों में उसके लिए गजबेटकर उपाधि अर्थात् हाथियों के शिकारी का उल्लेख मिलता है। अपनी सेना को शक्तिशाली बनाने तथा बहमनियों की बराबरी के लिए इसने सेना में मुसलमानों को भी भर्ती किया तथा उन्हें जागीरें प्रदान की। देवराय द्वितीय के शासनकाल में ईरान के यात्री अर्ब्दुरज़्ज़ाक़ ने विजयनगर की यात्रा की। देवराय द्वितीय के बाद मल्लिकार्जुन और विरूपाक्ष नामक दो कमजोर शासकों ने शासन संभाला।

सालुव वंश (1485-1505 ई.)

एक शक्तिशाली सामन्त नरसिंह सालुव ने 1485 ई. में सालुव वंश की स्थापना की। इसे प्रथम बलापहार कहा गया। नरसिंह सालुव ने नरसा नायक को सेनापति नियुक्त किया, जिसने चोल, पाण्ड्य और चेरों पर आक्रमण कर इन्हें विजयनगर की प्रभुसत्ता स्वीकार क़रने के लिए बाध्य किया।

तुलव वंश (1505-1570 ई.)

1505 ई. में नरसा नायक के पुत्र वीर नरसिंह ने शासक की हत्या कर तुलुव वंश की स्थापना की। वीर नरसिंह के इस तरह राजगद्दी पर अधिकार करने को विजयनगर साम्राज्य के इतिहास में द्वितीय बलापहार की संज्ञा दी गई। इसकी मृत्यु के पश्चात् कृष्ण देवराय (1509-1529 ई.) सिंहासनारूढ़ हुआ। यह विजनगर का महानतम शासक सिद्ध हुआ। बाबर ने अपनी आत्मकथा में इसे भारत का सर्वाधिक शक्तिशाली शासक कहा है।

इसने अपने प्रसिद्ध तेलुगू ग्रन्थ आमुक्तमाल्यद में अपने राजनीतिक विचारों और प्रशासकीय नीतियों का विवेचन किया है। इसके दरबार को तेलुगू के आठ महान विद्वान एवं कवि (जिन्हें अष्टदिग्गज कहा जाता है) सुभोभित करते थे। इसे आन्ध्र भोज भी कहा जाता है। इसने अनेक मन्दिरों, मण्डपों, तालाबों आदि का निर्माण कराया। अपनी राजधानी विजयनगर के निकट नागलापुर नामक नगर की स्थापना की। इसके शासनकाल में पुर्तगाली यात्री डोमिगो पायस एवं पुर्तगाली यात्री बारबोसा भी इसी के शासनकाल में भारत आया था।

कृष्ण देवराय ने बंजर एवं जंगली भूमि को कृषि योग्य बनाने की कोशिश की। उसने विवाह कर जैसे अलोकप्रिय करों को समाप्त करके अपनी प्रजा को करों से राहत दी। इसने हजारा मन्दिर तथा बिट्ठल स्वामी के मन्दिरों का निर्माण कराया।

अष्ट दिग्गज एवं उनकी रचनाएँ

अल्लासीन पेदन्न	मनुचरित्र, स्वरोचित सम्भव, हरिकथा सार
नन्दी तिम्मन	पारिजात हरण
भट्टमूर्ति	नरस भूपालियम
धूर्जटि	कलहस्ति महात्म्य
मादय्यगिरि मल्लन	राजशेखर चरित
अच्चलराजु	रामचन्द्र सकल कथा सार संग्रह रामाय्युदयम
पिंगलीसूरन्न	राघव पाण्डवीय
तेनाली रामकृष्ण	पाण्डुरंग महात्मय

अच्युत देवराय (1529-1542 ई.)

यह कृष्ण देवराय का नामजद उत्तराधिकारी था। इसके दरबार में नूनिज कुछ समय तक रहा था।

सदाशिव (1542-1570) के शासन की वास्तविक शक्ति अरविडु वंशीय मंत्री रामराय के हाथों में थी। इसने सेना में बड़ी संख्या में मुसलमानों की नियुक्ति की थी। इसी के काल में प्रसिद्ध तालीकोटा का युद्ध (23 जनवरी, 1565) हुआ। इस युद्ध में विजयनगर के विरुद्ध एक महासंघ बना, जिसमें अहमदनगर, बीजापुर, गोलकुण्डा और बीदर शामिल थे, जबकि बरार इस संघ में सम्मिलित नहीं हुआ।

23 जनवरी, 1565 को संयुक्त सेनाओं ने तालीकोटा (राक्षसी तंगड़ी या बन्नीहट्टी) के युद्ध में विजयनगर की सेना को बुरी तरह पराजित किया। सत्तर वर्षीय रामराय वीरतापूर्वक लड़ा, किन्तु उसे घेर कर मार डाला गया। इस युद्ध का वर्णन यूरोपीय यात्री सेवेल ने अपनी पुस्तक *विजयनगर: ए फारगॉटेन एम्पायर* में किया है।

अरविडु वंश (1570-1652 ई.)

तालीकोटा के युद्ध के बाद रामराय के भाई तिरूमाल ने वैनुगोण्डा (पेणुगोण्डा) को विजयनगर के स्थान पर अपनी राजधानी बनाया। 1570 ई. में इसने तुलुव वंश के अन्तिम शासक सदाशिव को अपदस्थ करके अरविडु वंश की स्थापना की।

1612 ई. में राजा अडयार ने उसकी (वेंकट द्वितीय) अनुमति लेकर श्रीरंगपत्तनम की सूबेदारी के नष्ट होने पर मैसूर राज्य की स्थापना की। श्रीरंग तृतीय विजयनगर का अन्तिम शासक सिद्ध हुआ। इसके साथ ही महान विजयनगर साम्राज्य का पतन हो गया ओर विजयनगर एक छोटा राज्य बनकर रह गया।

विजयनगर का प्रशासन (Administration of Vijaynagar)

विजयनगर साम्राज्य राजतंत्रात्मक था तथा राजा को राय कहा जाता था कृष्ण देवराय ने अपने अनुपम ग्रन्थ 'आमुक्त माल्यद' में राजा के आदर्श को प्रस्तुत किया है 'अपनी प्रजा की सुरक्षा और कल्याण के उद्देश्य के

सदैव आगे रखो तभी देव के लोग राजा के कल्याण की कामना करेंगे और राजा का कल्याण तभी होगा। जब देश प्रगतिशील और समृद्धिशील होगा'।

उत्तराधिकार का कानून आमतौर पर आनुवंशिक सिद्धान्त पर आधारित था, किन्तु ऐसे भी उदाहरण थे जहाँ स्वयं शासन करने वाले राजा ने शान्तिपूर्ण उत्तराधिकार के लिए अपने उत्तराधिकारी की नियुक्ति की।

केन्द्रीय प्रशासन

केन्द्रीय प्रशासन के लिए एक मन्त्रिमण्डल था, जिसका प्रधान एक प्रधानमंत्री था, जो राजा को महत्वपूर्ण प्रशासनिक मसलों पर राय देता था। केन्द्र प्रशासन कई विभागों में बँटा था और हर विभाग की देख-रेख के लिए एक राजाधिकारी था। केन्द्रीय मन्त्रिमण्डल की बैठक जिस हॉल में होती थी, उसे 'वेंकटविलासमानव' कहा जाता था।

राजा मंत्रिपरिषद का परामर्श मानने के लिए बाध्य नहीं था। मंत्रिपरिषद में सम्भवत: 20 सदस्य होते थे। मंत्रिपरिषद के अध्यक्ष को 'सभा नायक' कहा जाता था। राजा के मौखिक आदेशों को लिपिबद्ध करने वाला अधिकारी 'रायसम' कहलाता था। कृष्णदेवराय की मृत्यु के बाद अच्युत देवराय के शासनकाल में नायकों की उच्चश्रृखला को रोकने के लिए महामण्डलेश्वर या विशेष कमिश्नरों की नियुक्त की गई।

प्रान्तीय प्रशासन

स्रोतों के अनुसार, विजयनगर साम्राज्य छ: प्रान्तों में विभक्त था–

1. प्रान्त—राज्य को प्रान्त कहा जाता था।
2. मण्डल (कमिश्नरी)—प्रान्तों के अंतर्गत थे।
3. कोट्टम या वलनाडु—जिले कहलाते थे।
4. नाडु (परगना या तहसील)—कोट्टम या वलनाडु के अंतर्गत थे।
5. मेलाग्राम (पचास ग्राम)—नाडुओं के अंतर्गत थे।
6. स्थल एवं सीमा—कुछ गाँवों के समूह होते थे।
   प्रशासन की सबसे छोटी इकाई उर या ग्राम थी।

नायंकार व्यवस्था

विजयनगर साम्राज्य में नायंकार व्यवस्था थी। इसके अंतर्गत साम्राज्य की समस्त भूमि तीन भागों में विभाजित थी—

1. **भण्डारवाद भूमि**—यह राजकीय भूमि थी।
2. **अमरम भूमि**—यह भूमि सैनिक सेवा के बदले अमरनायकों और पलाइगारों को दी जाती थी। यह कुल भूमि क्षेत्र का लगभग 3/4 भाग थी। यद्यपि यह भूमि वंशानुगत नहीं होती थी।
3. **मान्या भूमि**—यह भूमि ब्राह्मणों, मन्दिरों या मठों को दान में जाती थी।

विजयनगर साम्राज्य में सेनानायकों को 'नायक' कहा जाता था। अमरम भूमि का उपयोग करने के कारण इन्हें 'अमरनायक' भी कहा जाता था। 'नायक' की स्थिति 'प्रान्तीय गवर्नर' की तुलना में निम्न दृष्टियों से भिन्न होती थी—

- प्रान्तीय गवर्नर राजा का प्रतिनिधि होता था और वह राजा के नाम से शासन करता था, जबकि नायक केवल एक सैनिक सामन्त होता था। उसे सैनिक एवं वित्तीय दायित्वों की पूर्ति के लिए कुछ जिले या प्रदेश प्रदान किए जाते थे।
- गवर्नर की तुलना में नायकों को अपने अमरम प्रान्त में कहीं अधिक स्वतंत्रता प्राप्त थी।
- नायकों का स्थानांतरण नहीं होता था, जबकि गवर्नर प्रशासकीय आवश्यकता के अनुरूप स्थानांतरित या पदच्युत भी किये जाते थे।
- नायकों के पद धीरे-धीरे आनुवंशिक हो गए, जबकि गवर्नर आनुवंशिक नहीं थे।
- नायंकार व्यवस्था की स्थापना विजयनगर शासकों द्वारा सामुद्रिक व्यापार तथा अश्व व्यापार पर प्रभावी नियंत्रण स्थापित करने के लिए की गई थी।

आयंगार व्यवस्था

विजयनगर काल में ग्रामीण प्रशासन की महत्वपूर्ण विशेषता आयंगार व्यवस्था थी। इसके अंतर्गत शासन के लिए बारह शासकीय व्यक्तियों को नियुक्त किया जाता था। इसी समूह को 'आयंगार' भी कहा जाता था। आयंगारों के पद आनुवंशिक होते थे।

आयंगार व्यवस्था की विशिष्टता थी कि भूमि द्वारा आय का विशेष आवण्टन तथा निश्चित नकद भुगतान पहली बार ग्राम्य सेवकों को किया गया था।

भू-राजस्व

विजयनगर में भू-राजस्व प्रशासन राजस्व नगद और उपज दोनों में वसूल किया जाता था। नगद राजस्व को सिद्धदाय कहा जाता था। भू-राजस्व से संबंधित विभाग अठनवे विभाग कहलाता था और भू-राजस्व को शिष्ट कहा जाता था। भू-राजस्व की राशि उपज के 1/6 भाग से 1/3 भाग तक निर्धारित थी। ब्राह्मणों को उत्पादन का 1/20 भाग कर के रूप में देना पड़ता था और मन्दिरों को 1/30 भाग देना पड़ता था।

विजयनगर काल में प्रचलित कर

कुडिमै/कदम्माप	मुख्य भूमि कृषि कर
तद्वलि	चारागाह कर
केडाक्कासु	पशु कर
मरमजाडि	वृक्ष-उपवन कर
कढ़ाइवरि	व्यवसाय कर
दायम	चुंगी कर
तरगु	दलाली शुल्क
तारीइरावी	बुनकरों पर लगा कर
कुसमन्नम	कुम्भकार पर लगा कर
करबुनवंशुक	लोहार पर लगा कर
नल्लेरूर	गड़ेरिया पर लगा कर
अरसुस्वतंत्रम	पुलिस कर

समाज

विजयनगर साम्राज्य में सामाजिक व्यवस्था वर्णाश्रम पर अधारित थी। यह भारतीय इतिहास का अन्तिम साम्राज्य था, जिसने वर्णाश्रम व्यवस्था पर आधारित पारम्परिक सामाजिक संरचना को सुरक्षित रखा। दक्षिण भारत के अन्य भागों की तरह यहाँ भी क्षत्रिय वर्ण अनुपस्थित था। राजुलु और रचावारू नामक जातियाँ राजवंशों को राजकाज और युद्ध के मामलों में मदद करती थी। कुछ शासक व सेना प्रधान वास्तव में शूद्र थे, किन्तु पद की वजह से 'रचावारू' कहलाते थे। नीची जातियों द्वारा ऊँची जाति के लोगों के विशेषाधिकारों को हड़प लिया गया, जिसने नए सामाजिक तनाव को जन्म दिया। मध्य वर्गों में शेट्टी या चेट्टी नामक बहुत बड़ा समूह था। चेट्टियों के ही समतुल्य व्यापार करने वाले तथा दस्तकार वर्ग के लोगों को वीरपांचाल कहा जाता था।

कैकोल्लार (जुलाहे) कम्बलत्तर अर्थात् चपरासी तथा शस्त्रवाहक, नाई और आन्ध्र क्षेत्र में रेड्डी कुछ महत्वपूर्ण समुदायों में माने जाते थे। छोटे सामाजिक समूहों में लोहार, स्वर्णकार, पीतल का काम करने वाले, बढ़ई, मूर्तिकार और जुलाहे आदि प्रमुख समुदाय थे। विजयनगर में दास प्रथा प्रचलित थी। विदेशी यात्रियों के विवरण और समकालीन अभिलेख पुरुष एवं महिला दासों का उल्लेख करते हैं। मनुष्यों के क्रय-विक्रय को बेस-वाग कहा जाता था।

विजयनगर समाज में स्त्रियों को सम्मान जनक स्थान प्राप्त था। वे महान् विदुषियाँ, साहित्यकार, संगीतकार, लेखाधिकारी, सुरक्षा कर्मी आदि हो सकती थीं। समाज में पर्दा प्रथा प्रचलित थी। समाज में विधवाओं को बहुत हेय (निम्न) दृष्टि से देखा जाता था। बार्बोसा के अनुसार चेट्टियों, ब्राह्मणों व लिंगायतों में सती प्रथा प्रचलित नहीं थी, जबकि लिंगायत सम्प्रदाय में विधवाओं को जीवित दफन कर दिया जाता था। मठ, मन्दिर एवं अग्रहार विद्या के केन्द्र थे। प्रत्येक अग्रहार में ज्ञान की किसी विशेष शाखा में पारंगत ब्राह्मण होते थे। अग्रहारों में मुख्यत: वेदों की शिक्षा दी जाती थी। बोमलाट एक छाया-नाटक था, जिसका आयोजन मण्डपों में किया जाता था।

अर्थव्यवस्था

विजयनगर साम्राज्य में कृषि उन्नत अवस्था में थी। भू-राजस्व का रियायती मूल्यांकन इस्तवा कहलाता था। सिंचाई में पूँजी निवेश के द्वारा आय प्राप्त की जाती थी। तमिल क्षेत्र में इसे दशावन्दा कहा जाता था और आन्ध्र एवं कर्नाटक में कट्टकोडगै कहा जाता था। विशेष सेवाओं के बदले दी गई भूमि उबंलि कहलाती थी।

विदेशी व्यापार उन्नत अवस्था में था। व्यापार संबंधी जानकारी के मुख्य स्रोत कृष्णदेवराय की आमुक्तमल्यदा में, डोमेगो पायस तथा नूनिज का विवरण है। बार्बोसा के अनुसार, भारतीय समुद्री व्यापार पर मुस्लिम सौदागरों का पूर्ण नियंत्रण था। अश्व व्यापार पहले अरबों फिर पुर्तगालियों द्वारा किया जाता था। सफेद चावल, गत्ता तथा लोहे का निर्यात, जबकि हीरों का आयात होता था। मुख्य खानें कृष्णा नदी के तट पर, कुरनूल तथा अनन्तपुर में थीं। मालाबार तट पर सबसे महत्वपूर्ण बन्दरगाह था।

कला एवं संस्कृति (Art and Culture)

वास्तुकला

विजयनगर शासन में मन्दिर निर्माण के कार्यों के फलस्वरूप एक नई शैली की शुरूआत हुई, जिसे विजयनगर शैली के नाम से जाना गया। सेतुबन्ध और स्तंभों की बहुलता और उनके शिल्प की विशेष रूपरेखा उनकी प्रमुखता थी। स्तंभों पर बना सबसे महत्वपूर्ण जानवर घोड़ा था।

मन्दिरों में एक मण्डपम या खुला आँगन था, जिसके साथ ऊँचा आसन होता था, जिस पर देवता की स्थापना विशेष अवसरों पर होती थी। इन मन्दिरों में एक कल्याण मण्डपम भी होता था, जिसके स्तंभों पर काफी कशीदाकारी होती थी। विजयनगर के मन्दिरों में मुख्य स्थान केन्द्र में गर्भगृह था, जहाँ मुख्य देवता स्थापित होते थे। देवता के सहचर के लिए अम्मन होते थे।

इस शैली में बने सबसे वैभवूपर्ण मन्दिर हम्पी-विजयनगर में थे। इनमें सबसे अच्छे उदाहरण हैं—बिट्ठलस्वामी और रामास्वामी मन्दिर। कृष्ण देवराय ने अपनी राजधानी में कृष्णस्वामी, हजारा रामास्वामी और विट्ठलस्वामी के मशहूर मन्दिरों का निर्माण करवाया था। इसने अपनी माँ की याद में एक नए शहर नागलापुरा का भी निर्माण करवाया। इसके अतिरिक्त उसने बहुत सारे राय गोपुरम की भी स्थापना करवाई।

साहित्य

विजयनगर के शासक साहित्य के संरक्षक थे। उनके संरक्षण में कई धार्मिक तथा धर्म-निरपेक्ष पुस्तकें लिखी गईं, जो विभिन्न भाषाओं जैसे—संस्कृत, तेलुगू, कन्नड़ और तमिल में थीं।

बहमनी साम्राज्य (Bahmani Empire)

सल्तनत शासक मुहम्मद बिन तुगलक के शासनकाल के अन्तिम दिनों में बहमनी साम्राज्य की स्थापना हुई। हसन गंगू (1347-1358 ई.) नामक सरदार ने अलाउद्दीन हसन बहमनी शाह की उपाधि धारण करके बहमन साम्राज्य की स्थापना की। इसने दक्षिण के सभी हिन्दू शासकों को अपने अधीन कर, धार्मिक सद्भाव की नीति अपनाते हुए अपनी हिन्दू प्रजा से जजिया कर न लेने का आदेश दिया।

इसने गुलबर्गा को अपनी राधाजनी बनाया तथा उसका नाम अहसानाबाद रखा। अपने साम्राज्य को इसने चार प्रान्तों में विभाजित किया—गुलबर्गा, दौलताबाद, बरार और बीदर।

मुहम्मद शाह प्रथम—इसने शासन का कुशल संगठन किया। इसके काल की प्रमुख घटना विजयनगर तथा वारंगल से युद्ध था, जिसमें बहमनी साम्राज्य को विजय प्राप्त हुई। इसके काल में युद्ध में बारूद का प्रयोग किया गया।

फिरोजशाह बहमनी—इसका सबसे महत्वपूर्ण कार्य प्रशासन में बड़े स्तर पर हिन्दुओं को सम्मिलित करना था। इसने दौलताबाद में एक वेधशाला बनवाई।

सुल्तान ताजुद्दीन फिरोज (1397-1422 ई.) द्वारा पश्चिम एशियाई देशों—इराक, ईरान एवं अरब देशों से मुसलमानों को भी आमंत्रित किया

और उन्हें प्रशासन में उच्च पद प्रदान किया। इसने भीमा नदी के किनारे फिरोजाबाद नगर की नींव डाली।

शिहाबुद्दीन अहमद प्रथम (1422-1436 ई.)

इसने अपनी राजधानी गुलबर्गा के स्थान पर बीदर को अपनी नई राजधानी बनाया। उसका नया नाम 'मुहम्मदबाद' रखा। शिहाबुद्दीन का शासन धर्म व न्याय के लिए प्रसिद्ध था। इसे इतिहास में सन्त अहमद या अहमदशाह अब्दाली के नाम से भी जाना जाता है। इसके शासनकाल में दलगत राजनीति ने साम्प्रदायिक रूप ले लिया जिससे शिया-सुन्नी मतभेद बढ़ गया।

अलाउद्दीन अहमद द्वितीय (1436-1458 ई.)

इसने एक अस्पताल की स्थापना की थी। इसके काल में अफगानियों का आगमन हुआ था। इसके बाद शम्सुद्दीन मोहम्मद तृतीय शासक बना जिसके काल में निकितिन नामक यात्री ने बहमनी राज्य की यात्रा की। इसके बाद अलाउद्दीन हुमायूं शासक बना जो अपनी क्रूरता के लिए प्रसिद्ध था। इसे दक्कन का नीरो कहा जाता था।

महमूद गवां

यह एक ईरानी था। इसे शम्सुद्दीन मोहम्मद तृतीय ने प्रधानमंत्री बनाया और इत्वाजा-ए-जहाँ की उपाधि प्रदान की। इसने रौजत उल-इंशा एवं दीवान-ए-अक्ष नामक ग्रन्थ की रचना की थी। इसने बीदर में एक महाविद्यालय भी बनवाया तथा बहमनी प्रशासन का सरलीकरण किया एवं साम्राज्य विस्तार किया।

मोहम्मद तृतीय

मोहम्मद तृतीय ने महमूद गवां को राजद्रोह की आशंका में मृत्युदण्ड दे दिया था। इस वंश के अन्तिम शासक कलीमउल्लाह (1526-1538 ई.) के काल में बहमनी राज्य का पतन हुआ तथा बहमनी राज्य पाँच छोटे-छोटे राज्यों में विभाजित हो गया।

दक्कन के प्रमुख राज्य एवं संस्थापक

राज्य	स्थापना वर्ष	राजवंश	संस्थापक
बरार	1484	इमादशाही	फलउल्लाह इमाद (1574 ई. में अहमदनगर ने इसे अपने राज्य में मिलाया)
बीजापुर	1489	आदिलशाही	युसूफ आदिल खान (1686 ई. में औरंगज़ेब ने मुगल साम्राज्य में मिलाया)
अहमदनगर	1490	निजामशाही	मलिक अहमद (1633 ई. में शाहजहाँ ने मुगल साम्राज्य में मिलाया)
गोलकुण्डा	1512	कुतुबशाही	कुली कुतुबशाह (1687 ई. में औरंगज़ेब ने मुगल साम्राज्य में मिलाया)
बीदर	1526	बरीदशाही	अमीर अली बरीद (1618 ई. में बीजापुर ने अपने राज्य में मिला लिया)

प्रशासन

बहमनी प्रशासन में सुल्तान ही शासन का केन्द्र बिन्दु था, जो निरंकुश तथा स्वेच्छाचारी होता था। वह स्वयं को ईश्वर का प्रतिनिधि मानता था। सुल्तान की सहायता के लिए मंत्री होते थे। प्रधानमंत्री को 'वकील-उस-सल्तनत' कहा जाता था। वित्तमंत्री अमीर-ए-जुमला तथा विदेश मंत्री वजीर-ए-अशरफ कहलाता था। सुल्तान ही न्याय की अन्तिम अदालत होता था। सुल्तान के पश्चात् राज्य का मुख्य न्यायाधीश होता था, जिसे सद्र-ए-जहाँ कहा जाता था।

समाज

बहमनी साम्राज्य में भी समाज अन्य दक्षिणी राज्यों के समान ही था, जिसमें हिन्दू-मुस्लिम के साथ-साथ विदेशी मुसलमानों का भी निवास था। यही कारण है कि यहाँ पर शिया व सुन्नी मुसलमानों के बीच साम्प्रदायिक मतभेद अन्य क्षेत्रों के मुकाबले अधिक देखने को मिले।

अर्थव्यवस्था

बहमनी साम्राज्य की अर्थव्यवस्था मुख्यत: कृषि एवं व्यापार पर निर्भर थी। मालवा जैसा उपजाऊ प्रान्त व भूमि की पैमाइश की व्यवस्था ने साम्राज्य की आय को बढ़ा दिया।

कला एवं संस्कृति

बहमनी साम्राज्य दक्कन क्षेत्र में भारतीय संस्कृति का केन्द्र था। बहमनी शासक फिरोजशाह स्वयं कवि एवं विविध भाषाओं का ज्ञानी था। प्रधानमंत्री महमूद गवां भी कला का एक महान संरक्षक था। उसने राजधानी बीदर में एक भव्य मदरसे तथा महाविद्यालय का निर्माण कराया।

अध्याय सार संग्रह

- विजयनगर साम्राज्य की स्थापना हरिहर और बुक्का नामक के भाईयों ने की थी।
- विजयनगर साम्राज्य के शासक कृष्णदेव राय के शासनकाल में इतालवी यात्री पाएस, बारबोसा और नूनिज ने भारत की यात्रा की।
- बहमनी राज्य की स्थापना अलाउद्दीन हसन द्वारा 1347 ई. में की गई। इसे हसन गंगू के नाम से भी जाना जाता है।
- तुंगभद्रा दोआब, कृष्णा-कावेरी घाटी और मराठावाड़ा आदि क्षेत्र विजयनगर और बहमनी साम्राज्य के बीच संघर्ष का कारण थे।
- बहमनी साम्राज्य का सर्वाधिक शक्तिशाली शासक फिरोज शाह बहमनी था। इसने दौलताबाद में एक वेध शाला का निर्माण करवाया था।
- विजयनगर साम्राज्य में सेनापतियों को कुछ भूमि प्रदान की जाती थी जिसे 'अमरम' कहा जाता था।
- देवराय द्वितीय के शासन काल में अब्दुर्रज़्ज़ाक़ नामक फारसी यात्री विजयनगर साम्राज्य की यात्रा की।
- महमूद गवां के शासन काल में बहमनी साम्राज्य अपने शिखर पर था। इसने बहमनी साम्राज्य को 8 प्रांतों में विभाजित किया था।
- बहमनी साम्राज्य के विघटन के बाद गोलकुण्डा, बीजापुर, अहमदनगर, बरार और बीदर नामक राज्यों का उद्भव हुआ।
- बहमनी साम्राज्य की प्रशासनिक व्यवस्था का मूल आधार निरंकुभ राजतंत्र था।
- कृष्णदेवराय की साहित्य में विशेष रूचि थी। उसने 'आमुक्तमाल्यदम' नामक ग्रंथ की रचना की थी।
- विजयनगर साम्राज्य चार वर्गों में विभाजित था-विप्रलु, राजलु, मोतिकिरतलु और नलवजटिवए।
- विजयनगर साम्राज्य में स्त्रियों की स्थिति संतोषजनक थी। लेकिन देवदासी प्रथा का भी प्रचलन था। सती प्रथा का भी प्रचलन था।
- विजयनगर साम्राज्य में राज्य की आय का मुख्य स्त्रोत भू-राजस्व था। सामान्यतया 1/6 भाग भू-राजस्व की वसूली की जाती थी।
- बहमनी शासक अहमदशाह प्रथम को दक्कन के सूफी संत गेसूदराज ने समर्थन दिया था।

अध्याय 12

मुगल साम्राज्य

इस अध्याय में आप सीखेंगे किः

- मुगल साम्राज्य की स्थापना कैसे हुई और मुगल शासकों की प्रशासनिक व्यवस्था कैसी थी।
- मुगल काल में ही शेरशाहसूरी ने अपनी प्रशासनिक, भू-राजस्व, सैन्य प्रशासक, मुद्रा इत्यादि क्षेत्रा में कैसे विशिष्ट पहचान बनायी।
- मुगल शासकों में विशेषकर अकबर की नीतियों और उसके द्वारा स्थापित राजनैतिक व्यवस्था और धर्मिक व्यवस्था ने किस प्रकार उसे एक महान शासक के रूप में स्थापित किया।
- मुगल काल की सामाजिक, आर्थिक एवं राजनैतिक नीति ने किस प्रकार एक विशिष्ट पहचान दी।

मुगल साम्राज्य (Mughal Empire)

बाबर (1526-1630 ई.) (Babar)

बाबर का जन्म 14 फरवरी, 1483 का मावराउन्नहर (ट्रान्स-आक्सियान) की एक छोटी-सी रियासत फरगना में हुआ था। इसके पिता का नाम उमरशेख मिर्जा तथा माँ का नाम कुतलुगानिगार खानम था। बाबर पितृ पक्ष की ओर से तैमूर का पाँचवाँ वंशज तथा मातृ पक्ष की ओर से चंगेज खाँ का चौदहवाँ वंशज था। बाबर ने जिस नवीन राजवंश की नींव डाली, वह तुर्की नस्ल का चगताई वंश था, जिसका नाम चंगेज खाँ के द्वितीय पुत्र के नाम पर पड़ा था।

बाबर अपने पिता की मृत्यु के बाद 11 वर्ष की अल्पायु में 1494 ई. मे फरगना की गद्दी पर आसीन हुआ। बाबर का भारत पर आक्रमण मध्य एशिया में शक्तिशाली उजबेकों (शैबानीखान) से बार-बार पराजय, शक्तिशाली सफावी वंश तथा उस्मानी वंश के भय का परिणाम था।

बाबर ने 1504 ई. में काबुल पर अधिकार कर लिया और परिणाम स्वरूप उसने 1507 ई. में बादशाह की उपाधि धारण की, बादशाह से पूर्व बाबर मिर्जा की पैतृक उपाधि धारण करता था।

बाबर का भारत पर आक्रमण

बाबर के आक्रमण के समय भारत राजनैतिक रूप से अत्यधिक अस्थिर था। बाबर को भारत पर आक्रमण करने का निमंत्रण दौलत खां लोदी, दिलवार खां एवं राणा सांगा ने दिया था। भारत पर बाबर ने पहला आक्रमण 1519 ई. में युसुफजाई जाति के बाजौर पर किया था। इसी युद्ध के दौरान उसने भेरा के किले को भी जीता था। इस युद्ध में भारत में सर्वप्रथम बारूद का इस्तेमाल किया गया था।

पानीपत का प्रथम युद्ध (21अप्रैल,1526)

पानीपत का प्रथम युद्ध लोदी शासक इब्राहिम लोदी और बाबर के मध्य हुआ। इस युद्ध में बाबर की विजय का मुख्य कारण घूमकर पीछे की ओर से हमला करने की तुलुगमा युद्ध पद्धति (उजबेक) तथा तोपों को सजाने की उस्मानी विधि (रुमी विधि) थी। उस्मानी विधि में दो गाड़ियों के बीच व्यवस्थित जगह छोड़कर उसमें तोपों को रखकर चलाने की विधि थी। बाबर के तोपखाने का नेतृत्व उस्ताद अली और मुस्तफा खाँ नामक तुर्की अधिकारियों ने किया। इस युद्ध में सल्तनत के लोदी शासक इब्राहिम लोदी को पराजित कर बाबर ने भारत में मुगल साम्राज्य की स्थापना की। पानीपत के युद्ध में लूटे गए धन को बाबर ने अपने सैनिक, अधिकारियों, नौकरों एवं सगे-संबंधों में बाँटा और कलंदर की उपाधि धारण की।

खानवा और चंदेरी का युद्ध (1527–1528)

खानवा का युद्ध राणा सांगा और बाबर के बीच खानवा नामक स्थान पर 17 मार्च, 1527 को लड़ा गया। इस युद्ध में राणा सांगा की ओर से हसन खाँ मेवाती, महमूद लोदी, आलम खाँ लोदी तथा मेदिनी राय ने भाग लिया था।

इसी युद्ध में अपने सैनिकों का मनोबल बढ़ाने के लिए बाबर ने जिहाद (इस्लाम की रक्षा के लिए धर्म युद्ध) का नारा दिया तथा मुसलमानों पर लगने वाले तमगा नामक कर की समाप्ति की घोषणा की। युद्ध में विजय प्राप्ति के बाद बाबर ने गाजी की उपाधि धारण की थी। बाबर ने 29 जनवरी,1528 को चंदेरी पर अधिकार के लिए मेदिनी राय पर आक्रमण कर परास्त किया।

घाघरा का युद्ध (6 मई 1529)

बाबर ने 6 मई, 1529 मे घाघरा के युद्ध मे बिहार तथा बंगाल की संयुक्त अफगान सेना को पराजित किया। यह बाबर का अन्तिम युद्ध था। 26 दिसंबर, 1530 को आगरा में बाबर की मृत्यु हो गई और उसे आगरा के नूर अफगान (आधुनिक आरामबाग) बाग में दफना दिया गया, परंतु बाद में उसे काबुल में उसी के द्वारा चुने गए स्थान पर दफनाया गया।

बाबर ने अपनी आत्मकथा *तुजुक-ए-बाबरी* तुर्की भाषा में लिखी, जिसमें भारत की तत्कालीन राजनीतिक दशा, भारतीयों के जीवन-स्तर, पशु पक्षियों एवं फूलों तथा फलों का विस्तृत वर्णन किया गया है। बाबर ने लिखा है कि उसकी विजय के समय भारत में पाँच मुस्लिम और दो हिंदू शासक राज्य करते थे। विजय नगर के शासक के कारीगरों की प्रशंसा की है जिन्होंने आगरा, बयाना, धौलपूर ग्वालियर और कौल में इमारतें बनाई। बाबर के अनुसार, भारत के व्यक्ति न सुंदर हैं और न ही सुसंस्कृत। यहाँ न अच्छे घोड़े हैं न अच्छे कुत्ते न अच्छे अँगूर न और न ही अच्छे खरबूजें।

बाबर का योगदान

बाबर बागों को शौकीन था। उसने आगरा में ज्यामितीय विधि से एक बाग लगवाया, जिसे नूरे-अफगान कहा जाता था, परंतु अब इसे आराम बाग कहा जाता है। बाबर द्वारा सड़क नापने का पैमाना 'गज-ए-बाबरी' का प्रयोग किया गया। बाबर ने एक काव्य संग्रह 'दीवान' (तुर्की भाषा) का संकलन करवाया, साथ ही *मुबाइयान* नामक एक पद्य शैली का विकास किया।

हुमायूँ (1530–40, 1555–56 ई.)

बाबर के चार पुत्र (हुमायूँ, कामरान, अस्करी तथा हिन्दाल) थे जिसमें हुमायूँ सबसे बड़ा था। इसका जन्म 6 मार्च, 1508 को हुआ था। बाबर की मृत्यु के पश्चात् नसिरुद्दीन मोहम्मद हुमायूँ तेईस वर्ष की आयु मे 30 दिसंबर, 1530 को हिन्दुस्तान के सिंहासन पर बैठा। हुमायूं ने अपने साम्राज्य का विभाजन करते हुए भाई कामरान को काबुल एवं कंधार, अस्करी को सम्भल तथा हिंदाल को अलवर की जागीर दी।

हुमायूँ की सबसे बड़ी कठिनाई उसके अफगान शत्रु थे। इनमें सर्वप्रमुख नेता शेरखाँ या शेरशाह सुरी था। अन्य विरोधियों मे गुजरात का शासक बहादुरशाह था। हुमायूँ ने अपना पहला आक्रमण कालिंजर के शासक प्रताप रुद्र देव (1531 ई.)पर किया। यह आक्रमण मूलत: बहादुर शाह की बढ़ती हुई शक्ति को रोकने का प्रयास था, किंतु हुमायूँ को इसमें असफलता प्राप्त हुई। हुमायूँ का अफगानों से पहला मुकाबना महमूद लोदी के साथ (1532 ई.) में दोहरिया नामक स्थान पर हुआ जिसमें अफगान पराजित हुए।

हुमायूँ का शेर खाँ से संघर्ष

शेरखाँ या शेरशाह के विरुद्ध हुमायूँ ने अपना पहला अभियान (1532 ई. में) चुनार में घेरा डाल कर आरंभ किया। चार महीने के लगातार किले के घेरे के पश्चात् शेरखाँ ने हुमायूँ की अधीनता स्वीकार कर ली तथा अपने पुत्र कुतूब खाँ के साथ एक अफगान सैनिक टुकड़ी मुगलों की सेवा में भेज दी।

इसके बाद शेरखाँ पुन: अपनी शक्ति को बढ़ाने के प्रयास में लग गया और 1534 ई. में सूरजगढ़ तथा 1536 ई. में बंगाल को जीत लिया तथा सिंध द्वारा गयासुद्दीन महमूद को खिराज देने के लिए बाध्य किया। खिराज न देने पर उसने 1537 ई. मे बंगाल पर पुनः आक्रमण किया। लेकिन शेर खाँ से बचने के लिए बंगाल के शासक ने हुमायूँ से सहायता की प्रार्थना की।

शेरखाँ की शक्ति नियंत्रण करने के लिए हुमायूँ बंगाल की ओर बढ़ा और 1537 ई. में चुनारगगढ़ पर अपना दूसरा घेरा डाल दिया और किले पर अधिकार कर लिया। 15 अगस्त, 1538 को जब हुमायूँ गौड़ पहुँचा तो उसे वहाँ चारों ओर लाशों कें ढेर उजाड़ दिखाई दिया। हुमायूँ ने इस स्थान का नाम जन्नताबाद रख दिया।

चौसा का युद्ध

बंगाल से लौंटते समय हुमायूँ एवं शेरखाँ के बीच बक्सर के निकट चौसा नामक स्थान पर 26 जून, 1539 को युद्ध हुआ जिसमें हुमायूँ की बुरी तरह पराजय हुई। अपनी इस विजय के उपलक्ष्य में शेरखाँ ने शेरशाह की उपाधि धारण की।

बिलग्राम का युद्ध

17 मई, 1540 में कन्नौज के निकट बिलग्राम के युद्ध में हुमायूँ पुन: परास्त हो गया। यह युद्ध बहुत निर्णायक युद्ध था। लड़ाई में हुमायूँ के साथ उसके भाई हिंदाल एवं अस्करी भी थे।

इस युद्ध के बाद हिंदुस्तान की सत्ता एक बार फिर अफगानों के हाथ में आ गई। हुमायूँ ईरान की ओर पलायन कर गया। अपने पंद्रह वर्ष के निर्वासन काल के दौरान ही हुमायूँ ने हिंदाल के आध्यात्मिक गुरू मीर अली की पुत्री हमीदाबानो बेगम से 29 अगस्त, 1541 को विवाह किया।

बहादुरशाह से संघर्ष

गुजरात के शासक बहादुरशाह ने तुर्की के प्रसिद्ध तोपची रूमी खाँ की सहायता से एक अच्छा तोपखाना तैयार कर लिया था। हुमायूँ ने 1535-36 ई. में बहादुरशाह पर आक्रमण कर दिया, बहारदुरशाह पराजित हुआ। हुमायूँ ने माण्डू और चम्पानेर के किलों को जीत लिया।

हुमायूँ द्वारा पुनः राज्य प्राप्ति

हुमायूँ कई वर्षों तक सिंध, राजस्थान में भटकता रहा। 1543 ई. में वह ईरान गया और शिया बनने की शर्त पर ईरान के शाह से सैन्य सहायता प्राप्त की। 1545 ई. में हुमायूँ ने काबुल और कंधार पर अधिकार कर लिया। हिंदुस्तान पर पुन: अधिकार करने के लिए हुमायूँ ने 5 दिसंबर, 1554 को पेशावर तथा लाहौर पर अधिकार कर लिया।

15 मई 1555 में मुगलों एवं अफगान सरदार नसीब खाँ एवं तातार खाँ के नेतृत्व में मच्छीवारा युद्ध के फलस्वरूप सम्पूर्ण पंजाब पर मुगलों का अधिकार हो गया। भारत विजय के अपने अगले अभियान में हुमायूँ की सेना और अफगानों की सेना के बीच सरहिन्द नामक स्थान पर 22 जून, 1555 को युद्ध हुआ। इस युद्ध में भी वह विजयी रहा।

इस प्रकार 23 जुलाई,1555 में हुमायूँ एक बार फिर से दिल्ली के तख्त पर बैठा, किन्तु वह बहुत दिनों तक जीवित नहीं रह सका। दिल्ली में दीनपनाह भवन में स्थित पुस्तकालय की सीढ़ियों से गिरकर जनवरी, 1555 में उसकी मृत्यु हो गई। लेनपूल ने कहा है, 'हुमायूँ जिंदगी भर लुढ़कता रहा और अंततः लुढ़ककर ही मर गया।'

शेरशाह सुरी (1542–1545 ई.)

शेरशाह का जन्म 1472 ई. में बैजवाड़ा (होशियारपुर) नामक स्थान पर हुआ था। इसके बचपन का नाम फरीद था। दक्षिण बिहार के सुबेदार बहार खाँ लोहनी ने उसे' शेरखाँ 'उपाधि दी थी। बहार खाँ लोदी की मृत्यु के उपरांत शेरखाँ ने उसकी विधवा 'दूदू बेगम' से विवाह कर दक्षिण बिहार पर अपना प्रभाव स्थापित कर लिया।

शेरशाह ने चौसा (1539) व बिलग्राम (कन्नौज 1540 ई.) में हुमायूँ को परास्त कर दिल्ली का सिंहासन प्राप्त किया। अंततः उसने 1540 ई. में उत्तर भारत में सूरवंश अथवा द्वितीय अफगान साम्राज्य की स्थापना की।

1544 ई. में शेरशाह ने मारवाड़ के शासक मालदेव पर आक्रमण किया। जहाँ जयता और कुप्पा नामक राजपूत सरदारों ने अफगान सेना को हरा दिया। 1545 ई. में शेरशाह ने अपना अतिम आक्रमण कलिंजर के शासक कीरतसिह के विरुद्ध किया। इसी अभियान के समय उक्का नामक आग्नेयास्त्र चलाते वक्त गोले के फट जाने से शेरशाह की मृत्यु हो गई। शेरशाह की मृत्यु के बाद उसका छोटा पुत्र जलाल खाँ इस्लाम शाह के नाम से गद्दी पर बैठा। आठ वर्ष (1545-1553 ई.) तक शासन करने के बाद उसकी मुत्यु हो गई। इसकी बाद सूर वंश का तेजी से पतन हुआ।

शेरशाह कालीन प्रशासन

केंद्रीय प्रशासन

शेरशाह का केंद्रीय प्रशासन अत्यंत केंद्रीकृत था। शासक स्वयं शासन का प्रधान था और शक्तियाँ उसी में निहित थीं। केंद्रीय प्रशासन चलाने के लिए निम्नलिखित विभाग स्थापित किये गये थे:

मंत्री/विभागीय व्यवस्था

दीवाने-विजारत—लगान निर्धारण व आय-व्यय निरीक्षक

दीवाने आरिज—सेना संगठन व भर्ती करने वाला

दीवाने रसालत—राज्यों से पत्र-व्यवहार करने वाला

दीवाने इंशा—सुल्तान के आदेशों का लेखांकन करने वाला

इसके अतिरिक्त कुछ अन्य विभाग भी थे। जैसे-दीवान-ए-कजा (न्याय विभाग), जिसका प्रधान मुख्य काजी होता था। गुप्तचर विभाग को दीवान-ए-बरीद कहा जाता था, जिसका प्रमुख बरीद-ए-ममालिक था। शाही परिवार के प्रभारी अधिकारी को दीवान-ए-समन कहा जाता था।

सरकारों (जिलों) का शासन

शेरशाह ने अपने संपूर्ण साम्राज्य को 47 सरकारों में विभाजित किया था बंगाल सूबे को 19 सरकारों में बाँट दिया गया था। प्रत्येक सरकार को एक सैनिक अधिकारी (शिकदार) के नियंत्रण में छोड़ दिया गया था। उसकी सहयता के लिए एक असैनिक अधिकारी अमीर-ए-बंगाल की नियुक्ति की जाती थी। इसके शासन में शिकदार-ए-शिकदारान एक सैनिक अधिकारी होता था। यह सामान्य प्रशासन के लिए जिम्मेदार था। मुन्सिफ-ए-मुन्सिफरान मुख्यतः एक न्यायिक अधिकारी था।

परगने का शासन

प्रत्येक सरकार अनेक परगनों में विभाजित होता थी। प्रत्येक परगने में एक शिकदार, एक मुन्सिफ, एक फोतदार (खजाँजी) तथा दो कारकून होते थे। मुन्सिफ का कार्य दीवानी मुकदमों का निर्णय करना तथा भूमि की नाप एवं लगान की व्यवस्था करना था।

ग्राम प्रशासन

शेरशाह ने गाँव की परम्परागत व्यवस्था में कोई छेड़छाड़ नहीं की। गाँव के परम्परागत मुखिया, चौकीदार, पटवारी को सरकार स्वीकार करती थी। ग्राम पंचायत ही गाँव की सुरक्षा, शिक्षा और सफाई आदि की व्यवस्था करती थी।

सैन्य प्रशासन

शेरशाह ने सैनिक को नकद वेतन दिया यद्यपि सरदारों को जागीरें दी जाती थीं। बेईमानी को रोकने के लिए उसने घोड़ों को दागने की प्रथा तथा सैनिकों का हुलिया लिखे जाने की प्रथाओं को लागू किया था।

भू-राजस्व प्रशासन

केंद्रीय सरकार की आय के मुख्य स्त्रोत लगान, लावारिस सम्पति, व्यापार कर, टकसाल, नामक कर आदि थे। स्थानीय आय जिसे कई प्रकार के करो से एकत्र किया जाता था, उसे आबवाब कहा जाता था। शेरशाह की वित्त व्यवस्था के अतंर्गत राज्य की आय का मुख्य स्त्रोत भूमि पर लगने वाला कर था, जिसे लगान कहा जाता था। शेरशाह की लगान व्यवस्था मुख्य रूप से रैयतवाड़ी लगान व्यवस्था मुल्तान को छोड़कर राज्य के सभी भागों में लागू थी। शेरशाह ने उत्पादन के आधार पर भूमि को तीन श्रेणियों में विभाजित किया—अच्छी, मध्यम और खराब।

शेरशाह ने लगान निर्धारण के लिए मुख्यतः तीन प्रकार की प्रणालियाँ अपनाई—

1. गलाबख्शी अथवा बटाई
2. नश्क या मुक्ताई अथवा कनकूत
3. नकदी अथवा जब्ती

भूमि कर निर्धारण के लिए शेरशाह ने राई (फसल दरों की सूची) को लागू करवाया। शेरशाह ने भूमि कि किस्म एवं फसलों के आधार पर उत्पादन का औसत निकलवाया और उसके बाद उत्पादन का 1/3 भाग कर के रूप में वसूल किया। शेरशाह के समय लगान नकद या जिंस (अनाज) दोनों रूपों में देने की छूट थी।

मालागुजारी (लगान) के अतिरिक्त किसानों को जरीबाना (सर्वेक्षण -शुक्ल) एवं महासिलाना (कर-संग्रह शुल्क) नामक कर भी देने पड़ते थे, जो क्रमश: भू-राजस्व का 2.5% एवं 5% होता था। किसानों को सरकार की ओर से पट्टे दिए जाते थे जिससे उनको वर्ष में निश्चित लगान देना पड़ता था। किसान कबूलियत-पत्र द्वारा पट्टे को स्वीकार करता था। शेरशाह ने भूमि की माप के लिए सिकन्दरी गज एवं 'सन की डण्डी' का प्रयोग करवाया। माप की इकाई के लिए शेरशाह ने जरीब का प्रयोग किया।

मुद्रा व्यवस्था

शेरशाह की मुद्रा व्यवस्था अत्यन्त विकसित थी। उसने पुराने घिसे-पिटे सिक्कों के स्थान पर शुद्ध-चाँदी का रूपया (180 ग्रेन) और ताँबे का दाम (322 ग्रेन) चलाया। उसने 167 ग्रेन के सोने के सिक्के (अशर्फी) जारी किए। इसके अतिरिक्त उसने दाम के आधे, चौथाई और सोलहवें भाग के भी अनेक सिक्के चलाए। शेरशाह के सिक्कों पर शेरशाह का नाम और पद अरबी या नागरी लिपि में मिलते हैं।

न्याय व्यवस्था

शेरशाह एक न्यायप्रिय शासक था। वह साम्राज्य का सर्वोच्च न्यायाधीश था। शेरशाह की न्याय व्यवस्था अत्यन्त कठोर थी जिसमें कैद, कोड़े से पीटना, अंग-विच्छेदन तथा जुर्माना जैसे दण्ड शामिल थे। गाँवों में कानून-व्यवस्था स्थापित करने का काम चौधरी और मुकद्दम नामक स्थानीय मुखिया करते थे।

निर्माण कार्य

शेरशाह ने अनेक सड़कों का निर्माण करवाया एवं पुरानी सड़कों की मरम्मत कराई।

- बंगाल में सोनारगाँव से शुरू होकर दिल्ली, लाहौर होते हुए पंजाब में अटक तक इसे 'सड़क-ए-आजम' नाम से जाना गया। इसी को कालांतर में ग्राण्ट ट्रंक रोड के नाम से जाना जाता है।
- आगरा से बुरहानपुर तक।
- आगरा से जोधपुर होती हुई चित्तौड़ तक तथा
- लाहौर से मुल्तान तक।

शेरशाह ने शिकदारों के माध्यम से 1700 सरायों का निर्माण कराया, जिनमें हिन्दुओं और मुसलमानों के ठहरने की अलग-अलग व्यवस्था थी। शेरशाह ने बिहार के सासाराम में अपना मकबरा बनवाया जिसके द्वारा स्थापत्य कला की एक नवीन शैली का प्रारंभ हुआ। शेरशाह ने हुमायूँ द्वारा निर्मित दीनपनाह को तुड़वाकर उसके ध्वंसावशेषों से दिल्ली में पुराने किले का निर्माण करवाया। किले के अन्दर शेरशाह ने किला-ए-कुहना का निर्माण करवाया।

अकबर (1556-1605 ई.)

जलालुद्दीन मोहम्द अकबर का जन्म अमरकोट (सिन्ध के थार जिले में) के राणा वीरसाल के महल में 15 अक्टूबर, 1542 को हुआ। अकबर की माता का नाम हमीदाबानू बेगम था।

अकबर का राज्याभिषेक बैरम खाँ की देख-रेख में पंजाब के गुरूदासपुर जिले के कलानौर नामक स्थान पर 14 फरवरी, 1556 को हुआ था। 1556 ई. में अकबर ने बैरम खाँ को अपना वकील (वजीर) नियुक्त कर उसे खान-ए-खाना की उपाधि प्रदान की थी। बैरम खाँ फारस के शिया सम्प्रदाय से संबंधित था।

पानीपत का द्वितीय युद्ध (1556 ई.)

पानीपत का द्वितीय युद्ध (5 नवम्बर, 1556) को बैरम खाँ के नेतृत्व में ही लड़ा गया। यह युद्ध मोहम्मद आदिलशाह सूर के वजीर एवं सेनापति हेमू व मुगल सेना के बीच हुआ था। इस युद्ध में हेमू की पराजय हुई।

बैरम खाँ का पतन

1556 ई. से लेकर 1560 ई. तक बैरम खाँ मुगल साम्राज्य का वास्तविक शासक बना रहा। 1560 ई. के बाद बैरम खाँ और अकबर के बीच मतभेदों के परिणामस्वरूप अकबर ने बैरम खाँ को दरबारी गतिविधियों से मुक्त कर मक्का की यात्रा पर भेज दिया। 1560-1562 ई. तक के काल को कुछ इतिहासकारों ने पर्दाशासन अथवा पेटीकोट सरकार की संज्ञा दी है, क्योंकि इस शासन में धाय माँ महाम अनगा, उसका पुत्र आधम खाँ तथा पुत्री जीजी अनगा प्रमुख थे। 1562 ई. के बाद अकबर ने स्वतंत्र रूप से शासन करना प्रारंभ किया।

अकबर के समय में विद्रोह

अकबर के समय में 1564 ई. में उजबेकों ने विद्रोह कर दिया। यह अकबर के समय का पहला विद्रोह था। इसी विद्रोह के दौरान बीरबल की मृत्यु हुई थी। 1599 ई. में अकबर के पुत्र सलीम ने इलाहाबाद में अपने-आप को स्वतंत्र बादशाह घोषित कर दिया। सलीम के ही इशारे पर ओरछा के बुन्देला सरदार वीरसिंह देव ने अबुल फजल की हत्या कर दी थी।

अकबर की राजपूत नीति

अकबर की राजपूत नीति दमन और समझौते की नीति पर आधारित थी। विद्रोही राजपूतों का दमन जबकि सहयोगियों को वैवाहिक सम्बन्ध तथा पैतृक जागीर पर शासन का अधिकार देकर उनका सहयोग प्राप्त किया। अकबर ने राजपूतों के प्रति तुष्टीकरण नीति के परिणामस्वरूप 1563 ई. में तीर्थयात्रा कर तथा 1564 ई. में जजिया कर को समाप्त कर दिया था।

अपनी बेहतर राजपूत नीति का संचालन करके अकबर ने हिन्दूबहुल भारत में एक स्थायी, शक्तिशाली एवं विस्तृत साम्राज्य की कल्पना को साकार किया।

अकबर की धार्मिक नीति

अकबर की धार्मिक नीति का मूल उद्देश्य 'सार्वभौमिक सहिष्णुता' थी। इसे सुलहकुल की नीति अर्थात् सभी के साथ शान्तिपूर्ण व्यवहार का सिद्धान्त भी कहा जाता है। इस नीति को लागू करने के उद्देश्य से अकबर ने दार्शनिक एवं धर्मशास्त्री विषयों पर वाद-विवाद के लिए अपनी राजधानी फतेहपुर सीकरी में एक इबादतखाना (प्रार्थना-भवन) निर्माण 1575 ई. में कराया। अकबर प्रारंभ में इबातदखाने में केवल इस्लाम धर्मोपदेशकों को ही आमंत्रित करता था, किन्तु बाद में उनके आचरण से दु:खी होकर 1578 ई. में सभी धर्मों के विद्वानों को आमंत्रित करने लगा अर्थात् उसे धर्मसंसद बना दिया।

मजहर की घोषणा

अकबर ने 1579 ई. में महजरनामा या एक घोषणा जारी करवाई जिसने उसे धर्म के मामलों में सर्वोच्च बना दिया। 'महजर' का प्रारूप शेख मुबारक ने तैयार किया था। महजर जारी होने के बाद अकबर ने सुल्तान-ए-आदिल या इमाम-ए-आदिल (न्यायप्रिय शासक) की उपाधि धारण की।

दीन-ए-इलाही/तौहीद-ए-इलाही

अकबर ने सभी धर्मों में सामंजस्य स्थापित करने के लिए 1582 ई. में तौहीद-ए-इलाही (दैवी एकेश्वरवाद) या दीन-ए-इलाही नामक एक नया धर्म प्रवर्तित किया। इस नवीन धर्म में दीक्षा के लिए इतवार का दिन निश्चित किया गया था और इस दीक्षा के दौरान व्यक्ति को अकबर का प्रिय उद्घोषित अल्लाहो-उ-अकबर कहना पड़ता था। दीन-ए-इलाही धर्म का प्रधान पुरोहित अबुल फजल था एवं हिन्दुओं में केवल बीरबल ने इस धर्म को स्वीकार किया था।

विभिन्न धर्मों के प्रति अकबर का दृष्टिकोण

अकबर ने सभी धर्मों व सम्प्रदायों के प्रति सहिष्णुता की नीति का अनुसरण किया। उसने अपनी सहिष्णुता की भावना के कारण अपने शासनकाल में आगरा एवं लाहौर में इसाइयों को गिरजाघर बनवाने की अनुमति प्रदान की। अकबर ने वल्लभाचार्य के पुत्र विट्ठलनाथ तथा पारसी धर्म के पुरोहित दस्तूर मेहर राणा को वित्तीय सहायता प्रदान दी। जैन धर्म के आचार्य हरिविजय सूरि को जगतगुरू तथा जिनचन्द्र सूरि को युग प्रधान की उपाधि प्रदान की थी।

अकबर ने 1584 ई. में एक नए कैलेण्डर इलाही सम्वत् को जारी किया। अकबर ने इसे हिजरी सम्वत् के स्थान पर जारी किया था। अकबर ने 'झरोखा दर्शन', 'तुलादान' तथा 'पायबोस' जैसी पारसी परंपराओं को आरंभ किया। अकबर ने सिक्खों के तीसरे गुरू अमरदास से भेंट की। अकबर ने सिक्ख गुरू रामदास को 1577 ई. में 500 बीघा जमीन प्रदान की जिसमें एक प्राकृतिक तालाब भी था। बाद में इसी जमीन पर अमृतसर की स्थापना की गयी।

अकबर के दरबार में ईसाइयों का जेस्सुइट मिशन तीन बार आया था। अकबर के दरबार में 1580 ई. में (फतेहपुर सीकरी) आने वाले प्रथम जेस्सुइट मिशन का नेतृत्व फादर एकाबीवा ने किया था। अकबर ने सती-प्रथा को रोकने का प्रयास किया, विधवा विवाह को कानूनी मान्यता प्रदान की, शराब की बिक्री पर रोक लगाई तथा लड़के एवं लड़कियों के विवाह की आयु 16 और 14 वर्ष निर्धारित की।

अकबर के दरबार में नौ रत्न थे—

1. अबुल फजल
2. फैजी
3. बीरबल
4. तानसेन
5. अबदुर्रहीम खानखाना
6. टोडरमल
7. राजा मानसिंह
8. मुल्ला दो प्याजा
9. हकीम हुमाम

जहाँगीर (1605–1627 ई.)

जहाँगीर का जन्म 30 अगस्त, 1569 को फतेहपुर सीकरी में हुआ था। इसका नाम सूफी सन्त शेख सलीम चिश्ती के नाम पर आधारित था। अकबर प्यार से उसे शेखूबाबा भी पुकारता था। अकबर की परंपरा को स्थापित रखते हुए जहाँगीर ने न्याय का घण्टा स्थापित करवाया। जहाँगीर ने अपनी आत्मकथा *तुजुक-ए-जहाँगीरी* में 17 वर्ष तक की घटना का वर्णन किया है। इसके पश्चात् मुतदिक खाँ ने 17वें वर्ष से 19वें वर्ष तक का विवरण लिखा है। शासक बनने के पश्चात् जन कल्याण के लिए जहाँगीर ने 12 आदेश दिए, जिनमें मुख्य निम्नलिखित थे-

- शराब एवं अन्य मादक पदार्थों की बिक्री पर प्रतिबन्ध लगाया जाना।
- दण्डस्वरूप नाक एवं कान को काटने की प्रथा का अन्त किया जाना।
- किसानों की भूमि पर जबरन अधिकार पर रोक लगाया जाना।
- सप्ताह के दो दिन गुरूवार एवं रविवार को पशु-हत्या पर पूर्ण प्रतिबन्ध रूप से रोक लगाया जाना।
- 'ऐम्मा'—भूमि का प्रमाणीकरण किया जाना।

जहाँगीरकालीन विद्रोह

जहाँगीर के शासनकाल में पहला विद्रोह सिक्खों के पाँचवें गुरू अर्जुन देव के सहयोग से खुसरो द्वारा किया गया था, जिसके कारण जहाँगीर ने उन पर राजद्रोह का आरोप लगाकर फाँसी की सजा दी। जहाँगीर ने भेरावल के युद्ध में खुसरो को पराजित कर मार डाला।

नूरजहाँ के बढ़ते प्रभाव के कारण शाहजहाँ ने मलिक अम्बर की सहायता से जहाँगीर के खिलाफ विद्रोह कर दिया जिसे महावत खाँ एवं परवेज ने दबा दिया।

जहाँगीर के खिलाफ 1626 ई. में महावत खाँ ने विद्रोह कर दिया। उसने जहाँगीर के शाही शिविर को झेलम के तट पर अपने नियंत्रण मे ले लिया, किन्तु नूरजहाँ ने कूटनीति से महावत खाँ के सैनिकों को अपने पक्ष में कर लिया। महावत खाँ को भाग कर दक्षिण में शरण लेना पड़ा तथा व शाहजहाँ के पक्ष में हो गया।

साम्राज्य का सुदृढ़ीकरण और विस्तार (Establishment and Expansion of Empire)

मेवाड़

जहाँगीर ने सर्वप्रथम मेवाड़ पर अधिपत्य स्थापित करने के लिए 1608 ई. में महावत खाँ, 1609 ई. में अब्दुल खाँ तथा 1613 ई. में खुर्रम के नेतृत्व में कई अभियान मेवाड़ भेजे। फलस्वरूप 1615 ई. में राणा अमर सिंह एवं मुगलों के बीच एक सन्धि हो गई।

कन्धार

'भारत का सिंह द्वार' कहे जाने वाले तथा व्यापार एवं सैनिक दृष्टि से महत्वपूर्ण प्रान्त कन्धार को 1606-07 ई. में जीत लिया, किन्तु शीघ्र ही यह प्रान्त स्वतंत्र हो गया।

दक्कन

जहाँगीर के शासन काल में दक्षिण विजय की सबसे बड़ी बाधा अहमदनगर साम्राज्य था। वजीर मलिक अम्बर की योग्यता ने इसे और भी चुनौतीपूर्ण बना दिया। जहाँगीर के काल में अहमदनगर के खिलाफ कई अभियान भेजे गए। अन्ततः 1617 ई. में खुर्रम ने बीजापुर के शासक की मध्यस्थता से मुगलों व अहमदनगर के मध्य सन्धि कराने में सफलता प्राप्त की। 1621 ई. के बाद जहाँगीर ने दक्षिण अभियान समाप्त कर दिया।

जहाँगीर की धार्मिक नीति

जहाँगीर ने भी अकबर की सहिष्णुता की नीति का अनुसरण किया। उसने 1612 ई. में पहली बार रक्षाबन्धन का त्यौहार मनाया, ब्राह्मणों और मन्दिरों को दान दिए। साथ ही अकबर द्वारा जारी गौ-हत्या निषेध की परंपरा को जारी रखा। यद्यपि कुछ अवसरों पर जहाँगीर द्वारा धार्मिक पक्षपात किया गया। जैसे राजौरी के हिन्दुओं को मुस्लिम लड़कियों से विवाह करने पर दण्ड दिया गया। इसी प्रकार, काँगड़ा विजय पर गाय कटवाकर जश्न मनाया जाना आदि।

शाहजहाँ (1627–1658 ई.)

शाहजहाँ का जन्म लाहौर में 5 जनवरी, 1592 को मारवाड़ के राजा उदयसिंह की पुत्री जगत गोसाई से हुआ था। 1627 ई. में जहाँगीर की मृत्यु के पश्चात् शाहजहाँ ने अपने सभी भाइयों एवं सिंहासन के सभी प्रतिद्वन्द्वियों तथा अन्त में खुसरो के पुत्र दावर बख्श को समाप्त कर दिया तथा 24 फरवरी, 1628 को आगरा में सिंहासन पर आसीन हो गया।

शाहजहाँ का विवाह 1612 ई. में आसफ खाँ की पुत्री अर्जुमन्द बानू बेगम से हुआ था, जो बाद में इतिहास में मुमताज महल के नाम से विख्यात हुई। शाहजहाँ ने मुमताज की मृत्यु के बाद आगरा में उसके शव को दफनाकर उसकी याद में विश्व प्रसिद्ध ताजमहल का निर्माण कराया।

शाहजहाँ के अन्तिम आठ वर्ष आगरा के किले के शाहबुर्ज में एक बन्दी की तरह व्यतीत हुए। इस समय उसकी बड़ी पुत्री जहाँआरा ने साथ रहकर उसकी सेवा की थी। शाहजहाँ की मृत्यु 1666 ई. में हुई और उसे भी ताजमहल में उसकी पत्नी की कब्र के निकट साधारण नौकरों द्वारा दफना दिया गया।

शाहजहाँ कालीन विद्रोह

शाहजहाँ के शासनकाल में पहला विद्रोह 1628 ई. में बुन्देला सरदार जुझार सिंह ने किया। उसके द्वारा एकत्रित करों की जाँच के आदेश पर वह मुगल दरबार से भाग गया। अतः शाहजहाँ के समय का पहला सैनिक अभियान बुन्देलों के खिलाफ किया गया।

शाहजहाँ के शासनकाल में दूसरा विद्रोह उसके एक योग्य एवं सम्मानित अफगान खान-ए-जहाँ लोदी ने किया था। इसने बुन्देला विद्रोह दबाने में शाहजहाँ को सहायता की किन्तु वह शाहजहाँ से असन्तुष्ट रहा और शीघ्र ही स्वयं विद्रोह कर दिया।

मुगल बादशाहों ने पुर्तगालियों को नमक के व्यापार का एकाधिकार दे दिया था, किन्तु पुर्तगालियों की उद्दण्डता के कारण शाहजहाँ ने 1632 ई. में उनके व्यापारिक केन्द्र हुगली पर आक्रमण कर उस पर अधिकार कर लिया।

शाहजहाँ का एक बाज उड़कर गुरू (हरगोविन्द) के खेमे में चला गया और जिसे गुरू ने देने से इनकार कर दिया था, जिससे दोनों में मतभेद उत्पन्न हो गया। मुगलों और सिक्खों के बीच दूसरा झगड़ा गुरूद्वारा श्री गोविन्दपुर नामक एक नगर बसाने को लेकर शुरू हुआ जिसे मुगलों के मना करने के बावजूद गुरू जी ने बन्द नहीं किया था।

साम्राज्य का विस्तार

अकबर व जहाँगीर की तरह साम्राज्यवादी नीति को शाहजहाँ ने भी आगे बढ़ाया। इसके अलावा दक्षिणी राज्य सदैव ही मुगल विद्रोहियों की शरण स्थली रहे थे। अतः शाहजहाँ के काल में भी दक्षिण भारत पर अधिपत्य हेतु कई अभियान भेजे गए।

दक्कन

शाहजहाँ ने दक्षिण भारत में सर्वप्रथम महावत खाँ के नेतृत्व में अहमदनगर पर आक्रमण किया और 1633 ई. में उसे जीतकर मुगल साम्राज्य में मिला लिया तथा अन्तिम निज़ामशाही सुल्तान हुसैनशाह को ग्वालियर के किले में कैद कर लिया।

अहमदनगर को साम्राज्य में मिलाने के उपरांत शाहजहाँ ने गोलकुण्डा पर दबाव डाला। गोलकुण्डा के शासक कुतबशाह ने भयभीत होकर 1636 ई. में मुगलों से सन्धि कर लिया।

1636 ई. में शाहजहाँ ने बीजापुर पर आक्रमण किया और मोहम्मद आदिलशाह प्रथम को सन्धि करने के लिए बाध्य कर दिया। फलस्वरूप सुल्तान ने 20 लाख रुपए प्रतिवर्ष कर के रूप में देना स्वीकार किया।

कन्धार व मध्य एशिया

जहाँगीर के समय में 1622 ई. में कन्धार मुगलों के अधिकार से निकल गया था, किन्तु शाहजहाँ के कूटनीतिक प्रयास से असन्तुष्ट किलेदार अलीमर्दन

खाँ ने 1639 ई. में यह किला मुगलों को सौंप दिया था। 1648-49 ई. में कन्धार का यह किला मुगलों के हाथ से निकल गया और उसके बाद मुगल बादशाह पुनः इस पर कभी अधिकार नहीं कर सके।

शाहजहाँ की धार्मिक नीति

शाहजहाँ अकबर एवं जहाँगीर की तुलना में धार्मिक दृष्टि से अधिक कट्टर था। उसने नवीन मन्दिरों के निर्माण पर रोक लगाई तथा तीर्थयात्रा कर पुनः लागू कर दिया। उसने हिन्दुओं को मुसलमान बनाने के लिए एक विभाग की स्थापना की तथा अपने शासन के सातवें वर्ष यह निर्णय दिया कि धर्मान्तरण करने के बाद भी व्यक्ति को उसकी पैतृक सम्पत्ति में उत्तराधिकार मिलेगा।

शाहजहाँ ने इलाही सम्वत् को समाप्त कर पुनः हिजरी संवत् प्रारंभ किया। दरबार में सिजदा और पायवोस की प्रथा समाप्त कर, उसके स्थान पर 'चहार तस्लीम' प्रणाली प्रारंभ की। ईसाई धर्म परिवर्तन पर रोक लगाई।

औरंगज़ेब (1658–1707 ई.)

औरंगज़ेब का जन्म 3 नवम्बर, 1618 को उज्जैन के निकट दोहद नामक स्थान पर शाहजहाँ की प्रिय पत्नी मुमताज महल के गर्भ से हुआ था, लेकिन उसके बचपन का अधिकांश समय नूरजहाँ के पास बीता था। 18 मई, 1637 को औरंगज़ेब का विवाह फारस राज घराने की राजकुमारी दिलरास बानो बेगम (रबिया बीबी) से हुआ था। साम्राज्य पर अपनी दावेदारी के लिए औरंगज़ेब को पाँच युद्ध लड़ने पड़े—

1. बहादुरपुर का युद्ध, जनवरी, 1658 (शाही सेना और शाहशुजा के बीच)
2. धरमत का युद्ध, अप्रैल, 1658 (औरंगज़ेब और शाही सेना के बीच)
3. सामूगढ़ का युद्ध, मई, 1658 (औरंगज़ेब और शाही सेना के बीच)
4. खजवा का युद्ध, जनवरी, 1659 (औरंगज़ेब और शाहशुजा के बीच)
5. देवराई का युद्ध अप्रैल, 1659 (औरंगज़ेब और दारा के बीच)

सामूगढ़ की विजय के उपरान्त एवं आगरा पर अधिकार कर लेने के पश्चात् औरंगज़ेब ने 21 जुलाई, 1958 को अपना प्रथम राज्याभिषेक कराया और अबुल मुजफ्फर आलमगीर की उपाधि धारण की। खजवा और देवराई के युद्ध में क्रमशः शुजा और दारा को अन्तिम रूप से परास्त करने के बाद पुनः 5 जून, 1659 को दिल्ली में अपना औपचारिक राज्याभिषेक करवाया।

साम्राज्य विस्तार

औरंगज़ेब को विरासत में एक विशाल साम्राज्य मिला। उसके शासनकाल में पूर्वी तथा दक्षिण भारत के कुछ हिस्सों को छोड़कर लगभग सभी मुगलों का आधिपत्य स्वीकारते थे। अत: औरंगज़ेब ने 1660 ई. में मीर जुमला को वंगाल का गवर्नर बनाकर उसे पूर्वी प्रान्तों विशेषत: असम और अराकान के विद्रोही जमींदारों का दमन करने का आदेश दिया। 1663 ई. में अहोमों को सन्धि करने के लिए विवश कर दिया जिसके फलस्वरूप अहोमों ने मुगलों को वार्षिक कर तथा युद्ध की क्षतिपूर्ति देना स्वीकार कर लिया।

शाइस्ता खाँ ने 1666 ई. में पुर्तगालियों को दण्ड दिया, बंगाल की खाड़ी में स्थित सोनद्वीप पर अधिकार कर लिया तथा अराकान के राजा से चटगाँव जीत लिया।

दक्कन

औरंगज़ेब द्वारा दक्षिण में लड़े गए युद्धों को दो भागों में विभक्त किया जा सकता है—बीजापुर एवं गोलकुण्डा के विरुद्ध युद्ध एवं विलय तथा मराठों की चार पीढ़ियों शिवाजी (1640-80), शम्भा जी (1680-89), राजाराम (1689-1700) एवं उसकी विधवा ताराबाई (1700-1707) के विरुद्ध युद्ध।

बीजापुर के अन्तिम आदिलशाही सुल्तान सिकन्दर आदिलशाह ने औरंगज़ेब के समक्ष आत्मसमर्पण कर दिया। अंततः बीजापुर राज्य (22 सितम्बर, 1686) मुगल साम्राज्य का हिस्सा बन गया। बीजापुर को साम्राज्य में मिलाने के बाद औरंगज़ेब ने 1686 ई. में शाहजादा शाहआलम को गोलकुण्डा पर आक्रमण करने के लिए भेजा। अक्टूबर, 1687 में गोलकुण्डा को को भी मुगल साम्राज्य में मिला लिया गया।

मराठों से संघर्ष

शिवाजी को दण्डित करने के लिए औरंगज़ेब ने 1660 ई. में शाइस्ता खाँ को तथा 1665 ई. में राजा जयसिंह को भेजा। जयसिंह ने शिवाजी को पराजित कर 22 जून, 1665 को उन्हें पुरन्दर की सन्धि करने के लिए बाध्य कर दिया। शिवाजी की मृत्यु के बाद शम्भा जी ने मुगलों से संघर्ष जारी रखा। अपनी असावधानी के कारण शम्भा जी को 1689 ई. में पकड़ लिया गया तथा उसका कत्ल कर दिया गया। शम्भाजी की मृत्यु के बाद उसके सौतले भाई राजाराम के नेतृत्व में मराठों का मुगलों के विरुद्ध संघर्ष जारी रहा, जिसे मराठा इतिहास में स्वतंत्रता संग्राम के नाम से जाना जाता है।

औरंगज़ेब की धार्मिक नीति

औरंगज़ेब एक कट्टर एवं रूढ़िवादी मुसलमान था। इस्लामी कानूनों को दृढ़ता से मानने के कारण अपनी कट्टर सुन्नी प्रजा के लिए जिन्दा पीर तथा शाही दरवेश के रूप में जाना जाता था।

औरंगज़ेब ने प्रारंभ से ही अपनी कट्टरता का परिचय देते हुए अपने सिक्कों पर कलमा (कुरान की आयतें) खुदवाना, पारसी नववर्ष नौरोज का आयोजन, सार्वजनिक संगीत समारोहों, भाँग उत्पादन, शराब पीने तथा जुआ खेलने आदि पर प्रतिबन्ध लगा दिया। उसने 1663 ई. में सती-प्रथा पर प्रतिबन्ध लगा दिया तथा हिन्दुओं पर तीर्थयात्रा कर आरोपित किया। 1679 में हिन्दुओं पर पुनः जजिया कर लगाया। औरंगज़ेब ने मुहतसिब (सार्वजनिक सदाचार निरीक्षक या धर्म अधिकारी) नामक एक अधिकारी की नियुक्ति भी की थी।

औरंगज़ेब की राजपूत नीति

औरंगज़ेब ने अकबर द्वारा प्रारंभ की गई एवं जहाँगीर तथा शाहजहाँ द्वारा अनुसरण की गई राजपूत नीति में परिवर्तन कर दिया, क्योंकि वह राजपूतों

को अपनी धार्मिक नीति के कार्यान्वयन होने में सबसे बड़ी बाधा मानता था, हालाँकि औरंगज़ेब के समय हिन्दू मनसबदारों की संख्या 33% थी, जबकि शाहजहाँ के समय में यह मात्र 24.7% थी।

औरंगज़ेब के समय आमेर (जयपुर) के राजा जयसिंह, मेवाड़ के राजा राजसिंह और जोधपुर के राजा जसवन्त सिंह प्रमुख राजपूत राजा था। 1679 ई. में अफगानिस्तान की सीमा पर हुए जमरूद के युद्ध में जसवन्त सिंह की मृत्योपरान्त उसके पुत्र अजीत सिंह के राजगद्दी पर वैध अधिकार को अमान्य करके औरंगज़ेब मारवाड़ को हथिया लेना चाहता था।

जब दुर्गादास (जसवन्त सिंह का सेनापति) ने औरंगज़ेब से अजीत सिंह के वैध अधिकार की माँग की तब औरंगज़ेब ने यह शर्त रखी कि यदि अजीत सिंह इस्लाम धर्म स्वीकार कर ले, तो उसे मारवाड़ का सिंहासन दे दिया जाएगा, किन्तु अजीत सिंह ने इससे इनकार कर दिया।

मारवाड़ और मुगलों के बीच लगभग 30 वर्षों तक युद्ध जारी रहा। अन्तत: 1709 ई. में सम्राट बहादुरशाह प्रथम ने अजीत सिंह को मारवाड़ का राजा स्वीकार कर लिया। औरंगज़ेब की राजपूत नीति असफल रही। औरंगज़ेब न तो पूर्णत: मेवाड़ और मारवाड़ को ही दबा सका, और न ही बहादुर एवं विश्वसनीय मित्र राजपूतों को साथ रख सका।

औरंगज़ेब के काल में हुए विद्रोह

जाटों का विद्रोह

1669 ई. से 1688 ई. के बीच मथुरा और आगरा क्षेत्र में बसे जाटों ने गोकुला, राजाराम और चुरामन के नेतृत्व में विद्रोह किया।

सतनामी विद्रोह

सतनामी एक सम्प्रदाय था। 1672 ई. में नारनौल नामक स्थान पर मुगलों और किसानों के बीच संघर्ष हुआ जिसका नेतृत्व सतनामियों ने किया।

अफगान विद्रोह

1667 ई. से 1675 ई. के बीच अफगान क्षेत्र के कबीले के लोगों ने भागू और अकमल खाँ के नेतृत्व में विद्रोह किया।

बुन्देलों का विद्रोह

मधुकरशाह, चम्पतराय और उसके पुत्र छत्रसाल ने औरंगज़ेब के खिलाफ विद्रोह का नेतृत्व किया।

सिक्ख विद्रोह

औरंगज़ेब के खिलाफ सिक्खों का प्रत्यक्ष विद्रोह गुरू तेग बहादुर को फांसी दिये जाने के बाद शुरू हुआ। गुरू गोविन्द सिंह ने औरंगज़ेब की धर्मान्ध नीति के खिलाफ पुरजोर विरोध किया। उन्होंने सिक्खों के एक धार्मिक सम्प्रदाय को लड़ाकू एवं सैनिक सम्प्रदाय में बदल दिया।

अन्य विद्रोह

शाहजादा अकबर ने 1681 ई. में विद्रोह कर अपने को स्वतंत्र बादशाह घोषित कर दिया। 1686 ई. में औरंगज़ेब ने पुर्तगालियों के विद्रोह को दबाया।

मुगल प्रशासन

मुगलों के राजत्व की अवधारणा तुर्की मंगोल परम्परा पर आधारित थी। मुगल शासकों द्वारा स्वयं को खलीफा घोषित करना उनकी विदेशी नीति की भी मजबूरी थी, क्योंकि ऐसा न करने पर वे पश्चिम में सफवी साम्राज्य एवं उजबेग साम्राज्य से समानता के स्तर पर व्यवहार नहीं कर पाते।

केन्द्रीय प्रशासन

मुगल प्रशासन सैन्य शक्ति पर आधारित एक केन्द्रीकृत व्यवस्था थी, जो नियंत्रण एवं सन्तुलन पर आधारित थी। मुगल बादशाह अपने साम्राज्य का सर्वोसर्वा होता था। वह दैवीय अधिकारों से सम्पन्न माना जाता था। इसमें भारतीय तथा गैर-भारतीय (विदेशी) तत्वों का सम्मिश्रण था।

मुगल बादशाह

मुगल बादशाह राज्य का प्रधान होता था। वह प्रशासन का केन्द्र बिन्दु ,सर्वोच्च सेनापति तथा सर्वोच्च न्यायाधीश था। मुगल साम्राज्य चूंकि पूर्णत: केन्द्रीकृत था इसलिए बादशाह की शक्ति असीम होती थी। लेकिन प्रशासन की गतिविधियों को संचालित करने के लिए एक मंत्रिपरिषद होती थी।

वजीर/वकील

वकील या वजीर सम्पूर्ण प्रशासन का पर्यवेक्षण करता था और बादशाह इसके माध्यम से ही अन्य अधिकारियों से सम्पर्क स्थापित करता था। अकबर के काल में मुगल प्रधानमंत्री को वकील कहा जाने लगा। बैरम खां इस पद पर अधिक शक्तिशाली होने तथा कुछ अन्य कारणों से अकबर ने अपने शासनकाल के 8वें वर्ष एक नया पद दीवान-ए-वजारत-ए-कुल की स्थापना। वकील पद को केवल सम्मानसूचक बना दिया। अन्य केन्द्रीय अधिकारियों में मीर बख्शी, मीर-ए-सामाँ, सद्र-उस-सुदुर, मुख्य काजी, मुहतसिब प्रमुख थे।

मीरबख्शी

मीरबख्शी सैन्य विभाग का प्रमुख था। इस पद का विकास अकबर के काल में शुरू हुआ था। वह मनसबदारों की नियुक्ति की अनुशंसा एवं जागीर की अनुशंसा करता था। मीर बख्शी के द्वारा सरखत नामक पत्र पर हस्ताक्षर करने के बाद ही सेना का मासिक वेतन निर्धारित होता था।

मीर-ए-सामाँ

मीर-ए-सामाँ के पास साम्राज्य के अंतर्गत आने वाले कारखाने के संगठन और प्रबंध का स्वतंत्र प्रभार होता था। उसके अधीन अन्य अधिकारी थे—दीवाने-बयूतात, मुशरिफ, दरोगा और तहसीलदार। औरंगज़ेब के काल में इसे खाने-सामाँ कहा जाने लगा।

सद्र-उस-सुदूर

यह बादशाह का मुख्य धार्मिक परामर्शदाता तथा धार्मिक मामलों से संबंधित विभाग का अध्यक्ष था। इसका प्रमुख कार्य दान-पुण्य की व्यवस्था करना, धार्मिक शिक्षण की व्यवस्था करना, विद्वानों को कर मुक्ति भूमि एवं वजीफा

(मदद-ए-माश) प्रादन करना तथा इस्लामिक कानूनों के पालन की समुचित व्यवस्था करना था।

मुख्य काजी

यह न्याय विभाग का प्रधान होता था। इसे काजी-उल-कुज्जात के नाम से जाना जाता था। औरंगज़ेब के काल से पहले मुख्य सद्र ही इस विभाग का भी अध्यक्ष होता था। इसका मुख्य कार्य दीवानी और फौजदारी दोनों मामलों में शरीयत को लागू करना था।

मुहतसिब

यह जनता के नैतिक आचरणों का निरीक्षण करता था और इस बात का भी ध्यान रखता था कि शरीयत के अनुसार कार्य हो रहा है या नहीं, साथ-ही-साथ वह माप-तौल का निरीक्षण, मूल्य नियंत्रण आदि की भी देख-रेख करता था।

प्रान्तीय प्रशासन

मुगलों का प्रान्तीय शासन केन्द्रीय शासन का ही प्रतिरूप था। प्रशासन की दृष्टि से मुगल साम्राज्य को सूबों (प्रान्तों), सूबों को सरकारों (जिलों) में, सरकारों को परगनों (महालों) में तथा परगनों को गाँवों में बाँटा गया था।

प्रांतीय अधिकारी

सूबेदार

अकबर के काल में प्रांतीय प्रशासन के मुख्य अधिकारी सिपहसालार कहा जाता था, जिसे उसके उत्तराधिकारियों के समय में नाजिम-ए-सुबा कहा जाने लगा, सुबेदार को संपूर्ण सैनिक एवं असैनिक अधिकार प्राप्त था।

प्रांतीय दीवान

प्रांतीय दीवान (दीवान सूबा) सूबेदार से नीचे होता था, किंतु वह सुबेदार (गवर्नर) का मातहत नहीं होता था। वह सीधे शाही दीवान के प्रति उत्तरदायी होता था। इस प्रकार दीवान और सूबेदार एक -दूसरे पर नियंत्रण रखते थे।

बख्शी

बख्शी की नियुक्ति केंद्रीय मीरबख्शी के अनुरोध पर शाही दरबार द्वारा की जाती थी। बख्शी की वाकिया-निगर (वाकियावीस) के रूप में भी कार्य करना होता था। उस रूप में इसका कार्य सूबे की समस्त जानकारी केंद्र को देना था। प्रांतीय बख्शी और केंद्रीय मीरबख्शी में एक अंतर था कि प्रांतीय बख्शी सेनापति वेतनाधिकारी होता था, जबकि केंद्रीय मीरबख्शी सेना का वेतनाधिकारी नहीं होता था।

प्रांतीय सद्र

प्रांतीय सद्र एवं प्रांतीय काजी का पद कभी-कभी एक ही व्यक्ति को दे दिया जाता था। अतएव सद्र की दृष्टि से वह प्रजा के नैतिक चरित्र एवं इस्लाम धर्म के कानूनों के पालन की व्यवस्था करता था और काजी की दृष्टि से न्याय करता था। उसे मीर-ए-अदल भी कहा जाता था।

कोतवाल

यह सुबे की राजधानी तथा बड़े-बड़े नगरों में कानून एवं व्यवस्था की देखभाल करता था।

सरकार (जिले) का प्रशासन

प्रशासनिक सुविधा के लिए सूबों को सरकार में विभाजित किया गया था। मुगलकाल में सरकार (जिलों) में फौजदार, अमलगुजार इत्यादि महत्वपूर्ण अधिकारी होते थे। मुगलकाल में सरकार (जिले) का मुख्य प्रशासक

मुगलकालीन उच्चाधिकारी

उच्चाधिकारी	संबंधित विभाग
मीर-आतिश	शाही तोपखाने का प्रधान।
दीवान-ए-तन	वेतन और जागीरों से संबंधित।
दरोग-ए-डाक	चौकी गुप्तचर विभाग का प्रमुख।
मीर-ए-अर्ज	बादशाह के पास भेजे जाने वाले आवेदन-पत्रों का प्रभारी।
मीर-ए-बहर	जल-सेना का प्रधान।
मीर-ए-तोजक (मीर-ए-तुजुक)	धर्मानुष्ठान का अधिकारी।
मीर-ए-बर्र	वन-विभाग का अधीक्षक।
नाजिर-ए-बयूतात (या दीवान-ए-बयूतात)	शाही कारखानों का अधीक्षक।
वाकिया-नवीस	समाचार लेखक, जो राज्य के सारे समाचारों से केंद्र को अवगत कराता था।
खुफिया-नवीस	गुप्त पत्र-लेखक थे, जो गुप्त रूप से केंद्र को महत्वपूर्ण खबरें उपलब्ध कराते थे।
हरकारा	जासूस और संदेश वाहक।
वितिक्ची	प्रांतों की भूमि एवं लगान संबंधी कागजात तैयार करता था।
परवानची	ऐसी आज्ञाओं को लिखने वाला, जिस पर सम्राट की मुहर की आवश्यकता नहीं पड़ती थी।
मुशर्रिफ (लेखाधिकारी)	यह राज्य की आय-व्यय का लेखा-जोखे की जाँच करने वाला।
मुस्तौफी (लेखा परीक्षक)	यह मुशर्रिफ द्वारा तैयार आय लेखा-जोखे की जाँच करने वाला।
मुसद्दी	यह बंदरगाहों के प्रशासन की देखभाल करने वाला।

फौजदार होता था। इसका मुख्य कार्य सरकार (जिले) में कानून-व्यवस्था बनाए रखना तथा चोर-लुटेरों से जनता की रक्षा करना था।

आमिल या अमलगुजार सरकार (जिले) का भू-राजस्व अधिकारी होता था। जिसका कार्य लगान वसूल करना तथा कृषि एवं किसानों दोनों की देखभाल करना था। वह खालिसा भूमि का राजस्व भी एकत्र करता था। कोतवाल की नियुक्ति मीर-आतिश की संस्तुति पर केंद्र सरकार द्वारा की जाती थी। उसका मुख्य कार्य नगर में शान्ति एवं सुरक्षा स्थापित करना, स्वच्छता एवं सफाई की व्यवस्था करना था।

परगने का प्रशासन

सरकार कई परगनों में बँटा होता था। परगने के प्रमुख अधिकारी शिकदार, आमिल, फोतदार, कानूगों और कारकून होते थे। शिकदार का मुख्य कार्य परगने में शांति व्यवस्था स्थापित करना तथा राजस्व वसूल करवाने मे आमिल की मदद करना था।

किसानों से लगान वसूल करना मुख्य कार्य होता था। परागने के खजाँची को फोतदार कहते थे। कारकून परगने के राजस्व का लेखा करने वाला क्लर्क होता था।

ग्राम प्रशासन

मुगल शासक गाँव को एक स्वायत्त संस्था मानते थे, जिसके प्रशासन का उत्तरदायित्व मुगल अधिकारियों को नहीं दिया जाता था। गाँव का मुख्य अधिकारी ग्राम प्रधान होता था, जिसे खुत, मुकद्दम या चौधरी कहा जाता था। उसकी सहायता के लिए एक पटवारी होता था।

सैन्य प्रशासन

मुगल सेना का गठन दशमलव प्रणाली पर किया गया था। मुगल सैन्य दल को चार श्रेणियों में विभाजित किया गया था।

1. अधीनस्थ राजाओं की सेनाएँ
2. मनसबदारों की सैन्य टुकड़ियाँ
3. अहदी सैनिक
4. दाखिली सैनिक (पूरक सैनिक)

अहदी सैनिक बादशाह के सैनिक होते थे और इन्हें एक अलग अमीर और बख्शी के अधीन रखा जाता था। दाखिली इन्हें मनसबदारों की सेवा में रखा जाता था।

पैदल सेना

मुगलों की पैदल सेना में दों प्रकार के सैनिक होते थे

1. **अहशाम सैनिक** इसमें बंदूकची, शमशीरबाज और तलवारबाज आदि थे, जो तीर-कमान,भाला, तलवार और कटार आदि हथियारों का प्रयोग करते थे।
2. **सेहबंदी सैनिक** ये सैनिक बेकार (बेरोजगार) लोगो से लिए जाते थे, जो मालगुजारी वसूल करने में सहायता करते थे।

अश्वारोही सेना

यह सेना मुगल सेना का प्राण मानी जाती थी। इसमें दो प्रकार के घुड़सवार सैनिक थे—

1. **बरगीर** इनका सारा साज-समान राज्य की ओर से दिया जाता था।
2. **सिलेदार** इन्हें अपने साज-समान (घोड़े और अस्त्र-शस्त्र)की व्यवस्था स्वयं करनी होती थी। इन्हें केवल युद्ध के अवसर पर ही नियुक्त किया जाता था इनका वेतन बरगीर से अधिक होता था।

हाथी सेना

अकबर ने इसके प्रबंध के लिए एक अलग विभाग स्थापित किया, जिसे पीलखाना कहा जाता था। अकबर जिन हाथियों का प्रयोग अपनी सेना के लिए करता था, उन्हें खास कहा जाता था।

नौसेना

मुगलकाल में नौसेना का कोई सुव्यवस्थित संगठन नहीं था, अकबर ने एक विभाग स्थापित किया, जिसे नवाड़ा कहा जाता था। इसका प्रमुख अधिकारी मीर-ए-बहर होता थां।

तोपखाना

मीर-ए-आतिश मुगल तोपखाने का प्रमुख अधिकारी होता था। मुगल तोपखाने का दो भागों में बाँटा गया है—जिन्सी एवं दस्ती/जिन्सी भारी तोपे होती थीं,जबकि दस्ती हल्की तोपें थीं।

मनसबदारी व्यवस्था

मनसब एक फारसी शब्द है, जिसका अर्थ होता है—'पद'। मनसबदारी में जात एवं सवार की द्वैध व्यवस्था लागू होती थी। जात मनसबदार के दर्जे तथा वेतन का सूचक था जबकि सवार उस संख्या को प्रदर्शित करता था। जितने घुडसवार मनसबदार से रखने अपेक्षित थे। जात व सवार के द्वारा ही मनसबदार की हैसियत का अंदाजा लगाया जा सकता था। जात व सवार के आधार पर मनसबदारों की तीन श्रेणियाँ थीं—

1. पहली श्रेणी सवार रैंक, जात रैंक के बराबर
2. दूसरी श्रेणी सवार रैंक, जात रैंक से आधा या आधे से अधिक
3. तीसरी श्रेणी सवार रैंक, जात रैंक के आधे से कम

अबुल फजल ने आइने अकबरी में 66 मनसबों का उल्लेख किया है, कितु व्यवहार में 33 मनसब ही प्रदान किए जाते थे।

जहाँगीर ने एक ऐसी प्रथा चलाई, जिसमें बिना जात पद (रैंक) बढ़ाए ही मनसबदारों को अधिक सेना रखने को कहा जाता था। इस प्रथा को सिह अस्पा एवं द्वि अस्पा कहा जाता था। सिह अस्पा में मनसबदारों को अपने

सवार रैंक के तीन गुने घोड़े रखने होते थे जबकि दुह अस्पा में दुगुने घोड़े रखने होते थे।

जागीरदारी व्यवस्था

मनसबदारों को जब नकद वेतन के बदले किसी भू-क्षेत्र का राजस्व आवंटित किया जाता था, तो इसे जागीर कहा जाता था। भू-क्षेत्र से लगान एवं अन्य करों की वसूली का अधिकार होता था। जागीरों को हस्तांतरित किया जा सकता था।

जागीरें कई प्रकार की होती थी, जैसे-जागीर तनख्वाह, मशरूत जागीर (शर्त पर दी गई जागीर), वेतन जागीर, इनाम जागीर (पुरस्कारस्वरूप दी गई जागीर, किंतु प्रशासनिक दायित्व नहीं) अलतमगा जागीर आदि।

मुगलों की न्याय व्यवस्था

मुगल बादशाह स्वयं राज्य का प्रधान न्यायाधीश होता था। बादशाह के बाद काजी मुख्य न्यायाधीश होता था। उसकी सहायता के लिए मुफ्ती नियुक्ति होते थे, जो कुरान की व्यवस्थाओं की व्याख्या करते थे। काजियों की अदालत में अधिकांशत: धर्म-संबंधी या संपति-संबंधी मुकदमें आया करते थे। अकबर ने अपने शासनकाल मे हिंदू पण्डितों को हिंदुओं के मुकदमों का निर्णय करने के लिए नियुक्त किया था। जहाँगीर ने श्रीकांत नामक एक हिदुओं के मुकदमों का निर्णय करने के लिए 'जज' नियुक्त किया था।

मुगलकालीन राजस्व व्यवस्था

मुगलकाल में राज्य की आय का मुख्य स्रोत भू -राजस्व था। मुसलमानों से जकात (संपति का 2.5%) गैर-मुसलमानों से जजिया वसूली जाती थी। साथ ही खुम्स (लूट का माल) भी राजस्व का स्रोत था। संपूर्ण भू-भाग तीन भागों में विभाजित था, जिनसे अलग-अलग मदों में कर प्राप्त किया जाता था, जैसे—खालिसा भूमि या शाही भूमि होती थी, जिसका संपूर्ण राजस्व शाही खजाने में जमा होता थी।

तीसरी प्रकार की भूमि सयूरगाल या मदद-ए-माश भूमि थी, जो अनुदान के रूप में विद्वानों एवं धार्मिक व्यक्तियों को दी जाती थी, जिस पर अनुदान ग्राही का वंशानुगत अधिकार होता था। प्रारंभ में अकबर ने शेरशाह द्वारा अपनाई गई, जब्ती प्रणाली को अपनाया, जिसमें राई के आधार पर भूमि उत्पादन का 1/3 भाग कर के रूप में लिया जाता था।

भू-राजस्व प्रणाली

पैमाइश को जब्त भी कहते थे। इसके तहत भूमि की माप की जाती थी। तथा इसमें जोते और बोए गए क्षेत्र की माप के आधार पर भू-राजस्व निर्धारण होता था।

बटाई के तहत फसल की पैदावार को राज्य एवं किसान के बीच बाँट लिया जाता था। बटाई तीन प्रकार की होती थी—

1. **रास बटाई या भावली—** फसल को काटने के बाद फसल के ढेर को बाँट लिया जाता था।
2. **लंक बटाई—** फसल से भूसा अलग करके अनाज के ढेर को बाँट लिया जाता था।
3. **खेत बटाई—** खेत को जोतने-बोने के लिए बाट लिया जाता था।

भूमि के प्रकार

भूमि को निम्न कोटियों में बाँटा गया था—

- **पोलज** ऐसी भूमि जहाँ हर वर्ष खेती होती थी, इस पर पूरा भू-राजस्व वसूला जाता था।
- **परती** ऐसी भूमि जो साल भर से परती पड़ी होती थी। यानि जहाँ साल भर से खेती नहीं हो रही हो इस पर पूरा भु-राजस्व वसूला जाता था।
- **चाचर** ऐसी भूमि, जो तीन-साल से परती पड़ी हों। इस पर खेती करने पर प्रांरभ में कम भू-राजस्व वसूला जाता था। तीसरे साल से पूरा भू -राजस्व वसूलना प्रारंभ होता था।

मुगलकाल में राजस्व निर्धारण पद्धति की चार प्रणालियां प्रचलित थीं—

1. जब्ती या दहशाला प्रणाली
2. बटाई, गल्ला, बख्शी या मओली
3. कनकूत
4. नस्क

मुगलकालीन समाज

मुगल कालीन जनसंख्या शहरों तथा गावों में निवास करती थी। इस समय समाज की आधारभूत इकाई गाँव थी। यहाँ के अधिकांश निवासी किसान थे। संपूर्ण कृषक वर्ग सामाजिक प्रतिष्ठा और धनके आसमान वितरण के आधार पर तीन वर्गों में बँटा हुआ था—

1. **उच्चवर्ग—**शासक तथा अमीर वर्ग।
2. **मध्यवर्ग—**व्यापारी, वैद्य, धार्मिक नेता।
3. **निम्नवर्ग—**किसान व जनसाधारण।

मध्यकाल में भी स्त्रियों की स्थिति अच्छी नहीं थी इसकाल में भी पर्दा-प्रथा बाल-विवाह, सती प्रथा और बहुविवाह जैसी सामाजिक कुरीतियाँ प्रचलित थीं, किंतु विभिन्न वर्गो की स्त्रियों की दशा में भिन्नता थी। मुसलमानों में तलाक तथा पुनर्विवाह सामान्य बात थी, परंतु हिंदुओं ने इस प्रथा से घृणा की। बाल विवाह दोनों ही समुदायों में आम बात थी।

ग्रामीण जीवन

ग्रामीण समाज में किसानों तथा शिल्पकारों की प्रधानता थी। आसामी बड़े किसान थे। इनकी संख्या कम थी। मझोले किसान सबसे अधिक थे। गाँव के लिए जरूरी काम करने वाले लोग बलूटेदार कहलाते थे। इनमें नाई, धोबी, लोहार, बढ़ई आदि शामिल थे। इसके अलावा बलूटेदार लोग थे। जिनमें सुनार, दर्जी, भिश्ती, पुरोहित, गायक, वादक आदि शामिल थे।

मुगलकालीन अर्थव्यवस्था

मुगलकालीन अर्थव्यवस्था मूलत: कृषि पर आधारित थी तथा आय का प्रमुख स्रोत भू-राजस्व था। अत: मुगल शासकों ने कृषि विकास की ओर विशेष ध्यान दिया। कृषि के अतिरिक्त उद्योग व व्यापार भी उन्नत अवस्था में थे।

कृषि

कृषि के विस्तार तथा बेहतरी के लिए मुगल बादशाहों ने किसानों को बढ़ावा दिया और इसके लिए तकावी नामक ऋण भी वितरित किया। लगभग सभी खद्यान्नों का उत्पादन किया जाता था। कुछ क्षेत्र वस्तु विशेष के लिए प्रसिद्ध थे, जैसे—आगरा के निकट बयाना तथा गुजरात में सरखेज से सर्वोत्तम किस्म की नील पैदा की जाती थी। इसका विशद् वर्णन पेलसार्ट ने किया है।

यूरोपियों के आगमन से भारत में विदेशी फसलों का उत्पादन भी प्रारंभ हुआ, जैसे—अकबर के काल में पुर्तगालियों द्वारा तम्बाकू भारत लाया गया, मक्का भी अमेरिका से भारत लाया गया, ज्वार, कॉफी, आलू, लाल मिर्च व टमाटर सभी विदेशियों द्वारा ही भारत लाई गई फसलें हैं।

उद्योग

मुगलकाल में सूती वस्त्र उद्योग सबसे उन्नत अवस्था में था और इस पर शासन का पूर्ण नियंत्रण रहता था। यह एकमात्र ऐसा उत्पाद था, जिसका विदेशों में सबसे अधिक निर्यात होता था, भारत में निर्मित कपड़ों को 'केलीको' कहा जाता था।

रेशमी कपड़ा विदेशों से मँगाया जाता था। रेशमी कपड़ों को पटोला कहा जाता था। इत्र (अस्मत बेगम द्वारा आविष्कृत), सुगन्धित तेल तथा गुलाब जल जैसी वस्तुओं के उत्पादन में जौनपुर और गुजरात प्रसिद्ध थे। गोवा, भड़ौच, मछलीपट्टनम प्रमुख जहाज निर्माण केन्द्र थे। काष्ठ उद्योग के लिए कश्मीर विख्यात था।

व्यापार एवं वाणिज्य

आन्तरिक व बाह्य दोनों प्रकार के व्यापार का विकास मुगलकाल में हुआ। साम्राज्य का प्रमुख व्यापारिक मार्ग आगरा से अहमदाबाद होता हुआ सूरत तक जाता था। मुगलकाल में थोक व्यापारियों को सेठ, बोहरा व मोदी कहा जाता था, जबकि खुदरा व्यापारियों को वणिक् कहा जाता था। दक्षिण भारत में चेट्टी व्यापारिक समुदाय के प्रमुख अंग थे।

इस काल में सामान्यत: चुँगी की दर प्रारंभ में वस्तु के मूल्य का 2.5% होती थी, किन्तु बाद में इसे बढ़ाकर 3.50% कर दिया गया। औरंगज़ेब के काल में हिन्दू व्यापारियों से वस्तु के मूल्य का 5% तथा मुसलमान व्यापारियों से 2.5% लिया जाने लगा।

इस काल में वस्तु विनिमय का माध्यम हुण्डी (एक प्रकार का अल्पकालिक ऋण-पत्र) था। यह वह चिट्ठी होती थी, जिसका भुगतान एक निश्चित अवधि के बाद कुछ कटौती करके किया जाता था। 18वीं शताब्दी में बंगाल एवं गुजरात में ऋण प्रदान करने की एक नई व्यवस्था शुरू हुई, जिसे ददनी (अग्रिम संविदा एवं पेशगी) कहा जाता था। इसके अंतर्गत दस्तकारों (विशेषत: जुलाहों) को अग्रिम पेशगी देकर एक करार कर लिया जाता था।

इस काल में प्रारंभ में निर्यात की मुख्य वस्तु नील, शोरा, अफीम एवं सूती वस्त्र था, जबकि मुख्य आयात सोना, चाँदी, घोड़ा, कच्चा रेशम आदि वस्तुओं का होता था।

मुगलकालीन कला एवं संस्कृति

मुगल काल में कला एवं संस्कृति के क्षेत्र में उल्लेखनीय विकास हुआ। यह विकास स्थापत्य, चित्रकला, संगीत आदि सभी क्षेत्रों में दृष्टिगोचर होता है।

स्थापत्य कला

मुगलकालीन स्थापत्य मध्य एशिया की इस्लामी और भारतीय कला का मिश्रित रूप है, जिसमें फारस, मध्य एशिया, तुर्की, गुजरात, बंगाल एवं जौनपुर आदि स्थानों को परंपराओं का अद्‌भुत मिश्रण मिलता है। इस स्थापत्य की मुख्यतम विशेषता-संगमरमर के पत्थरों पर हीरे-जवाहरात से की गई जड़ावट पित्राड्यूरा एवं महलों तथा विलास भवनों में बहते पानी का उपयोग है।

पानीपत के निकट काबुली-बाग में एक मस्जिद (1529 ई.) बनवाई। बाबर ने रूहेलखण्ड में सम्भल की जामी मस्जिद तथा आगरा में लोदी किले के भीतर एक मस्जिद बनवाई एवं ज्यामितीय विधि पर आधारित एक उद्यान आगरा में लगवाया, जिसे उसने नूर अफगान नाम दिया।

हुमायूँ ने 1553 ई. में दिल्ली में दीनपनाह नामक एक नगर का निर्माण करवाया। तथा हिसार जिले में फतेहाबाद नामक स्थान पर फारसी शैली में एक मस्जिद का निर्माण करवाया। अकबरकालीन स्थापत्य कला में भारतीय एवं ईरानी शैलियों का सुन्दर समन्वय दृष्टिगोचर होता है। इसमें अधिकांशत: शहतीरी शैली का प्रयोग हुआ, किन्तु सजावट के लिए इस्लामी की मेहराबी शैली का प्रयोग भी हुआ है। अकबरकालीन भवनों में अधिकतर लाल पत्थरों का प्रयोग हुआ है, किन्तु प्रभाव के लिए कहीं-कहीं सफेद संगमरमर का भी प्रयोग दिखाई देता है।

जहाँगीर कालीन स्थापत्य में सजावट पर विशेष बल दिया गया है। जहाँगीर कालीन प्रमुख इमारतें हैं—सिकन्दरा में स्थित अकबर का मकबरा, आगरा में स्थित एतमादुद्उदौला का मकबरा, दिल्ली स्थित अब्दुर्रहीम खानखाना का मकबरा। एतमादुद्दौला के मकबरे को ताजमहल और हुमायूँ के मकबरे के बीच की कड़ी कहा जाता है। पित्रदुरा का प्रथम प्रयोग एतमादुद्दौला के मकबरे में किया गया।

शाहजहाँ के काल में मुगल स्थापत्य कला अपने चरमोत्कर्ष पर पहुँच गई, जिसमें संगमरमर का बड़े पैमाने पर प्रयोग किया गया। उसने आगरा तथा दिल्ली में अनेक भवनों का निर्माण कराया। आगरा में दीवान-ए-खास, रंग महल, शीश महल, खास महल, मच्छी महल, नगीना मस्जिद, मुसम्मन बुर्ज, मोती मस्जिद हैं। आगरा के स्मारकों में सर्वाधिक महत्वपूर्ण ताजमहल है, जिसे उसने अपनी प्रिय पत्नी मुमताजमहल की स्मृति में बनवाया था।

शाहजहाँ ने दिल्ली में 1639 ई. में शाहजहाँबाद नामक नगर बसाया, यहीं लाल किला एवं जामा मस्जिद बनवाए गए। दिल्ली के लाल किला में दीवान-ए-आम, दीवान-ए-खास, हीरा महल, रंग महल, ख्वाब गाह, हमारा आदि निर्मित कराए गए।

औरंगज़ेब के शासनकाल के सुन्दर भवनों में लाहौर की बादशाही मस्जिद, दिल्ली के लाल किले की मोती मस्जिद और औरंगाबाद में स्थित रविया-उद्-दुर्रानी का मकबरा प्रमुख हैं।

चित्रकला

मुगल चित्रकला की नींव हुमायूँ द्वारा फारस में डाली गई। उसके साथ मीर सैयद अली तबरीजी तथा ख्वाजा अब्दुस्समद नामक चित्रकार भी भारत आए। दोनों को मुगल शैली का संस्थापक माना जाता है।

अकबर ने चित्रकला को विशेष प्रश्रय दिया, चित्रकला का एक पृथक विभाग बनाया। इस विभाग का अध्यक्ष अब्दुस्मद था। उसने अपनी चित्रशाला में विदेशी चित्रकारों के साथ-साथ स्थानीय चित्रकारों को भी रखा। अकबरकालीन प्रमुख चित्रकार थे मीर सैयद अली, अब्दुस्मद, मिस्किन (यूरोपीय शैली का चित्रकार), फारूख बेग बसावन (व्यंग्य चित्रकार थे) एवं दसवन्त (हिन्दुओं में अग्रणी थे) मुगल काल की महत्वपूर्ण कृति दास्तान-ए-अमीर-हम्जा (हम्जानामा) का चित्रंकन इसी काल में हुआ।

जहाँगीर काल को मुगल चित्रकला का स्वर्णकाल कहा जाता है। इसने नवीन चित्रशाला का आगरा में निर्माण कराया। चित्रकला में ईरानी के स्थान पर यूरोपीय शैली का प्रभाव बढ़ा तथा प्राकृतिक चित्रण को प्रमुखता प्रदान की गई। अद्भुत और विरलें पुष्पों, वनस्पतियों और पशु-पक्षियों का प्रमुखता से चित्रण हुआ। जहाँगीरकालीन प्रमुख चित्रकारों में अकारित्र, अबुल हसन (नादिर-एल-जमाँ की उपाधि), दौलत, मंसूर (नादिर-उल-अस्र की उपाधि), विशनदास तथा फारूख बेग प्रमुख हैं। मंसूर पशु-पक्षी तथा प्रकृति चित्रण में एवं अबुल हसन व्यक्ति-चित्र में सिद्धहस्त थे।

संगीत कला

बाबर एवं हुमायूँ ने भी यद्यपि संगीत को प्रोत्साहन दिया, किन्तु यह अकबर ने काल में अपने शिखर पर पहुँची। अबुल फजल के अनुसार—अकबर के दरबार में 36 गायकों को राज्याश्रय प्राप्त था। अकबर स्वयं बहुत अच्छा नक्कारा (नगाड़ा) बजाता था। अकबर ने तानसेन को 'कण्ठाभरणवाणी विलास' की उपाधि प्रदान की थी।

अकबर के काल के प्रमुख संगीतज्ञ थे—तानसेन, बाजबहादुर, बैजबख्त, गोपाल, हरिदास, रामदास, सुजान खाँ, मियाँ चाँद तथा मियाँ लाल एवं बैजू बावरा (दरबार से सम्बन्धित नहीं था) प्रमुख थे।

जहाँगीर के काल में प्रमुख संगीतज्ञों में तानसेन के पुत्र बिलास खाँ, छतर खाँ, मक्खू तथा हमजान प्रमुख थे। जहाँगीर ने एक गजल गायक शौकी को आनन्द खाँ की उपाधि दी।

शाहजहाँ अत्यन्त रसिक एवं संगीत-मर्मज्ञ था। कहा जाता है कि उसके दीवाने-खास में प्रतिदिन वाद्य-वादन और संगीत हुआ करता था। शाहजहाँ के काल के प्रमुख संगीतज्ञ थे—लाल खाँ, खुशहाल खाँ और बिसराम खाँ। शाहजहाँ ने लाल खाँ (बिलास खाँ के दामाद) को गुनसमुन्दर (गुण समुद्र) की उपाधि दी थी।

औरंगज़ेब ने संगीत को इस्लाम विरोधी मानकर पाबन्दी लगा दी थी, किन्तु उसी के काल में फारसी भाषा में भारतीय शास्त्रीय संगीत पर सर्वाधिक पुस्तकें लिखी गईं। औरंगज़ेब स्वयं एक कुशल वीणावादक था। औरंगज़ेब के काल के प्रमुख संगीतज्ञ रसबैन खाँ, सुखीसेन, कलावन्त, हयात सरसनैन और किरपा थे।

शिक्षा एवं साहित्य

शिक्षा

मुगल शासकों ने शिक्षा का पोषण किया। मुगल काल में मकतब और मदरसों की व्यवस्था थी, जहाँ शिक्षा दी जाती थी। बाबर के समय में एक विभाग—शुहरमे-आम होता था, जो स्कूल एवं कॉलेजों की व्यवस्था करता था। हुमायूँ ज्योतिष एवं भूगोल का अच्छा ज्ञाता था, उसने दिल्ली में एक पुस्तकालय भी बनवाया था। माहम अनगा (अकबर की दाई माँ) ने दिल्ली में मदरसा-ए-बेगम की स्थापना की थी।

शाहजहाँ ने दिल्ली में एक नए कॉलेज का निर्माण करवाया तथा दारूल-बर्का नामक कॉलेज की मरम्मत करवाई। मुगल राजपरिवार का सर्वाधिक विद्वान शहजादा दाराशिकोह था, वह हमेशा विद्वानों एवं सन्तों का आदर करता था। उसकी बड़ी बहन जहाँआरा भी एक विद्वान और विद्वानों का आदर करने वाली महिला थी। औरंगज़ेब के समय में मकतबों एवं मदरसों को सहायता दी जाती थी, किन्तु उसने हिन्दू पाठशालाओं को बन्द करवाने कोशिश की।

मुगल काल में विद्यार्थियों को तीन प्रकार की उपाधियाँ दी जाती थीं—तर्क और दर्शन के विद्यार्थी को फाजिल, धार्मिक शिक्षा के विद्यार्थियों को आमिल तथा साहित्य के विद्यार्थियों की काबिल।

मुगल काल में साहित्य का पर्याप्त विकास हुआ। बाबर ने तुर्की भाषा में अपनी आत्मकथा लिखी। हुमायूँ के काल में भी साहित्य की रचना हुई। दरबारी इतिहास लिखवाने की परंपरा अकबर ने शुरू की। अकबर के काल में विभिन्न पुस्तकों का अनुवाद भी किया गया।

अकबर ने फैजी के अधीन एक अनुवाद विभाग की स्थापना की थी। अकबर के आदेश से महाभारत के विभिन्न भागों का फारसी में अनुवाद किया गया तथा उसका संकलन रज्मनामा नाम से किया गया। इसके अतिरिक्त सिंहासन बत्तीसी तथा पंचतंत्र का 'कल्लीला-ए-दिमना' नाम से तथा अबुल फजल ने कालिया-दमन का 'यार-ए-दानिश' नाम से अनुवाद किया।

अकबर के शासनकाल में बदायूँनी ने रामायण का, राजा टोडरमल ने भागवत पुराण का, इब्राहिम सरहिन्दी ने अथर्ववेद का, फैजी ने गणित की एक पुस्तक लीलावती का, मुकम्मल खाँ गुजराती ने ज्योतिष तजक का जहाँन-ए-जफर नाम से, अब्दुर्रहीम खानखाना ने तुजुके-बाबरी, मौलाना शाह मुहम्मद शाहावादी ने कश्मीर के इतिहास (राजतरंगिणी) का फारसी में अनुवाद किया।

मुगलकालीन साहित्य

रचना	भाषा	रचनाकार
तुजुके-बाबरी (बाबरनामा)	तुर्की	बाबर (आत्मकथा)
हुमायूँनामा	फारसी	गुलबदन बेगम
तारीख-ए-रशीदी	फारसी	मिर्जा हैदर दोगलत
अकबरनामा	फारसी	मुल्ला दाऊद
तबकाते-अकबरी	फारसी	अबुल फजल
मुन्तखब-उल-तवारीख	फारसी	निजामुद्दीन अहमद
तुजुके-जहाँगीरी	फारसी	अब्दुल कादिर बदायूँनी
इकबालनामा-ए-जहाँगीरी	फारसी	जहाँगीर, मौतमिद खाँ
बादशाहनामा	फारसी	मौतमिद खाँ बख्शी
बादशाहनामा	फारसी	मोहम्मद अमीन कजवीनी
चहार-चमन	फारसी	अब्दुल हमीद लाहौरी (मेहम्मद वारिस ने पूर्ण किया)
शाहजहाँनामा	फारसी	चन्द्रान
आलमगीरनामा	फारसी	काजिम शीराजी
फुतूहात-ए-आलमगीरी	फारसी	ईश्वरदास नागर
मासिर-ए-आलमगीरी	फारसी	साकी मुसतइद खाँ
मुन्तखब-उल-नुवाक	फारसी	खफी खाँ
मुन्तसब-ए-दिलकुआँ	फारसी	भीमसेन सक्सेना
खुलासत-उत-तवारीख	फारसी	सुजानराय भण्डारी
मज्म-उल-बहरीन	फारसी	दारा शिकोह

मुगलकाल में आए विदेशी यात्री

विदेशी यात्री	मुगल शासक
राल्फ फिच (इंग्लैण्ड)	अकबर
सर टॉमस रो व कैप्टन हाकिन्स (इंग्लैण्ड)	जहाँगीर
फ्रांसिस बर्नियर (फ्रांसिसी)	शाहजहाँ
पीटर मुण्डी (इटली)	शाहजहाँ
मनूची (इटली)	शाहजहाँ
ट्रैवर्नियर (फ्रांसिसी)	शाहजहाँ

तकनीकी विकास

भारत में पहली बार बाबर ने आग्नेय अस्त्रों (तोड़ेदार बन्दूक) का इस्तेमाल किया। यूरोप में बन्दूक चलाने के लिए दो विधियों का उपयोग किया जाता था। चक्र तकनीकी (व्हीललॉक) एवं चकमकी पत्थर की विधि। फ्रिलण्टलॉक का प्रयोग पिस्तौल के लिए होता था।

मुगलों ने यूरोपवासियों से जहाजों के निर्माण में कील का उपयोग तथा जहाज से पानी निकालने के लिए उपयोग में लाए जाने वाले चेन पंप (तासघड़ियाल यंत्र) का प्रयोग सीखा।

16वीं एवं 17वीं शताब्दी के दौरान भारत के शहरों में समय पता करने के लिए जलघड़ी का प्रयोग किया जाता था। इसे फारसी में तास और पूर यान्त्रिकी को ताप घड़ियाल कहा जाता था। यूरोपवासी भारत में यान्त्रिक घड़ी लेकर आए। सर टॉमस रो ने जहाँगीर को एक यान्त्रिक घड़ी भेंट स्वरूप दी थी।

मुगलकाल में भवन का नक्शा बनाने की प्रथा चल पड़ी, जिसे फारसी में खाका कहते थे। जहाँगीर के समय नूरजहाँ की माँ अस्मत बेगम ने गुलाब जल से इत्र बनाने का आविष्कार किया था। पानी को ठण्डा करने की विधि भी ज्ञात थी, इसके लिए 'शोरे' का उपयोग किया जाता था।

अध्याय सार संग्रह

- बाबर ने 1526 ई. में सल्तनत शासक इब्राहिम लोदी को पराजित कर भारत में मुगल शासन की स्थापना की।
- बाबर ने अपनी आत्मकथा तुजुक-ए-बाबरी तुर्की भाषा में लिखी है।
- शेरशाह के शासन काल में जायसी ने पद्‌भावत की रचना की।
- मुगलकाल में अकबर ने मनसबदारी प्रथा लागू की।
- अकबर ने सभी धर्मों को मिलाकर तौहीद-ए-इलाही नामक एक नये धर्म की स्थापना की।
- अकबर ने सत्तासीन होने के समय बड़े दिनों के लिए सूर सम्राज्य के हिन्दू सेनापति हेमू ने दिल्ली की गद्दी पर राज किया।
- अकबर ने 1564 ई. जजिया कर हटा दिया जबकि औरंगज़ेब में 1679 ई. में फिर से जजिया कर को लागू कर दिया।
- जहांगीर ने चित्रकार उस्ताद मंसूर को नादिर-उल-अस्त्र की उपाधि प्रदान की थी।
- कैप्टन हॉकिन्स और थॉमस रो ने जहाँगीर के संबंध में विस्तृत चर्चा की है।
- मुगल काल में सार्वजनिक आचार को नियंत्रित करने वाला अधिकारी मुहतसिब कहलाता था।
- शाहजहाँ ने 1648 ई. में आगरा से अपनी राजधानी को स्थानांतरित कर दिल्ली को बनाया।
- शाहजहाँ के शासनकाल से शासन के क्षेत्र में राजपूतों के प्रभाव में कमी आने लगी।
- मुगलकाल में गुप्त सूचनाओं के संवाहक को हटकारा कहा जाता था।
- सम्राट के बाद मुगल सम्राज्य में सर्वोच्च न्यायाधिकारी काजी-उल-कुजात होता था।
- मुगलकाल में निर्यात की प्रमुख वस्तु नील थी।
- बाबर ने लाहौर का शालीमार बाग और कश्मीर में निशात बाग का निर्माण करवाया।
- अकबर के शासन काल में लड़कों के विवाह की आयु 16 वर्ष तथा लड़कियो के विवाह की आयु 14 वर्ष निर्धारित की गई थी।

13 अध्याय

मराठा राज्य और संघ

इस अध्याय में आप सीखेंगे किः

- मराठा साम्राज्य का उदय और विस्तार कैसे हुआ और यह साम्राज्य धीरे-धीरे दक्षिणी भारत में अपनी स्थिति कैसे मजबूत कर पाया।
- मराठा साम्राज्य की केन्द्रीय, प्रांतीय, सैन्य शासन, भू-राजस्व प्रणाली कैसी थी और शिवाजी के उत्तरधिकारियों ने कौन से विशेष कार्य किए।
- पेशवाओं के काल में मराठा, शक्ति का उत्कर्ष कैसे और किन परिस्थितियों में शीर्ष ऊँचाईयों तक पहुँचा।

मराठा शक्ति का उत्कर्ष (Maratha Empire)

मराठों का उत्कर्ष देवगिरि के यादवों के अधीन हुआ, इस राज्य के पतन के बाद वे बहमनी राज्य की सेवा में चले गए। मराठे वीरता, साहस और सैनिक गुणों से परिपूर्ण थे, जिन्होंने उनकी राजनीतिक उत्कर्ष में महत्वपूर्ण भूमिका निभायी। इसके साथ ही महाराष्ट्र की भौगोलिक स्थिति ने मराठों को विशेष सुरक्षा तथा युद्ध की छापामार पद्धति के विकास में विशेष योगदान दिया। भक्ति आन्दोलन तथा धर्म सुधार आन्दोलन के सन्तों—ज्ञानेश्वर, एकनाथ, तुकाराम, रामदास आदि सन्तों ने मराठा क्षेत्रवाद तथा राष्ट्रवाद की भावना को उभारने में महत्वपूर्ण भूमिका निभायी।

शिवाजी (1627–1680 ई.)

इनका जन्म शिवनेर के किले में अप्रैल, 1627 में हुआ था। इनकी माता का नाम जीजाबाई (देवगिरि के जागीरदार यादवराय की पुत्री) तथा पिता का नाम शाहजी भोंसले था। शाहजी भोंसले ने अपना जीवन अहमदनगर के सुल्तान के यहाँ एक सैनिक के रूप में शुरू किया और कालान्तर में अपनी योग्यता के बल पर पूना में जागीर प्राप्त कर ली।

इन्होंने अपने पुत्र का नाम शिवाजी रखा था। दादाजी कोण्डदेव शिवाजी के संरक्षक थे, जो पूना स्थित शाहजी की जागीर की देखभाल करते थे। शिवाजी पर धरकरी सम्प्रदाय से सम्बन्धित समर्थ गुरू रामदास का अत्यधिक प्रभाव पड़ा।

शिवाजी के प्रारंभिक अभियान

शिवाजी ने 1643 ई. में सिंहगढ़ दुर्ग पर अधिकार कर लिया। सिंहगढ़ उस समय बीजापुर के अधिकार में थी इसके अतिरिक्त शिवाजी ने चाकन, पुरन्दर, सूपा, जावली आदि दुर्गों पर भी अधिकार कर लिया। 1645-47 ई. में शिवाजी द्वारा बीजापुर के महत्वपूर्ण दुर्गों रायगढ़, तोरण, गुरूम्बगढ़ तथा 1647 ई. में कोण्डाना पर अधिकार करने के परिणामस्वरूप बीजापुर के सुल्तान ने 1648 ई. में शाहजी को कैद कर लिया। अतः पिता की रिहाई के लिए शिवाजी को कोण्डाना का दुर्ग वापस करना पड़ा। 1664 ई. में इन्होंने पुरन्दर का किला नीलोजी नीलकण्ठ से जीता तथा 1656 ई. में चन्द्रराव मोरे से जावली का किला जीता।

शिवाजी ने अप्रैल, 1656 में रायगढ़ को अपनी राजधानी बनाया। 1657 ई. में अहमदनगर तथा जुन्नार पर आक्रमण के समय इन्होंने पहली बार मुगलों (औरंगज़ेब) का सामना किया।

बीजापुर से संघर्ष

शिवाजी की सफलताओं से नाराज होकर बीजापुर ने अपने सरदार अफजल खाँ को सितम्बर, 1659 में उनके विरुद्ध कार्यवाही करने भेजा।

अफजल खाँ ने कूटनीति के सहारे शिवाजी को दुर्ग से निकालकर हत्या करने की योजना बनाई। अफजल खाँ के दूत कृष्णा जी भास्कर द्वारा शिवाजी को अफजल खाँ के षड्यंत्र का पता चला। फलतः इन्होंने अफजल खाँ को उसी की भाषा में जवाब देने का निर्णय किया और अफजल खाँ का वध कर दिया।

शिवाजी और मुगल

मराठों के बढ़ते प्रभाव को नियंत्रित करने के लिए औरंगज़ेब ने 1660 ई. में अपने मामा शाइस्ता खाँ को शिवाजी के दमन के लिए दक्षिण का सूबेदार नियुक्त किया। 15 अप्रैल, 1663 को रात्रि के समय शिवाजी ने दुस्साहसपूर्ण अंजाम देते हुए शाइस्ता खाँ के पूना शिविर में घुसकर हमला कर दिया। शाइस्ता खाँ का अंगूठा कट गया, परन्तु वह वहाँ से भाग निकला।

16 जनवरी, 1664 को शिवाजी ने मुगलों के समृद्ध बन्दरगाह सूरत को लूटा। इससे मुगलों की प्रतिष्ठा को भारी धक्का लगा। क्रुद्ध औरंगज़ेब ने शाइस्ता खाँ को वापस बुला लिया और अपने राजपूत सेनापति जयसिंह को शिवाजी के दमन हेतु दक्कन भेजा। जयसिंह स्थितियों पर नियंत्रण करने में सफल रहा। उसने 24 जून, 1665 को शिवाजी को पुरन्दर की सन्धि के लिए बाध्य कर दिया।

पुरन्दर की सन्धि (1665 ई.)

इस संधि के अनुसार शिवाजी को अपने 33 में से 23 किले मुगलों को देने पड़े, तथा उनके पुत्र शम्भाजी को मुगल दरबार में 5000 का मनसब दिया गया तथा शिवाजी ने मुगलों की तरफ से बीजापुर के विरुद्ध युद्ध एवं सेवा करने का वचन दिया। इस सन्धि के बाद शिवाजी औरंगज़ेब से मिलने आगरा पहुँचे, किन्तु औरंगज़ेब ने उन्हें कैद कर लिया। शिवाजी किसी तरह वहाँ से भाग निकलने में सफल रहे।

शिवाजी का राज्याभिषेक

16 जून, 1674 को रायगढ़ किले में काशी के प्रसिद्ध विद्वान गंगाभट्ट द्वारा शिवाजी का राज्याभिषेक हुआ और शिवाजी ने छत्रपति की उपाधि ली तथा हिन्दू धर्म की रक्षा का प्रण लिया। हैंदव धर्मोद्धारक व गौब्राह्मण प्रतिपालक की उपाधि धारण की। 1678 ई. में शिवाजी ने जिंजी का किला जीत लिया। इसे दक्षिणी भागों की राजधानी बनाया। शिवाजी की यह अन्तिम विजय थी।

शिवाजी का प्रशासन

शिवाजी और मराठों का प्रशासन मूलतः दक्कनी संरचना पर आधारित था। उनका साम्राज्य वस्तुतः दो भागों में विभक्त था। प्रथम भाग सीधे मराठों के अधीन था और स्वराज (मुल्क-ए-कदम) कहलाता था तथा द्वितीय भाग जो मुगलों अथवा बीजापुर के अधिकार में था, परन्तु शिवाजी (मराठे) वहाँ चौथ वसूलते थे।

केन्द्रीय शासन

मराठा शासन केन्द्रीय निरंकुश राजतंत्र था। प्रशासन में राजा की सहायता के लिए एक मंत्रिपरिषद होती थी, जिसे अष्टप्रधान के नाम से जाना जाता था। अष्टप्रधान के आठ मंत्री थे, जो निम्न थे—

1. **पेशवा अथवा मुख्य प्रधान**—यह प्रधानमंत्री था तथा सम्पूर्ण राज्य के शासन की देखभाल करता था। सरकारी पत्रों पर राजा के नीचे इसकी मुहर लगती थी।
2. **अमात्य अथवा मजूमदार**—यह वित्त एवं राजस्व मंत्री था।
3. **वाकियानवीस अथवा मंत्री**—राजा तथा दरबार की प्रतिदिन की कार्यवाहियों की खबर रखता था।
4. **शुरूनवीस या सचिव**—राजकीय पत्र व्यवहार तथा परगने का हिसाब देखता था, इसे चिटनिस भी कहते थे।
5. **दबीर या सुमन्त**—विदेश मंत्री था।
6. **सर-ए-नौबत अथवा सेनापति**—सेना सम्बन्धी कार्य देखता था।
7. **पण्डितराव**—अनुदान से संबंधित था।
8. **न्यायाधीश**—राजा के बाद यह मुख्य न्यायाधिकारी था।

उपर्युक्त 8 मंत्रियों में न्यायाधीश व पण्डितराव को छोड़कर सभी मंत्रियों को सैनिक कार्यों व आक्रमणों में भाग लेना होता था।

प्रान्तीय प्रशासन

शिवाजी का राज्य चार प्रान्तों में बँटा हुआ था, इन प्रान्तों की दो श्रेणियाँ थीं—'स्वराज' और 'मुगलाई'। स्वराज शिवाजी के प्रत्यक्ष नियंत्रण में थे, जबकि मुगलाई प्रान्त शिवाजी द्वारा जीते गए, किन्तु मुगलों के अधिकार क्षेत्र में थे। प्रान्तों को तरफ या परगना में विभाजित किया गया था। एक परगना में कई गाँव होते थे। परगना का प्रशासक देशमुख कहलाता था। प्रशासन की सबसे छोटी इकाई मौजा या गाँव होती थी, जिसकी व्यवस्था पटेल और ग्राम पंचायतें संभालती थीं।

सैन्य प्रशासन

शिवाजी के पास एक नियमित एवं स्थायी सेना थी। सेना का मुख्य भाग पैदल और घुड़सवार सेना थे। घुड़सवार सेना दो भागों में विभक्त थीं—

1. **बरगीर**—घुड़वासर सैनिक थे, जिन्हें राज्य की ओर से घोड़े और शस्त्र दिए जाते थे।
2. **सिलेदार**—स्वतंत्र सैनिक थे, जो अपना अस्त्र-शस्त्र स्वयं रखते थे।

किले मराठा सैन्य व्यवस्था के विशिष्ट लक्षण थे। किले में तीन अधिकारी होते थे—

1. **हवलदार**—पहाड़ी दुर्ग इसी के अधीन होते थे।
2. **सर-ए-नौबत**—सम्पूर्ण घुड़सवार सेना का प्रधान होता था।
3. **सरनबीस (ब्राह्मण)**—नागरिक (असैनिक) और राजस्व प्रशासन देखता था।

भू-राजस्व प्रशासन

शिवाजी के समय राजस्व के मुख्य स्रोत लगान, चुंगी एवं बिक्री कर तथा चौथ और सरदेशमुखी थे। चौथ एक प्रकार का सैनिक कर था, जिसे पड़ोसी राजाओं की सीमाओं, विजित क्षेत्रों अथवा प्रभाव के अंतर्गत आने वाले इलाकों से सैनिक सुरक्षा के बदले वसूला जाता था। इसमें आय का चौथा हिस्सा कर के रूप में लिया जाता था। सरदेशमुखी में वार्षिक आय का 1/10 हिस्सा वसूला जाता था। यह उन क्षेत्रों से लिया जाता था, जो मराठा राज्य को अपना प्रमुख मानते थे।

1677 ई. में अन्ताजी दत्तों के नेतृत्व में समूचे मराठा प्रदेश की जमीन का सर्वेक्षण करवाया गया और उसके आधार पर लगान की राशि को निर्धारित किया गया।

महत्वपूर्ण प्रशासनिक अधिकारी

मजूमदार	आय-व्यय का निरीक्षक
मिरासदार	जमींदार
पाटिल या पटेल	ग्राम का या मुख्य अधिकारी था, जो कर संबंधी, न्यायिक तथा अन्य प्रशासनिक कार्य करता था।
कुलकर्णी (लेखपाल) चौगुले	भूमि का लेखा-जोखा रखता था। पटेल का सहायक तथा कुलकर्णी के लेखों की देखभाल करता था।
बारह बलूटे (शिल्पी)	ग्राम की औद्योगिक आवश्यकताओं की पूर्ति करते थे।
मामलतदार एवं कामविसदार	गाँवों में कर निर्धारण पटेल के परामर्श से करते थे। इसके अतिरिक्त ये जिली में पेशवा के प्रतिनिधि होते थे। कामविसदार चौथ भी वसूलता था।
देशमुख	मामलतदार के ऊपर नियंत्रण रखते थे।
देशपाण्डे (जिलाधिकारी)	इनकी पुष्टि के बिना कोई लेखा स्वीकार नहीं किया जाता था

शिवाजी के उत्तराधिकारी

शम्भाजी (1680–1689 ई.)

शिवाजी की मृत्यु के बाद शम्भाजी छत्रपति बनने में सफल हुआ। उसने अपने मित्र कवि कलश को अपना सलाहकार बनाया। उसने औरंगज़ेब के विद्रोही पुत्र शहजादा अकबर (1681 ई.) को संरक्षण दिया। अतः औरंगज़ेब ने उसके विरुद्ध अभियान किया और 21 मार्च, 1689 को भीमा नदी के किनारे उसकी हत्या कर दी गई।

राजाराम (1689–1700 ई.)

शम्भाजी की मृत्यु के बाद मराठा सरदारों ने शिवाजी के द्वितीय पुत्र राजाराम को सिंहासन पर बैठाया। राजाराम ने मराठा सरदारों को जागीरें प्रदान की, जिसके परिणाम स्वरूप मराठा मण्डल या राजसंघ का उदय हुआ।

शिवाजी द्वितीय (1700–1707 ई.)

राजाराम की मृत्यु के बाद उसकी विधवा ताराबाई ने अपने चार वर्षीय पुत्र को शिवाजी द्वितीय नाम से मराठा राज सिंहासन पर बैठाया। ताराबाई के काल में मराठों का पुनरूत्थान हुआ। 1707 ई. में औरंगज़ेब की मृत्यु के पश्चात् शाहू ने ताराबाई को चुनौती दी और खेड़ा की लड़ाई में ताराबाई को पराजित कर मराठा छत्रपति बन गया।

शाहू (1707–1749 ई.)

शाहू का राज्याभिषेक 1708 ई. में सतारा में किया गया तथा वहीं उसकी राजधानी बनाई गई। 1731 ई. में शाहू ने विभिन्न मराठा सरदारों के सहयोग से ताराबाई के साथ आपसी संघर्ष को वारना की सन्धि द्वारा समाप्त किया। इसमें शाहू तथा राजाराम की दूसरी पत्नी से उत्पन्न हुआ पुत्र शम्भाजी द्वितीय के मध्य समझौता हुआ। समझौते के अनुसार उत्तरी क्षेत्र में सतारा को राजधानी बनाकर शाहू तथा दक्षिणी क्षेत्र में कोल्हापुर को राजधानी बनाकर शम्भाजी द्वितीय शासन करेंगे। 1708 ई. में शाहू ने बालाजी विश्वनाथ को सेनाकते (सैन्य व्यवस्थापक) पद पर आसीन किया एवं 1713 ई. में उसे पेशवा का पद प्रदान किया। पेशवा बालाजी बाजीराव तथा राजाराम द्वितीय के मध्य संगोला की सन्धि हुयी जिसके परिणाम स्वरूप (1750 ई.) पेशवा मराठा संघ का वास्तविक प्रधान बन गया।

पेशवाओं के काल में मराठा शक्ति का उत्कर्ष (The Rise of Maratha in the Period of Peshwa)

पेशवाओं की शक्ति का अभ्युदय शाहू व राजाराम की विधवा पत्नी ताराबाई के मध्य चल रहे गृह युद्ध के दौरान हुआ।

बालाजी विश्वनाथ (1713–1720 ई.)

बालाजी विश्वनाथ एक ब्राह्मण था। उसने अपना जीवन एक छोटे राजस्व अधिकारी के रूप में प्रारंभ किया था। उसकी सेवाओं से प्रसन्न होकर 1713 ई. में शाहू ने उसे पेशवा नियुक्त किया। 1719 ई. में बालाजी विश्वनाथ एवं सैयद हुसैन अली के बीच सन्धि हुई, जिसका मुख्य कारण फर्रूखसियर को गद्दी से हटाना था। बदले में मराठों को स्वराज्य क्षेत्र पर राजस्व अधिकारों को मान्यता दे दी गई। रिजर्ड टेम्पल ने इस संधि को मैग्नाकार्टा की संज्ञा दी है।

बाजीराव प्रथम (1720–1740 ई.)

बालाजी की मृत्यु के पश्चात् शाहू ने उसके पुत्र बाजीराव प्रथम को पेशवा नियुक्त किया। उसके अधीन मराठा शक्ति अपने चरमोत्कर्ष पर पहुँच गई। बाजीराव ने 7 मार्च, 1728 को पालखेड़ा के समीप निजाम को पराजित किया तथा उसके साथ मुंशी शिवगाँव की सन्धि की। इस सन्धि के अनुसार निजाम ने शाहू को चौथ तथा सरदेशमुखी देना, शम्भाजी को सहायता न देना, विजित प्रदेश लौटाना तथा बन्दी छोड़ देना स्वीकार किया। 1731 ई. में वारना की सन्धि द्वारा शम्भाजी द्वितीय ने शाहू की अधीनता स्वीकार कर ली।

भोपाल युद्ध के परिणामस्वरूप 1738 ई. में दुरईसराय की सन्धि हुई। इस सन्धि के तहत निजाम ने सम्पूर्ण मालवा का प्रदेश तथा नर्मदा से चम्बल के इलाके की पूरी सत्ता मराठों को सौंप दी। 1739 ई. में बेसीन की विजय बाजीराव की महान सैन्य कुशलता एवं सूझ-बूझ का प्रतीक थी। इस युद्ध में बाजीराव ने पुर्तगालियों से सालसेट तथा बेसीन छीन ली।

बालाजी बाजीराव (1740–1761 ई.)

बाजीराव की मृत्यु के बाद उसका पुत्र बालाजी बाजीराव (नाना साहेब के नाम से प्रसिद्ध) गद्दी पर बैठा। इसके समय संगोला की संधि (1750) के द्वारा पेशवा तथा छत्रपति के बीच समझौता हुआ, जिसके द्वारा पेशवा का पद पैतृक बना दिया गया। सारे अधिकार अब पेशवा में समाहित कर दिए गए। अतः अब मराठा शक्ति का केन्द्र पूना हो गया।

पानीपत का तृतीय युद्ध (14 जनवरी, 1761 ई.)

मराठों और अफगानिस्तान के शासक अहमदशाह अब्दाली के मध्य पानीपत का तृतीय युद्ध हुआ। इस युद्ध में अहमदशाह अब्दाली विजयी हुआ और मराठे पराजित हुए। इस युद्ध में नजीबुद्दौला ने अवध के नवाब शुजाउद्दौला, रूहेला सरदार हाफिज रहमत खाँ और सादुल्ला खाँ से अब्दाली को समर्थन दिलवाया। इस युद्ध का तत्कालिक कारण था, मराठों द्वारा उसके पंजाब के वायसराय तेंमूरशाह के निष्कासन का बदला लेना।

जाटों (सूरजमल), राजपूतों एवं सिक्खों ने भी मराठों का साथ नहीं दिया। मल्हार राव होल्कर युद्ध से भाग गया। इस युद्ध में पराजय को बालाजी सहन नहीं कर सका और 1761 ई. में उसकी मृत्यु हो गई। पेशवा को पराजय की सूचना एक व्यापारी द्वारा कूट सन्देश के रूप में पहुँचाई गई जिसमें कहा गया कि, 'दो मोती विलीन हो गए, बाइस सोने की मुहरें लुप्त हो गईं और चाँदी तथा ताँबे की तो पूरी गणना ही नहीं की जा सकती'।

माधवराव प्रथम (1761–1772 ई.)

पानीपत की लड़ाई में मराठों की हार तथा बालाजी की अकस्मात् मृत्यु के बाद उसका पुत्र माधवराव प्रथम पेशवा बना। उसने हैदराबाद के निजाम और हैदरअली को चौथ देने के लिए बाध्य किया। 1772 ई. में क्षय रोग से माधवराव प्रथम की मृत्यु हो गई। उसकी मृत्यु के बारे में ग्राण्ट डफ ने लिखा है—'मराठा साम्राज्य के लिए पानीपत का मैदान उतना घातक सिद्ध नहीं हुआ जितना कि इस श्रेष्ठ शासक का असामयिक देहावसान'।

नारायण राव (1772–1773 ई.)

माधवराव की मृत्यु के बाद उसका छोटा भाई नारायण राव पेशवा बना, किन्तु चाचा रघुनाथ राव ने स्वयं पेशवा बनने के लिए 1773 ई. में उसकी हत्या कर दी।

माधव नारायण राव (1774–1796 ई.)

पेशवा नारायण राव की हत्या कर रघुनाथ राव अंग्रजों की शरण में भाग गया, जबकि नया पेशवा माधव नारायण राव अल्पायु था, अतः मराठा राज्य के संचालन के लिए 12 सदस्यों की परिषद् का निर्माण हुआ जिसमें नाना फड़नवीस, सखाराम बापू, महादजी सिन्धिया जैसे प्रमुख सरदार शामिल थे।

प्रथम एंग्लो-मराठा युद्ध (1775–1782 ई.)

माधव नारायण राव के समय में प्रथम एंग्लो-मराठा युद्ध हुआ, जिसमें मराठों ने अंग्रेजों को बराबरी की टककर दी और अन्ततः शान्ति स्थापना हेतु 1782 ई. को सालबाई की सन्धि की गई। इस सन्धि का दूरगामी उद्देश्य मराठों और अंग्रेजों के बीच शांति स्थापित करना था।

पेशवा बाजीराव द्वितीय (1796–1818 ई.)

माधव नारायण की मृत्यु के पश्चात् राघोबा का पुत्र बाजीराव द्वितीय पेशवा बना। उसने जसवन्त होल्कर के भाई की हत्या करवा दी जिसके परिणामस्वरूप होल्कर ने उस पर आक्रमण कर दिया। अतः अपनी सुरक्षा हेतु उसने अंग्रेजों से 31 दिसम्बर, 1802 को बेसीन की सन्धि कर ली। इस सन्धि के तहत उसने अंग्रेजों का संरक्षण स्वीकार कर 60000 अंग्रेजी सेना को पूना में रखना स्वीकार किया। इस सेना के बदले उसने सूरत तथा 26 लाख वार्षिक आय वाला क्षेत्र अंग्रेजों को दे दिया। अपने विदेशी मामले कम्पनी के अधीन कर दिए तथा निजाम से चौथ वसूलने का अधिकार भी अंग्रेजों को सौंप दिया।

द्वितीय एंग्लो-मराठा युद्ध (1803–1806 ई.)

बेसीन की सन्धि का मराठा सरदारों ने तीव्र प्रतिरोध किया, अतः शीघ्र ही द्वितीय एंग्लो-मराठा युद्ध लड़ा गया। द्वितीय एंग्लो-मराठा युद्ध 1803-06 ई. के बीच में हुआ, जिसमें अलग-अलग मराठा सरदार एक-एक कर अंग्रेजों से पराजित हुए। इस प्रकार अब अंग्रेजों ने मराठों पर अपनी श्रेष्ठता सिद्ध कर दी। द्वितीय एंग्लो-मराठा युद्ध के पश्चात् अंग्रेजों ने भोंसले के साथ देवगाँव की सन्धि (1803 ई.), सिन्धिया के साथ सुरजी अर्जुनगांव की सन्धि (1803 ई.) तथा होल्कर के साथ राजपुर घाट की सन्धि (1804 ई.) की।

तृतीय एंग्लो-मराठा युद्ध (1817–18 ई.)

तृतीय एंग्लो-मराठा युद्ध में मराठा शक्ति अंग्रेजों से पूर्णतः पराजित हुई। 1818 ई. में पेशवा बाजीराव का अंग्रेजों के समक्ष समर्पण के साथ ही पेशवा पद समाप्त कर दिया गया तथा सतारा नामक एक पृथक राज्य बनाकर उसमें शिवाजी के वंशज को प्रतिष्ठित कर दिया गया।

अध्याय सार संग्रह

- सत्रहवीं शताब्दी में मराठा साम्राज्य की स्थापना शिवाजी ने की।
- मराठा शासन का संचालन अष्ट प्रधानों के द्वारा होता था। अष्ट प्रधानों की नियुक्ति स्वंय राजा करता था।
- पेशवा प्रधानमंत्री होता था। पेशवा बाजीराव प्रथम ने हिन्दू पद बादशाही के सिद्धान्त का प्रतिपादन किया।
- पानीपत तृतीय युद्ध के समय मराठों का पेशवा माधव राव था।
- ग्रांट डफ ने कहा था 'मराठों को पानीपत के तृतीय युद्ध से जितना नुकसान नहीं हुआ', उससे ज्यादा माधव राव की मृत्यु से हुआ।
- 1737 में बाजीराव प्रथम ने दिल्ली पर आक्रमण कर बादशाह की सेना को परास्त किया।
- शिवाजी क गुरू समर्थ रामदास ने दासबोध नामक पुस्तक की रचना की थी।
- पेशवाओं के शासन काल में पूना में स्थित मराठा प्रशासन का सचिवालय हुजूर दफ्तर कहलाता था।
- शिवाजी ने शासन को संगठित बनाने के साम्राज्य को प्रांतों, परगनों, गायों में बांट रखा था।
- माधव नारायण की मृत्यु के पश्चात राघोबा का पुत्र बाजीराव द्वितीय पेशवा बना।
- 1818 ई. में 'बाजीराव द्वितीय' को पराजित कर अंग्रजों ने पेशवा के पद को समाप्त कर दिया।

अध्याय 14

मुगल साम्राज्य का पतन

इस अध्याय में आप सीखेंगे किः

- मुगल साम्राज्य के पतन के तत्कालीन और दीर्घकालीन कारण क्या थे। उनकी कौन सी ऐसी नीतियाँ थी, जिन्होंने विशाल मुगल साम्राज्य को पतन के रास्ते ला खड़ा किया।
- मुगल शासन के दौरान विभिन्न प्रांतीय स्वायत्त राज्यों जैसे—हैदराबाद, कर्नाटक, भरतपुर, पंजाब इत्यादि ने अपनी पहचान बनाये रखी।
- सिक्खों की कौन–कौन सी मिसलें थी तथा सिक्खें ने किस प्रकार मुगलों के विरूद्ध एकजुटता बनायी।

उत्तरवर्ती मुगल काल (Past Mughal Era)

औरंगज़ेब की मृत्यु (1707 ई.) के पश्चात् भारतीय इतिहास में एक नवीन युग का पदार्पण हुआ, जिसे उत्तरवर्ती मुगलकाल के नाम से जाना जाता है। इस समय मुगल साम्राज्य में कुल 21 प्रान्त थे, जिनमें मुअज्जम काबुल, आजम गुजरात और कामबख्श बीजापुर का सूबेदार था। जाजौ में जून, 1707 ई. में लड़े गए उत्तराधिकार के युद्ध में विजय के साथ मुअज्जम, बहादुरशाह प्रथम की उपाधि के साथ दिल्ली के तख्त पर बैठा।

बहादुरशाह प्रथम (1707–1712 ई.)

65 वर्ष की अवस्था में बहादुरशाह प्रथम सम्राट बना। अपनी इस अवस्था में कठोर व दमनात्मक नीति का अनुसरण करने में वह सक्षम नहीं था। बहादुरशाह राजकीय कार्यों में इतना अधिक लापरवाह था कि उसे शाहे बेखबर के नाम से भी जाना जाता है। उसने अपने निजी सहायक मुनिम खाँ को वजीर नियुक्त किया। इसी प्रकार जुल्फिकार खाँ को सेना प्रमुख नियुक्त किया।

राजपूतों के प्रति अपनी नीति के तहत उसने आमेर की गद्दी पर से जयसिंह को हटाकर उसके छोटे भाई विजय सिंह को बिठाने और मारवाड़ के राजा अजीत सिंह को मुगल सत्ता की अधीनता स्वीकार करने के लिए मजबूर करने की कोशिशें कीं। बहादुरशाह के दरबार में 1711 ई. में एक डच प्रतिनिधि शिष्ट मण्डल जोसुआ केटेलार के नेतृत्व में आया। इस शिष्ट मण्डल का दरबार में जोरदार स्वागत किया गया।

बहादुरशाह प्रथम ने औरंगज़ेब द्वारा लगाए गए जजिया कर की वसूली पर रोक लगा दी तथा सिक्खों के दसवें गुरू गोविन्द सिंह को सन्तुष्ट करने के लिए बादशाह ने गुरू के सम्मान में खिलअत तथा उच्च मनसब प्रदान किया था।

जहाँदारशाह (1712–1713 ई.)

बहादुरशाह की मृत्यु के बाद उसके बेटों, शाहजादा अजीमुषान, रफीउश्मान, जहाँनशाह तथा जहाँदारशाह के बीच गद्दी के लिए उत्तराधिकार युद्ध हुआ, जिसमें जुल्फिकार खाँ की सहायता से जहाँदारशाह गद्दी पर बैठा। जहाँदारशाह ने आमेर के राजा सवाई जयसिंह को मिर्जा की उपाधि के साथ मालवा का सूबेदार बनाया।

इसने मारवाड़ के अजीत सिंह को महाराजा की पदवी दी और गुजरात का सूबेदार बनाया। मराठा शासक को दक्कन का चौथ और वहाँ की सरदेशमुखी इस शर्त पर दे दी गई कि उसकी वसूली मुगल अधिकारी करेंगे और फिर मराठा अधिकारियों को दे देंगे।

जहाँदारशाह ने अपने धायभाई कोकलताश को महत्वपूर्ण पद दे दिया था। कोकलताश ने एक ऐसा संगठन तैयार किया, जिसका कार्य सम्राट की शक्तियों को उसी के हाथों में केन्द्रित रखने का था। जहाँदारशाह एक अयोग्य शासक था। जिस पर एक वेश्या लालकुँवर का अत्यधिक प्रभाव था। इस स्थिति का लाभ उठाते हुए अजीमुश्शान के पुत्र फर्रूखसियर ने हिन्दुस्तानी अमीर सैयद बन्धुओं के सहयोग से जहाँदारशाह को सिंहासन से अपदस्थ करवा 11 फरवरी, 1713 को हत्या करवा दी।

फर्रुखसियर (1713–19 ई.)

फर्रुखसियर ने सैयद बन्धुओं अब्दुल्ला खाँ और हुसैन अली खाँ बराहा के सहयोग से सिंहासन प्राप्त किया। उत्तरवर्ती मुगलकाल में अमीरों के विभिन्न गुटों की शासक निर्माता के रूप में महत्वपूर्ण भूमिका थी, इस समय ईरानी, तूरानी तथा हिन्दुस्तानी गुट के अमीर मुगल राजदरबार में सक्रिय थे। फर्रुखसियर के शासनकाल में सिक्ख नेता बन्दा बहादुर गुरूदासपुर में पकड़ा गया और 19 जून, 1716 को मारा गया। मराठा छत्रपति शाहू स्वराज्य तथा दक्कन में चौथ तथा सरदेशमुखी वसूलने का अधिकार अली बन्धुओं ने बादशाह से दिलवाया जिसके बदले शाहू 15000 घुड़सवारों के साथ मुगलों को दक्कन में सहायता देने को तैयार हो गया।

रफी-उद्-दरजात (1719 ई.)

सैयद बन्धुओं ने इसे भी गद्दी पर बिठाया। इसकी मृत्यु क्षयरोग (टीबी) से हुई। रफी-उद्-दरजात की सबसे महत्वपूर्ण घटना निकूसयर का विद्रोह थी। निकूसियर अकबर द्वितीय का पुत्र था। यह सबसे कम समय का शासन करने वाला मुगल शासक था।

रफी-उद्-दौला (1719 ई.)

रफी-उद्-दौला दूसरा सबसे कम समय तक (6 जून से 17 सितम्बर, 1719) शासन करने वाला मुगल सम्राट था। उसे अपने जीवनकाल में एक बार महल से बाहर निकलने दिया गया, जब उसने आगरा के लिए प्रस्थान किया था। इसने शाहजहाँ द्वितीय की उपाधि धारण की।

मुहम्मदशाह (1719–48 ई.)

रौशन अख्तर सैयद बन्धुओं के सहयोग से सितम्बर, 1719 में मुहम्मदशाह की उपाधि के साथ मुगल राजसिंहासन पर बैठा। अत्यधिक विलासितापूर्ण जीवन व्यतीत करने के कारण इसे रंगीला कहा गया। इसके काल में सैयद बन्धुओं का अन्त तूरानी दल के नेता चिनकिलिच खाँ ने किया। अतः मुहम्मदशाह ने चिनकिलिच खाँ को अपना वजीर नियुक्त किया।

1724 ई. में चिनकिलिच खाँ (निजामुलमुल्क) ने दक्कन में स्वतंत्र हैदराबाद राज्य की स्थापना की, मुहम्मदशाह ने उसकी स्वतंत्रता को मान्यता देते हुए उसे आसफजाह की उपाधि प्रदान की। इसके शासलकाल में मराठों ने 1737 ई. में दिल्ली पर चढ़ाई कर दी और उनका किसी ने प्रतिरोध नहीं किया। 1738 ई. में मुगल-मराठा सन्धि सिरौज में हुई जिसके तहत 50 लाख की आर्थिक सहायता के बदले शासक ने नर्मदा तक मराठा अधिकार को मान्यता प्रदान कर दी।

मुहम्मदशाह के शासनकाल में नादिरशाह (ईरान का नेपोलियन) ने 1738-39 ई. के बीच भारत पर आक्रमण किया, जिसमें मुगल सेना बुरी तरह पराहित हुई। 57 दिनों तक दिल्ली में लूटपाट करने के बाद 1739 ई. में वह वापस चला गया। वापस लौटते वक्त वह मुगल राजसिंहासन तख्त-ए-ताऊस, कोहिनूर हीरा तथा मुहम्मदशाह द्वारा तैयार करवाई गई हिन्दू संगीत की प्रसिद्ध चित्रित फारसी पाण्डुलिपि को भी अपने साथ ले गया।

अहमदशाह (1748–54 ई.)

28 अप्रैल, 1748 को अहमदशाह दिल्ली के सिंहासन पर बैठा। इसके काल में नादिरशाह के उत्तराधिकारी अहमदशाह अब्दाली ने 5 बार (कुल 7 बार) भारत पर आक्रमण किया। अहमदशाह अब्दाली को दुर्रे दुर्रानी (युग का मोती) कहा गया है।

आलमगीर द्वितीय (1754–59 ई.)

आलमगीर द्वितीय अपने वजीर इमादुलमुल्क का कठपुतली शासक था। गाजीउद्दीन ने उसे सत्ताच्युत कर उसकी हत्या करवा दी। आलमगीर द्वितीय के बाद अलीगौहर शाहआलम द्वितीय की उपाधि के साथ मुगल बादशाह बनाया गया।

शाहआलम द्वितीय (1759–1806 ई.)

शाहआलम द्वितीय और उसके उत्तराधिकारी केवल नाममात्र के सम्राट थे। इसके समय में पानीपत का तृतीय युद्ध (1761 ई.) तथा बक्सर का युद्ध (1764 ई.) हुआ था। बक्सर के युद्ध में पराजित होने के बाद शाहआलम द्वितीय को 1765 ई. में ईस्ट इण्डिया कम्पनी से इलाहाबाद की सन्धि करनी पड़ी, जिसके पश्चात् उसे कई वर्षों तक इलाहाबाद में अंग्रेजों को पेंशनयाफ्ता बनकर रहना पड़ा। 1772 ई. में मराठों के संरक्षण में दिल्ली पहुँचा तथा 1803 ई. में शाहआलम द्वितीय को अन्धा बना दिया गया। 1806 ई. में शाहआलम द्वितीय की हत्या कर दी गई।

अकबर द्वितीय (1806–37 ई.)

शाहआलम द्वितीय की मृत्यु के पश्चात् उसका पुत्र अहमदशाह अकबर द्वितीय के नाम से मुगल बादशाह बना। अकबर द्वि तीय अंग्रेजों के संरक्षण में बनने वाला प्रथम मुगल बादशाह था। इसी के समय में 1835 ई. में मुगलों के सिक्के बन्द हो गए। इसने ब्रह्म समाज के संस्थापक राम मोहन राय को 'राजा' की उपाधि दी तथा उन्हें अपनी पेंशन बढ़वाने की पैरवी हेतु इंग्लैण्ड भेजा। 1837 ई. में उसकी मृत्यु हो गई।

बहादुरशाह द्वितीय (1837–62 ई.)

अकबर द्वितीय की मृत्यु के बाद बहादुरशाह द्वितीय अन्तिम मुगल सम्राट हुए। बहादरुशाह द्वितीय जफर के नाम से कविता तथा शायरी लिखते थे, इसलिए वह बहादुरशाह जफर के नाम से प्रसिद्ध थे। 1857 ई. के विद्रोह में विद्रोहियों का साथ देने के कारण अंग्रेजों ने उन्हें गिरफ्तार कर रंगून निर्वासित कर दिया, जहाँ 1862 ई. में उनकी मृत्यु हो गई।

मुगल साम्राज्य के पतन का कारण

मुगल साम्राज्य के पतन के अनेक कारण थे—

- यदुनाथ सरकार, एस आर शर्मा, लीवरपूल के मतानुसार औरंगज़ेब की धार्मिक, राजपूत व दक्कन नीति साम्राज्य के पतन का कारण बनी।

- सतीश चन्द्र, इरफान हबीब, अतहर अली आदि जागीरदारी संकट, मनसबदारी व्यवस्था में कमियों आदि की दीर्घकालीन प्रक्रिया को पतन का कारण मानते हैं।
- वास्तव में न केवल औरंगज़ेब की नीतियाँ बल्कि साम्राज्य की खस्ता वित्तीय हालत योग्य उत्तराधिकारियों का अभाव, दरबारी षड्यन्त्र आदि भी मुगल साम्राज्य के पतन का कारण रहे।

विभिन्न प्रान्तीय स्वायत्त राज्य

मुगल साम्राज्य के उत्तरोत्तर शिथिल होते रहने से एक प्रकार से राजनैतिक रिक्तता की स्थिति उत्पन्न होती जा रही थी। इसी समय भारत में कुछ स्वतंत्र प्रान्तीय स्वायत्त राज्यों का उद्भव हुआ। इनमें अवध, हैदराबाद, मैसूर, पंजाब, रूहेलखण्ड, राजपूत, मराठे आदि प्रमुख थे।

हैदराबाद

निजाम-उल-मुल्क आसफजाह प्रथम बार 1713-1715 ई. तक दक्कन का सूबेदार रहा। जिसका असली नाम चिनकिलिच खाँ था, जिसे 1722-1724 ई. में मुगल बादशाह मुहम्मद शाह द्वारा मुगल साम्राज्य का वजीर नियुक्त किया गया, किन्तु दरबारी षड्यन्त्रों से तंग होकर वह दक्कन वापस चला गया।

दक्कन में स्वतंत्र राज्य की स्थापना का स्वप्न सजोने वाला पहला व्यक्ति जुल्फिकार खाँ था, किन्तु दक्कन में स्वतंत्र राज्य की स्थापना निजामुलमुल्क द्वारा की गई। इसके 1724 ई. में हैदराबाद में आसफजाही वंश की स्थापना की।

अवध

पश्चिम के कन्नौज से लेकर पूर्व में कर्मनाशा नदी तक फैला अवध का सूबा एक विस्तृत और समृद्धशाली राज्य था। सआदत खान बुरहान-उल मुल्क (1722-39 ई.) अवध के स्वायत्त राज्य का संस्थापक था। सआदत खाँ ने ही नादिरशाह को दिल्ली पर आक्रमण करने के लिए प्रेरित किया था तथा उसे 20 करोड़ रुपए प्राप्त होने की आशा दिलाई थी। नादिरशाह से किए गए अपने वादे को पूरा न कर पाने के कारण ही 1739 ई में उसने आत्महत्या कर ली।

सआदत खाँ के बाद उसका भतीजा तथा दामाद सफदरजंग अवध का नवाब बना। उसने फर्रूखाबाद के बंगश पठानों और जाटों के विरुद्ध सैन्य अभियान किए। 1753 ई. में बादशाह अहमदशाह ने सफदरजंग को वजीर के पद से बर्खास्त कर दिया। 1754 ई. में अवध में इसकी मृत्यु हो गई।

सफदरजंग के बाद उसका उत्तराधिकारी उसका पुत्र शुजाउद्दौला बना। जिसके 1759 ई. में अलीगौहर (मुगल बादशाह आलम द्वितीय) को लखनऊ में शरण दी। 1761 ई. में लड़े गए पानीपत के तृतीय युद्ध में शुजाउद्दौला ने अहमदशाह अब्दाली का साथ दिया।

अवध का अगला नवाब सआदत खाँ (1738-1814 ई.) बना, जिसने अंग्रेजों से सहायक सन्धि कर ली। अंग्रेजों ने अवध को तब तक एक मध्यवर्ती राज्य के रूप में प्रयोग किया, जब तक कि उनका मराठों पर पूर्ण नियंत्रण नहीं हो गया। अवध के अन्तिम नवाब वाजिद अलीशाह (1847-1856 ई.) के शासनकाल में अवध पर कुशासन का आरोप लगाकार अंग्रेजों ने 1856 ई. में ब्रिटिश साम्राज्य में मिला लिया।

कर्नाटक

स्वतंत्र कर्नाटक राज्य की स्थापना 1720 ई. में सादतुल्ला खाँ ने की। सादतुल्ला खाँ ने अपने भतीजे दोस्त अली को हैदराबाद के निजाम की अनुमति के बिना ही अपना उत्तराधिकारी घोषित कर दिया। मराठों ने 1740 ई. में दोस्त अली की हत्या कर दी। इसकी मृत्यु के बाद उसका उत्तराधिकारी सफदर अली बना।

भरतपुर

दिल्ली, मथुरा तथा आगरा के समीपवर्ती क्षेत्रों में जाट लोगों का निवास था। जाटों ने औरंगज़ेब की नीतियों के विरुद्ध विद्रोह किया था। चूड़ामन ने 1700 ई. में भरतपुर राज्य की स्थापना की। चूड़ामन की मृत्यु (1763 ई.) के बाद उसके भतीजे बदन सिंह (1721-1756 ई.) ने जाटों का नेतृत्व सम्भाला। उसने एक शक्तिशाली सेना का गठन किया और नादिरशाह के आक्रमण के पश्चात् हुई अव्यवस्था का लाभ उठाकर आगरा तथा मथुरा पर अधिकार जमा लिया।

अहमदशाह अब्दाली ने बदन सिंह को राजा की उपाधि दी, जिसमें महेन्द्र शब्द भी जोड़ दिया गया। 1756 ई. में सूरजमल इस राज्य का उत्तराधिकारी बना। इसे जाटों का अफलातून भी कहा जाता है। पानीपत के तृतीय युद्ध में जाट सूरजमल के नेतृत्व में मराठों को सहयोग देने के लिए राजी हो गए थे। सदाशिवराव भाऊ से मतभेद हो जाने के कारण उन्होंने अपने आपको पानीपत के तृतीय युद्ध से अलग कर लिया। 1763 ई. में सूरजमल की मृत्यु के बाद जाट राज्य का पतन प्रारंभ हो गया।

रूहेलखण्ड

स्वतंत्र रूहेलखण्ड की स्थापना वीर दाउद एवं अली मुहम्मद खाँ ने की। बरेली में एक छोटी-सी जागीर का विस्तार कर रूहेलखण्ड में एक स्वतंत्र राज्य स्थापित कर लिया जो, उत्तर में कुमाऊँ से दक्षिण में गंगा नदी तक फैल गया। मुहम्मद खाँ बंगश ने फर्रूखाबाद के आस-पास के क्षेत्रों पर अधिकार कर स्वतंत्र 'बंगश-पठान' राज्य की स्थापना की।

पंजाब

सिक्ख गुरूओं के अधीन पंजाब में सिक्खों का अभ्युदाय हुआ। 1767 ई. में अहमदशाह अब्दाली के कारण वहाँ अव्यवस्था फैल गई। पानीपत के तृतीय युद्ध के पश्चात् सिक्खों के सर्वाधिक गौरवपूर्ण इतिहास का प्रारंभ हुआ। इस अवधि में सिक्खों ने अफगान आक्रमणकारियों का डटकर सामना किया। 1763 ई. से 1773 ई. के बीच पंजाब में छोटे-छोटे सिक्ख राज्यों की स्थापना हुई, ये राज्य मिसल कहलाते थे। जस्सा सिंह के नेतृत्व में ही दल खालसा 12 स्वतंत्र मिसल या जत्थों में विभाजित हो गया।

प्रत्येक मिसल का अपना एक झण्डा, नाम तथा निशान होता था। उत्तरवर्ती मुगल शासकों द्वारा अहलूवालिया मिसल के संस्थापक सरदार जस्सा सिंह को सुल्तान-ए-कौम की उपाधि मिली। इनमें से पाँच शक्तिशाली मिसलें थीं—भंगी, अहलूवालिया, सुकरचकिया, कन्हैया तथा नक्कई, इनमें भंगी मिसल सबसे शक्तिशाली थी।

बारह सिक्ख मिसलें

मिसल	संस्थापक
सुकरचकिया मिसल	चरत सिंह
अहलूवालिया मिसल	जस्सा सिंह
सिंहपुरिया मिसल	नवाब कपूर सिंह
रामगढ़िया मिसल	जस्सा सिंह रामगढ़िया
फुलकिया मिसल	फूल सिंह चौधरी
डले वालिया मिसल	गुलाब सिंह
निशान वालिया मिसल	सरदार संगत सिंह
भंगी मिसल	हरि सिंह
कन्हैया मिसल	जय सिंह
शहीदी मिसल	बाबा दीप सिंह
नक्कई मिसल	हीरा सिंह
करोड़ सिन्धिया मिसल	करोरा सिंह

रणजीत सिंह (1792–1839 ई.)

रणजीत सिंह सुकरचकिया मिसल के प्रमुख महासिंह के पुत्र थे। 1799 ई. में रणजीत सिंह ने लाहौर पर अधिकार कर लिया। जमान शाह ने उन्हें राजा की उपाधि देकर और लाहौर का सूबेदार मान लिया।

1805 ई. में रणजीत सिंह ने अमृतसर को भंगी मिसल से छीन लिया। इस तरह पंजाब की राजनीतिक राजधानी लाहौर एवं धार्मिक राजधानी अमृतसर दोनों उसके अधीन हो गई। 1805 ई. में अंग्रेजों से पराजित होकर जसवन्त राव होल्कर पंजाब पहुँचा। जनरल लेक इसका पीछा करता हुआ व्यास नदी तक आया और रणजीत सिंह से होल्कर को शरण न देने को कहा।

अत: दोनों के मध्य एक सहयोग समझौते के द्वारा होल्कर को अमृतसर छोड़ना पड़ा, बदले में अंग्रेजी फौज पंजाब से हटा ली गई। 1809 ई. में रूस और फ्रांस की सन्धि की देखते हुए लॉर्ड मिण्टो ने रूसी प्रभाव से सुरक्षा के उद्देश्य से चार्ल्स मेटकॉफ को रणजीत सिंह के पास भेजा और दोनों के मध्य अमृतसर की सन्धि हुई।

अमृतसर की सन्धि (1809 ई.)

यह सन्धि मेटकॉफ और रणजीत सिंह के बीच हुई। इस सन्धि की प्रमुख शर्तें निम्नलिखित थीं—

- सतलुज नदी को राज्यों की सीमा मान लिया गया।
- लुधियाना में एक अंग्रेजी सेना रखी गई, जिससे रणजीत सिंह इस तरफ आक्रमण न कर सके।
- सतलुज के पूरब के राज्य अब अंग्रेजों के अधीन आ गए।

अमृतसर की सन्धि के परिणामस्वरूप रणजीत सिंह ने सतलुज नदी से ऊपर अपना साम्राज्य विस्तार प्रारंभ कर दिया। अत: शीघ्र ही 1809 ई. में काँगड़ा तथा 1813 ई. में अफगान अमीर शाहशुजा से कश्मीर को अपने संरक्षण में ले लिया, उसी ने कोहिनूर हीरा भी इन्हें प्रदान किया। अन्त में रणजीत सिंह ने 1819 ई. में कश्मीर पर अब्दाली के उत्तराधिकारियों द्वारा नियुक्त गवर्नर जब्बार खाँ को अपदस्त कर कश्मीर पर पूर्णत: नियंत्रण कर लिया। इसी प्रकार 1818 ई. में मुल्तान पर अधिकार कर लिया।

1820–21 ई. में इन्होंने डेरा गाजी खाँ, डेरा इस्माइल खाँ तथा लेह को जीत लिया। 1834 ई. में पेशावर को सिक्ख राज्य का अंग बना लिया। रणजीत सिंह ने सामरिक महत्व के क्षेत्र शिकारपुर (जिसे खुरासान का द्वार समझा जाता था) पर अधिकार कर लिया, तब अंग्रेजों ने उन्हें शिकारपुर छोड़ देने को कहा। सिक्ख सैनिक लड़ना चाहते थे, लेकिन रणजीत सिंह ने अंग्रेजों की बात मान ली।

1835 ई. में लाहौर से 40 किमी.-दूर फिरोजपुर जो कभी अंग्रेजों और रणजीत सिंह के बीच झगड़े का कारण था, को अंग्रेजों ने जीत कर अपने अधीन कर लिया।

रणजीत सिंह के बाद पंजाब की स्थिति

1839 ई. में रणजीत सिंह की मृत्यु के पश्चात् पंजाब में राजनीतिक अस्थिरता उत्पन्न हो गई। उसका पुत्र खड्गसिंह उत्तराधिकारी बना। खड्गसिंह के प्रशासन में इसके वजीर ध्यानसिंह का हाथ था। 1840 ई. में खड्गसिंह की मृत्यु हो गई और उसी वर्ष एक और पुत्र नैनिहाल सिंह (पुत्रों में सबसे योग्य) की भी मृत्यु हो गई। इसके बाद खड्गसिंह की विधवा चाँदकौर और रणजीत सिंह के पुत्र शेरसिंह में संघर्ष हुआ। खालसा सेना के सहयोग से चाँदकौर का वध कर दिया गया। इसके बाद 1840 ई. में शेरसिंह राजा बना।

चाँदकौर के समर्थक अजीत सिंह ने 1843 ई. में शेर सिंह की हत्या कर दी और इस प्रकार रानी झिन्दन की संरक्षिता में दिलीप सिंह 1843 ई. में राजा बने। दिलीप सिंह के काल में दो आंग्ल-सिक्ख युद्ध हुए।

प्रथम आंग्लो-सिक्ख युद्ध (1845-46 ई.)

यह युद्ध रानी झिन्दन की जिद के कारण हुआ था। इस युद्ध में अंग्रेजी सेना ने लाहौर को जीत लिया। इस युद्ध के समय भारत का गवर्नर जनरल लॉर्ड हार्डिंग (प्रथम) था।

अमृतसर की सन्धि (8 मार्च, 1846) प्रथम आंग्ल-सिक्ख युद्ध से समाप्त हुआ, जिसके तहत एक ब्रिटिश रेजीडेण्ट सर हेनरी लॉरेन्स को लाहौर में तैनात किया गया। लाहौर दरबार पर 1.5 करोड़ रुपए जुर्माना लगाया गया तथा दिलीप सिंह को महाराजा एवं झिन्दन को संरक्षिका नियुक्त किया गया।

द्वितीय आंग्लो-सिक्ख युद्ध (1848-49 ई.)

लाहौर की सन्धि के अनुसार ब्रिटिश सेना को 1846 ई. तक वापस लौट जाना था, किन्तु महाराजा के अल्पवयस्क होने का बहाना लेकर ब्रिटिश सेना वही बनी रही।

1848 ई. में अंग्रेजों ने मुल्तान के गवर्नर मूलराज को 20 लाख रुपए जुर्माना तथा रावी के उत्तर का क्षेत्र अंग्रेजों को सौंपने के फरमान पर सिक्खों ने विद्रोह कर दिया। परिणामस्वरूप लॉर्ड डलहौजी ने भी सिक्खों के खिलाफ युद्ध की घोषणा कर दी।

1849 में सिक्खों की पराजय के साथ ही चार्ल्स नेपियर ने पंजाब को ब्रिटिश राज्य में सम्मिलित कर लिया तथा दिलीप सिंह को पेंशन देकर इंग्लैण्ड भेज दिया गया।

अध्याय सार संग्रह

- उत्तरवर्ती मुगल बादशाह मुहम्मद शाह के शासनकाल में 1739 ई. में नादिर शाह ने भारत पर आक्रमण किया।
- आलमगीर द्वितीय के शासन काल में 1757 ई. प्लासी का युद्ध हुआ।
- मुगल साम्राज्य के विघटन के दौर में सुबेदार मुर्शिद कुली खाँ ने बंगाल में स्वतंत्र राज्य की स्थापना कर ली।
- बहादुर शाह प्रथम ने सिक्खों के नेता वीर बंदा बैरागी को पराजित किया था।
- सिक्खों का उद्‌भव रणजीत सिंह के नेतृत्व में हुआ।
- सिक्ख राज्य 12 मिस्लों में बँटा था। रणजीत सिंह सुकरचकिया मिस्ल के थे।
- जहांदारशाह के शासनकाल में इजारेदारी प्रथा शुरू की गई, जिससे सामंत निरंकुश हो गए।
- बहादुर शाह के सुचारू शासन संचालन में उसके वजीर मुनीम खां तथा मीर बख्शी जुल्फिकार खां का विशेष योगदान था।
- 1724 ई. में मुगलों के अवध के सुबेदार बुरहान मुल्क ने स्वतंत्र अवध राज्य की घोषणा की।
- इलाहाबाद की संधि अंग्रेज़ों और शाह आलम द्वितीय के बीच हुई थी।
- 1765 ई. में मुगलबादशाह ने अंग्रेज़ों को बंगाल, बिहार, और उड़ीसा की दीवानी प्रदान की।
- अकबर द्वितीय के समय 1806 ई. में से लेकर 1837 तक के इसके प्रतीकात्मक शासनकाल में लगभग सम्पूर्ण भारत अंग्रेज़ों के नियंत्रण में चल गया था।
- 1857 ई. में अंग्रेज़ों ने दिल्ली पर अधिकार कर लिया तथा बहादुर शाह द्वितीय को रंगून निर्वासित कर दिया।

भाग-3 आधुनिक भारत

अध्याय 15

भारत में यूरोपीय शक्तियों का आगमन

इस अध्याय में आप सीखेंगे किः

- किस प्रकार भारत में यूरोपीय कम्पनियों ने अपने कदम जमाये और अन्ततः ब्रिटिश ईस्ट इण्डिया कंपनी भारत में स्थायी रूप से काबिज हो गयी।
- भारत में यूरोपीय शक्तियों के आगमन में और उसे यहाँ पर अपने पैर जमाने में कौन-कौन से सहायक घटनाक्रम साधक के रूप में रहे।
- यूरोपियों के आर्थिक एवं सामाजिक नीतियों ने कैसे मुगल सत्ता को चुनौती दी।

प्रमुख यूरोपीय कम्पनियाँ (European Companies)

भारत अपनी भौतिक एवं व्यापारिक संपदा के कारण हर काल में विदेशियों के लिए आकर्षण का केन्द्र रहा। 15वीं शताब्दी में हुई कुछ भौगोलिक खोजों ने संसार के विभिन्न देशों में आपसी संपर्क स्थापित करने का मार्ग प्रशस्त किया। 1453 ई. में कुस्तुन्तुनिया के पतन के साथ ही यूरोप जाने वाले स्थल मार्ग पर तुर्कों का कब्ज़ा हो गया। इसके कारण पश्चिम यूरोप के राष्ट्रों ने नए व्यापारिक मार्गों की तलाश प्रांरभ की। 15वीं-16वीं शताब्दी में भारत में यूरोपीय व्यापारिक कम्पनियों का आगमन, एशिया सहित समस्त विश्व के व्यापार एवं राजनीति के क्षेत्र में एक राजनीतिक घटना घटी थी। भारत में यूरोपवासियों के आने के क्रम में सर्वप्रथम पुर्तगाली थे। इसके बाद डच, अंग्रेज, डेनिश और फ्रांसीसी आए।

पुर्तगाली

प्रथम पुर्तगाली यात्री, वास्को-डि-गामा का आगमन 1498 ई. में हुआ। उस समय कालीकट का शासक जमोरिन था। वास्को-डि-गामा के बाद भारत आने वाला दूसरा पुर्तगाली यात्री पेड्रो अल्बारेज कैब्राल था। 1500 ई. में कैब्राल के नेतृत्व में जहाज़ भेजे गए। अरब व्यापारियों ने पुर्तगालियों का मार्ग अवरुद्ध करने की कोशिश की। वास्को-डि-गामा 1502 ई. में दो जहाज़ी बेड़ों के साथ दूसरी बार भारत आया। 1503 ई. में पुर्तगालियों द्वारा भारत के कोचीन में अपना पहला दुर्ग स्थापित किया गया।

फ्रांसिस्को-डि-अल्मीडा (1505–09 ई.)

1505 ई. में प्रथम पुर्तगाली वायसराय के रूप में फ्रांसिस्को-डि-अल्मीडा का भारत आगमन हुआ। उसने कुछ किले निर्मित करवाए, यथा— अजानीवा, कीवा, बेसीन एवं कोचीन। उसने मिस्र, तुर्की और बेगड़ा की सेना के साथ संघर्ष किया। इसी संघर्ष के बाद ओरमुज पर पुर्तगालियों का कब्ज़ा हो गया।

अल्फांसो-डि-अल्बुकर्क (1509–15 ई.)

अल्बुकर्क ने 1510 ई. में बीजापुर के शासक युसूफ आदिलशाह से गोवा को छीन लिया, जो कालांतर में पुर्तगाली व्यापारिक केंद्रों की राजधानी बनाई गई। 1515 ई. में इसकी मृत्यु हो गई। इसकी नीति ब्लू वाटर पॉलिसी या शांत जल की नीति कहलाती है। 1509 ई. में अल्मीडा के स्थान पर अल्बुकर्क को वायसराय नियुक्त किया गया। अल्बुकर्क ने ही भारत में पुर्तगाली राज्य की स्थापना की।

नीनू-डि-कुन्हा (1529–38 ई.)

नीनू-डि-कुंहा ने 1530 ई. में कोचीन की जगह गोवा को अपनी राजधानी बनाई और मुगल बादशाह बहादुर शाह के साथ संघर्ष में इसकी मृत्यु हो

गई। इसने सैनधोमा (मद्रास), हुगली (बंगाल) और दीव (काठियावाड़) में पुर्तगाली बस्तियों की स्थापना की।

जोवा-डि-कैस्ट्रो (1542–45 ई.)

नीनू-डि-कुन्हा के बाद जोआ-द-कैस्ट्रो पुर्तगाली गवर्नर बनकर आया। उसने गोवा पर आक्रमण करने वाली बीजापुर की सेनाओं को पराजित किया। पुर्तगालियों ने अकबर की अनुमति से हुगली में तथा शाहजहाँ की अनुमति से बन्देल में कारखाने स्थापित किए। पुर्तगालियों ने हिन्द महासागर से होने वाले व्यापार पर एकाधिपत्य प्राप्त कर यहाँ से गुज़रने वाले अन्य जहाज़ों से कर की वसूली भी की। जोवा डी कैस्ट्रोन ने पश्चिमी भारत के चाऊल (1531), दीव (1532), सॉलसेट और बेसिन (1536) और बम्बई पर अधिकार कर लिया। उन्होंने कार्ट्ज-अर्माडा काफिला पद्धति के द्वारा भारतीय तथा अरबी जहाज़ों का कार्ट्ज या परमिट के बिना अरब सागर में प्रवेश वर्जित कर दिया। यहाँ तक कि पुर्तगाली अधिकार वाले क्षेत्रों से व्यापार करने के लिए मुगल बादशाह अकबर को भी कार्ट्ज लेना पड़ा। पुर्तगाली गवर्नर अल्फांसो डिसूज़ा (1542–45 ई.) के साथ प्रसिद्ध जेसुइट सन्त फ्रांसिस्को ज़ेवियर भारत आया। पुर्तगालियों की भारतीय जनता के प्रति धार्मिक असहिष्णुता की भावना तथा गुप्त व्यापार पद्धति के कारण इनका पतन हो गया।

पुर्तगालियों का योगदान (Contribution of Portuguese)

पुर्तगालियों के भारत में आगमन से भारत में तम्बाकू की खेती, जहाज़ निर्माण तथा प्रिण्टिंग प्रेस (1556 ई.) की शुरूआत हुई। इसके अलावा भारत में गोर्थिक स्थापत्यकला का आगमन हुआ। औषधीय वनस्पति से सम्बन्धित पहले वैज्ञानिक ग्रन्थ का 1563 ई. में गोवा में प्रकाशन हुआ। पुर्तगाली मध्य अमेरिका से तम्बाकू, आलू और मक्का भारत लाए थे।

डच

भारत में व्यापारियों के रूप में पुर्तगालियों के बाद डचों का आगमन हुआ। डच हॉलैण्ड या नीदरलैण्ड्स के निवासी थे। 1596 ई. में कॉरनेलिस-हाउटमैन आशा अन्तरीप (केप ऑफ गुड होप) होते हुए सुमात्र तथा बेन्थाम पहुँचने वाला प्रथम डच नागरिक था।

1602 ई. में डच (हॉलैण्ड) संसद द्वारा पारित प्रस्ताव से एक संयुक्त डच ईस्ट इंडिया कम्पनी की स्थापना हुई। इस कम्पनी को डच संसद द्वारा 21 वर्षों के लिए भारत और पूरब के देशों के साथ व्यापार करने, आक्रमण और विजय करने के सम्बन्ध में अधिकार-पत्र प्राप्त हुआ।

भारत में डचों ने कोरोमण्डल तट पर 1605 ई. में मसूलीपट्टम में अपना पहला कारखाना स्थापित किया। डचों ने चन्द्रगिरि के राजा के साथ समझौता करके पुलीकट में एक अन्य फैक्ट्री की स्थापना की। पुलीकट में डच अपने स्वर्ण-ए-पगोडा (सिक्के) ढालते थे। डचों ने 1616 ई. में सूरत में एवं 1641 ई. में विमलीपट्टम में फैक्ट्रियां स्थापित की। चिनसुरा के डच किले को गुस्तावुस फोर्ट के नाम से जाना जाता था।

डच लोग मसूलीपट्टनम से नील का निर्यात करते थे। मुख्यत: डच लोग भारत से सूती वस्त्र का व्यापार करते थे। सूरत स्थित डच व्यापारिक निदेशालय डच ईस्ट इंडिया कम्पनी का सर्वाधिक लाभ कमाने वाला प्रतिष्ठान था।

भारत में डचों द्वारा स्थापित प्रमुख कारखाने

कारखाने	स्थापना वर्ष
पुलीकट	1610
सूरत	1616
विमलीपत्तनम्	1641
करिकाल	1645
चिनसुरा	1653
बालासोर, नेगापट्टनम्	1658
कोचीन	1663

डचों ने पुर्तगालियों को पराजित किया और आधुनिक कोच्चि में उन्होंने 1663 ई. में फोर्ट विलियम का निर्माण किया था। डचों ने भारत में पुर्तगालियों को समुद्री मार्ग से एक तरह से निष्कासित कर दिया, लेकिन अंग्रेज़ों के नौसैनिक शक्ति के सामने डच नहीं टिक सके।

डचों और अंग्रेज़ों के बीच 1759 ई. में बेदरा नामक स्थान पर युद्ध हुआ जिसमें अंग्रेज़ी नौसेना की श्रेष्ठता साबित हो गई। इस युद्ध के परिणामस्वरूप डच भारतीय व्यापार से बाहर हो गए। डच कम्पनी का सरकार के सीधे नियंत्रण में होना और कम्पनी के भ्रष्ट एवं अयोग्य पदाधिकारी तथा कर्मचारी का होना, भारत में डचों की असफलता के प्रमुख कारण थे।

अंग्रेज़

पुर्तगालियों और डचों की तरह अंग्रेज़ भी भारत में व्यापार के लिए आए। 1599 ई. में जॉन मिल्डेनहाल नामक ब्रिटिश यात्री थल मार्ग से भारत आया। इसी वर्ष ब्रिटेन में मर्चेण्ट एडवेन्चर कम्पनी की स्थापना हुई। 31 दिसम्बर, 1600 में ब्रिटेन की महारानी एलिज़ाबेथ ने पूरब की ओर व्यापार करने का चार्टर मर्चेण्ट एडवेन्चर कम्पनी को दे दिया। मर्चेण्ट एडवेन्चर कम्पनी का पूरा नाम द गवर्नर एण्ड कम्पनी ऑफ मर्चेण्ट्स ट्रेडिंग इन टू द इस्ट इण्डीज था। यह अधिकार-पत्र आरम्भ में केवल 15 वर्षों के लिए दिया गया था। 1608 ई. में ब्रिटिश प्रतिनिधि विलियम हॉकिन्स जहाँगीर के दरबार में आया। हॉकिन्स जहाँगीर के नाम जेम्स प्रथम का पत्र लेकर आया था। जहाँगीर ने उसका स्वागत किया। उसे 400 जात रैंक का मनसब एवं जागीर प्रदान कर खान की उपाधि दी। हॉकिन्स ने अंग्रेज़ों के लिए सूरत में एक फैक्ट्री खोलने की अनुमति माँगी।

अंग्रेज़ी व्यापारिक कोठियों की स्थापना

पुर्तगालियों को पराजित करने के कारण जहाँगीर अंग्रेज़ों से प्रभावित हुआ। परिणामस्वरूप 1613 ई. को जारी एक शाही फरमान (जहाँगीर की ओर से) द्वारा अंग्रेज़ों को सूरत में व्यापारिक कोठी स्थापित करने तथा मुगल राजदरबार में एक प्रतिनिधि रखने की अनुमति प्राप्त हो गई। थॉमस एल्डवर्थ

के अधीन सूरत में व्यापारिक कोठी की स्थापना हुई। सर थॉमस रो ब्रिटेन के राजा जेम्स प्रथम के दूत के रूप में 1615 ई. को सूरत पहुँचे। वह मुगल दरबार में 1616 ई. से 1618 ई. तक रहे। इस बीच थॉमस-रो ने मुगल दरबार से साम्राज्य के विभिन्न हिस्सों में व्यापार करने तथा दुर्गीकरण की अनुमति प्राप्त कर ली। 1632 ई. में अंग्रेज़ों ने गोलकुण्डा के सुल्तान से एक सुनहरा फरमान प्राप्त कर 500 पैगोडा वार्षिक कर अदा करने के बदले गोलकुण्डा राज्य में स्थित बन्दरगाहों से व्यापार करने का एकाधिकार प्राप्त कर लिया। 1633 ई. में अंग्रेज़ों ने बालासोर और हरिहरपुरा स्थापित किया। 1639 ई. में फ्रांसिस डे नामक अंग्रेज़ को चन्द्रगिरि के राजा से मद्रास पट्टे पर प्राप्त हो गया। यहीं पर अंग्रेज़ों ने फोर्ट सेन्ट जॉर्ज नामक किले की स्थापना की।

1661 ई. में पुर्तगालियों ने अपनी राजकुमारी कैथरीन ब्रिगेंज़ा का विवाह ब्रिटेन के चार्ल्स द्वितीय से किया और बम्बई को दहेज के रूप में दिया। 1668 ई. में चार्ल्स ने बम्बई का द्वीप 10 पौण्ड वार्षिक किराया लेकर ईस्ट इंडिया कम्पनी को दे दिया। 1669 ई. से 1677 ई. तक बम्बई का गवर्नर गेराल्ड औंगियार ही वास्तव में बम्बई का संस्थापक था।

मुफ्त व्यापार की अनुमति

बंगाल में सर्वप्रथम अंग्रेज़ों को व्यापारिक छूट 1651 ई. में प्राप्त हुई। जब ग्रेब्रीयल बाउटन (डॉक्टर, जिसने शाहजहाँ की पुत्री का इलाज किया था) ने एक लाइसेन्स अंग्रेज़ी कम्पनी के लिए प्राप्त किया। इसके द्वारा 3000 रुपए वार्षिक कर के बदले में कम्पनी को बंगाल, बिहार, उड़ीसा में मुक्त व्यापार करने की अनुमति प्रदान की गई। मुगल सम्राट औरंगज़ेब और अंग्रेज़ों के बीच पहला संघर्ष 1686 ई. में हुगली में हुआ थी, बाद में जॉब चॉरनौक ने अगस्त, 1690 में सुतानाटी में एक अंग्रेज़ी कोठी स्थापित की। इस प्रकार ब्रिटिश भारत की भावी राजधानी की नींव पड़ी। 1698-99 ई. में बंगाल के सूबेदार अजीमुश्शान की स्वीकृति से कम्पनी को 1200 रु. के भुगतान देने पर सुतानाटी, गोविन्दपुर और कालिकाता की ज़मींदारी से प्राप्त हो गई।

जॉब चॉरनौक ने कालिकाता, गोविन्दपुर और सुतानाटी गाँव को मिलाकर आधुनिक नगर 'कलकत्ता' की स्थापना की। कलकत्ता में फोर्ट विलियम का निर्माण 1700 ई. में हुआ। 1700 ई. में स्थापित फोर्ट विलियम का प्रथम गवर्नर सर चार्ल्स आयर को बनाया गया तथा इसी समय बंगाल को मद्रास से अलग करके स्वतंत्र प्रेसीडेन्सी बना दिया गया।

नारिश मिशन

1698 ई. में इंग्लैण्ड के राजा विलियम तृतीय ने एक अन्य कम्पनी कायम की, जो इंग्लिश कम्पनी ट्रेडिंग इन द ईस्ट के नाम से जानी गई। इस कम्पनी ने अपने लिए व्यापारिक सुविधाएँ प्राप्त करने के उद्देश्य से सर विलियम नारिश को औरंगज़ेब के दरबार में राजदूत के रूप में भेजा। ब्रिटिश मन्त्रिमण्डल के दबाव के कारण नई और पुरानी ईस्ट इंडिया कम्पनी का विलय 22 जुलाई, 1702 को कर दिया गया।

जॉन सरमन मिशन

1717 ई. में जॉन सरमन के नेतृत्व में एक ब्रिटिश दूतमण्डल कुछ और व्यापारिक रियायतें प्राप्त करने के उद्देश्य से मुगल बादशाह फर्रूखसियर के दरबार में पहुँचा। ब्रिटिश दूतमण्डल में एडवर्ड स्टीफेन्सन, विलियम हैमिल्टन (सर्जन) तथा खवाजा सेहूर्द (आर्मेनियन दूभाषिया) शामिल थे। सर्जन हैमिल्टन ने बादशाह को एक भयानक बीमारी से मुक्ति दिलाई, परिणामस्वरूप खुश होकर फर्रूखसियर ने बंगाल, हैदराबाद और गुजरात के सूबेदारों के नाम तीन फरमान जारी किए।

कम्पनी का मैग्नाकार्टा

1717 ई. में फर्रूखसियर द्वारा दिये गए फरमान द्वारा बम्बई में ढाले सिक्कों को समूचे मुगल साम्राज्य में चलाने के लिए छूट मिल गई। सूरत में फरमान द्वारा 10000 रु-वार्षिक देने पर कम्पनी के समस्त व्यापार को आयात-निर्यात कर से मुक्त कर दिया गया। फर्रूखसियर द्वारा कम्पनी को प्रदत्त फरमान कालान्तर में दूरगामी परिणाम वाला सिद्ध हुआ। ओरम महोदय ने इस फरमान को कम्पनी का महाधिकार-पत्र (मैग्नाकार्टा) की संज्ञा दी।

डेन

अंग्रेज़ों के बाद एक अन्य यूरोपीय देश डेनमार्क के निवासी 1616 ई. में भारत आए। तन्जौर जिले के ट्रांकेबोर में 1620 ई. में उन्होंने अपनी पहली फैक्ट्री की स्थापना की। इसके बाद बंगाल के सीरमपुर में 1676 ई. में उन्होंने अपनी दूसरी फैक्ट्री स्थापित की। 1845 ई. में डेन ईस्ट इंडिया कंपनी ने अपनी सभी फैक्ट्रियाँ ब्रिटिश कम्पनी को बेच कर भारत से वापस लौट गए।

फ्रांसीसी

भारत आने वाली फ्रेंच ईस्ट इंडिया अंतिम यूरोपीय शक्ति थी। 1664 ई. में फ्रेंच ईस्ट इंडिया कंपनी का गठन हुआ। फ्रेंच कंपनी का नाम कम्पने देस इण्डसे ओरियंटलेस रखा गया था। 1667 ई. में फ्रेंकोइस कैरो के नेतृत्व में एक अभियान दल भारत भेजा गया। फ्रेंकोइस कैरो के प्रयास से सूरत में 1668 ई. पहले व्यापारिक केंद्र स्थापित हुआ। 1669 ई. में व्यापारिक केंद्र स्थापित हुआ। 1669 ई. में मसूलीपट्टनम् में दूसरी कंपनी स्थापित हुई। 1672 ई. में सेण्ट टोपे में एक अन्य फैक्ट्री की स्थापना हुई। इसी बीच 1673 में कंपनी ने वलिकोण्डापुर के सूबेदार शेरखाँ लोदी से पुदुचेरी नामक एक गाँव प्राप्त किया, जिसे कालांतर में पाण्डिचेरी के नाम से जाना गया। फ्रैंको मार्टिन ने 1674 ई. में इस बस्ती का भार संभाल लिया। अंग्रेज़ समर्थित डचों ने फ्रांसीसियों से 1693 ई. में पाण्डिचेरी ले ली,कितु 1697 ई. में रिजविक की संधि द्वारा इसे वापस लौटा दिया। पाण्डिचेरी के कारखाने में ही मार्टिन नें फोर्ट लुई का निर्माण कराया। 1706 ई.में की मृत्यु के बाद फ्रांसीसी बस्तियों एवं व्यापार के स्तर में कमी आई जून, 1720 ई. में फ्रांसीसी कंपनी का 'इण्डीज की चिर स्थायी कंपनी' के रूप में पुनः निर्माण हुआ। 1742 ई. के बाद व्यापारिक हित की पूर्ति हेतु फ्रांसीसियों ने राजनीतिक क्षेत्र में भी हस्तक्षेप शुरू किया, जिसके परिणामस्वरूप एंग्लो-फ्रांसीसी युद्ध हुए।

प्रथम कर्नाटक युद्ध (1746-48 ई.)

इस युद्ध का तात्कालिक कारण था—अंग्रेज़ कैप्टन बर्नेट के नेतृत्व में अग्रेज़ी सेना द्वारा कुछ फ्रांसीसी जहाज़ों पर अधिकार कर लेना, बदलें में फ्रांसीसी गवर्नर (मॉरीशस) ला बूर्दने के सहयोग से डूप्ले ने मद्रास के गवर्नर मोर्स को आत्मसमर्पण के लिए मजबूर किया। इस युद्ध के समय

ही कर्नाटक के नवाब अनवरुद्दीन ने महफूज़ खाँ के नेतृत्व में दस हज़ार सिपाहियों की एक सेना को फ्रांसीसियों पर आक्रमण के लिए भेजा। कैप्टन पैराडाइज़ के नेतृत्व में फ्रांसीसी सेना ने सेण्ट थोमे के युद्ध में नवाब को पराजित किया। यूरोप में अग्रेंज़ो और फ्रांसीसियों के बीच ऑस्ट्रिया के बीच में लड़े जा रहे उत्तराधिकार युद्ध की समाप्ति हेतु 1748 ई. में ऑक्सा-ला-शैपेल नामक संधि के सम्पन्न होने पर भारत में भी इन दोनों कंपनियों के बीच संघर्ष समाप्त हो गया।

द्वितीय कर्नाटक युद्ध (1753–54 ई.)

इस युद्ध के समय कर्नाटक के नवाब के पद को लेकर संघर्ष हुआ। चाँद साहब के नवाबी के लिए डूप्ले का सहयोग प्राप्त किया। दूसरी ओर डूप्ले ने मुजरफ्फजंग लिए दक्कन की सुबेदारी का समर्थन किया। अंग्रेज़ों ने अनवरुद्दीन और नासिरजंग को अपना समर्थन प्रदान किया। चाँद साहब ने 1749 ई. में अम्बूर में अनवरुद्दीन को पराजित कर मार डाला। मुजरफ्फरजंग दक्कन की सूबेदारी हेतु अपने भाई नासिरजंग से पराजित हुआ, लेकिन 1750 ई. में नासिर की मृत्यु के बाद वह दक्कन का सूबेदार बन गया। इस समय दक्षिण भारत में फ्रांसीसियों का प्रभाव चरम पर था। इसी बीच रॉबर्ट क्लाइव जो इंग्लैण्ड से मद्रास एक किरानी के रूप में आया था, ने 1751 ई. 500 सिपाहियों के साथ धारवाड़ पर धावा बोलकर कब्ज़ा कर लिया। शीघ्र ही फ्रांसीसी सेना को आत्मसमर्पण हेतु विवश होना पड़ा और चाँद साहब की हत्या कर दी गई। डूप्ले के स्थान पर गोडेहू को 1 अगस्त, 1754 को गवर्नर बनाया गया। गोडेहू ने अंग्रेज़ों से पाण्डिचेरी की संधि कर ली। इस संधि के द्वारा अंग्रेज़ों और फ्रांसीसियों ने मुगल सम्राट या अन्य भारतीय नरेशों द्वारा दी गई उपलब्धियों को त्याग दिया तथा भारतीय नरेशों के झगड़ों में हस्तक्षेप न करने का निश्चय किया।

तृतीय कर्नाटक (1757–63 ई.)

इस युद्ध का तात्कालिक कारण क्लाइव और वाटसन द्वारा बंगाल स्थित चंद्रनगर पर अधिकार की लालसा था। इस युद्ध के अंतर्गत अंग्रेज़ और फ्रांसीसियों के बीच वाण्डीश नामक निर्णायक लड़ाई लड़ी गई। 22 जनवरी, 1760 ई. को लड़े गए वाण्डीश के युद्ध में अंग्रेज़ी सेना को आयरकूट ने तथा फ्रांसीसी सेना को लाली ने नेतृत्व प्रदान किया। इस युद्ध में फ्रांसीसी पराजित हुए। कर्नाटक के तृतीय युद्ध का समापन पेरिस की संधि के सम्पन्न हुआ। अंग्रेज़ो और फ्रांसीसियों के बीच पेरिस संधि पर हस्ताक्षर करने के साथ ही 1763 ई. सप्तवर्षीय युद्ध समाप्त हो गया।

ईस्ट इंडिया कम्पनी और बंगाल के नवाब (East India Company and Nawab of Bengal)

बंगाल भारत का सबसे समृद्ध प्रांत था। बंगाल में अंग्रेज़ों ने अपना पहला कारखाना 1651 ई. शाहशुजा से अनुमति प्राप्त कर बनाई थी। 1651 ई. में ही शाहशुजा ने अंग्रेज़ों को तीन हजार रुपये वार्षिक के बदले में बंगाल, बिहार तथा उड़ीसा में मुक्त व्यापार की अनुमति प्रदान कर दी। सूबेदार अजीमुस्यान ने 1698 ई. में कंपनी को सुतानटी, कालिकाता एवं गोविंदपुर की ज़मींदारी दे दी तथा 1717 ई. मुगल सम्राट फरुर्खसियर ने तीन हजार रुपये में वार्षिक कर के बदले में अंग्रेज़ों को व्यापारिक छूट प्रदान कर दी। मुर्शिद कुली खाँ को औरंगज़ेब ने 1700 ई. बंगाल का सुबेदार बनाया तथा 1717 ई. में मुहम्मदशाह के शासनकाल में वह बंगाल का स्वतंत्र शासक बन गया। मुर्शिद कुली खाँ ने अजीमुस्सान (औरंगज़ेब का पोता) से मतभेद हो जाने के कारण अपनी राजधानी ढाका से मुर्शिदाबाद स्थानांतरित कर दी। इसके समय में ज़मींदारों के विद्रोह हुए, मुर्शिद कुली खाँ ने भूमि बंदोबस्त में इजारेदारी प्रथा का प्रांरभ किया। इसके बाद दामाद शुजाउद्दीन बंगाल का नवाब बना। 1739 ई.में शुजाउद्दीन का पुत्र सरफ़राज़ खाँ बंगाल का नवाब बना। इसके समय में बिहार के नाइब सूबेदार अलीवर्दी खाँ द्वारा विद्रोह कर दिया। सरफ़राज़ की मृत्यु के पश्चात् अलीवर्दी खा बंगाल का नवाब बन गया।

अलीवर्दी खाँ (1740–1756 ई.)

अलीवर्दी खाँ ने बंगाल मुगल सम्राट को दो करोड़ रुपये घूस देकर अपने पद को हासिल किया था। इसने यूरोपियों की तुलना मधुमक्खियों से की और कहा कि 'इन्हें न छेड़ा जाए तो शहद देंगी। और यदि छेड़ा जाए, तो काट-काट कर मार डालेंगी।' 1756 ई. में अलीवर्दी खाँ की मृत्यु के पश्चात् सबसे छोटी लड़की का पुत्र सिराजुद्दौला, जिसे अलीवर्दी खाँ ने अपना उत्तराधिकारी नियुक्त किया था, नवाब बना। अलीवर्दी ने ब्रिटिश ईस्ट इंडिया कम्पनी और फ्रेंच ईस्ट इंडिया कम्पनी की गतिविधियों को नियंत्रित करते हुए कलकत्ता और चन्द्रनगर की किलेबंदी का विरोध किया। सिराजुद्दौला (1756-1757 ई.) अलीवर्दी खाँ के पश्चात् 10 अप्रैल 1765 ई. को बंगाल का नवाब बना। सिराजुद्दौला ने बंगाल में कंपनी के कर्मचारियों द्वारा किये जा रहे दस्तक के दुरूपयोग को रोकने का प्रयास किया। लेकिन अंग्रेज़ों ने दस्तक (कर) देने से इनकार कर दिया और कलकत्ता से आने वाले मालों पर भारी शुल्क आरोपित कर दिये और यही नहीं नवाब की आज्ञा के बगैर कलकत्ता की किलेबंदी भी शुरू कर दी। प्रतिक्रिया स्वरूप सिराजुद्दौला ने फ्रांसीसियों तथा अंग्रेज़ों को क्रमश: चन्द्रनगर एवं कलकत्ता की किलेबंदी रोकने का आदेश दिया। परंतु अंग्रेज़ों द्वारा इसे अनसुना करने के उपरांत बंगाल के नवाब ने कलकत्ता पर आक्रमण कर दिया।

ब्लैक होल की घटना

कलकत्ता पर अधिकार (15 जून,1756) हेतु नवाब ने स्वयं आक्रमण का नेतृत्व किया। कलकत्ता के गवर्नर ड्रेक को फुल्टा द्वीप में शरण लेनी पड़ी, मिस्टर हॉलवेल ने अपने कुछ सहयोगियों के साथ नवाब के समक्ष आत्मसमर्पण कर दिया। 20 जून को फोर्ट विलियम के पतन के बाद सिराज ने बंदी बनाए गए 446 कैदियों को, जिनमें स्त्री और बच्चे भी थे, को एक घुटनयुक्त अँधेरे कमरे में बंद कर दिया। 21 जून को प्रात: काल तक कमरे में केवल 21 व्यक्ति ही जीवित बचे, जिनमे अंग्रेज अधिकारी हॉलवेल भी शामिल था। अंग्रेज़ इतिहासकारों ने जून की इस घटना को काल कोठरी

त्रासदी (Black Hole Tragedy) की संज्ञा दी। क्लाइव ने 2 जून, 1757 को कलाकत्ता पर कब्ज़ा कर लिया। सिराजुद्दौला की कमज़ोर होती स्थिति को देखते हुए अंग्रेज़ों ने इसके विरोधियों मीरजाफर, रायदुर्लभ और जगत सेठ को अपने षड्यंत्र में शामिल किया। इस षड्यंत्र के कारण ही प्लासी का युद्ध हुआ।

प्लासी का युद्ध (1757 ई.)

23 जून, 1757 को मुर्शिदाबाद के दक्षिण में 22 मील की दूरी पर स्थित प्लासी नामक गाँव में दोनों आमने-सामने हुए। नवाब की सेना के वफादर सिपाही मीरमदान और मोहनलाल मैदान में लड़ते हुए वीरगति को प्राप्त हुए। सिराजुद्दौला की हत्या मीरजाफर के पुत्र मीरन ने कर दी थी। इस युद्ध के बाद 28 जून, 1757 को अंग्रेज़ो ने मीरजाफर को बंगाल का नवाब बना दिया। 27 दिसंबर, 1760 को वेंसीटार्ट और मीरकासिम के बीच एक गुप्त संधि हुई, जिसके अंतर्गत व्यवस्था की गई थी कि वर्दवान, मिदनापुर और चटगाँव की ज़मींदारी कंपनी को सौंप कर मीरकासिम नायब सूबेदार के रूप में बंगाल की वास्तविक सत्ता का प्रयोग करे तथा मीरजाफर अपने पद पर बना रहे। मीरजाफर को संधि के द्वारा दी गई व्यवस्था स्वीकार्य नहीं थी। मीरजाफर के प्रशासनिक कार्यों में अंग्रेज़ों के बढ़ते हस्तक्षेप के कारण कंपनी और नवाब के संबंधों में कटुता आ गई।

मीरकासिम (1760-65 ई.)

अलीवर्दी खाँ के बाद बंगाल का दूसरा सबसे योग्य नवाब मीरकासिम था। वह अपनी राजधानी को स्थानांतरित करके मुर्शिदाबाद से मुंगेर ले गया। 1717 ई. में मुगल बादशाह द्वारा प्रदत्त व्यापारिक फरमान का इस समय बंगाल में दरुपयोग देखकर नवाब मीरकासिम ने आंतरिक व्यापार पर सभी प्रकार के शुल्कों की वसूली बंद करवा दी मुंगेर में मीरकासिम ने तोपों तथा तोड़ेदार बंदूकों के निर्माण हेतु कारखानों की स्थापना की। जुलाई, 1763 में मीरकासिम को कंपनी ने बर्खास्त कर मीरजाफर को पुनः बंगाल का नवाब बनाया। मुगल सम्राट शाहआलम द्वितीय, अवध के नवाब शुजाउद्दौला और मीरकासिम ने मिलकर अंग्रेज़ों के विरुद्ध एक सैन्य गठबंधन का निर्माण किया।

बक्सर का युद्ध (1764 ई.)

बिहार के बक्सर के मैदान में अवध के नवाब, मुगल सम्राट तथा मीरकासिम की संयुक्त सेना ने 1764 में अंग्रेज़ों के साथ युद्ध किया। हेक्टर मूनरो के नेतृत्व में अंग्रेज़ी सेना ने 'बक्सर के युद्ध' को जीत लिया। प्लासी के युद्ध ने अंग्रेज़ों की प्रभुता बंगाल में स्थापित की, परंतु बक्सर के युद्ध ने कंपनी को एक अखिल भारतीय शक्ति का रूप दे दिया। क्लाइव ने जुलाई, 1765 में अवध के साथ संधि की। इस संधि को इलाहाबाद की प्रथम संधि के नाम से जाना जाता है। इस संधि के अनुसार, अंग्रेज़ों को कड़ा तथा इलाहाबाद के क्षेत्र एवं हर्जाने के रूप में पचास लाख रुपये मिले, मुगल सम्राट को 26 लाख रुपये प्रतिवर्ष पेंशन के रूप में देने का प्रावधान हुआ तथा अंग्रेज़ों को उत्तरी सरकार की जागीर मिली। इलाहाबाद की दूसरी संधि अगस्त 1765 में अवध के नवाब शुजाउद्दौला और क्लाइव के बीच हुई। इस संधि के अनुसार कंपनी को पचास लाख रुपये तथा चुनार का दुर्ग अवध से प्राप्त हुआ।

बंगाल में द्वैध -शासन (1765-72 ई.)

इलाहाबाद की संधि के बाद अंग्रेज़ों को रु. 26 लाख वार्षिक देने के बदले 'दीवानी' का अधिकार तथा रु. 63 लाख बंगाल के नवाब को देने पर 'निजामत' का अधिकार प्राप्त हुआ। दीवानी और निजामत दोनों अधिकार प्राप्त कर लेने कि बाद ही कंपनी ने बंगाल में द्वैध-शासन की शुरूआत की। रजा खाँ को बंगााल का तथा शिताब राय को बिहार का दीवान बनाया गया। द्वैध शासन के अंतर्गत कंपनी दीवानी और निजामत के कार्यो का निष्पादन भारतीयों के माध्यम से करती थी, लेकिन वास्तविक शक्ति कंपनी के हाथों में थी। इसका प्रचलन बंगाल में 1772 ई. तक रहा। इसके बाद अंग्रेज़ों ने बंगला पर अपना आधिपत्य स्थापित कर लिया। द्वैध शासन के परिणामस्वरूप समूचे बंगाल में अराजकता, अव्यवस्था तथा भ्रष्टाचार का माहौल बन गया। व्यापार और वाणिज्य का पतन हुआ, व्यापारियों की स्थिति भिखारियों के जैसी हो गई, समृद्ध और विकसित उद्योग विशेषतः रेशम और कपड़ा उद्योग नष्ट हो गए।

मैसूर (Mysore)

1565 ई. गलीकोटा के युद्ध में विजयनगर साम्राज्य का अंत कर दिया, इसके अवशेषों पर जिन स्वतंत्र राज्यों का जन्म हुआ, उनमें मैसूर एक प्रमुख राज्य था। 18वीं सदी में हैदर अली नामक एक योग्य सेनापति अपनी योग्यता के बल पर मैसूर का शासक बना।

हैदर अली (1761-82 ई.)

हैदर ने 1761 ई. में मैसूर की सत्ता पर (नंदराज को हटाकर) कब्ज़ा कर लिया। 1763 ई. में उसने बेडमोर पर अधिकार कर लिया तथा अपनी राजधानी श्रीरंगपट्टनम में स्थापित की। अंग्रेज़ों से इसने ज़ोरदार संघर्ष किया।

प्रथम आंग्लो-मैसूर युद्ध (1767-69 ई.)

प्रथम आंग्लो-मैसूर युद्ध अंग्रेज़ो की आक्रमणकारी नीति का परिणाम था। इस युद्ध में हैदर अली ने अंग्रेज़ों को करारा जवाब देने के उद्देश्य मराठों तथा निजाम से संधि कर एक सयुंक्त सैनिक मोर्चा बनाया। तत्पश्चात् उसने कर्नाटक पर आक्रमण किया, परंतु 1767 ई. मे हैदर और निजाम तिरुवन्नमलई संगम में पराजित हुए।

मद्रास की संधि (1769 ई.)

मद्रास की संधि 5 अप्रैल, 1769 को हैदरअली और अंग्रेज़ों के बीच हुई। इस संधि में कैदियों की अदला-बदली तथा विजित स्थानों के आपसी बदलाव की व्यवस्था थी। अंग्रेज़ों की प्रतिष्ठा को इस संधि से भारी

नुकसान हुआ, क्योंकि एक भारतीय शक्ति ने मद्रास में अंग्रेज़ों के साथ शर्तें निश्चित की।

द्वितीय आंग्लो-मैसूर युद्ध (1780-84ई.)

यह युद्ध हैदरअली और अंग्रेज़ो के मध्य हुआ था। इस युद्ध का प्रमुख कारण हैदरअली पर 1771 ई. में मराठों द्वारा आक्रमण व 1769 ई. की संधि के प्रतिकूल अंग्रेज़ों द्वारा हैदर अली को सहायता नहीं दी जानी थी। अंग्रेज़ो द्वारा माही पर कब्ज़ा कर लेना इस युद्ध का तात्कालिक कारण था। इस युद्ध में हैदरअली की मृत्यु हो गई। मार्च,1784 ई. में टीपू सुल्तान और अंग्रेज़ो के मध्य मंगलौर की संधि के साथ यह युद्ध समाप्त हो गया।

टीपू सुल्तान (1782-99 ई.)

द्वितीय आंग्लो-मैसूर युद्ध में हैदरअली की मृत्यु के पश्चात् उसका पुत्र टीपू सुल्तान 1782 ई. में मैसूर की गद्दी पर बैठा। टीपू ने नए कैलेण्डर तथा सिक्का ढलाई की नई प्रणाली को लागू किया। श्रीरंगपट्टनम में उसने स्वतंत्रता-वृक्ष (फ्रांस-मैसूर मैत्री का प्रतीक) लगाया तथा वह एक जैकोबियन क्लब का सदस्य बन गया। वह पैदावार का एक तिहाई भाग भू-राजस्व के रूप में लेता था। उसके दरबार में हिंदूओं को भी उच्च पदों पर नियुक्त किया गया। पूरनिया एवं कृष्णा राव इसके दो प्रमुख हिंदू मंत्री थे। मैसूर में टीपू सुल्तान ने श्रृंगेरी के मंदिर में देवी शारदा की मूर्ति के निर्माण के लिए धन दिया था। टीपू सुल्तान ने अपने सैन्य संगठन को यूरोपीय पद्धति के अनुरूप संगठित किया तथा साथ ही अपनी प्रशासनिक व्यवस्था में पाश्चात्य तत्वों को भी अपनाया। वह एक प्रतिभाशाली शासक था, जो कहा करता था—'भेड़ की तरह लंबी जिन्दगी जीने से अच्छा है शेर की तरह एक ही दिन जीना'।

मंगलौर की संधि (1784 ई.)

यह संधि अंग्रेज़ों की ओर से गवर्नर लॉर्ड मैकार्टनी और टीपू के बीच मार्च, 1784 ई. मे हुई। इस संधि द्वारा दोनों पक्षों ने एक-दूसरे के जीते हुए प्रदेश लौटा दिए तथा बंदियों को भी मुक्त कर दिया।

तृतीय आंग्लो-मैसूर युद्ध (1790-92 ई.)

लॉर्ड कार्नवालिस ने जब निज़ाम तथा मराठों को अपने पक्ष में मिलाकर 1790 ई. में टीपू के विरुद्ध त्रिदलीय संगठन बनाया, तब टीपू को युद्ध अवश्यम्भावी प्रतीत होने लगा। टीपू ने अप्रैल, 1790 मे ट्रावनकोर पर आक्रमण कर दिया। अंग्रेज़ों ने ट्रावनकोर के राजा का पक्ष लिया। और युद्ध प्रारम्भ हो गया। इसे तृतीय आंग्ल मैसूर युद्ध कहा जाता है। 1791 ई. में कार्नवालिस द्वारा अरिकेरा नामक स्थान पर टीपू पूर्णतया पराजित हुआ। कड़े प्रतिरोध के बाद टीपू को बाध्य होकर श्रीरंगपट्टनम की संधि (मार्च, 1792) करनी पड़ी। इस संधि के अनुसार उसे अपने देश का लगभग आधा भाग अंग्रेज़ों तथा उसके साथियों को देना पड़ा। टीपू को तीन करोड़ रुपये भी युद्ध क्षति के रूप में देने पड़े।

चतुर्थ आंग्ल-मैसूर युद्ध (1799 ई.)

टीपू सुल्तान ने चतुर्थ आंग्लो-मैसूर युद्ध में अंग्रेज़ो से मुकाबला करने के लिए फ्रांस से सहयोग लेने की दिशा में प्रयास किया। उसने नेपोलियन से भी पत्र व्यवहार किया। 4 मई, 1799 को टीपू संयुक्त अंग्रेज़ी सेना से बहादुरी के साथ लड़ता हुआ मारा गया और इसके साथ ही मैसूर पर अंग्रेज़ों का अधिकार हो गया। मैसूर पर विजय प्राप्त कर लेने के उपलक्ष्य में वेलेजली को 'मार्किवस' की उपाधि प्रदान की गई।

अध्याय सार संग्रह

- भारत में यूरोपीय व्यापारिक कम्पनियों के आगमन का क्रम पुर्तगाली, डच, अंग्रेज़, डेन व फ्रांसीसी रहा।
- भारत में आने वाला प्रथम यूरोपीय यात्री 'वास्कोडिगामा, द्वितीय पुर्तगाली पेड्रो अल्वारेज कैब्राल, प्रथम पुर्तगाली गवर्नर 'फांसिस्को दी अल्मेडा था जबकि प्रथम अंग्रेज़ जॉन मिल्डेन हॉल था।
- बम्बई, कलकत्ता और मद्रास तथा दिल्ली के संस्थापक क्रमशः गेराल्ड औगियार, जॉब चॉरनाक, फ्रांसिस डे तथा एडविन लुटियन्स थे।
- अंग्रेज़ों का विरोध करने वाला पहला विद्रोही जमींदार बर्दवान का जमींदार शोभा सिंह था।
- बंगाल में अंग्रेज़ी व्यापार की मुख्य वस्तुएँ थीं—रेशम, सूती कपड़े, शोरा और चीनी।
- 1757 में कलकत्ता को जीतने के बाद सिराजुद्दौला ने इसका नाम अलीनगर रख दिया था।
- 1767-1772 तक बंगाल में चले द्वैध शासन को बंगाल के गवर्नर वारेन हेस्टिंग्स ने समाप्त किया।
- द्वैध शासन के समय कंपनी ने दीवानी कार्यों के लिए राजा सिताब राय को बिहार तथा मुहम्मद रजा खाँ को बंगाल का नवाब दीवान नियुक्त किया।
- प्लासी के युद्ध में अंग्रेज़ों का सेनापति क्लाइव तथा नवाब का सेनापति मीर जाफर थे।
- फरवरी 1760 में क्लाइव कुछ महीने के लिए गवर्नर का दायित्व हॉलवेल को सौंप कर इंग्लैण्ड वापस चला गया। हॉलवेल ने मीर जाफर को पदच्युत करने की योजना बनायी।
- अल्फ्रेड लायल के अनुसार, 'प्लासी में क्लाइव की सफलता ने बंगाल में युद्ध तथा राजनीति का एक अत्यंत विस्तृत क्षेत्र अंग्रेज़ों के लिए खोल दिया।'
- मुर्शिदाबाद में मीर जाफर को 'कर्नल क्लाइव का गीदड़' कहा जाता था।
- मीर जाफर के काल में ही अंग्रेज़ों ने 'बाँटों और राज करो' की नीति को जन्म देते हुए एक गुट को दुसरे गुट से लड़ाने की शुरुआत की।
- बक्सर के युद्ध में अंग्रेज़ी सेना का नेतृत्व हेक्टर मुनरो ने किया।
- पी. ई. रॉबर्ट्स ने बक्सर के युद्ध के बारे में कहा था कि, 'प्लासी की अपेक्षा बक्सर को भारत में अंग्रेज़ी प्रभुता की जन्म भूमि मानना कहीं अधिक उपयुक्त है।'

16 अध्याय

गवर्नर, गवर्नर-जनरल एवं वायसराय

इस अध्याय में आप सीखेंगे किः

- बंगाल के गवर्नर व बंगाल के गवर्नर-जनरल तथा भारत के गवर्नर-जनरल एवं वायसराय की नीतियों और उनके द्वारा भारत के लिए तैयार की गयी दमन कारी नीतियाँ कौन-कौन सी थीं।
- गवर्नर, गवर्नर जनरल एवं वायसराय ने भारत में ब्रिटिश सत्ता स्थापित करने के लिए किन-किन प्रकार की नीतियों और कार्यक्रमों द्वारा उसे सफल बनाने में सक्षम रहे।

बंगाल के गवर्नर (Governor of Bengal)

1772 ई. तक ईस्ट इंडिया कंपनी का कार्य संचालन बंगाल के गवर्नर के द्वारा किया गया। 1772 से 1833 ई. तक बंगाल का गवर्नर, गवर्नर जनरल बन गया। फिर 1833 ई. से 1857 ई. के बीच वह भारत का गवर्नर जनरल कहा जाने लगा। 1857 ई. क्रांति के बाद भारत के गवर्नर-जनरल का पद समाप्त कर वायसराय नामक नए पद का सृजन किया गया।

लॉर्ड क्लाइव (1757-60 ई. 1765-67 ई.)

प्लासी की विजय (1757 ई.)के बाद क्लाइव को बंगाल का गवर्नर बनाया गया। क्लाइव ने बक्सर के युद्ध (1764) में सफलता के बाद 1765 ई. में बंगाल में द्वैध शासन लागू किया, जो 1772 ई. तक चलता रहा। इसी के कार्यकाल मे 'श्वेत विद्रोह' हुआ था।

क्लाइव के बाद बंगाल के गवर्नर

- **वेंसिटार्ट** (1760-65) बक्सर के युद्ध के समय वेंसिटार्ट बंगाल का गवर्नर था।
- **वेरेलस्ट** (1767-69) द्वैध शासन के समय यह बंगाल का गवर्नर था।
- **कर्टियर** (1769-72) इसके काल में ही 1770 ई. में बंगाल में आधुनिक भारत का प्रथम अकाल पड़ा।
- **वारेन हेस्टिंग्स** (1772-74) यह बंगाल का अंतिम गवर्नर था। इसी के काल मे बंगाल गवर्नर, गवर्नर जनरल हो गया। इसने बंगाल में द्वेध शासन को समाप्त कर दिया।

बंगाल के गवर्नर-जनरल (Governor General of Bengal)

वारेन हेस्टिंग्स (1772-85 ई.)

वारेन हेस्टिंग्स को रेग्युलेटिंग एक्ट के तहत बंगाल का प्रथम गवर्नर जनरल बनाया गया। हेस्टिंग्स ने 1772 ई. में राजस्व बोर्ड का गठन किया तथा सरकारी कोष का स्थानातंरण मुर्शिदाबाद से कलकत्ता कर दिया। वारेन हेंस्टिंग्स को भारत में न्यायिक सेवा का जन्मदाता माना जाता है। इसी के काल में कलकत्ता मे एक सुप्रीम कोर्ट की स्थापना 1779 ई. में की गई। इसका मुख्य न्यायाधीश एलीजा इम्फे था। वारेन हस्टिंग्स के काल मे बनारस की संधि (1773 ई.) फैजाबाद की संधि (1775 ई.) एशियाटिक सोसायटी ऑफ बंगाल की स्थापना (1784 ई.) तथा नंद कुमार पर अभियोग (1775 ई.) जैसे प्रमुख घटनाएँ घटीं। इसे रियासतों के साथ होने वाली Ring of Fence (घेरे की नीति) का जनक माना जाता है। हेस्टिंग्स बंगाल का एकमात्र ऐसा गवर्नर-जनरल था, जिस पर बर्क ने महाभियोग का मुकदमा दायर किया था। इसी के काल में 1784 ई. का पिट्स इंडिया एक्ट पारित हुआ, जिसके अंतर्गत परिषद की संख्या घटाकर तीन कर दी गई थी।

लॉर्ड कार्नवालिस (1786-93 ई.)

1786 ई. के संशोधन एक्ट द्वारा कार्नवालिस को कमाण्डर इन चीफ बनाया गया। इसने 1789 ई. में दासों के व्यापार पर रोक लगा दी। भारत में कार्नवालिस को सिविल सेवा तथा पुलिस सेवा का जन्मदाता माना जाता

है। इसने 1793 ई. में बंगाल में स्थायी बन्दोबस्त व्यवस्था लागू की। इस व्यवस्था के तहत ज़मींदारों को भू-राजस्व का 10/11 भाग कम्पनी को तथा 1/11 भाग अपनी सेवाओं के लिए अपने पास रखना था। इसने 1793 ई. में कार्नवालिस कोड का निर्माण किया तथा शक्ति के पृथक्करण का सिद्धान्त लागू किया। न्यायिक विभाग को राजस्व विभाग से अलग किया और अब कलेक्टर के पास सिर्फ भू-राजस्व वसूली का अधिकार था। दीवानी अधिकार वापस ले लिए गए। 1805 ई. में कार्नवालिस पुन: भारत का गवर्नर-जनरल बनकर आया। इसी दौरान उसकी मृत्यु हो गई। कार्नवालिस भारत का एकमात्र ऐसा गवर्नर-जनरल था, जिसकी समाधि भारत में उत्तर प्रदेश के गाजीपुर में स्थित है।

सर जॉन शोर (1793–98 ई.)

सर जॉन शोर ने मैसूर राज्य के प्रति अस्तिखेप की नीति का पालन किया, जॉन शोर ने ही ज़मींदारों को भूमि का वास्तविक स्वामी माना था। अपवाद स्वरूप इसने अवध के मामलें में उत्तराधिकार के विषय पर हस्तक्षेप किया था।

लॉर्ड वेलेजली (1798–1805 ई.)

यह भारत का सबसे कम आयु में बनने वाला गवर्नर जनरल था। यह मात्र 37 वर्ष की आयु में भारत का गवर्नर-जनरल बना। इसे बंगाल टाइगर के नाम से भी जाना जाता है। भारत में अंग्रेज़ी सत्ता की श्रेष्ठता को साबित करने तथा फ्रांसीसियों के भय को समाप्त करने के उद्देश्य से ही सहायक सन्धि प्रणाली की नीति अपनायी। सहायक सन्धि स्वीकार करने वाले राज्यों में—हैदराबाद (1798 ई.), मैसूर (1799 ई.), तन्जौर (1799 ई.), अवध (1801 ई.), पेशवा (1802 ई.), भोंसले (1803 ई.) तथा सिन्धिया (1804 ई.) थे। अन्य सहायक सन्धि स्वीकार करने वाले छोटे राज्य थे—जोधपुर, जयपुर, मच्छेडी, बूँदी तथा भरतपुर। फ्रांसीसी गवर्नर डुप्ले ने भारत में सहायक सन्धि की नींव रखी, किन्तु इसे व्यावहारिक रूप वेलेजली ने ही दिया था। 1799 ई. में वेलेजली ने प्रेस पर प्रतिबन्ध लगाया, जो भारतीय प्रेस पर प्रतिबन्ध लगाने की पहली घटना मानी जाती है। वेलेजली ने नागरिक सेवा में भर्ती किए गए युवकों के प्रशिक्षण के लिए 1800 ई. में कलकत्ता में फोर्ट विलियम कॉलेज की स्थापना की। 1803 ई. में इसने बाल हत्या पर कानून-4 के द्वारा पूर्णत: प्रतिबन्ध लगा दिया।

सर जॉर्ज बार्लो (1805–07 ई.)

इसने देशी राज्यों के प्रति अहस्तक्षेप की नीति का पालन किया तथा सिन्धिया को ग्वालियर एवं गोहद के प्रदेश वापस कर दिए, इसके काल में वेल्लोर का सिपाही विद्रोह (1806 ई.) हुआ।

लॉर्ड मिण्टो प्रथम (1807–13 ई.)

1809 ई. में लॉर्ड मिण्टो महाराजा रणजीत सिंह के साथ अमृतसर की सन्धि में सम्मिलित हुआ। सन्धि पर अंग्रेज़ों की ओर से चार्ल्स मेटकॉफ ने हस्ताक्षर किए। मिण्टो ने बुन्देलखण्ड, नागपुर और बरार के विद्रोहों को दबाया। 1813 ई. के चार्टर एक्ट द्वारा शिक्षा के विकास के लिए एक लाख रुपये की व्यवस्था की गई। मिण्टो ने विदेशी सम्बन्धों की स्थापना के लिए मैल्कम को ईरान तथा एलिफिंस्टन को काबुल भेजा।

लॉर्ड हेस्टिंग्स (1813–23 ई.)

इसने अहस्तक्षेप की नीति का परित्याग कर दिया गया। भारत में ब्रिटिश प्रभुसत्ता इसी के समय स्थापित हुई। इसके काल में आंग्ल-नेपाल युद्ध (18 14-16 ई.) में हुआ तथा नेपाल के साथ 1816 ई. में सगौली की सन्धि की गई, जिसके कारण उसे 'मार्क्विस ऑफ हेस्टिंग्स' की उपाधि दी गई। मराठा संघ का अन्त (1817 ई.) इसी के काल में हुआ। हेस्टिंग्स ने पिण्डारियों का दमन किया। यह लुटेरों का एक दल था, जिसमें हिन्दू तथा मुस्लिम दोनों सम्मिलित थे। करीम खाँ, अमीर खाँ, चीतू इनके प्रमुख नेता थे। एलफिन्सटोन ने रैयतवाड़ी व्यवस्था लागू की तथा 1822 ई. में बंगाल क्रांतिकारी एक्ट पारित हुआ।

लॉर्ड एम्हर्स्ट (1823–28 ई.)

इसके समय में प्रथम आंग्ल-बर्मा युद्ध (1824-26 ई.) लड़ा गया, जो याण्डबू की सन्धि (1826 ई.) से समाप्त हुआ। इसी के काल में बैरकपुर छावनी में सैन्य विद्रोह (1824) हुआ। यह मुगल शासक अकबर द्वितीय से बराबरी के स्तर पर मिला था।

भारत के गवर्नर-जनरल (India's Governor General)

लॉर्ड विलियम बैण्टिक (1828–35 ई.)

लॉर्ड विलियम बैण्टिक ने जुलाई, 1828 ई. में बंगाल के गवर्नन-जनरल का कार्यभार सम्भाला। बैण्टिक भारत का प्रथम गवर्नर-जनरल बना। इसने अनेक सामाजिक, न्यायिक, शैक्षिक क्षेत्रों में सुधार किए। बैण्टिक ने सती प्रथा के खिलाफ कानून बनाकर दिसम्बर, 1829 ई. में विधवाओं के सती होने को अवैध घोषित किया। ठगी प्रथा की समाप्ति के लिए बैण्टिक ने कर्नल स्लीमैन की नियुक्ति की। 1830 ई. तक ठगी प्रथा का अन्त हो गया। बैण्टिक ने नरबलि तथा राजपूतों में लड़कियों की शिशु-हत्या पर भी प्रतिबन्ध लगाया।

चार्ल्स मैटकॉफ (1835–36 ई.)

मैटकॉफ ने ही 1809 ई. में रणजीत सिंह के साथ अमृतसर की संधि से संबंधित बातचीत की थी। मात्र एक वर्ष तक भारत के गवर्नर-जनरल के पद पर कार्य करने वाले चार्ल्स मैटकॉफ को प्रेस पर से नियंत्रण हटाने के लिए याद किया जाता है। समाचार-पत्रों पर से प्रतिबंध हटाने के कारण इसे समाचार-पत्रों के मुक्तिदाता के रूप में जाना जाता है।

लॉर्ड आकलैण्ड (1836–42 ई.)

आकलैण्ड के समय में आंग्ल-अफगान युद्ध (1838-42 ई.) हुआ। आकलैण्ड के समय में त्रिपक्षीय संधि हुई। इसी के काल में शेरशाह

सूरी मार्ग का नाम बदलकर Grand Trunk Road (जी.टी. रोड) रख दिया गया।

लॉर्ड एलनबरो (1842–44 ई.)

एलनबरो के समय में 1843 ई. में एक सरकारी आदेश लाया गया, जिसके अनुसार सरकारी पदों पर आवेदन के लिए अंग्रेज़ी का ज्ञान जरूरी हो गया। प्रथम आंग्ल-सिक्ख युद्ध (1846-48 ई.) लड़ा गया तथा लाहौर की संधि की गई। इसने उड़ीसा में खोण्ड जनजातियों के बीच प्रचलित नरबलि प्रथा को समाप्त किया, जिसके कारण खोण्ड विद्रोह हुआ। इस के काल में शिशु हत्या पर भी रोक प्रतिबन्ध बनाया गया।

लॉर्ड डलहौज़ी (1848–1856 ई.)

1848 ई. में 36 वर्ष की आयु में डलहौज़ी भारत का गवर्नर-जनरल बना। इसने 1852 ई. में पंजाब पर अधिकार कर लिया, द्वितीय आंग्ल-वर्मा युद्ध में इसने लोअर वर्मा तथा पीगू का विलय भारत में कर दिया। डलहौज़ी द्वारा 1850 ई. में सिक्किम राज्य के कुछ दूरवर्ती प्रदेशों, जिसमें दार्जिलिंग आदि शामिल थे, भारत में मिला लिए गए। द्वितीय आंग्ल-सिख युद्ध (1848 ई.) में सिखों को पराजित कर पंजाब को ब्रिटिश सम्राज्य में विलय कर लिया। डलहौज़ी का शासनकाल व्यपगत सिद्धांत को लागू करने के लिए प्रसिद्ध है। डलहौज़ी ने 1848 ई. सतारा, 1849 ई. में जैतपुर तथा सम्बलपुर, 1850 ई. में बघाट, 1852 ई. में उदयपुर, 1853 ई. में झाँसी, 1854 ई. में नागपुर को अंग्रेज़ी राज्य मे मिला लिया। 1856 ई. में अवध पर कुशासन का आरोप लगाकर उसे ब्रिटिश साम्राज्य में विलय कर लिया गया। उसके काल मे भारत में 1853 ई. में प्रथम रेलवे लाइन बम्बई में थाणे व दूसरी रेलवे लाइन 1854 ई. कलकत्ता से रानीगंज के बीच बिछाई गई। आधुनिक काल की डाक व्यवस्था का आधार भी डलहौज़ी के काल में ही निश्चित किया गया। डलहौज़ी ने डाक विभाग में सुधार करते हुए 1854 ई. में नया पोस्ट ऑफिस एक्ट पास किया। डलहौज़ी ने जीटी रोड का निर्माण कार्य भी पुनः शुरू करवाया।

भारत के वायसराय (Indian Viceroys)

लॉर्ड कैनिंग (1856–62 ई.)

लॉर्ड कैनिंग ब्रिटिश ईस्ट इंडिया कम्पनी का अन्तिम गवर्नर-जनरल तथा सम्राट के अधीन प्रथम वायसराय था। 1857 ई. का महत्वपूर्ण विद्रोह इसके काल में हुआ। कैनिंग के ही काल में 1858 ई. में महारानी विक्टोरिया की उद्घोषणा द्वारा भारत में ईस्ट-इंडिया कम्पनी के शासन का अंत हुआ। 18 54 ई. लन्दन विश्वविद्यालय के आदर्श पर कलकत्ता, बम्बई तथा मद्रास में विश्वविद्यालय स्थापित किए गए। 1861 ई. में प्रसिद्ध भारतीय काउन्सिल अधिनियम स्वीकृत हुआ तथा इस के काल में कलकत्ता, मद्रास व बम्बई में हाइकोर्ट की स्थापना हुई। आर्थिक सुधारों के अन्तर्गत कैनिंग ने ब्रिटिश अर्थशास्त्री विलसन को भारत बुलाया तथा रु. 500 से अधिक आय पर आयकर लगा दिया। कैनिंग के ही समय में विधवा पुनर्विवाह अधिनियम, 1856 ई. में व भारतीय दण्ड संहिता की स्थापना 1861 ई. में हुई।

लॉर्ड एल्गिन प्रथम (1862–63 ई.)

इसके कार्यकाल में वहाबियों का विद्रोह हुआ। सर्वोच्च एवं सदर न्यायालयों को उच्च न्यायालय के साथ शामिल कर दिया गया। इसकी मृत्यु 1863 ई. में धर्मशाला में हुई, तत्कालीन पंजाब जो कि अब हिमाचल में है।

सर जॉन लॉरेन्स (1864–69 ई.)

अफगानिस्तान के संदर्भ में उसने अहस्तक्षेप की नीति का पालन किया तथा तत्कालीन शासक शेर अली से दोस्ती की। 1865 ई. में भूटानियों ने ब्रिटिश साम्राज्य पर आक्रमण कर दिया। इसके कार्यकाल में वर्ष 1865 ई. में भारत तथा यूरोप के बीच प्रथम टेलीग्राफ सेवा शुरू हुई। सर जॉर्ज कैम्पबैल के नेतृत्व में अकाल आयोग नियुक्त किया गया। इसी के काल में 1868 ई. में पंजाब तथा अवध के काश्तकारी अधिनियम पारित हुए।

लॉर्ड मेयो (1869–72 ई.)

इस ने भारत में वित्त के विकेन्द्रीकरण की प्रक्रिया को आरम्भ किया। इसने बजट घाटे को कम किया, आयकर की दर को 1% से बढ़ाकर 2.5% कर दिया। अखिल भारतीय जनगणना का पहला प्रयास (1872 ई.) इसी के काल में किया गया। इसने जयपुर में मेयो कॉलेज की स्थापना की। 1872 ई. में ही इसने एक कृषि विभाग की स्थापना की।

लॉर्ड नॉर्थ ब्रुक (1872–76 ई.)

ब्रुक के काल में पंजाब का प्रसिद्ध कूका आन्दोलन हुआ। 1873-74 ई. में बिहार में तथा बंगाल के एक भाग में अकाल पड़ा। नॉथ ब्रुक की सहायता से ही 1875 ई. में अलीगढ़ से सैयद अहमद खाँ द्वारा मोहम्मडन एंग्लो ओरियण्टल कॉलेज की स्थापना की। लॉर्ड नॉर्थ ब्रुक के समय प्रिन्स ऑफ वेल्स (किंग सप्तम) भारत आए।

लॉर्ड लिटन (1876–80 ई.)

यह साहित्य जगत में ओवन मैरिडिथ के नाम से प्रसिद्ध था। इसके काल में अकाल की जांच के लिए जॉन स्ट्रैची की अध्यक्षता में एक आयोग का गठन हुआ और अकाल संहिता का निर्माण हुआ। अकाल व भुखमरी की परिस्थितियों में 1877 ई. में दिल्ली दरबार (प्रथम) का आयोजन किया तथा रानी विक्टोरिया को केसर-ए-हिन्द की उपाधि प्रदान की। 1878 ई. में वर्नाकुलर प्रेस एक्ट पारित किया गया, जिसमें मजिस्ट्रेट को किसी भी देशी भाषा के समाचार-पत्र के प्रकाशन पर प्रतिबन्ध का अधिकार था। भारतीय शस्त्र अधिनियम 1878 ई. के द्वारा किसी भी भारतीय के लिए शस्त्र रखने के लिए लाइसेन्स अनिवार्य कर दिया गया। सिविल सेवा में भारतीयो के लिए उम्र की सीमा 21 से घटाकर 18 वर्ष कर दी गई।

लॉर्ड रिपन (1880–84 ई.)

1872 ई. में प्रथम जनगणना मेयो के शासनकाल में शुरू हुई, परंतु प्रथम वास्तविक जनगणना रिपन के काल में 1881 ई. में सम्पन्न हुई। प्रथम

फैक्ट्री अधिनियम लॉर्ड रिपन के समय में 1881 ई. में पारित हुआ। इसने अपने सुधार कार्यों के तहत सर्वप्रथम समाचार-पत्रों की स्वतंत्रता को बहाल करते हुए 1882 ई. में वर्नाक्यूलर प्रेस एक्ट को समाप्त कर दिया। रिपन के सुधार कार्यों में सर्वाधिक महत्वपूर्ण स्थानीय स्वशासन की शुरूआत थी। इसने 1882 ई. में हण्टर कमीशन को पारित किया, जो प्राथमिक शिक्षा से सम्बन्धित था। इलबर्ट बिल विवाद 1884 ई. में रिपन के समय में ही हुआ। इलबर्ट बिल विवाद के ही कारण रिपन ने कार्यकाल समाप्त होने से पूर्व ही त्याग-पत्र दे दिया। इल्बर्ट बिल में भारतीय न्यायाधीशों को यूरोपियों के मुकदमे सुनने का अधिकार दिया गया था, जिस पर यूरोपियों ने कड़ी प्रतिक्रिया व्यक्त की।

लॉर्ड डफरिन (1884–88 ई.)

डफरिन 1884 ई. में वायसराय बनकर भारत आया। इसके सर्वाधिक महत्वपूर्ण कार्यों में किसानों के हितों की रक्षा की ओर विशेष ध्यान देना था। डफरिन के काल की महत्वपूर्ण घटना तृतीय आंग्ल-बर्मा युद्ध (1885-88 ई.) था। इस युद्ध में बर्मा पराजित हुआ। 1885 ई. में बंगाल में टेनेन्सी एक्ट पारित हुआ, जिसके अन्तर्गत अब जर्मीदार अपनी इच्छानुसार किसानों की भूमि को नहीं छीन सकते थे। 1887 ई. में इलाहाबाद विश्वविद्यालय की स्थापना की गई। इसी के काल में 1885 ई. में ने भारतीय राष्ट्रीय कांग्रेस की स्थापना हुई।

लॉर्ड लेन्सडाउन (1888–94 ई.)

इसके काल में कश्मीर के महाराजा प्रताप सिंह द्वारा राजगद्दी का परित्याग एवं प्रिन्स ऑफ वेल्स का दूसरी बार भारत आगमन हुआ। इसी के काल में 1891 ई. में दूसरा फैक्ट्री अधिनियम पारित हुआ तथा 1892 ई. का इण्डियन काउन्सिल एक्ट पारित किया गया। भारत व अफगानिस्तान के बीच डूरण्ड रेखा का निर्धारण किया गया।

लॉर्ड एल्गिन द्वितीय (1894–99 ई.)

सीमान्त प्रदेशों में विद्रोह, बम्बई में प्लेग का फैलना तथा इण्डियन एजुकेशन सोसायटी की स्थापना इसके समय की प्रमुख घटनाएँ थीं। 1893 ई. में एक अफीम आयोग नियुक्त किया गया था, जिसका काम अफीम के प्रयोग से जनता के स्वास्थ्य पर प्रभाव के सम्बन्ध में जाँच करना तथा रिपोर्ट प्रस्तुत करना था। 1898 ई. में अकाल की जाँच के लिए लायल आयोग का गठन किया गया।

लॉर्ड कर्जन (1899–1905 ई.)

1899-1900 ई. के बीच भीषण अकाल पड़ा। इस के लिए सर एण्टोनी मैकडोनाल्ड की अध्यक्षता में एक अकाल आयोग का गठन किया गया। साथ ही वर्ष 1902 ई. में सर एण्ड्रयू फ्रेजर की अध्यक्षता में एक पुलिस आयोग का गठन किया गया। वर्ष 1902 ई. में विश्वविद्यालय आयोग का गठन किया गया तथा वर्ष 1904 ई. में उसके आधार पर भारतीय विश्वविद्यालय अधिनियम पारित किया गया। कर्जन इतिहास और पुरातत्व का ज्ञाता था। इसने प्राचीन स्मारकों की रक्षा हेतु वर्ष 1904 ई. में एक अधिनियिम पारित किया और भारत में प्राचीन स्मारकों की मरम्मत के लिए 50 हजार पौण्ड निश्चित किया। कर्जन ने 1904 ई. में तिब्बत पर अधिकार करन के उद्देश्य से सैन्य कामंडर यंग हस्बैंड के नेतृत्व में सैन्य अभियान भेजा। राष्ट्रीय आन्दोलन को दबाने व कमज़ोर करने के उद्देश्य से कर्जन ने वर्ष 1905 ई. में बंगाल को दो भागों में बाँट दिया।

लॉर्ड मिण्टो द्वितीय (1905–10 ई.)

लॉर्ड मिण्टो के काल में ही वर्ष 1906 में ढाका में मुस्लिम लीग की स्थापना हुई। इसके काल की अन्य प्रमुख घटनाओं में—वर्ष 1907 में कांग्रेस का सूरत अधिवेशन, प्रेस एक्ट वर्ष 1908 में पारित, मार्ले-मिण्टो सुधार अधिनियम, 1909 का एक्ट पारित होना आदि मुख्य रूप से शामिल है।

लॉर्ड हार्डिंग द्वितीय (1910–16 ई.)

लॉर्ड हार्डिंग द्वितीय वर्ष 1910 में भारत का वायसराय बना। इसके काल में जॉर्ज पंचम ने वर्ष 1911 में भारत की यात्रा की। दिल्ली में एक भव्य दरबार का आयोजन 12 दिसम्बर, 1911 को हुआ तथा भारत की राजधानी कलकत्ता से दिल्ली परिवर्तित किये जाने की घोषणा की गई। 1912 में दिल्ली में लॉर्ड हार्डिंग पर बम फेंका गया, जिसमें वह घायल हुआ। इसके काल में बंगाल का विभाजन रद्द किया गया।

लॉर्ड चेम्सफोर्ड (1916–21 ई.)

इसके काल में वर्ष 1919 का मॉण्टेग्यू चेम्सफोर्ड अधिनियम लागू किया गया, जिसके तहत प्रान्तों में द्वैध शासन की स्थापना हुई। डी-के-कर्वे द्वारा वर्ष 1916 में बम्बई में महिला विश्वविद्यालय की स्थापना की गई। वर्ष 1917 में सेडलर आयोग भारत आया, जिसने प्राथमिक से विश्वविद्यालय शिक्षा पर जोर दिया और महिला शिक्षा के लिए स्वायत्त संस्थाओं को प्रोत्साहन देने की बात की। इसी के शासनकाल में रॉलेट एक्ट पारित हुआ, जिसके विरोध के दौरान 1919 के जलियाँवाला बाग काण्ड हुआ। भारत सरकार अधिनियम, 1919 लाया गया तथा खिलाफत व असहयोग आन्दोलनों की शुरूआत हुई।

लॉर्ड रीडिंग (1921–26 ई.)

इसके काल में सैन्य सुधारों के लिए इण्डियन सैण्डहर्स्ट समिति का गठन किया गया। वर्ष 1924 में लोक सेवा के लिए ली आयोग का गठन हुआ और इसी की अनुशंसा पर भारत में लोक सेवा आयोग का गठन कर दिया गया। वर्ष 1923 में सिविल सर्विसेज परीक्षा इंग्लैण्ड के साथ-साथ भारत में भी होने लगी। प्रिंस ऑफ वेल्स का भारत आगमन नवम्बर 1921 में हुआ।

लॉर्ड इरविन (1926–31 ई.)

इरविन वर्ष 1926 में भारत का वायसराय बनकर आया। 8 नवम्बर, 1927 को ब्रिटेन में साइमन कमीशन की नियुक्ति हुई। फरवरी 1928 में साइमन कमीशन भारत आया। भारतीयों द्वारा इस कमीशन का विरोध किया गया,

क्योंकि इसके सभी सदस्य अंग्रेज़ थे। इसके काल की अन्य प्रमुख घटनाओं में वर्ष 1928 में रॉयल कमीशन की नियुक्ति वर्ष 1929 में इम्पीरियल काउन्सिल ऑफ एग्रीकल्चरल रिसर्च की स्थापना, 26 जनवरी, 1930 को सम्पूर्ण देश में स्वतंत्रता दिवस का आयोजन, 12 मार्च, 1930 को गाँधी द्वारा सविनय अवज्ञा आन्दोलन का प्रारंभ, प्रथम गोलमेज सम्मेलन (1930) का आयोजन, गाँधी-इरविन समझौता (1931) आदि शामिल हैं।

लॉर्ड विलिंगडन (1931–36 ई.)

इसके कार्यकाल में 1931 ई. द्वितीय तथा तृतीय गोलमेज सम्मेलन का आयोजन हुआ। अगस्त, 1932 में रैम्जे मैकडोनाल्ड ने प्रसिद्ध साम्प्रदायिक निर्णय की घोषणा की तथा पूना समझौता इसी के काल में हुआ था। इण्डियन मिलिट्री अकादमी, देहरादून की स्थापना (वर्ष 1932), चौधरी रहमत अली वर्ष 1933 में पाकिस्तान शब्द का प्रयोग, 1935 का भारत सरकार अधिनियम पारित हुआ, जिसके द्वारा वायसराय को पुनः गवर्नर-जनरल कहा जाने लगा।

लॉर्ड लिनलिथगो (1936–44 ई.)

वर्ष 1936 में भारत का वायसराय बनकर आया। 1935 के अधिनियम के अंतर्गत पहला आम चुनाव वर्ष 1936-37 में हुआ।

1 सितम्बर, 1939 को द्वितीय विश्वयुद्ध का प्रारम्भ हुआ। इस युद्ध में भारतीयों का सक्रिय सहयोग प्राप्त करने के उद्देश्य से लॉर्ड लिनलिथगो ने भारतीय नेताओं के समक्ष अगस्त प्रस्ताव (8 अगस्त, 1940) रखा। इसी के कार्यकाल में वर्ष 1942 में क्रिप्स मिशन भारत आया।

लॉर्ड वेवेल (1944–47 ई.)

लॉर्ड वेवेल के काल में द्वितीय विश्वयुद्ध समाप्त हुआ। 25 जून, 1945 को वेवेल द्वारा शिमला सम्मेलन बुलाया गया, लॉर्ड वेवेल के काल की प्रमुख घटनाओं में, आज़ाद हिन्द फौज के सैनिकों पर मुकदमा (वर्ष 1945), नौ सैनिकों का विद्रोह (वर्ष 1946), अन्तरिम सरकार का गठन (वर्ष 1946), प्रत्यक्ष कार्यवाही दिवस (16 अगस्त, 1946) आदि शामिल हैं। ब्रिटिश प्रधानमंत्री एटली द्वारा 20 फरवरी, 1947 को भारत को स्वतंत्र करने की घोषणा की गई।

लॉर्ड माउण्टबेटन (1947–48 ई.)

इसके कार्यकाल में 3 जून, 1947 को माउण्टबेटन प्लान की घोषणा की गई, जिसमें भारत विभाजन की योजना थी। भारतीय स्वतंत्रता अधिनियम 18 जुलाई, 1947 को ब्रिटिश संसद द्वारा पारित कर दिया गया। अधिनियम के अनुसार भारत और पाकिस्तान नामक दो स्वतंत्र राष्ट्रों के निर्माण की घोषणा की गई। 14 अगस्त को पाकिस्तान और 15 अगस्त को भारत स्वतंत्र हुआ। स्वतंत्रता के बाद लॉर्ड माउण्टबेटन को स्वतंत्र भारत का प्रथम गवर्नर-जनरल बनाया गया। इसके बाद सी. राजगोपालचारी (1948-50 ई.) भारत के अन्तिम गवर्नर जनरल बने, जो स्वतंत्र भारत के प्रथम भारतीय गवर्नर जनरल भी थे।

अध्याय सार संग्रह

- बंगाल का प्रथम गवर्नर रॉबर्ट क्लाइव था, जबकि अंतिम गर्वनर वारेन हेस्टिंग्स था।
- बंगाल का प्रथम गवर्नर जनरल वारेन हेस्टिंग्स था।
- भारत का प्रथम गर्वनर जनरल विलियम बैंटिक था।
- स्वतंत्र भारत का प्रथम गवर्नर जनरल लॉर्ड माउन्टबैटन था जबकि स्वतंत्र भारत के प्रथम भारतीय गर्वनर जनरल एवं वायसराय सी-राजगोपालाचारी थे।
- मैटकॉफ में 1809 ई. में रणजीत सिंह के साथ अमृतसर की संधि की।
- लॉर्ड कार्नवालिस ने बंगाल में 1793 ई. में स्थायी बन्दोबस्त व्यवस्था लागू की।
- लॉर्ड क्लाइव के समय बंगाल में कैध शासन लागू किया गया।
- वारेन हेस्टिंगस को भारत में न्यायिक सेवा का जन्मदाता माना जाता है।
- सर जार्ज बार्लो ने देशों राज्यों के प्रति अहस्तक्षेप की नीति का पालन किया।
- लॉर्ड विलियम बेंटिक ने 1829 ई. में सती प्रथा को अवैध घोषित किया।
- लॉर्ड वेलेजली ने राज्यों के साथ सहायक संधि प्रजाली की नीति अपनायी।
- लॉर्ड लिटन के समय सिविल सेवा में भारतीयों के लिए उम्र की सीमा 21 से घटाकर 18 कर दी गई।
- बंगाल का प्रथम गवर्नर-जनरल वारेन हेस्टिंग्स था। 1773 के रेग्यूलेटिंग एक्ट के प्रावधान के तहत।
- भारत का प्रथम गवर्नर-जनरल विलियम वैंटिक था। 1833 के चार्टर एक्ट के तहत।
- 1858 में 'गवर्नर-जनरल' के निंग पदेन वायसरॉय भी बना दिया गया। जब किसी भारतीय रियासत के साथ सन्धि-वार्ता पर हस्ताक्ष्र करता तो वह स्वयं को वायसरॉय के रूप में निर्दिष्ट करता था।
- स्वतंत्र भारत का प्रथम गवर्नर जनरल लॉर्ड माउन्बेटेन था। वह 21 जून 1948 तक इस पद पर रहा।
- स्वतंत्र भारत के अंतिम गवर्नर-जनरक चक्रवर्ती राजगोपालाचार्य थे।
- इसके पश्चात् गवर्नर-जनरल का पद राष्ट्रपति पद में परिवर्तित हो गया।

17 अध्याय

सामाजिक-धार्मिक सुधार आन्दोलन

इस अध्याय में आप सीखेंगे किः

- वे क्या कारण थे, जिसके कारण भारत में सामाजिक, धार्मिक सुधार आन्दोलन की शुरूआत करनी पड़ी।
- सामाजिक, धार्मिक सुधार के लिए स्थापित संस्थायें कौन-कौन सी थीं और उन्होंने किस प्रकार काम किया।
- आधुनिक भारत में प्रमुख सामाजिक, धार्मिक आन्दोलन कौन-कौन से हुए और इसके संस्थापक और इनके योगदान क्या-क्या हैं।

19 वीं सदी में भारत बौद्धिक एवं सांस्कृतिक उथल-पुथल से गुजर रहा था। विदेशी शक्तियों द्वारा पराजित होने की चेतना भारतीय जनमानस को पुनर्जागरण हेतु प्रेरित किया। भारत के सामाजिक तथा धार्मिक सुधार आन्दोलन यूरोपीय पुनर्जागरण से पृथक थे। यूरोपीय पुनर्जागरण का जोर जहाँ साहित्य तथा कला पर था, वहीं भारतीय पुनर्जागरण का सरोकार सामाजिक और राष्ट्रीय था, किन्तु इसमें धार्मिक प्रवृत्तियों का भी अंशतः समावेश था।

सुधार आन्दोलन के कारण (Causes of Reformation Movement)

मुगल शासन के पतन के कारण भारत की राजनीतिक एकता समाप्त हो गई तथा क्षेत्रीय शक्तियों का उदय हुआ। केन्द्रीकृत सत्ता के कमज़ोर होने पर भारत में औपनिवेशिक शक्ति का उत्थान हुआ। भारत पर अंग्रेज़ों का प्रभुत्व बढ़ने के साथ आर्थिक शोषण की प्रवृत्तियों में तेज़ी आई। 1813 ई. में ईसाई पादरियों का धर्म-प्रचारकों के रूप में भारत आगमन हुआ, जिन्होंने सामाजिक कुरीतियों पर प्रहार कर हिन्दू तथा इस्लाम धर्मों की मूल प्रवृत्ति पर चोट की। धर्मान्तरण की प्रवृत्ति में वृद्धि हुई, जिसकी प्रतिक्रिया भारतीय समाज पर देखने को मिली। पश्चिम के वैज्ञानिक ज्ञान, बुद्धिवाद एवं मानवतावाद के सिद्धांतों का भारतीय जनता पर प्रभाव पड़ा। आधुनिक चेतना के साथ कई सामाजिक वर्ग-पूँजीवाद, श्रमजीवी तथा आधुनिक बुद्धिजीवी वर्ग का आविर्भाव हुआ।

सामाजिक तथा धार्मिक सुधार संस्थाएँ (Social and Religious Reforms Organisations)

19वीं शताब्दी में भारतीय राष्ट्रवादी नेताओं तथा विचारकों द्वारा स्थापित सामाजिक सुधार संस्थाओं ने महत्वपूर्ण कार्य किए, जिसका प्रभाव भारतीय समाज तथा धार्मिक प्रवृत्तियों पर पड़ा। संस्थाओं का विस्तृत विवरण निम्नलिखित है—

ब्रह्म समाज

वर्ष 1828 में राजा राममोहन राय ने ब्रह्म समाज की स्थापना कलकत्ता (कोलकाता) में की। राजा राममोहन राय अरबी, फारसी, संस्कृत के अतिरिक्त अंग्रेज़ी, फ्रांसीसी, लैटिन, यूनानी तथा हिब्रू भाषाओं का ज्ञान रखते थे। इन भाषाओं के ज्ञान से उन्होंने पाश्चात्य दर्शन को आत्मसात् किया, जिसका प्रतिबिम्बन ब्रह्म समाज के रूप में सामने आया। एकेश्वरवाद का समर्थन करते हुए, ब्रह्म समाज ने धर्मों की आपसी एकता का सिद्धान्त दिया। तीर्थ यात्रा तथा कर्मकाण्ड का विरोध किया तथा धार्मिक ग्रन्थों की व्याख्या के लिए पुरोहित वर्ग को अस्वीकार किया। ब्रह्म समाज ने मूर्तिपूजा का विरोध किया। राजा राममोहन राय ने सती प्रथा के विरुद्ध ऐतिहासिक आन्दोलन किया। इनके प्रयासों से ही 1829 ई. में सती प्रथा निषेध कानून बनाया गया। 'ब्रह्म समाज' की शाखाएँ संयुक्त प्रान्त, पंजाब तथा मद्रास में

खोली गईं। ब्रह्म समाज के विचारों को लेकर 1865 ई. में केशवचन्द्र सेन तथा देवेन्द्रनाथ टैगोर में विवाद हुआ, जिसके बाद केशवचन्द्र सेन मूल ब्रह्म समाज से अलग हो गए तथा आदि ब्रह्म समाज का गठन किया। केशवचन्द्र सेन ने इण्डियन रिफॉर्म एसोसिएशन की स्थापना भी की। केशवचन्द्र सेन द्वारा अपनी अल्पायु पुत्री का विवाह कूच विहार के राजा से कर देने के कारण केशवचन्द्र सेन के अनुयायियों ने आदि ब्रह्म समाज से पृथक होकर साधारण ब्रह्म समाज का गठन कर लिया।

प्रार्थना समाज

ब्रह्म समाज के प्रभाव से महाराष्ट्र में महादेव गोविन्द रानाडे तथा आत्माराम पांडुरंग ने मिलकर 1867 ई. में प्रार्थना समाज की स्थापना की। इस संगठन का उद्देश्य हिन्दू धर्म तथा समाज में सुधार लाना था। प्रार्थना समाज ने जाति-व्यवस्था तथा पुरोहितों के आधिपत्य की आलोचना की। प्रार्थना समाज की स्थापना के प्रेरणास्रोत केशवचन्द्र सेन थे। महादेव गोविन्द रानाडे को पश्चिम भारत में सांस्कृतिक पुनर्जागरण का अग्रदूत कहा जाता है। 1871 ई. में रानाडे ने सार्वजनिक समाज की स्थापना की। महादेव गोविन्द रानाडे ने 1884 ई. में दक्कन एजुकेशनल सोसायटी तथा 1891 ई. में महाराष्ट्र में विडो रिमैरिज एसोसिएशन की स्थापना की थी। महिलाओं के कल्याण के लिए आर्य महिला समाज की स्थापना पण्डिता रमाबाई ने की थी।

आर्य समाज

आर्य समाज की स्थापना 1875 ई. में बम्बई में स्वामी दयानन्द सरस्वती द्वारा की गई। 1877 ई. में इसका मुख्यालय लाहौर को बनाया गया था। हिन्दू धर्म के दोषों को उजागर करने के साथ उन्होंने वेदों के अध्ययन पर भी बल दिया। स्वामी दयानन्द सरस्वती ने 'वेदों की ओर लौटो' नारा दिया। स्वामी दयानन्द ने गौसेवा के लिए गौरक्षिणी सभा की स्थापना की थी तथा *गौकरूणानिधि* नामक पुस्तक की रचना भी की थी। आर्य समाज का प्रसार पंजाब, पश्चिमी उत्तर प्रदेश, राजस्थान तथा महराष्ट्र में अधिक हुआ था। दयानन्द सरस्वती ने हिन्दू धर्म छोड़कर अन्य धर्म अपनाने वालों के लिए शुद्धि आन्दोलन चलाया था। स्वामी दयानन्द सरस्वती ने आगरा में पाखण्ड-खण्डिनी पताका फहराई थी। इनके सहयोगी-लाला हंसराज ने 1886 ई. में दयानन्द एंग्लो वैदिक कॉलेज (लाहौर) तथा स्वामी श्रद्धानन्द ने गुरूकुल काँगड़ी विश्वविद्यालय की स्थापना हरिद्वार में की थी।

रामकृष्ण मिशन

1897 ई. में रामकृष्ण मिशन की स्थापना स्वामी विवेकानन्द ने वेलूर (कलकत्ता) में की थी। मिशन के दो मठ बारानगर (कलकत्ता) एवं मायावती (अल्मोड़ा) में स्थापित किए थे। इन्होंने फरवरी, 1896 ई. में न्यूयॉर्क में वेदान्त सोसायटी का गठन भारतीय धर्म एवं दर्शन के प्रचार के लिए किया था। स्वामी विवेकानन्द ने मूर्तिपूजा, बहुदेववाद आदि का समर्थन किया, क्योंकि इनका मानना था कि ईश्वर साकार एवं निराकार दोनों है और उसकी अनुभूति प्रतीकों के रूप में की जा सकती है।

थियोसोफिकल सोसायटी

थियोसोफिकल सोसायटी की स्थापना 1875 ई. में न्यूयॉर्क (अमेरिका) में मैडम ब्लावाट्स्की तथा कर्नल हेनरी ऑल्काट ने की थी। 1883 ई. में मद्रास (चेन्नई) के निकट अड्यार नामक स्थान पर थियोसोफिकल सोसायटी का मुख्यालय बनाया गया। 1893 ई. में आयरिश महिला ऐनी बेसेण्ट भारत आईं और उन्होंने थियोसोफिकल सोसायटी का कार्यभार संभाला। वर्ष 1915 ई. में आयरलैण्ड के होमरूल लीग की तर्ज पर भारत में ऐनी बेसेण्ट ने होमरूल लीग की स्थापना की। थियोसोफिकल सोसायटी की हिन्दू धर्म की व्याख्या पारम्परिक तथा रूढ़िवादी थी। इसके कई भारतीय नेता—डॉ. भगवान दास तथा एस-सुब्रह्मण्यम् अय्यर हिन्दू रूढ़िवादिता के समर्थक थे, लेकिन इनके सामाजिक सिद्धान्त प्रगतिशील तथा महत्वपूर्ण थे।

यंग बंगाल आन्दोलन

19वीं शताब्दी में बंगाल के बुद्धिजीवियों में एक 'रेडिकल' ग्रुप संगठित हुआ, जिसके विचार अधिक क्रान्तिकारी थे। इस आन्दोलन को 'यंग बंगाल आन्दोलन' नाम से जाना गया। यंग बंगाल आन्दोलन के प्रवर्तक हेनरी विवियन डेरोजियो (1809-31 ई.) थे। एंग्लो इण्डियन हेनरी विवियन डेरोजियो फ्रांस की क्रान्ति से बहुत प्रभावित थे, इन्होंने कलकत्ता के हिन्दू कॉलेज में 1826-31 ई. तक पढ़ाया। डेरोजियो को सुरेन्द्र नाथ बनर्जी ने बंगाल में आधुनिक सभ्यता का अग्रदूत के रूप में मान्यता दी। इनके प्रमुख अनुयायी रामगोपाल घोष, कृष्ण मोहन बनर्जी तथा महेशचन्द्र घोष थे। हेनरी विवियन डेरोजियो ने एकाडेमिक एसोसिएशन तथा सोसायटी फॉर द एक्वीजीशन ऑफ जनरल नॉलेज जैसे संगठनों की स्थापना की। साथ ही एंग्लो इण्डियन हिन्दू एसोसिएशन, बंगहित सभा तथा डिबेटिंग क्लब का भी गठन किया। डेरोजियो को आधुनिक भारत का प्रथम राष्ट्रवादी कवि माना जाता है। डेरोजियो की 22 वर्ष की उम्र में हैजे के कारण मृत्यु हो गई। इस आन्दोलन ने युवाओं को विवेकपूर्ण ढंग से सोचने, सभी आधारों के प्रमाणिकता की जाँच करने, स्वतंत्रता एवं समानता की भावना से काम करने के लिए प्रेरित किया।

अलीगढ़ आन्दोलन

अलीगढ़ आन्दोलन का प्रवर्तन सर सैयद अहमद खाँ ने किया। इन्होंने इस्लाम में व्याप्त सामाजिक कुरीतियों के विरुद्ध भी आवाज उठाई। सर सैय्यद अहमद खाँ धार्मिक सहिष्णुता तथा सभी धर्मों के अन्तर्निहित एकता पर विश्वास करते थे। 1883 ई. में एक प्रसिद्ध लेख में उन्होंने हिन्दू तथा मुसलमान को भारत की दो आँखें कहा। इन्होंने मुस्लिम समाज को आधुनिक बनाने के उद्देश्य से पाश्चात्य शिक्षा को अपनाने पर जोर दिया। 1864 ई. में सैय्यद अहमद ने साइंटिफिक सोसाइटी की स्थापना की। इस सोसायटी ने कुछ प्रतिष्ठित अंग्रेज़ी पुस्ताकों का उर्दू अनुवाद प्रकाशित किया। 1875 ई. में अलीगढ़ में मोहम्मडन एंग्लो ओरियण्टल स्कूल की स्थापना की। यह 1878 ई. में कॉलेज बन

गया और वर्ष 1820 ई. में अलीगढ़ मुस्लिम विश्वविद्यालय में परिवर्तित हो गया। चिराग अली, अल्ताफ हुसैन अली, नजीर अहमद तथा मौलाना शिबली नोमानी अलीगढ़ आन्दोलन के प्रमुख नेता थे।

देवबन्द आन्दोलन

उत्तर-प्रदेश के सहारनपुर जिले के देवबन्द स्थान पर 1867 ई. में कुरान तथा हदीश की शिक्षाओं के प्रसार के लिए एक मदरसे की स्थापना की गई थी। इस आंदालन की शुरूआत मोहम्मद कासिम, ननौतवी एवं रशीद अहमद गंगोही के द्वारा की गई थी। देवबन्द शाखा ने 1885 ई. में बनी भारतीय राष्ट्रीय कांग्रेस का समर्थन किया, किन्तु 1888 ई. में देवबन्द के उलमा ने सैयद अहमद खाँ की बनाई संयुक्त भारतीय देशभक्त सभा तथा मोहम्मडन एंग्लो ओरियण्टल एसोसिएशन के विरुद्ध फतवा जारी किया। महमूद उल हसन (1851-1920) ने देवबन्द शाखा के धार्मिक विचारों को राजनीतिक तथा बौद्धिक रंग देने का प्रयत्न किया।

पारसी सुधार आन्दोलन

नौरोजी फरदोनजी, दादाभाई नौरोजी तथा एस.एस.बंगाली ने 1851 ई. में रहनुमाई मजदयासन सभा की स्थापना की। इस सभा ने अपने सन्देश को पारसियों तक पहुँचाने के लिए फारसी पत्रिका रफ्तगोफ्तार (सत्यवादी) चलाई। के.आर.कामा ने पारसियों में शिक्षा के प्रसार के सम्बन्ध में उल्लेखनीय कार्य किए। बी.एम.मालाबारी ने भी अपनी जाति की बहुत सेवा की।

सिक्ख धर्म सुधार आन्दोलन

सिक्खों के धर्म सुधार आन्दोलन के अग्रदूत दयालदास थे। उन्होंने सिक्खों में प्रचलित हिन्दू रीति-रिवाजों के विरुद्ध उपदेश दिए और मूर्तिपूजा का विरोध किया। उनके अनुयायी निरंकारी कहलाए। उनके पुत्र दरबार सिंह ने निरंकारी आन्दोलन को पंजाब और उत्तर-पश्चिमी सीमा प्रान्त में प्रचार-प्रसार किया। 1815 ई. में रामसिंह के नेतृत्व में नामधारियों का सिक्ख सुधार आन्दोलन शुरू हुआ।

1892 ई. में अमृतसर में खालसा कॉलेज की स्थापना की गई, जो आगे चलकर गुरूनानक विश्वविद्यालय बना। वर्ष 1920 में गुरूद्वारों के महन्तों के खिलाफ अकाली आन्दोलन चला।

दलित सुधार आन्दोलन (Dalit Reforms Movement)

सत्य शोधक समाज

इस आन्दोलन की शुरूआत सर्वप्रथम महाराष्ट्र में हुई और वहाँ पर इसका नेतृत्व ज्योतिबा फुले ने किया। उन्होंने निम्न जातियों के लोगों, स्त्रियों आदि के कल्याण के लिए कार्य करते हुए, 1876 ई. में पूना नगरपालिका की सदस्यता ग्रहण की। 1888 ई. के बाद लोग इन्हें महात्मा कहने लगे। ज्योतिबा फुले ने 1872 ई. में एक पुस्तक *गुलामगीरी* लिखी। इनकी एक अन्य पुस्तक *सार्वजनिक सत्य धर्म* पुस्तक भी है।

आत्म-सम्मान आन्दोलन

1920 के दशक में रामास्वामी नायकर उर्फ पेरियार ने इस आन्दोलन का सूत्रपात किया। आत्म-सम्मान आन्दोलन में बिना ब्राह्मण की सहायता के विवाह करने, मन्दिरों में जबरन प्रवेश करने तथा मनुस्मृति को जलाने आदि का अभियान चलाया। पेरियार ने तमिल भाषा में रामायण की रचना की, जिसे सच्ची रामायण कहा जाता है।

वायकोम सत्याग्रह

यह आन्दोलन छुआछूत के विरुद्ध केरल में चलाया गया था, त्रावनकोर के एक गाँव वायकोम से इस आन्दोलन की शुरूआत हुई। इस आन्दोलन के माध्यम से 30 मार्च, 1924 को केरल कांग्रेस कमेटी ने हरिजनों को मन्दिर में प्रवेश कराया।

गुरुवायूर सत्याग्रह

निम्न वर्गों के सामाजिक तथा आर्थिक उत्थान व छूआछूत उन्मूलन के लिए संघर्ष वर्ष 1924 के बाद भी चलता रहा। के. कलप्पण के प्रयासों से केरल प्रदेश कांग्रेस कमेटी ने वर्ष 19831 में मन्दिर प्रवेश का प्रश्न फिर उठाया। केरल में अनेक जनसभाएँ आयोजित की गईं तथा 1 नवम्बर, 1931 को गुरूवायूर में मन्दिर प्रवेश सत्याग्रह छेड़ने का निर्णय लिया गया। 21 सितम्बर, 1932 को के. केलप्पण के आमरण अनशन पर बैठने के कारण, इस सत्याग्रह ने जुझारू रूख अख्तियार कर लिया। नवम्बर, 1936 में त्रवनकोर के महाराजा ने सरकार नियंत्रित सभी मन्दिरों को हिन्दुओं की सभी जातियों के लिए खोलने का आदेश जारी किया।

दक्षिण भारत में सुधार आन्दोलन (Reform Movement in South India)

1864 ई. में ब्रह्म समाज की गतिविधियों के प्रभाव एवं ईसाई मिशनरियों की प्रक्रिया के परिणामस्वरूप मद्रास में वेद समाज की स्थापना हुई। श्री नायडू ने 1871 ई. में इसे पुनर्गठित किया। वेद समाज, ब्रह्म समाज ऑफ साउथ इंडिया के नाम से भी जाना जाता है। इसके प्रमुख नेता एम. बुचीआह पन्तुलू तथा आर. वेंकटरत्नम थे। मद्रास हिन्दू संघ की स्थापना वीरेसलिंगम पुत्तलू द्वारा विधवा महिलाओं की स्थिति को सुधारने के उद्देश्य से किया गया। 1892 में वीरेसलिंगम तथा आर. वेंकटरत्नम मद्रास में हिन्दू समाज सुधार संघ की स्थापना की गई।

आधुनिक भारत में प्रमुख सामाजिक-धार्मिक आंदोलन

क्र.सं.	आंदोलन/संस्था	वर्ष	स्थान	संस्थापक	विवरण
1.	आत्मीय सभा	1815	कलकत्ता	राजा राममोहन राय	हिन्दू धर्म की कुरीतियों पर प्रहार तथा एकेश्वरवाद का प्रचार मुख्य उद्देश्य ही था।
2.	ब्रह्म समाज	1828	कलकत्ता	राजा राममोहन राय	शुरू में ब्रह्म सभा नाम था, लक्ष्य उपर्युक्त ही था।
3.	धर्म सभा	1829	कलकत्ता	राधाकान्त देव	ब्रह्म समाज का प्रतिद्वंद्वी, सनातन हिंदू धर्म का समर्थन।
4.	तत्वबोधिनी सभा	1839	कलकत्ता	देवेन्द्रनाथ टैगोर	लक्ष्य-राजा राममोहन राय के विचारों का प्रचार।
5.	परमहंस मंडली	1849	बम्बई	अनुपलब्ध	लक्ष्य-जाति-प्रथा के बंधनों को तोड़ना।
6.	राधास्वामी सत्संग	1861	आगरा	तुलसीराम	एकेश्वरवाद का प्रचार। (शिवदयाल)
7.	भारतीय ब्रह्म समाज	1866	कलकत्ता	केशवचन्द्र सेन	राजा राममोहन राय की मूल संस्था से अलग इस संगठन की स्थापना की गयी।
8.	प्रार्थना समाज	1867	बम्बई	डॉ-आत्माराम	पांडुरंग हिंदू धर्म के विचार व व्यवहार में सुधार ही इसका लक्ष्य था।
9.	आर्य समाज	1875	बम्बई	स्वामी दयानन्द	मुख्य लक्ष्य हिंदू धर्म में सुधार करना और
				सरस्वती	हिंदुओं के धर्म परिवर्तन को रोकना।
10.	थियोसोफिकल सोसायटी	1875		मैडम ब्लावत्स्की	मुख्य लक्ष्य प्राचीन धर्म और दर्शन को
				एवं कर्नल आल्कॉट	प्रोत्साहन, विश्व बन्धुत्व की स्थापना।
11.	साधारण ब्रह्म समाज	1878	कलकत्ता	आनन्द मोहन बोस,	ब्रह्म समाज के दूसरे विघटन शिवनाथ शास्त्री का परिणाम।
12.	दक्कन ऐजूकेशन	1884	पूना	जी.जी. अगारकर	देश की सेवा के लिए नौजवानों सोसायटी की शिक्षा प्रणाली में सुधार।
13.	भारतीय राष्ट्रीय सामाजिक	1887	बम्बई	एम.जी. रानाडे	भारतीय समाज की सामाजिक कुरीतियों को हटाना तथा स्त्रियों की प्रगति की ओर ध्यान देना।
14.	देव समाज	1887	लाहौर	शिवनारायण	लक्ष्य-ब्रह्म समाज के समान।
				अग्निहोत्री	
15.	रामकृष्णन मिशन	1897	बेलूर	स्वामी विवेकानंद	मुख्य लक्ष्य-मानव कल्याण तथा समाज सेवा।
16.	भारत सेवक समाज (सर्वेण्ट्स ऑफ इंडिया सोसायटी)	1905	बम्बई	गोपाल कृष्ण गोखले	मातृभूमि की सेवा के अनेक क्षेत्रों में भारतीयों को शिक्षा देना।

अध्याय सार संग्रह

- भारत में सामाजिक-धार्मिक सुधार आन्दोलन की प्रक्रिया का सूत्रपात 19 वीं शताब्दी (उपनिवेशी शासनकाल) में हुआ।
- कलकत्ता में हिन्दू कॉलेज और वेदांत कॉलेज की स्थापना राजाराम मोहन राय द्वारा की गई।
- प्रार्थना समाज परमहंस सभा का पुनर्गठित रूप था जिसकी स्थापना पांडुरंग ने की थी।
- थियोसोफिल सोसाइटी ने विभिन्न धर्मों को मजबूत करने की वकालत की तथा भिक्षित हिन्दुओं को हिन्दू धर्म की प्राचीन समृद्ध विरासत से अवगत कराया।
- केशवचन्द्र सेन ने वेद समाज की स्थापना के लिए प्रेरणा दी। इस संगठन के. संस्थापक के श्रीघरालु नायडू थे।
- देवेन्द्र नाथ टैगोर के तप्तबोधिनी सभा मुख्य लक्ष्य राजा राम मोहन राय के विचारों का प्रचार करना था।
- ईश्वचन्द्र विद्यासागर के प्रयासों से 1856 में विधवा विवाह कानून बनाया गया।
- 1873 ई. में ज्योतिबा फुले ने सत्यशोधक समाज की स्थापना की।
- 19 वीं शताब्दी में मुस्लिम समाज और धर्म सुधार के लिए एक आन्दोलन चला, जिसे अहमदिया आन्दोलन कहा जाता है।
- मुहम्मद-उल-हसन के नेतृत्व में देवबंद स्कूल के धार्मिक विचारों को नया राजनीतिक एवं बौद्धिक स्वरूप प्रदान किया।
- आर्य समाज की स्थापना 1875 में बम्बई में की गई थी।
- आर्य समाज के पवित्र ग्रंथ का नाम सत्यार्थ प्रकाश है।
- स्वामी विवेकानन्द के रामकृष्ण मिशन का मुख्य लक्ष्य मानव कल्याण तथा समाज सेवा है।

अध्याय 18

कृषक और जनजातीय आन्दोलन

इस अध्याय में आप सीखेंगे किः

- भारत में कृषक आन्दोलन की शुरूआत क्यों हुई और यह अपने उद्देश्यों को प्राप्त करने में कहाँ तक सफल रहा।
- आदिवासी जनजाति आन्दोलन ने किस प्रकार अपनी मांगें रखीं और उनके आन्दोलन के क्या तरीके थे।
- क्षेत्रीय जनजाति आन्दोलन किस प्रकार ब्रिटिश शासन के दौरान अपनी शर्तें मनवाने में सक्षम रहा।

किसान आन्दोलन (Peasant Movement)

ब्रिटिश शासन के दौरान राजस्व व्यवस्था में मध्यस्थों की एक नई श्रेणी सामंतों-ज़मींदारों का विकास हुआ। बढ़ते हुए लगान के कारण किसान ऋण लेने को बाध्य हुए, जिससे साहूकारों के एक वर्ग का उदय हुआ। किसानों के द्वारा इन वर्गों के विरुद्ध विभिन्न विद्रोह किए गए, जिनका मुख्य उद्‌देश्य सामन्तशाही बन्धनों को तोड़ना अथवा कमज़ोर करना था। उन्होंने भूमि लगान बढ़ाने, बेदखली और साहूकारों की ब्याजखोरी के विरुद्ध विरोध प्रकट किया। वर्ग जागृति के अभाव में अथवा कृषकों का सुव्यवस्थित संगठन न होने के कारण, 19वीं शताब्दी के कृषक विद्रोह ने राजनैतिक रूप धारण नहीं कर सका।

रामोसी आन्दोलन (1822–41 ई.)

रामोसी आन्दोलन अकाल तथा भूख की समस्या के चलते महाराष्ट्र में प्रारम्भ हुआ था। चित्तर सिंह एवं नरसिंह पेतकर इसके प्रमुख नेता थे। रामोसियों ने सतारा के आस-पास के क्षेत्रों को लूटा तथा किलों पर भी धावा कर दिया। 1825–26 ई. में भयंकर अकाल और अन्न की कमी के कारण इन्होंने उमाजी के नेतृत्व में एक बार फिर विद्रोह किया। यह विद्रोह लगातार 1841 ई. तक चलता रहा। इस काल में नरसिंह पेतकर के नेतृत्व में विस्तृत दंगे हुए।

मोपला विद्रोह (1836–85 ई.)

मोपला लोग केरल के मालाबार क्षेत्र में रहने वाले अरब एवं मलयाली मुसलमान थे। ये अधिकतर छोटे किसान या व्यापारी थे। अंग्रेज़ों ने भू-स्वामियों के अधिकार का विस्तार करके उच्च जातीय हिन्दू नम्बूदारी एवं नायर भू-स्वामियों की शक्ति बढ़ा दी थी। प्रतिक्रिया स्वरूप मोपलाओं ने विद्रोह किया। इस विद्रोह ने साम्प्रदायिक रूप धारण कर लिया, क्योंकि अधिकांश भू-स्वामी हिन्दू थे तथा काश्तकार मुसलमान थे। नम्ब्रूदारी और नायर जैसे उच्च जाति के भू-स्वामियों को शासन, पुलिस और न्यायालय से संरक्षण प्राप्त था। मुसलमानों के धार्मिक गुरु तथा स्थानीय नेता अली मुदलियार को गिरफ्तार कराने के प्रयास में मस्जिदों पर छापे मारे गए, परिणामस्वरूप पुलिस को विद्रोहियों के आक्रामक तेवरों का सामना करना पड़ा, कई विद्रोही मारे गए। वर्ष 1921 में अली मुसलियार के नेतृत्व में पुनः इस आन्दोलन की शुरूआत हुई, जोकि द्वितीय मोपला विद्रोह के नाम से जाना जाता है। कृषकों में असन्तोष इस आन्दोलन का मूल कारण था, परन्तु कालान्तर में इसने साम्प्रदायिक रूप ले लिया। महात्मा गाँधी, अबुल कलाम आज़ाद और खिलाफत आन्दोलन के नेता शौकत अली ने मोपला विद्रोहियों का समर्थन किया, लेकिन मोपला विद्रोह की उग्रता को देखते हुए सरकार ने सैनिक शासन की घोषणा कर दी, परिणामस्वरूप मोपला विद्रोह को कुचल दिया गया।

नील विद्रोह (1859–60 ई.)

बंगाल के वे किसान जो अपने खेतों में चावल की खेती करना चाहते थे, उन्हें यूरोपीय नील बागान मालिक नील की खेती करने के लिए बाध्य करते थे। ददानी प्रथा के तहत किसानों को मामूली अग्रिम रकम देकर करारनामा कर लिया जाता था जो बाजार भाव से काफी कम होता था। अदालतें भी

यूरोपीय नील उत्पादकों का ही पक्ष लेती थीं। नील विद्रोह की पहली घटना बंगाल के नादिया में स्थित गोविन्दपुर गाँव में सितम्बर, 1859 ई. में हुई। स्थानीय नेताओं दिगम्बर विश्वास और विष्णु विश्वास के नेतृत्व में किसानों ने नील की खेती करने से मना कर दिया। 1860 ई. तक नील आन्दोलन नदिया, पावना, खुलना, ढाका, मालदा, दीनाजपुर आदि क्षेत्रों में फैल गया। किसानों की एकजुटता के कारण बंगाल में 1860 ई. तक नील के सभी कारखाने बन्द हो गए। नील विद्रोह को बंगाल के बुद्धिजीवियों, प्रचार माध्यमों, धर्म प्रचारकों तथा कहीं-कहीं छोटे ज़मींदारों और महाजनों का भी समर्थन प्राप्त हुआ। बंगाल के बुद्धिजीवी वर्ग ने समाचार-पत्रों में लेखों द्वारा तथा जनसभाओं के माध्यम से विद्रोह के प्रति अपने समर्थन को व्यक्त किया। नील बागान मालिकों के अत्याचार का खुला चित्रण दीनबन्धु मित्र ने अपने नाटक नील दर्पण में किया। 1860 ई. में नील आयोग के सुझाव पर एक सरकारी अधिसूचना जारी की गई। इसका आन्दोलन पर गहरा प्रभाव पड़ा और इसे आन्दोलनकारियों की बड़ी सफलता माना गया। नील विद्रोह भारतीय किसानों का पहला सफल विद्रोह था। कालान्तर में भारत के स्वाधीनता संघर्ष में यह सफलता एक प्रेरणा बन गई।

पाबना किसान विद्रोह (1873-85 ई.)

इस विद्रोह का प्रमुख कारण ज़मींदारों द्वारा लगान में की गई अत्यधिक वृद्धि थी। ज़मींदारों के अत्याचार के विरुद्ध 1873 ई. में पाबना जिले के यूसुफशाही परगने में एक किसान संघ की स्थापना हुई। किसान संघ ने किसानों को संगठित करने, लगान न देने, ज़मींदारों के विरुद्ध मुकदमें के खर्च के लिए चन्दा इकट्ठा करने जैसे कार्य किए। इस आन्दोलन की प्रमुख विशेषता कानून के दायरे में इसका विस्तार किया जाना रही। पाबना विद्रोह के प्रमुख नेता ईशानचन्द्र राय, केशवचन्द्र राय, शम्भूपाल इत्यादि थे। साहूकारों और महाजनों के चंगुल से बचने के लिए 1874 ई. में सिरूर तालुका में विद्रोह प्रारंभ हुआ, जो देखते-देखते आस-पास के छः तालुकों में फैल गया।

साहूकारों के साथ व्यक्तिगत हिंसा का प्रयोग केवल तब ही हुआ जब उन्होंने दस्तावेजों को बचाना चाहा। 12 मई, 1875 ई. को भीमरथी तालुका के सूपा कस्बे में यह आन्दोलन हिंसक हो गया, शेष स्थानों पर यह आन्दोलन अहिंसक रहा। सरकार द्वारा इस विद्रोह के कारणों और प्रकृति को जाँचने के लिए नियुक्त आयोग ने गरीबी और इसके परिणामस्वरूप किसानों की ऋणग्रस्तता को ही विद्रोह का एकमात्र कारण बताया। पाबना विद्रोह में अंग्रेज़ों के विरोध की कोई भावना नहीं थी। किसानों का नारा था हम सिर्फ और सिर्फ महारानी की रैयत होना चाहते हैं। इस आन्दोलन की एक विशेषता यह भी थी कि हिन्दू और मुसलमान एक साथ कन्धे-से-कन्धे मिलाकर संघर्ष किया, साम्प्रदायिक सौहार्द का यह एक अनूठा उदाहरण था। बंगाल के बुद्धिजीवी बंकिमचन्द्र चट्टोपाध्याय तथा आर. सी. दत्त ने पाबना आन्दोलन का समर्थन किया। पाबना विद्रोह पर मुजफ्फर हुसैन ने जमींदार दर्पण नामक नाटक लिखा।

दक्कन विद्रोह (1874-75 ई.)

महाराष्ट्र के दक्कन क्षेत्र में होने वाले कृषक विद्रोह का मुख्य कारण रैयतवाड़ी भू-राजस्व व्यवस्था थी। यहाँ के किसान करों के भारी बोझ के साथ-साथ साहूकारों के चंगुल में भी फँसे हुए थे। 1867 ई. में सरकार ने भू-राजस्व की दरों में 50% की वृद्धि कर दी, जिससे कृषक समस्याएँ चरम पर पहुँच गई, परिणामस्वरूप दक्कन में विद्रोह हुए। इस क्षेत्र के साहूकारों में अधिकांश बाहरी मारवाड़ी तथा गुजराती थे। लगान अदायगी के लिए कृषक इनसे प्रायः कर्ज़ लिया करते थे। कर्ज़ देने के बदले साहूकार कृषकों की सम्पत्ति को अपने कब्ज़े में लेकर, उन्हें अपने चंगुल में फँसा लेते थे। यह पूना, शोलापुर तथा सतारा तक फैल गया। ऋण सम्बन्धी कागज़ात तथा करारनामें लूटे गए तथा उनको जलाया गया। ब्रिटिश सरकार ने आन्दोलनकारियों के प्रति दमनकारी नीतियाँ अपनाईं। इन दंगों की प्रकृति तथा कारणों की जाँच के लिए सरकार ने आयोग (दक्कन उपद्रव आयोग) भी नियुक्त किया। आयोग का एकमत से निष्कर्ष था कि गरीबी के परिणामस्वरूप किसानों की ऋणग्रस्तता दक्कन विद्रोह का एकमात्र कारण था। अन्ततः दक्कन कृषक राहत अधिनियम, 1879 ई. पारित हुआ, जिसके फलस्वरूप कृषकों को महाजनों के विरुद्ध संरक्षण प्राप्त हुआ।

दिरांग आन्दोलन (1893-94 ई.)

असम के कामरूप एवं दिरांग क्षेत्रों में 1893-94 ई. में एक नया राजस्व बन्दोबस्त लागू किया गया, जिसके तहत लगान की दरों में 50% से 70% तक की वृद्धि की गई। इसके विरोध में दिरांग आन्दोलन का सूत्रपात हुआ। इस आन्दोलन का नेतृत्व ग्रामीणों द्वारा बनाई गई रैजमेला समिति ने किया। जिसके माध्यम से लगान अदायगी का बहिष्कार करने का निर्णय लिया गया।

अवध किसान आन्दोलन (1918 ई.)

अवध के क्षेत्र में सर्वप्रथम किसानों को ज़मींदारों और तालुकदारों के शोषण के विरुद्ध संगठित करने का प्रयास होमरूल लीग के कार्यकर्ताओं ने किया। गौरीशंकर मिश्र, इन्द्रनारायण द्विवेदी तथा मदन मोहन मालवीय के प्रयासों से फरवरी, 1918 में अवध में संयुक्त प्रान्त किसान सभा का गठन किया गया। संयुक्त प्रान्त किसान सभा ने शीघ्र ही शोषण के विरुद्ध आन्दोलन शुरू कर दिया। प्रतापगढ़ जिले में नाई-धोबी बन्द आन्दोलन चलाया गया। इस आन्दोलन का प्रमुख केन्द्र प्रतापगढ़ जिले का रूर गाँव था। अवध किसान सभा को शक्तिशाली बनाने में बाबा रामचन्द्र की महत्वपूर्ण भूमिका थी। रामचन्द्र महाराष्ट्र के ब्राह्मण थे जिन्होंने सन्यासी के रूप में रामचरित मानस का पाठ कर किसानों में गौरव की भावना को जागृत किया।

एका आन्दोलन (1920-22 ई.)

इस आन्दोलन का मुख्य कारण ज़मींदारों द्वारा की गई अत्यधिक लगान वृद्धि एवं गैर-कानूनी रूप से खेतों पर कब्जा करना था। इस आन्दोलन का क्षेत्र हरदोई, बाराबंकी, बहराइच एवं सीतापुर था। इस आन्दोलन का नेतृत्व पिछड़ी जातियों के मदारी पासी एवं सहदेव ने किया था। यह आन्दोलन किसानों के संगठित विद्रोह की पहली घटना थी। इस आन्दोलन का पुलिस ने बर्बरता से दमन किया। यह आन्दोलन अन्य किसान आन्दोलनों से इस मामले में भिन्न था कि इसमें काश्तकारों के साथ-साथ निम्न स्तर के

ज़मींदार भी सम्मिलित थे। इस आन्दोलन को अवध किसान आन्दोलन की कड़ी के रूप में देखा जाता है।

बारदोली सत्याग्रह (1928 ई.)

सूरत के बारदोली तालुका में वर्ष 1928 में किसानों द्वारा लगान नहीं देने का आन्दोलन चलाया गया। आन्दोलन में कुनबी-पाटीदार जातियों के भू-स्वामी किसानों ने ही नहीं, बल्कि कालीपराज (काले लोग) जनजाति के लोगों ने भी हिस्सा लिया। कालीपराज निम्न जाति के लोग थे जिनकी स्थिति बदतर थी। उन्हें हाली पद्धति के अन्तर्गत उच्च जातियों के यहाँ पुश्तैनी मजदूर के रूप में कार्य कराना होता था। वर्ष 1927 में गाँधीजी ने कालीपराजाओ को नया नाम रानीपराज दिया। वर्ष 1927 में भीम भाई नाइक और शिवादासानी के नेतृत्व में किसानों का एक प्रतिनिधि मण्डल बम्बई सरकार के राजस्व विभाग के प्रमुख से मिला। इसके बाद वल्लभभाई पटेल के नेतृत्व में वामलों गाँव में सभा हुई। वायसराय इरविन ने भी बम्बई के गवर्नर विल्सन को मामले को शीघ्र निपटाने का आदेश दिया था। कांग्रेस के नरमपंथी गुट ने सर्वेण्ट ऑफ इंडिया सोसायटी के माध्यम से सरकार द्वारा किसानों की माँगों की जाँच करवाने का अनुरोध किया।

सरकार ने ब्रूम फील्ड और मैक्सवेल को बारदोली मामले की जाँच का आदेश दिया। जाँच रिपोर्ट में बढ़ी हुई 30% लगान-दर को अवैध करार दिया गया। सरकार ने लगान को घटाकर 6.03% कर दिया। बारदोली सत्याग्रह के दौरान ही यहाँ की महिलाओं की ओर से गाँधीजी ने वल्लभाई पटेल को सरदार की उपाधि से विभूषित किया। वल्लभभाई पटेल के नेतृत्व में बारदोली का सफल किसान आन्दोलन सम्पन्न हुआ।

अखिल भारतीय किसान सभा (1936 ई.)

सविनय अवज्ञा आन्दोलन की समाप्ति के बाद 11 अप्रैल, 1936 को लखनऊ में अखिल भारतीय किसान सभा की स्थापना की गई। आन्ध्र प्रदेश किसान आन्दोलन के अग्रणी नेता एन.जी. रंगा को अखिल भारतीय किसान सभा का महासचिव नियुक्त किया गया। स्वामी सहजानन्द इसके अध्यक्ष बनाये गये। फैजपुर में कांग्रेस सम्मेलन के समय समानान्तर होने वाले अखिल भारतीय किसान आन्दोलन की अध्यक्षता भी एन.जी. रंगा ने की थी। इस सम्मेलन में भू-राजस्व की दर को 50% कम करने तथा किसान संगठनों को मान्यता देने की माँग उठाई गई। अखिल भारतीय किसान सभा को जवाहरलाल नेहरू ने भी सम्बोधित किया था। इस आन्दोलन को गति देने के लिए किसानों को प्रशिक्षण आवश्यक था। इसके लिए वर्ष 1938 में आन्ध्र प्रदेश में गुण्टूर जिले में 'निदुब्रोल' में पहला किसान स्कूल खोला गया।

वर्ली विद्रोह (1945 ई.)

महाराष्ट्र के वर्ली किसानों ने वर्ष 1947 में विद्रोह कर दिया। ये लोग बम्बई के समीप बसे आदिम जाति के किसान थे। ये लोग भी ज़मींदारों, साहूकारों तथा जंगलों के ठेकेदारों से पीड़ित थे। लगभग सभी वर्ली साहूकारों के बँधुआ मज़दूर थे। वर्ष 1946 में किसान सभा के नेतृत्व में आन्दोलन हुआ। फलस्वरूप इनकी माँगें मान ली गईं।

तेभागा आन्दोलन (1946 ई.)

20वीं सदी के पूर्वार्द्ध का यह किसान आन्दोलन बंगाल का सर्वाधिक सशक्त आन्दोलन था। इस आन्दोलन द्वारा किसानों ने जोतदारों को केवल एक तिहाई हिस्सा देने की घोषणा की। यह जोतदारों के विरुद्ध बटाईदारों का आन्दोलन था, जिसे कम्पाराम और भवन सिंह जैसे नेताओं ने नेतृत्व प्रदान किया। बंगाल भू-राजस्व अथवा क्लाउड कमीशन से प्रेरित यह आन्दोलन स्वतंत्रता प्राप्ति तक चलता रहा। इस आन्दोलन का कार्यक्षेत्र त्रिपुरा के हसनवाबाद से लेकर बंगाल के नोआखाली तक विस्तृत था।

जन एवं जनजातीय आन्दोलन (Tribal Revolts)

औपनिवेशिक काल में अंग्रेज़ों ने अपने साम्राज्य विस्तार के क्रम में कृषकों एवं आदिवासियों को उनकी ज़मीनों तथा क्षेत्रों से बेदखल किया, जिससे इन समुदायों में ब्रिटिश सरकार के प्रति तीव्र असन्तोष फैला, परिणामस्वरूप समय-समय पर देश के विभिन्न भागों में जनजातीय विद्रोह हुए।

सन्यासी विद्रोह

1770 ई. में बंगाल में इस आन्दोलन की शुरूआत हुई। इस आन्दोलन का प्रमुख कारण तीर्थ स्थानों पर जाने पर लगाया गया प्रतिबन्ध था। इस आन्दोलन के प्रमुख नेतृत्वकर्ता केनासरकार तथा दिर्जिनारायण थे। बंकिमचन्द्र ने आनन्दमठ नामक उपन्यास में इस विद्रोह का विस्तृत वर्णन किया है।

चुआर विद्रोह

चुआर विद्रोह दुर्जन सिंह तथा जगन्नाथ के नेतृत्व में बंगाल के मिदनापुर जिले में हुआ था, जिसका कारण बढ़ा हुआ भूमि कर एवं अकाल के कारण उत्पन्न आर्थिक संकट था। विद्रोह में आत्म विनाश की नीति अपनाते हुए कैलापल, दलभूम, बाराभूम एवं ढोल्का के राजाओं एवं चुआर आदिवासियों ने महत्वपूर्ण योगदान दिया। यह विद्रोह रूक-रूक कर (1816 ई.) लगभग 30 वर्षों तक चला।

हो एवं मुण्डा विद्रोह

अंग्रेज़ों द्वारा छोटानागपुर पठार के 'हो' एवं 'मुण्डा' आदिवासियों द्वारा उन्हें भूमि से बेदखल किए जाने के कारण विद्रोह किया गया। बंगाल के पाराहार के तत्कालीन राजा जगन्नाथ ने आदिवासियों की विद्रोह में सहायता की थी। मुण्डा विद्रोह 1874 ई. से प्रारंभ हुआ तथा 1895 ई. में बिरसा मुण्डा द्वारा नेतृत्व सम्भाले जाने पर यह प्रबल रूप में सामने आया, इन्होंने 1899 ई. में क्रिसमस की पूर्व संध्या पर विद्रोह की घोषणा की, जो वर्ष 1900 में पूरे मुण्डा क्षेत्र में फैल गया। मुण्डों की पारम्परिक भूमि व्यवस्था खूँटकट्टी में परिवर्तन के विरुद्ध मुण्डा विद्रोह की शुरूआत हुई, लेकिन कालान्तर में बिरसा ने इसे धार्मिक राजनीतिक आन्दोलन का रूप प्रदान किया। इस विद्रोह को उल्गुलन (महा विद्रोह) के नाम से

जाना गया। बिरसा को प्रारम्भिक प्रसिद्धि, बीमारियों को ठीक करने की योग्यता के कारण प्राप्त हुई। बिरसा ने खुद को भगवान का दूत घोषित किया और कहा कि 'दिकुओं (गैर-आदिवासी) से हमारी लड़ाई होगी और उनके खून से जमीन इस तरह लाल होगी जैसे लाल झण्डा'। हजारों लोग जो इसके अनुयायी थे, से सिंगा बोंगा की पूजा करने को कहा तथा 1899 ई. में इसने दिकु (बाहरी महाजन, हाकिम, ठेकेदार) तथा ईसाइयों (अंग्रेज़ों) को भगाने का आह्वान किया। बिरसा मुण्डा ने घोषणा की, कि कलयुग को समाप्त कर सतयुग लाएँगे। इसके आह्वान पर इनके अनुयायियों ने अंग्रेज़ों पर हमला कर दिया। कालांतर में 3 फरवरी, 1900 को इन्हें सिंहभूमि में गिरफ्तार कर लिया गया तथा राँची जेल में इनकी हैजे से मृत्यु हो गई।

भील विद्रोह

इस विद्रोह का प्रारंभ 1818 ई. में पश्चिमी घाट क्षेत्र में हुआ था। भीलों की आदिम जाति पश्चिमी तट के खानदेश जिले में रहती थी। इस विद्रोह का प्रमुख कारण कृषि सम्बन्धी परेशानियाँ थीं, जोकि अंग्रेज़ों द्वारा पैदा की गई थीं। 1825 ई. में सेवाराम के नेतृत्व में भीलों ने पुन: विद्रोह किया। किन्तु वे असफल रहे। ब्रिटिश सेना द्वारा कुचल दिया गया।

अहोम विद्रोह

जब ब्रिटिश साम्राज्य ने असम के अहोम क्षेत्र को अंग्रेज़ी राज में मिलाने का प्रयास किया, तब 1828 ई. में गोमधर कुँवर के नेतृत्व में अहोम लोगों ने ब्रिटिश राज के विरुद्ध विद्रोह किया। विद्रोह को तत्कालीन समय में सैनिक कार्यवाही द्वारा दबा दिया गया, परन्तु 1830 ई. में पुन: विद्रोह की स्थिति को देखते हुए अंग्रेज़ों ने असम के महाराजा पुरन्दर सिंह को उत्तरी असम प्रदेश देकर विद्रोह का शान्तिपूर्वक समाधान किया।

कोल विद्रोह

कोल विद्रोह 1831 ई. में छोटानागपुर क्षेत्र में हुआ था। यह विद्रोह वर्तमान झारखण्ड राज्य रांची, सिंहभूम, हजारीबाग, पलामू तथा मानभूम जिले के पश्चिमी क्षेत्र में फैला था। इस विद्रोह का प्रमुख कारण कोल आदिवासियों की जमीन छीनकर मुस्लिम एवं सिख कृषकों को देना था। इस विद्रोह में सुर्गा एवं सिंगराय ने महत्वपूर्ण भूमिका अदा की थी। यह विद्रोह में सुर्गा एवं सिंगराय ने महत्वपूर्ण भूमिका अदा की थी।

खासी विद्रोह

भारत में अपना साम्राज्य विस्तार करने के लिए जब अंग्रेज़ों ने उत्तरी-पूर्वी खासी पहाड़ियों से सिलहट के बीच सड़क मार्ग बनाना शुरू किया, तो स्थानीय लोगों ने इसे ब्रिटिश राज का उनकी स्वतंत्रता पर हस्तक्षेप मानते हुए विद्रोह कर दिया। स्थानीय खाम्पटी एवं सिंहपों लोगों ने राजा तीरत सिंह के नेतृत्व में विद्रोह किया। इस विद्रोह में बारमानिक एवं मुकुन्द सिंह ने भी विशेष योगदान दिया था। 1833 ई. तक बर्बर सैनिक कार्यवाही द्वारा विद्रोह को दबा दिया गया।

संथाल विद्रोह

यह विद्रोह आदिवासी विद्रोहों में सर्वाधिक सशक्त विद्रोह था। यह भागलपुर एवं राजमहल के संथाल आदिवासियों ने 1855 ई. में सिद्धू एवं कान्हू के नेतृत्व में ज़मींदारों, साहूकारों के अत्याचार एवं अधिकारियों के विरुद्ध विद्रोह किया। अपनी सशक्त प्रकृति के कारण विद्रोह वीरभूमि, बांकुरा, सिंहभूम, मुंगेर, हजारीबाग एवं भागलपुर जिलों में फैल गया। 1856 ई. में ब्रिटिश सरकार ने सैन्य कार्यवाही द्वारा विद्रोह को दबा तो दिया, किन्तु क्षेत्र में शान्ति स्थापित करने के लिए सरकार को विद्रोहियों की अलग संथाल परगना गठित करने की माँग स्वीकार करनी पड़ी।

नागा विद्रोह

यह विद्रोह नागालैण्ड में रानी गिडाल्यु के नेतृत्व में हुआ था। उन्होंने जदोनांग के विचारों से प्रेरित होकर होर्का पन्थ की स्थापना की थी, इन्हें जवाहरलाल नेहरू ने 'रानी' की उपाधि दी थी। यह विद्रोह 1932 से आज़ादी मिलने तक चला था।

रम्पा विद्रोह

यह विद्रोह आन्ध्र प्रदेश के गोदावरी जिले के उत्तर में स्थित रम्पा क्षेत्र में 1879 ई. को हुआ था। आदिवासियों का यह विद्रोह साहूकारों के शोषण तथा वन कानूनों के विरुद्ध हुआ। वर्ष 1922-24 ई. के मध्य हुए रम्पा विद्रोह के नेता अल्लूरी सीताराम राजू थे, जो गैर-आदिवासी नेता थे, जिन्हें गाँधीजी के असहयोग आन्दोलन से प्रेरणा प्राप्त हुई। इसे वर्ष 1924 में अंग्रेज़ों द्वारा कुचल दिया गया।

तानाभगत आन्दोलन

इस आन्दोलन की शुरूआत छोटानागपुर क्षेत्र में वर्ष 1914 में हुई। इस आन्दोलन का नेतृत्व तना भगत नामक आदिवासी ने किया। इसके नेतृत्व में शराब की दुकानों पर धरना देकर सत्याग्रह और प्रदर्शनों में भाग लेकर भारत के राष्ट्रीय आन्दोलन में सक्रिय भागीदारी की। जतरा भगत ने आन्दोलन लगान की दरों में ऊँची वृद्धि तथा चौकीदारी कर के विरुद्ध भी आन्दोलन किया।

अन्य क्षेत्रीय आन्दोलन (Other Regional Movement)

फकीर विद्रोह

यह विद्रोह 1776 ई. में बंगाल में हुआ था। इसका नेतृत्व मजनूशाह एवं चिराग अली शाह ने किया था। इस विद्रोह में देवी चौधरानी एवं भवानी पाठक ने विशेष योगदान दिया था। कालान्तर में यह विद्रोह 1817 ई. से 1825 ई. के मध्य उड़ीसा में जनजाति द्वारा किया गया था। इस विद्रोह का नेतृत्व बख्शी जगबन्धु ने किया था।

पॉलीगारों का विद्रोह

ब्रिटिश सरकार ने दक्षिण भारत के तमिलनाडु क्षेत्र में नई भूमिकर व्यवस्था को लागू किया था, जिसके विरोध में 1801 ई. में स्थानीय पॉलीगारों ने वी.पी. काट्टवाम्मान के नेतृत्व में विद्रोह किया था। यह विद्रोह 1856 ई. तक चलता रहा। अन्ततः अंग्रेज़ों द्वारा इस आन्दोलन को कुचल दिया गया।

कच्छ विद्रोह

कच्छ के राजा भारमल्ल को अंग्रेज़ों ने सत्ता से बेदखल कर दिया था। अंग्रेज़ों ने भारमल्ल को सत्ता से बेदखल करके उसके अल्पवयस्क पुत्र को राजा बना दिया था, जिसके विरोध में भारमल्ल एवं उसके समर्थकों ने (1819 ई. में) विद्रोह कर दिया। राव भारमल्ल की हार के बाद कच्छ से सहायक सन्धि लागू की गई।

किट्टूर विद्रोह

इस विद्रोह (1824-29 ई.) का नेतृत्व किट्टूर के स्थानीय शासक की विधवा रानी चेन्नमा ने किया था। इस विद्रोह का प्रमुख कारण निःसन्तान राजा के दत्तक पुत्र को अंग्रेज़ों द्वारा मान्यता नहीं देना था। ब्रिटिश सरकार ने दमन का सहारा लेकर इस विद्रोह को कुचल दिया।

पागलपन्थी विद्रोह

बंगाल के करमशाह ने एक अर्द्ध-धार्मिक सम्प्रदाय पागलपन्थी की स्थापना की थी। ज़मींदारों एवं साहूकारों के अत्याचारों के खिलाफ करमशाह के पुत्र टीपू ने स्थानीय गारो लोगों के साथ मिलकर 1825 ई. में विद्रोह किया। 1850 ई. तक आते-आते विद्रोह सशक्त संगठन के अभाव में स्वतः समाप्त हो गया।

वहाबी आन्दोलन

यह आन्दोलन 1830 ई. से 1860 ई. के बीच रायबरेली के सैय्यद अहमद के नेतृत्व में हुआ था, जो दिल्ली के शाहवली उल्लाह (1702-62) से प्रभावित था। इस विद्रोह का मुख्य उद्देश्य इस्लाम धर्म में आई बुराइयों को दूर करके हजरत मुहम्मद से सम्बन्धित मूल इस्लाम धर्म को पुनर्स्थापित करना था। भारत में इसका मुख्य केन्द्र पटना था। 1857 ई. के विद्रोह में वहाबी लोगों ने जनता को अंग्रेज़ों के विरुद्ध भड़काया था। वहाबी लोगों ने कुछ समय तक पेशावर (1830 ई.) पर सय्यद अहमद के नेतृत्व में अधिकार किया था, किन्तु सैय्यद अहमद युद्ध में मारे गए। 1860 ई. के बाद ब्रिटिश सरकार ने सैनिक कार्यवाही के द्वारा इस विद्रोह को दबा दिया था। इस विद्रोह के प्रमुख नेता बिलायत अली और इनायत अली थे।

खोण्ड एवं सवार विद्रोह

यह विद्रोह 1837 ई. से लेकर 1856 ई. के बीच तमिलनाडु, बंगाल एवं मध्य भारत में रहने वाली खोण्ड एवं सवार जनजातियों द्वारा किया गया था। इस विद्रोह के प्रमुख कारणों में सरकार द्वारा नरबलि पर रोक लगाना तथा नए कर लगाना था। विद्रोह का नेतृत्व चक्र विसोई ने किया था तथा राधा कृष्णन दण्डसेन आदि ने भी विद्रोह में विशेष भूमिका निभाई थी। 1857 ई. में शुरू हुए सवार विद्रोह में राधा कृष्णन दण्डसेन को पकड़कर फाँसी पर चढ़ा दिया गया, जिससे विद्रोह स्वतः समाप्त हो गया।

फराजी विद्रोह

यह विद्रोह बंगाल के फरीदपुर नामक स्थान से शुरू हुआ था। फराजी सम्प्रदाय के प्रवर्तक शरीयतुल्ला थे। शरीयतुल्ला के पुत्र दादू मियाँ ने अंग्रेज़ों को बंगाल से बाहर निकालने के लिए तथा ज़मींदारों के अत्याचार को समाप्त करने के लिए 1838 ई. में विद्रोह किया। इस आन्दोलन का स्वरूप धार्मिक था। यह विद्रोह 1857 ई. तक चला, परन्तु सक्रिय नेतृत्व के अभाव में यह समाप्त हो गया तथा फराजी सम्प्रदाय के लोग वहाबी आन्दोलन से जुड़ गए।

कूका विद्रोह

भगत जवाहरमल ने पश्चिमी पंजाब में 1840 ई. में कूका विद्रोह की शुरूआत की थी। इस आन्दोलन की आरंभिक प्रवृत्ति धार्मिक थी, परन्तु शीघ्र ही इसने राजनीतिक रूप ले लिया। कूका विद्रोह का प्रमुख उद्देश्य सिख धर्म की बुराइयों को दूर करना था। हजारा को विद्रोह का केन्द्र स्थल बनाते हुए जवाहरमल ने बालक सिंह एवं रामसिंह के सहयोग से विद्रोह किया था। अंग्रेज़ों ने दमन का सहारा लेकर विद्रोह को दबा दिया तथा रामसिंह को रंगून निर्वासित कर दिया गया।

गड़करी विद्रोह

यह विद्रोह महाराष्ट्र के कोल्हापुर में 1844 ई. में हुआ था। इस विद्रोह का मुख्य कारण गड़करी जाति के विस्थापित सैनिक थे। इन विस्थापित सैनिकों ने अंग्रेज़ों के विरुद्ध विद्रोह करते हुए भूदरगढ़ एवं समनगढ़ के किलों पर आक्रमण किया था। अंग्रेज़ों द्वारा इस आन्दोलन का दमन कर दिया गया।

फड़के विद्रोह

1879 ई. में महाराष्ट्र में हुए इस विद्रोह का नेतृत्व वासुदेव बलवन्त फड़के ने प्रारम्भ किया था। इसका उद्देश्य डाका डालकर अंग्रेज़ों से धन लूटना तथा संचार व्यवस्था को ठप करना था। फड़के ने हिन्दू राज्य की स्थापना का नारा दिया। 1880 ई. में फड़के को गिरफ्तार कर लिया गया।

खारवाड़ विद्रोह

यह विद्रोह 1870 में हुआ था। यह विद्रोह भू-राजस्व बंदोबस्त व्यवस्था के विरुद्ध था। अंग्रेज़ों ने दमन के सहारे इसे दबा दिया।

कोया विद्रोह

कोया आदिवासियों ने जंगलों से अपने पारंपरिक अधिकारों, पुलिस ज्यादतियों, साहूकारों के शोषण और ताड़ी के उत्पादन पर लगाये गये कर के विरोध में विद्रोह किया। इस विद्रोह का केन्द्र बिन्दु चोंडवरम का रम्पा प्रदेश था।

अध्याय सार संग्रह

- बंगाल के पाबना में 1870–80 के दशक में ज़मींदारों के उत्पीड़न के विरोध में किसानों ने आन्दोलन किया।
- पश्चिमी भारत के दक्कन क्षेत्र में होने वाले कृषक विद्रोहों का मुख्य कारण रैयतबाड़ी बंदोबस्त के अंतर्गत किसानों पर आरोपित किए गए भर कर थे।
- अखिल भारतीय किसान सभा की स्थापना 1936 में लखनऊ में की गई।
- उत्तर प्रदेश के हरदोई, बहराइच और सीतापुर जिले एका आन्दोलन से प्रभावित थे।
- रामोसी आन्दोलन का नेतृत्व वसुदेव बलवंत फाड़के ने किया था।
- पागलपंथी विद्रोह ज़मींदारों एवं साहूकारों के अत्याचारों के खिलाफ था।
- वर्ष 1859–60 में बंगाल में नील विद्रोह हुआ था।
- एन.जी.रंगा ने 1933 ई. में भारतीय कृषक संस्थान की स्थापना की।
- बारदौली के किसानों की मुख्य समस्या हाली प्रणाली थी।
- 1879 में दक्कन कृषक राहत अधिनियम बनाया गया।
- संथाल विद्रोह का नेतृत्व सिद्धू और कान्हू ने किया था।
- आन्ध्र प्रदेश के चम्पा क्षेत्र के आदिवासियों ज्यादतियों के खिलाफ 1840 से 1924 तक कई विद्रोह किए।
- बिरसा मुण्डा के नेतृत्व में 1899–1900 के बीच मुण्डा आदिवासियों ने सशक्त विद्रोह किया।
- कोल विद्रोह का प्रमुख नेता बुद्धो भगत था।
- रानी चेन्नमा ने किट्टूर विद्रोह को नेतृत्व प्रदान किया था।

अध्याय 19

1857 ई. का विद्रोह

इस अध्याय में आप सीखेंगे किः

- 1857 ई. की क्रांति के विभिन्न कारण क्या थे। विद्रोह का प्रारम्भ कब, कैसे और कहाँ हुआ। और किस प्रकार इस विद्रोह ने एक राष्ट्रीय स्वरूप ग्रहण कर लिया।
- विद्रोह के असफलता के कारण क्या थे और विद्रोह के बाद उसके परिणाम क्या हुए और प्रशासनिक परिवर्तन कौन-कौन से किये गये।
- विद्रोह में विभिन्न वर्गों की भूमिका और विद्रोह का स्वरूप क्या था।

1857 ई. का विद्रोह सैनिकों के असन्तोष का परिणाम मात्र नहीं था। वास्तव में, यह औपनिवेशिक शासन के चरित्र, उसकी नीतियों तथा उसके कारण कम्पनी के शासन के प्रति जनता में संचित असन्तोष का परिणाम था। इस विद्रोह के कारण निम्नलिखित हैं—

राजनीतिक कारण

1803 ई. से ही मुगल सम्राट ब्रिटिश संरक्षण में रहने लगा था, परंतु मान-मर्यादा सम्बन्धित उसके दावे स्वीकृत थे। इसके अतिरिक्त कैनिंग ने 1856 ई. में घोषणा की, कि बहादुरशाह के उत्तराधिकारी सम्राट नहीं बल्कि शहज़ादों के रूप में जाने जाएँगे। मुगल बादशाह चूँकि भारतीय जनता का प्रतिनिधित्व करता था, इसलिए उसके अपमान में जनता ने अपना अपमान महसूस किया और विद्रोह के लिए मजबूर हुए। डलहौज़ी ने अपनी व्यपगत नीति द्वारा जैतपुर, सम्भलपुर, झाँसी, नागपुर आदि राज्यों का ब्रिटिश साम्राज्य में विलय कर लिया, साथ ही अवध के नवाब को गद्दी से उतार दिया, भूतपूर्व पेशवा की पेन्शन जब्त कर ली। ये सभी कारण व्यापक असन्तोष फैलाने के लिए पर्याप्त थे। डलहौज़ी ने तन्जौर और कर्नाटक के नवाबों की राजकीय उपाधियाँ जब्त कर ली। मुगल बादशाह को लाल किला छोड़कर कुतुबमीनार के पास रहने का आदेश आदि ने आंदोलन को संभाव्य बना दिया।

आर्थिक कारण

भारत में कम्पनी की सभी नीतियों के मूल में भारत का आर्थिक शोषण कर अपना मुनाफा बढ़ाना था। प्लासी के युद्ध के बाद निरंतर भारत का शोषण होता रहा जो शायद जन असंतोष का सबसे महत्वपूर्ण कारण था। स्थायी बन्दोबस्त, रैयतवाड़ी व्यवस्था और महालवाड़ी व्यवस्था द्वारा किसानों का जबरदस्त शोषण हुआ और वे निर्धनता के कुचक्र में फँस गए। आर्थिक शोषण और उसके पारम्परिक आर्थिक ढाँचे के पूर्णतया विनाश ने किसानों, दस्तकारों, हस्तशिल्पकारों तथा बड़ी संख्या में परम्परागत ज़मींदारों को दरिद्र बना दिया। अंततः आर्थिक असंतोष ने विद्रोह का रूप ले लिया।

सामाजिक-धार्मिक कारण

कम्पनी की विभिन्न नीतियों से भारतीयों में इस भावना को बल मिला कि उनकी सभ्यता एवं संस्कृति खतरे में है। ईसाई मिशनरियों के धर्म-प्रचार से इस भावना को और बल मिला। सामाजिक-धार्मिक कुरीतियां; जैसे-सती प्रथा, कन्या वध, बाल विवाह का निषेध एवं विधवा विवाह के सम्बन्ध में बनाए गए कानूनों को भी लोगों ने अपनी व्यवस्था पर आघात माना। 1856 ई. के धार्मिक निर्योग्यता अधिनियम द्वारा ईसाई धर्म ग्रहण करने वाले लोगों को अपनी पैतृक सम्पत्ति का हकदार माना गया, साथ ही उन्हें नौकरियों में पदोन्नति, शिक्षण संस्थाओं में प्रवेश की सुविधा प्रदान की गई। अंग्रेज़ों की इन नीतियों ने भारतीयों को अन्ततः विद्रोह के लिए मानसिक रूप से तैयार कर दिया।

सैनिक कारण

1857 ई. के विद्रोह के सैनिक कारणों में अनेक ऐसे कारण थे, जिन्होंने इस विद्रोह की पृष्ठभूमि तैयार की। अंग्रेज़ी सेना में कार्यरत भारतीय सैनिकों

में अधिकांश कनिष्ठ अफसर थे, उन्हें पदोन्नति का कोई फायदा नहीं दिया जाता था। पदोन्नति से वंचित किया जाना, वेतन की न्यून मात्र, भारत की सीमाओं से बाहर युद्ध के लिए भेजा जाना तथा समुद्रपार भत्ता न देना आदि ऐसे कारण थे, जिन्होंने भारतीय सैनिकों में असन्तोष को जन्म दिया और वे विद्रोह के लिए विवश हुए। कैनिंग की सरकार ने 1856 ई. में सेना भर्ती अधिनियम पारित किया। इस अधिनियम के अनुसार सभी सैनिकों को यह स्वीकार करना पड़ता था कि जहाँ कहीं आवश्यकता होगी, उन्हें वहाँ कार्य करना होगा अर्थात् वे समुद्रपार जाने से मना नहीं कर सकते थे।

तात्कालिक कारण

चर्बी लगे कारतूसों के प्रयोग को 1857 ई. के विद्रोह का तात्कालिक कारण माना जाता है। कैनिंग सरकार ने 1857 ई. में सैनिकों के प्रयोग के लिए पुरानी लोहे वाली बन्दूक ब्राउन बैस के स्थान पर इनफिल्ड रायफल का प्रयोग प्रारंभ करवाया, जिसमें कारतूसों को लगाने से पूर्व उसे दाँतों से खींचना पड़ता था। चूँकि कारतूसों में गाय और सुअर दोनों की चर्बी लगी होती थी, इसलिए हिन्दू और मुसलमान दोनों भड़क उठे, जिसके परिणामस्वरूप 1857 ई. के विद्रोह की शुरूआत हुई। चर्बीयुक्त कारतूसों के प्रयोग के विरुद्ध पहली घटना 29 मार्च, 1857 को बैरकपुर की छावनी में घटी, जहाँ मंगल पाण्डे नामक एक सैनिक ने चर्बी लगे कारतूस के प्रयोग से इनकार करते हुए अपने अधिकारी लेफ्टिनेंट बाग और लेफ्टिनेण्ट जनरल ह्यूसन की हत्या कर दी।

चित्र: सिपाही विद्रोह

सौजन्य: विकिमेडिअ कॉमन्स, पब्लिक डोमेन इमेज, एचटीटीपी://कॉमन्स.विकिमेडिअ.ऑर्ग/विकी/फाइल: सिपोयम्यूटिनी.जेपीजी, ऐस अक्सेस्सड ओन 18 जुलाई 2017 ऐट 3.23 पीएम आईएसटी

विद्रोह का प्रारम्भ

24 अप्रैल, 1857 को मेरठ में तैनात देशी घुड़सवार सेना के 99 सिपाहियों ने चर्बी वाले कारतूस का प्रयोग करने से इनकार कर दिया। इनमें से 85 सैनिकों को 10 वर्ष की सजा सुनाई गई। इसके विरोध में 10 मई, 1857 को मेरठ के भारतीय सैनिकों ने विद्रोह कर अपने साथियों को छुड़ा लिया तथा दिल्ली की ओर कूच किया। 12 मई, 1857 को दिल्ली पर अधिकार करके विद्रोहियों ने मुगल शासक को अपना नेता स्वीकार किया।

1857 ई. से पूर्व किए गए विद्रोह

- 1806 ई. में वेल्लोर में विद्रोह।
- 1824 ई. में बैरकपुर छावनी में दोहरे भत्ते के बिना रंगून जाने के प्रश्न पर उपद्रव।
- 1824 ई. बैरकपुर 47वीं रेजिमेण्ट में बर्मा जाने के विरुद्ध।
- 1825 ई. असम स्थित तोपखाने के विद्रोह।
- 1830 ई. शोलापुर में वेतन भत्ते के लिए विद्रोह।
- 1849 ई. 22वें एनआई (नेशनल इन्फेण्ट्री) विद्रोह।
- 1850 ई. 66वें एनआई (नेशनल इन्फेण्ट्री) विद्रोह।
- 1852 ई. 38वें एनआई (नेशनल इन्फेण्ट्री) विद्रोह।

विद्रोह का विस्तार

1857 ई. का विद्रोह मेरठ से प्रारम्भ होकर भारत के अन्य भागों में तेज़ी से फैल गया। शीघ्र ही विद्रोही अपने उच्चाधिकारियों की हत्या कर दिल्ली की ओर रवाना हो गए। 11 मई को प्रातः विद्रोहियों ने दिल्ली पर अधिकार कर मुगल बादशाह बहादुरशाह जफर द्वितीय को पुनः भारत का सम्राट और विद्रोहियों का नेता घोषित कर दिया। दिल्ली पर विजय का समाचार समूचे देश में फैल गया। देखते-ही-देखते विद्रोह ने अपनी चपेट में कानपुर, लखनऊ, बरेली, जगदीशपुर (बिहार), झाँसी, अलीगढ़, रूहेलखण्ड, इलाहाबाद, ग्वालियर आदि को ले लिया, जबकि बंगाल के ज़मींदारों ने विद्रोह को कुचलने में अंग्रेज़ों की मदद की थी तथा इस विद्रोह में व्यापारियों, पढ़े-लिखे लोगों तथा शासकों ने हिस्सेदारी नहीं की थी।

विद्रोह के प्रमुख केन्द्र

कानपुर—5 जून, 1857 को विद्रोह की शुरूआत हुई। यहाँ पर पेशवा बाजीराव द्वितीय के दत्तक पुत्र नाना साहब (धोंधू पन्त) ने विद्रोह को नेतृत्व प्रदान किया, जिसमें उनकी सहायता ताँत्या टोपे ने की। नाना साहब लगातार पराजयों को झेलते हुए अन्ततः नेपाल चले गए, जहाँ से वे जीवन की अन्तिम साँस तक अंग्रेज़ों से लड़ते रहे।

दिल्ली—82 वर्षीय बहादुरशाह ने बख्त खाँ के सहयोग से विद्रोह को नेतृत्व प्रदान किया। 20 सितम्बर, 1857 को बहादुरशाह ने हुमायूँ के मकबरे में अंग्रेज़ लेफ्टिनेंट डब्ल्यू.एस.आर. हडसन के समक्ष समर्पण कर दिया। अंग्रेज़ों ने बहादुर शाह को निर्वासित कर रंगून भेज दिया जहाँ 1862 ई. में उनकी मृत्यु हो गई।

लखनऊ—30 मई, 1857 को विद्रोह की शुरूआत हुई। बेगम हजरत महल ने अपनी अल्पायु पुत्र बिरजिस कादिर को नवाब घोषित किया तथा लखनऊ स्थित ब्रिटिश रेजीडेन्सी पर आक्रमण किया। लखनऊ के बाद बेगम हजरत महल ने मौलवी अहमदुल्ला के साथ शाहजहाँपुर में भी विद्रोह को नेतृत्व

प्रदान किया। वे शीघ्र पराजित हो गईं और भागकर नेपाल चली गईं, जहाँ उनकी गुमनाम मौत हो गई।

झाँसी—4 जून, 1857 को रानी लक्ष्मीबाई के नेतृत्व में विद्रोह की शुरूआत हुई, जिसमें रानी ने अपनी साहसी नेतृत्व में अंग्रेज़ों के साथ वीरतापूर्वक युद्ध किया, परन्तु झाँसी के पतन के बाद रानी लक्ष्मीबाई ग्वालियर की ओर प्रस्थान कर गईं। यहाँ सिन्धिया अंग्रेज़ों का समर्थक था, लेकिन उसकी सेना विद्रोहियों के साथ मिल गई जिसकी सहायता से रानी ने ग्वालियर पर अधिकार कर लिया। रानी लक्ष्मी बाई की मृत्यु पर जनरल ह्यूरोज ने कहा, 'भारतीय क्रान्तिकारियों में यहाँ सोई हुई औरत अकेली मर्द है'।

बिहार—जगदीशपुर (आरा) में वहाँ के ज़मींदार कुवँर सिंह ने 1857 ई. के विद्रोह के समय, विद्रोह का झण्डा फहराया। युद्ध में जख्मी हो जाने के कारण 26 अप्रैल, 1858 को उनकी मृत्यु हो गई।

फैजाबाद—1857 ई. के विद्रोह को मौलवी अहमदुल्ला ने अपना नेतृत्व प्रदान किया। अहमदुल्ला के बारे में अंग्रेज़ो ने कहा कि 'अदम्य साहस के गुणों से परिपूर्ण दृढ़ संकल्प वाले व्यक्ति तथा विद्रोहियों में सर्वोतम सैनिक है।' अहमदुल्ला की गतिविधियों से अंग्रेज़ इतने चिंतित थे कि उन्होंने इन्हें पकड़ने के लिए रु. 50,000 नकद इनाम घोषित किया। 5 जून, 1858 को रुहेलखण्ड की सीमा पर पोवायाँ में इनकी गोली मारकर हत्या कर दी गई।

असम—1857 ई. के विद्रोह के समय वहाँ के दीवान मनीराम दत्त ने वहाँ के अतिम राजा के पोते कंदेपेश्वर सिह को राजा घोषित कर विद्रोह की शुरूआत की। शीघ्र ही विद्रोह विफल हुआ मनीराम को फाँसी दे दी गई।

कोटा (राजस्थान)—एक भारतीय सैन्य टुकड़ी ने विद्रोह कर ब्रिटिश एजेण्ट मेजर बर्टन की हत्या कर विद्रोह किया, लेकिन विद्रोह को कुचल दिया गया।

पंजाब—इसका अधिकांश हिस्सा विद्रोह से अलग रहा, में 9वीं अनियमित सेना (घुड़सवार) के वजीर खाँ ने अजनाला में विद्रोह किया। कुल्लू में राणा प्रताप सिंह और वीर सिंह ने विद्रोह का नेतृत्व किया, लेकिन शीघ्र ही इन सबको फाँसी दे दी गई।

दक्षिण भारत—इसका अधिकांश हिस्सा विद्रोह के समय शांत था। सतारा और काल्हापुर में 1857 ई. के विद्रोह का कुछ प्रभाव देखने को मिला। सतारा में रंगोजी बापूजी गुप्ते ने विद्रोह को नेतृत्व प्रदान किया गया। बंगाल, पंजाब रजपूताना, पटियाला, जींद, हैदराबाद, मद्रास आदि। ऐसे क्षेत्र थे, जहाँ पर विद्रोह नहीं पनप सका। यहाँ के शासको ने विद्रोह को कुचलने में अंग्रेज़ी सरकार की मदद भी की।

ग्वालियर—पतन के बाद रामचन्द्र पाण्डुरंग (तात्या टोपे) अप्रैल 1859 में नेपाल चलें गए, जहाँ पर एक जमींदार मित्र मानसिंह के विश्वासघात के कारण पकड़े गए तथा 18 अप्रैल,1859 को फाँसी पर लटका दिए गए।

1857 ई. के विद्रोह के बारे में इतिहासकारों के मत

मत	इतिहासकार
1857 ई. का विद्रोह स्वतंत्रता संग्राम नहीं था।	आर सी मजूमदार
यह स्वतंत्रता संग्राम था।	डॉ. ईश्वरी प्रसाद
यह जनक्रांति थी।	डॉ. रामविलास शर्मा
यह राष्ट्रीय विद्रोह था।	बेंजामिन डिजरायली
यह ईसाइयों के विरुद्ध एक धर्मयुद्ध था।	एल आर रीज
यह सम्यता एवं बर्बरता का संघर्ष था।	टी आर होम्ज
विद्रोह राष्ट्रीय स्वतंत्रता के लिए सुनियोजित युद्ध था।	वी डी सावरकर और अशोक मेहता

विद्रोह की असफलता के कारण (Causes for Failure of the Revolt)

समन्वय एवं नेतृत्व का अभाव

विद्रोह के विभिन्न केंद्रो में परस्पर समन्वय तथा केंद्रीय संगठन का अभाव था। किसी स्थान की विजय कर लेने के बाद उनके पास आगे के लिए कोई निश्चित योजना नहीं थी। मुगल बहादुरशाह द्वितीय को प्रतीक के रूप में नेतृत्व सौंपा गया था, लेकिन उनकी आयु इतनी अधिक थी कि वे विद्रोह को दिशा नहीं दे सके।

सीमित क्षेत्र तथा राष्ट्रीय भावना का अभाव

देश का एक बहुत बड़ा भाग बंगाल, कश्मीर, पंजाब, उड़ीसा, दक्षिण भारत इससे अछूता रहा था। विद्रोह का क्षेत्र सीमित होने से दबाने में अंग्रेज़ो को असानी हुई। इस विद्रोह में राष्ट्रीय भावना का पूर्णतया अभाव था, क्योंकि भारत के सभी वर्गो का सहयोग इस विद्रोह को नहीं मिल सका।

देशी राजाओं द्धारा अंग्रेज़ों का साथ देना

विद्रोह के दौरान अनेक देशी राजाओं ने अंग्रेजों का साथ दिया। सिखों एवं गोरखों ने कई जगह इस विद्रोह में अंग्रेज़ों का साथ दिया। कश्मीर में गुलाब सिंह ने अंग्रेज़ों का साथ दिया। सिंधिया का एक मंत्री दिनकर राव, हैदराबाद के वजीर सर सालार जंग, भोपाल की बेगम तथा नेपाल के मंत्री जंगबहादुर ने विद्रोह को दबाने में अंग्रेज़ों की सहायता की। पटियाला, जींद, ग्वालियर एवं हैदराबाद के राजाओं ने विद्रोह को दबाने में सहायता की।

निश्चित उद्देश्य का अभाव

विद्रोह में शामिल होने वाले विभिन्न नेताओं के अपने-अपने हित थे। उनके सम्मुख कोई निश्चित उद्देश्य नहीं था। ब्रिटिश साम्राज्य का विरोध नकारात्मक ही था। इसमें कोई रचानात्मक विचाराधारा तथा भविष्य के लिए काई योजना नहीं थीं।

जनसाधारण के व्यापक समर्थन का अभाव

विद्रोहियों का जनता की सहानुभूति प्राप्त होने के बावजूद भी पूरा देश उनके साथ नहीं था। शिक्षित लोग, व्यापारी भारतीय शासक न केवल उनका समर्थन कर रहे थे, बल्कि अंग्रेज़ो का सहयोग भी प्रदान कर रहे थे। अंग्रेज़ों के पास कुशल प्रशासकों और सैन्य अधिकारियों का होना अंग्रेज़ों को विद्रोह के समय निल, निकल्सन, आउट्रम,लॉरेन्स, हैवलॉक, ह्यूरोज और कैम्पबेल जैसे सैन्य अधिकारियों की सेवाएँ प्राप्त हुई ,जिन्हें कई युद्धों का अनुभव था, जिन्होंनें विद्रोह को दबाने में महत्त्वपूर्ण भूमिका अदा की।

विद्रोह के परिणाम (Results of Revolt)

यद्यपि 1857 ई. का विद्रोह असफल रहा, लेकिन अपनी विफलता में भी इसने महान् उद्देश्य की प्राप्ति की। वास्तव में यह उस आंदोलन का प्रेरणा स्रोत बन गया, जिसने वह कर दिखाया जो विद्रोह नहीं कर सका। 1857 ई. की क्रांति के पश्चात् ब्रिटिश नीतियों एवं व्यवस्था में व्यापक परिवर्तन किए गए।

सत्ता परिवर्तन

क्रांति के पश्चात् भारत में सत्ता कंपनी के हाथ से निकलकर ब्रिटिश क्राउन के अधीन चली गई। इसके लिए भारत शासन अधिनियम, 1858 पारित किया गया। इस अधिनियम क अनुसार, अब भारत का शासन ब्रिटिश साम्राज्ञी की ओर से भारत के राज्य सचिव का चलाना था, जिसकी सहायता के लिए 15 सदस्यों की भारत परिषद् या इंडिया कांउसिल का गठन किया गया, जिसका प्रमुख भारत के सचिव को बनाया गया।

प्रशासनिक परिवर्तन

1857 ई. के विद्रोह के पश्चात् अंग्रेज़ो ने भी बदलाव किया। विद्रोह का अंग्रेज़ों ने एक कारण यह माना था। कंपनी के पास भारतीयों की इच्छा जानने का कोई तरीका नहीं था। इसी को दूर करने के लिए 1861 ई. मे भारत परिषद् अधिनियम के अंतर्गत तीन भारतीयों को विधानपरिषद् में नियुक्त किया गया। इस विद्रोह के पश्चात सेना में भी सुधार किया गया तथा सेना के पुनर्गठन के लिए पील कमीशन का गठन यिका गया, जिसके सुझावों के आधार पर युरोपीय तथा भारतीयों में 1:2 का अनुपात निश्चित किया गया (बम्बई तथा मद्रास प्रेसिडेन्सी में यह अनुपात 1:3 का था।) विद्रोह से पूर्व यह अनुपात 1:5 का था।

देसी राजाओं के प्रति नीति में परिवर्तन

विद्रोह के पश्चात् देसी राजाओं की अधीनस्थ स्थिति एवं ब्रिटिश परम सत्ता की अवधारणा को औपचारिक रूप स्थापित किया गया। अक्टूबर 1858 ई. में महारानी विक्टोरिया द्वारा जारी किए गए घोषणा-पत्र में यह कहा गया कि ब्रिटिश सरकार भारतीय रियासतों को साम्राज्य में नहीं मिलाएगी और पहले से चले आ रहे समझौते का सम्मान करेगी। ब्रिटिश सरकार ने डलहौज़ी की हड़पने की नीति को छोड़ दिया और भारतीय नरेशों को गोद लेने का अधिकार वापस कर दिया।

ज़मींदारों के प्रति नीति

ज़मींदारों को बनाए रखने की नीति अपनाई गई एवं उन्हें पुन: स्थापित किया गया। उन्हें आश्वस्त करने के लिए स्वयं कैनिंग ने 1858 ई. में अवध जाकर विद्रोह में हिस्सा नहीं लेने वालों को सनद प्रदान की तथा इनाम बाँटे।

1857 ई. के विद्रोह से संबंधित प्रमुख पुस्तकें एवं उसके लेखक

पुस्तकें	लेखक
फर्स्ट वार ऑफ इण्यिन इण्डिपेंडेन्स,1857	वी डी सावरकर
द पीजेंण्ट एण्ड द राज	एरिक स्टोक्स
द ग्रेट रिबेलियन	अशोक मेहता
सिपॉय म्यूटिनी एण्ड म्यूटिनी	आर सी मजूमदार
हिस्ट्री ऑफ इण्यिन म्यूटिनी	टी आर होम्स
सिविल रिबेलियन इन द इण्यिन म्यूटिनी	एस बी चौधरी
सिपाय म्यूटिनी,1857	एस पी चट्टोपाध्यय
द हिस्ट्री ऑफ सिपाय वार इन इंडिया	जे. डब्ल्यू. के.
हिस्ट्री ऑफ इण्डियन म्यूटिनी	मालेसन
द फर्स्ट वार ऑफ इण्डियन इण्डिपेन्डेन्स, 1857-59	मार्क्स एवं एंजल्स

विद्रोह का स्वरूप

इतिहासकरों ने विद्रोह के स्वरूप के बारे में मतभेद है। यह मतभेद मुख्यत: तीन बिन्दुओं पर आधारित है—सैनिक विद्रोह, एक राष्ट्रीय संघर्ष या भारतीय स्वतंत्रता का प्रथम संघर्ष, सामंतीय असंतोष और उस पर प्रतिक्रिया। किसी ने इसे सैनिक विद्रोह माना है तो किसी ने स्थानीय राजाओं एवं सामंतों की अपने हित के लिए प्रतिक्रिया और किसी ने इसे स्वतंत्रता के लिए हुए प्रथम संघर्ष के रूप में देखा है। निष्कर्षत: यह कहा जा सकता है कि 1857 का विद्रोह नि:संदेह साम्राज्यवाद विरोधी और राष्ट्रवादी था क्योंकि इसमें हिन्दुओं और मुसलमानों दोनों ने बढ़-चढ़ कर हिस्सा लिया था और दोनों का एक ही लक्ष्य साम्राज्यवादियों को उखाड़ फेंकना था, लेकिन विद्रोहियों में राष्ट्रीयता की संकल्पना का पूर्ण अभाव था।

अध्याय सार संग्रह

- बहादुर शाह दिल्ली में प्रतीकात्मक नेता था। वास्तविक नेतृत्व सैनिकों की एक परिषद के हाथों में था, जिसका प्रधान बख्त खाँ था।
- 1857 के विद्रोह के समय भारत का गवर्नर जनरल लॉर्ड केनिंग था।
- यह विद्रोह सत्ता पर अधिकार के बाद लागू किए जाने वाले किसी सामाजिक विकल्प से रहित था।
- 1857 के विद्रोह में पंजाब, राजपुताना, हैदराबाद और मद्रास के शासकों ने बिल्कुल हिस्सा नहीं लिया।
- विद्रोह की असफलता के कई कारण थे, जिसमें प्रमुख था एकता, संगठन और साधनों की कमी।
- बंगाल के ज़मींदारों ने विद्रोह को कुचलने के लिए अंग्रेज़ों की मदद की थी।
- वी.डी. सावरकर ने अपनी पुस्तक '*भारत का प्रथम स्वतंत्रता संग्राम*' के माध्यम से इस धारणा को जन्म दिया कि 1857 का विद्रोह एक सुनियोजित राष्ट्रीय स्वतंत्रता संग्राम था।
- 29 मार्च, 1857 को मंगल पाण्डे ने बैरकपुर छावनी में अंग्रेज अधिकारी की हत्या की।
- 1857 के दौरान लखनऊ में विद्रोह का नेतृत्व बेगम महल ने किया था।
- जॉन ब्रूस नार्टन के अनुसार '1857 का विद्रोह सैनिक विद्रोह ने होकर नागरिक विद्रोह था।'
- 1857 के विद्रोह की असफलता का मुख्य कारण योग्य नेतृत्व एवं सामंजस्य का अभाव था।
- 1857 के विद्रोह के दौरान बिहार में एक छोटी रियासत जगदीभपुर के ज़मींदार कुंवर सिंह ने विद्रोह का नेतृत्व किया।
- झांसी में गंगाधर राव की विधवा लक्ष्मीबाई ने विद्रोह का नेतृत्व किया।

भाग-4 (क) भारतीय राष्ट्रीय आन्दोलन
(ख) भारतीय कला एवं संस्कृति तथा विरासत

अध्याय 20

भारतीय राष्ट्रीय आन्दोलन

इस अध्याय में आप सीखेंगे किः

- आन्दोलन का उद्‌भव और विकास कैसे हुआ, और किन परिस्थितियों में भारतीय राष्ट्रीय कांग्रेस की स्थापना हुई।
- भारतीय राष्ट्रीय कांग्रेस ने अपने विभिन्न चरणों में और अपनी नीतियों में किस प्रकार परिवर्तन किये, जिससे वह संगठन जो कभी ब्रिटिश सम्राह के सेफ्टीवॉल्व के लिए था वहीं भारत से अंग्रेज़ों को खदेड़ने में मद्द साबित हुआ।
- बंगाल बिभाजन के कारण, स्वदेशी आन्दोलन का प्रारम्भ, मुस्लिम लीग की स्थापना, कांग्रेस का सूरत अधिवेशन और दिल्ली दरबार ने किस प्रकार तत्कालीन ब्रिटिश शासन को प्रभावित किया।
- भारत व विदेश में क्रांतिकारी आन्दोलन का विस्तार कैसे हुआ, और गाँधी के भारत में आगमन से स्वतंत्रता आन्दोलन का स्वरूप कैसे बदल गया।
- स्वराज पार्टी, साइमन कमीशन, नेहरू रिपोर्ट, सविनय अवज्ञा आन्दोलन, डाण्डी मार्च, भारत छोड़ो आन्दोलन अंग्रेज़ों को भारत से खदेड़ने में कैसे सक्षम हुआ।

भारत में राष्ट्रवाद का उद्‌भव

1857 ई. के पश्चात् धीरे-धीरे भारत में राष्ट्रवादी भावनाओं का विकास होने लगा। इस दौर में 1857 ई. के विद्रोहियों ने भारतीय जन मानस में नायकों का स्थान प्राप्त किया तथा इसके अतिरिक्त अनेक घटनाएँ घटीं, जिनसे राष्ट्रीय भावना के विकास में सहायता मिली।

कम्पनी के स्थान पर भारत का शासन ब्रिटिश क्राउन के अधीन हो गया, जिससे भारत में राजनीतिक एवं प्रशासनिक एकता स्थापित हुई। इसके अलावा भारत में प्रेस की स्थापना हुई, जिससे राष्ट्रीयता की भावना का प्रचार-प्रसार तेज़ी से होने लगा। अनेक भारतीय बुद्धिजीवियों ने पाश्चात्य दर्शन का अध्ययन किया, जिससे उन्होंने भारतीयों को लोकतंत्र, मानवाधिकार, समानता, बन्धुत्व व स्वशासन की भावना का प्रसार किया।

सर विलियम जोन्स, मैक्समूलर जैसे विद्वानों ने अपने अनुसंधानों से प्राचीन भारतीय गौरव को पुनर्जीवित किया, जिससे भारतीयों में आत्मसम्मान की भावना का विकास हुआ। स्वामी विवेकानन्द, राजा राममोहन राय, दयानन्द सरस्वती, ऐनी बेसेण्ट जैसे सुधारवादियों ने भारतीयों को स्वतंत्रता हेतु प्रेरित किया। स्पेन, दक्षिणी अमेरिका, यूनान, इटली आदि के आन्दोलनों ने भी भारतीयों को स्वतंत्रता के लिए प्रेरित किया।

1885 ई. में कांग्रेस की स्थापना

भारतीय राष्ट्रीय कांग्रेस की स्थापना भारतीय नेताओं द्वारा एक अवकाश प्राप्त अंग्रेज़ अधिकारी ए.ओ. ह्यूम के सहयोग द्वारा 1885 ई. में की गई। इसका प्रथम अधिवेशन 28 दिसम्बर, 1885 को बम्बई में स्थित गोकुलदास तेजपाल संस्कृत विद्यालय में हुआ। आरम्भ में इसका नाम भारतीय राष्ट्रीय संघ रखा गया था, लेकिन बाद में दादाभाई नौरोजी के सुझाव पर नाम बदलकर भारतीय राष्ट्रीय कांग्रेस कर दिया गया।

बम्बई के पहले अधिवेशन में भाग लेने वाले अधिकतर नेता वकील एवं पत्रकार थे। इस सम्मेलन में भाग लेने वाले सदस्यों की संख्या 72 थी। सर्वाधिक सदस्य बम्बई प्रान्त से थे। इस अधिवेशन के अध्यक्ष ब्योमेशचन्द्र बनर्जी तथा सचिव ए.ओ. ह्यूम थे।

कांग्रेस के प्रथम अधिवेशन में जिन माँगों को पारित किया गया, उनमें प्रमुख थीं—केन्द्र तथा प्रान्तों में विधानपरिषदों का विस्तार किया जाए, उच्च

सरकारी नौकरियों में भारतीयों को भी पूर्ण अवसर प्रदान किया जाए, सैनिक खर्च में कटौती की जाए।

कांग्रेस की स्थापना से सम्बन्धित सेफ्टी वाल्व सिद्धांत के जनक लाला लाजपत राय हैं। लाला लाजपत राय ने यंग इंडिया में लिखे अपने लेख में कांग्रेस को डफरिन के दिमाग की उपज बताया। उनका मानना था कि डफरिन के निर्देश पर ह्यूम ने कांग्रेस की स्थापना इस उद्देश्य से की थी, कि भारतीय जनता में पनपता या बढ़ता असन्तोष किसी भी रूप में उग्र रूप धारण न करे और असन्तोष की इस ज्वाला को बिना किसी खतरे के कांग्रेस रूपी सुरक्षा वाल्व से सहज ही बाहर निकाला जा सके।

सेफ्टी वाल्व सिद्धान्त के प्रति उत्तर में अनेक बुद्धिजीवियों ने कांग्रेस की स्थापना तड़ित चालक के रूप में देखी, जिससे कि राजनीतिक गतिविधियों के कारण कांग्रेस आरम्भ में ही अंग्रेज़ सरकार के सन्देह की पात्र न बन जाए।

उदारवादी चरण (1885–1905 ई.)

भारतीय राष्ट्रीय कांग्रेस पर 1885 ई. से लेकर 1804–05 ई. तक उदारवादियों का प्रभाव था। इन्हें उदारवादी या नरमपंथी इसलिए कहा जाता था, क्योंकि इनका लक्ष्य ब्रिटिश सरकार के प्रति निष्ठा व्यक्त करना तथा अपनी माँगों को प्रतिवेदनों, भाषणों और लेखों के माध्यम से सरकार के सम्मुख प्रस्तुत करना था।

प्रमुख उदारवादी नेताओं में दादा भाई नौरोजी, सुरेन्द्रनाथ बनर्जी, गोपाल कृष्ण गोखले, फिरोजशाह मेहता, मदनमोहन मालवीय, दिनशॉ वाचा आदि का नाम उल्लेखनीय है।

उदारवादी या नरमपंथी नेताओं ने अपनी माँगे मनवाने के उद्देश्य से ब्रिटेन में दादाभाई नौरोजी की अध्यक्षता में 1887 ई. में भारतीय सुधार समिति की स्थापना की। राष्ट्रवादियों की प्रारंभिक सफलता के रूप में 1886 ई. में लोक सेवा आयोग की स्थापना तथा भारत और इंग्लैण्ड में एक साथ परीक्षा कराने पर सहमति, भारतीय व्यय की समीक्षा हेतु वेल्वी आयोग की स्थापना तथा 1892 ई. के पश्चात् परिषद् अधिनियम का पारित होना आदि को देखा जाता है। इन नेताओं ने प्राथमिक शिक्षा के प्रसार, तकनीकी एवं उच्च शिक्षा, कृषि बैंक की स्थापना, चिकित्सा एवं स्वास्थ्य सुविधाओं के विकास की मांग सरकार के समक्ष रखी। इसके अतिरिक्त नागरिक अधिकारों के प्रति भी सरकार का ध्यान आकृष्ट किया।

आन्दोलन के प्रथम चरण में राष्ट्रवादी नेता दादाभाई नौरोजी द्वारा प्रस्तुत धन के निष्कासन का सिद्धांत रानाडे द्वारा भारतीयों को आधुनिक औद्योगिक विकास के महत्व को समझाने तथा रमेशचन्द्र दत्त द्वारा लिखी गई *आधुनिक भारत का इतिहास* नामक पुस्तक के कारण इसे आर्थिक राष्ट्रीयतावादी युग के नाम से भी जाना जाता है।

हालाँकि राष्ट्रीय आंदोलन के आरंभिक चरण में कांग्रेस को अपेक्षित सफलता नहीं मिली, किन्तु इसे पूरी तरह असफल घोषित करना तर्कसंगत नहीं माना जा सकता।

कांग्रेस—पूर्व राजनीतिक संस्थाएँ और उनके संस्थापक

संगठन	स्थापना	संस्थापक
लैण्ड होल्डर्स सोसायटी	1838 ई.	द्वारकानाथ टैगोर
ब्रिटिश इंडिया सोसायटी	1839 ई.	विलियम एडम्स
बंगाल ब्रिटिश इंडिया सोसायटी	1843 ई.	जॉर्ज थॉमसन
ब्रिटिश इंडिया एसोसिएशन	1851 ई.	राधाकान्त देव
मद्रास नेटिव एसोसिएशन	1852 ई.	गजुलू लक्ष्मी
नरसुचेट्टी बॉम्बे एसोसिएशन	1852 ई.	जगन्नाथ शंकर सेठ
ईस्ट इंडिया एसोसिएशन	1866 ई.	दादाभाई नौरोजी
नेशनल इण्डियन एसोसिएशन	1867 ई.	मेरी कारपेण्टर
पूना सार्वजनिक सभा	1870 ई.	एस.एच. चिपलंकर, जी. जोशी, एम.जी. रानाडे
इण्डियन एसोसिएशन	1876 ई.	आनन्द मोहन बोस एवं एस.एन. बनर्जी
मद्रास महाजन सभा	1884 ई.	एम. वीरराघवाचारी, आनन्दचारलू
बॉम्बे प्रेसीडेंसी एसोसिएशन	1885 ई.	फिरोजशाह मेहता, के. टी. तैलंग, बदरूद्दीन तैयबजी

उग्रवादी चरण, 1905–19 ई.

भारतीय राष्ट्रीय आन्दोलन में नव-राष्ट्रवाद या उग्रवादी चरण का उदय काल 1905–13 ई. तक माना जाता है। इसी समय स्वदेशी तथा क्रान्तिकारी आन्दोलन की शुरूआत हुई थी। कांग्रेस के उग्रवादी तथा अतिवादी कहे जाने वाले नेताओं में (लाल) लाला लाजपत राय, (बाल) बाल गंगाधर तिलक तथा (पाल) विपिन चन्द्र पाल, अरविन्द घोष का नाम प्रमुख रूप से लिया जाता है।

बाल गंगाधर तिलक ने राष्ट्रवाद की पहचान हिन्दुत्व की भावना से की। स्वराज, स्वदेशी और बहिष्कार का नारा सर्वप्रथम तिलक ने ही दिया। तिलक ने 1893 ई. में गणपति महोत्सव और 1896 ई. में शिवाजी महोत्सव का सूत्रपात किया।

बंगवासी, केसरी और हिन्दू जैसे समाचार-पत्रों ने कांग्रेस की उदारवादी राजनीति की कड़ी आलोचना की, साथ ही कुछ अन्तर्राष्ट्रीय घटनाओं; जैसे—अफ्रीकी अबीसीनियाई देश द्वारा 1896 ई. में इटली को पराजित कर देना, 1905 ई. में जापान द्वारा रूस को पराजित करना आदि ने

कांग्रेस के एक गुट को देश की स्वतंत्रता के लिए अतिवादी नीति अपनाने को प्रेरित किया।

बंगाल विभाजन (1905 ई.)

19 जुलाई, 1905 को बंगाल के विभाजन की घोषणा की गई तथा 16 अक्टूबर, 1905 को योजना प्रभावी हो गई। अंग्रेज़ी सरकार ने बंगाल का विभाजन करके एक नया प्रान्त बनाया, जिसमें बंगाल का ढाका, चटगाँव, राजशाही, मालदा, त्रिपुरा के पहाड़ी क्षेत्र सम्मिलित थे। इसका नाम पूर्वी बंगाल एवं असम रखा गया। इसकी राजधानी ढाका थी।

विभाजन की घोषणा के पश्चात् 7 अगस्त, 1905 को कलकत्ता के टाउन हाल में एक ऐतिहासिक बैठक हुई। यहीं पर स्वदेशी एवं बहिष्कार आन्दोलन का प्रस्ताव पारित हुआ। रवीन्द्रनाथ टैगोर के आह्वान पर 16 अक्टूबर, 1905 को रक्षाबन्धन दिवस के रूप में मनाया गया।

16 अक्टूबर, 1905 का दिन सम्पूर्ण बंगाल में शोक दिवस के रूप में मनाया गया। लोगों ने उपवास रखा, वन्देमातरम् गीत गया और संकल्प रूप में एक-दूसरे को राखियाँ बाँधीं। इसी समय सुरेन्द्रनाथ बनर्जी ने विभाजन पर कहा कि 'विभाजन हमारे ऊपर एक वज्र की तरह गिरा है'। वहीं गोपालकृष्ण गोखले ने बंगाल विभाजन के बारे में कहा था कि 'यह एक निर्मम भूल है'।

बंगाल विभाजन का विरोध-स्वदेशी एवं बहिष्कार

स्वदेशी आन्दोलन का नेतृत्व दिल्ली में सैय्यद हैदर रजा एवं मद्रास में चिदम्बरम् पिल्लै ने किया था। कांग्रेस के बनारस अधिवेशन (1905) में 'स्वदेशी' और 'बहिष्कार' आन्दोलन का अनुमोदन किया गया। इस अधिवेशन के अध्यक्ष गोपालकृष्ण गोखले थे।

स्वदेशी आन्दोलन के समय लोगों का आन्दोलन के प्रति समर्थन एकत्र करने में अश्विनी कुमार दत्त द्वारा स्थापित स्वदेश बन्धव समिति की महत्वपूर्ण भूमिका थी। बांग्ला साहित्य के लिए यह काल स्वर्णकाल था। टैगोर ने उस समय 'आमार सोनार बांग्ला' नामक गीत लिखा, जो 1971 ई. में बांग्लादेश का राष्ट्रीय गान बना।

15 अगस्त, 1906 को सदगुरू दास बनर्जी ने राष्ट्रीय शिक्षा परिषद की स्थापना की। आचार्य प्रभुल्ल राय के द्वारा बंगाल कैमिकल्स एवं फार्मास्युटिकल्स की स्थापना की गई। कला के क्षेत्र में अवनीन्द्रनाथ टैगोर ने पाश्चात्य प्रभाव से बिल्कुल अलग पूर्णत: स्वदेशी पारम्परिक कला से प्रेरणा लेकर चित्रकारी शुरू की।

स्वदेशी आन्दोलन के समय पहली बार महिलाओं ने परदे से बाहर आकर धरने और प्रदर्शनों में हिस्सा लिया। किसान एवं बहुसंख्यक मुस्लिम समुदाय स्वदेशी और बहिष्कार आन्दोलन से अलग रहा। 1906 ई. के कलकत्ता अधिवेशन में अतिवादियों ने स्वदेशी, बहिष्कार, राष्ट्रीय शिक्षा और स्वशासन से जुड़े चार महत्वपूर्ण प्रस्ताव पारित करवा लिए। इस अधिवेशन में दादाभाई नौरोजी ने पहली बार स्वराज शब्द का उल्लेख किया।

मुस्लिम लीग की स्थापना (1906)

उन्नीसवीं सदी के अंत तक भारत में राष्ट्रवाद के साथ-साथ सम्प्रदायवाद ने भी सर उठाया। मुस्लिम लीग की स्थापना का मूल उद्देश्य ब्रिटिश सरकार के प्रति मुसलमानों में निष्ठा बढ़ाना था और मुसलमानों के राजनीतिक अधिकारों की रक्षा करना तथा कांग्रेस के प्रति मुसलमानों में घृणा फैलाना था। बंगाल विभाजन की घोषणा के बाद 1 अक्टूबर, 1906 को आगा खाँ के नेतृत्व में मुसलमानों का एक शिष्टमण्डल तत्कालीन वायसराय लॉर्ड मिण्टो से शिमला में मिला।

मिण्टो ने स्पष्ट आश्वासन दिया कि एक सम्प्रदाय के रूप में मुसलमानों के राजनीतिक अधिकारों और हितों की रक्षा की जाएगी। इन गतिविधियों की पृष्ठभूमि में 30 दिसम्बर, 1906 को ढाका में एक बैठक आयोजित की गई, जिसकी अध्यक्षता नवाब सलीमुल्लाह ने की। इसमें मोहिसिन-उल-मुल्क, आगा खाँ तथा नवाब बाकर-उल-मुल्क उपस्थित थे जिसमें अखिल भारतीय मुस्लिम लीग नामक राजनीतिक संगठन की स्थापना करने का निर्णय लिया गया। वर्ष 1908 में मुस्लिम लीग ने अपने अमृतसर अधिवेशन में मुसलमानों के लिए पृथक निर्वाचक मण्डल की माँग की, जो 1909 ई. के मार्ले-मिण्टो सुधारों के द्वारा प्रदान कर दिया गया।

कांग्रेस का सूरत अधिवेशन (1907)

1907 में कांग्रेस का सूरत अधिवेशन हुआ, जिसमें अध्यक्ष पद तथा स्वदेशी आन्दोलन को लेकर कांग्रेस के उग्रवादियों तथा उदारवादियों में मतभेद उत्पन्न हो गया। उग्रवादी जहाँ लाला लाजपत राय को अध्यक्ष बनाना चाहते थे, वहीं उदारवादियों के वर्चस्व के कारण रास बिहारी घोष अध्यक्ष बने। उग्रपंथी स्वदेशी और बहिष्कार आंदोलन को बंगाल से बाहर देश में भी फैलाना चाहते थे, जबकि उदारवादी बहिष्कार को बंगाल तक ही सीमित रखना चाहते थे। इसके अतिरिक्त उग्रवादियों को सन्देह था कि उनके द्वारा प्रस्तुत किए जाने वाले राष्ट्रीय शिक्षा तथा स्वशासन सम्बन्धी प्रस्तावों को निरस्त किया जा सकता है। फलस्वरूप विवाद बढ़ गया तथा अशान्ति व उपद्रव के वातावरण में कांग्रेस गरमदल व नरमदल के रूप में विभाजित हो गई।

दिल्ली दरबार (1911)

दिसम्बर, 1911 में ब्रिटिश सम्राट जॉर्ज पंचम और महारानी मेरी के भारत आगमन के उपलक्ष्य में उनके स्वागत हेतु दिल्ली में एक दरबार का आयोजन किया गया। दिल्ली दरबार में ही 12 दिसम्बर, 1911 को बंगाल विभाजन को रद्द घोषित किया, साथ ही कलकत्ता की जगह दिल्ली को भारत की नई राजधानी बनाने की अनुमति प्रदान की गई और 1 अप्रैल, 1912 को दिल्ली को कलकत्ता की जगह भारत की नई राजधानी बना दिया गया।

बंगाल विभाजन के रद्द होने के बाद बिहार को बंगाल से अलग कर दिया गया। असम को पुन: 1874 ई. की स्थिति में लाया गया, अब असम

में सिलहट भी शामिल था। तत्कालीन वायसराय हार्डिंग जिस समय अपने परिवार तथा ब्रिटेन के शाही राजवंश के साथ जुलूस में समारोहपूर्वक दिल्ली में प्रवेश कर रहे थे, उसी समय उन पर बम फेंका गया, जिसमें हार्डिंग घायल हो गए। इस कार्य को बसंत विश्वास, अमीर चन्द, अवध बिहारी एवं बालमुकुन्द ने अन्जाम दिया था। बाद में इन पर दिल्ली षड्यंत्र केस नामक मुकदमा चलाकर फाँसी दे दी गई।

क्रान्तिकारी आन्दोलन का प्रथम चरण (First Phase of Revolutionary Movement)

क्रान्तिकारी आन्दोलन का उद्देश्य संवैधानिकता के साथ-साथ हिंसक कार्य भी थे। क्रान्तिकारी मानते थे कि पश्चिमी साम्राज्यवाद का अन्त पश्चिमी हिंसक तरीकों से ही संभव है। क्रांतिकारी आन्दोलन के प्रथम चरण में क्रांतिकारियों ने ब्रिटिश हुकुमत के दिलों में दहशत फैलाकर उन्हें भारत से भगाने की योजना के तहत आयरिश आतंकवादियों तथा रूसी निहलिस्टों के सिद्धांत पर चलने का निश्चय किया। भारत में क्रांतिकारी गतिविधियों की शुरूआत 1897 में महाराष्ट्र से माना जाता है।

क्रान्तिकारी आन्दोलन का प्रसार

महाराष्ट्र का व्यायाम मण्डल भारत का प्रथम क्रान्तिकारी संगठन माना जाता है। इसकी स्थापना 1896-97 ई. में चापेकर बन्धुओं (दामोदर, बालकृष्ण, वासुदेव चापेकर) ने की थी। 22 जून, 1897 को इन्होंने पूना के प्लेग अधिकारियों रैंड एवं एमहर्स्ट की हत्या की।

वर्ष 1904 में विनायक दामोदर सावरकर और गणेश दामोदर सावरकर ने अभिनव भारत नामक गुप्त संस्था की स्थापना की। इस संस्था के मुख्य सदस्य अनन्त लक्ष्मण करकरे ने नासिक के जिला मजिस्ट्रेट जैकसन की हत्या कर दी। इस हत्याकाण्ड से जुड़े लोगों पर नासिक षड्यंत्र केस के तहत मुकदमा चलाया गया, जिसमें गणेश सावरकर को आजीवन कारावास की सजा मिली।

वर्ष 1903 में प्रभातनाथ मित्र, सतीशचन्द्र बोस, नरेन्द्र भट्टाचार्य ने कलकत्ता में अनुशीलन समिति की स्थापना की थी। अरविन्द घोष और बारीन्द्र घोष इसके सदस्य थे। बारीन्द्र घोष ने *भवानी मन्दिर* पुस्तक की रचना की जिसमें आनन्द मठ का भाव है। बारीन्द्र गुट ने क्रान्ति के प्रचार के लिए *युगान्तर* (1906 ई.) नामक पत्र निकाला जिसके प्रथम सम्पादक 'भूपेन्द्र नाथ दत्त' थे।

1908 ई. में खुदीराम बोस एवं प्रफुल्ल चाकी ने मुजफ्फरनगर के जिला जज किंग्सफोर्ड को मारने का प्रयास किया। लेकिन प्रफुल्ल चाकी ने पुलिस से बचने के लिए आत्महत्या कर ली तथा खुदीराम बोस को गिरफ्तार कर फाँसी दे दी गई। इस घटना के बाद पुलिस ने मणिकतल्ला पर छापा मारकर 34 लोगों को गिरफ्तार किया, जिसमें बारीन्द्र और अरविन्द घोष भी शामिल थे। इन सब पर अलीपुर षड्यंत्र केस के तहत मुकदमा चलाया गया।

बंगाल में बढ़ रही क्रान्तिकारियों की गतिविधियों को दबाने के लिए सरकार ने 1900 ई. में विस्फोटक पदार्थ अधिनियम, 1908 में समाचार-पत्र अधिनियम का सहारा लिया। अरविन्द घोष कालान्तर में क्रान्तिकारी क्रिया-कलापों से अलग होकर सन्यासी बन गए तथा पाण्डिचेरी में अपना आश्रम स्थापित कर आन्दोलन से अलग हो गए।

विदेशों में क्रान्तिकारी आन्दोलन

भारत से बाहर विदेशी धरती पर सर्वप्रथम श्यामजी कृष्ण वर्मा ने 1905 ई. में लंदन में इंडिया होमरूल लीग की स्थापना की एवं इण्डियन सोशियोलॉजिस्ट नामक पत्र निकाला, इन्होंने 1905 ई. में लन्दन में भारतीयों के लिए इंडिया हाउस की स्थापना की, जो क्रान्ति का केन्द्र बना। लन्दन में श्यामजी कृष्ण वर्मा का विरोध हुआ और 1906 ई. में ये पेरिस चले गए।

श्यामजी कृष्ण वर्मा की पेरिस में सहयोगी मैडम भीकाजी कामा थी। मैडम कामा ने भारतीय स्वतंत्रता के लिए यूरोप एवं अमेरिका में प्रचार किया और पेरिस से अंग्रेज़ी में 'वन्देमातरम्' पत्र का प्रकाशन किया। कामा ने ही 1907 ई. में स्टुटगार्ड (जर्मनी) में द्वितीय समाजवादी कांग्रेस में भारत का प्रतिनिधित्व किया और भारत का तिरंगा (हरा+पीला+लाल) फहराया। 1909 ई. में मदनलाल ढींगरा ने लन्दन में कर्जन वायली की हत्या की।

1907 ई. में रामानाथ पुरी ने सर्कुलर-ए-आज़ादी तथा वैंकुअर से तारकनाथ दास ने फ्री हिन्दुस्तान का प्रकाशन किया। ये समाचार-पत्र राष्ट्रीय भावना से ओत-प्रोत थे। संयुक्त राज्य अमेरिका में रह रहे भारतीय द्वारकनाथ दास ने 1907 ई. में कैलिफोर्निया में भारतीय स्वतंत्रता लीग का गठन किया।

गदर आन्दोलन (1913)

सोहन सिंह माखना ने हिन्द एसोसिएशन ऑफ अमेरिका की स्थापना नवम्बर, 1913 में की, इस संस्था ने कालान्तर में अंग्रेज़ी, उर्दू, मराठी और पंजाबी में *एक साथ गदर या हिन्दुस्तान गदर पत्रिका* (1857 ई. के विद्रोह की स्मृति में) का प्रकाशन किया।

गदर पत्रिका के नाम पर ही हिन्द एसोसिएशन ऑफ अमेरिका का नाम गदर आन्दोलन पड़ गया। गदर आन्दोलन ने 'सॉन फ्रांसिस्को' में युगान्तर आश्रम की स्थापना की और यहीं से अपनी गतिविधियों का संचालन किया। लाला हरदयाल जो 1911 ई. से कैलिफोर्निया के स्टेनफोर्ड विश्वविद्यालय में अध्यापन कार्य कर रहे थे, 1913 ई. में गदर संस्था से जुड़ गए, और संस्था के मनीषी पथ-प्रदर्शक के रूप में।

इसके अतिरिक्त राजा महेन्द्र प्रताप ने जर्मनी के सहयोग से अफगानिस्तान के काबुल में दिसम्बर, 1915 में अन्तरिम भारत सरकार की स्थापना की और अपनी सरकार के समर्थन हेतु लेनिन से भी मिले। इनके मंत्रिमण्डल में बरकतुल्ला (प्रधानमंत्री) मौलाना अब्दुल्ला, मौलाना बशीर, शमशेर सिंह, मथुरा सिंह, खुदाबक्श आदि नेता शामिल थे।

प्रथम विश्वयुद्ध, 1914 ई.

प्रथम विश्वयुद्ध के विस्फोट से यूरोप में महाशक्तियों के दो गुट बन गए। एक तरफ जर्मनी, ऑस्ट्रिया, इटली, टर्की थे तो दूसरी तरफ फ्रांस, रूस और इंग्लैण्ड थे। लॉर्ड हार्डिंग (वायसराय) की बुद्धिमत्ता एवं सहानुभूतिपूर्ण

रवैये के कारण प्रथम विश्वयुद्ध में इंग्लैण्ड को भारत का पूर्ण समर्थन मिला। प्रथम विश्वयुद्ध में इंग्लैण्ड सरकार द्वारा तुर्की (मुस्लिम) के विरुद्ध युद्ध की घोषणा से मुस्लिम लीग का सरकार के प्रति मोह भंग हो गया। अब मुस्लिम लीग कांग्रेसी नेताओं के अधिक नज़दीक आने का प्रयास करने लगे। अजमल खाँ, मोहम्मद अली, हसन इमाम जैसे नेताओं ने मुसलमानों को राष्ट्रीय आंदोलन में हिस्सा लेने का आह्वान किया। राष्ट्रवादी नेता तिलक और गाँधीजी ने युद्ध के दिनों में सरकार की सहायता हेतु धन और सेना के लिए सिपाही की व्यवस्था करने के लिए गाँवों का दौरा किया।

कामागाटामारू प्रकरण (1914)

कामागाटामारू प्रकरण कनाडा में भारतीयों के प्रवेश से संबंधित एक विवाद था। कनाडा सरकार ने ऐसे भारतीयों का अपने यहाँ प्रवेश वर्जित कर दिया, जो सीधे भारत से नहीं आते थे। भारतीय मूल के व्यापारी गुरदीप सिंह ने कामागाटामारू नामक एक जहाज़ को किराए पर लेकर दक्षिण-पूर्वी एशिया के करीब 376 यात्रियों को बैठाकर वैंकूवर की ओर प्रस्थान किया। वैंकूवर तट पर पहुँचे यात्री कनाडा की पुलिस की घेराबन्दी के कारण जहाज़ से नीचे नहीं उतर सके।

यात्रियों के अधिकार की लड़ाई लड़ने हेतु हुसैन रहीम, बलवन्त सिंह, सोहनलाल पाठक की अगुवाई में शोर कमेटी का गठन हुआ, अंग्रेज़ों ने जहाज़ को सीधे कलकत्ता आने का आदेश दिया। कामागाटामारू जहाज़ के बजबज (कलकत्ता) पहुँचने पर क्रुद्ध यात्रियों और पुलिस में संघर्ष हुआ, जिसमें कुछ यात्री मारे गए तथा शेष यात्रियों को जेल में डाल दिया गया।

लखनऊ पैक्ट (1916)

वर्ष 1916 में लखनऊ में कांग्रेस का अधिवेशन हुआ। इस अधिवेशन की अध्यक्षता अम्बिकाचरण मजूमदार ने की। इसमें कांग्रेस का अधिवेशन दो घटनाओं को लेकर बेहद महत्वपूर्ण रहा। ये घटनाएँ थीं-अतिवादियों का नौ वर्ष पूर्व कांग्रेस से निष्काषित कांग्रेस में पुनः प्रवेश तथा कांग्रेस और मुस्लिम लीग के बीच ऐतिहासिक दूरगामी लखनऊ समझौता। यह समझौता कांग्रेस-लीग योजना के नाम से भी प्रसिद्ध है।

होमरूल लीग आन्दोलन

तिलक आठ वर्ष के कारावास के बाद 16 जून, 1914 को जेल से रिहा हुए। तिलक और ऐनी बेसेण्ट ने मिलकर भारत में होमरूल लीग आन्दोलन शुरू करने की दिशा में प्रयास शुरू कर दिया। होमरूल लीग की स्थापना की योजना मूलतः ऐनी बेसेण्ट द्वारा चलाई गई थी।

बाल गंगाधर तिलक ने 28 अप्रैल, 1916 को पूना में होमरूल लीग की स्थापना की। तिलक के पाँच महीने बाद ऐनी बेसेण्ट ने सितम्बर, 1916 में अपनी लीग की स्थापना की, जहाँ तिलक की होमरूल लीग का कार्य-क्षेत्र कर्नाटक, महाराष्ट्र (बम्बई को छोड़कर) मध्य प्रान्त तथा बरार था वहीं शेष भारत ऐनी बेसेण्ट के कार्य-क्षेत्र में था। लीग की सर्वाधिक शाखाएँ मद्रास में थीं, लेकिन लीग की सर्वाधिक सक्रियता बम्बई, उत्तर प्रदेश के कुछ हिस्सों तथा गुजरात के ग्रामीण क्षेत्रों में थी।

ऐनी बेसेण्ट ने अपने पत्रों कॉमनवील और न्यू इंडिया द्वारा तथा तिलक ने अपने पत्रों मराठा (अंग्रेज़ी में) एवं केसरी (मराठी में) के माध्यम से लीग के कार्यक्रमों का प्रचार-प्रसार किया। ऐनी बेसेण्ट ने 'जॉर्ज अरूण्डेल' को होमरूल लीग संगठन का सचिव बनाया तथा अड्यार (मद्रास) में लीग का मुख्यालय स्थापित किया। ऐनी बेसेण्ट के सहयोगियों में वी.पी. वाडिया (मजदूर नेता) तथा सी.पी. रामास्वामी अय्यर शामिल थे।

तिलक के होमरूल लीग के प्रथम अध्यक्ष जोसेफ बैपटिस्टा तथा सचिव एन.सी. केलकर थे। होमरूल लीग को अखिल भारतीय स्वरूप ऐनी बेसेण्ट ने प्रदान किया। गोपालकृष्ण गोखले द्वारा स्थापित संस्था सर्वेण्ट ऑफ इंडिया सोसायटी के सदस्यों को लीग में प्रवेश की अनुमति नहीं थी। होमरूल लीग आन्दोलन के बढ़ रहे प्रभाव से चिन्तित सरकार ने जून, 1917 में ऐनी बेसेण्ट, जॉर्ज अरूण्डेल, वी.पी. वाडिया को गिरफ्तार कर लिया। इस गिरफ्तारी के विरोध में सर एस. सुब्रह्मण्यम अय्यर ने अपनी नाइट की उपाधि ब्रिटिश सरकार को वापस कर दी।

20 अगस्त, 1917 को माण्टेग्यू घोषणा में भारत को उत्तरदायी शासन प्रदान करने की बात कही गई थी। परिणामस्वरूप 20 अगस्त, 1917 को एनी बेसेण्ट ने होमरूल लीग को समाप्त करने की घोषणा की। दूसरी ओर तिलक को इण्डियन अनरेस्ट के लेखक वेलेन्टाइन शिरोल पर मानहानि का मुकदमा करने के लिए ब्रिटेन जाना पड़ा, जिसके फलस्वरूप होमरूल लीग आन्दोलन नेतृत्व विहीन होकर अन्ततः समाप्त हो गया।

भारतीय राजनीति में गांधीजी का आगमन

जिस समय दक्षिण अफ्रीका से गांधीजी भारत आये उस समय प्रथम महायुद्ध का दौर चल रहा था। गांधीजी ने सरकार के युद्ध प्रयासों में मदद की। सरकार गांधीजी को केसर-ए-हिन्द सम्मान से सम्मानित किया। वर्ष 1915 में अहमदबाद के नज़दीक साबरमती नदी किनारे सत्याग्रह आश्रम की स्थापना की। भारत में गोपाल कृष्ण गोखले के विचार ने गांधीजी को सर्वाधिक प्रभावित किया, कालांतर में गांधीजी ने गोखले को अपना राजनीतिक गुरू बना लिया।

गाँधीजी के प्रारंभिक सत्याग्रह

चम्पारण सत्याग्रह (1917)

बिहार के चम्पारण में नील की खेती करने वाले किसानों पर यूरोपीय मालिक बहुत अधिक अत्याचार करते थे। यूरोपीय लोगों ने किसानों से एक अनुबन्ध करा लिया था कि वे अपने भूमि के 3/20वें (कट्ठा) हिस्से पर अनिवार्य रूप से नील की खेती करें। यह व्यवस्था तीन कठिया के नाम से जानी जाती थी।

1917 ई. में चम्पारण के एक किसान राजकुमार शुक्ल ने गाँधीजी से लखनऊ में मुलाकात की तथा चम्पारण की समस्याओं से अवगत कराया और चम्पारण आने का न्यौता दिया।

गाँधीजी के चम्पारण पहुँचते ही अधिकारियों द्वारा उन्हें वहाँ से वापस चले जाने का आदेश दिया गया। गाँधीजी ने इसे मानने से इनकार कर दिया। सरकार ने मामले की जाँच के लिए एक आयोग का गठन किया तथा गाँधीजी को भी इसका सदस्य बनाया गया। इसके पश्चात् बागान मालिक (ठेकेदार) अवैध वसूली का 25% हिस्सा लौटाने को राजी हो गए। एक दशक के अन्दर बागान मालिकों ने चम्पारण छोड़ दिया।

चम्पारण में गाँधीजी के निकट सहयोगियों में ब्रिजकिशोर, राजेन्द्र प्रसाद, महादेव देसाई, नरहरि पारिख, जे.बी. कृपलानी आदि थे। चम्पारण सत्याग्रह के दौरान गाँधीजी के कुशल नेतृत्व से प्रभावित होकर रवीन्द्रनाथ टैगोर ने उन्हें महात्मा की उपाधि प्रदान की। इस प्रकार गांधीजी के सत्याग्रह का पहला प्रयोग सफल रहा।

चित्र: चम्पारण सत्याग्रह

सौजन्य: कीस्टोन पिक्चरेस यूएसए अलामय स्टॉक फोटो

अहमदाबाद मजदूर आन्दोलन (1918)

गाँधीजी ने सत्याग्रह का अगला प्रयोग 1918 ई. में अहमदाबाद की एक सूती मिल में किया था। यह आन्दोलन सरकारी तंत्र के विरुद्ध न होकर भारतीय कपड़ा मिल मालिकों के विरुद्ध था। यहाँ पर मालिकों एवं मजदूरों में प्लेग बोनस को लेकर विवाद था। मिल मालिकों के साथ समझौता वार्ता विफल हो जाने पर गाँधीजी ने मजदूरों को भूख हड़ताल पर जाने को कहा, इसके अतिरिक्त उन्होंने 35% बोनस की माँग रखने का प्रस्ताव दिया। मिल मालिक 20% बोनस ही देने के लिए राजी थे। लेकिन अन्ततः मजदूरों को 35% बोनस दिया गया। गांधीजी का यह प्रयोग भी सफल रहा।

खेड़ा सत्याग्रह (1918)

गुजरात का खेड़ा जिला, 1918 ई. भीषण अकाल का शिकार हुआ। इस क्षेत्र की फसलें बर्बाद हो गई। सरकार ने मालगुजारी वसूलने की प्रक्रिया को बन्द नहीं किया। इसके अतिरिक्त 23% की वृद्धि भी की, जबकि राजस्व संहिता के अनुसार यदि फसल का उत्पादन कुल उत्पाद के एक चौथाई से भी कम हो तो किसानों को राजस्व पूरी तरह माफ कर दिया जाना चाहिए। इसके लिए किसानों ने आन्दोलन करना शुरू किया। गाँधीजी ने इस मुद्दे को उठाया, उन्होंने किसानों को राजस्व अदा न करने तथा दमनकारी नीतियों के प्रति संघर्ष करने के लिए प्रेरणा दी। यह गाँधीजी का प्रथम किसान आन्दोलन था।

खिलाफत आन्दोलन (1919)

भारतीय मुसलमान तुर्की (टर्की) के सुल्तान को इस्लाम का खलीफा मानते थे। प्रथम विश्वयुद्ध में तुर्की मित्र देशों के विरुद्ध लड़ रहा था, युद्ध के समय ब्रिटिश राजनीतिज्ञों ने भारतीय मुसलमानों को वचन दिया था, कि वे तुर्की साम्राज्य को किसी तरह का नुकसान नहीं पहुँचाएंगे, लेकिन युद्ध की समाप्ति के बाद ब्रिटिश सरकर ने तुर्की के सुल्तान के समस्त अधिकार छीन लिए।

गाँधीजी ने खिलाफत आन्दोलन को हिन्दू-मुस्लिम एकता का सुनहरा अवसर माना। 17 अक्टूबर, 1919 को अखिल भारतीय स्तर पर खिलाफत दिवस मनाया गया। सितम्बर, 1919 में अखिल भारतीय खिलाफत कमेटी का गठन किया गया। नवम्बर 1919 में इसका पहला सम्मेलन दिल्ली में हुआ तथा गाँधीजी को इसका अध्यक्ष चुना गया।

रॉलेट सत्याग्रह, 1919 ई.

बढ़ रही क्रान्तिकारी गतिविधियों को कुचलने के लिए सरकार ने वर्ष 1917 में न्यायाधीश सिडनी रॉलेट की अध्यक्षता में एक समिति को नियुक्त किया, जिसे आतंकवाद को कुचलने के लिए एक प्रभावी योजना पर कार्य करना था।

रॉलेट समिति के सुझावों के आधार पर फरवरी, 1919 को केन्द्रीय विधानपरिषद् में दो विधेयक पेश किए गए, जिसमें एक विधेयक परिषद के भारतीयों सदस्यों के विरोध के बाद भी पास हो गया। यह क्रान्तिकारी एवं अराजकतावादी अधिनियम रॉलेट एक्ट या काला कानून के नाम से जाना जाता है, जिसे तीन वर्ष की अवध के लिए 18 मार्च, 1919 को पारित किया गया था। रॉलेट एक्ट की भारतीय जनता ने काला कानून कहकर आलोचना की।

रॉलेट अधिनियम के द्वारा अंग्रेज़ी सरकार जिसको जब तक चाहे, बिना मुकदमा चलाए जेल में बन्द रख सकती थी, इसलिए इस कानून को 'बिना वकील बिना अपील, बिना दलील का कानून' कहा गया।

जलियाँवाला बाग हत्याकाण्ड, 1919 ई.

तत्कालीन पंजाब के एक लोकप्रिय नेता डॉ. सैफुद्दीन किचलू और डॉ. सत्यपाल की गिरफ्तारी के विरोध-दर्शन हेतु 10 अप्रैल, 1919 को निकाले गए एक शांतिपूर्ण जुलूस पर पुलिस ने गोली चलाकार कुछ निहत्थे आंदोलनकारियों को मार दिया, जिससे स्थिति बेकाबू हो गई परिणामस्वरूप 13 अप्रैल, 1919 को सेना बुलाई गई।

13 अप्रैल, 1919 को (बैशाखी के दिन) अमृतसर के जलियाँवाला बाग में गोलीकाण्ड और कुछ नेताओं जैसे—डॉ. सैफुद्दीन किचलू और डॉ. सत्यपाल की गिरफ्तारी के विरुद्ध एक शांतिपूर्ण सभा का आयोजन किया गया था। सभास्थल चारों ओर से ऊँची-ऊँची दीवारों से घिरा था।

सभास्थल पर अंग्रेज़ जनरल डायर ने बिना कोई पूर्व चेतावनी के ही भीड़ पर गोली चलवा दी, जिसमे हज़ारों लोग मारे गए। हत्याकाण्ड के विरोध में रवींद्रनाथ टैगोर ने 'नाइट' की उपाधि सरकार को वापस कर दी, वायसराय की कार्यकारिणी के सदस्य शंकरनायर ने भी वायसराय की कार्यकारिणी परिषद् से त्याग-पत्र दे दिया।

दबाव बढ़नें पर सरकार ने इस हत्याकाण्ड की जाँच के लिए लॉर्ड हण्टर की अध्यक्षता में हण्टर समिति की नियुक्ति की। हण्टर समिति ने लीपा-पोती कर जनरल डायर को सिर्फ नौकरी से निकालने का सुझाव दिया, लेकिन ब्रिटेन की संसद में डायर को ब्रिटिश साम्राज्य का शेर कहा गया।

असहयोग आंदोलन (1920-22)

असहयोग आंदोलन का प्रस्ताव गाँधीजी ने तैयार किया था, जबकि इसे सी आर दास ने पेश किया था जो कलकत्ता में कांग्रेस के विशेष अधिवेशन (1920) में पास हुआ। असहयोग आंदोलन संबंधी प्रस्ताव की दिसम्बर, 1920 में नागपुर में हुए कांग्रेस के वार्षिक अधिवेशन में पुष्टि कर दी गई।

नागपुर अधिवेशन के बाद स्वराज के लक्ष्य तक पहुँचने के लिए कांग्रेस ने अब केवल संवैधानिक उपायों के स्थान पर सभी शांतिमय और उचित उपाय जिसमें केवल आवेदन और अपील भेजना ही शामिल नहीं था, अपितु सरकार को कर देने से मना करने जैसी सीधी कार्यवाही भी शामिल थी, को अपनाने पर जोर दिया।

चित्र: असहयोग आन्दोलन

सौजन्य: दिनोदिअ फोटोज/ अलामय स्टॉक फोटो

आंदोलन की प्रगति

1 अगस्त, 1920 को गाँधी जी द्वारा असहयोग आंदोलन शुरू कर दिया गया। असहयोग आंदोलन की शुरूआत के समय ही कांग्रेस को तिलक की मृत्यु (1 आगस्त,1920) का एक बड़ा सदमा झेलना पड़ा।

कांग्रेस ने असहयोग के कार्यक्रम में 31 मार्च, 1921 को विजयताड़ा में हुए कांग्रेस अधिवेशन में तिलक स्मारक के लिए स्वराजकोष के रूप में एक करोड़ रुपये एकत्र करना तथा समूचे भारत में करीब 20 लाख चरखे बँटवाने का कार्यक्रम भी शामिल कर लिया।

असहयोग आंदोलन के दौरान दो प्रकार के कार्यक्रम निश्चित किए गए। जहाँ एक ओर सरकारी शिक्षण संस्थानों, सेवाओं विधान परिषदों का बहिष्कार करने तथा सरकारी नौकरियों, वकालत आदि को त्यागने का निर्णय लिया गया, वहीं दूसरी ओर स्वदेशी शिक्षण संस्थानों, पंच अदालतों, खादी को लोकप्रिय बनाने जैसे रचनात्मक कार्यक्रमों पर बल दिया गया।

इस आंदोलन के दौरान काशी विद्यापीठ (बनारस),गुजरात विद्यापीठ, बिहार विद्यापीठ,बंगाल नेशनल यूनिवर्सिटी, नेशनल कॉलेज लाहौर, जामिया मिल्लिया इस्लामिया कॉलेज आदि शिक्षण संस्थानों की स्थापना की गई।

असहयोग आंदोलन के दौरान शराब आर ताड़ी की दुकानों पर धरना दिया गया, जिसमें सरकार को बहुत अधिक मात्र में राजस्व की हानि हुई। इस आंदोलन में विदेशी कपड़ों की सार्वजनिक होली जलाई गई।

दिसम्बर, 1921 में कांग्रेस के अहमदाबाद अधिवेशन में आंदोलन को तेज करने का निर्णय लिया गया, साथ ही अगले कदम के रूप में सविनय अवज्ञा आंदोलन शुरू करने का प्रस्ताव पारित कर दिया गया।

चौरी-चौरा काण्ड (5 फरवरी, 1922)

उत्तर प्रदेश के गोरखपुर जिले मे स्थित चौरी-चौरा नामक स्थान पर 5 फरवरी, 1922 को एक घटना घटी। इस घटना के अतंर्गत नाराज़ भीड़ ने पुलिस के 22 जवानों को थाने के अंदर जिंदा जला दिया। चौरी-चौरा की घटना से गाँधीजी इतने आहत हुए कि उन्होंने आंदोलन को तत्काल वापस लेने का निर्णय लिया। इसके पश्चात् गाँधी जी को अशांति फैलाने के आरोप में छः वर्ष के लिए जेल की सजा सुनाई गई।

वास्तव में असहयोग आंदोलन भारत का पहला जनआंदोलन था। इसका सूत्रपात क्रांतिकारी कदम था, जिसने कांग्रेस के स्वरूप और स्वभाव में मूलभूत परिवर्तन ला दिया। कांग्रेस अब भारत में विदेशी शासन के विरुद्ध संघर्ष का माध्यम के रूप में उभरकर सामने आई। असहयोग आंदोलन अपने किसी भी घोषित उद्‌देश्य को प्राप्त करने में सफल तो नहीं रहा, लेकिन इसकी चरम उपलब्धि तत्कालीन हानियों से अधिक थी।

राष्ट्रीय राजनीति (1922-29)

स्वराज पार्टी का गठन

दिसम्बर, 1922 में गया में कांग्रेस का अधिवेशन हुआ सी-आर-दास को कांग्रेस का अध्यक्ष चुना गया। उन्होंने अपने अध्यक्षीय भाषण में विधानपरिषद् में प्रवेश का प्रस्ताव रखा। सी आर दास की जोरदार वकालत के बावजूद गया अधिवेशन में यह प्रस्ताव 890 के मुकाबले 1740 वोटों से अस्वीकृत हो गया। विपक्षी गुट का नेतृत्व सी राजगोपालचारी ने किया था। प्रस्ताव पारित न होने पर सी आर दास और मोतीलाल नेहरू ने कांग्रेस

से त्याग-पत्र दे दिया तथा मार्च, 1923 ई. में इलाहाबाद में स्वराज पार्टी का गठन किया।

स्वराज पार्टी ने अपने को कांग्रेस के अभिन्न अंग के रूप में प्रचारित किया तथा अहिंसा और असहयोग के प्रति अपनी वचनबद्धता दोहराई। आरंभ में स्वराज पार्टी के लक्ष्यों को लेकर विवाद उठ खड़ा हुआ। पार्टी के संविधान में यह घोषणा की गई कि इसका तात्कालिक लक्ष्य डोमिनियन स्टेट्स की प्राप्ति है।

सितम्बर, 1923 में दिल्ली में मौलाना अबुल कलाम आज़ाद की अध्यक्षता में कांग्रेस का एक विशेष अधिवेशन बुलाया गया, जिसके अन्तर्गत स्वराज दल के कार्यक्रमों को मान्यता दे दी गई। यद्यपि स्वराजियों को चुनाव का बहुत कम समय मिला, लेकिन उन्हें बड़ी सफलता मिलीं। स्वराजियों को केन्द्रीय विधानसभा के 101 निर्वाचित सीटों में से 42 सीटें मिली। सेण्ट्रल लेजिस्लेटिव एसेम्बली में स्वराजियों ने साझा राजनीतिक मोर्चा बनाया।

साइमन कमीशन (1927–28)

वर्ष 1919 के भारत शासन अधिनियम में कहा गया था कि अधिनियम के पारित होने के दस वर्ष बाद एक संवैधानिक आयोग की नियुक्ति की जाएगी, जो इसकी प्रगति की जाँच करेगा। सर जॉन साइमन की अध्यक्षता में गठित साइमन आयोग में कुल सात सदस्य क्लाइमेण्ट एटली, हेनरी लेवी लासन, एडवर्ड काडोगान, वेनोंन हार्टशोन, जॉर्ज लेन फाक्स, डोनाल्ड हावर्ड आयोग के सदस्य थे, चूँकि इसके सभी सदस्य अंग्रेज़ थे, इसलिए कांग्रेसियों ने इसे श्वेत कमीशन कहा। 8 नवम्बर, 1927 को साइमन कमीशन की नियुक्ति की घोषणा की गई थी। 11 दिसम्बर, 1927 को इलाहाबाद में हुए एक सर्वदलीय सम्मेलन में आयोग में एक भी भारतीय सदस्य को न नियुक्त किए जाने के कारण इसके बहिष्कार का निर्णय लिया गया।

27 दिसम्बर, 1927 को मद्रास में हुए कांग्रेस के वार्षिक अधिवेशन, जिसकी अध्यक्षता एम.ए. अन्सारी ने की थी, में साइमन कमीशन के पूर्ण बहिष्कार का निर्णय लिया गया। 3 फरवरी, 1928 को साइमन कमीशन (बम्बई) भारत पहुँचा। आयोग जहाँ गया वहाँ साइमन गो बैक के नारे लगाए गए।

लाहौर में लाला लाजपत राय आयोग का विरोध करने वाली एक भीड़ का नेतृत्व कर रहे थे। पुलिस ने इन्हें इतने बर्बर तरीके से पीटा कि कुछ ही दिनों बाद लालाजी की मृत्यु हो गई। मरने से पूर्व लाला लाजपत राय का यह कथन ऐतिहासिक सिद्ध हुआ कि 'मेरे ऊपर जो लाठी का प्रहार किया गया है, वही एक दिन ब्रिटिश साम्राज्य के ताबूत की आखिरी कील साबित होगी'। जनता के इस विरोध को कुचलने के लिए सरकार ने निर्मम दमन तथा पुलिस कार्यवाहियों का सहारा लिया।

नेहरू रिपोर्ट, 1928 ई.

लॉर्ड बर्कनहेड (भारत सचिव) ने साइमन कमीशन के विरोध के दौरान ही राष्ट्रीय नेतृत्व को एक ऐसा संविधान बनाने की चुनौती दी जो देश के सभी समुदायों और वर्गों को स्वीकार हो। 19 मई, 1928 को सर्वदलीय सम्मेलन बम्बई में डॉ. अन्सारी की अध्यक्षता में हुआ, उन्होंने मोतीलाल नेहरू की अध्यक्षता में एक कमेटी नियुक्त की एवं इसे 1 जुलाई, 1928 तक भारत के संविधान का एक मसौदा तैयार करने की ज़िम्मेदारी सौंपी।

अंततः नेहरू समिति ने 28 अगस्त, 1928 को अपनी रिपोर्ट प्रस्तुत की। इसे लखनऊ में आयोजित सर्वदलीय सम्मेलन में स्वीकार कर लिया गया। इस रिपोर्ट को 'नेहरू रिपोर्ट' के नाम से जाना जाता है।

मुख्य सिफारिशें

भारत को अधिराज्य (डोमिनियन) का दर्जा प्रदान किया जाए। इसका स्थान ब्रिटिश शासन के अधीन अन्य उपनिवेशों के समान ही हो। साम्प्रदायिक निर्वाचन प्रणाली को समाप्त कर दिया जाए इसके स्थान पर संयुक्त निर्वाचन प्रणाली अपनाई जाए। केन्द्र तथा उन राज्यों में जहाँ मुसलमान अल्पसंख्या में हों उनके हितों की रक्षा के लिए कुछ स्थानों को आरक्षित कर दिया जाए। (यह व्यवस्था वहाँ न लागू की जाए जहाँ मुसलमान बहुसंख्यक हों; जैसे—पंजाब, बंगाल)।

भाषायी आधार पर प्रान्तों का गठन हो। केन्द्र एवं राज्यों में उत्तरदायी सरकार की स्थापना हो। केन्द्र सरकार का प्रमुख गवर्नर-जनरल हो, जिसकी नियुक्ति ब्रिटिश सरकार द्वारा हो, वह केन्द्रीय कार्यकारिणी परिषद की सलाह पर कार्य करे, जो केन्द्रीय व्यवस्थापिका के प्रति उत्तरदायी हो। प्रान्तीय व्यवस्थापिका का कार्यकाल 5 वर्ष का हो।

भारत में धर्मनिरपेक्ष राज्य होगा, लेकिन अल्पसंख्यकों (मुसलमान) के धार्मिक एवं सांस्कृतिक हितों का पूर्ण संरक्षण होगा। केन्द्र एवं प्रान्त में संघीय आधार पर शक्ति का विभाजन अवशिष्ट शक्तियाँ केन्द्र के पास हों। भारत में एक प्रतिरक्षा समिति, उच्चतम न्यायालय तथा लोकसेवा आयोग की स्थापना की बात की गई।

सिन्ध को बम्बई से पृथक कर एक अलग प्रान्त बनाया जाए यदि समिति पद प्रस्तावित कर दे कि वह वित्तीय रूप से आत्मनिर्भर है। मौलिक अधिकारों की माँग, जिसमें महिलाओं को समान अधिकार, संघ बनाने की स्वतंत्रता एवं वयस्क मताधिकार जैसी माँगें थीं। उत्तर पश्चिमी सीमा प्रान्त को ब्रिटिश भारत के अन्य प्रान्तों के समान वैधानिक स्तर प्रदान किया जाए।

नेहरू रिपोर्ट पर विचार करने के लिए 1928 में लखनऊ में एक सर्वदलीय सम्मेलन का आयोजन किया गया। इस सम्मेलन में मोहम्मद जिन्ना ने नेहरू रिपोर्ट को अस्वीकार करते हुए अपने 14 सूत्री माँगों को सामने रखा। इसमें प्रमुखता से साम्प्रदायिक समूहों का निर्वाचन, पृथक निर्वाचन पद्धति से किए जाने की माँग उठाई।

कांग्रेस का लाहौर अधिवेशन

दिसम्बर, 1929 में कांग्रेस का लाहौर अधिवेशन आयोजित हुआ, जिसकी अध्यक्षता जवाहरलाल नेहरू ने की थी। लाहौर अधिवेशन में प्रमुख पारित प्रस्ताव निम्नलिखित हैं—

इस अधिवेशन में नेहरू रिपोर्ट से घोषित, औपनिवेशिक स्वराज के लक्ष्य को रद्द कर दिया गया और यह ऐलान किया गया कि अब कांग्रेस का लक्ष्य पूर्ण स्वराज होगा। गाँधीजी को स्वाधीनता आन्दोलन का नेतृत्व ग्रहण करने के लिए कहा गया। कांग्रेस जनों को आदेश दिया गया कि

वे भविष्य में काउन्सिल चुनावों में भाग न लें और काउन्सिल के मौजूदा सदस्य अपने पदों से त्याग-पत्र दे दें। अखिल भारतीय कांग्रेस कमेटी को यह अधिकार दिया गया कि वह जब और जहाँ चाहे, आवश्यक प्रतिबन्धों के साथ सविनय अवज्ञा तथा कर बन्दी कार्यक्रम प्रारम्भ कर दे। 26 जनवरी, 1930 को पूरे भारत में प्रथम स्वतंत्रता दिवस मनाने का निश्चय किया गया।

क्रान्तिकारी आन्दोलन का द्वितीय चरण (Second Phase of Revolutionary Movement)

वर्ष 1922 में गाँधीजी द्वारा अचानक असहयोग आन्दोलन वापस लेने से देश के युवाओं में निराशा फैल गई। परिणामस्वरूप युवाओं ने रूस, चीन, आयरलैण्ड, तुर्की, मिस्र की क्रान्तियों से प्रेरित होकर ब्रिटिश साम्राज्य को खत्म करने की कोशिश की। इसके लिए उन्होंने पुरानी संस्थाओं तथा युगान्तर, अनुशीलन समिति आदि को पुनर्जीवित किया। इस चरण की एक प्रमुख विशेषता जो इसे पिछले चरणों से भिन्न करती है, यह समाजवादी विचारधारा पर आधारित था। नए क्रान्तिकारी आतंकवादी नेताओं ने कुछ नए क्रान्तिकारी संगठनों की स्थापना की।

हिन्दुस्तान रिपब्लिकन एसोसिएशन

इस चरण में एक अखिल भारतीय संगठन तथा संगठनों के मध्य अच्छे ताल-मेल की आवश्यकता का अनुभव किया गया। अक्टूबर, 1924 में समस्त क्रान्तिकारी दलों का कानपुर में सम्मेलन बुलाया गया तथा हिन्दुस्तान रिपब्लिकन एसोसिएशन नामक संगठन की स्थापना की गई। इसकी स्थापना शचीन्द्र नाथ सान्याल, रामप्रसाद बिस्मिल, योगेशचन्द्र चटर्जी तथा चन्द्रशेखर आज़ाद ने की थी।

वर्ष 1928 में दिल्ली के फिरोजशाह कोटला में इसका नाम बदलकर हिन्दुस्तान सोशलिस्ट रिपब्लिकन एसोसिएशन किया गया।

इसकी स्थापना भगत सिंह, शचीन्द्र सान्याल व चन्द्रशेखर आज़ाद द्वारा की गई।

भगत सिंह तथा उनके साथियों ने क्रान्तिकारियों के समक्ष पहली बार एक क्रान्तिकारी दर्शन रखा, जिसमें यह बताया गया कि क्रान्ति का लक्ष्य क्या होना चाहिए। वर्ष 1925 में एचआरए के घोषणा-पत्र में कहा गया कि एचआरए का उद्देश्य उन तमाम व्यवस्थाओं का उन्मूलन करना है, जिनके तहत एक व्यक्ति दूसरे का शोषण करता है।

जनता को अपनी विचारधारा से अवगत कराने के लिए भगवतीचरण बोहरा ने द फिलॉस्फी ऑफ बॉम्ब (बम का दर्शन) नामक दस्तावेज तैयार किया था। भगत सिंह ने वर्ष 1926 में भारत नौजवान सभा का गठन किया। इस संगठन के वे संस्थापक महामंत्री थे।

काकोरी काण्ड

इस संगठन के सदस्यों द्वारा 9 अगस्त, 1925 को उत्तर रेलवे के लखनऊ सहारनपुर सम्भाग के काकोरी नामक स्थान पर 8 डाउन ट्रेन पर डकैती डालकर सरकारी खजाने को लूट लिया गया। इसके पश्चात् 29 लोगों को गिरफ्तार करके उन पर मुकदमा चलाया गया। काकोरी षड्यंत्र काण्ड में रामप्रसाद बिस्मिल, अशफाक उल्ला खां, रोशनलाल तथा राजेन्द्र लाहिड़ी को फाँसी दी गई।

साण्डर्स की हत्या

30 अक्टूबर, 1928 को लाहौर में साइमन कमीशन विरोधी अभियान के दौरान लाहौर के सहायक पुलिस अधीक्षक साण्डर्स ने लाला लाजपत राय पर लाठी चार्ज करवाकर उन्हें घातक रूप से घायल कर दिया था। 17 दिसम्बर, 1928 को लाहौर रेलवे स्टेशन पर भगत सिंह, चन्द्रशेखर आज़ाद और राजगुरू ने साण्डर्स की हत्या कर दी।

केन्द्रीय विधानसभा बम काण्ड

भगतसिंह एवं बटुकेश्वर दत्त ने 8 अप्रैल, 1929 को केन्द्रीय विधानसभा में बम फेंके, इन्होंने पब्लिक सेफ्टि बिल तथा ट्रेड डिस्प्यूट बिल के विरोध में बम फेंका था। जिसका उद्देश्य सरकार को डराना मात्र था। बम खाली स्थान पर फेंका गया था। भगत सिंह एवं बटुकेश्वर दत्त को गिरफ्तार कर लिया गया। 23 मार्च, 1931 को लाहौर षड्यंत्र केस में भगतसिंह, सुखदेव एवं राजगुरू को फाँसी दे दी गई।

चटगांव विद्रोह

पूर्वी बंगाल में चटगाँव नामक स्थान पर मशहूर क्रान्तिकारी सूर्यसेन ने इण्डियन रिपब्लिकन आर्मी की स्थापना की। इसके सदस्यों में लोकीनाथ

क्रान्तिकारी आन्दोलन से जुड़ी प्रमुख पत्र, पत्रिकाएँ एवं पुस्तकें

पत्रिका/पुस्तक	लेखक/सम्पादक
युगांतर	बारींद्र कुमार घोष एवं भूपेंद्र नाथ दत्त
संध्या	ब्रह्मबांधव उपाध्याय
काल (लंदन)	–
फ्री हिस्दुतान (बैंकुवर)	तारकनाथ दास
बंदी जीवन	शचींद्र नाथ सान्याल
भवानी मंदिर	बारींद्र घोष भारत माता
अजीत सिंह इण्यिन सोशलिस्ट	श्याम जी कृष्ण
फिलॉस्फी ऑफ बॉम्ब	भगवती चरण बोहरा
सर्कुलर-ए-आज़ादी(उर्दू)	रामनाथ पुरी
पथेर दावी	शरत चंद्र चट्टोपाध्याय
गदर	लाला हरदयाल
न्यू इंडिया	विपिन चंद्र पाल
नवयुग	मुजफ्फर अहमद

वाउल, प्रीतिलता वाडेकर, गणेश घोष, कल्पना दत्त आदि शामिल थे। इस संगठन के सदस्यों ने चटगांव के शस्त्रगार पर धावा बोलकर कब्जा कर लिया और वहाँ तिरंगा झंडा फहरा दिया।

विद्रोह में कई क्रान्तिकारी पकड़े गए और उन पर मुकदमा दायर हुआ। सूर्यसेन 16 फरवरी, 1933 को गिरफ्तार कर लिए गए और 12 जनवरी, 1934 को इन्हें फाँसी दे दी गई। प्रीतिलता वाडेकर ने अंग्रजों से बचने के लिए आत्महत्या कर ली और कल्पना दत्त को आजीवन कारावास की सजा मिली।

क्रांतिकारी संस्थाएँ

संस्था	स्थान	संस्थापक
मित्र मेला	नासिक	वी डी सावरकर
अभिनव भारत	नासिक	वी डी सावरकर
अनुशीलन समिति	कलकत्ता	प्रमतनाथ मित्र, सतीश चंद्र, नरेंद्र भट्टचार्य
भारत स्वशासन समिति	लंदन	श्याम जी कृष्ण वर्मा
युगांतर	कलकत्ता	बारींद्र घोष

वामपंथी आंदोलन

भारत में वामपंथी आंदोलन का उदय आधुनिक उद्योगों के विकास, दो विश्वयुद्ध के मध्यकाल में आर्थिक मंदी में बोलशेविक क्रांति के परिणामस्वरूप हुआ था। वर्ष 1920 में मानवेंद्र नाथ राय द्वारा सर्वप्रथम ताशकंद में भारतीय साम्यवादी दल बनाने की घोषणा की गई। इसके अन्य सदस्यों में रोजा फिटिग्राप, मोहम्मद अली, मुहम्मद शरीफ, एम प्रतिवादी उभंयकर, अवनि मुखर्जी प्रमुख थे।

एम एन राय ने वर्ष,1922 में अवनि मुखर्जी के सहयोग से बर्लिन से बैनगार्ड ऑफ इण्डियन इण्डिपेण्डेण्स तथा इंडिया इन ट्रांजिशन नामक पत्र निकाले। बैनगार्ड ऑफ इण्यिन इण्डिपेण्डेण्स भारतीय कम्युनिस्ट पार्टी का पहला पत्र था। बाद में इसका नाम एडवांस गार्ड कर दिया गया।

प्रथम चरण

इस काल में साम्यवादी दल ने तीन षड्यंत्रों से संबंधित होने के कारण ध्यान आकर्षित किया।

पेशावर षड्यंत्र केस (1922–23)

मास्को की कम्युनिस्ट यूनिवर्सिटी में प्रशिक्षित 10 भारतीयों को भारत में कम्युनिस्ट आंदोलन को संगठित करने के लिए भारत भेजा गया। ब्रिटिश सरकार ने उन्हें गिरफ्तार कर लिया एवं पेशावर में उन पर मुकदमा चला। यह मुकदमा वर्ष, 1922-23 के पेशावर षड्यंत्र के केस नाम से प्रसिद्ध है।

कानपुर षड्यंत्र केस (1924)

वर्ष 1921 में नलिनी गुप्त तथा अवनी मुखर्जी रूस से भारत लौटी। ये दोनों बंगाल आंतकवादी दल की सदस्या थीं । ब्रिटिश सरकार ने 21 फरवरी,1924 को कानपुर षड्यंत्र केस के तहत मुकदमा चलाया। सरकार ने इन पर आरोप लगाया कि ये लोग षड्यंत्र रच रहे हैं जिसका उद्देश्य भारत मे क्रांतिकारी संगठन की स्थापना करना है।

मेरठ षड्यंत्र केस (1929–33)

कम्युनिस्टों के बढ़ते प्रभाव को रोकने के लिए ब्रिटिश सरकार ने वर्ष 1928-29 में जन सुरक्षा कानून, ह्निटले कमीशन, ट्रेड डिस्प्यूट बिल तथा मेरठ षड्यंत्र केस का सहारा लिया। वर्ष 1929 में मेरठ षड्यंत्र केस में कुल 22 लोगों का मुकदमा चला, जिनमें तीन अंग्रेज़ (फिलिप स्प्रेट, वेन ब्रैडल तथा लेस्टर हचिंसन) भी थे। यह मुकदमा साढ़े तीन वर्ष चला।

दूसरा चरण

इस काल में साम्यवादी आंदोलन को संगठन और विचारधारा संबंधी प्रश्नों के कारण बहुत नुकसान उठाना पड़ा। वर्ष 1928 के साम्यवादी अतर्राष्ट्रीय संगठन से संकेत प्राप्त कर इन्होंने भारतीय कांग्रेस के वामपंथी और दक्षिण पंथी अंगों पर प्रहार करना आरंभ कर दिया। यह वही समय था, जब कांग्रेस ने साइमन आयोग का बहिष्कार किया था, पूर्णस्वराज का प्रस्ताव पारित किया था एवं द्वितीय सविनय अवज्ञा आन्दोलन शुरू किया था।

तीसरा चरण

वर्ष 1935 में साम्यवादी अन्तर्राष्ट्रीय सम्मेलन आयोजित हुआ। इससे निर्देशन प्राप्त कर वर्ष 1936 में आर.पी. दत्त और बैनब्रैडले ने 'भारत में साम्राज्यवाद विरोधी जनता का मोर्चा' नाम से निबन्ध प्रकाशित किया, उन्होंने साम्यवादियों को सुझाव दिया कि वे भारतीय राष्ट्रीय कांग्रेस में सम्मिलित हो जाएँ। इसके माध्यम से वे कांग्रेस समाजवादी दल को सुदृढ़ बनाए और जो प्रतिक्रियावादी दक्षिण पंथी लोग हैं, उन्हें कांग्रेस से निकाल बाहर करें।

चौथा चरण

द्वितीय विश्वयुद्ध के आरम्भ में साम्यवादियों ने साम्राज्यवाद के विरुद्ध संयुक्त मोर्चा नीति का अनुसरण किया अर्थात् अंग्रेज़ों के साथ सहयोग न करने की नीति अपनाई तथा इस अवसर का प्रयोग भारत की स्वतंत्रता प्राप्त करने के लिए किया गया।

भारत सरकार ने भी इसे तुरन्त वैध संस्था घोषित कर दिया। जब अगस्त, 1942 में कांग्रेस ने भारत छोड़ो का नारा लगाया, तो साम्यवादियों ने इस आन्दोलन को अन्तर्ध्वस्त करने के लिए अंग्रेज़ों की ओर से भेदियों की भूमिका निभाई।

पाँचवाँ चरण

वर्ष 1946 में उन्होंने कैबिनेट शिष्ट मण्डल के सम्मुख एक प्रस्ताव रखा कि भारत को 17 पृथक प्रभुसत्तापूर्ण राज्यों में बाँट दिया जाए। जैसे कि बाल्कन में या रूसी समाजवादी सोवियत संघ में हुआ था।

सविनय अवज्ञा आन्दोलन (1930)

गाँधीजी ने लाहौर अधिवेशन के पश्चात् अपने अगले कदम के रूप में यंग इंडिया में एक लेख प्रकाशित करके सरकार के समक्ष ग्यारह सूत्रीय माँगें पेश कीं तथा यह वादा किया कि यदि सरकार उन शर्तों को मान लेगी, तो सत्याग्रह की चर्चा बन्द कर दी जाएगी। इसके लिए गाँधीजी ने 31 जनवरी, 1930 तक का समय निर्धारित किया।

सरकार द्वारा पत्र का कोई सार्थक जवाब नहीं दिये जाने के विरोध में गांधीजी ने 12 मार्च 1930 के अपने 78 समर्थकों के साथ दाण्डी मार्च आरंभ कर दिया। गांधीजी ने दाण्डी समुद्रतट पर स्वयं नमक बनाकर कानून का उल्लंघन करके सविनय अवज्ञा आंदोलन शुरू किया।

गाँधीजी की 11 सूत्रीय माँगें

1. रुपये की विनिमय दर घटाकर 1 शिलिंग 4 पेन्स की जाए।
2. लगान में 50% की कमी की जाए।
3. सिविल सर्विस का वेतन आधा किया जाए।
4. सैन्य खर्च 50% कम किया जाए।
5. विदेशी कपड़ों का आयात नियन्त्रित किया जाए।
6. तटीय यातायात विधेयक पास किया जाए।
7. सीआईडी विभाग समाप्त किया जाए या उस पर सार्वजनिक नियंत्रण हो।
8. भारतीयों को आत्म-रक्षा के लिए शस्त्र रखने का लाइसेन्स दिया जाए।
9. नमक पर सरकारी इजारेदारी व नमक कर को समाप्त किया जाए।
10. नशीली वस्तुओं के विक्रय पर रोक लगाया जाए।
11. उन सब राजनैतिक कैदियों को छोड़ दिया जाए जिन पर हत्या करने या हत्या के प्रयत्न का अभियोग नहीं है।

इनमें स्वराज्य का ज़िक्र नहीं था, जोकि रणनीतिक योजना थी। ब्रिटिश सरकार को ये माँगे न माननी थीं और न ही उसने मानी। अत: आन्दोलन अनिवार्य हो गया।

दाण्डी मार्च (12 मार्च–6 अप्रैल, 1930)

गाँधीजी ने 12 मार्च, 1930 को ऐतिहासिक पदयात्रा प्रारम्भ की। 24 दिनों के पश्चात् यह पदयात्रा 240 मील (375 किमी.) चलकर 5 अप्रैल को डाण्डी पहुँची। 6 अप्रैल को गाँधीजी ने नमक बनाकर कानून तोड़ा। इसके पश्चात् पूरे देश में नमक सत्याग्रह शुरू हो गया। सुभाषचन्द्र बोस ने गाँधीजी के डाण्डी मार्च की तुलना नेपोलियन के पेरिस मार्च तथा मुसोलिनी के रोम मार्च से की। 4 मई, 1930 को गाँधीजी को गिरफ्तार कर लिया गया।

चित्र: दाण्डी मार्च

सौजन्य: यूनिवर्सिटि ऑफ नार्थ बंगाल, डेप्ट ऑफ हिस्ट्री, एचटीटीपी://डबल्यूडबल्यूडबल्यू.एनबीयू.एसी.इन/एकेडेमिक्स/एकेडेमिक्स%20फैकल्टीज/डिपार्टमेंट्स%40एसीएल/डेप्ट%20ऑफ%20हिस्ट्री/डेप्टहिस्ट्री.एचटीएमएल, एस अक्सेस्सेड ओन 29 जून 2017

आन्दोलन का प्रसार

गांधीजी की गिरफ्तारी की प्रतिक्रिया स्वरूप देश में हर जगह हड़तालों, प्रदर्शनों का आयोजन होने लगा। देश के अनेक भागों में किसानों ने जमीन की मालगुजारी और लगान देने से इनकार कर दिया। देखते ही देखते इस विरोध ने जनआंदोलन का रूप ले लिया।

पश्चिमोत्तर सीमा प्रान्त में खान अब्दुल गफ्फार खाँ ने कांग्रेस तथा गाँधीजी के नेतृत्व को स्वीकार किया और पठानां के स्वभाव के विपरीत उन्हें अहिंसा के रास्ते पर चलने की सलाह दी।

धरासणा में नमक सत्याग्रह का नेतृत्व सरोजिनी नायडू, इमाम साहब, गाँधीजी के पुत्र मणिलाल ने किया। 21 मई, 1930 को 2000 आन्दोलनकारियों के साथ इन्होंने धरासणा नामक कारखाने पर धावा बोल दिया। यहाँ पर पुलिस ने आन्दोलनकारियों का बहुत क्रूरता से दमन किया।

मणिपुर में आन्दोलन का नेतृत्व नागा महिला गैडिनेल्यू ने किया। गैडिनेल्यू ने ब्रिटिश सेना के साथ संघर्ष किया, लेनिक वर्ष 1932 में उन्हें गिरफ्तार कर लिया गया और आजीवन कैद की सजा सुनाई गई। बंगाल में चौकीदारी एवं यूनियन बोर्ड विरोधी आन्दोलन चलाया गया। महाराष्ट्र, मध्य प्रान्त एवं कर्नाटक में कड़े वन-नियमों के विरुद्ध सत्याग्रह चलाया गया।

तमिलनाडु के तंजौर तट पर सी. राजगोपालाचारी ने त्रिचनापल्ली से वेदारण्यम तक की यात्रा की, मालाबार में के. कल्प्पन ने कालीकट से पोयान्नूर की यात्रा की।

गोलमेज सम्मेलन (Round Table Conference)

प्रथम गोलमेज सम्मेलन

साइमन कमीशन की सिफारिश पर विचार करने के लिए प्रथम गोलमेज सम्मेलन आयोजित किया गया, जो 12 नवम्बर, 1930 से जनवरी, 1931 तक चला। लन्दन में सेण्ट जेम्स पैलेस में आयोजित इस सम्मेलन की

अध्यक्षता तत्कालीन प्रधानमंत्री रैम्जे मैकडोनाल्ड ने की। ब्रिटिश राजनीतिज्ञ अब गाँधीजी तथा कांग्रेस का सहयोग प्राप्त करने को उत्सुक थे। इस सम्मेलन में कांग्रेस ने भागीदारी नहीं की। इसमें मुस्लिम लीग, हिन्दू महासभा और भारतीय राजवंशों के प्रतिनिधि शामिल हुए।

गांधी–इरविन समझौता

तेज बहादुर सप्रू एवं एम.आर. जयकर के प्रयासों से 5 मार्च, 1931 को गांधी-इरविन समझौता सम्पन्न हुआ। गाँधी-इरविन समझौते की स्वीकृति देने के लिए कांग्रेस का अधिवेशन मार्च के अन्त में ही कराची में बुलाया गया। 29 मार्च, 1931 को हुए इस अधिवेशन में गाँधी-इरविन पैक्ट को स्वीकार किया गया एवं गाँधीजी को द्वितीय गोलमेज सम्मेलन में भाग लेने की अनुमति प्रदान कर दी गई थी, जो लन्दन में आयोजित होनी थी।

चित्र: गोलमेज सम्मेलन

सौजन्य: विकिमेडिअ कॉमन्स पब्लिक डोमेन इमेज, एचटीटीपी://कॉमन्स. विकिमेडिअ.ऑर्ग/विकी/फाइल:डॉ._अम्बेडकर_अमंग_थी डेलीगेट्स_एट_थी_ राउंड_टेबल_कांफ्रेस_एट_लंदन_(1930-1931).जेपीजी, एचटीटीपी://कॉमन्स. विकिमेडिअ.ऑर्ग/विकी/फाइल:थी_फस्ट_राउंड_टेबल_कांफ्रेस_ वास_इनॉगरेटेड_बाये_किंग_जॉर्ज-वी_ऑन_नवम्बर12,_1930_इन_लंदन,_डॉ_ बाबासाहब_अम्बेडकर,_डेलिगेट,_सीन_इन_थी_लेफ्ट_रौ_(9वीं).पीएनजी, ऐस अक्सेस्सेड ओन 18 जून 2017 ऐट 3.23 पीएम आईएसटी

द्वितीय गोलमेज सम्मेलन

7 सितम्बर, 1931 से 1 दिसम्बर, 1931 तक चलने वाले इस सममेलन में गाँधीजी ने कांग्रेस के एकमात्र प्रतिनिधि के रूप में हिस्सा लिया। गाँधीजी के साथ महादेव देसाई, मदन मोहन मालवीय, देवदास गाँधी, घनश्याम दास बिड़ला आदि थी। साम्प्रदायिक मसले पर कोई निर्णय न होने के कारण द्वितीय गोलमेज सम्मेलन बिना किसी परिणाम के समाप्त हो गया।

द्वितीय गोलमेज सम्मेलन में सरोजिनी नायडू (महिला प्रतिनिधि), एनी बेसेण्ट, मदन मोहन मालवीय (हिन्दू महासभा), जी.डी. बिड़ला (व्यवसायी), तेज बहादुर सप्रू, सी.वाई. चिन्तामणि (उदारवादी), जिन्ना, अली इमाम, इकबाल (मुस्लिम लीग), एस. के. दत्ता (भारतीय ईसाई), डॉ. अम्बेडकर (अछूत फेडरेशन) आदि सदस्यों ने भाग लिया। इस सम्मेलन का सकारात्मक परिणाम न निकलने पर पुनः सविनय अवज्ञा आंदोलन शुरू करने का निर्णय लिया गया।

द्वितीय सविनय अवज्ञा आन्दोलन (1932–34 ई.)

1 जनवरी, 1932 को सविनय अवज्ञा आन्दोलन को दोबारा शुरू हुआ। आन्दोलन शुरू होने के पश्चात् चोटी के नेता गाँधीजी, नेहरू, खान अब्दुल गफ्फार खाँ आदि को गिरफ्तार कर सरकार ने कांग्रेस को गैर-कानूनी संस्था घोषित कर दिया। द्वितीय सविनय अवज्ञा आन्दोलन के दौरान बड़ी संख्या में लोगों ने गिरफ्तारियाँ दीं।

सुनिति चौधरी तथा शान्ति चौधरी नामक स्कूली छात्राओं ने टिपरा के जिला मजिस्ट्रेट को गोली मार दी। आन्दोलन में व्यापक हिंसा के बावजूद गाँधीजी ने इसे अचानक वापस नहीं लिया, बल्कि मई, 1933 में इसे स्थगित किया गया। अन्ततः अप्रैल, 1934 में गाँधीजी ने इसे वापस ले लिया।

साम्प्रदायिक निर्णय

भारतीय अल्पसंख्यकों की समस्या आपसी समझौते से हल न कर सकने के कारण ब्रिटिश प्रधानमंत्री रैम्जे मैकडोनाल्ड ने 16 अगस्त, 1932 को साम्प्रदायिक अधिनिर्णय (कम्युनल अवार्ड) की घोषणा की, साम्प्रदायिक निर्णय अंग्रेज़ों की फूट डालो और राज करो की नीति का एक और प्रमाण था। साम्प्रदायिक पंचाट के अंतर्गत पृथक निर्वाचक पद्धति को मुसलमानों, भारतीय ईसाइयों, यूरोपियनों, एंग्लो इण्डियन और सिखों के अतिरिक्त हरिजनों पर भी लागू कर दिया गया।

महात्मा गाँधी ने इस साम्प्रदायिक अधिनिर्णय का विरोध करते हुए माँग की कि दलित वर्ग के प्रतिनिधियों का चुनाव वयस्क मताधिकार के आधार पर आम निर्वाचक मण्डल के माध्यम से होना चाहिए। अपनी माँगे मनवाने के लिए गाँधी जी ने यरवदा जेल 20 सितम्बर, 1932 से आमरण अनशन प्रारम्भ कर दिया।

पूना समझौता (1932)

26 सितम्बर, 1932 को मदन मोहन मालवीय, सी. राजगोपालाचारी, राजेन्द्र प्रसाद तथा पुरुषोत्तम दास के प्रयत्नों से गाँधीजी और दलित नेता डॉ. अम्बेडकर के मध्य एक समझौता हुआ, जिसे पूना पैक्ट या पूना समझौता के नाम से जाना जाता है।

इस समझौते के अंतर्गत दलित वर्ग के लिए पृथक निर्वाचक मण्डल समाप्त कर दिया गया। प्रान्तीय विधानमण्डल में दलितों के लिए सुरक्षित सीटों की संख्या 71 से बढ़ाकर 147 कर दी गई तथा केन्द्रीय विधानमण्डल में सुरक्षित सीटों की संख्या में 18% की वृद्धि की गई। सरकार ने पूना समझौते को साम्प्रदायिक समझौते का संशोधित रूप मानकर स्वीकार कर लिया।

तृतीय गोलमेज सम्मेलन

17 नवम्बर, 1932 को लन्दन में तृतीय गोलमेज सम्मेलन का आयोजन किया गया। कांग्रेस ने द्वारा सम्मेलन का बहिष्कार किया गया। इस सम्मेलन में भारत सरकार अधिनियम, 1935 हेतु ठोस योजना के अन्तरिम स्वरूप को पेश किया गया। यह सम्मेलन 24 दिसम्बर, 1932 को समाप्त हो गया।

प्रान्तीय चुनाव (1937) (Provincial Election)

वर्ष 1935 के भारत शासन के आधार पर फरवरी, 1937 में प्रांतीय चुनाव हुए, जिसमें कांग्रेस को बड़ी सफलता मिली। 11 प्रान्तों—मद्रास, केन्द्रीय मध्य प्रान्त, बिहार, उड़ीसा, संयुक्त प्रान्त, बम्बई, असम, उत्तर-पश्चिम सीमा प्रान्त, बंगाल, पंजाब एवं सिन्ध में चुनाव हुए।

कांग्रेस ने प्रातीय विधानमंडल के इस चुनाव में 5 प्रान्तों—मद्रास, संयुक्त प्रान्त, मध्य प्रान्त, बिहार, उड़ीसा में पूर्ण बहुमत प्राप्त किया। बम्बई, असम, उत्तर पश्चिमी सीमा प्रान्त में वह सबसे बड़ी पार्टी के रूप में उभरी। केवल बंगाल, पंजाब तथा सिन्ध में ही कांग्रेस बहुमत से वंचित रह गई। पंजाब में मुस्लिम लीग तथा युनियनिस्ट पार्टी ने संयुक्त सरकार बनाई। बंगाल में कृषक प्रजा पार्टी तथा मुस्लिम लीग ने संयुक्त सरकार बनाई। कांग्रेस यहाँ सबसे बड़ी पार्टी थी। सिन्ध में सिन्ध यूनाइटेड पार्टी के अधीन संयुक्त सरकार का गठन हुआ।

कांग्रेस मन्त्रिमण्डलों का कार्यकाल (1937–39)

वर्ष 1937 के चुनाव में कांग्रेस ने कुल 7 राज्यों में सरकार बनाई। इनका शासनकाल मात्र 28 माह रहा। प्रशासन को सुचारू रूप से चलाने के लिए एक केन्द्रीय नियंत्रण गठित की गई, इसे संसदीय उपसमिति नाम दिया गया। इसके सदस्य वल्लभभाई पटेल, अबुल कलाम आज़ाद तथा डॉ. राजेन्द्र प्रसाद थे।

कांग्रेस का त्रिपुरी संकट (1939)

वर्ष 1938 में सुभाषचन्द्र बोस कांग्रेस के हरिपुरा अधिवेशन के अध्यक्ष चुने गए। वर्ष 1938 में उन्होंने जवाहरलाल नेहरू की अध्यक्षता में एक राष्ट्रीय योजना समिति गठित की। वर्ष 1939 में त्रिपुरी में प्रस्तावित अधिवेशन के लिए उन्होंने पुन: खड़े होने का निर्णय लिया। सरदार पटेल, राजेन्द्र प्रसाद, आचार्य कृपलानी आदि ने उनके निर्णय का विरोध किया तथा पट्टाभि सीतारमैया को अपना उम्मीदवार घोषित किया। सीतारमैया को गाँधीजी का भी समर्थन प्राप्त था। चुनाव में बोस विजयी हुए। उनकी इस जीत पर गाँधीजी ने कहा कि 'यह सीतारमैया से अधिक मेरी हार है'। बोस के अध्यक्ष बनने पर कांग्रेस का कलह सतह पर आ गया। वर्किंग कमेटी के 16 में से 13 सदस्यों ने त्याग-पत्र दे दिया। अन्तत: बोस ने अध्यक्ष पद से त्याग-पत्र देकर फॉरवर्ड ब्लॉक की स्थापना की। सुभाषचन्द्र बोस के स्थान पर कांग्रेस ने राजेन्द्र प्रसाद को अध्यक्ष मनोनीत किया।

द्वितीय विश्वयुद्ध तथा कांग्रेस

द्वितीय विश्वयुद्ध 3 सितम्बर, 1939 को आरम्भ हुआ। तत्कालीन वायसराय लॉर्ड लिनलिथगो ने भारतीय जनता से विचार-विमर्श किए बिना ही भारत को जर्मनी के विरुद्ध युद्धरत राष्ट्र घोषित कर दिया। कांग्रेस युद्ध के समय अपना सहयोग एवं समर्थन देना चाहती थी, लेकिन इसके लिए उसने दो शर्तें रखीं, प्रथम युद्ध के पश्चात् संविधान सभा की बैठक आहूत की जानी चाहिए, यह संविधान सभा स्वतंत्र भारत की राजनैतिक संरचना पर विचार करेगी तथा दूसरा अतिशीघ्र केन्द्र में किसी प्रकार की वास्तविक एवं उत्तरदायी सरकार की स्थापना की जाए। वायसराय लिनलिथगो ने इस प्रस्ताव को अस्वीकार कर दिया।

अगस्त प्रस्ताव (8 अगस्त, 1940)

द्वितीय विश्वयुद्ध में मित्र देशों की कमजोर होती स्थिति को देखते हुए ब्रिटेन ने समझौतावादी नीति का अमल किया। कांग्रेस मंत्रिमण्डलों के त्याग-पत्र के पश्चात् कांग्रेस का वार्षिक अधिवेशन मौलाना अबुल कलाम आज़ाद की अध्यक्षता में रामगढ़ में हुआ। इसमें कहा गया कि ब्रिटिश सरकार को कांग्रेस इस शर्त पर सहयोग करेगी कि केन्द्र में अन्तरिम राष्ट्रीय सरकार गठित की जाए। कांग्रेस के इस प्रस्ताव के प्रत्युत्तर में वायसराय लिनलिथगों ने कांग्रेस का सहयोग प्राप्त करने के लिए एक प्रस्ताव रखा, जिसे अगस्त प्रस्ताव कहा जाता है। कांग्रेस ने इन प्रस्तावों को अस्वीकार कर दिया।

व्यक्तिगत सत्याग्रह (1940–41)

अगस्त प्रस्ताव को अस्वीकार करने के पश्चात् कांग्रेस ने व्यक्तिगत सत्याग्रह शुरू करने का निर्णय लिया। इसका उद्देश्य युद्ध के विरुद्ध प्रचार करना था। व्यक्तिगत सत्याग्रह 17 अक्टूबर, 1940 को पवनार आश्रम (महाराष्ट्र) से प्रारम्भ हुआ। पहले सत्याग्रही विनोबा भावे तथा दूसरे जवाहरलाल नेहरू तथा तीसरे सरदार पटेल थे। भागीदारी की सीमित प्रकृति के कारण यह आंदोलन कुछ अधिक हासिल न कर सका।

क्रिप्स मिशन (1942)

भारत के राजनैतिक गतिरोध को दूर करने के उद्देश्य से ब्रिटिश प्रधानमंत्री चर्चिल ने ब्रिटिश संसद सदस्य तथा मजदूर नेता सर स्टेफोर्ड क्रिप्स के नेतृत्व में मार्च, 1942 में एक मिशन भारत भेजा। जो क्रिप्स मिशन के नाम से विख्यात है। कांग्रेस ने पण्डित जवाहरलाल नेहरू व मौलाना आज़ाद को इस मिशन के साथ वार्ता हेतु अपना अधिकारिक वार्ताकार नियुक्त किया।

कांग्रेस तथा मुस्लिम लीग दोनों ने ही क्रिप्स प्रस्ताव को अस्वीकार कर दिया। गाँधीजी ने क्रिप्स प्रस्ताव को पोस्ट डेटेड चेक कहा। क्रिप्स मिशन के प्रमुख प्रावधानों में युद्ध के बाद एक ऐसे भारतीय संघ के निर्माण का प्रयत्न करना, जिसका स्तर अधिराज्य डोमिनियन हो तथा युद्ध के तत्काल बाद एक संविधान निर्मात्री सभा का गठन करना, जिनमें ब्रिटिश भारत और देशी रजवाड़ों के प्रतिनिधि शामिल हों आदि शामिल थे। क्रिप्स मिशन का प्रस्ताव भारतीय राष्ट्रवादियों को संतुष्ट करने में असफल रहा।

भारत छोड़ो आन्दोलन (1942)
(Quit India Movement)

कांग्रेस कार्यसमिति ने क्रिप्स मिशन के प्रस्ताव को अस्वीकार कर दिया, क्योंकि यह किसी भी प्रकार से भारतीय स्वतंत्रता की बात नहीं करते थे। 7-14 जुलाई, 1942 को कांग्रेस कार्यकारिणी ने वर्धा में एक बैठक बुलाई, जिसमें गाँधीजी के संघर्ष के निर्णय की पुष्टि कर दी गई तथा भारत छोड़ो आन्दोलन का प्रस्ताव पास किया गया।

7 अगस्त, 1942 को मौलाना अबुल कलाम की अध्यक्षता में बम्बई के ऐतिहासिक ग्वालिया टैंक में अखिल भारतीय कांग्रेस की एक बैठक हुई, जिसमें वर्धा प्रस्ताव की पुष्टि कर दी गई। नेहरू ने भारत छोड़ो प्रस्ताव पेश किया, जिसे थोड़े बहुत संशोधनों के साथ 8 अगस्त, 1942 को स्वीकार कर लिया गया। गाँधीजी ने अपने ऐतिहासिक सम्बोधन में कहा 'मैं आपको एक मंत्र देता हूँ—करो या मरो'। जिसका अर्थ था हम भारत को आज़ाद कराएँगे या इस प्रयास में अपनी जान दे देंगे।

चित्र: भारत छोड़ो आन्दोलन

सौजन्य: विकिमेडिअ कॉमन्स पब्लिक डोमेन इमेज, एचटीटीपी://कॉमन्स. विकिमेडिअ.ऑर्ग/विकी/फाइल:क्विट_इंडिया_मूवमेंट.जेपीजी, ऐस अक्सेस्सेड ओन 29 जून 2017 ऐट 1.13 पीएम आईएसटी

आन्दोलन का प्रसार

9 अगस्त, 1942 को आन्दोलन शुरू होते ही कांग्रेस के सभी प्रमुख नेताओं को गिरफ्तार कर लिया गया, जो कांग्रेसी नेता गिरफ्तार नहीं हो सके (राम मनोहर लोहिया, अरूणा आसफ अली) ने गुप्त रूप से जनता को निर्देश दिए। जनता ने स्वयं नेतृत्व संभालकर जुलूस निकाला। बिहार तथा उत्तर प्रदेश में विद्रोह जैसी स्थिति उत्पन्न हो गई।

9 अगस्त, 1942 को कांग्रेसी नेताओं के बन्दी बनाए जाने के तुरन्त बाद पहली बार कांग्रेस-रेडियो स्थापित करने का मत व्यक्त किया, राम मनोहर लोहिया, ऊषा मेहता आदि ने इसकी व्यवस्था की। कांग्रेस प्रसारण स्टेशन मुख्य रूप से बम्बई एवं नासिक से कार्य कर रहा था।

इस दौरान बलिया, तामलुक, सतारा आदि स्थानों पर समानान्तर सरकारें स्थापित की गईं। कांग्रेस के निर्देश के बावजूद यह आन्दोलन अहिंसक नहीं रह सका और व्यापक हिंसा व तोड़-फोड़ की गई। सरकार ने भी दमन का सहारा लिया।

आन्दोलन के प्रति सरकार की दमनात्मक नीति के विरुद्ध गाँधीजी ने आगा खाँ पैलेस में 10 फरवरी, 1943 को 21 दिन के उपवास की घोषणा की। इससे पूरे देश में आक्रोश तीव्र हुआ। उपवास के 13वें दिन गाँधीजी की स्थिति इतनी बिगड़ गयी कि ब्रिटिश सरकार उन्हें रिहा करने के बदले उनकी मृत्यु का इन्तजार करने लगी, किन्तु इसी बीच सरकार को चकमा देते हुए गाँधीजी ने 7 मार्च, 1943 को उपवास तोड़ दिया। खराब स्वास्थ्य के कारण 9 मई, 1943 को उन्हें रिहा कर दिया गया।

मार्च, 1944 में राजगोपालाचारी ने कांग्रेस से त्याग-पत्र दे दिया तथा क्रिप्स मिशन की असफलता के पश्चात् भारत छोड़ो आन्दोलन प्रारम्भ होने तथा गाँधीजी के इस आग्रह के विरोध में कि अंग्रेज़ अराजकता की स्थिति में ही भगवान भरोसे भारत छोड़ दें, एक पैम्फलेट प्रकाशित किया। इसमें उन्होंने संवैधानिक गतिरोध के हल तथा लीग के साथ समझौते की संभावना तलाशने के लिए एक फार्मूला पेश किया, जिसे सी.आर. फार्मूला कहा जाता है।

सी. आर. फार्मूला (10 जुलाई, 1944)

राजगोपालचारी, कांग्रेस तथा मुस्लिम लीग के समझौते के पूर्ण पक्षधर थे। 10 जुलाई, 1944 को उन्होंने कांग्रेस तथा मुस्लिम लीग के समझौते की एक योजना प्रस्तुत की, जिसके मुख्य बिन्दु इस प्रकार हैं—

- मुस्लिम लीग भारतीय स्वतंत्रता संग्राम का समर्थन करे तथा अस्थायी सरकार गठन में कांग्रेस के साथ सहयोगी की भूमिका अदा करे।
- द्वितीय विश्वयुद्ध के समाप्त होने पर भारत के उत्तर-पश्चिम व पूर्वी भागों में स्थित मुस्लिम बहुसंख्यक क्षेत्रों की सीमा का निर्धारण करने के लिए एक कमीशन नियुक्त किया जाए, फिर वयस्क मताधिकार प्रणाली के आधार पर इन क्षेत्रों के निवासियों की मतगणना करके भारत से उनके सम्बन्ध विच्छेद के प्रश्न का निर्णय लिया जाए।
- मतगणना के पूर्व सभी राजनीतिक दलों को अपने दृष्टिकोण के प्रचार की पूरी स्वतंत्रता हो।

आज़ाद हिन्द फौज और सुभाष चन्द्र बोस

आज़ाद हिन्द फौज का गठन कैप्टन मोहन सिंह ने द्वितीय विश्वयुद्ध में शामिल भारतीय सैनिकों से किया था, ये वे सैनिक थे जिन्होंने द्वितीय विश्व युद्ध के दौरान अंग्रेज़ों की ओर लड़ते हुए सिंगापुर के पतन के पश्चात् जापान के समक्ष आत्म-समर्पण कर दिया था। 21 अक्टूबर, 1943 को रास बिहारी बोस व कैप्टन मोहन सिंह की पहल पर नेताजी सुभाषचन्द्र बोस को इस सेना का सर्वोच्च सेनापति बना दिया गया।

21 अक्टूबर, 1943 को सुभाषचन्द्र बोस ने सिंगापुर में स्वतंत्र भारत की अस्थायी सरकार का गठन किया, सुभाषचन्द्र बोस ने अस्थायी सरकार का मुख्यालय रंगून को बनाया। जर्मनी तथा जापान ने अस्थायी सरकार का समर्थन किया।

सुभाषचन्द्र बोस ने रानी झाँसी रेजीमेण्ट महिलाओं के लिए स्थापित की। आज़ाद हिन्द फौज की तीन और ब्रिगेड का नाम क्रमशः सुभाष ब्रिगेड, नेहरू ब्रिगेड व गाँधी ब्रिगेड रखा गया। सैनकों का आह्वान करते हुए

सुभाषचन्द्र बोस ने कहा कि हमने बहुत त्याग किया है, किन्तु अभी प्राणों की आहुति देना शेष है, 'तुम मुझे खून दो मैं तुम्हें आज़ादी दूँगा'।

नवम्बर में जापनी सेना ने आज़ाद हिन्द फौज को अण्डमान और निकोबार द्वीप सौंप दिए। बोस ने अण्डमान एवं निकोबार का नाम 'शहीद' और 'स्वराज द्वीप' रखा।

मार्च, 1944 में आज़ाद हिन्द फौज की तीनों ब्रिगेड ने जापानी सेना के नेतृत्व में भारत को आज़ाद कराने के उद्देश्य से बर्मा (म्यांमार) की सीमाओं को पार कर उत्तर-पूर्वी भारत के क्षेत्र कोहिमा और नागालैण्ड पर घेरा डाल दिया। यह घेरा करीब एक वर्ष तक चला।

मई, 1945 में ब्रिटिश सेना द्वारा रंगून पर पुन: अधिकार कर लिए जाने के बाद आज़ाद हिन्द के सिपाहियों को जापानी सेना के साथ आत्मसर्पण करना पड़ा।

आज़ाद हिन्द फौज पर मुकदमा

वर्ष 1945 में आज़ाद हिन्द फौज के सिपाहियों द्वारा समर्पण के बाद सरकार ने उन पर निष्ठा की शपथ (सरकार के प्रति) तोड़ने के आरोप में लाल किले में मुकदमा चलाने का निर्णय लिया। कांग्रेस ने आज़ाद हिन्द फौज के सिपाहियों को बचाने के लिए आज़ाद हिन्द बचाव समिति की स्थापना की।

बचाव पक्ष के वकीलों में भूलाभाई देसाई प्रमुख थे, उनका सहयोग करने के लिए तेजबहादुर सप्रू, जवाहरलाल नेहरू ने भी अदालत में बहस की। आज़ाद हिन्द फौज के सिपाही सरदार गुरूबख्श सिंह, प्रेम सहगल, शहनवाज पर मुकदमा चलाया गया। जिसमें इन्हें फाँसी की सजा सुनाई गई, किन्तु भारी विरोध के कारण वायसराय को अपने विशेषाधिकार का प्रयोग कर इन तीनों की फाँसी की संज्ञा माफ करने के के लिए विवश होना पड़ा।

वेवेल योजना (1945)

अक्टूबर, 1945 में लिनलिथगो की जगह वेवेल वायसराय बने, इन्होंने शान्ति लाने के उद्देश्य से कांग्रेस कार्यसमिति के सदस्यों को रिहा कर दिया। 4 जून, 1945 को वेवेल ने एक योजना रखी। जिसमें निम्न बातें थीं—

- केन्द्र में नई कार्य परिषद का गठन किया जाएगा। परिषद में वायसराय तथा सैन्य प्रमुख के अतिरिक्त शेष सभी सदस्य भारतीय होंगे। प्रतिरक्षा विभाग वायसराय के अधीन होगा।
- कार्यकारिणी में मुसलमानों की संख्या सवर्ण हिन्दुओं के बराबर होगी।
- कार्यकारिणी परिषद एक अन्तरिम राष्ट्रीय सरकार के समान होगी। गवर्नर-जनरल बिना कारण विशेषाधिकार (विटो) का प्रयोग नहीं करेगा।
- सभी राजनैतिक दलों की एक सम्मिलित सभा बुलाई जाएगी, ताकि कार्यकारिणी की नियुक्ति के लिए एक सर्वसम्मत सूची प्रस्तुत की जा सके।

शिमला सम्मेलन

- वायसराय वेवेल ने 25 जून, 1945 को शिमला में एक सम्मेलन बुलाया। इसमें 21 भारतीय राजनीतिज्ञों ने हिस्सा लिया। इस सम्मेलन में कांग्रेस प्रतिनिधिमण्डल का नेतृत्व मौलाना अबुल कलाम आज़ाद ने किया था तथा मुस्लिम लीग के प्रतिनिधि के तौर पर जिन्ना शामिल हुए।
- वायसराय ने अपनी कार्यकारिणी में 14 सदस्य रखने का निर्णय लिया। 5 कांग्रेस के, 5 मुस्लिम लीग तथा 4 अन्य सदस्य थे। कांग्रेस द्वारा मौलाना अबुल कलाम को भी चुना गया, लेकिन जिन्ना ने कांग्रेस द्वारा मुस्लिम सदस्य चुनने का विरोध किया।
- प्रस्ताव के अनुसार वायसराय की कार्यकारिणी में सेना प्रमुख (वायसराय) के अलावा बार मेम्बर सहित सभी पद भारतीयों द्वारा धारण किए जाने थे।
- सम्मेलन में जिन्ना द्वारा प्रस्ताव प्रस्तुत किया गया कि वायसराय की कार्यकारिणी के सभी मुस्लिम सदस्य, मुस्लिम लीग से ही लिए जाएँ, क्योंकि मुस्लिम लीग मुसलमानों की एकमात्र प्रतिनिधि संस्था है। यही सम्मेलन की असफलता का कारण बना।

भारत में आम चुनाव

ब्रिटेन में विंस्टन चर्चिल की कंजर्वेटिव पार्टी की पराजय के बाद लेबर पार्टी के नेता क्लीमेण्ट एटली ब्रिटेन के प्रधानमंत्री बने, उन्होंने सर पैथिक लॉरेन्स को भारत का सचिव नियुक्त किया। एटली ने अपनी पहली कार्यवाही के तहत भारत में आम-चुनाव करवाया। दिसम्बर, 1945 में चुनाव परिणाम घोषित किए गए।

केन्द्रीय विधानमण्डल की 102 सीटों में कांग्रेस 57 सीटों पर सफल हुई। प्रान्तीय चुनावों में कांग्रेस को बंगाल, सिन्ध और पंजाब के अलावा शेष स्थानों पर बहुमत प्राप्त हुआ। केन्द्रीय विधानमण्डल में मुसलमानों के लिए आरक्षित सभी 30 सीटों पर मुस्लिम लीग को सफलता मिली। मुस्लिम लीग को केवल बंगाल और सिन्ध में ही बहुमत मिला।

शाही नौ-सेना में विद्रोह (1946)

18 फरवरी, 1946 को रॉयल इण्डियन नेवी के गैर-कमीशण्ड अधिकारियों एवं सैनिकों ने नस्लीय भेद-भाव तथा खराब भोजन के प्रतिवाद में हड़ताल कर दी। यह विद्रोह बम्बई के नौ-सैनिक प्रशिक्षण पोत तलवार (7700 सैनिकों) पर किया गया था। नौ-सेना विद्रोह के समर्थन में 22 फरवरी, 1946 को बम्बई में अभूतपूर्व हड़ताल का आयोजन हुआ। इसमें 20 लाख मजदूरों ने भाग लिया।

पटेल और जिन्ना ने इन्हें आत्मसमर्पण करने के लिए कहा। 24 फरवरी, 1946 को विद्रोहियों ने यह कहते हुए आत्मसमर्पण किया कि 'हम भारत के सामने आत्मसमर्पण कर रहे हैं, ब्रिटेन के सामने नहीं'।

कैबिनेट मिशन योजना (1946) (Cabinet Mission)

जनवरी, 1946 ब्रिटेन लेबर पार्टी के नेता एटली ने भारतीय नेताओं से अनौपचारिक स्तर पर बातचीत करने के लिए एक संसदीय दल को भारत भेजने का निर्णय लिया, जिसे कैबिनेट मिशन कहा गया। 29 मार्च, 1946 को कैबिनेट मिशन भारत आया। कैबिनेट मिशन के सदस्यों में थे—सर

स्टैफोर्ड क्रिप्स, ए.वी. अलेक्जेण्डर तथा पैथिक लॉरेन्स। इस मिशन का उद्देश्य भारतीय नेताओं से भारतीयों को सत्ता सौंपने की शर्तों के संदर्भ में विचार-विमर्श करना था।

कैबिनेट मिशन के मुख्य बिन्दु

कैबिनेट मिशन के मुख्य बिन्दु निम्नलिखित थे—

- भारत एक अधिराज्य होगा, जिसमें ब्रिटिश भारत के प्रान्त और देशी राज्य दोनों शामिल होंगे। एक संघीय सरकार गठित होगी जिसमें विदेशी मामले, प्रतिरक्षा तथा संचार साधन केन्द्रीय सरकार के अधीन होंगे। प्रान्तों को स्वायत्ता दी जाएगी।
- मुस्लिम लीग की पाकिस्तान माँग को इस आधार पर ठुकरा दिया गया था कि इससे साम्प्रदायिक अल्पसंख्यकों की समस्या का समाधान नहीं होगा।
- संघीय विषयों को छोड़कर शेष विषय और अवशिष्ट शक्तियाँ प्रान्तों में निहित होंगी। ऐसी रियासतें जो विषय तथा शक्तियाँ संघ को सौंप दें, उनके अतिरिक्त अन्य सभी विषय तथा शक्तियाँ उनके पास सुरक्षित रहेंगी।
- संविधान निर्मात्री सभा का गठन प्रान्तीय विधानसभाओं तथा देशी रियासतों के प्रतिनधियों के द्वारा किया जाएगा तथा प्रत्येक प्रान्त को उसकी जनसंख्या के अनुपात में सामान्यतया दस लाख की आबादी पर एक प्रतिनिधि के अनुपात में सीटों की कुल संख्या आवण्टित की जाएगी।
- 6 जून, 1946 को मुस्लिम लीग ने तथा 24 जून, 1946 को कांग्रेस ने इसे स्वीकार कर लिया। परंतु मुस्लिम लीग ने 29 जुलाई, 1946 को मिशन के प्रस्तावों का बहिष्कार किया और पाकिस्तान के लिए सीधी कार्यवाही शुरू करने की घोषणा की।

अन्तरिम सरकार का गठन (2 सितम्बर, 1946)

कांग्रेस द्वारा वायसराय के नवीनतम प्रस्तावों को स्वीकार कर लेने के बाद अगस्त, 1946 को वेवेल ने कांग्रेस अध्यक्ष जवाहरलाल नेहरू को अन्तरिम सरकार के गठन के लिए निमंत्रण दिया। 20 नवम्बर, 1946 को लॉर्ड वेवेल ने संविधान सभा की प्रथम बैठक के सदस्यों को आमंत्रित किया। 9 दिसम्बर, 1946 को संविधान सभा की प्रथम बैठक हुई, जिसमें डॉ. सच्चिदानन्द सिन्हा को अस्थायी अध्यक्ष चुना गया। 11 दिसम्बर, 1946 को डॉ-राजेन्द्र प्रसाद को संविधान का स्थायी अध्यक्ष चुना गया। 13 दिसम्बर को नेहरू ने उद्देश्य प्रस्ताव पेश किया। राजनीतिक गतिरोध को दूर करने के लिए ब्रिटिश प्रधानमंत्री एटली ने 20 फरवरी 1947 को एक ऐतिहासिक घोषण करते हुए कहा कि भारतीय राजनैतिक दलों के आपसी मतभेद, संविधान सभा के कार्यों में योजनाबद्ध तरीके से बाधा डालते हैं। इस राजनैतिक अनिश्चितता को देखते हुए जून 1948 तक राजसत्ता भारत के जिम्मेदार लोगों को सौंप दी जाएगी।

माउण्टबेटन योजना

वेवेल के स्थान पर 24 मार्च, 1947 को माउण्टबेटन गवर्नर जनरल बनकर भारत आया। 3 जून को माउण्टबेटन ने भारत के विभाजन के साथ सत्ता हस्तांतरण की योजना प्रस्तुत की। इस योजना के अनुसार—

- 15 अगस्त, 1947 से भारत में दो अधिराज्यों की स्थापना की जाएगी और सभी शक्तियाँ इन्हें हस्तांतरित कर दी जाएँगी।
- भारतीय रजवाड़ों को भारत या पाकिस्तान में शामिल होने की छूट दी गई, लेकिन स्वतंत्र रहने का विकल्प नहीं दिया गया।
- उत्तर-पश्चिमी सीमा प्रान्त तथा असम के सिलहट जिले में जनमत संग्रह के द्वारा पता लगाया जाएगा कि वे किसके साथ रहना चाहते हैं।

कांग्रेस की कार्य समिति ने माउण्टबेटन की योजना को 3 जून, 1947 को स्वीकार कर लिया गया। 14 जून को कांग्रेस की महासमिति की बैठक में गोविन्द वल्लभ पन्त ने देश के विभाजन की माउण्टबेटन योजना को स्वीकार करने का प्रस्ताव पेश किया, जिसे स्वीकार कर लिया गया।

भारतीय स्वतंत्रता अधिनियम, 1947
(Indian Independence Act, 1947)

आधुनिक भारत के इतिहास में 1947 ई. के भारतीय स्वतंत्रता अधिनियम का विशेष महत्व है। माउण्टबेटन योजना के आधार पर 4 जुलाई, 1947 को ब्रिटिश संसद में भारतीय स्वतंत्रता विधेयक पेश किया गया। 15 जुलाई को यह बिना किसी संशोधन के हाउस ऑफ कॉमन्स द्वारा स्वीकृत किया गया तथा 16 जुलाई, 1947 को ब्रिटिश सम्राट ने इस पर हस्ताक्षर कर दिए। इस अधिनियम के आधार पर 14 अगस्त को पाकिस्तान तथा 15 अगस्त को भारत स्वतंत्र हो गए। मुहम्मद अली जिन्ना गवर्नर जनरल तथा लियाकत अली पाकिस्तान के प्रधानमंत्री बने। भारत में लॉर्ड माउण्टबेटन प्रथम गवर्नर जनरल तथा पण्डित जवाहरलाल नेहरू प्रथम प्रधानमंत्री बने। इस प्रकार भारतीय स्वतंत्रता अधिनियम, 1947 ने स्वतंत्रता की घोषणा के साथ ही विभाजन का भी प्रावधान किया।

भारतीय रियासतों का एकीकरण

वर्ष 1947 में ब्रिटिश पार्लिमेंट में भारत स्वतंत्रता अधिनियम पारित हुआ। जिसमें भारतीय रियासतों के सम्बन्ध में प्रावधान किया गया था कि वे भारत अथवा पाकिस्तान में से किसी एक में शामिल हो जाएँ।

तत्कालीन गृहमंत्री सरदार पटेल तथा वी. पी. मेनन के प्रयासों से 15 अगस्त, 1947 तक 136 रियासतों ने भारतीय संघ में शामिल होने के लिए विलय-पत्र पर हस्ताक्षर किए। अन्य रियासतों ने दबाव के बाद विलय-पत्र पर हस्ताक्षर करना स्वीकार कर लिया। जम्मू-कश्मीर, जूनागढ़ तथा हैदराबाद विलय-पत्र पर हस्ताक्षर करना नहीं चाहते थे।

अध्याय सार संग्रह

- एलन ऑक्टोवियन ह्यूम नामक एक अवकाश प्राप्त ब्रिटिश अधिकारी ने भारतीय नेताओं के सहयोग से 28 दिसंबर, 1885 को बंबई में 'भारतीय राष्ट्रीय कांग्रेस' की स्थापना की।
- बंबई में आयोजित कांग्रेस के प्रथम अधिवेशन की अध्यक्षता व्योमेश चंद्र बनर्जी ने की। इस अधिवेशन में मात्र 72 प्रतिनिधियों ने भाग लिया।
- प्रारंभ में ब्रिटिश सरकार ने कांग्रेस को अपना सुरक्षा कवच समझकर सहयोग दिया, किंतु बाद में जब कांग्रेस ने वैधानिक सुधारों की माँग रखी तो अंग्रेज़ों का कांग्रेस से मोह भंग हो गया।
- 1885 में भारतीय राष्ट्रीय कांग्रेस की स्थापना के साथ ही एक अखिल भारतीय राजनीतिक मंच का जन्म हुआ । इसी के साथ विदेशी शासन से भारत की स्वतंत्रता का संघर्ष एक संगठित रूप से प्रारंभ हुआ।
- कांग्रेस ने आरंभ से ही एक पार्टी नहीं वरन् एक आंदोलन का काम किया। यह आंदोलन भारतीय राष्ट्रीय आंदोलन के नाम से जाना गया।
- भारतीय राष्ट्रीय कांग्रेस की स्थापना के साथ ही संपूर्ण भारत के लोग ब्रिटिश शासन के विरुद्ध एक राष्ट्रीय मुख्यधारा में शामिल होते जा रहे थे। बंगाल तब भारतीय राष्ट्रवाद का प्रधान केंद्र था।
- तत्कालीन बंगाल में आधुनिक बिहार, उड़ीसा, पश्चिम बंगाल तथा बांग्लादेश आते थे। लॉर्ड कर्जन ने प्रशासनिक सुविधा का बहाना बनाकर बंगाल को दो भागों में बाँट दिया।
- बंगाल विभाजन की सर्वप्रथम घोषणा 3 दिसम्बर, 1903 को की गई। यह 16 अक्टूबर, 1905 को लागू हुआ। राष्ट्रीय नेताओं ने विभाजन को भारतीय राष्ट्रवाद के लिए एक चुनौती समझा।
- बंगाल के नेताओं ने इसे क्षेत्रीय और धार्मिक आधार पर बाँटने का प्रयास माना। अत: इस विभाजन का व्यापक विरोध हुआ तथा 16 अक्टूबर को पूरे देश में शोक दिवस के रूप में मनाया गया।
- स्वदेशी तथा बहिष्कार आंदोलन की उत्पत्ति बंगाल विभाजन विरोधी आंदोलन के रूप में हुई।
- इसके अंतर्गत अनेक स्थानों पर विदेशी कपड़ों की होली जलाई गई और विदेशी कपड़े बेचने वाली दुकानों पर धरने दिए गए।
- 1885-1905 ई. तक कांग्रेस पर उदारवादी नेताओं का प्रभाव था। इनमें दादाभाई नौरोजी, सुरेन्द्र नाथ बनर्जी, फिरोजशाह मेहता, गोपालकृष्ण गोखले, मदन मोहन मालवीय आदि प्रमुख थे।
- इन नेताओं को ब्रिटिश सरकार की न्यायप्रियता का विश्वास था। ये अपनी मांगों को ब्रिटिश सरकार के सामने भाषणों, लेखों, प्रतिवेदनों के माध्यम से रखते थे।
- ये भारत का स्वतंत्रता दिलाने हेतु संवैधानिक तरीकों का सहारा लेना चाहते थे क्योंकि इनके अनुसार राजनीतिक मुक्ति के लिये अभी सीधी लड़ाई लड़ना व्यावहारिक नहीं था।
- इस तरह आरम्भिक उदारवादी नेताओं ने अपनी राजनीतिक तथा आर्थिक मांगों का निर्धारण इस बात को ध्यान में रखकर किया कि भारत की जनता को एक साझे आर्थिक व राजनीतिक कार्यक्रम के आधार पर संगठित किया जा सके।
- उदारवादी चरण के नेताओं द्वारा साम्राज्यवाद की अर्थशास्त्रीय आलोचना इनके द्वारा किया गया एक महत्वपूर्ण राजनीतिक प्रयास था।
- इनका मानना था कि ब्रिटेन के आर्थिक साम्राज्यवाद का मूल लक्ष्य भारत की अर्थव्यवस्था को ब्रिटिश अर्थव्यवस्था के अधीन करना था।
- दादाभाई नौरोजी ने 1881 ई. में यह बात स्पष्ट कर दी थी कि ब्रिटिश शासन एक स्थायी, बढ़ता हुआ तथा लगातार बढ़ता हुआ विदेशी आक्रमण है, जो धीरे-धीरे ही सही, पर समूल रूप से देश को नष्ट कर रहा है।
- इन्होंने स्वदेशी माल के उत्पादन को प्रोत्साहन देने तथा विदेश निर्मित वस्तुओं के बहिष्कार के विचार को समर्थन दिया। 1896 ई. में एक व्यापक स्वदेशी कार्यक्रम के तहत पूना एवं महाराष्ट्र में विदेशी वस्त्रों की होली जलाई गई।
- आरंभिक उदारवादी नेता दादाभाई नौरोजी द्वारा दिया गया धन निष्कासन का सिद्धांत, रानाडे द्वारा आधुनिक औद्योगिक विकास के महत्व को जनता के समक्ष रखने तथा रमेश चंद्र दत्त द्वारा लिखी गई इकोनॉमिक हिस्ट्री ऑफ इंडिया ने ब्रिटिश सरकार के साम्राज्यवादी मुखौटे को जनता के समक्ष रखा।
- अपनी मांगों को सरकार से मनवाने के उद्देश्य से दादाभाई नौरोजी ने 1887 ई. में ब्रिटेन में भारतीय सुधार समिति की स्थापना की तथा 1888 ई. में विलियम डिग्बी की अध्यक्षता में 'ब्रिटिश कामिटी ऑफ इंडिया' की स्थापना की गई।
- इन्होंने प्रशासनिक सेवाओं के भारतीयकरण की मांग की ताकि प्रशासन भारतीय जनता की आवश्यकताओं के प्रति सजग हो। साथ ही न्यायिक अधिकारों को कार्यकारी अधिकारों से अलग करने की मांग की ताकि पुलिस एवं नौकरशाही के मनमाने अत्याचार से जनता को सुरक्षा मिल सके।
- आरंभिक राष्ट्रवादियों के प्रति सरकार ने तटस्थता का भाव रखा तथा डफरिन ने 1886 ई. में कांग्रेस के कलकत्ता अधिवेशन के बाद इसके सदस्यों को उद्यान भोज दिया।
- किन्तु धीरे-धीरे कांग्रेस के भारतीय राष्ट्रवाद का केन्द्र बिन्दु बन जाने के कारण ब्रिटिश अधिकारी खुलकर कांग्रेस की आलोचना करने लगे।
- डफरिन तथा अन्य ब्रिटिश अधिकारी भारतीय राष्ट्रवादी नेताओं को 'बेवफा बाबू', 'राजद्रोही ब्राह्मण', तथा 'हिंसक खलनायक' के नाम से संबोधित करने लगे।

- 1887 ई. में लॉर्ड डफरिन ने एक सार्वजनिक भाषण में कांग्रेस को जनता के एक सूक्ष्म भाग का प्रतिनिधि कहकर खिल्ली उड़ाई।
- नरमपंथी आंदोलन के पुरोधाओं को यह विश्वास था कि ब्रिटिश शासन को अंदर से सुधारा जा सकता है। लेकिन धीरे-धीरे इनका विश्वास कमजोर पड़ने लगा।
- राजनीतिक रूप से चेतनाग्रस्त लोगों ने यह महसूस किया कि जब तक शासन में भारतीयों को भागीदारी नहीं मिलेगी तब तक देश आर्थिक रूप से प्रगति नहीं कर सकता है।
- प्राथमिक एवं उच्च शिक्षा के प्रति सरकार का उदासीन रवैया तथा कर्जन के शासनकाल में 1904 ई. के अधिनियम द्वारा भारत के विश्वविद्यालयों पर सख्त सरकारी नियंत्रण रखने के प्रयास ने भारतीय जनता को भड़काया।
- तिलक, अरविंद घोष, विपिन चंद्र पाल, विवेकानंद जैसे नेताओं ने जनता में आत्मविश्वास भरने का कार्य किया। इनका मानना था कि जनता की दुर्दशा का हल उसके स्वयं के हाथों में है इसके लिये उसे निर्भय एवं बलवान बनने की आवश्यकता है।
- उग्रवादी चरण के नेताओं में बालगंगाधर तिलक का नाम अविस्मरणीय है। इन्होंने ही सर्वप्रथम स्वराज, स्वदेशी तथा बहिष्कार का नारा दिया।
- तिलक ने जनता को साहसी, स्वावलंबी एवं नि:स्वार्थ योद्धा बनने का पाठ पढ़ाया। इन्होंने 1893 ई. में गणपति उत्सव तथा 1895 ई. में शिवाजी उत्सव के द्वारा लोगों में राष्ट्रवादी भावना को भरने का प्रयास किया।
- इसके अतिरिक्त रूस, आयरलैंड, मिस्र, तुर्की तथा जापान के क्रांतिकारी आंदोलनों तथा दक्षिण अफ्रीका के बोअर युद्ध ने भारतीयों के अंदर यह आत्मविश्वास भर दिया कि अगर देश की जनता एकजुट हो तथा बलिदान करने के लिये तैयार हो जाए तो विदेशी शासन से मुक्ति पाई जा सकती है।
- देशी समाचार पत्रों ने भी उग्रवादी विचारधारा के विकास में अपना सहयोग दिया। बंगवासी, केसरी तथा काल जैसे समाचार पत्रों ने कांग्रेस के उदारवादी चरण के कार्यपद्धति की काफी आलोचना की।
- हिंदू धर्म के पुनरूत्थान हेतु किये गए प्रयासों ने भी भारतीय जनमानस में आत्मसम्मान की भावना को जागृत किया। इस कार्य से जुड़े राजनीतिक नेताओं ने भारतीय सभ्यता एवं संस्कृति को पाश्चात्य सभ्यता एवं संस्कृति की तुलना में श्रेष्ठ माना।
- 1914 में प्रथम विश्व-युद्ध के आरंभ होने पर भारतीय राष्ट्रवादी नेताओं ने सरकार के युद्ध प्रयासों में सहयोग का निश्चय किया।
- इसके लिए एक वास्तविक राजनीतिक जन आंदोलन की आवश्यकता थी, लेकिन ऐसा कोई जन-आंदोलन भारतीय राष्ट्रीय कांग्रेस के नेतृत्व में संभव नहीं था, क्योंकि यह नरमपंथियों के नेतृत्व में एक निष्क्रिय और जड़ संगठन बन चुकी थी। इसलिए 1915-16 में दो होमरूल लीग की स्थापना हुई।
- होमरूल लीग के आन्दोलन के कारण तिलक को पुलिस द्वारा गिरफ्तार कर लिया गया जिसके चलते जिन्ना के नेतृत्व में वकीलों ने तिलक का मुकदमा लड़ा और जून, 1917 ई. एनी बेसेन्ट, जॉर्ज अरूंडेल एवं वी.पी. वाडिया की गिरफ्तारी से नाराज़ होकर सुब्रमण्यम अय्यर ने अपनी नोबेल की उपाधि का त्याग कर दिया।
- होमरूल आंदोलन की सबसे बड़ी उपलब्धि के रूप में इसे जुझारू योद्धाओं के साथ-साथ उत्तर प्रदेश, मध्यप्रदेश, गुजरात सिंध, मद्रास आदि क्षेत्रों में भी राष्ट्रवादी आन्दोलन की लहर दौड़ गयी।
- भारतीय होमरूल का गठन आयरलैण्ड के होमरूल लीग के नमूने पर किया गया, जो तत्कालीन परिस्थितियों में तेज़ी से उभरती हुई, प्रतिक्रियात्मक राजनीति के नये स्वरूप का प्रतिनिधित्व करता था। एनी बेसेंट और बाल गंगाधर तिलक इस नये स्वरूप के नेतृत्वकर्त्ता थे।
- होमरूल आंदोलन के दौरान तिलक ने अपना प्रसिद्ध नारा 'होमरूल या स्वराज्य मेरा जन्मसिद्ध अधिकार है और मैं इसे लेकर रहूंगा' दिया था।
- सितम्बर 1916 में एनी बेसेन्ट ने अपने लीग का सचिव जार्ज अरूडेल को बनया और अन्य सहयोगी वी.पी. वाडिया और सी.पी. रामास्वामी अययर थे।
- होमरूल लीग के आन्दोलन के कारण तिलक को पुलिस द्वारा गिफ्तार कर लिया गया जिसके चलते जिले के नेतृत्व में वकीलों ने तिलक का मुकदमा लड़ा और जून 1917 ई. एनी बेसेन्ट जॉर्ज अरूंडेल एवं वी.पी. वाडिया की गिरफ्तारी से नाराज़ होकर सुब्रमण्यम अय्यर ने अपनी नाइट की उपाधि का त्याग कर दिया।
- 1917 का वर्ष होमरूल के इतिहास में एक मोड़ बिन्दु था। जून में एनी बेसेंट तथा उनके सहयोगियों को गिरफ्तार कर लेने के पश्चात् आंदोलन अपने चरम पर था।
- होमरूल आंदोलन की सबसे बड़ी उपलब्धि के रूप में इसे जुझारू योद्धाओं के साथ-साथ उत्तर प्रदेश मध्य प्रांत गुजरात सिंध, मद्रास, आदि क्षेत्रों में भी राष्ट्रवादी आन्दोलन की लहर दौड़ गयी।
- सितम्बर 1916 में भारत सचिव माण्टेग्यू की घोषणा, जिसमें होमरूल का समर्थन किया गया था, ने इस आंदोलन में एक और निर्णायक मोड़ ला दिया।
- वर्ष 1914 में तिलक, जो माण्डले जेल से लौटने के बाद समझौतावादी हो गए थे, तथा एनी बेसेंट ने मिलकर कांग्रेस के दोनों गुटों को नज़दीक लाने का प्रयास किया।
- देश में बढ़ रही राष्ट्रवादी भावना और राष्ट्रीय एकता की आकांक्षा के कारण 1916 में कांग्रेस के लखनऊ अधिवेशन में ऐतिहासिक महत्व की दो घटनाएं हुईं। पहली यह कि कांग्रेस के दोनों धड़ें फिर से एक हो गए।
- प्रथम विश्व-युद्ध की समाप्ति पर, जब भारतीय जनता संवैधानिक सुधारों की उम्मीद कर रही थी तो ब्रिटिश सरकार ने दमनकारी 'रौलेट एक्ट' को जनता के सम्मुख प्रस्तुत किया।
- रौलेट एक्ट के द्वारा सरकार को यह अधिकार प्राप्त हुआ कि वह किसी भी भारतीय पर अदालत में बिना मुकदमा चलाए और दंड दिए बिना ही जेल में बंद कर सके। इसलिए ही इसे बिना वकील, बिना अपील एवं बिना दलील का कानून कहा गया।

- 1919 में रौलेट एक्ट के विरोध में गांधी जी ने पहली बार एक अखिल भारतीय सत्याग्रह आंदोलन आरंभ किया।
- सरकार इस जन-आंदोलन को कुचल देने पर उतारू थी। उसने निहत्थे प्रदर्शनकारियों को ऐसे कुचलने का प्रयास किया, जिसने दमन के इतिहास में नये अध्याय जोड़े हैं। दमनात्मक नीतियों तथा डॉ. सैफुद्दीन किचलू और डॉ. सत्यपाल जैसे लोकप्रिय नेताओं की गिरफ्तारी के विरोध में अमृतसर के जलियावाला बाग में एक सभा का आयोजन किया गया।
- जनरल डायर ने इस सभा के आयोजन को सरकारी आदेश की अवहेलना माना तथा सभा स्थल को सशस्त्र सैनिकों के साथ घेर लिया और बिना किसी पूर्व चेतावनी के शांतिपूर्ण ढंग से चल रही सभा पर गोलियाँ चलाने का आदेश दे दिया।
- इस हत्याकांड के बाद पूरे पंजाब में मार्शल लॉ लागू कर दिया गया तथा जनता पर अत्याचार किये गये।
- इस घटना के विरोध में रवीन्द्र नाथ टैगोर ने ब्रिटिश सरकार द्वारा प्रदान की गई 'नाइटहुड' की उपाधि वापस कर दी तथा सर शंकरन नायर ने गवर्नर जनरल की कार्यकारिणी परिषद से त्यागपत्र दे दिया।
- 24 नवम्बर, 1919 को दिल्ली में अखिल भारतीय खिलाफत सम्मेलन का आयोजन किया गया जिसकी अध्यक्षता महात्मा गांधी ने की।
- प्रथम विश्व युद्ध की समाप्ति पर भारतीय मुसलमान तुर्की के प्रति होने वाले व्यवहार से क्षुब्ध थे। युद्ध के दौरान ब्रिटिश प्रधानमंत्री लायड जॉर्ज ने दो आश्वासन दिए थे—(1) युद्धोपरांत तुर्की को आत्मनिर्णय का अधिकार होगा, (2) वहां के खलीफा की स्थिति के बारे में ब्रिटेन कोई हस्तक्षेप नहीं करेगा। युद्ध के पश्चात् ब्रिटिश सरकार इन वायदों से मुकर गई।
- ऐसी स्थिति में भारतीय मुसलमानों का असंतोष अपने चरम पर था। महात्मा गांधी के आह्वान पर हिंदुओं ने भी मुसलमानों का साथ दिया। 1919 में डॉ. अंसारी के नेतृत्व में एक शिष्टमंडल वायसराय से मिलने भेजा गया, परंतु इसका कोई परिणाम नहीं निकला।
- मई 1920 में अखिल भारतीय खिलाफत समिति की स्थापना की गई। इस समिति ने अपने कार्यक्रम में सरकार के विरुद्ध असहयोग की नीति अपनाई।
- दिसम्बर 1920 में कांग्रेस के नागपुर अधिवेशन में विजय राघवाचारी की अध्यक्षता में स्वराज के साथ खिलाफत का प्रश्न भी जोड़ दिया गया।
- 24 नवम्बर 1991 को दिल्ली में अखिल भारतीय खिलाफत सम्मेलन का अयोजन किया गया जिसकी अध्यक्षता महात्मा गांधी ने की मुस्लिमों ने तुर्की के साथ गयी सन्धि के प्रति रोष जताया तो इसमें गांधी जी सहित कई राष्ट्रवादियों ने भी इसका समर्थन किया, सरकार द्वारा इस एक्ट को रद्द करने की मांग को अस्वीकार कर दिया गया जिसके परिणाम स्वरूप जून 1920 को इलाहाबाद में हुए दलीय सम्मेलन में, स्कूल, कालेजों एवं अस्पतालों का बहिष्कार कर दिया गया।
- प्रथम विश्व युद्ध के पश्चात् आत्मनिर्णय की भावना को बल मिला। इसके साथ ही रौलेट एक्ट, जलियावाला बाग हत्याकांड, पंजाब में मार्शल लॉ तथा खिलाफत के विवाद आदि घटनाओं से अंग्रेज़ों के प्रति भारतीय दृष्टिकोण में व्यापक परिवर्तन आया।
- 1920 में नागपुर में आयोजित कांग्रेस के वार्षिक अधिवेशन, जिसकी अध्यक्षता विजय राघवाचारी कर रहे थे, में असहयोग आंदोलन का अनुमोदन कर दिया गया।
- सरकार ने इस आंदोलन को कुचलने के लिए दमनात्मक नीति का सहारा लिया आंदोलन के स्वरूप में स्थान परिवर्तन के साथ-साथ भिन्नता आई।
- 5 फरवरी, 1922 को चौरी-चौरा नामक गाँव में 3000 किसानों के एक कांग्रेसी जुलूस पर पुलिस ने गोली चलाई। किसानों की क्रुद्ध भीड़ ने थाने पर हमला करके थाने में आग लगा दी जिसमें 22 पुलिस कर्मी मारे गऐ।
- गांधी जी चूंकि हिंसा में विश्वास नहीं करते थे इसलिए उन्होंने 12 फरवरी, 1922 को बारदोली में हुई कांग्रेस कार्य समिति की बैठक में असहयोग आंदोलन को वापस ले लेने का निर्णय लिया।
- जे.बी. कृपलानी-स्वतंत्रता सेनानी, राष्ट्रवादी एवं समाज सेवी व्यक्ति थे। 1921 में गांधी जी द्वारा संस्थापित गुजरात विद्यापीठ के आचार्य के पद घोषित। 1934 में कांग्रेस के राष्ट्रीय महासचिव बनाए गये थे। 1942 के भारत छोड़ो आन्दोलन में गिरफ्तार कर 1945 में रिहा किए गयचे। ये प्रजा सोशलिस्ट पार्टी के संस्थापक भी थे। 1946 में उन्हें कांग्रेस का अध्यक्ष चुना गया। परन्तु कांग्रेस एवं सरकार में मतभेद बढ़ने से 1951 में पार्टी छोड़ दी तथा किसान मजदूर प्रजा पार्टी का गठन किया।
- 1927 में कांग्रेस के मद्रास अधिवेशन में जिसके अध्यक्ष डॉ. अन्सारी थे एवं साथ ही मुस्लिम लीग एवं हिंदू महासभा ने इस आयोग का बहिष्कार में एक जुट होकर समर्थन किया।
- इसके साथ में तेजबहादूर सप्रू के नेतृत्व में लिबरल फेडरेशन भारतीय औद्योगिक एवं वाणिज्यिक कांग्रेस भी इस बहिष्कार आंदोलन में सम्मिलित हो गयी।
- 1919 के अधिनियम में इस बात की व्यवस्था की गई थी कि दस वर्षों के पश्चात् माण्टेग्यू-चेम्सफोर्ड सुधारों की समीक्षा तथा उसमें परिवर्तन की संभावनाओं की जाँच के लिए एक आयोग का गठन किया जाएगा। इस प्रावधान के तहत 1929 में एक आयोग की नियुक्ति की जानी थी।
- तत्कालीन वायसराय लार्ड इरविन ने निर्धारित समय से दो वर्ष पूर्व 8 नवंबर, 1927 को इण्डियन स्टेट्युटरी आयोग की नियुक्ति कर दी। सात सदस्यता वाले इस आयोग के अध्यक्ष सर जॉन साइमन थे, जिसके नाम पर यह साइमन आयोग के नाम से विख्यात हुआ।
- कांग्रेस के मद्रास अधिवेशन में इस आयोग के बहिष्कार का निर्णय सर्वसम्मति से लिया गया।
- 3 फरवरी, 1928 को साइमन आयोग भारत आया। इस आयोग में कोई भी भारतीय नागरिक शामिल नहीं था, अत: इसका विद्रोह किया गया

तथा भारत आने पर देश के सभी प्रमुख नगरों में हड़तालों एवं जुलूसों का आयोजन किया गया।

- नेहरू रिपोर्ट (1928) नेहरू रिपोर्ट पर विचार करने हेतु 1928 ई. में लखनऊ में आयोजित सर्वदलीय सम्मेलन में जिन्ना ने नेहरू रिपोर्ट को अस्वीकार कर दिया 14 सूत्री योजना प्रस्तुत की। जवाहर लाल नेहरू में युवा एवं उग्रवादी राष्ट्रवादियों इस रिपोर्ट में स्वायत्तशासी डोमिनियम पद्धति की मांग पर आपत्ति जतायी और पूर्ण स्वराज की वकालत की तथा 1929 के लाहौर अधिवेशन में नेहरू जी की अध्यक्षता में कांग्रेस द्वारा पूर्ण स्वराज्य का लक्ष्य निर्धारित हुआ।
- साइमन आयोग की नियुक्ति और उसके विरोध के पश्चात् भारत सचिव ने भारतीयों की क्षमता पर प्रश्न चिन्ह लगाते हुए उन्हें अपने लिए एक सर्वमान्य संविधान बनाने की चुनौती दी।
- डॉ. मुख्तार अहमद अंसारी की अध्यक्षता में एक सर्वदलीय सम्मेलन का आयोजन 19 मई, 1926 को किया गया। इस सम्मेलन के अंत में मोती लाल नेहरू की अध्यक्षता में एक समिति गठित की गई।
- इस समिति ने 10 अगस्त, 1928 को लखनऊ में हुए एक सर्वदलीय सम्मेलन में अपने, संविधान का प्रारूप पेश किया, जिसे नेहरू रिपोर्ट के नाम से जाना जाता है।
- रिपोर्ट में भारत को डोमेनियन राज्य का दर्जा दिए जाने की माँग पर बहुमत था, लेकिन राष्ट्रवादियों के एक वर्ग को इस पर आपत्ति थी। वह डोमेनियन राज्य के स्थान पर पूर्ण स्वतंत्रता का समर्थन कर रहे थे।
- फरवरी 1930 में साबरमती आश्रम में कांग्रेस कार्यकारिणी की बैठक में सविनय अवज्ञा आंदोलन चलाने की संपूर्ण शक्ति महात्मा गांधी के हाथों में सौंप दी गई।
- गांधी जी ने 31 जनवरी, 1930 को लार्ड इरविन के समक्ष अंतिम चेतावनी के रूप में अपनी 11-सूत्री माँग रखी, जिसे अस्वीकार किए जाने पर सविनय अवज्ञा आंदोलन प्रारंभ करने की चेतावनी दी।
- लार्ड इरविन द्वारा 11-सूत्री माँगों को अस्वीकार कर दिए जाने के बाद गांधी जी के समक्ष आंदोलन शुरू करने के अतिरिक्त और कोई चारा नहीं था।
- गांधी जी ने 12 मार्च, 1930 को अपने चुने हुए 78 स्वयं सेवकों के साथ डांडी के लिए यात्रा शुरू की। 24 दिनों में डांडी पहुँचकर महात्मा गांधी ने 6 अप्रैल को नमक कानून का उल्लंघन किया।
- महाराष्ट्र, कर्नाटक तथा मध्य प्रांत में जंगल-कानूनों तथा असम में कनिंघम सर्कुलर, जिसके अंतर्गत छात्रों तथा उनके परिजनों को चारित्रिक प्रमाण-पत्र प्रस्तुत करने होते थे, का विरोध प्रारंभ हुआ।
- निर्ममता-पूर्वक दमन के बाद भी आंदोलन की तीव्रगति को देखकर लार्ड इरविन ने महात्मा गांधी से समझौते का प्रयास किया। सरकार द्वारा यह आश्वासन दिए जाने पर कि हानि उठाने वालों को हर्जाना मिलेगा। 5 मार्च, 1931 को गांधी इरविन समझौते के बाद आंदोलन वापस ले लिया गया।
- 5 मार्च, 1931 को गांधी और इरविन के मध्य एक समझौता हुआ, जिसे गांधी-इरविन समझौता के नाम से जाना जाता है।
- सितंबर 1932 में गांधी जी और अम्बेडकर के बीच एक समझौता हुआ, जिसे 'पूना समझौता' के नाम से जाना जाता है।
- इस समझौते में सभी अल्पसंख्यक समुदायों हरिजनों, मुसलमानों, सिखों आदि के लिए संघीय विधान परिषद् में पृथक निर्वाचक मंडल की व्यवस्था थी।
- 7 नवम्बर, 1933 ई. को गांधी जी ने वर्धा से अपनी हरिजन यात्रा आरम्भ की और अपने हरिजनोत्थन आंदनोलन के दौरान गांधी जी ने दलितों के संबंध में दो मुद्दों को प्रमुखता से उठाया।
- गांधी जी, जो उस समय यरवदा जेल में बंदी थे, ने इसे भारतीय एकता तथा राष्ट्रवाद पर चोट की संज्ञा दी। उन्होंने इस निर्णय को वापस न लिए जाने की स्थिति में 20 सितंबर, 1932 को आमरण अनशन प्रारंभ कर दिया।
- इस समझौते के तहत दलित वर्ग के लिए पृथक् निर्वाचक मंडल की व्यवस्था वापस ले ली गयी।
- पूना समझौते के सांप्रदायिक निर्णय द्वारा हिंदुओं से हरिजनों को पृथक् करने के सरकारी प्रयास को विफल कर दिया गया।
- भारत सरकार अधिनियम, 1935 के प्रावधानों के अनुकूल सरकार ने प्रांतों में फरवरी 1937 में चुनाव कराने की घोषणा की।
- फरवरी 1937 में संपन्न हुए चुनावों में यह बात निश्चित रूप से सिद्ध हो गई कि जनता का एक बड़ा भाग कांग्रेस के साथ है।
- 1937 के चुनावों में कांग्रेस ने अधिकांश प्रांतों में भारी जीत हासिल की। ग्यारह में से सात प्रांतों में कांग्रेस का प्रदर्शन बहुत अच्छा रहा।
- जुलाई 1937 में ग्यारह में से सात प्रांतों में कांग्रेसी मंत्रिमंडल गठित हुए। बाद में कांग्रेस ने दो प्रांतों में साझी सरकारें भी बनाई। केवल बंगाल और पंजाब में ही गैर-कांग्रेसी मंत्रिमंडल बन सके।
- 3 सितंबर, 1939 को वायसरॉय लिनलिथगो ने प्रांतीय मंत्रिमंडलों या राष्ट्रीय भारतीय कांग्रेस के नेताओं की सलाह लिए बिना एकतरफा तौर पर भारत को जर्मनी के साथ ब्रिटेन के युद्ध में झोंक दिया।
- इस एकतरफा निर्णय के विरोध में 29-30 अक्टूबर, 1939 को प्रांतों के कांग्रेस मंत्रिमंडलों ने अपने 28 महीने के शासन के पश्चात् त्यागपत्र दे दिया।
- 1936 ई. के प्रारंभ में लखनऊ तथा इस साल के अंतिम महीने में फैजपुर में कांग्रेस का अधिवेशन आयोजित किया गया, जिसमें कांग्रेस के सभी गुटों ने चुनाव में भाग लेने पर अपनी सहमति दे दी।
- प्रांतीय विधानमंडल के इस चुनाव में कांग्रेस ने 5 प्रांतों में पूर्ण बहुमत प्राप्त किया। ये 5 प्रांत थे—मद्रास, संयुक्त प्रांत, मध्य प्रांत, बिहार एवं उड़ीसा।
- जुलाई, 1937 ई. में कांग्रेस ने 6 प्रांतों में अपनी सरकार गठित की। ये प्रांत थे-मद्रास, संयुक्त प्रांत, मध्य प्रांत, बिहार, उड़ीसा एवं बंबई।

- संयुक्त प्रांत तथा बिहार में 1939 ई. में काश्तकारी अधिनियम पारित किया गया।
- कांग्रेस मंत्रिमण्डल के त्यागपत्र देने के पश्चात् भीमराव अंबेडकर तथा मुस्लिम लीग ने मिलकर 22 दिसम्बर, 1939 ई. को मुक्ति दिवस मनाया।
- युद्ध में भारतीयों का सहयोग प्राप्त करने के उद्देश्य से 8 अगस्त, 1940 को वायसरॉय लिनलिथगो ने एक घोषणा की, जिसे 'अगस्त प्रस्ताव' के नाम से जाना जाता है।
- वेवेल योजना और शिमला समझौता, दोनों के विफल हो जाने के पश्चात् भारत में राजनीतिक गतिरोध को दूर करने के लिए कैबिनेट मिशन को भारत भेजा गया।
- इस शिष्टमंडल में तीन सदस्य थे-पैथिक लॉरेंस, सर स्टैफोर्ड क्रिप्स और ए. वी. अलेक्जेंडर। यह शिष्टमंडल 24 मार्च, 1946 को दिल्ली पहुँचा।
- भारत के विभिन्न राजनैतिक दलों से लंबी बातचीत के बाद एक त्रिपक्षीय सम्मेलन, सरकार, कांग्रेस तथा मुस्लिम लीग के बीच शिमला में आयोजित किया गया।
- कैबिनेट मिशन ने इस बात को स्पष्ट कर दिया था कि उसका उद्देश्य किसी संविधान का निर्धारण करना नहीं है बल्कि उस तंत्र को सक्रिय बनाना है, जिसके द्वारा भारतीयों के लिए संविधान तय किया जा सके।
- कैबिनेट मिशन योजना का महत्व इस बात में निहित था कि इसमें भारतीय एकता को सुरक्षित रखा गया था तथा पाकिस्तान की मांग को स्पष्ट रूप से अमान्य कर दिया गया था।
- जवाहर लाल नेहरू के नेतृत्व में उनके ग्यारह सहयोगियों के साथ 2 सितंबर, 1946 को 'अंतरिम सरकार का गठन' किया गया। इसमें मुस्लिम लीग के सदस्य शामिल नहीं हुए।
- मुस्लिम लीग ने कांग्रेस लीग की समानता पर बल दिया। ऐसा न करने पर उसने कैबिनेट मिशन योजना को ठुकरा दिया।
- आरम्भ में मुस्लिम लीग इस सरकार में शामिल नहीं हुई थी परंतु वायसरॉय के प्रयासों से वह 26 अक्टूबर, 1946 को सरकार में शामिल हुई। सरकार में उसके पाँच सदस्य थे—लियाकत अली, गजनफर अली, चन्द्रीगर, अब्दुल, खनश्तर तथा योगेन्द्र नाथ मांडल।
- कांग्रेस-लीग टकराव संविधान सभा की बैठक में लीग के भाग न लेने तथा उसके द्वारा चलाए जा रहे प्रत्यक्ष कार्यवाही दिवस के परिणामस्वरूप भारत में दंगे विकराल रूप धारण करते जा रहे थे।
- राजनीतिक गतिरोध को दूर करने के लिए ब्रिटेन के तत्कालीन प्रधान मंत्री क्लीमेन्ट एटली ने 20 फरवरी, 1947 को घोषणा की कि ब्रिटिश सरकार जून 1948 के पूर्व सत्ता भारतीयों को सौंप देगी।
- ब्रिटिश संसद में यद्यपि इस घोषणा की काफी आलोचना हुई, परंतु वह अंततः स्वीकृत हो गई।
- इसी घोषणा के तहत सत्ता का सफलतापूर्वक हस्तांतरण करने के लिए लार्ड माउंटबेटन को भारत भेजा गया।
- मार्च, 1947 में लॉर्ड माउन्टबेटन को भारत का वायसरॉय बनाकर भेजा गया। लॉर्ड माउन्टबेटन ने भारत और पाकिस्तान के बीच बँटवारे के प्रश्न पर कांग्रेस और मुस्लिम लीग के नेताओं के साथ बातचीत करके एक योजना तैयार की जिसे 'माउन्टबेटन योजना' के नाम से जाना जाता है।
- माउन्टबेटन द्वारा इस योजना की घोषणा 3 जून, 1947 को की गई, जिसमें हस्तांतरण प्रक्रिया को सुगम बनाने तथा दोनों मुख्य संप्रदायों का समायोजन करने के लिए देश को दो भागों-भारत और पाकिस्तान में विभाजित करने का परामर्श दिया गया।
- कांग्रेस तथा मुस्लिम लीग सहित सभी दलों ने इस योजना को अपनी स्वीकृति दे दी। इसके उपरांत ब्रिटिश संसद में इस योजना को कार्यरूप देने के लिए एक विधेयक पारित किया गया।
- माउन्टबेटन की योजना के आधार पर ब्रिटिश संसद में एक विधेयक 4 जुलाई, 1947 को प्रस्तुत किया गया। यह विधेयक 18 जुलाई, 1947 को 'भारतीय स्वतंत्रता अधिनियम' के रूप में पारित हुआ।
- इस अधिनियम द्वारा 15 अगस्त, 1947 को भारत को दो स्वतंत्र डोमिनियनों-भारत तथा पाकिस्तान में बांट दिया गया। पाकिस्तान के प्रथम गवर्नर-जनरल मोहम्मद अली जिन्ना बने तथा भारत के लिये माउन्टबेटन को ही गवर्नर-जनरल बने रहने को कहा गया।

21 अध्याय

भारतीय कला एवं संस्कृति तथा विरासत

इस अध्याय में आप सीखेंगे कि:

- ➤ भारतीय कला एवं संस्कृति की प्रमुख शैलियाँ, उनके अभिलक्षण और विशेषताएँ क्या थी। इसके साथ-साथ उससे सम्बन्धित व्यक्तियों के बारे में जानकारी प्राप्त होगी।
- ➤ भारत की कला, साहित्य, लोक नृत्य के अभिलक्षण, उसके क्षेत्र, स्थान और विशेषताओं के सन्दर्भ में विशेष जानकारी क्या है।
- ➤ भारतीय चित्र कला, मूर्ति कला से सम्बन्धित महत्वपूर्ण तथ्यात्मक, सूचनात्मक ज्ञान, परम्परागत ज्ञान को अद्यतन कैसे किया जाए।
- ➤ भारत के प्रमुख मेला, महोत्सव, आयोजना के बारे में तथ्यात्मक एवं सूचनात्मक जानकारी क्या है।

नृत्य

नृत्य	स्थान	अभिलक्षण/तथ्य/विशेषताएँ	व्यक्तित्व
(A) राष्ट्रीय नृत्य (i) **भरतनाट्यम** **घराना**— • तंजौर • कांचीपुरम • पण्डनलूर **अन्य नामों से प्रसिद्ध**— • दाशीअट्टम • अग्नि नृत्य	**तमिलनाडु**	**अभिलक्षण**—19वीं शताब्दी के पूर्व में, तंजावुर के चार नृत्य शिक्षकों (चिनियाह, पोनियाह, वादिवेलू तथा शिवानंदम) ने इस नृत्य शैली के प्रमुख अभिलक्षणों को परिभाषित किया है— • **अलारिप्पू**—यह प्रदर्शन का आरम्भिक भाग है। जिसमें आधारभूत नृत्य मुद्राएं सम्मिलित होती है तथा इसे लयबद्ध शब्दांशों के साथ प्रस्तुत किया जाता है। इसका उद्देश्य ईश्वर का आशीर्वाद प्राप्त करना है। • **जातिस्वरम**—यह विभिन्न मुद्राओं तथा चालों सहित नृत्य की शुद्ध विधा है। • **शब्दम्**—यह गीत में अभिनय को शामिल करने वाला नाटकीय नृत्य है। सामान्यत: इसे ईश्वर की प्रशंसा में प्रयुक्त किया जाता है। • **वर्णम**—इसमें चेहरे पर भाव, रस एवं ताल तीनों का सम्यक प्रदर्शन होता है। • **पद्म**—यह अभिनय के ऊपर कलाकार की सिद्धहस्तता को प्रदर्शित करता है।	• **पुनर्जीवित करने को श्रेय**—ई. कष्ण अय्यर • **वैश्विक पहचान दिलाने का श्रेय**—रूक्मिणी देवी अरून्डेल • **अन्य प्रसिद्ध व्यक्तित्व** यामिनी कृष्णमूर्ति पद्मा सब्रुह्मण्यम मृणालिनी साराभाई टी बाला सरस्वती सोनल मान सिंह पद्मा सब्रुमण्यम लीला सैमसन

(Continued)

नृत्य	स्थान	अभिलक्षण/तथ्य/विशेषताएँ	व्यक्तित्व
रूक्मणी देवी की नवीन भारतनाट्यम हेतु पोशाक *सौजन्य:* सेंटर फॉर कल्चर रिसोर्सेज एंड ट्रेनिंग (सीसीआरटी) द्वारका, नई दिल्ली, भारत सरकार, एचटीटीपी://सीसीआरटीइंडिया.गॉव.इन/ओडिसी. पीएचपी एस अक्सेस्सेड ओन 20 जून 2017 ऐट 11.54 ऐएम आईएसटी		• **जावला**—यह अपेक्षाकृत तीव्र गति को साथ प्रस्तुत लघु प्रेम गीत काव्य होता है। • **थिल्लन**—यह नृत्य की समापन अवस्था है तथा इसमें विशुद्ध नृत्य के साथ उल्लासपूर्ण गति तथा जटिल लयबद्ध स्पंदन को शामिल किया जाता है। **तथ्य**— • नृत्य विद्या का सर्वाधिक प्राचीन रूप है। • भरतनाट्यम का नाम भरत मुनि तथा नाट्यम शब्द से मिलकर बना है। • तमिल में नाट्यम शब्द का अर्थ नृत्य होता है। **विशेषता**— • इस नृत्य की प्रस्तुति में घुटने अधिकांशतः मुड़े होते हैं तथा शरीर का भार दोनों पैरों पर समान रूप से वितरित किया जाता है। • नृत्य की मुख्य मुद्राओं में से एक है। 'कटक मुख हस्त' जिसमें तीन उंगलियों को जोड़कर 'ॐ' का प्रतीक निर्मित किया जाता है।	
(ii) कथक **घराना**— • लखनऊ • जयपुर • रामगढ़ • बनारस  **कथक मुद्रा** *सौजन्य:* नेशनल इंस्टिट्यूट ऑफ कथक डांस, कोंस्टिटूएंट यूनिट ऑफ संगीत नाटक अकादेमी, मिनिस्ट्री ऑफ कल्चर, भारत सरकार, एचटीटीपीएस://कत्थककेंद्र.ऑर्ग/गैलरी/, ऐस अक्सेस्सेड ओन 27 जून 2017 ऐट 5.17 पीएम	**उत्तर प्रदेश**	**अभिलक्षण**—कथक नृत्य विधा को जटिल पद-चालनों, उछलना तथा चक्करों के प्रयोग से पहचाना जाता है, इस नृत्य शैली के प्रमुख अभिलक्षण है— • **आनन्द**—यह परिचयात्यक प्रस्तुति है जिसके माध्यम से नृर्तक मंच पर प्रवेश करता है। • **ठाट**—इसमें हल्की किन्तु अलग-अलग प्रकार की हरकते होती है। • **तोड़े तथा टुकड़े**—यह तीव्र लय के लघु अंश होते है। • **जुगलबन्दी**—यह कथक प्रस्तुति का मुख्य आकर्षक है जिसमें तबला वादक तथा नर्तक के बीच प्रतिस्पर्द्धात्मक खेल होता है। • **पढंत**—यह एक विशिष्ट रूपक होता है जिसमें नर्तक जटिल बोल का पाठ कर नृत्य के द्वारा उनका प्रदर्शन करता है। • **तराना**—यह भरतनाट्यम नृत्य शैली के थिल्लन के समान ही होता है जो समापन से पूर्व लयात्मक संचालनों से मिलकर बनता है। • **क्रमालय**—यह नृत्य के समापन का अंश होता है जिसमें जटिल तथा तीव्र पद-चालन का समावेश होता है। **तथ्य**— • ब्रजभूमि की रासलीला से उत्पन्न कथक उ.प्र. की एक परम्परागत नृत्य विधा है।	• **कथक की शास्त्रीय शैली को 20वीं शताब्दी में पुनर्जीवित करने का श्रेय**—लेडी लीला सोखे • **अन्य प्रसिद्ध व्यक्तित्व** बिरजू महाराज लच्छू महाराज शम्भू महाराज सितारा देवी दमयंती जोशी जय किशन हनुमान प्रसाद हरी प्रसाद (देवपरी) वृन्दादीन

(Continued)

नृत्य	स्थान	अभिलक्षण/तथ्य/विशेषताएँ	व्यक्तित्व
		• कथक का नाम 'कथिका' अर्थात् कथावचक शब्द से लिया गया है जो भाव-भंगिमाओं तथा संगीत के साथ महाकाव्यों से ली गयी कविताओं की प्रस्तुति किया करते थे। **विशेषता—** • कथक की जुगलबंदी प्रायः ध्रुपद संगीत के साथ होती है। • मुगल काल में तराना, ठुमरी तथा गजल भी इसमें शामिल किये गये थे।	

(iii) कुचिपुड़ी
कुचिपुड़ी मुद्रा
फ्रेया-फोटोग्राफर शटरस्टॉक
	आन्ध्रप्रदेश	**अभिलक्षण**—कुचिपुड़ी नृत्य की अधिकांश प्रस्तुतियाँ भागवत पुराण की कहानियों पर आधारित है, किन्तु उनका केन्द्रीय भाव पंथ निरपेक्ष रहा है। इसमें श्रृंगार रस की प्रधानता है। इस नृत्य शैली के प्रमुख अभिलक्षण है—
		• **दारू**—प्रत्येक मुख्य चरित्र दारू के प्रस्तुतीकरण के साथ स्वयं को मंच पर प्रविष्ठ करता है, जो प्रत्येक चरित्र के उद्‌घाटन के उद्‌देश्य से विशिष्ट रूप से निर्देशित नृत्य तथा गीत की लघु रचना होती है। कुचिपुड़ी में समूह प्रदर्शन के अलावा कुछ लोकप्रिय एकल प्रदर्शन भी है जिनके अभिलक्षण है—
		  • **मंडूक शब्दम**—एक मेढ़क की कहानी प्रस्तुत की जाती है।
		  • **तरंगम**—इसमें नर्तक एक पीतल की तश्तरी के किनारे पांव रखकर तथा अपने सर पर जल पात्र या दियों के एक सेट को संतुलित रखते हुए प्रस्तुत करता है।
		  • **जल चित्र नृत्यम**— नर्तक या नर्तकी नृत्य करते हुए अपने पैर के अंगूठों से सतह (जमीन) पर चित्र बनाते हैं।
		तथ्य—
		• कुचिपुड़ी नृत्य विधा का नाम आंध्र के एक गांव कुस्सेल्वापुरी या कुचेलापुरम् से व्युत्पन्न हुआ है।
		• इस नृत्य विधा पर पुरुष ब्राह्मणों का एकाधिकार था तथा इसकी प्रस्तुतियाँ मंदिरों में दी जाती थी।
		विशेषता—
		• इस नृत्य विधा की प्रस्तुति करते समय नर्तक स्वयं ही गायक की भूमिका को भी संयोजित कर सकता है इसलिए यह एक नृत्य-नाटक प्रस्तुति बन जाती है।
		• इसमें आराध्य देव शिव है इसलिए इस विधा में लास्य व तांडव दोनों ही शामिल है।
		• कुचिपुड़ी प्रस्तुति में कर्नाटक संगीत की जुगलबंदी की जाती है।
		• वायलिन तथा मृदंगम् इसके प्रमुख वाद्य यंत्र होते हैं।
			• **पुनर्जीवित करने को श्रेय—** बालासरस्वती, रागिनी देवी
			• **अन्य प्रसिद्ध व्यक्तित्व**
			राधा रेड्डी
			राजा रेड्डी
			यामिनी कृष्णमूर्ति
			इंद्राणी रहमान
			शोभा नामड़
			स्वपन रेड्डी

(Continued)

नृत्य	स्थान	अभिलक्षण/तथ्य/विशेषताएँ	व्यक्तित्व
(iv) कथकली  गुरू कुंचुकुरूप (1881-1970) *सौजन्य:* डिपार्टमेंट ऑफ टूरिज्म, गवर्नमेंट ऑफ केरला, एचटीटीपीएस:// डब्लूडब्लूडब्लू.केरलाटूरिज्म.ऑर्ग/ हाईरेसोलुशनइमेजेज/परफार्मिंग-आर्ट्स/ ऐस अक्सेस्सेड ओन 20 जून 2017 ऐट 12.17 पीएम आईएसटी	**केरल**	**अभिलक्षण**—इस नृत्य का प्रमुख अभिलक्षण आंखों तथा भृकुटियों की गति के माध्यम से रसों का निरूपण करना है साथ ही इस नृत्य की विधा में रंग मंचीय सामग्री का न्यूनतम प्रयोग होता है क्योंकि विभिन्न चरित्रों के लिए मुकुट और चेहरे के विस्तृत श्रृंगार का प्रयोग किया जाता है। अलग-अलग रंगों का अपना प्रथक महत्व है जैसे— • **हरा रंग**—यह रंग कुलीनता, दिव्यता तथा सद्गुण को दर्शाता है। • **लाल रंग**—नाक के बगल में लाल धब्बे प्रभुत्व दर्शाते हैं। • **काला रंग**—यह रंग बुराई तथा दुष्टता को दर्शाने के लिए किया जाता है। **तथ्य**— • केरल के मंदिरों में सामंतों के संरक्षण में नृत्य व नाट्य के दो रूप प्रचलित थे एक था रामानट्टम जिसमें रामायण की कहानी कही जाती थी तथा दूसरा था कृष्णाट्टम जिसमें महाभारत की कहानी कही जाती थी। ये दोनों लोक नाट्य परम्परायें कथकली के उद्भव का स्त्रोत बनी जिसका नाम 'कथा' अर्थात कहानी और 'कली' यानी नाटक से लिया गया है। **विशेषता**— • अधिकांश कथकली की प्रस्तुति अच्छाई तथा बुराई के बीच शाश्वत संघर्ष का शानदार प्रदर्शन होती है। • इस नृत्य विधा की विषय-वस्तु महाकाव्यों तथा पुराणों से ली गयी कहानियों पर आधारित होती है इसलिए इसे 'पूर्व का गाथा गीत' भी कहा जाता है। • इस नृत्य की प्रस्तुति प्राय: मुक्ताकाश रंगमंचों पर या मंदिरों परिसरों में मोटी चटाइयाँ बिछा कर दी जाती है। • प्रकाश के लिए एक पीतल का लैम्प का प्रयोग किया जाता है। • कथकली आकाश या ईश्वरत्व का प्रतीक है। • इसके चरित्र कभी बोलते नहीं है केवल उनके हाथों के हावभाव, चेहरे की अभिव्यक्ति, भंवों की गति, नेत्रों का संचालन, गाल नाक और ठोड़ी की अभिव्यक्ति नर्तक द्वारा विभिन्न भावनाओं को प्रकट करती है। • इसके नर्तक उभरे हुए परिधानों, दुपट्टों, आभूषणों व मुकुट से सजे होते है।	• **पुनरूत्थान करने को श्रेय**—राजा मुकुंद के सरक्षण में प्रसिद्ध मलयाली कवि वी.एन. मेनन द्वारा • **अन्य प्रसिद्ध व्यक्तित्व** गुरू कुंजु कुरूप गोपी नाथ रीता गांगुली कृष्ण नायर
(v) ओडिसी	**ओडिसा**	**अभिलक्षण**—भावों की अभिव्यक्त करने के लिए मुद्राओं तथा विन्यासों के प्रयोग में यह भरतनाट्यम से मिलती-जुलती है। इस नृत्य विद्या के महत्वपूर्ण अभिलक्षण है— • **त्रिभुंग मुद्रा**—यह मुद्रा शरीर के तीन स्थानों वक्रित कर बनती है तथा ओडिसी नृत्य विद्या में शामिल है।	• **अंतर्राष्ट्रीय ख्याति दिलाने का श्रेय**—चार्ल्स फैब्री तथा इंद्राणी रहमान

(Continued)

नृत्य	स्थान	अभिलक्षण/तथ्य/विशेषताएँ	व्यक्तित्व
 ओडिसी मुद्रा *सौजन्य:* सेंटर फॉर कल्चर रिसोर्सेज एंड ट्रेनिंग (सीसीआरटी) द्वारका, नई दिल्ली, भारत सरकार, एचटीटीपी:// सीसीआरटीइंडिया.गॉव.इन/ओडिसी. पीएचपी एस अक्सेस्सेड ओन 20 जून 2017 ऐट 11.54 ऐएम आईएसटी		• **लालित्य, विषया सक्ति तथा सौन्दर्य** का निरूपण ओडिसी नृत्य की अनोखी विद्या है, जिसमें नर्तकिया अपने शरीर से जटिल ज्यामितीय आकृतियों का निर्माण करती है, इसलिये इसे चलायमान शिल्पाकृत्ति के रूप में भी जाना जाता है। • **मंगलाचरण**—यह नृत्य का आरम्भ का अंश है। • **बटु नृत्य**—इसमें सुन्दर भाप भंगिमाओं, मंजीरा, वीणा आदि का प्रयोग होता है और यह नृत्य पुष्प की भाँति धीरे-धीरे पतिवत होता है। यह अभिनय प्रधान होता है, किन्तु जब इसका समापन होता है तो नृत्य अति तीव्र हो जाता है। • **थारिझाम**—इसमें समापन से पूर्व पुन: विशुद्ध नृत्य का समावेश होता है। **तथ्य**— • नृत्य की इस विद्या को यह नाम नाट्य शास्त्रा में वर्णित 'ओड्रा नृत्य से प्राप्त हुआ है। • पुरी के जगन्नाथ धाम में रहने वाली देव दासियों द्वारा ईश्वर की अराधना के समय यह नृत्य प्रस्तुत किया जाता है। **विशेषता**— • इस नृत्य विद्या में लड़कों को लड़कियों के रूप में सजाकर मंदिर में नृत्य करने की परम्परा को गोतिपुआ कहा जाता है। • इस नृत्य को बृहदेश्वर मंदिर के शिला लेखों में दर्शाया गया है साथ ही कोणार्क के सूर्य मंदिर के केन्द्रीय कक्ष में इसका उल्लेख मिलता है।	• **अन्य प्रसिद्ध व्यक्तित्व** गुरू पंकज चरण दास, गुरू केलु चरण महापात्रा, सोनल मानसिंह, शैरौन लोवेन (अमेरिका)
(vi) मोहिनी अट्टम  मोहिनी अट्टम मुद्रा *सौजन्य:* डिपार्टमेंट ऑफ टूरिज्म, गवर्नमेंट ऑफ केरला, एचटीटीपीएस:// डबल्यूडबल्यूडबल्यू.केरलाटूरिज्म.ऑर्ग/ हाईरेसोलुशनइमेजेज/परफार्मिंग-आर्ट्स/ ऐस अक्सेस्सेड ओन 20 जून 2017 ऐट 12.17 पीएम आईएसटी	**केरल**	**अभिलक्षण**—इस नृत्य के प्रमुख अभिलक्षणों में शामिल है: • इस नृत्य विद्या में लालित्य, चारूत्य और कथकली के ओज का मिश्रण मिलता है। • मोहिनी अट्टम में सामान्यत: विष्णु के नारी सुलभ नृत्य की कहानी कही जाती है। **तथ्य**— • मोहिनीअट्टम शब्द का अर्थ है, मोहिनी अर्थात् 'सुन्दर नारी' और अट्टम अर्थात् 'नृत्य' यानी सुन्दर नारी का नृत्य। • यह एक एकल नृत्य है, जिसे वर्तमान में केरल राज्य के त्रावणकोर के शासकों के संरक्षण में प्रसिद्धि मिली।	• **पुनरूद्धार का श्रेय**—वी.एन. मेनन (मलयाली कवि) कल्याणी अम्मा • **अन्य प्रसिद्ध व्यक्तित्व** सुनंदा नायर माधुरी अम्मा जयप्रभा मेनन

(Continued)

नृत्य	स्थान	अभिलक्षण/तथ्य/विशेषताएँ	व्यक्तित्व
		विशेषता— • मोहिनी अट्टम की प्रस्तुति में नृत्य के लास्य पक्ष की प्रधानता रहने के कारण इसे महिला नर्तकों द्वारा प्रस्तुत किया जाता है। • इस नृत्य विधा में पोषक का विशिष्ट महत्व होता है। इसमें मुख्य रूप से श्वेत तथा श्वेताभ रंगों का प्रयोग किया जाता है। • इस नृत्य की प्रस्तुति से वायु तत्व को निरूपित किया जाता है।	
(vii) मणिपुरी **मणिपुरी 'राधा कृष्ण' नृत्य प्रस्तुतीकरण मुद्रा** *सौजन्य:* गवर्नमेंट ऑफ मणिपुर, एचटीटीपी://मणिपुर.गॉव.इन/, गैलरी ऐस अक्सेस्सेड ओन 20 जून 2017 ऐट 12.50 पीएम आईएसटी	**मणिपुरी**	**अभिलक्षण**—इस नृत्य विद्या के प्रमुख अभिलक्षण हैं— • **रास लीला**—मणिपुरी नृत्य प्रस्तुति का एक पुनरावृत्ति केन्द्रीय भाव है। • **नागाभन्दा मुद्रा**—इस मुद्रा में शरीर को 8 की आकृति में बने वक्रों के माध्यम से संयोजित किया जाता है। यह मणिपुरी नृत्य विद्या में एक महत्वपूर्ण मुद्रा है। • **तांडव तथा लास्य**—इस नृत्य विधा में तांडव तथा लास्य दोनों है परन्तु अधिक बल लास्य को दिया जाता है। **तथ्य—** • मणिपुर नृत्य विधा का पौराणिक प्रमाण मणिपुर की घाटियों में स्थानीय गन्धर्वो के साथ शिव पार्वती के नृत्य में बताया जाता है। • वैष्णववाद के अभ्युदय के साथ इस नृत्य विधा को ख्याति प्राप्त हुई है। **विशेषता—** • यह नृत्य विधा विषयाशक्ति नहीं बल्कि भक्ति पर बल देने के कारण अनोखा है। • मणिपुरी नृत्य में मुद्राओं का सीमित प्रयोग होता है। • इस नृत्य में मुख्यतः हाथ तथा घुटने के स्थानों की मंद तथा लालित्यपूर्ण गति पर बल दिया जाता है। • ढोल-पुंग-ऐसी प्रस्तुति का एक जटिल तत्व है। करताल, ढोल इत्यादि की सहायता से इसके साथ संगीत दिया जाता है। • जयदेव तथा चंडीदास की रचनाओं का व्यापक रूप से प्रयोग किया जाता है।	• **ख्याति दिलाने का श्रेय—** रविन्द्र नाथ टैगोर ने मणिपुरी को शान्ति निकेतन में प्रवेश देकर ख्याति दिलायी। • **अन्य प्रसिद्ध व्यक्तित्व** नयना स्वर्णा रंजना-झावेरी बहनें दर्शाना गुरू बिपिन सिंह

भारत के लोक नृत्य

लोक नृत्य	प्रचलन का स्थान	नृत्य केन्द्र बिन्दु	विशेषता
छऊ वर्ष 2010 में यूनेस्को ने मानवता की अमूर्त सांस्कृतिक विरासत की प्रतिनिधि सूची में 'छऊ' का नाम शामिल किया है।	**झारखंड में**—सरायकेला छऊ **ओडिसा में**—मयूरभंज छऊ **पं. बंगाल में**—पुरूलिया छऊ **छाऊ नृत्य** प्रदीप कुमार भोवल.पियर्सन इंडिया एजुकेशन सर्विसेज प्राइवेट लिमिटेड	पौराणिक कहानियां का वर्णन। ***नोट***—कुछ कथाओं में स्वभाविक केन्द्रीय भावों जैसे—सर्व नृत्य या मयूर नृत्य का प्रयोग होता है।	• छऊ शब्द छाया से निकला है, जिसका अर्थ है परछाई। • यह मखौटा नृत्य का एक प्रकार है, जिसमें पौराणिक कहानियों का वर्णन करने के लिए शक्तिशाली युद्ध संबंधी संचालनों का प्रयोग किया जाता है। ***नोट***—मयूरभंज छऊ (ओडिसा) के कलाकार मुखौटा नहीं पहनते।
गरबा	गुजरात का लोकप्रिय लोक नृत्य *सौजन्य:* सुधांशु हेब्बार, चेन्नई, सीसीबीवाई 2.0. विकिमेदिअ कॉमन्स/फोक डांस ऑफ गुजरात इंडिया	छिद्र युक्त मिट्टी के बर्तन जिसमें द्वीप प्रज्वलित कर, के चारो ओर महिलायें नृत्य करती हैं।	• नवरात्र के अवसर पर किया जाता है। • गरबा का वास्तव अर्थ है 'गर्भदीप' • महिलायें छिद्र युक्त मिट्टी के बर्तन पर द्वीप जलाकर उसके चारों ओर लयबद्ध तालियों के स्वर पर चक्राकार गति से नृत्य करती हैं।
डांडिया रास	**डांडिया** *सौजन्य:* गुजरात टूरिज्म, मिनिस्ट्री ऑफ टूरिज्म, गवर्मेंट ऑफ गुजरात, एचटीटीपी://डबल्यूडबल्यूडबल्यू.गुजरात टूरिज्म.कॉम/जनरल/व्यू/1, ऐस अक्सेस्सेड ओन 27 जून 2017 ऐट 5.29 पीएम	दुर्गा तथा महिषासुर के बीच छद्म युद्ध दर्शाया जाता है।	• यह एक ऊर्जा युक्त तथा रोचक नृत्य है, जिसमें पालिश की हुई छड़ियों या डांडिया का प्रयोग किया जाता है।
तरंग मेल	गोवा का लोक नृत्य है	क्षेत्र की युवा ऊर्जा का उत्सव मनाया जाता है।	• इसे दशहरा तथा होली के दौरान प्रस्तुत किया जाता है। • इन्द्रधनुषी पोशाकों के साथ बहुरंगी झंडों तथा कागज के रिबनों के प्रयोग से एक दर्शनीय नजारे में परिवर्तित कर दिया जाता है।

(Continued)

लोक नृत्य	प्रचलन का स्थान	नृत्य केन्द्र बिन्दु	विशेषता
घूमर या गंगोर *सौजन्य:* गर्वमेंट ऑफ राजस्थान, एचटीटीपी://राजस्थान.गॉव.इन/ अबाउटराजस्थान/आर्ट्सएंडकल्चर/पेजेज/ डिफॉल्ट.ऐसपेक्ट, ऐस अक्सेस्सेड ओन 27 जून 2017 ऐट 5.36 पीएम	राजस्थान में भील जनजाति की महिलाओं द्वारा प्रस्तुत परम्परागत लोक नृत्य	महिलाओं का चक्कर खा-खा कर घूमना होता है।	• इन नृत्य में जब महिलायें चक्कर खा-खा कर घूमती हैं तो उनके उड़ते हुए घाघरे की बहुरंगी थरथराहटें शानदार दिखती हैं।
कालबेलिया *सौजन्य:* राजस्थान टूरिज्म, गर्वमेंट ऑफ राजस्थान, एचटीटीपी://टूरिज्म. राजस्थान.गॉव.इन/फैयरस-एंड-फेस्टिवल्स, ऐस अक्सेस्सेड ओन 20 जून 2017 ऐट 12.08 पीएम आईएसटी ***नोट***—वर्ष 2010 में यूनेस्को ने मानवता की अमूर्त सांस्कृतिक विरासत की प्रतिनिधि सूची में कालबेलिया लोकगीत तथा नृत्य को सूचीबद्ध किया है।	राजस्थान के कालबेलिया (सपेरा) समुदाय की महिलाओं द्वारा प्रस्तुत किया जाता है।	पोशाके तथा नृत्य की चाल सर्प के समान होती है।	• महिलायें सपेरों द्वारा बजाया जाने वाला वाद्य यंत्रा 'बीन' की धुन पर भावमय नृत्य करती है।
चारबा	हिमाचल प्रदेश का एक लोकप्रिय लोकनृत्य है।		• यह नृत्य दशहरा के उत्सवों के दौरान प्रस्तुत किया जाता है।
पटा कुनीथा	मैसूर क्षेत्र की लोकप्रिय नृत्य विद्या है।	धार्मिक नृत्य जो सभी धर्मो के लोगों के बीच लोकप्रिय है।	• पुरूषों द्वारा पटा नाम से प्रसिद्ध रंगीन रिबनों से सुसज्जित होकर लम्बे बांस के खम्भो का प्रयोग कर प्रस्तुत करते है। रंगों का बाहुल्य इसे दर्शनीय तमाशा बना देता है।
भूत आराधने	कर्नाटक की लोकप्रिय नृत्य विधा है	शैतान की पूजा	• प्रदर्शन से पूर्व शैतानों की प्रतीक प्रतिमाओं को एक आधार पर रख नर्तक उन्मत्त होकर नृत्य करते है, जैसे उस पर किसी आत्मा ने कब्जा जमा रखा हो।

(Continued)

लोक नृत्य	प्रचलन का स्थान	नृत्य केन्द्र बिन्दु	विशेषता
कोल्काली परिचकाली	दक्षिणी केरल तथा लक्ष्यद्वीप के इलाकों की लोकप्रिय युद्ध कला नृत्य है।	युद्ध श्रृंखला का अभिनय	• नर्तक लकड़ी के बने नकली शस्त्रों का प्रयोग करते हुए युद्ध श्रृंखलाओं का अभिनय करते हैं। यह अभिनय धीमी गति से आरम्भ होता है किन्तु धीरे-धीरे गति बढ़ती जाती है और अंत में उन्माद पूर्ण हो जाता है।
भांगड़ा/ गिद्दा *सौजन्य:* प्रदीप कुमार भोवल.पियर्सन इंडिया एजुकेशन सर्विसेज प्राइवेट लिमिटेड	पंजाब का ऊर्जायुक्त लोक नृत्य है।	उत्साह का संचार करता है।	• उत्तेजित करने वाले ढोल की थापों के साथ किया जाने वाला यह नृत्य उत्सवों के दौरान लोक प्रिय है। ***नोट***—भांगड़ा पुरुष करते हैं जबकि गिद्दा महिलायें करती है। अर्थात् भांगड़ा का नारी संस्करण गिद्दा है।
रासलीला	उत्तरप्रदेश के ब्रज क्षेत्र का लोकप्रिय लोक नृत्य है।	राधाकृष्ण के किशोर प्रेम पर केन्द्रित।	
दादरा	उ.प्र. में लोकप्रिय नृत्य का अर्द्ध शास्त्रीय रूप है।		• यह लखनऊ क्षेत्र के दरबारी नर्तकों में अत्याधिक लोकप्रिय है।
झूमर	झारखण्ड व उड़ीसा के जनजातियों द्वारा प्रस्तुत।	फसल कटाई नृत्य है।	• जनानी झूमर जिसे महिलाएं प्रस्तुत करती है तथा मर्दाना झूमर जिसे पुरूष प्रस्तुत करते है। यह नृत्य बहुत से मेलों तथा त्योहारों का मुख्य आकर्षण होता है।
बिहू *सौजन्य:* गवर्नमेंट ऑफ असम, ई-गैलरी, एचटीटीपी://असम.गॉव.इन/	असम का प्रसिद्ध नृत्य है।	घूम-घूम कर तथा उल्लास को व्यक्त करता है।	• पुरुषों तथा नारियों दोनों के समूह द्वारा प्रस्तुत किया जाता है। इस नृत्य के सफ़ल प्रदर्शन में समूह निर्माण, तीव्र हस्त-चालन तथा फुर्तीले कदमों की भूमिका होती है।
बिरहा	ग्रामीण बिहार एवं पूर्वी उ.प्र. में मनोरंजन का एक लोकप्रिय माध्यम है।	उन महिलाओं की व्यथा का वर्णन होता है जिनके साथी घर से दूर होते है।	• यह नृत्य पूरी तरह से पुरूषों द्वारा ही प्रस्तुत किया जाता है और महिलाओं का पात्र भी पुरुष ही निभाते हैं।
जाट-जटिन	बिहार के उत्तरी भाग विशेषकर मिथिलांचल में लोकप्रिय है।	विवाहित दंपत्तियों के बीच के कोमल प्रेम तथा मीठी नोक-झोंक पर आधारित।	

भारतीय चित्रकला

<table>
<tr><th>चित्रकला</th><th>महत्वपूर्ण तथ्य</th><th>भारत के उदाहरण</th></tr>
<tr><td>(1) भित्ति चित्रकला

इफोटोकॉर्प/अलामय स्टॉक फोटो</td><td>• ठोस संरचना की दीवारों पर की गयी रचना भित्त चित्रकला कहलाती है जो प्राचीन काल से ही भारत के अस्तित्व है।
• द्वितीय शताब्दी ईसा पूर्व और दसवीं शताब्दी ईस्वीं के बीच विकसित हुई है।
• इन चित्रों के सबसे आम विषय हिन्दू, बौद्ध और जैन धर्म है।
• अधिकांश भित्ति चित्रकलाएं या तो प्राकृतिक गुफाओं में या चट्टानों को काटकर बनाये गये कक्षों में है।
• इसके अतिरिक्त इस प्रकार के चित्र किसी लौकिक भवन का अलंकरण करने के लिए भी बनाये जाते थे।
• भित्ति चित्र अपने विशाल आकार के कारण अद्वितीय है।</td><td>भारत में भित्ति चित्रकला के प्रमुख उदाहरण निम्नवत् है—
(1) अजन्ता गुफा की चित्रकला
• ये चित्र उस काल (मौर्य काल) की शैलियों, वेशभूषा और आभूषणों के साथ-साथ मानवीय मूल्यों और सामाजिक ताने-बाने का निर्देशन करते है।
• इन चित्रों में भावनाओं को हाथ के संकेतो से व्यक्त किया गया है।
• इन चित्रों की अनूठी विशेषता प्रत्येक महिला आकृति का अद्वितीय केश विन्यास (Different Hair Styles) है।
• पशु-पक्षियों को भी भावनाओं के साथ दिखाया गया है।
• मनुष्यों और पशुओं की सुन्दर आकृतियों से गुफाओं की दीवारों को सजाया गया है।
अन्य—
• वनस्पतिक और खनिज रंगों का प्रयोग।
• आकृतियों की रूपरेखा, भूरे, काले या लाल रंग की धाराओं के साथ लाल गेरू रंग की है।
नोट—अजन्ता गुफा भारतीय उप महाद्वीप के सबसे पुराने बचे हुए भित्त चित्रों में से एक है।
एतिहसिक तथ्य—
• इन गुफाओं को मौर्य साम्राज्य के अधीन पूरा किया गया था।
• इनमें 29 गुफाओं का समूह शामिल है।
(2) एलोरा गुफा की चित्रकला
• विस्तार—कैलाश मंदिर तक सीमित 5 गुफाओं में पाये जाते है।
• निर्माण कार्य—2 चरणों में।
• चित्र—प्रारम्भिक चित्र बादलों से होकर गुजरते आकाशीय पक्षी गरूड़ पर अपनी पत्नी लक्ष्मी के साथ बैठे विष्णु का है जबकि बाद के चित्र गुजराती शैली में बने उत्तरकालीन चित्र शैद साधुओं के जुलूल का चित्रण करते है।
नोट—एलोरा गुफा के चित्र सभी तीनों धर्मों हिन्दु, बौद्ध तथा जैन से सम्बन्धित है।
(3) बाघ गुफा की चित्रला
• विस्तार—मध्य प्रदेश में स्थित बाघ की गुफाओं तक।
• समरूपता—अपने डिज़ाइन, निष्पादन और सजावट के सन्दर्भ में वास्तविक अंजता गुफाओं के काफी निकट है।
• अन्तर—एलोरा और बाघ गुफाओं के चित्रों में मुख्य अन्तर यह है कि बाघ गुफाओं की आकृतियाँ अधिक मजबूती से चित्रित है, इनकी रूपरेखा अधिक दृढ़ है और अपेक्षाकृत अधिक सांसारिक और मानवीय है।</td></tr>
</table>

(Continued)

चित्रकला	महत्वपूर्ण तथ्य	भारत के उदाहरण
		• **विशेषता**—रंग महल के रूप में ज्ञात गुफा संख्या 4 से दीवारों पर बिल्कुल अजन्ता की भांति बौद्ध और जातक कथाओं का निरूपण करने वाले सुन्दर भित्त चित्र है। इस प्रकार प्रकृति में से अधिक धर्मनिरपेक्ष है। **(4) आम्रमलाई गुफा की चित्रकला** • **विस्तार**—तमिलनाडु के वेल्लोर जिले से स्थित। • **रूपातरण**—प्राकृतिक गुफाओं का 8वीं सदी में जैन मंदिर के रूप में रूपांतर किया गया था। • **विशेषता**—इन गुफाओं की दीवारों और छतों बने सुन्दर रंगीन चित्र 'अष्टाथिक पालक' (8 कोनों के देवता) की कहानियों और जैन धर्म को दर्शाते है। **(5) सित्तनवासल गुफा की चित्रकला** • **विस्तार**—तमिलनाडु के पुदुस्कोट्टई शहर के 16 किमी उत्तर पश्चिम में स्थित चट्टानों को काटकर बनायी गयी। **विशेषता—** • ये प्रसिद्ध गुफाओं जैन मंदिरों की चित्रकला के लिए जानी जाती है। • दीवारों पर ही नहीं बल्कि छतों और स्तम्भों पर भी चित्र विद्यमान है। • चित्रों के लिए उपयोग किये जाने वाले माध्यम शाकीय और खनिज रंजक है और इन्हें पहले गीले चूने के प्लास्टर की सतह पर रंग डालकर बनाया गया था। • हरा, पीला, नारंगी, नीला, काला और सफेद रंगों का प्रयोग किया गया है। **ऐतिहासिक तथ्य—** कुछ विद्वान विश्वास करते हैं कि ये गुफाएँ पल्लव काल की है, जब राजा महेन्द्र वर्मन प्रथम ने मंदिर की खुदाई करवायी, जबकि इसमें अन्य लक्ष्य तब आये जब पाण्ड्य शासक ने 9वीं शताब्दी में इन मंदिरों का जीर्णोद्धार कराया। **समरूपता—** इन भित्ति चित्रों की समरूपता बाघ और अजंता की गुफाओं की चित्रकला से है। (यह समानता की बात बतायी गयी है और यह सही है।) **(6) रावण छाया चट्टानी आश्रय** • **विस्तार**—ओडिशा के क्योंझर जिले में स्थित चट्टानों आश्रम स्थल पर बने में प्राचीन फ्रेस्को चित्र 'आधी खुली छतरी के आकार' में है। • **प्रमुख चित्र**—सर्वाधिक उल्लेखनीय चित्र 7वीं सदी के एक शाही जुलूस का है और 11वीं सदी से सम्बन्धित चोल काल की चित्रकला के अवशेष भी महत्वपूर्ण है।

(Continued)

चित्रकला	महत्वपूर्ण तथ्य	भारत के उदाहरण
		• **अन्य**—इन आश्रय स्थलों का प्रयोग शाही आखेट भवनों के रूप में किया जाता था। **(7) लेपाक्षी चित्रकला** • **विस्तार**—आन्ध्र प्रदेश के अन्तपुर जिले में स्थित इन भित्ति चित्रों का चित्रण लेपाक्षी मंदिर की दीवारों पर किया गया था। **विशेषता—** • मंदिर पर बने होने के बावजूद भी ये चित्र धर्म निरपेक्ष है। • चित्रों में प्राथमिक रंगों विशेषकर नीले रंग का पूर्ण अभाव है। • रूपों, आकृतियों और इनकी वेशभूषा के दर्शाने के लिए काले रंग का प्रयोग किया गया है। **अन्य**—गुणवत्ता के स्वर में चित्रकला में पतन दिखायी देता है।
(2) लघु चित्रकला	• लघु चित्र छोटो और विस्तृत विवरण देने वाले होते है। • चित्र 25 वर्ग इंच से बड़े नहीं होते। • अधिकांश भारतीय लघुचित्रों में मानव आकृतियाँ, एक प्रष्ठीय रूपरेखा के साथ दिखायी देता है। • मानव आकृति सामान्यत: बाहर की ओर उभरी आंखे नुकीली नाक और पतली कमर के रूप में चित्रित है। • राजस्वामी लघु चित्रों में पात्रों की त्वचा का रंग भूरा है जबकि मुगल लघु चित्रों के पात्रों की त्वचा सामान्यत: उजली है। • भगवान कृष्ण की भांति दिव्य प्राणियों की त्वचा का रंग नीला है। • महिला आकृतियों के लंबे बाल है और उनकी आंखों व बालों का रंग काला है। • पुरूष सामान्यत: पारंपरिक कपड़े पहने हुए और सिर पर पगड़ी है।	भारत में लघु चित्रकला के प्रमुख उदाहरण निम्नवत् है— **(i) प्रारम्भिक लघु चित्र** • **विकास**—विशाल भित्ति चित्रों की प्रतिक्रिया स्वरूप विकसित, लघु चित्रकला का विकास 9वीं और 11वीं शताब्दी के बीच हुआ। इस प्रकार की चित्रकला के लिए पूर्वी और पश्चिमी क्षेत्रों को श्रेय दिया जा सकता है। **विशेषता—** • सूक्ष्म विवरणों वाले छोटे चित्रों को लघु चित्र कहा जाता है। • इन चित्रों को सामान्यत: कागज, ताड़ के पत्तों और कपड़ों सहित नष्ट प्राय सामग्रियों पर, पुस्तकों या एलबमों के लिए चित्रित किया जाता है। **(ii) कला की पालशैली** • **विकास**—750 ई. के दौरान हुआ था। **विशेषता—** • ये चित्र पांडुलिपियों के अंग के रूप में मिलते हैं। • इन्हें प्राय: ताड़ पत्रा या चर्मपत्र पर बनाया गया है। • अधिकांशत: बौद्ध भिक्षु इनका उपयोग करते थे और वे केवल केले या नारियल के पेड़ के पत्तों को ही उपयोग करते थे। • इन चित्रों की विशेषता लहरदार रेखाएं और शान्त प्रष्ठभूमि है। • चित्रों में ज्यादातर अकेली आकृतियां है और बहुत ही कम समूह चित्र पाये जाते है। **अन्य—** • बौद्ध धर्म को बढ़ावा देने वाले कुछ शासकों और बौद्ध धर्म की वज्रयान शाखा के समर्थकों ने इस चित्रकला का संरक्षण किया। **(iii) कला की अपभ्रंश शैली—** • **विकास**—11वीं सदी से लेकर 15वीं सदी के दौरान पश्चिमी भारत में।

(Continued)

चित्रकला	महत्वपूर्ण तथ्य	भारत के उदाहरण
		विशेषताएं— ● इन चित्रों का सबसे सामान्य विषय जैन धर्म था और आगे चलकर वैष्णव पंथ ने भी इन्हें विनियोजित किया। वे इन चित्रों में गीत-गोविन्द और धर्मनिरपेक्ष प्रेम की अवधारणा लाए जिस पर अन्यथा जैनशासत्रों का प्रभुत्व था। ● जैन चरण में, चित्र ताड़ पर बनाये जाते थे, परन्तु वैष्णव पंथों ने इन्हें कागज पर बनाया। ● इन चित्रों को सचित्र पुस्तकों के लिए चित्र के रूप में बनाया जाता था। ● ये चित्र निचले आयाम वाले भित्तचित्र ही थे। ● इन चित्रों में प्रयुक्त रंगों का प्रतीकात्मक अर्थ था और इनमें सामान्यतः लाल, पीले और गेरू रंग का उपयोग किया गया था। बाद के चरणों में इनमें उजले और सोने के रंगों का उपयोग किया जाने लगा। ● इन चित्रों में दर्शाई गयी मानव आकृतियों की विशेषता मछली के आकार की बाहर उभरी हुई आँखें, तीखी नाक और दोहरी ठोड़ी थी। ● महिला मूर्तियों के विस्तृत कूल्हे और स्तन है। ● चित्रों में पशुओ और पक्षियों की आकृतियों को खिलौने के रूप में निरूपित किया गया है। ● इस शैली की चित्र कला का प्रसिद्ध उदाहरण 15वीं सदी के कल्प सूत्र और कलाकच्या कथा का है। **(iv) संक्रमणता काल के लघुचित्र—** **विकास—** ● भारतीय उप-महाद्वीप में मुस्लमानों का आगमन परिवर्तन का अग्रदूत था और वे 14वीं सदी में सांस्कृतिक पुनर्जागरण को लाए। कोई यह नहीं कह सकता है कि इस्लामी शैलियां ही छा गई क्योंकि चित्रकला की पारंपरिक शैलियां पश्चिमी भारतीय राजदरबारों में बची रही थी। **विशेषता—** ● इस अवधि का सबसे अच्छा उदाहरण वीरभद्र मंदिर के चित्र हैं, जिसकी छते 11 मीटर लंबी है, जिसके किनारे अमूर्त रूपांकनों से चित्रित है। इसे लेपाक्षी चित्रकला के नाम से जाना गया। ● इस चित्रकला की विशेषता स्वाभाविक रंगो की उपस्थिति और प्राथमिक रंगों विशेष रूप से नीले रंग का अभाव है। ● रंग समतल ढंग से लगाये जाते थे और पोशाक और मानव रूपांकन काले रंग से अंकित किये जाते थे।

(Continued)

चित्रकला	महत्वपूर्ण तथ्य	भारत के उदाहरण
		(v) दिल्ली सल्तनत में लघु चित्रकला: **विकास—** • इन चित्रों ने भारतीय पारंपरिक तत्वों के साथ अपने मूल के फारसी तत्वों को एक साथ लाने का प्रयास किया। **विशेषता—** • इन चित्रों में सचित्र पांडुलिपियों को वरीयता दी गई और इस अवधि के सर्वोत्तम उदाहरणों में से एक मांडू पर शासन करने वाले नासिर शाह के शासनकाल के दौरान का निमतनामा है। इस पांडुलिपि में स्वदेशी और फारसी शैलियों का संश्लेषण दिखायी देता है। • इसके अतिरिक्त लोदी खुलादर नामक एक और शैली भी इस अवधि में प्रचलित थी। जिसका अनुसरण दिल्ली और जौनपुर के बीच कई सल्तनत प्रधान क्षेत्रों ने किया। **(vi) मुगल काल की लघु चित्रकला—** **विकास**—यह मुगल काल में बनाए गए चित्रों की विशिष्ट शैली थी। **विशेषताएं—** • इन चित्रों में ईश्वर के चित्रण के स्थान पर शासक का महिमामंडन करने और उसका जीवन दर्शाने पर अधिक ध्यान दिया जाने लगा था। • ये चित्र आखेट के दृश्यों, ऐतिहासिक घटनाओं और दरबार से संबंधित अन्य चित्रों पर केन्द्रित थे। • मुगल चित्रकला महान वंश की संपन्नता तथा फारसी प्राकृतिक शैली का मिश्रण है। • चमकीले रंगों के प्रयोग के कारण इन चित्रों को अद्वितीय माना जाता है। • धार्मिक चित्रों को छोड़कर मुगल अपने विविध विषयों के लिए जाने जाते हैं भले ही उन्होंने केवल लघु चित्र बनवाएं, फिर भी उन चित्रों को विश्व के सबसे अनूठे चित्रों में माना जाता है। • मुगल काल भारतीय चित्रकारों के लिए अग्रदृश्यांक की तकनीक लाये। इस तकनीक में चित्र इस प्रकार से चित्रित किये जाते थे, कि ये वास्तविकता की तुलना में अधिक निकटवर्ती और छोटी दिखाई देती थी।

मुगल कालीन चित्रकला

मुगलकालीन चित्रकार	चित्रकला में उनका योगदान
बाबर	• बाबर ने युद्धों की श्रृंखला लड़ने के बाद 'मुगल वंश' की स्थापना की थी। • बाबर को चित्रकला का शुभारंभ करने के लिए अधिक समय नहीं मिला परन्तु उसे फारसी कलाकार बिहजाद को संरक्षण देने वाला कहा जाता है। • बिहजाद ने मुगल वंश वृक्ष के कुछ चित्र बनाये थे।

(Continued)

मुगलकालीन चित्रकार	चित्रकला में उनका योगदान
हुमायूँ	• हुमायूँ की रूचि चित्रकला और सुन्दर स्मारक बनवाने की थी, परन्तु उसकी चित्रशाला में तब व्यवधान आया जब उसे शेरशाह सूरी के हाथों सिंहासन खोना पड़ा और फारस में निर्वासित रहना पड़ा। • हुमायूँ जब फारस में शाह अब्बास के राजदरबार में था तो उसने अब्दुस समद और मीर सईद अली तबरीजी नामक दो मुख्य चित्रकारों की सेवाएं प्राप्त की थी, जब उसने पुन: भारत में अपने साम्राज्य की स्थापना की तो ये दोनों चित्राकार उसके साथ भारत आये थे। • इन दोनों कलाकारों को मुगल चित्रकला में फारसी प्रभाव लाने के लिए उत्तरदायी माना जाता है और उन्होंने कई सफल सचित्र एलबमों की रचना की।
अकबर	• अकबर को चित्रकला और अपने दस्तावेजों के सुलेखन के लिए समर्पित एक पूरे विभाग की स्थापना करने का श्रेय दिया जाता है। • अकबर ने कारखानों या कार्यशालाओं की स्थापना कर, कलाकारों को अपनी स्वयं की शैली का विकास करने का अवसर दिया। • चित्रकला को अकबर, अध्ययन और मनोरंजन के साधन के रूप में देखता था। वह मानता था कि चित्र विषय का व्यवहार दर्शा सकता है और सजीव चित्र बनाने वाले चित्रकारों को वह निर्यात रूप से पुरस्कार दिया करता था। • मुगल चित्रकला में 'भारतीय प्रभाव' पुन: इसलिये देखने को मिलता है क्योंकि अकबर ने पूर्व के शासकों के लिए काम कर चुके भारतीय कलाकारों के सौंदर्य को भी मान्यता दी और अपने कारखानों में उन्हें काम करने के लिए आमंत्रित किया। • अकबर के काल की चित्रकला की स्पष्ट विशेषता 'त्रियामी आकृतियों' का प्रयोग और अग्रदृश्यांकन का निरंतर उपयोग था। • इस अवधि की एक विशिष्ट विशेषता 'लोकप्रिय कला' का 'दरबारी कला' में परिवर्तन था यानी कलाकार आम जनता के जीवन की अपेक्षा दरबारी जीवन का चित्रण करने पर अधिक केन्द्रित थे। • इस अवधि के प्रसिद्ध चित्रकार थे दसवंत, बासवन और केशु।
जहांगीर	• मुगल चित्रकला जहांगीर के शासनकाल में अपनी पराकाष्ठा पर पहुंच गयी। • वह स्वभाव से प्रकृतिवादी था और वनस्पतियों और जीवों, यानी पक्षियों, पशुओं वृक्षों और फूलों के चित्रों को प्राथमिकता देता था। • उसने छविचित्र में प्रकृतिवाद लाने पर बल दिया। • इस अवधि में विकसित होने वाली एक अनूठी प्रवृत्ति चित्रों के चारो ओर अलंकृत किनारों/बार्डर की थी। ये कभी-कभी उतने व्यापक होते थे, जितना कि स्वयं चित्र। • स्वयं जहांगीर को भी एक अच्छा कलाकार माना जाता है और उसकी अपनी स्वयं की निजी कार्यशाला थी। • उसकी चित्रशाला में अधिकांशत: लघु चित्रों की रचना की गई और इनमें से सबसे प्रसिद्ध जेबरा, शतुमुर्ग और मुर्गे के प्राकृतिक चित्र थे। • सबसे प्रसिद्ध चित्रकार उस्ताद मंसूर ***नोट***—उस्ताद मंसूर जटिल से जटिल चेहरे की आकृतियां भी उतारने में विशेषज्ञ था।
शाहजहां	• मुगल चित्रकला की शैली शाहजहां के शासनकाल के दौरान तेजी से परिवर्तित हो गई। • शाहजहां चित्रों के कृत्रिम तत्वो की रचना करना पसंद करता था। कहा जाता है कि उसने चित्रों की सजीविता में कमी करने और अप्राकृतिक स्थिरता लाने का प्रयास किया क्योंकि वह अपने दरबार में यूरोपीय प्रभाव से प्रेरित था। • वह आरेखन के लिए लकड़ी के कोयले के उपयोग से दूर रहा और पेंसिल का उपयोग करके आरेखन और रेखाचित्र करने के लिए कलाकारों को प्रोत्साहित करता था। • उसने चित्रों में सोने और चांदी का उपयोग बढ़ाने का आदेश दिया क्योंकि वह चमकीले रंग अधिक पसंद करता था। • शाहजहां के शासनकाल के दौरान मुगल चित्रशाला का विस्तार हुआ लेकिन शैली और तकनीक में बहुत कुछ परिवर्तन भी आया।

भारतीय मूर्तिकला

काल	मूर्तियाँ	विशेषता
(A) हड़प्पा सभ्यता की मूर्तियाँ	(i) काँस्य मूर्तियाँ *सौजन्य:* सेंटर फॉर कल्चर रिसोर्सिस एंड ट्रेनिंग मिनीस्ट्री ऑफ कल्चर, गोवर्मेंन ऑफ इंडिया, सीसीआरटीसी.गोव.इन, इंडस सिविलाईजेशन	• हड़प्पा सभ्यता व्यापक पैमाने पर कांसे की ढलाई की प्रथा की साक्षी थी। • कांसे की मूर्तियों को 'लुप्त मोम तकनीक' का उपयोग कर बनाया जाता था, जिसके अन्तर्गत मोम की मूर्ति बनाकर उस पर मिट्टी का लेप चढ़ाया जाता था और मिट्टी के सूखने के बाद उसे आग में तपाया जाता है, ताकि मोम मूर्ति में बने छेद से पिघल कर बाहर निकल जाये और उसी छेद से पिघली हुई धातु मोम की मूर्ति के ढांचे में ढल जाती थी और उसके ऊपर चढ़ा मिट्टी का लेप साफ कर दिया जाता था। इस तकनीक का देश के कई भागों में प्रचलन है। • काँस्य मूर्तियों का प्रमुख उदाहरण हैं–मोहनजोदड़ो की कांसे की नर्तकी और कालीबंगा से प्राप्त कांसे का बैल। ***नोट***—नर्तकी की मूर्ति विश्व की सबसे पुरानी कांसे की मूर्ति है।
कालीबंगा से प्राप्त टेराकोटा मूर्तियाँ	(ii) टेराकोटा *सौजन्य:* हेरिटेज ईमेज पार्टनरशिप लिमीटेड/एल्मे स्टॉक फोटो	• टेराकोटा मूर्तियां बनाने के लिए पकी हुई मिट्टी के उपयोग को संदर्भित करता है। • टेराकोटा की मूर्तियां संख्या में कम और आकार रूप में भद्दी है। • टेराकोटा मूर्तियों का प्रमुख उदाहरण है मातृदेवी, सींग वाले देवता का मुखौटा आदि। ***नोट***—टेराकोटा की मूर्तियां गुजरात और कालिबंगा के स्थलों से मिली हैं।
	(iii) अन्य	• दाढ़ी वाले पुजारी की अर्द्ध-प्रतिमा सिंधु घाटी की सभ्यता में मिली पाषाण मूर्तियों के सर्वोत्कृष्ट उदाहरणों में से एक है। तिपतिया पैटर्न वाली शाल में लिपटे एक दाढ़ी वाले व्यक्ति की मूर्ति जिसकी आंखें लम्बी और आधी बन्द हैं, मानो वह ध्यान मुद्रा में हो। इस मूर्ति के दाहिने हाथ पर एक बाजूबंद और सिर पर सादी बुनी हुई पट्टिका है। • पुरूष धड़ की लाज बलुओ पत्थर की मूर्ति पाषाण मूर्ति कला का एक और नमूना है।
(B) मौर्य काल की मूर्तियाँ	(i) यक्ष और यक्षिणी की मूर्ति	• मौर्यकाल में मूर्तियों का मुख्य रूप से उपयोग स्तूप की सजावट, तोरण और मेघी में और धार्मिक अभिव्यक्ति के रूप में किया जाता था। • मौर्यकाल की दो प्रसिद्ध मूर्तियां यक्ष और यक्षिणी की है, ये मूर्तियां तीन धर्मों जैन, हिन्दू और बौद्ध में पूज्यनीय है। • यक्षिणी का सबसे पुराना उल्लेख तमिल रचना शिल्पादिकारण में मिलता है। सभी जैन तीर्थकर यक्षिणी से संबंधित थे।

(Continued)

काल	मूर्तियाँ	विशेषता
(C) मौर्योत्तर कला	(i) गांधार शैली  *सौजन्य:* विकिमेदिअ कॉमन्स, पब्लिक डोमेन इमेज, एचटीटीपी://कॉमन्स.विकिमेदिअ.ऑर्ग/विकी/फाइल:प्रीचिंग_बुद्धा,_परहैप्स_थी_ग्रेट_मिरेकल_ऑफ_सरावस्ती,_गांधरा,_सी._3र्ड_सेंचुरी_एडी,_ग्रे_स्किस्ट_-_मात्सुओका_म्यूजियम_ऑफ_आर्ट_-_टोक्यो,_जापान_-_डीऐससी07120.जेपीजी, ऐस अक्सेस्सेड ओन 20 जून 2017 ऐट 1.45 पीएम आईएसटी	• आधुनिक पेशावर और अफगानिस्तान के निकट पंजाब की पश्चिमी सीमाओं से संलग्न हिस्से में गंधार कला शैली का विकास हुआ। • यूनानी आक्रमणकारी अपने साथ ग्रीक और रोमन मूर्तिकारों की परम्पराएं लाए जिससे इस क्षेत्र की स्थानीय परंपराएं प्रभावित हुई। इस प्रकार गांधार शैली को कला की ग्रीको इंडियन शैली के रूप में भी जाना जाने लगा। • गांधार शैली का विकास 50 ईसा पूर्व से लेकर 500 ई. तक की अवधि में दो चरणों में हुआ। जहां आरम्भिक शैली को नीले घूसर बलुआ प्रस्तर के प्रयोग के लिए जाना जाता है, वहीं उत्तरवर्ती शैली में मूर्तियां बनाने के लिए मिट्टी और प्लास्टर का उपयोग किया जाता था। • बुद्ध और बोधिसत्वों की मूर्तियां ग्रीको रोमन देवताओं पर आधारित है, जो अपोलो की मूर्तियों से मिलती-जुलती है।
	(ii) मथुरा शैली  *सौजन्य:* बिस्वरूप गांगुली, अंडर सीसीबीवाई लाईसेंस, विकिमीडिया कॉमनस, बुद्धा रिफ्यूज अनुपमा गोवट. म्यूजियम मथुरा, एज एक्सेसड ऑन 09 अगस्त 2017 ऐट 11.10 एएम आईएसटी	• मथुरा शैली का विकास पहली और तीसरी शताब्दी ई.पू. के बीच की अवधि में यमुना नदी के किनारे हुआ। • मथुरा शैली की मूर्तियां उस समय के सभी तीनों धर्मो यथा हिन्दू, बौद्ध व जैन धर्म की कहानियों और चित्रों से प्रभावित है। ये मूर्तियां मौर्य काल के दौरान मिली पहले की यक्ष मूर्तियों के नमूने पर आधारित है। • मथुरा शैली ने मूर्तियों में प्रतीकों का प्रभावशाली उपयोग दिखाया। हिन्दू देवताओं जैसे शिव को लिंग और मुख लिंग के माध्यम से दिखाया, बुद्ध के सिर के चारो ओर प्रभामंडल गांधार शैली की तुलना में बड़ा और ज्यामितीय पैटर्न से अलंकृत है। • बुद्ध वज्रपाणि से घिरा हुआ दिखाया गया है।
	(iii) अमरावती शैली  *सौजन्य:* विकिमेदिअ कॉमन्स, पब्लिक डोमेन इमेज, एचटीटीपी://कॉमन्स.विकिमेदिअ.ऑर्ग/विकी/फाइल:इंडियन_मंडल_ऑफ_ पद्मावती_-_वॉटर्स_ 543007.जेपीजी, ऐस अक्सेस्सेड ओन 20 जून 2017 ऐट 1.45 पीएम आईएसटी	• भारत के दक्षिणी भाग में अमरावती शैली का विकास सातवाहन शासकों के संरक्षण में कृष्णा नदी के किनारे हुआ। • अमरावती शैली में गतिशील आकृतियों के प्रयोग पर अधिक बल दिया गया। • इस शैली की मूर्तियों में त्रिभंग आसन यानी 'तीन झुकावों के साथ शरीर' का अत्यधिक प्रयोग किया गया है।

(Continued)

काल	मूर्तियाँ	विशेषता
(D) गुप्त काल		• गुप्त काल के दौरान सारनाथ के आस-पास मूर्ति कला की एक नई शैली विकसित हुई, जिसके क्रीम रंग के बलुआ पत्थर तथा धातु का प्रयोग था। • इस शैली की मूर्तियां विशुद्ध रूप से वस्त्र पहने हुए होती थी और इनमें किसी भी प्रकार की नग्नता नहीं थी। बुद्ध के सिर के चारों ओर निर्मित आभामंडल गहनतापूर्वक अलंकृत किया गया था। • गुप्त काल की मूर्तिकला का उदाहरण है सुल्तानगंज के बुद्ध (7.5 फुट ऊँचाई)
(E) चोल मूर्ति	नटराज की मूर्ति *सौजन्य:* विकिमेदिअ कॉमन्स, लाइसेंस्ड अंडर सीसीबीवाई जेनेरिक, एचटीटीपीएस://कॉमन्स. विकिमेदिअ.ऑर्ग/विकी/फाइल:इंडिया_ स्टेचू_ऑफ_नटराज.जेपीजी, ऐस अक्सेस्सेड ओन 20 जून 2017 ऐट 1.45 पीएम आईएसटी	• चोल, मंदिरों की सजावट में मूर्तियों पर विशेष महत्व दिया जाता था। • चोल मूर्ति कला का एक महत्वपूर्ण उदाहरण नृत्य मुद्रा में नटराज की मूर्ति थी। • नटराज मूर्ति की विशेषताएं: ऊपरी दाहिने हाथ में डमरू है, जो ध्वनि का प्रतीक है। ऊपरी दाहिना हाथ अभय मुद्रा में उठा हुआ है, जो आशीर्वाद दर्शाता है और भक्तों के लिए अभयता का भाप आश्वस्त करता है। निचला बायाँ हाथ उठे हुए पैर की तरफ इशारा करता है और मोक्ष के मार्ग को दर्शाता है। शिव यह तांडव नृत्य एक छोटे बौने की आकृति के ऊपर कर रहे हैं। बौना अज्ञानता और एक अज्ञानी व्यक्ति के अहंकार का प्रतीक है। शिव की उलझी और हवा में बहती जटाएं गंगा नदी के प्रवाह की प्रतीक है। श्रृंगार में, शिव के एक कान में पुरूष की बाली है जबकि दूसरे में महिला की बाली है। यह पुरूष और महिला के विलय का प्रतीक है और इसे अक्सर अर्द्धनारीश्वर के रूप में जाना जाता है। शिव की बांह के चारो ओर एक सांप लिपटा हुआ है। सांप कुंडलिनी शक्ति का प्रतीक है, जो मानव रीढ़ की हड्डी में निष्क्रिय अवस्था में रहती है। अगर इस शक्ति को जगाया जाए तो मनुष्य सच्ची चेतना को प्राप्त कर सकता है। शिव की यह नटराज मुद्रा प्रकाश के एक प्रभामंडल से घिरी हुई है, जो समय के विशाल अंतहीन चक्र का प्रतीक है।

चित्रकला-क्षेत्रीय शैलियाँ

चित्रकला की क्षेत्रीय शैलियाँ	विशेषताएँ
राजस्थानी शैली	• राजस्थान की चित्रकला यहाँ के महलों, किलों, मंदिरों और हवेलियों में दिखायी देती है। • राजा सावंत सिंह के समय निहालचंद द्वारा बनाया गया वणी-ठणी का चित्र विश्व प्रसिद्ध है और भारत का मोनालिसा के नाम से जाना जाता है। • 16वीं शताब्दी तक यहां की चित्रकला गुजराती और मुगलकालीन चित्रकला से प्रभावित थी परन्तु बाद ने इसने अपना पृथक स्वरूप बना लिया जो 'राजपूत शैली' के नाम से प्रचलित हुआ। • **राजस्थानी चित्रकला के प्रमुख विषय**—पौराणिक एवं कृष्णलीला संबंधी चित्र, रागमाला एवं ऋतुओं के चित्र, राजसी वैभव व व्यक्ति चित्र और घरेलू जीवन के चित्र प्रमुख है। • **राजस्थानी चित्रकला का विकास**—मध्यकालीन पोथी चित्रण परम्परा तथा मुगल कला के प्रभाव से कलाप्रिय राजाओं के संरक्षण में राजस्थानी चित्रण शैली का विकास हुआ और गुजरात तथा मालवर की कला ने उसे और पल्लवित और पुष्पित किया।
राजस्थानी शैली में चित्रित, लघु चित्रों की विभिन्न शैलियाँ— **1.** मेवाड़ शैली **2.** बूंदी शैली **3.** बीकानेर शैली **4.** किशनगढ़ शैली  *सौजन्य:* विकिमेडिअ कॉमन्स, पब्लिक डोमेन इमेज, एचटीटीपीएस://कॉमन्स.विकिमेडिअ.ऑर्ग/विकी/फाइल:हेरम्बा गणपति, ऐस अक्सेस्सेड ओन 20 जून 2017 ऐट 1.45 पीएम आईएसटी	**1. मेवाड़ शैली—** • राजस्थान की चित्रकला में मेवाड़ शैली का विशेष योगदान रहा है। • **प्रभाव**—जैन शैली का प्रभाव पाया जाता है। • **प्रथम साक्ष्य**—'श्रावक प्रतिक्रमण चूणी' नामक सचित्र ग्रंथ जो राजा तेजसिंह के समय 1260 में चित्रित किया गया था। • **विकास**—मध्यकालीन जैन एवं पोथी चित्रों से माना जाता है। • **भव्यता**—प्रसिद्ध चित्रकार साहबदीन द्वारा गीत गोविन्द, रागगमाला और रसिक प्रिया के चित्रों में मेवाड़ शैली की भव्यता के दर्शन होते हैं। **विशेषता—** • चटक रंगों जैसे लाल, केसरिया, नीले तथा पीले रंगों का प्रयोग किया गया है। • चित्र में प्रमुख व्यक्ति या महत्वपूर्ण घटना को मध्य भाग में रखकर संयोजित किया गया है। • पुरूष आकृतियों की नाक लम्बी, चेहरा गोल व गर्दन के बीच का भाग अधिक भारी बनाया गया। • स्त्रियों की आकृतियों में गम्भीरता तथा नेत्रों को दो वक्रों द्वारा मीनाकार ढंग से बनाया गया है। • चित्रों में स्त्री कद में पुरूषों से छोटी बनायी गयी है। • वृक्षों को स्पष्ट और झुण्डों में बनाया गया है, पर्वत तथा चट्टानों के चित्रों मे मुगल शैली का प्रभाव दिखायी देता है। जल की लहरों को दिखने के लिए लहरदार रेखाओं का प्रयोग किया गया है। • पशुपक्षियों के चित्रण में भावुकता दिखायी देती है और उन्हें अलंकारिक ढंग से बनाया गया है। • रात्रि दृश्य के चित्रण में गहरी प्रष्ठभूमि का प्रयोग किया गया है। • चित्रों की प्रष्ठभूमि में भवनों का प्रयोग किया गया है, जिनके शिखर गुम्बदाकार बनाए गए हैं। भवन प्राय: सफेद रंग के बनाये गये हैं और उनके अन्दर अकबर कालीन मुगल शैली का प्रयोग किया गया है। • मेवाड़ शैली के चित्रों में कृष्ण के चित्रों की प्रधानता दी गयी है। • रागमाला के चित्रों में कृष्ण तथा राधा को आदर्श प्रेमी-प्रेमिका के रूप में चित्रित किया गया है। • मेवाड़ शैली के चित्रों में ग्राम्य जीवन, जुलूस, दरबार, विवाह, संगीत, उत्सव, नृत्य, युद्ध, आखेट आदि के दृश्यों को प्रदर्शित किया गया है।

(Continued)

चित्रकला की क्षेत्रीय शैलियाँ	विशेषताएँ

 *सौजन्य:* विकिमेडिअ कॉमन्स, पब्लिक डोमेन इमेज, एचटीटीपीएस://कॉमन्स. विकिमेडिअ.ऑर्ग/विकी/फाइल:5_राग_ वसंता._बूंदी._फस्ट_हाफ_ऑफ_17_ सेंचुरी._बर्लिन,_स्टाटलीचे_मुसीं.जेपीजी, ऐस अक्सेस्सेड ओन 20 जून 2017 ऐट 1.45 पीएम आईएसटी	**2. बूंदी शैली—**
	• राजस्थान की चित्र परम्परा में बूंदी की चित्रकला विशेष उल्लेखनीय है।
	• **संरक्षण**—चित्रकला को राज्याश्रय प्राप्त रहा-राव गोपीनाथ, छत्रासाल, विशन सिंह आदि राजाओं ने चित्रकला को विशेष संरक्षण दिया।
	• **चित्रकला के प्रमुख विषय**—राग-रागिनियों, व्यक्तिचित्र, आखेट, पुरानी कथाओं के चित्र तथा विरहिणी राधा के विविभन्न रूप, चित्रकला के प्रमुख विषय हैं।
	• **प्रभाव**—दक्षिणी शैली तथा मुगल शैली का प्रभाव होने पर भी यह शैली अपनी मौलिक विशेषताओं के कारण प्रसिद्ध है।
	• **विशेषता—**
	  • बूंदी शैली के चित्रों में सफेद, गुलाबी, लाल, सुनहरी तथा हिंगुल रंगों का अधिक प्रयोग मिलता है।
	  • स्त्रियों की मुखाकृति में अधरों की छटा विचित्र प्रकार का सौन्दर्य उडे़लती है, नेत्र अर्द्ध विकसित, तीखे और ऊपर एक रेखा के गोलार्द्ध में घनी कालिमा के साथ चित्रित रहते हैं। चित्रों में काले रंग के लहंगे, लाल चुनरी के साथ चित्रित रहते हैं। चित्रों में काले रंग के लहंगे, लाल चुनरी और कुंचकी प्राय: देखी जाती है।
	  • पुरूषों की आकृति में नीचे की ओर झुकी हुई पगड़ियों, लम्बी घुटने तक या उसके भी नीचे तक जमे, कमर में दुपट्टा तथा पांवों में चुस्त पायजामा देखने को मिलता है।
	  • बूंदी शैली में पशुपक्षी के चित्र जैसे तालाबों में क्रीड़ा करते हंस, मछलियों व बत्तखें तथा मोर, तोते, गिलहरी, हिरण, बंदर, सिंह आदि के चित्रण बहुत ही बरीकी से किये गये हैं।
	  • वर्ष ऋतु में वर्षा के आनन्द तथा महलों में प्रेमभाव के चित्र बहुत आकर्षक है।

 *सौजन्य:* विकिमेडिअ कॉमन्स, पब्लिक डोमेन इमेज, एचटीटीपीएस://कॉमन्स. विकिमेडिअ.ऑर्ग/विकी/ फाइल:शाहादीन_001.जेपीजी, ऐस अक्सेस्सेड ओन 20 जून 2017 ऐट 1.45 पीएम आईएसटी	**3. बीकानेर शैली—**
	• यहाँ के कलाप्रिय राजा अनूप सिंह के समय कला की जिस शैली का विकास हुआ उसे बीकानेर शैली के नाम से जाना जाता है।
	• **संरक्षण**—राजा अनूप सिंह और राजा राम सिंह (अकबर के समय)।
	• **चित्रों के प्रमुख विषय**—राजा, महाराजाओं के पोट्रेट्स, दरबार, आखेट के दृश्य, राज-रागिनियों के चित्र, भागवत कथा संबंधी चित्र तथा मुगल काल के चित्रों की प्रतिलिपियाँ इस शैली के चित्रों के प्रमुख विषय हैं।
	• **विशेषता—**
	  • पीला और गुलाबी रंग तथा किनारो पर पीला और लाल रंग इस शैली के चित्रों की सामान्य पहचान है।
	  • चित्रों में पुरूष ऊँची शिखर आकार की पगड़ियां बांधे, फैले हुये जामे पहने तथा लम्बे और तीखे खड़ग हाथ में लिये हुए दिखाये गये हैं।
	  • नारी चित्रों की आकृतियाँ जोधपुर और मुगल शैली के समान बनायी गयी है।
	  • इन चित्रों में आकाश को सुनहरे छल्लों से घिरा हुआ मेघाच्छादित दिखाया गया है।
	  • जूनागढ़ स्थित बादल महल में इस चित्रकारी का विशेष रूप दिखायी देता है।

(Continued)

चित्रकला की क्षेत्रीय शैलियाँ	विशेषताएँ

सौजन्य: विकिमेदिअ कॉमन्स, पब्लिक डोमेन इमेज, एचटीटीपीएस://कॉमन्स. विकिमेदिअ.ऑर्ग/विकी/फाइल:मुगल_ पेंटिग2.जेपीजी, ऐस अक्सेस्सेड ओन 20 जून 2017 ऐट 1.45 पीएम आईएसटी
	4. किशनगढ़ शैली—
	• किशनगढ़ राज्य, जयपुर, जोधपुर, अजमेर व शाहपुरा से घिरा एक छोटी सी रियासत थी, जो राजस्थान शैली का एक महत्वपूर्ण अंग है।
	• **प्रभाव**—इस शैली पर बल्लभ सम्प्रदाय का प्रभाव पड़ा।
	• **जन्मदाता**—महाराजा सावन्त सिंह को किशनगढ़ शैली का जन्मदाता कहा जाता है।
	• **विकास**—निहालचंद, अमरचंद व छोटू नामक चित्रकारो ने किशनगढ़ चित्र शैली के विकास में अपना महत्वपूर्ण योगदान दिया।
	• **विश्वविख्यात चित्र**—बणी-ठणी
	• **विशेषता**—
	  • पीले, लाल, नीले रंग बड़ी खूबी के साथ हल्कापन लिये हुए। सफेद रंग का भी प्रयोग किया गया है।
	  • स्त्रियों की चित्र में शरीर में कोमलता, लता के समान लचीलापन, पतली कमर, छरहरे व लम्बाई में शरीर, की रचना की गयी है उनके वस्त्रों को पारदर्शी बनाने में लहंगा, चोली, आंचल बहत ही सुन्दरढ़ग से दिखाये गये हैं। आभूषणों में गले का हार, माथे के आभूषण, हाथों में कंगन, कमर में लटकते मोतियों की करधनी आदि बड़ी बारीकी से दर्शायी गयी हैं।
	  • परदों तथा फर्श पर कालीन की कारीगरी चित्रों में अद्वितीय अलंकरण के साख दिखायी गयी है।
	  • राधाकृष्ण के रूप में परमात्मा एवं आत्मा का मिलन चित्रों में उभरकर आता है।
	  • वृक्षों के झुरमुट में विभिन्न प्रकार के पक्षी दिखायी पड़ते हैं।

अन्य राजस्थानी शैलियाँ 1. आमेर-जयपूर शैली 2. मारवाड़ शैली 3. पहाड़ी शैली 4. कांग्ड़ा शैली 5. बशौल शैली  *सौजन्य:* विकिमेदिअ कॉमन्स, पब्लिक डोमेन इमेज, एचटीटीपीएस://कॉमन्स. विकिमेदिअ.ऑर्ग/विकी/फाइल:विकिमेदिअ कॉमन्स--मालकोस रागा--मारवाड पेंटिग, ऐस अक्सेस्सेड ओन 20 जून 2017 ऐट 1.45 पीएम आईएसटी	**1. आमेर-रजयपुर शैली—** • आमेर शैली को ढूंडर शैली भी कहा जाता है। • इस शैली के प्रारम्भिक साक्ष्य राजस्थान कै बैराट के भित्ति चित्रों से मिलते हैं। • इस शैली के कुछ चित्र महल की दीवारों और राजस्थान में आमेर महल की समाधियों में देखा जा सकता है। • चित्र में कुछ पुरूष मुगल शैली के कपड़े और टोपी पहने दर्शाये गये हैं, परन्तु चित्रों का समग्र रूप लोक शैली का है। • 18वीं सदी में सवाई प्रताप सिंह के शासनकाल में यह शैली अपनी पराकाष्ठा पर पहुंच गयी। • भागवत पुराण, रामायण, रागमाल और कई छवि चित्रों का वर्णन करने के लिए लघु चित्र बनाए गये। **2. मारवाड शैली—** • यह चित्रकला की सबसे व्यापक शैलियों में से एक है। • 15वीं और 16वीं सदी में बने चित्रों में पुरुष और महिलाओं में रंगीन कपड़े पहने हुए है। इस अवधि में मुगल पैर्टन का अनुसरण किया गया परन्तु 18वीं सदी के बाद राजपूत तत्व प्रबल हो गए। • इस शैली में शिवपुराण, नटचरित्र, दुर्गाचरित्र, पंचतंत्र सहित चित्रकला की व्यापक श्रृंखला का श्रीगणेश किया।

(Continued)

चित्रकला की क्षेत्रीय शैलियाँ	विशेषताएँ
 *सौजन्य:* विकिमेडिअ कॉमन्स, पब्लिक डोमेन इमेज, एचटीटीपीएस://कॉमन्स. विकिमेडिअ.ऑर्ग/विकी/फाइल:विकिमेडिअ कॉमन्स--नाला दामायन्ति, ऐस अक्सेस्सेड ओन 20 जून 2017 ऐट 1.45 पीएम आईएसटी	**3. पहाड़ी शैली—** • चित्रकला की इस शैली का विकास मुगल आधिपत्य की छत्रछाया के अधीन आने वाले उप-हिमालयी राज्यों में हुआ। • पहाड़ी चित्रकला के अंतर्गत जम्मू से लेकर अल्मोड़ा तक फैली लगभग 22 रियासतों के दरबारों की चित्रशालाएँ शामिल थीं। • व्यापकता के कारण पहाड़ी चित्रकला को दो समूहों में बांटा जा सकता है—  1. जम्मू या डोगरा शैली (उत्तरी श्रृंखला) 2. कांगड़ा शैली (दक्षिणी श्रृंखला) • चित्रिक विषय पौराणिक कथाओं से लेकर साहित्य तक से संबंधित थे, जिसमें नई तकनीकों का प्रयोग किया गया। • इस शैली के महान चित्रकार थे नैनसुख एवं मनकू
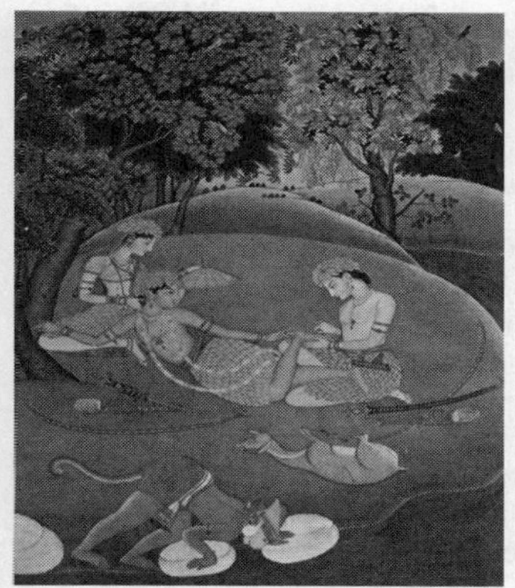 *सौजन्य:* विकिमेडिअ कॉमन्स, पब्लिक डोमेन इमेज, एचटीटीपीएस://कॉमन्स. विकिमेडिअ.ऑर्ग/विकी/फाइल:विकिमेडिअ कॉमन्स--कागड़ा पेंटिग--इंडिस्वेर मलेर वो, ऐस अक्सेस्सेड ओन 20 जून 2017 ऐट 1.45 पीएम आईएसटी	**4. कांगड़ा शैली—** • मुगल साम्राज्य के पतन के बाद मुगल शैली में प्रशिक्षित कई कलाकार कांगड़ा क्षेत्रा में चले गये, जिन्हें राजा गोवर्धन सिंह ने संरक्षण दिया। • इस चित्रकला की विशेषता संवेदनशीलता और बुद्धिमत्ता थी, जिनका अन्य शैलियों में अभाव था। • इस चित्रकला के सबसे लोकप्रिय विषय थे गीत-गोविन्द, भागवत पुराण, बिहारीलाल की सतसई और नल दमयंती थे। • चित्रों का दूसरा बहुत ही प्रसिद्ध समूह 'बारह महीने' अथवा 'बारह-मासा' का है, जिसमें कलाकार ने मनुष्य की भावनाओं को बारह महीनों के प्रभाव को आगे लाने का प्रयास किया है। • कागड़ा शैली कुल्लू, चंबा और मंडी के दरबार में विकसित होने वाली अन्य चित्रशालाओं की जनक शैली बन गयी।
	**5. बशौली शैली—** • 17वीं सदी में पहाड़ी शैली में बनाए गए चित्रों को बशौली शैली कहा जाता है। • इस शैली की विशेषता: कमल की पंखुड़ीयाँ, सदृश बड़ी आंखे तथा घटते चले जाने वाले बालों की रेखा के साथ-भाव अभिव्यक्ति करने वाला अर्थपूर्ण चेहरा था। • इस शैली के चित्रों में लाल, पीले और हरे रंग जैसे प्राथमिक रंगों का प्रयोग मिलता है। • इस शैली के पहले संरक्षक राजा कृपाल सिंह थे और उन्होंने भानुदत्त की रासमंजरी, गीत-गोविन्द और रामायरण के चित्रों की चित्रण करने की आदेश दिया। • इस शैली के प्रसिद्ध चित्रकार थे देवीदास।

(Continued)

मर्ति/ मूर्ति कला	स्थान	अभिलक्षण/ तथ्य/ विशेषताएँ
गांधार शैली 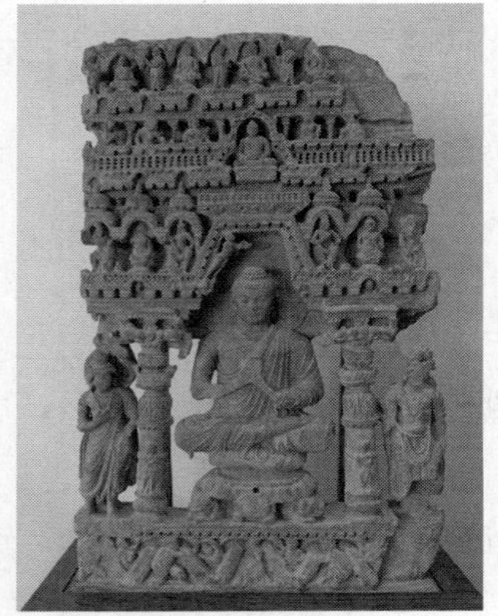 *सौजन्यः* विकिमेदिअ कॉमन्स, पब्लिक डोमेन इमेज, एचटीटीपी://कॉमन्स.विकिमेदिअ.ऑर्ग/विकी/फाइल:प्रीचिंग_बुद्धा,_परहैप्स_थी_ग्रेट_मिरेकल_ऑफ_सरावस्ती,_गांधरा,_सी._3र्ड_सेंचुरी_एडी,_ग्रे_स्किस्ट_-_मात्सुओका_म्यूजियम_ऑफ_आर्ट_-_टोक्यो,_जापान_-_डीऐससी07120.जेपीजी, ऐस अक्सेस्सेड ओन 20 जून 2017 ऐट 1.45 पीएम आईएसटी	तक्षशिला पुष्पकलावती नागरहार स्वातघाटी कापिशी वामियान बाहीक (बैक्ट्रिया)	इसका विकास ईसा की प्रथम और द्वितीय शताब्दी में गांधार और उसके आस पास के प्रदेश में हुआ। गांधार कला को इण्डोग्रीक कला भी कहते है क्योंकि इस कला की विषय वस्तु तो भारतीय है परन्तु शैली यूनानी हैं। बुद्ध की मूर्तियों की प्रधानता के अतिरिक्त इस शैली को बुद्ध की प्रथम मूर्ति बनाने का श्रेय प्राप्त है। लाहौर संग्रहालय में खड़ी बोधिसत्व की मूर्ति अद्‌भुत सुंदर है शहरे बहलील में मिली कुबेर और हारीत की संयुक्त मूर्ति दर्शनीय हैं सित्की की खड़ी हरीति दोनों कन्धों पर एक-एक बालक धारण किये मातृ गौरव की असामान्य प्रतिमा है। इस काल में निर्मित समस्त मूर्तियाँ और दृश्य पाषाण, महीन चिने हुए चूने के और पकायी हुई मिट्टी से बनाए गए हैं। मूर्ति या मिट्टी से निर्मित दृश्य या खिलौनों को स्वर्णिम रंग से रंग कर अधिक सुंदर बनाया जाता था। **मथुरा एवं गांधार शैली में अंतर** • गांधार शैली में अंग सौष्ठव की सूक्ष्मता और भौतिक सौंदर्य अंकन को महत्व प्रदान किया गया है जबकि मथुरा शैली में ऐसा नहीं है। • गांधार शैली में निर्मित बुद्ध की मूर्ति सुंदर केश विन्यास से अंलकृत, ग्रीक राजकुमार की भांति सूक्ष्म परिधान से सज्जित कुशलता से निरूपित है, जबकि मथुरा शैली में निर्मित बुद्ध की मूर्ति का सिर घुटा हुआ, भारतीय सन्यासी के भांति हैं • गांधार शैली में बुद्ध पदमासन पर आसीन है, जबकि मथुरा शैली में सिंहासन हैं। तथा बुद्ध की खड़ी मूर्ति के पैरों के नीचे सिंह की आकृति बनी हैं।
विष्णु  *सौजन्यः* विकिमेदिअ कॉमन्स, पब्लिक डोमेन इमेज, एचटीटीपीएस://कॉमन्स.विकिमेदिअ.ऑर्ग/विकी/फाइल:विकिमेदिअ कॉमन्स--डोगरह दसावतार विष्णु टेम्पल, ऐस अक्सेस्सेड ओन 20 जून 2017 ऐट 1.45 पीएम आईएसटी	देवगढ़ (उ. प्र.)	अनन्त शवों पर सोते हुए परम सत्ता प्रतिनिधित्व करन वाले शेषशायी विष्णु का एक विशाल पैनल, विश्व की समाप्ति और इसके नए सृजन के बीच की अवधि में शस्वतता का उत्तम उदाहरण है इस मूर्ति में उनकी पत्नी लक्ष्मी उनका दाहिना पांव दबा रही है। दो परिचर आकृत्तियाँ लक्ष्मी के पीछे खड़ी हैं कई देव तथा दिव्य पुरूष ऊपर घूम रहे हैं उभरे पैनल में, मधु और कैटभ नाम के दो राक्षस जो कि आक्रमण करने की मुद्रा में विष्णु के चार मूर्तिमान अस्त्रों को चुनौती दे रहे हैं।
विष्णु	मथुरा (5वी शताब्दी गुप्तकाल)	प्रतीकात्मक गाडन, वनमाला, मोतियों की डोरी जो ग्रीवा के चारों ओर घूमती है, धारण हुए मूर्ति है जो प्रारम्भिक गुप्त काल में उदाहरण है।

(Continued)

मर्ति/ मूर्ति कला	स्थान	अभिलक्षण/ तथ्य/ विशेषताएँ
गंगा यमुना की मूर्ति *सौजन्य:* डेविड पियर्सन अलामय स्टॉक फोटो	(अहिच्छत्र)	अहिच्छत्र में शिव मंदिर के ऊपरी चबूतरे की ओर जाने वाली प्रमुख सीढ़ी के पार्श्व के आलों में मूल रस से स्थापित गंगा और यमुना, दो आदम कद पक्की मिट्टी की मूर्तियाँ का सम्बन्ध गुप्तकाल चौथी शताब्दी का है। गंगा अपने वाहन मकर और यमुना कच्छप पर खड़ी है। कालिदास ने इन नदियों का शिव से परिचन के रूप में उल्लेख किया है। तथा ऐसा गुप्त काल की परवर्ती मंदिर वास्तुकला की एक नियमित विशेषता के रूप में होता हैं। इसका सर्वाधिक उल्लेखनीय उदाहरण देवगढ़ के ब्राह्मणीय मंदिर के द्वार के बाजू हैं।
शिव पार्वती	(अहिच्छत्र)	शिव का सिर एक मनोधारी शीर्षस्थ गांठ से बंधो निष्प्रयभ लट के रूप में दर्शाया गया है। पार्वती का सिर तीसरी आँख के साथ है और माथे पर अर्द्धचन्द्र है उनकी लटों को खूबसूरती के साथ व्यवस्थित किया गया है। उनकी वेणी को एक माला से कसा गया है और पुष्प के उभार से सजाया गया है। उन्होंने एक गोल बाली पहनी है जिस पर स्वास्तिक का चिन्ह है।
मध्यकाल वृक्षिका या परी	गिरसपुर (ग्वालियर)	यहाँ एक दिव्य कन्या की एक सुन्दर आकृति जो एक वृक्ष के सहारे मनोहारी रूप से टिकी हुई है, वह आभूषणों से अंलकृत है और एक महीन बनावट वाले वस्त्रा से सुसज्जित है जो एक उचित रूप से सजाई गई सिल्क का आभास देता हैं। उसका केश विन्यास कलात्मक रूप से व्यवस्थित है। उसके होठों पर मंद मुस्कान सुंदर महिला के आकर्षण में वृद्धि करते हैं।
गुर्जर प्रविध अर्जुन के तप वाली मूर्ति	महाबलीपुरम	भारतीय कला के इतिहास में अर्जुन के तप वाले दृश्य में हाथी का निरूपण एक बेहतर उदाहरण है। गणेश रथ के द. प. के निकट अर्जुन के तप के पीछे एक गुफ़ा है जो वराहमण्डप के नाम से जानी जाती है अग्रभाग में स्थित सभा भवन में दो सिंह स्तम्भ और दो भित्ति स्तम्भ हैं। इसके आगे मध्य में एक कक्ष है जिसकी सुरक्षा में दो द्वारपाल तैनात हैं वराह के तुण्ड को अत्याधिक सावधानी से निर्मित किया गया हैं। वराह का दहिना और नागराज शेष के छत्र पर टिका हुआ है। कमल की पंखुड़िया और पुष्प तथा उनके लहराने का चित्रण इस प्रकार किया गया है कि यह जल का आभास देता है। इन सभी उदाहरणों में ओज की संरचना अद्वितीय है।
दुर्गा राक्षस से लड़ते हुए	महाबलीपुरम	इसमें महान देवी दुर्गा को भैंसे के सिर वाले राक्षस से एक भीषण युद्ध करते हुए दिखाया गया है। तथा इनकी अपनी-अपनी सेनाएं इनकी सहायता कर रही हैं। दुर्गा अपने शेर पर सवार होकर पूरे साहस के साथ शक्तिशाली राक्षस की ओर दौड़ रही हैं। राक्षस पीछे हट रहा हैं। फिर भी वह आक्रमण करने की प्रतिक्षा में है।
राष्ट्रकूट—शिव और पार्वती का विवाह	एलोरा	एलोरा में गुफा नं. 29 में शैल मूर्ति शिव और पार्वती के विवाह को दर्शाती है संकोची पार्वती का हाथ पकड़े हुए शिव कृत्य के मध्य में हैं। दाहिनी और ब्रह्मा पवित्रा अग्नि की लपटों को प्रज्जवलित करने में व्यस्त हैं पार्वती के माता पिता अपनी पुत्री महादेव को अर्पित करने के लिए पीछे की ओर खड़े हैं। इस कार्यक्रम में भाग लेने के लिए बड़ी संख्या में एकत्र हुए देवों को मुख्य आकृति के ऊपर लहराते हुए दिखाया गया हैं।

(Continued)

मर्ति/ मूर्ति कला	स्थान	अभिलक्षण/ तथ्य/ विशेषताएँ
कैलाश पर्वत को रावण द्वारा हिलाना	एलोरा	इसमें रावण अपने 20 हाथों से कैलाश पर्वत पर अपना पूरा-पूरा जोर लगा रहा हैं। इस दृश्य में पर्वत के कम्पन्न को महसूस किया जा सकता है। पार्वती को अत्यधिक विचलित दिखाया गया है, वे शिव की ओर देख रही हैं, उन्होंने भयवश शिव का हाथ पकड़ा हुआ है, जबकि उनकी दासी पलायन कर रही है। लेकिन महादेव शांत हैं और वे अपने पैर से पर्वत को दाब कर कसकर पकड़े हुए हैं।
तीर्थ मंदिर की महेश मूर्ति	एलीफेंटा की गुफा	इसमें एक ही शरीर में उत्कीर्ण तीन सिर भगवान शिव के तीन विभिन्न पहलुओं का निरूपण करते हैं। शान्त और सम्मानित दिखने वाला मधयवर्ती चेहरा उन्हें सृष्टिकर्ता के रूप में दिखाता हैं। बाई ओर का कठोर दिखने वाला चेहरा उन्हें विनाशकर्ता के रूप में चित्रित करता हैं दाहिनी ओर का तीसरा चेहरा शांत और प्रसन्न अभिव्यक्ति को व्यक्त करता हैं।
शिव की गजासुर संहार मूर्ति (चोल)		क्रुद्ध महादेव उस हाथी राक्षस का जिसमें, ऋषियों और उनके भक्तों को बहुत प्रताणित किया, संहार के पश्चात भीषण हर्षोन्माद के एक ओजस्वी नृत्य में व्यस्त हैं प्रतिशोध के इस दिव्य कृत्य के एक मात्रा विस्मयाकुल दर्शक के रूप में देवी पार्वती निचले दाहिने कोने पर खड़ी हैं।

भारत के प्रमुख मेला/महोत्सव व आयोजन

ऐतिहासिक महोत्सव	स्थान	अभिलक्षण/ मनाए जाने का कारण/ विशिष्ट तथ्य
बिठोवा त्यौहार	महाराष्ट्र	भगवान विष्णु के प्रतिरूप भगवान बिठोवा की स्मृति में वर्ष में दो बार मनाते है।
पोंगल त्यौहार	तमिलनाडु , कर्नाटक, आंध्रप्रदेश	जनवरी माह में फसलों की समृद्धि के लिए मनाया जाता है। भोइ पोंगल, सूर्य पोंगल, मत्रु पोंगल
देव दिवाली		जैनियों द्वारा महावीर स्वामी के जन्मदिवस पर मनाया जाता हैं
वभूर्षण		श्वेताम्बर तथा दिगम्बर द्वारा अलग तिथि को मनाया जाता हैं।
ओणम	केरल	एक राक्षस के सम्मान में मनाया जाता है इस दिन नौका दौड़ का विशेष आयोजन होता है। अतापू (रंगोली) घरों में (महाबली) जाती है।
भोगली बिहू	असम	यह असम का एक महत्वपूर्ण पर्व है जो कि धान की कटाई के उपलक्ष्य में मनाया जाता है।
रोश हसना पासोवर		यहूदियों का नव वर्ष (सितम्बर/अक्टूबर) यह दिन विश्व बंधुत्व व विश्व न्याय का प्रतीक है।
पेन्टीकोस्ट		इजराइल के मिस्त्र के शिकंजे से मुक्त होने के उपलक्ष्य में मनाया जाता है। पासोवर के 50 दिन पश्चात मनाया जाता है इसे फस्ट फूस्ट दिवस भी कहते है जो फसल कटाई के उपलक्ष्य में होता हैं
खोरदाद साल		'ज़ोरोस्टर' का जन्मदिवस, पूरी दुनिया में पारसी, विशेष रूप से भारत के पारसी इसे धूमधाम से मनाते है।
जरथुस्त्रा नीदोसो		पारसी धर्म के संस्थापक जरथुस्त्र के जन्मदिवस के रूप में मनाया जाता है।

(Continued)

ऐतिहासिक महोत्सव	स्थान	अभिलक्षण/ मनाए जाने का कारण/ विशिष्ट तथ्य
नौरोज		जरथुस्त्र की मृत्यु की वर्षगांठ
चपचार कुट त्यौहार	मिजोरम	पारसियों का नव वर्ष
मेला		
कुम्भ	नासिक (महाराष्ट्र)	
	उज्जैन (मध्य प्रदेश)	प्रत्येक 12 वर्ष पश्चात आयोजन होता है। (महाकुम्भ)
	प्रयाग (उत्तर प्रदेश)	प्रत्येक स्थान पर 3 वर्ष के अंतराल पर मनाया जाता है
	हरिद्वार (उत्तराखण्ड)	2015-नासिक
पुष्कर	अजमेर (राजस्थान)	पुष्कर सरोवर में लोग कार्तिक पूर्णमासी को स्नान करने आते हैं। यहाँ ब्रह्मा जी का एक मात्र मंदिर है तथा यहाँ एक विशाल पशुमेला लगता है।
वैशाली	वैशाली (बिहार)	जैनियों का
ज्वालामुखी मेला	कांगडा घाटी (हिमाचल प्रदेश)	ज्वाला देवी के सम्मान में
बटेश्वर मेला	बटेश्वर (आगरा)	बटेश्वर में 101 मंदिर परिसर है।
ग्वालियर का मेला	मध्य प्रदेश	यमुना में स्नान किया जाता है तथा पशु मेला के लिए प्रसिद्ध
श्रावणी मेला	देवधर झारखण्ड	एक व्यापारिक मेला है।
चन्द्रभागा मेला	कोणार्क, उड़ीसा	फरवरी माह की पूर्णिमा में चन्द्रभागा नदी के किनारे आयोजित होता है।
सूरजकुण्ड	फरीदाबाद (हरियाणा)	
उत्सव		
भारत महोत्सव	विदेश	**उद्देश्य**—भारतीय संस्कृति को देश विदेश में फैलाना
		पहला—1982 इंग्लैण्ड
कोणार्क महोत्सव्	उड़ीसा	राज्य के सांस्कृतिक कार्यक्रम होते हैं।
खजुराहो उत्सव	खजुराहो (मध्य प्रदेश)	यह एक नृत्य उत्सव है जिसे मध्य प्रदेश कला परिषद आयोजित करती है।
मल्लापुरम नृत्य उत्सव	तमिलनाडु	
ताज महोत्सव	उत्तर प्रदेश	शास्त्रीय नृत्य की प्रदर्शनी
गुलाब उत्सव चण्डीगढ़	चण्डीगढ़	मुगल कालीन संस्कृति एंव भारतीय कलाओं के प्रसार के लिए
हाथी उत्सव	राजस्थान	चण्डीगढ़ की सांस्कृतिक विरासत के संरक्षण के लिए
उद्यान उत्सव	दिल्ली	जयपुर में हर वर्ष होली के दिन
सिंधु दर्शन	लेह (जम्मू-कश्मीर)	दिल्ली पर्यटन को बढ़ावा देने के लिए
राजगृह नृत्य उत्सव	बिहार	
कपिल्य उत्सव	उत्तराखण्ड	मगध साम्राज्य की राजधानी में बौद्ध एंव जैन धर्म के अनुयाइयों के लिए
लोसांग उत्सव	सिक्किम	जैन धर्म और उसक संस्कृति के प्रचार के लिए
रथ यात्रा महोत्सव	पुरी (ओड़िशा)	भोटिया समुदाय द्वारा फसल की कटाई के अवसर पर मनाया जाता है।

पारिभाषिक शब्दावली

भारतीय इतिहास के व्यक्तित्व

- **एलन ओक्टाविन ह्यूम (1829-1912)**
  ये ब्रिटिश सिविल सर्वेन्ट थे जिन्होंने भारतीय आजादी का समर्थन किया। 1882 में सेवानिवृत्ति के बाद भारतीय बुद्धजीवियों को संगठित कर 1885 में भारतीय राष्ट्रीय यूनियन की स्थापना की। वह 1892 तक इसके प्रधान सचिव रहे और 'इन्डिया' (India) नामक पत्रिका ब्रिटेन में प्रारम्भ की।

- **अबूल कलाम आजाद (1888-1958)**
  ये भारतीय राष्ट्रीय कांग्रेस के सबसे युवा अध्यक्ष (1923) व खिलाफत कमेटी के प्रमुख थे। इन्होंने 'अलहिलाल' (Al–Hilal) व 'अल विलाघ' (Al–Vilagh) नामक साप्ताहिकी द्वारा राष्ट्रवादी विचारों का प्रसार किया। ये संविधान निर्मात्री सभा के सदस्य थे। इन्हें स्वतंत्र भारत का प्रथम शिक्षा मंत्री होने का गौरव भी प्राप्त है।

- **आसफ अली (1888-1953)**
  इन्होंने लन्दन के 'लिंकन इन' से विधि स्नातक पूरा किया और 1914 में भारत वापस आये। इन्होंने अपनी वकालत राष्ट्रीय असहयोग आन्दोलन के दौरान छोड़ दी। ये 1935 से 1947 तक विधानसभा (लेजिस्लेटिव असेम्बली) (Legislative Assembly) के सदस्य रहे। आजादी के बाद ये अमेरिका में भारत के प्रथम राजदूत नियुक्त हुए।

- **अच्यूत पटवर्धन (1905-1971)**
  समाजवादी कांग्रेस पार्टी के संस्थापक सदस्य थे। भारत छोड़ो आन्दोलन के दौरान इन्होंने लोगों के उत्साह वर्धन में सक्रिय भूमिका निभायी। ये महाराष्ट्र के भूमिगत क्रिया-कलापों में संलग्न रहे। आजादी के बाद ये राजनीति से दूर ही रहे।

- **आचार्य नरेन्द्र देव (1888-1956)**
  ये शिक्षाविद, देशभक्त व एक समाजवादी थे। समाजवादी कांग्रेस पार्टी के संस्थापक सदस्य थे। ये आजादी की लड़ाई में भारत के प्रधान स्वतंत्रता सेनानियों में से एक थे।

- **अरविन्द घोष**
  इन्होंने भारतीय नागरिक सेवा (आई.सी.एस.) (I.C.S) की परीक्षा रिकार्ड अंकों से उत्तीर्ण की, क्रान्किारी समितियों के लिए कार्य किया, बंगाली नामक साप्ताहिकी व युगान्तर नामक दैनिक प्रारम्भ किया तथा 'मानिकताला षड्यन्त्र' में संलग्न रहे। अन्ततः इन्होंने अपना जीवन पाण्डिचेरी में संन्यासी रूप में व्यतीत किया।

- **अश्वनी कुमार दत्त**
  इन्होंने स्वदेशी आन्दोलन में अग्रणी भूमिका अदा किया। इन्होंने जूट उद्योग को बढ़ावा दिया और आजीवन छूआछूत वेश्यावृत्ति और मद्यपान के विरुद्ध लड़ते रहे।

- **ए. के. फाजलुल हक (1873-1932)**
  ये अखिल भारतीय मुस्लिम लीग के संस्थापकों में से एक थे व 1931-33 के गोल-मेज सम्मेलन में लीग का प्रतिनिधित्व किया। बाद में 'कृषक प्रजा पार्टी' की स्थापना की और 1937 के चुनाव के बाद बंगाल के प्रधान मंत्री हुए।

- **बदरुद्दीन तैय्यबजी (1844-1906)**
  ये बाम्बे के प्रथम भारतीय बैरिस्टर थे और 'बाम्बे प्रेसीडेन्सी' (Bombay Presidency) के द्वितीय मुख्य न्यायधीश बने। इनका गहरा राष्ट्रवादी विचार ही इनको सक्रिय राजनीति में सहभागिता की तरफ ले आया। ये कांग्रेस के 'प्रथम मुस्लिम अध्यक्ष' हुए।

- **भूलाभाई देसाई**
  ये 1930 में होमरुल लीग से तथा बाद में कांग्रेस से जुड़े। इन्होंने स्वदेशी सभा की स्थापना की और 1940 में एकल सत्याग्रह में भाग लिया। कांग्रेस और लीग के बीच उत्पन्न संवैधानिक अवरोधकता को दूर करने के लिए 1944 में हुई 'लियाकत देसाई समझौता' के लिए मध्यस्तता किये। इन्होंने आजाद हिन्द फौज के अभियुक्तों के बचाव में बनायी गयी वकीलों के टीम का नेतृत्व किया।

- **विधान चन्द्र राय**

  चितरंजन दास के प्रभाव में राजनीति में प्रवेश किये और 'बंगाल विधान परिषद' के चुनाव में बयोबृद्ध सुरेन्द्र नाथ बनर्जी को हराकर चयनित हुए।

- **बी-जी-खेर**

  'सविनय अवज्ञा आन्दोलन' के समय गांधीजी के आह्नान पर इन्होंने राष्ट्रीय आन्दोलन में भाग लिया। संविधान की रूपरेखा तैयार करने में इनका महत्वपूर्ण योगदान रहा और 'कार्यालयी भाषा आयोग' 1955 के अध्यक्ष बनाए गए।

- **बाल गंगाधर तिलक**

  इन्होने 1885 में 'पूना न्यू इंग्लिश स्कूल' (Puna New English School) की स्थापना की तथा 'केसरी' और 'मराठा' समचार पत्रों की स्थापना की, गौ हत्या के विरुद्ध समितियों, अखाडों और लाठी क्लबों की स्थापना की। इन्होंने गणपति महोत्सव की शुरूआत राष्ट्रीयता की भावना को प्रोत्साहित करने के लिए; 1916 में होमरूल लीग की स्थापना की।

- **विपिन चन्द्र पाल**

  परम्परावादी हिन्दुत्व को त्याग कर ब्रह्म समाज में शामिल हुये व 'बंगाल पुर्नजागरण आन्दोलन' के मुख्य कर्णधार रहे। बंगाल में स्वदेशी आन्दोलन का नेतृत्व किया तथा पंजाब, महाराष्ट्र एवं बंगाल के विप्लववादियों को समर्थन दिया।

- **सी. वाई. चिन्तामणि (1880-1914)**

  'भारतीय उदारवादी पार्टी' के संस्थापक सदस्य थे और गोलमेज सम्मेलन में इस पार्टी का प्रतिनिधित्व किया। आजादी पूर्व भारत के The Indian People प्रसिद्ध पत्रकार व सम्पादक, जो 'द लीडर' The leader 'द इण्डियन पीपुल' और 'द हिन्दुस्तान रिव्यु' The Hindustan Review के साथ जुड़े हुए थे।

- **चितरन्जन दास (1870-1925)**

  ये 'देशबन्धु' के नाम से भी जाने जाते थे। अलीपुर षडयन्त्र केस में (1908) अरविन्दो घोष के सफल बचाव के कारण इन्हें काफी प्रसिद्धि प्राप्त हुई। 1917 में भारतीय राष्ट्रीय कांग्रेस में शामिल हुए एवं असहयोग आन्दोलन के दौरान अपनी वकालत छोड़ दिये। असहयोग आन्दोलन वापस लेने के बाद मोतीलाल नेहरू व अन्य के साथ मिलकर स्वराज पार्टी की स्थापना की।

- **चित्तु पाण्डेय**

  उत्तर प्रदेश के एक राष्ट्रवादी, गांधीवादी नेता, जिन्होंने भारत छोड़ो आन्दोलन के दौरान बरेली में समानान्तर सरकार की स्थापना की।

- **दादाभाई नौरोजी (1825-1917)**

  'भारतीय राष्ट्रवाद के पिता' जिन्होंने अपना पूरा जीवन तथा सम्पत्ति देश की स्वाधीनता के लिए समर्पित किया। ये प्रथम भारतीय थे जिन्होंने स्वशासन की मांग की। अपने लेख 'पॉवर्टी एण्ड अनब्रिटिश रूल इन इंडिया' (Poverty and Unbritish Rule in India) के द्वारा भारत से धन निकासी का सिद्धांत प्रस्तुत कर ब्रिटिश साम्राज्यवाद के सच्चे प्रकृति को उजागर किया, और स्वतंत्रता संग्राम को एक वैचारिक आधार प्रदान किया।

- **दत्तात्रेय बालकृष्णा कालेलकर (1885-1981)**

  ये साबरमती स्कूल के प्रमुख रहे जहाँ प्राथमिक शिक्षा का क्रमिक विकास किया गया और इन्होंने गांधीजी के संरचनात्मक कार्यों में प्रमुख योगदान दिया। बाद में ये संविधान निर्मात्री सभा के सदस्य बने। ये 'काका साहेब कालेलकर' के नाम से प्रसिद्ध थे, और 1952 में स्थापित प्रथम 'पिछड़ी जाति आयोग' के प्रमुख रहे।

- **फजल-ए-हुसैन खान (1877-1936)**

  1920 में पंजाब में 'यूनियनिष्ट पार्टी' की स्थापना की। इन्होंने ब्रिटिश भारतीय सरकार के साथ सहानुभूति प्रकट किया। जीवन के अन्तिम क्षणों में इनका साम्प्रदायिक राजनीति से विश्वास उठ गया और साम्प्रदायिक एकता के लिए कार्य करना प्रारम्भ कर दिया।

- **गोपोबन्धु दास (1877-1928)**

  उड़ीसा के जाने माने राष्ट्रवादी एवं शिक्षाविद जिन्होंने साक्षीगोपाल (उड़ीसा) (Odisha) में अंग्रेजी माध्यम विद्यालय की स्थापना की जो भविष्य के अनेक देशभक्तों को जन्म दिया। इन्होंने उड़िया भाषी क्षेत्रों को एक प्रशासन के अन्तर्गत लाने का कार्य किया। इन्होंने राष्ट्रीय भावना जागृत करने हेतु एक मासिक पत्रिका 'सत्यवादी' व एक दैनिक समाचार पत्र 'समाज' की शुरुआत की।

- **गणेश वासुदेव मावलंकर (1888-1956)**

  ये वकालत छोड़कर स्वतंत्रता संघर्ष में शामिल हो गये और सभी प्रमुख राष्ट्रीय आन्दोलनों में भाग लिया व इसके कारण कई बार जेल गये। इन्होंने जेल में भी कुख्यात अपराधियों को सुधारने का कार्य किया। 1946 में 'केन्द्रीय विधान सभा' के अध्यक्ष के रूप में चुने गये व स्वाधीन भारत के प्रथम लोकसभा अध्यक्ष बने।

- **जार्ज यूल**

  ये एक आई.सी.एस. अधिकारी थे जो कांग्रेस अधिवेशन के 'प्रथम अंग्रेज अध्यक्ष' बने इन्होंने 1888 में इलाहाबाद में हुए कांग्रेस के चौथे अधिवेशन की अध्यक्षता की।

- **गोविन्द वल्लभ पन्त (1889-1961)**

  इन्होंने उत्तर प्रदेश के कृषि सुधार पर आधारित पन्त रिपोर्ट प्रस्तुत की थी। इन्होंने 1937 में उत्तर प्रदेश में कांग्रेस की सरकार बनायी व स्वतंत्र भारत में उत्तर प्रदेश के प्रथम मुख्यमंत्री हुये।

- **गुलजारी लाल नन्दा (1898-1995)**

  ये 'असहयोग आन्दोलन' में शामिल हुए और 'सविनय अवज्ञा आन्दोलन' व 'भारत छोड़ो आन्दोलन' में भाग लिये जिसके कारण इन्हें जेल हुयी। लोकसभा सदस्य हेतु दो बार चुने गये और नेहरू मंत्रिमंडल में शामिल हुये। ये भारत के दो बार कार्यकारी प्रधानमंत्री रहे।

- **हकीम अजमल खान (1868-1927)**
  ये एक विश्व प्रसिद्ध यूनानी हकीम थे जिन्हें चिकित्सा में योगदान हेतु 'हाफिज़-उल-मुल्क' और 'केशरे-ए-हिन्द' की उपाधि से सम्मानित किया गया। ये 'हिन्दु महासभा स्वागत कमेटी' के प्रथम मुस्लिम अध्यक्ष भी हुये। 1920 में इन्होंने अलीगढ़ में 'जामिया मिलिया' की स्थापना की।
- **हाफिज अब्दुर रहीम (1854-1926)**
  ये 15वीं सदी के सूफी हजरत मकदूम शाह नासिर-उल-हक के वंशज थे। इन्होंने मुस्लिमों के विशेषाधिकार दिये जाने व अंग्रेजों के 'फूट डालो, शासन करो' नीति की निन्दा की और अपनी वकालत पेशा त्यागकर 'असहयोग आन्दोलन' में भाग लिए।
- **जे.बी. कृपलानी (1888-1982)**
  ये एक अद्वितीय सांसद थे जिन्होंने महात्मा गांधी के विचारों पर अनेक पुस्तकें लिखीं। ये 'समाजवादी प्रजा पार्टी' के संस्थापक सदस्य थे। इन्हें 'आचार्य उपनाम' से सम्बोधित किया गया।
- **जय प्रकाश नारायण (1902-1979)**
  ये 'लोकनायक' नाम से प्रसिद्ध एक सक्रिय स्वतंत्रता सेनानी और उत्साही 'समाज सुधारक' थे। फ्अखिल भारतीय समाजवादी पार्टी' की स्थापना की। आजादी के बाद सक्रिय राजनीति से कट गये लेकिन पुन: 1975 में 'आपात काल' के विरोध में राजनीति की मुख्य धारा से जुड़ते हुए 'जनता पार्टी' की स्थापना की।
- **जमुनालाल बजाज (1889-1942)**
  अंग्रेजों के अत्याचार के विरोध में इन्होंने अपनी 'रॉय बहादुर' की उपाधि लौटा दी। ये 1920 से अपनी मृत्यु तक कांग्रेस के 'कोषाध्यक्ष' रहे। 1936 में इन्होंने सेवा ग्राम आश्रम गांधी जी को दे दिया।
- **जोगेश चन्द्र चटर्जी**
  ये असहयोग आन्दोलन की वापसी से हताश होकर क्रान्तिकारी संगठन से जुड़ गये। ये प्रारम्भ में 'अनुशीलन समिति' तत्पश्चात् 'हिन्दुस्तान रिपब्लिकन एसोसिएशन' (Hindustan Republican Association) से जुड़े रहे। इन्हें 'काकोरी षडयंत्र केस' में 'काले पानी की सजा' हुई।
- **जीतेन्द्र मोहन सेन गुप्ता (1885-1933)**
  देशप्रिय नाम से प्रसिद्ध थे। इन्होंने आसाम-बंगाल रेल कर्मचारियों द्वारा की गयी हड़ताल का नेतृत्व किया। 1931 के लन्दन गोलमेज सम्मेलन में इन्होंने भाग लिया। 1932 में इन्हें गिरफ्तार कर लिया गया और उसके एक साल बाद इनकी मृत्यु हो गयी।
- **जदोनांग (1905-1931)**
  ये मणिपुर के नागा नेता थे। इन्होंने अपने राज्य में अंग्रेजों की उपस्थिति का विरोध किया। गांधी जी के विचारों से प्रभावित होकर इन्होंने अपने सामाजिक धार्मिक आन्दोलन को स्वतंत्रता संग्राम से जोड़ लिया। इन्होंने नागा स्वशासन की घोषणा की, और 1931 में इन्हें गिरफ्तार कर फांसी दे दी गई।
- **जदुनाथ सरकार (1870-1958)**
  ये एक बुद्धिजीवी इतिहासकार व प्रबुद्ध लेखक थे। एक शिक्षाविद के रूप में शैक्षणिक अनुसंधान को प्रोत्साहित किया एवं 'भारतीय ऐतिहासिक अनुसंधान आयोग' के संस्थापक सदस्य बने।
- **खान अब्दुल गफ्फार खान (1890-1988)**
  आप 'सीमान्त गांधी' नाम से प्रसिद्ध थे। 'रौलट एक्ट सत्याग्रह' के समय राष्ट्रीय आन्दोलन से जुड़े। इन्होंने उत्तरी पश्चिमी सीमा प्रान्त के पठानों में राष्ट्रीय भावना के विचार के प्रचार-प्रसार में अपना महत्वपूर्ण योगदान दिया। 1929 में इन्होंने 'खुदाई खिद्मतगार' नामक संगठन बनायी जो कि बहिष्कृत वर्ग के लोगों के उत्थान के लिए कार्य किया।
- **कन्हैयालाल मुंशी (1887-1971)**
  कांग्रेस में शामिल होने से पूर्व इनका झुकाव क्रान्तिकारी विचारों की तरफ था किन्तु जल्दी ही क्रान्तिकारी विचारधारा को छोड़कर राजनीति की मुख्य धारा से जुड़ गये। इन्होंने 'भारतीय विद्या भवन' की स्थापना की एवं 'आई फालो द महात्मा' और 'स्वाधीनता की तीर्थयात्रा' इत्यादि किताबों की रचना की।
- **कैलाश नाथ काटजू (1887-1969)**
  ये सुप्रसिद्ध वकील और सक्रिय राजनीतिज्ञ थे, जिन्होंने मेरठ षड्यंत्र अभियुक्तों का बचाव किया। बाद में संविधान निर्मात्री सभा में चयनित हुए। ये मध्यप्रदेश के मुख्यमंत्री भी रहे।
- **लियाकत अली खान (1895-1951)**
  आप मुस्लिम लीग के एक प्रभावी नेता थे, जिन्होंने कांग्रेस के साथ समन्वय (लियाकल देसाई पैक्ट) (Liyakal Desaipact) स्थापित करने में महत्वपूर्ण भूमिका निभायी। अन्तरिम केन्द्रीय सरकार में वित्त मंत्री रहे तथा पाकिस्तान के प्रथम प्रधानमंत्री हुए।
- **लाला लाजपत राय**
  आर्य समाज के विचारों से प्रभावित होकर इन्होंने लाहौर में राष्ट्रीय विद्यालय की स्थापना की। साइमन कमीशन का बहिष्कार किया व इसके विरोध में लाहौर में रैली निकाले जाने के दौरान पुलिस लाठी चार्ज में बुरी तरह घायल होने के कारण इनकी मृत्यु हो गयी।
- **मधुसूदन दास**
  आधुनिक उड़ीसा के निर्माता, जिन्होंने उड़ीसा के सामाजिक एवं औद्योगिक विकास में अपूर्व योगदान दिया। ये जातीय भेदभाव के विरोधी व नारी शिक्षा के समर्थक थे। इन्होंने 'द उड़िया' पत्र का सम्पादन किया, जिसके द्वारा लोगों की समस्याओं को उठाया।
- **मदन मोहन मालवीय (1861-1946)**
  आप कांग्रेस पार्टी के नरम दल के सदस्य थे। ये कई बार केन्द्रीय व प्रान्तीय विधायिका के सदस्य रहे। 1907 में इनके सहयोग से 'भारतीय उद्योग सम्मेलन' और फ्उत्तर प्रदेश औद्योगिक समिति की स्थापना हुई। बनारस हिन्दु विश्वविद्यालय की स्थापना में मदद की व बाद में इस विद्यालय के कुलपति बने।

- **मुकुन्द रामाराव जयकर**
ये आजीवन नरम दल के समर्थक रहे। 1916 में 'होमरुल लीग' में शामिल हुए और 'पंजाब अशान्ति जांच' हेतु बनाये गये कांग्रेस समिति के सदस्य थे। 'गांधी-इर्विन समझौते' को परिणति तक पहुँचाने में इनकी प्रमुख भूमिका थी।

- **मोतीलाल नेहरू (1861-1931)**
एक सुविख्यात वकील थे। आप राष्ट्रीय आन्दोलन से 1916 में जुड़े। गांधी जी के असहयोग आन्दोलन की वापसी के पश्चात् इन्होंने सी.आर. दास के साथ मिलकर 'स्वराज पार्टी' का गठन किया। इन्होंने संविधान का प्रारूप (नेहरू रिपोर्ट) भारतीय राजनीतिक पार्टियों के अनुरोध पर तैयार किया।

- **मजहर-उल-हक**
मुस्लिम लीग और कांग्रेस को एक-दूसरे के करीब लाने में इनका बहुत बड़ा योगदान रहा। इन्होंने 'असहयोग आन्दोलन', 'चम्पारण सत्याग्रह' में भाग लिया और स्वदेशी की वकालत की। इन्होंने अंग्रेजी साप्ताहिक 'द मदरलैंड' की शुरुआत की।

- **मौलाना शौकत अली**
प्रसिद्ध 'अली बन्धुओं' में से एक जिन्होंने खिलाफत कमेटी की अध्यक्षता की व विश्व मुस्लिम सम्मेलन को संगठित करने हेतु कई मुस्लिम देशों की यात्रा की। प्रथम विश्वयुद्ध के दौरान सरकार की आलोचना करने के कारण इन्हें जेल जाना पड़ा।

- **मौलाना मुहम्मद अली (1878-1931)**
1924 में काकीनाड़ में हुए कांग्रेस के 38वें वार्षिक अधिवेशन की अध्यक्षता की। ये संयुक्त सम्मेलन बुलाने वालों में से एक थे। इन्होंने प्रथम गोलमेज सम्मेलन में भाग लिया व अंग्रेजी दैनिक 'कामरेड' और उर्दू दैनिक 'हमदर्द' के संपादन का कार्य किया।

- **मोहनलाल घोष (1849-1909)**
ये नरमदल के राजनीतिक नेता थे। ये एक प्रखर वक्ता थे, जिसका प्रयोग आपने 1879 में लन्दन में 'ब्रिटिश इंडिया एसोसिएशन' (कलकत्ता) का प्रतिनिधित्व करते हुए भारतीयों की सिविल सेवा में प्रवेश की मांग को प्रभावी ढंग से रखने में किया।

- **मोहम्मद अली जिन्ना (1876-1948)**
इन्होंने अपने राजनीतिक जीवन की शुरुआत भारतीय राष्ट्रीय कांग्रेस के साथ की और 1913 में मुस्लिम लीग में शामिल हुए तथा जल्दी ही इसके अध्यक्ष हो गये। इन्होंने 'द्विराष्ट्र सिद्धान्त' की वकालत की। विभाजन के बाद ये पाकिस्तान के प्रथम गवर्नर जनरल बने।

- **एम.ए. अन्सारी (1880-1936)**
आप एक कुशल सर्जन थे और 1912-13 में टर्की में गये सेवा दल में बहुत ही महत्वपूर्ण भूमिका अदा की। 1928 में इन्होंने सर्वदलीय सम्मेलन की अध्यक्षता की। ये 'जामिया मिलिया इस्लामिया' की स्थापना में बहुत ही करीबी रूप से जुड़े हुये थे।

- **महादेव देसाई (1892-1942)**
देसाई जी 25 साल तक महात्मा गांधी के सचिव रहे। इन्होंने 'इन्डीपेन्डेन्ट' 'नवजीवन' जैसे अनेक अखबारों का सम्पादन कार्य किया। 'भारत छोड़ो आन्दोलन' में भाग लेने के कारण इनको 'आगा खाँ महल' में नजर-बन्द करके रखा गया, जहाँ इनकी मृत्यु हो गयी।

- **एम.एन. राय (1887-1954)**
आप एक वामपन्थी नेता थे, जो विश्व के अनेक वामपन्थी नेताओं के साथ करीबी रूप से जुड़े हुये थे। 1924 में अन्तर्राष्ट्रीय वामपंथ के सदस्य चुने गये थे। इन्होंने 1940 में 'रेडिकल डेमोक्रेटिव पार्टी' (Redical Democrative party) की स्थापना की।

- **मुजफ्फर अहमद**
ये एक कम्युनिस्ट नेता थे जिन्हें कानपुर और मेरठ षडयंत्र में शामिल होने के कारण दण्डित किया गया। इन्होने 'अखिल बंग किसान सभा' एवं 'श्रमिक स्वराज पार्टी' की स्थापना की। जो बाद में 'कृषक मजदूर' पार्टी के नाम से जानी गयी।

- **मुहम्मद इकबाल**
इन्होंने आधुनिक समय के परिप्रेक्ष्य में मुस्लिम धार्मिक विचारधारा के पुनर्निर्माण पर बल दिया। इन्होंने 'सारे जहाँ से अच्छा' की रचना की। लेकिन 1930 में उन्होंने पाकिस्तान निर्माण की बात का समर्थन किया।

- **एन.सी. केलकर (1872-1947)**
लोकमान्य से जुड़े करीबियों में से एक थे जिन्होने 'मराठा', 'केसरी' तथा 'स्वराजिस्ट' आदि का संपादन किया। बाम्बे प्रान्तीय कांग्रेस के अध्यक्ष के रूप में कार्य किया तथा 1923-26 में केन्द्रीय विधान सभा के सदस्य हुए।

- **एन.एम. लोखन्डे**
ये व्यापार संघ के नेता थे, व ज्योतिबा फूले के सहयोगी थे। इन्होंने 'दीनबन्धु' नाम से एक साप्ताहिक निकालना प्रारम्भ किया तथा 'बाम्बे मिल हैण्स एसोसिएशन' को संगठित किया।

- **फिरोजशाह मेहता**
यह कांग्रेस के नरमदल के नेता व इसके संस्थापक सदस्य थे, तथा बाम्बे प्रेसीडेंसी एसोसिएशन की भी स्थापना की। 1872 तथा 1888 के अधिनियम, इनकी निगमीय स्वतंत्रता का मैग्नाकार्टा कहे जाते हैं, जो इनकी सहायता से अस्तित्व में आये। 1913 में इन्होंने 'बाम्बे क्रानिकल' की स्थापना की।

- **पुरुषोत्तम दास टन्डन (1882-1962)**
एक वकील थे, जिन्होंने 'असहयोग आन्दोलन' और 'सविनय अवज्ञा आन्दोलन' में भाग लिया। इन्होंने उत्तर प्रदेश में लगान नहीं अदा करने के लिए मुहिम चलायी। इन्हें 'राजर्षि' के नाम से भी जाना जाता था, बाद में आप उत्तर प्रदेश विधान सभा के अध्यक्ष हुए।

- **पी.सी. जोशी**
ये एक प्रमुख मार्क्सवादी थे जिन्होंने 1920 व 40 के दशक के मध्य भारत में कम्युनिस्ट आन्दोलन को संचालित किया।

- **रासबिहारी घोष**

ये एक नरमपंथी कांग्रेसी नेता थे। 1907 के 'सूरत अधिवेशन' की इन्होंने अध्यक्षता की, जहाँ कांग्रेस नरम व गरम दलों में विभाजित हो गयी। लोगों में आधुनिकता लाने हेतु शिक्षा के महत्व को इन्होंने महसूस किया व अपनी सम्पत्ति का एक बड़ा हिस्सा कलकत्ता व बनारस विश्वविद्यालय की स्थापना में से दिया।

- **राममनोहर लोहिया**

लोहिया जी 'कांग्रेस समाजवादी पार्टी' के संस्थापक सदस्य थे तथा 'कांग्रेस सोशलिस्ट' नामक जर्नल का सम्पादन किया। इन्होंने नेहरू जी की सलाह पर अनिवासी भारतीयों के हितों की ओर ध्यान दिया। ये जय प्रकाश नारायण के साथ भूमिगत गतिविधियों में भी संलग्न रहे।

- **रहिमत्तुल्ला सयानी**

सयानी जी 25 वर्षों तक 'बम्बई नगर निगम' के अध्यक्ष रहे। ये एक प्रभावी मुस्लिम नेता थे। इन्होंने साम्प्रदायिक सौहार्द की भावना को बढ़ावा दिया। ये 'अन्जुमन-ए-इस्लाम' के सचिव तथा बाद में उपाध्यक्ष रहे, जो कि मुस्लिम शिक्षा हेतु एक नवीनतम प्रयास था।

- **राजेन्द्र प्रसाद (1884-1963)**

आप चम्पारन सत्याग्रह (1917) के दौरान राष्ट्रीय आन्दोलन से जुड़े। इनका विश्वास था, कि समाज सुधार हेतु शिक्षा आवश्यक है। ये पटना के 'नेशनल कालेज' के संस्थापक थे। ये संविधान निर्मात्री सभा के अध्यक्ष चुने गये, व भारत के प्रथम राष्ट्रपति बने।

- **सुरेन्द्र नाथ बनर्जी**

ये नरमपंथी कांग्रेसी नेता थे जिन्हें 'राष्ट्र गुरु' के नाम से सम्बोधित किया गया। ये आई.सी.एस. परीक्षा (1871) उत्तीर्ण करने वाले प्रथम भारतीय थे। 1876 में इन्होंने 'इण्डियन एसोसिएशन' की स्थापना की और लोगों में राष्ट्रीय भावना की जागरुकता फैलाने हेतु देश का भ्रमण किया जो कि ऐसा कार्य करने वाले प्रथम भारतीय थे। ये 'बंगाली', नामक समाचार पत्र के संपादक व संस्थापक थे। कांग्रेस छोड़ने के बाद राष्ट्रीय उदारवादी संघ के अध्यक्ष बने।

- **डॉ. सत्यपाल (1885-1954)**

आप पेशे से डॉक्टर थे, ये डॉक्टरी पेशे से त्यागपत्र देकर रौलेट सत्याग्रह से जुड़े। इन्होंने सभी प्रमुख राष्ट्रीय आन्दोलनों में भाग लिया जिसके कारण कई बार जेल गये। ये पंजाब कांग्रेस के सचिव तथा अध्यक्ष रहे और बाद में पंजाब विधान सभा के अध्यक्ष बने।

- **सैफुद्दीन किचूल**

आप गांधी जी के करीबी थे और 1919 के सत्याग्रह में इन्होंने महत्वपूर्ण भूमिका अदा की तथा असहयोग आन्दोलन में भाग लिया। इन्होंने दिल्ली व मेरठ षडयंत्र के अभियुक्तों के बचाव पक्ष में वकालत की। 'विश्व शान्ति परिषद्' के संस्थापक अध्यक्ष थे तथा स्टालीन शान्ति पुरस्कार (1954) पाने वाले प्रथम भारतीय थे।

- **सच्चिदानन्द सिन्हा (1871-1950)**

आप नरमपंथी कांग्रेसी नेता थे। 1939 से 1944 तक बिहार के कार्यकारी परिषद के सदस्य रहे व पटना विश्वविद्यालय के कुलपति भी रहे। 1946 में संविधान निर्मात्री सभा के अन्तरिम अध्यक्ष बने।

- **सैय्यद हसन इमाम**

आप एक राष्ट्रवादी नेता थे जो कांग्रेस के साथ जुड़े हुये थे तथा 1918 में इसके अध्यक्ष हुए। इन्होंने रौलट सत्याग्रह में भी भाग लिया।

- **एस.ए. डांगे**

प्रारम्भिक कम्युनिस्ट नेताओं में से एक थे। 'गांधी बनाम लेनिन' (1921) नामक किताब का प्रकाशन किया, जिसमें इन्होंने समाजवाद को प्रमुखता से दर्शाया। 1922 में 'द सोशलिस्ट' का सम्पादन किया।

- **सिंगारवेल्लु चेट्टियर**

आप कानपुर कम्युनिस्ट सम्मेलन व मजदूर किसान पार्टी के अध्यक्ष रहे। 'गया' के कांग्रेस अधिवेशन में इन्होंने राष्ट्रीय स्वतंत्रता के प्रस्ताव प्रस्तुत किये व गांधी जी के 'असहयोग आन्दोलन' की वापसी की आलोचना की।

- **श्यामा प्रसाद मुखर्जी**

33 वर्ष की आयु में कलकत्ता विश्वविद्यालय के कुलपति बनें, शैक्षणिक सुधारों के लिए कार्य किया और 'हिन्दु महासभा' से भी जुड़े रहें। इन्होंने 'भारतीय जनसंघ' की स्थापना की।

- **सेनापति बापट**

स्वतंत्रता संघर्ष में अपनी क्रान्तिकारी गतिविधियों के कारण पाण्डुरंग महादेव बापट को 'सेनापति बापट', के नाम से सम्बोधित किया गया। ये एक सक्रिय राजनीतिज्ञ थे तथा 1921 में इन्होंने 'मुलसी सत्याग्रह' का नेतृत्व किया।

- **डॉ. शेख मुहम्मद**

ये हिन्दू-मुस्लिम एकता के लिए कार्य करते रहे। यद्यपि 1947 में पाकिस्तान को चुनने के बावजूद ये जिन्ना के लीग मंत्रालय के प्रस्ताव को ठुकरा दिया क्योंकि ये देश के साम्प्रदियक विभाजन से दु:खी थे।

- **सूफी अम्बा प्रसाद (1858-1915)**

आप 'भारत माता समिति' व पंजाब के क्रांतिकारी आन्दोलन के प्रकाश स्तम्भ थे। 1908 में इरान जाकर इरानी क्रान्तिकारियों के साथ सामंजस्य स्थापित करने के दौरान इन्हें 'सूफी' की पदवी से नवाजा गया।

- **सुब्रमण्यिम भारती (1881-1921)**

आप एक महान राष्ट्रभक्त तमिल कवि थे व स्वतंत्रता सेनानी रहे। ये कांग्रेस गरमपंथियों से करीबी रूप से जुड़े हुये थे। इन्होंने अपनी कविता के माध्यम से स्वतंत्रता संघर्ष की आत्मीय भावनाओं को जागृत करने का प्रयास किया।

- **तेज बहादुर सप्रु (1875-1949)**

सप्रु जी नरमपंथी विचारधारा के कांग्रेसी नेता थे, जिन्होंने प्रथम गोलमेज सम्मेलन में 'राष्ट्रीय उदारवादी संघ' का प्रतिनिधित्व किया व गांधी जी को द्वितीय गोलमेज सम्मेलन में भाग लेने के लिए अनुरोध किया। 1934 में वह लन्दन के 'प्रिवी काउन्सिल', के सदस्य के रूप में चुने गये।

- **विनायक नरहरि भावे (आचार्य विनोवा) (1895–1982)**
ये गांधी जी के करीबी सहयोगी थे तथा साबरमती आश्रम से जुड़े रहे। 1940 में गांधीजी के द्वारा प्रथम व्यक्तिगत सत्याग्रही के रूप में चुने गये। आजादी के पश्चात् भूदान-आन्दोलन को शुरू किया तथा सर्वोदय आन्दोलन का नेतृत्व किया। इन्होंने मराठी में *'गीतायी'* तथा हिन्दी में *'भूदान योजना'* की रचना की।

- **बल्लभ भाई पटेल (1885–1950)**
इन्होंने 'वारदोली सत्याग्रह' में भाग लिया जिसमें इन्हें 'सरदार' की उपाधि दी गयी। इन्हें भारत के 'लौह पुरुष' के नाम से भी जाना जाता है। ये स्वतंत्र भारत के प्रथम गृहमंत्री तथा उप-प्रधानमंत्री बने और रियासतों के विलय में इन्होंने महत्वपूर्ण भूमिका अदा की।

- **विट्ठल भाई पटेल (1871–1933)**
1924 में 'बाम्बे नगर निगम' के अध्यक्ष बने तथा 1925 में केन्द्रीय विधान सभा के प्रथम भारतीय अध्यक्ष के रूप में निर्वाचित हुए। इन्होंने बाद में अपने पद से त्यागपत्र दे दिया तथा सविनय अवज्ञा आन्दोलन से जुड़ गये। इनकी मृत्यु जेनेवा में हुई।

- **विलियम वेडरवर्न (1838–1918)**
आप आई.सी.एस. अधिकारी थे। ये ह्यूम के करीबी रहे तथा ह्यूम की जीवनी लिखी। 1889 में कांग्रेस के पांचवें अधिवेशन की अध्यक्षता की। इन्होंने संवैधानिक सुधारों व भारत में उत्तरदायी सरकार की वकालत की।

- **व्योमेश चन्द्र बनर्जी (1844–1906)**
ये नरमपंथी विचारधारा के राजनीतिज्ञ थे। इन्होंने भारतीय राष्ट्रीय कांग्रेस की स्थापना में महत्वपूर्ण भूमिका अदा की तथा इसके प्रथम अध्यक्ष बने। ये ब्रिटिश हाउस ऑफ कामन्स के चुनाव में भाग लेने वाले प्रथम भारतीय थे।

- **युसुफ मेहरअली**
1934 में स्थापित 'बाम्बे प्रोविन्सियल यूथ लीग' के सह-संस्थापक थे। वह कांग्रेस सोशलिस्ट पार्टी के संस्थापक सदस्य थे तथा इसके महासचिव बने। इन्होंने 'गुमस्थ मंडल' को संगठित करके बाम्बे के वाणिज्यिक संस्थाओं में कार्यरत लिपिकों के अधिकारों के लिए संघर्ष किये।

- **डॉ. जाकिर हुसैन (1897–1969)**
महान शिक्षाविद जिन्होंने 'जामिया मिलिया इस्लामिया' तथा वर्धा शिक्षा व्यवस्था को स्थापित करने में महत्वपूर्ण योगदान दिया। असहयोग तथा खिलाफत आन्दोलनों में भाग लिया। ये भारत के तीसरे राष्ट्रपति थे।

- **ए.के. गोपालन**
मालाबार के एक कांग्रेसी समाजवादी नेता जो 1940 में भारतीय कम्युनिस्ट पार्टी से जुड़े तथा स्वतंत्रता पश्चात् गिरफ्तार कर लिये गये, लेकिन इनके विरुद्ध बन्दी प्रत्यक्षीकरण याचिका दायर करने के पश्चात् उन्हें मुक्त कर दिया गया तथा 'भारतीय कम्युनिस्ट पार्टी' को वैधता प्रदान की गयी।

- **सी. शंकरन नायर**
एक असाधारण समाज सुधारक, कांग्रेसी नेता, पत्रकार और शिक्षाविद् थे, जो मद्रास के प्रथम महाधिवक्ता नियुक्त किये गये। गांधी जी के राजनीतिक कार्यक्रमों से असहमत होने के कारण इन्होंने कांग्रेस से सम्बन्ध विच्छेद कर लिया।

- **चक्रवर्ती विजयराघवाचारियार (1852–1944)**
1882 में जेल जाने वाले ये प्रथम भारतीय नेता थे। भारतीय राष्ट्रीय कांग्रेस के संस्थापक सदस्यों में से एक थे तथा 1920 के कांग्रेस अधिवेशन की अध्यक्षता की जिसमें असहयोग प्रस्ताव को पारित किया गया।

- **कांजीवरम् नटराजन अन्नादुरई**
एक विद्वान, समाज सुधारक तथा राजनीतिक नेता थे जो जस्टिस पार्टी के सदस्य रहे। 'कुदी' आरसू और 'विदुथलाई' का सम्पादन किया व एक साप्ताहिक 'द्रविड़नाडु' की शुरुआत की। बाद में डी.एम.के. की स्थापना की और मद्रास के मुख्यमंत्री बने।

- **सी. राजा गोपालचारी (1879–1972)**
सविनय अवज्ञा आंदोलन के दौरान त्रिचोनोपोली से वेदारण्यम् तक नमक यात्रा की। भूलाभाई देसाई के साथ इन्होंने मुस्लिम बाहुल्य प्रान्तों के अलग होने का समर्थन किया। भारत के प्रथम भारतीय गवर्नर जनरल बने।

- **सी.वाई. चिन्तामणि (1880–1941)**
'उदारवादी पार्टी' के संस्थापक सदस्य थे जिन्होंने गोलमेज सम्मेलन में इस पार्टी का प्रतिनिधित्व किया। इन्होंने 'द लीडर' 'द इण्डियन पीपल और 'द हिन्दुस्तान रिव्यू' का संपादन किया।

- **ई.एम.एस. नम्बूदरी पाद (1909–1998)**
ये प्रथम भारतीय कम्युनिस्ट सरकार जो केरल में 1957 में अस्तित्व में आयी, के मुख्यमंत्री रहे। यह लोकतांत्रिक ढंग से चुनी गयी विश्व की प्रथम कम्युनिस्ट सरकार थी।

- **जी. सुब्रमणयम् अय्यर**
दक्षिण भारतीयों के विचारों को प्रभावित करने हेतु 'हिन्दु' नामक साप्ताहिक की शुरुआत की। तदोपरान्त 'स्वदेश मित्र' की स्थापना तमिलों में राष्ट्रीय भावना विकसित करने हेतु की।

- **एन. गोपाल स्वामी आय्यंगर (1874–1941)**
'सप्रू रिपोर्ट' तैयार करने में तथा बाद में भारत का संविधान निर्माण में सहायता की। मंत्रलय में सरदार पटेल के उत्तराधिकारी थे। ये कश्मीर मुद्दे पर एक प्राधिकारी थे जिन्होंने संयुक्त राष्ट्र में भारत के पक्षों को दर्शाया।

- **पी. आनन्द चार्लु (1843–1908)**
'मद्रास महाजन सभा' (1884) के सहसंस्थापक थे जिन्होंने कांग्रेस के गठन से पूर्व दक्षिण भारत में राजनीतिक अभियानों को संचालित किया। चार्लू कांग्रेस प्रथम अधिवेशन में भाग लेने वाले 72 सदस्यों में से एक थे।

- **डॉ. पट्टाभि सीता रम्मैया**
ये एक राष्ट्रवादी तथा कांग्रेस के आधिकारिक इतिहासकार थे। 1939 में ये सुभाषचन्द्र बोस के द्वारा कांग्रेस अध्यक्ष के चुनाव में पराजित किये गये। इन्होंने 'जन्मभूमि' नामक एक अंग्रेजी जर्नल निकाला तथा मध्य प्रदेश के राज्यपाल बने।

- **एस. सुब्रमण्यिम् अय्यर (1842-1924)**
इन्हें दक्षिण भारत का 'ग्रैंड ओल्ड मैन' के नाम से जाना जाता है। ये कांग्रेस के संस्थापकों में से एक थे। ये एनीबेसेन्ट के बहुत करीब थे। ये मद्रास विश्वविद्यालय के कुलपति नियुक्त किये जाने वाले प्रथम भारतीय थे।

- **एस. सत्यमूर्ति (1887-1943)**
ये दक्षिण भारत के जुझारु नेता थे। इन्होंने राष्ट्रवादी विचारों का दक्षिण भारत में प्रचार किया, मद्रास के महापौर रहे। इन्होंने 'पुन्दी बांध' को बनवाया जिसे अब 'सत्यमूर्ति सागर' के नाम से जाना जाता है। भारत छोड़ो आन्दोलन के दौरान इनकी कैद में मृत्यु हो गयी।

- **एस. श्रीनिवास अय्यंगर**
मद्रास समाज सुधार समिति के अध्यक्ष के रूप में ये साम्प्रदायिक भिन्नता के विरुद्ध लड़े। ये मद्रास के महाधिवक्ता भी रहे। ये जलियांवाला बाग हत्याकांड के विरोध में उपरोक्त दोनों पदों से त्यागपत्र दे दिया। बाद में इन्होंने 'इन्डीपेन्डेन्स ऑफ इंडिया लीग' की स्थापना की।

- **एस. कस्तूरी रंगा अय्यंगर (1859-1923)**
ये एक प्रसिद्ध पत्रकार, समाज सुधारक और कुशल राजनीतिज्ञ थे। 1905 में इन्होंने 'द हिन्दु' को खरीद लिया। इन्होंने अपने इस समाचार पत्र के माध्यम से लोगों में राजनीति भावनाओं को उजागर करने हेतु सशक्त अभियान चलाया।

- **वी. के. कृष्ण मेनन (1896-1974)**
इन्होंने लन्दन में 'इण्डियन इण्डिपेन्डेन्स लीग' की स्थापना की ताकि ब्रिटिश विचारों को प्रभावित किया जा सके। आजादी पश्चात् लन्दन और रिपब्लिक ऑफ आयरलैण्ड (1947-1952) में उच्चायुक्त के पद पर रहे। इन्होंने संयुक्त राष्ट्र में भारतीय दल का नेतृत्व किया और चीनी आक्रमण के समय रक्षा मंत्री रहे।

- **वी.एस. श्रीनिवास शास्त्री (1869-1946)**
मद्रास में कांग्रेस अधिवेशन (1908) की अध्यक्षता की। इन्होंने मुस्लिम लीग के साथ लखनऊ पैक्ट (1916) करने में अपने कुटनीतिक कुशलता का परिचय दिया। इन्होंने विभिन्न युरोपीय देशों में रहने वाले भारतीयों के हितों व अधिकारों की रक्षा हेतु उन देशों की यात्रा की।

- **एनी बेसेन्ट (1843-1933)**
समाज सुधारक तथा थियोसाफिकल सोसाइटी की प्रमुख जिन्होंने सितम्बर, 1915 में महिलाओं के अधिकारों व दलितों के उत्थान हेतु 'होम रुल लीग' स्थापना की। '*न्यू इंडिया*' और '*कॉमन व्हील*', दो पत्रिकाओं का प्रारम्भ अपने विचारों को फैलाने के लिए किया।

- **अरुणा आसिफ अली**
आप एक कट्टर राष्ट्रवादी थीं, जो कांग्रेस समाजवादी पार्टी की सदस्या थीं। 'भारत छोड़ो आन्दोलन' के दौरान ये भूमिगत हो गयीं। आप ही दिल्ली की प्रथम महापौर बनीं।

- **दुर्गा बाई देशमुख (1909-1981)**
इन्हें 'आयरन लेडी' के नाम से जाना जाता है। ये एक समर्पित सामाजिक कार्यकर्ता तथा स्वतंत्रता सेनानी थीं। ये संविधान निर्मात्री सभा की सदस्या थी। 1941 में इन्होंने 'आन्ध्र महासभा' की स्थापना की। इन्होंने 'आन्ध्र महिला' का संपादन किया।

- **कादम्बिनी गांगुली**
आप कलकत्ता विश्वविद्यालय की प्रथम महिला स्नातक थीं। यह प्रथम महिला थीं, जिन्होंने कांग्रेस अधिवेशन में भाग लिया तथा उसे सम्बोधित किया।

- **कस्तूरबा गांधी**
महात्मा गांधी की पत्नी जिन्हें प्यार से 'बा' भी पुकारा जाता है। 'भारत छोड़ो आन्दोलन' में भाग लेने के कारण इनको गिरफ्तार कर लिया गया था। पूना में कैद के दौरान इनकी मृत्यु हो गयी।

- **कल्पना दत्त (1913-1978)**
आप सूर्यसेन के क्रान्तिकारी विचारों से प्रभावित थीं। चित्तगांव क्रान्तिकारी सेना की सदस्या बनीं और चित्तगांव शस्त्रगार लूट में भाग लिया। बाद में भारतीय कम्युनिस्ट पार्टी में शामिल हो गयीं।

- **कमलादेवी चट्टोपाध्याय (1903-1988)**
नमक सत्याग्रह में भाग लिया। नारी सशक्तिकरण के लिए कार्य किया। इन्होंने एनी बेसेन्ट और मैडम कामा की पीढ़ी तथा वर्तमान पीढ़ी के मध्य एक कड़ी का कार्य किया।

- **कमला नेहरू**
जवाहर लाल नेहरु की पत्नी थी। इन्हें 'इलाहाबाद का गौरव' भी कहा जाता है। इन्होंने 'सविनय अवज्ञा आन्दोलन' में भाग लिया।

- **प्रतिलता वाडेकर (1911-1932)**
सूर्यसेन की अनुगामी थी जिन्होंने 24 सितम्बर, 1932 में चित्तगांव के प्रहारथाली 'यूरोपीयन क्लब' पर अपने कामरेड्स के साथ हमला किया। 1932 में पकड़े जाने से पूर्व पोटैशियम साइनाइट खाकर अपनी जीवन लीला समाप्त कर ली।

- **मातांगिनी हाजरा**
एक कृषक परिवार में पैदा हुईं तथा नमक कानून तोड़ने के लिए 'दाण्डी मार्च' में भाग लिया। 'भारत छोड़ो आंदोलन' के दौरान ये 'तामलुक समानान्तर राष्ट्रीय सरकार' का हिस्सा बनीं। 'भारत छोड़ो आन्दोलन' के दौरान एक पुलिस स्टेशन का घेराव करते समय गोली लगने के कारण इनकी मृत्यु हो गयी।

- **नानी बाला देवी (1888-1967)**

आप पहली और एकमात्र महिला थी जिन्हें 1818 के रेगुलेशन-III के अन्तर्गत पुलिस द्वारा प्रताड़ित किया गया। 'जंगटोर पार्टी' के साथ सक्रिय रूप से जुड़ी रहीं। इन्हें पेशावर में गिरफ्तार कर कलकत्ता जेल भेज दिया गया। जहाँ ये प्रथम महिला कैदी थीं।

- **नलिनी सेन गुप्ता (1886-1973)**

एक ब्रिटिश महिला जिनकी शादी जे.एच. सेन गुप्ता से हुई। ये गरमपंथी विचारधारा की नेत्री थीं। 1933 में कांग्रेस पार्टी की अध्यक्षा चुनी गयी तथा 'कलकत्ता को-ऑपरेशन' की 'एल्डरमैन' बनीं।

- **रेहाना तैय्यबजी (1900-1975)**

रेहाना साबरमती आश्रम से तथा गांधी जी के साथ सक्रिय रूप से जुड़ी रहीं। इन्होंने 'बाँटो और शासन करो' की ब्रिटिश नीति का विरोध किया। ये प्रथम मुस्लिम महिला थीं जिन्होंने कांग्रेस अधिवेशन में 'वन्दे मातरम्' का गायन किया।

- **राजकुमारी अमृत कौर (1889-1964)**

ये कपूरथला राजघराने से सम्बन्धित थी। ये 1930 के सत्याग्रह तथा 1942 के भारत छोड़ो आन्दोलन से जुड़ी रही। ये 'अखिल भारतीय महिला सम्मेलन' तथा 'भारतीय बाल कल्याण परिषद्' की संस्थापक थीं। ये स्वतंत्र भारत की प्रथम स्वास्थ मंत्री थी।

- **सरला देवी चौधरानी**

आप एक समाज सुधारक थीं जिन्होंने महिला हित के लिए आवाज उठायीं। 1910 में इलाहाबाद में 'भारत स्त्री मण्डल' की स्थापना की। यह महिलाओं की प्रथम सार्वजनिक संस्था थी।

- **सुचेता कृपलानी**

एक समाजवादी, जो जयप्रकाश नारायण से जुड़ी हुयी थीं। 'भारत छोड़ो आन्दोलन' में आपने बढ़-चढ़कर हिस्सा लिया। उत्तरप्रदेश की पहली मुख्यमंत्री बनीं।

- **सरोजनी नायडु (1879-1949)**

कई ज्वलन्त विषयों पर इनके द्वारा लेख लिखे गये। ये 'भारत कोकिला' के नाम से भी प्रसिद्ध हैं। इन्होंने गांधी जी के सभी कार्यक्रमों में भाग लिया (दांडी मार्च सहित)। ये उत्तर प्रदेश की प्रथम राज्यपाल थी।

- **सुभद्रा कुमारी चौहान (1904-1948)**

'झांसी की रानी' नामक कविता द्वारा इन्हें प्रसिद्धी मिली। ये जन्मजात कवयित्री व लघु कथाकार थीं। ये एक महान समाज सुधारक थी जिन्होंने राष्ट्रवादी कविताओं की रचना लोगों में राष्ट्रवादी भावनाओं को जागृत करने के लिए स्वतंत्रता संघर्ष के दौरान की।

- **उषा मेहता**

ये बाम्बे की राष्ट्रवादी नेता थीं। भारत छोड़ो आन्दोलन के दौरान 'भूमिगत कांग्रेस रेडियो' के संचालन का कार्य किया।

- **विजयलक्ष्मी पंडित**

ये 1937 के मंत्रलय में एक कैबिनेट मंत्री थी। इन्होंने 'भारत छोड़ो आन्दोलन' में भी भाग लिया। 1946 में संयुक्त राष्ट्र में इन्हें भारत का प्रतिनिधि नियुक्त किया गया। आजादी पश्चात् भारत के राजदूत के रूप में कई देशों में कार्य किया।

- **अलूरी सीताराम राजू (1897-1924)**

इन्होंने आदिवासियों को असहयोग आन्दोलन से जोड़ने में महत्वपूर्ण योगदान दिया। औपनिवेशिक शासकों के विरुद्ध 'आदिवासियों के सशस्त्र विद्रोह (रम्पा विद्रोह)' को संचालित किया।

- **असफाक उल्ला खाँ**

असहयोग आन्दोलन से जुड़े रहे तथा इसकी वापसी से खिन्न होकर, 'हिन्दुस्तान सोशलिस्ट रिपब्लिकन आर्मी' में शामिल हो गये। जिन्होंने 'काकोरी ट्रेन डकैती' में भाग लेने वाले एक धर्म निरपेक्ष देश भक्त थे।

- **भाई परमानन्द (1874-1947)**

इन्होंने अमेरिका में 'गदर पार्टी' की गतिविधियों के संचालन में सहयोग दिया। ये एक कट्टर 'आर्य समाजी' थे। इन्होंने कांग्रेस की उन नीतियों की आलोचना की जिन्हें मुस्लिम विरोधी समझा।

- **बीर सिंह**

कनाडा में गदर पार्टी की गतिविधियों में संलग्न रहे। भारत वापस आने पर 1914 में क्रांतिकारी आन्दोलन को संगठित किया। इन्हें षडयंत्र का दोषी बता कर गिरफ्तार कर लिया गया।

- **भाई बालमुकुन्द (1891-1919)**

ये लाला लाजपत राय के अनुगामी थे लेकिन बाद में लाला हरदयाल और रासबिहारी बोस के क्रांतिकारी विचारों से प्रभावित हुये। ये 'दिल्ली षडयंत्र' में भी शामिल थे।

- **बरिन्द्र कुमार घोष (1880-1959)**

ये अरविन्द घोष के क्रान्तिकारी विचारों से प्रभावित रहे। ये गुप्त संगठन 'अनुशीलन समिति' के संस्थापक सदस्यों में से एक थे। इन्होंने 'युगान्तर' नामक साप्ताहिकी की शुरुआत करने में मदद की।

- **भगत सिंह**

एक क्रान्तिकारी जो लाला लाजपतराय की हत्या का बदला लेने के लिए 'सान्डर्स' नामक पुलिस अधिकारी की गोली मार कर हत्या कर दी। दो सरकारी विधेयकों के विरोध में 'केन्द्रीय विधान सभा' में बम फैंका जिनके लिए इन्हें गिरफ्तार कर लिया गया और 'लाहौर षडयंत्र केस' में इन्हें दोषी करार कर फांसी की सजा दे दी गयी।

- **चन्द्र शेखर आजाद**

एक क्रान्तिकारी नेता थे जिन्होंने 'काकोरी ट्रेन डकैती' में भाग लिया। बाद में इन्होंने फ्हिन्दुस्तान सोशलिस्ट रिपब्लिकन आर्मी' के सैन्य दल का नेतृत्व किया। बाद में अंग्रेजों के खिलाफ लड़ते हुए इलाहाबाद के 'अल्फ्रेड पार्क' में अपने आप को गोली मारकर अपनी ईह लीला समाप्त कर ली।

- **डॉ. चम्पक रमन पिल्लई (1891-1934)**

इन्होंने ज्युरिख में 'अन्तर्राष्ट्रीय भारत सहयोग समिति' का गठन किया और जर्मनी में 'भारतीय राष्ट्रीय वालेन्टियर सेना' बनायी। इन्होंने

बर्लिन में 'भारतीय राष्ट्रीय पार्टी' की भी स्थापना की। एडोल्फ हिटलर द्वारा भारत विरोधी वक्तव्य देने के कारण हिटलर से भी इनका वैचारिक मतभेद हुआ।

- **चापेकर बन्धु**
  रामकृष्ण, दामोदर और वासुदेव चापेकर इन तीनों भाइयों ने अंग्रेजी शासन व्यवस्था को उखाड़ फेंकने हेतु सैन्य शिक्षण संस्थान का गठन किया। इनके द्वारा 'प्लेग अधिकारी रैंड' की, की गई हत्या भारत की प्रथम राजनीतिक हत्या थी।

- **गणेश शंकर विद्यार्थी**
  इन्होंने कानपुर से साप्ताहिक समाचार पत्र 'प्रताप' का प्रकाशन किया। ये धर्मनिरपेक्ष विचारधारा वाले व्यक्ति थे, जिन्होंने किसानों व मजदूरों के हितों पर अनेक लेख लिखे।

- **जतिन्द्र नाथ मुखर्जी (1880-1915)**
  क्रान्तिकारी आन्दोलन से जुड़कर बंगाल और बिहार के क्रान्तिकारी आन्दोलन को जारी रखें। ये 'समसुल आलम कांड' व 'हावड़ा षडयंत्र' में भी संलग्न रहे। इनका उपनाम 'वाध जति' था।

- **जतिन्द्र नाथ दास (1904-1924)**
  आप 'हिन्दुस्तान सोशलिस्ट' से सम्बन्धित थे जिन्हें 'लाहौर षडयंत्र कांड' में गिरफ्तार किया गया था। 63 दिनों का भुख हड़ताल रखने के दौरान जेल में इनकी मृत्यु हो गयी।

- **खुद्दीराम बोस (1889-1908)**
  'स्वदेशी आन्दोलन' में भाग लिए तथा एक क्रान्तिकारी दल में शामिल हो गये। इन्होंने बंगाल के राज्यपाल व मुजफ्फरपुर के सत्र न्यायाधीश किंग्सफोर्ड पर हमले की योजना को अंजाम दिया।

- **लाला हरदयाल (1884-1939)**
  इन्होंने सैन फ्रांसिस्कों में 'गदरपार्टी' की स्थापना में सहायता की जो कि प्रथम विश्वयुद्ध के दौरान पंजाब में क्रांति लाने में सहायक रहा। बाद में इन्होंने अपने को 'लेखन व पाठन' कार्य में समर्पित कर दिया।

- **मैडम भीकाजी कामा (1861-1936)**
  ब्रिटेन में भारतीय युवाओं के लिए एक प्रेरणा स्रोत थीं। स्टुटगार्ट के कांग्रेस सोशलिस्ट में भाग लिया व 'फ्री इंडिया सोसाइटी' को संगठित किया। इन्होंने अपने क्रान्तिकारी विचारों के प्रसार हेतु 'वन्दे मातरम्' नामक पत्रिका की शुरुआत की।

- **मोहम्मद बरकत उल्लाह**
  ये काबुल की भारत सरकार में कार्यकारी प्रधानमंत्री बने। इन्होंने यूरोप जाकर भारत की स्वतंत्रता के लिए कार्य किये। इन्होंने 'नया इस्लाम' नामक पत्रिका का सम्पादन व प्रकाशन किया।

- **मदनलाल ढींगरा (1887-1909)**
  ब्रिटेन में भारतीय क्रान्तिकारी गतिविधियों में संलग्न रहे व 'इण्डियन होमरुल सोसाइटी', 'अभिनव भारत' और 'इंडिया हाऊस' के क्रियाकलापों में भाग लिया। इन्होंने विलियम कर्जन वेली (भारत मंत्री के सलाहकार) की हत्या कर दी।

- **मनिन्द्र नाथ बनर्जी**
  काकोरी षडयंत्र में शामिल रहे जिन्होंने अपने चाचा जो कि 'काकोरी कांड' की जांच कर रहे थे कि हत्या कर दी। इनकी मृत्यु जेल में अमानवीय प्रताड़ना के खिलाफ 66 दिनों का भुख हड़ताल रखने के दौरान हुई।

- **एन.एम. जोशी (1875-1955)**
  मजदूर नेता जिन्होंने 'अखिल भारतीय मजदूर संघ' परिसंघ की स्थापना की। मजदूर कल्याण हेतु कई कानूनों को पारित करवाने में इनका महत्वपूर्ण योगदान रहा। 1947 के केन्द्रीय वेतन आयोग के सदस्य रहे।

- **राम प्रसाद बिस्मिल (1907-1927)**
  ये हिन्दुस्तान रिपब्लिकन एसोसिएशन के सदस्य रहे। काकोरी ट्रेन डकैती में भी शामिल थे। इनकी रचना 'सरफरोशी की तमन्ना' स्वतंत्रता सेनानियों के लिए प्रेरणास्रोत थी।

- **रासबिहारी बोस (1886-1945)**
  दिल्ली में लार्ड हार्डिग्स के काफिले पर बम फैंका व जापान भागकर वहाँ 'भारतीय स्वतंत्रता लीग' बनायी। जापान द्वारा युद्ध बन्दी बनाये गये। भारतीय सैनिकों को एकत्रित कर उन्हें ब्रिटिश शासन के विरुद्ध सशस्त्र विद्रोह हेतु तैयार किया।

- **राजा महेन्द्र प्रताप (1886-1964)**
  1915 में काबुल के स्वतंत्र भारत की 'कार्यकारी सरकार की स्थापना' की। ये तकनीकी व व्यवसायिक शिक्षा के समर्थक थे तथा इन्होंने वृन्दावन में 'प्रेम विद्यालय' को स्थापना की। अपनी रियासत में इन्होंने जमींदारी प्रथा समाप्त कर दी थी।

- **राजेन्द्र नाथ लाहड़ी (1898-1927)**
  'हिन्दुस्तान रिपलब्लिकन एसोसिएशन' के प्रमुख सदस्य थे। 'काकोरी टेऊन डकैती' में महत्वपूर्ण भूमिका अदा की जिसके कारण इन्हें फांसी दे दी गयी।

- **सोहन सिंह भाखना (1870-1968)**
  इन्होंने अमेरिका व कनाडा में भारतीयों की मदद से 'हिन्द एसोसिएशन ऑफ पैसेफिक कोस्ट' की स्थापना की। ये 1917 के 'कामा गाटा मारु जहाज घटना' से भी सम्बद्ध थे। इन्होंने '*गदर*' नामक पत्रिका का प्रकाशन किया जिसमें स्वतंत्रता की मांग को प्रमुखता से रखा गया था।

- **श्यामजी कृष्ण वर्मा**
  इन्होंने लन्दन में 'भारतीय होमरुल सोसाइटी' की स्थापना की व साथ ही 'इंडिया हाऊस' की भी स्थापना की। 'इण्डियन सोशलिस्ट' नामक अखबार की शुरुआत की। इनकी बढ़ती हुई क्रान्तिकारी गतिविधियों ने ब्रिटिश सरकार के ध्यानाकर्षण का कारण बनीं।

- **सोहन लाल पाठक (1883-1916)**
  एक क्रान्तिकारी नेता जो 'गदर पार्टी' से जुड़े थे। इन्होंने बर्मा, सिंगापुर और मलय के ब्रिटिश सेना में भारतीय सैनिकों को उकसाने का कार्य किया जिसके कारण इनको गिरफ्तार कर फांसी दे दी गयी।

- **शिवराम राजगुरु**
महाराष्ट्र के क्रान्तिकारी जिन्हें 'लाहौर षडयंत्र कांड' में शामिल होने के कारण गिरफ्तार कर भगत सिंह और सुखदेव के साथ फांसी पर लटका दिया गया।

- **सचिन्द्र नाथ सान्याल (1895-1945)**
इन्होंने 7वीं राजपूत रेजीमेन्ट के विद्रोह को संगठित करने में प्रमुख भूमिका अदा की जिसके कारण इन्हें गिरफ्तार कर लिया गया और काला पानी की सजा दे दी गयी। अपने छूटने के बाद 'हिन्दुस्तान रिपब्लिकन एसोसिएशन' की स्थापना की। इन्हें 'काकोरी षडयंत्र कांड' में मृत्यु दंड दिया गया।

- **सूर्य सेन (1894-1934)**
चटगांव के क्रान्तिकारी जिन्होंने 'भारतीय रिपब्लिकन आर्मी' का गठन किया और दो सरकारी शस्त्रगारों को लूटा। 'भारतीय रिपलब्लिकन आर्मी' ने चटगांव पर नियंत्रण कर राष्ट्रीय सरकार का गठन किया। सूर्य सेन को गिरफ्तार कर फांसी दे दी गयी।

- **तारकनाथ दास**
1907 में कैलिफोर्निया में 'इण्डियन इन्डिपेन्डेन्स लीग' की स्थापना की और अमेरिका में रह रहे भारतीयों के मध्य क्रान्तिकारी विचारों को फैलाने के लिए 'फ्री हिन्दुस्तान' नामक अखबार को प्रकाशित किया।

- **उधम सिंह (1899-1940)**
ये पंजाब के क्रांतिकारी थे। इन्होंने 'जलियाँवाला बाग हत्या कांड' में मारे गये निर्दोष लोगों का बदला लेने हेतु उसके जिम्मेदार जनरल 'माइकल ओ डायर' को लन्दन जाकर मारा।

- **वीरेन्द्रनाथ चट्टोपाध्याय**
ये 'बर्लिन कमेटी' में शामिल हुए और 'तलवार' नामक पत्रिका को पेरिस से चलाया। बाद में इन्होंने 'गन्धर्व महाविद्यालय' की स्थापना की व संगीत उत्थान में महत्वपूर्ण योगदान दिया।

- **विनायक दामोदर सावरकर (1883-1966)**
प्रारम्भिक क्रान्तिकारियों में से एक जिन्होंने 'मित्र मेला' की स्थापना की जो बाद के विद्रोह को प्रथम स्वतंत्रता संग्राम का नाम दिया, बाद में हिन्दु महासभा के अध्यक्ष बने।

- **बी.वी. सुब्रमणयम अय्यर**
एक क्रान्तिकारी थे, अभिनव भारत सोसायटी के उपाध्यक्ष थे और एमर्सन के 'सेल्फ कान्फिडेन्स' का अनुवाद किया। इन्होंने नेपोलियन और गैरीबाल्डी की जीवनी लिखी।

- **अजीम उल्ला खां**
नाना साहब के प्रतिनिधि थे। इंग्लैंड जाकर इन्होंने नाना साहब की पेन्शन बढ़ाने के लिए अपील की। अपनी वापसी के दौरान इन्होंने फ्रांस और क्रीमिया की यात्रा की। 1857 के विद्रोह में कानुपर के विद्रोहियों को संगठित कर विद्रोह का संचालन किया।

- **बहादुर शाह जफर**
भारत के अन्तिम मुगल शासक थे जिनके नाम पर '1857 के विद्रोह' में सिपाही एकत्र हुए। विद्रोह को दबाने के बाद ब्रिटिश शासन ने इन्हें देश निकाला देकर 'रंगून' भेज दिया।

- **बख्त खां**
इन्होंने बरेली में सिपाहियों का नेतृत्व किया। दिल्ली पहुँचने पर विद्रोह की बागडोर अपने हाथ में ले ली, 'सैनिक दरबार' का गठन किया और स्थानीय सिपाहियों का समर्थन भी प्राप्त किया।

- **बेगम हजरत महल**
अवध के आखरी नवाब की बेगम थी। हड़प नीति के तहत् डलहौजी अवध का विलय चाहता था जिसके विरुद्ध इन्होंने 1857 के विद्रोह में सक्रिय भूमिका निभायी। इन्होंने अंग्रेजों से कड़ा संघर्ष किया परन्तु लखनऊ की हार के बाद वे काठमांडु चली गयीं।

- **कुंवर सिंह**
कुंवर सिंह आरा के बेदखल जमींदार थे। इन्होंने अंग्रेजों को कड़ी चुनौती दी तथा कई स्थानों पर उनको पराजित किया।

- **मंगल पाण्डे**
ये 1857 के विद्रोह के प्रथम शहीद थे। ये '34वीं सैन्य बटालियन' के सिपाही थे जो बैरकपुर में थी। इन्होंने चर्बी वाले कारतूसों का विरोध किया था।

- **नाना साहब**
पेशवा बाजीराव द्वितीय के दत्तक पुत्र थे। जिन्होंने अपने पद की गरिमा के क्रमिक ह्रास का विरोध किया। मराठा गौरव की वापसी हेतु विद्रोह किया तथा 1857 की क्रांति को संगठित करने में महत्वपूर्ण भूमिका अदा की।

- **रानी लक्ष्मीबाई**
ये झाँसी के शासक गंगाधर राव की पत्नी थी। विलय नीति के तहत इन्हें पेन्शन याफ्ता कर दिया गया। इन्होंने झाँसी के समर्पण से इन्कार किया तथा अंग्रेजों के साथ वीरता पूर्वक युद्ध करते हुए 'ग्वालियर' में वीरगति को प्राप्त हुई।

- **तांत्या टोपे**
इनका वास्तविक नाम 'रामचन्द्र पाण्डुरंग' था। इन्हें 'गोरिल्ला युद्ध पद्धति' में महारत हासिल थी तथा इन्होंने नाना साहब तथा झाँसी की रानी का सहयोग ह्यू रोज के खिलाफ लड़ने में किया। विद्रोह के समस्त महत्वपूर्ण नेताओं के पकड़े जाने या वीरगति के प्राप्त होने पर भी इन्होंने अपना संघर्ष जारी रखा।

- **वीर सुरेन्द साई**
सुरेन्द्र साई के प्रयासों के कारण 1857 का विद्रोह 1862 तक उड़ीसा के सम्भलपुर में चलता रहा। इन्होंने 1857 से पूर्व विद्रोह करना प्रारम्भ किया था।

- **आशुतोष चौधरी (1864-1924)**
  ये महान शिक्षाविद जिन्होंने 'तकनीकी प्रधान शिक्षा प्रणाली' का समर्थन किया जो कि भारत के औद्योगिक विकास के लिए आवश्यक था। 1906 में इन्होंने 'राष्ट्रीय शिक्षा परिषद्' के गठन में सहयोग दिया।

- **डॉ. आत्माराम पांडुरंग**
  ये महाराष्ट्र के एक सामाजिक धार्मिक सुधारक थे जिन्होंने 'प्रार्थना समाज' की स्थापना की। इन्होंने विधवा पुनर्विवाह, महिला शिक्षा व शादी की उम्र वृद्धि हेतु कार्य किया। इन्होंने जाति प्रथा का भी विरोध किया।

- **बालीराम केशवराव हेडगेवार (1899-1940)**
  ये कांग्रेस व तिलक के 'होमरुल लीग आन्दोलन' से जुड़े हुए थे। 1925 में 'राष्ट्रीय स्वयं सेवक संघ' (RSS) की स्थापना के बाद प्रकाश में आये।

- **बी.आर. अम्बेडकर (1891-1956)**
  ये एक दलित वर्ग के नेता थे जिन्होंने 'दलित वर्ग संस्थान (बहिस्कृत हितकारी सभा)' व 'समाज समता संघ' की स्थापना की। इन्होंने भारतीय संविधान का प्रारूप तैयार किया व स्वतंत्र भारत के प्रथम कानून मंत्री बने।

- **सी.एफ. एन्ड्रयूज**
  'दीनबन्धु' के नाम से प्रसिद्ध थे। ये भारत में शैक्षणिक, सामाजिक व राजनीतिक आधुनिकता लाने के लिए समर्पित थे। फिजी में बंधुआ मजदुरी को खत्म कराने में इनका योगदान रहा। ये गांधी जी के विचारों से प्रभावित थे तथा उनके संरचनात्मक कार्यों के समर्थक थे।

- **डेविड हेयर (1775-1842)**
  ये एक स्काटिश थे जिन्होंने भारत में पश्चिमी शिक्षा के प्रसार में अग्रणी भूमिका अदा की। बंगाल के युवाओं में स्वतंत्रता व तार्किकता की भावना के प्रसार हेतु खुद को को 'युवा बंगाल आन्दोलन' से जोड़े।

- **देवेन्द्र नाथ टैगोर**
  'तत्वबोधिनी सभा' के संस्थापक थे। ये ब्रह्म समाज से भी जुड़े रहे व कलकत्ता में एक 'ब्रह्म स्कूल' की स्थापना की। इन्होंने '*तत्वबोधिनी पत्रिका*' की शुरुआत की।

- **दयानन्द सरस्वती**
  'आर्य समाज' के संस्थापक थे, इन्होंने 'वेदों की ओर लौटो' का नारा दिया। इन्होंने 'संगठन व शुद्धि आन्दोलन' की शुरुआत की। महिलाओं को समान दर्जा दिलाने की वकालत की तथा छुआछूत की आलोचना की।

- **डी.के. कर्वे (1858-1962)**
  इन्हें 'अन्ना साहेब महाऋषि' के नाम से जाना जाता है। 'विधवा उत्थान' हेतु ये समर्पित रहे। 1916 में इन्होंने 'प्रथम महिला विश्वविद्यालय' की स्थापना की। इन्हें अपने योगदान हेतु 'भारत रत्न' व 'पद्म विभूषण' से सम्मानित किया गया।

- **ई.वी. रामा स्वामी नायकर (1879-1973)**
  इन्हें 'पेरियार' के नाम से भी जाना जाता है। निम्न तबके के उत्थान हेतु नि:स्वार्थ भाव से कार्य किया। इन्होंने ब्राह्मण प्रभुत्व को नकारते हुए 1925 में 'आत्म सम्मान आन्दोलन' की शुरुआत की तथा '*कुदी अरासु*' नाम की पत्रिका निकाली।

- **गोपाल हरि देशमुख 'लोकहितवादी' (1823-1982)**
  इन्होंने आधुनिकता, धर्मनिर्पेक्षता, मानवीय मूल्यों व तार्किक सिद्धान्तों पर भारतीय समाज के पुनर्गठन की वकालत की। विधवा पुनर्विवाह को प्रोत्साहित करने हेतु इन्होंने 'पुनर्विवाह मण्डल' की स्थापना की। इन्होंने 'लोकहितवाद' नाम से मराठी समाचार पत्र का सम्पादन किया।

- **गुरु राम सिंह**
  खालसा के नैतिक पतन को देखते हुए इन्होंने 'नामधारी आन्दोलन' की शुरुआत की, जातिगत विभेदों को समाप्त करने का प्रयास किया, 'विधवा पुनर्विवाह' का समर्थन किया, 'सती प्रथा' का विरोध किया। इन्होंने 'बाल विवाह', शिशु हत्या, दहेज प्रथा व मदिरा पान के विरुद्ध आवाज उठायी। इनके अनुयायियों को 'कूका' कहा जाता है।

- **गोपाल गणेश अगरकर (1856-1895)**
  एक समाज सुधारक, पत्रकार और एक शिक्षाविद थे जिन्होंने तिलक के साथ *मराठा* और *केसरी* नामक पत्रिकाएँ चलायीं। इन्होंने अपने स्वयं की एक साप्ताहिक 'सुधारक' की शुरुआत की तथा पूना में 'फार्ग्युसन कॉलेज' की स्थापना की।

17. **हर विलास शारदा (1867-1955)**
  ये आर्य समाजी थे। इन्होंने सामाजिक क्षेत्र में वैधानिक प्रक्रियाओं के क्रियान्वयन में महत्वपूर्ण भूमिका अदा की। इनके अप्रतीम प्रयासों से ही 'बाल विवाह निरोधक अधिनियम, 1930' (शारदा एक्ट) अस्तित्व में आया।

- **हेनरी विवियन डेरोजियो (1809-1831)**
  ये एक आंग्ल भारतीय थे जिन्होंने भारतीय बौद्धिक जीवन को पाश्चात्य विचारों से परिचित कराया। सम्भवत: आधुनिक भारत के प्रथम कवि थे। इन्होंने 'कलकत्ता लाइब्रेरी गजट' व 'हेस्परसस' का सम्पादन किया।

- **ईश्वर चन्द्र विद्या सागर (1820-1891)**
  एक महान विद्वान व लेखक जिन्होंने अपना पूरा जीवन सामाजिक सुधार विशेषकर 'विधवा पुनर्विवाह' और 'नारी शिक्षा' के लिए समर्पित कर दिया। इन्हें 'आधुनिक बंगाली भाषा' का निर्माता कहा जाता है।

- **ज्योतिबा फूले (1827-1890)**
  ये मौलिक व उदारवादी विचारक थे। ये माली जाति के थे। मानव समानता पर बल दिया। 'सत्य शोधक समाज' की स्थापना की व '*सार्वजनिक सत्यधर्म पुस्तक*' और '*गुलाम गीरी*' नामक पुस्तक लिखी।

- **केशव चन्द्र सेन (1838-1884)**
एक सामाजिक धार्मिक सुधारक थे। उनका मानना था कि सभी सामाजिक बदलाव धार्मिक आधार पर ही किये जा सकते हैं। ये 'ब्रह्म समाज' से जुड़े और पूरे भारत में इसका प्रचार किया। बाद में इन्होंने 'नव विधान ब्रह्म समाज' की स्थापना की।

- **एम.जी. रानाडे (1842-1981)**
ये एक सामाजिक-राजनैतिक सुधारक थे जिन्होंने 'भक्ति आन्दोलन' का समर्थन किया तथा जिसने सभी जातियों को समान दर्जा प्रदान किया। समाज सुधार के लिए इन्होंने क्रांति की अपेक्षा मध्यम मार्ग को अपनाने पर जोर दिया।

- **नारायण गुरु**
ये संस्कृत, तमिल और मलयालम के विद्वान थे। इन्होंने दबे तबकों के सामाजिक, आर्थिक, शैक्षणिक व सांस्कृतिक विकास के लिए 1903 में 'श्री नारायण धर्म परिपालन योगम्' की स्थापना की। इन्होंने अन्तर्जातीय विवाह की वकालत की तथा वर्गविहीन समाज के लिए कार्य किया।

- **पण्डिता रमाबाई (1858-1922)**
ये हिन्दू धार्मिक रीति रिवाजों की आलोचक थीं इन्होंने महिलाओं को शिक्षा प्रदान करने के लिए 'आर्य महिला समाज' की स्थापना की तथा बाल विवाह का विरोध किया। बाद में इन्होंने इसाई धर्म को अपना लिया तथा 1989 में 'शारदा सदन' की स्थापना की।

- **रामकृष्ण परमहंस (1836-1886)**
परमात्मा के साथ एकत्व का ज्ञान होने पर ये संत हो गये तथा वेदान्त के संदेश को वैश्विक स्तर पर फैलाने का कार्य किया।

- **स्वामी विवेकानन्द (1863-1902)**
ये एक आध्यात्मिक, दार्शनिक तथा समाज सुधारक थे, जिनके उपदेशों ने विश्व भर के लोगों को प्रेरणा प्रदान किया। इन्होंने शिकागो 'विश्व धर्म सम्मेलन' में भाग लिया तथा भारतीय संस्कृति का प्रचार प्रसार किया तथा 'रामकृष्ण मिशन' की स्थापना की।

- **सर्वपल्ली राधा कृष्णन (1888-1975)**
ये एक महान दार्शनिक व शिक्षाविद् थे। इन्होंने दर्शन शिक्षा, आध्यात्म पर कई पुस्तकों की रचना की। ये भारत के प्रथम उप-राष्ट्रपति व द्वितीय राष्ट्रपति थे।

- **सर सैय्यद अहमद खां (1817-1898)**
ये मुस्लिम सुधारक थे जिन्होंने पश्चिमी शिक्षा का समर्थन किया तथा मुस्लिमों में वैज्ञानिक व तार्किक ढंग की सोच को बढ़ावा दिया। इन्होंने 'अलीगढ़ मुस्लिम विश्वविद्यालय' की स्थापना में महत्वपूर्ण योगदान दिया।

- **स्वामी श्रद्धानन्द**
ये स्वामी दयानन्द से प्रभावित थे और आर्य समाज के लिए कार्य करना प्रारम्भ किया। इन्होंने 'गुरुकुल' की स्थापना की तथा रॉल्ट बिल का विरोध किया एवं 'गुरू का बाग' सत्याग्रह में भाग लिया। एक मुस्लिम कट्टरपंथी द्वारा इनकी हत्या कर दी गयी।

- **ठक्कर बापा**
ये 'सर्वेन्स ऑफ इंडिया सोसाइटी' से जुड़े रहे साथ ही साथ दबे तबके के मिशन तथा पूना के विधवा गृह से जुड़े रहे। जमादार वर्ग के लिए सहकारी संस्थाओं का गठन मुम्बई में किया। अस्पृश्यता के खिलाफ कार्य किया।

- **टी.के. महादेवन (1886-1930)**
ये नारायण गुरु के शिष्य थे जो मन्दिर प्रवेश आन्दोलन से जुड़े रहे व वायकोम सत्याग्रह में सहयोगी रहे। इन्होंने भारतीय राष्ट्रीय कांग्रेस के सदस्य के रूप में कई राजनैतिक आन्दोलनों में भाग लिया।

- **वेरियर एलविन**
ये गांधी जी के अंग्रेज अनुयायी थे। ये जनजातियों के उत्थान के लिए कार्य किये इन्होंने 'जन कल्याण केन्द्र' व 'कुष्ठ निवारण केन्द्र' की स्थापना मण्डला (म.प्र.) में की। इन्होंने जनजातीय मुद्‌दों पर भारत सरकार को सलाहें दी।

- **अश्वघोष**
कुषाण शासक कनिष्क के समकालीन थे। इन्होंने '*सरिपुत्रप्रकरण*', '*बुद्धचरित*' की रचना की। कश्मीर में खुलायी गयी चौथी बौद्ध संगति के अध्यक्ष वसुमित्र के सहायक थे।

- **आर्य भट्ट**
चौथी ई. के गणितज्ञ व एक खगोलशास्त्री थे। इन्होंने '*आर्यभट्टीयम्*' और '*सूर्य सिद्धान्तम*' की रचना की। इन्होंने पृथ्वी को वृत्ताकार कहा और कहा कि पृथ्वी अपनी अक्ष पर घुमती है।

- **अबुल फजल**
अकबर के धार्मिक सहिष्णुता की नीति से करीबी रूप से जुड़े हुए थे। ये अपनी किताब '*अकबरनामा*' के लिए जाने गये जो अकबर के बारे में प्रारम्भिक स्रोत हैं।

- **अल्बिरुनी**
एक खगोलवेत्ता, गणितज्ञ, दार्शनिक व लेखक थे। इन्होंने भारतीयता का अध्ययन किया और 11वीं शताब्दी में भारत की आन्तरिक व वास्तविक स्थिति का वर्णन अपनी किताब '*अलबिरुनी का भारत*' में की।

- **आगा खाँ**
मुस्लिम लीग के सहसंस्थापक थे जिन्होंने 1906 से 1913 के मध्य इसकी अध्यक्षता की। भारतीय मुसलमानों में आधुनिक शिक्षा प्रसार का समर्थन किया व मुसलमानों हेतु 'पृथक निर्वाचक मंडल' की सफल मांग की।

- **अब्दुल कादिर बदायूँनी**
ये अकबर के समकालीन थे व कट्टरवादी उलेमा वर्ग से थे। इन्होंने अकबर की उदारवादी नीतियों को गैरइस्लामिक बताते हुए आलोचना की। इन्होंने '*मुन्तखब-उल-तवारिख*' की रचना की।

- **अमीर खुसरो**
ये 13वीं व 14वीं सदी के एक प्रसिद्ध कवि, संगीतज्ञ और इतिहासकार थे। ये लेखन में हिन्दी शैली का प्रयोग करने वाले प्रथम व्यक्ति थे। इन्होंने भारत की तारीफ में बहुत कुछ लिखा। इन्होंने '*खजाइन-उल-फुतुह*' और '*तुगलकनामा*' आदि की रचना की।

- **विरसा मुंडा (1874-1902)**
  एक आदिवासी क्रान्तिकारी नेता थे। मुण्डा लोगों में ये एक भगवान के रूप में जाने जाते थे। उन्होंने जमींदारों, मिशनरियों व सिपाहियों पर बड़े ही योजनाबद्ध तरीके से हमला किया। इनकी मृत्यु जेल में ही कालरा (हैजा) होने से हुई।

- **बेथुन स्कूल**
  कलकत्ता में 1849 में स्थापित जिसका उद्देश्य दबे तबके व निम्न जातियों के उत्थान जैसे संरचनात्मक सामाजिक काम करना था।

- **बीरबल**
  एक ब्राह्मण दरबारी थे, जो सम्राट अकबर के बहुत नजदीक थे। इन्हें 'कविप्रिय' की उपाधि दी गयी थी। ये अकबर के दीन-ए-इलाही से जुड़े हुये थे। ये उत्तरी पश्चिमी सीमा प्रान्त के आदिवासियों से लड़ते हुए मारे गये।

- **बन्दा बहादुर (1670-1716)**
  गुरु गोविन्द सिंह के बाद बन्दा बहादुर ने पंजाब में सिख शासन को बहाल रखने हेतु मुगलों पर आक्रमण जारी रखा। 1715 में फर्रुखसियर की सेना ने पराजित कर बन्दी बना लिया बाद में इनकी हत्या कर दी गयी।

- **ब्रिगेडियर रेह डायर (1864-1927)**
  अमृतसर के जलियाँवाला बाग में निहत्थे लोगों पर गोली चलाने के आदेश देने के कारण कुख्यात थे। इस जनसंहार के बदले में उधम सिंह ने डायर की हत्या लंदन में की।

- **ब्रह्मगुप्त**
  एक भारतीय खगोलशास्त्री व गणितज्ञ थे। ये उज्जैन की वेधशाला के प्रमुख भी थे। इन्होंने '*ब्राह्म स्पुट सिद्धान्त*' व '*खन्डोखाद्य*' की रचना की।

- **बाण भट्ट**
  ये मौखरी राजा हर्षवर्धन द्वारा संरक्षित थे। बाणभट्ट ने अपनी किताब *हर्षचरित* में उस समय का वास्तविक व सटीक विवरण दिया है। इन्होंने *कादम्बरी* की रचना की है।

- **बहाउद्दीन जकारिया (1182-1262)**
  ये सुहरावर्दी सिलसिला की शुरुआत करने वाले एक सूफी थे। इनका सल्तनत काल के शासकों से बहुत अच्छा सम्बन्ध था। चिस्तियों की अपेक्षा इन्होंने (सुहरावर्दी) सांसरिक चीजों में भाग लिया। इल्तुतमिश ने इनको शेख-उल-इस्लाम की उपाधि दी।

- **भवभूति**
  सम्भवत: ये एकमात्र संस्कृत नाट्यकार जिनकी तुलना कालीदास से की जा सकती हैं। ये कन्नौज के शासक यशोवर्मन के दरबारी थे। इन्होंने '*मालतीमाधव*', '*महाबीरचरित*' व '*उत्तर रामचरित*' की रचना की।

- **भोज परमार**
  अपनी महान विद्वता व विद्वानों व लेखकों को संरक्षण देने के कारण अपने समकालीनों से बिल्कुल भिन्न थे। ये वास्तु पर '*समरांग सुत्रधार*' नामक किताब की रचना की।

- **बैरम खाँ**
  ये अकबर के फारसी शिक्षक थे जो हुमायूँ के साथ भारत आये। हुमायूँ की मृत्यु के बाद अकबर के वकील (संरक्षक) के रूप में पुनर्विजित क्षेत्रों के प्रशासन को सुव्यवस्थित किया।

- **चारु मजुमदार (1918-1972)**
  ये नवीन लोकतांत्रिक क्रान्ति के एक प्रमुख प्रवर्तक थे। यह क्रान्ति भारत में गरीबों व भूमिहीनों के सशस्त्र संघर्ष पर आधारित था। ये नक्सलवाद के प्रेरणादायी व कम्युनिस्ट नेता थे।

- **चरक**
  ये एक प्रसिद्ध आर्युर्वेदिक चिकित्सक थे जिन्होंने प्रथम सदी ईसा पूर्व '*चरक संहिता*' की रचना की थी, जिसमें विभिन्न बीमारियों के निदान का वर्णन है।

- **चैतन्य (1485-1533)**
  चैतन्य महाप्रभु जिनका वास्तविक नाम 'विश्वम्भर मिश्र' था, ने एक विशाल आन्दोलन की शुरुआत की। बाद में यह आन्दोलन एक पंथ के रूप में परिणित हो गया। 'चैतन्य आन्दोलन' एक वैष्णव भक्ति आन्दोलन था। इन्होंने वेदों व वेदान्तियों की निन्दा की।

- **डेविड ऑक्टरलोनी**
  मराठाओं के खिलाफ लड़े, आंग्ल-नेपाल युद्ध के दौरान सफल अभियान का नेतृत्व किया। गोरखा सिपाहियों को भारतीय सेना में शामिल किये जाने का श्रेय इन्हीं को दिया जाता है।

- **एडविन लुटियन्स**
  ये ब्रिटिश भारत के राजधानी नई दिल्ली के प्रमुख वास्तुकार थे जिन्होंने नई दिल्ली को आकार दिया।

- **एकनाथ**
  इन्होंने महाराष्ट्र में वैष्णव भक्ति पंथ को पुनर्जीवित किया। ये एक सन्त थे जिन्होंने बताया कि कैसे गृहस्थ जीवन में भी रहकर धर्म के गूढ़ रहस्यों को जाना जा सकता है। जाति व्यवस्था में इनका विश्वास नहीं था।

- **फ्रान्सिस बर्नियर**
  ये एक फ्रान्सीसी यात्री थे जिन्होंने शाहजहाँ के समय भारत यात्रा की। इनकी किताब '*बर्नियर की भारत यात्रा*' में भारत के वास्तविक दशा का सजीव वर्णन है।

- **फाह्यान**
  ये एक चीनी बौद्ध यात्री थे जो चन्द्रगुप्त मौर्य के शासन काल में भारत यात्रा की। इन्होंने सभी पवित्र बौद्ध तीर्थों की यात्रा की व कई आयामों से बौद्ध दर्शन का अध्ययन किया।

- **गुलाम गिरि**
  यह ज्योतिबा फूले द्वारा मराठी में लिखित किताब है। इसमें ब्राह्मणों व साहुकारों द्वारा दबे तबकों का किये जा रहे शोषण का विरोध किया गया है।

- **गुलबदन बेगम**
  बाबर की पुत्री थी जिन्होंने अकबर के अनुरोध पर '*हुमायूँनामा*' लिखी। यह मुगल काल की एक मात्र किताब थी जो मुगल हरम की सीधी जानकारी देने का स्रोत है।

- **गुरु ग्रन्थ साहेब**
  पांचवें गुरु अर्जुन देव द्वारा संकलित सिखों का एक पवित्र ग्रन्थ है। गुरु गोविन्द साहेब के बाद इस किताब को सिक्खों हेतु सदैव के लिए गुरु रूप में माना गया।

- **सर हारकोर्ट बटलर (1869-1938)**
  ये 'इण्डियन स्टेट कमेटी' के प्रमुख थे जिसका उद्देश्य भारत में ब्रिटिश सरकार व भारतीय रियासतों के सम्बन्धों की जांच करना था। साइमन कमीशन ने समिति को सुझावों के स्वीकृति दी।

- **इल्बर्ट बिल**
  इस बिल का नाम उस समय के कानून मंत्री सी-इल्बर्ट के नाम पर पड़ा। इस बिल में प्रावधान था कि किसी अंग्रेज या युरोपियों पर चल रहे मुकदमें का सुनवायी भारतीय न्यायधीश भी कर सकते हैं, जिसका युरोपीय लोगों ने विरोध किया।

- **इब्नबतूता**
  ये एक मोरक्को यात्री थे जिन्होंने मुहम्मद बिन तुगलक के समय भारत यात्रा की जिसने इनको काजी पद पर नियुक्त किया था। अपनी मोरक्को वापसी के बाद इन्होंने बहुत प्रसिद्धि हासिल की व किताब-उल-रेहला नामक किताब की रचना की।

- **जॉन साइमन**
  1919 के सुधारों की सफलता की जांच व भविष्य में भारतीय शासन में किये जाने वाले सुधारों के सुझाव हेतु ब्रिटिश संसद द्वारा बनाये गये आयोग के अध्यक्ष थे।

- **जेम्स विल्सन**
  भारत के वायसराय की कार्यकारिणी के प्रथम वित्तीय सदस्य थे जिन्होंने 1860 में भारत का प्रथम बजट प्रस्तुत किया।

- **सवाई जय सिंह**
  ये 18वीं सदी में आमेर के राजा थे जो एक महान निर्माता थे। आधुनिक शहर जयपुर की स्थापना की। खगोल विद्या में इनकी बहुत रूचि थी व इन्होंने दिल्ली, बनारस, मथुरा, जयपुर व उज्जैन में जन्तर-मन्तर (वेधशालाओं) का निर्माण करवाया।

- **जयदेव**
  एक प्रसिद्ध संस्कृत कवि थे जिन्होंने 12वीं सदी में गीत गोविन्द की रचना की। ये सेन शासक लक्ष्मण सेन के समकालीन थे।

- **जैन-उल-आबिदीन**
  ये कश्मीर के एक उदार शासक थे जिसने धार्मिक सहिष्णुता की नीति को बढ़ावा दिया व साहित्य को संरक्षण प्रदान किया, जिसके कारण इनको कश्मीर का अकबर भी कहा जाता है।

- **कबीर**
  ये निर्गुण पन्थ के भक्ति संत व कवि थे। ये बुनकर जाति से थे। हिन्दु व मुसलमान दोनों समान रूप से इनका सम्मान करते थे। इन्होंने समाज में प्रचलित अन्यान्स मिथ्याडंबरों का विरोध किया व गुरु के महत्व पर बल दिया।

- **ख्वाजा मोईनुद्दीन चिश्ती**
  ये भारत आने वाले प्रथम सूफी थे जिन्होंने सूफियों के चिश्ती सिलसिला को भारत में चलाया। इनकी प्रसिद्ध दरगाह अजमेर में है जिसे अजमेर शरीफ कहते हैं।

- **कोटा पेन्टिंग्स**
  यह मुगल शैली से प्रभावित थी। इसके महत्वपूर्ण चित्र राजकुमारों का चित्रंकन व शिकार करने का चित्रण है। इस पेंटिंग में मनुष्य की तुलना में प्राकृतिक चित्रों पर बल दिया गया है।

- **लार्ड पैथिक लारेन्स**
  ये एटली के कैबिनेट में भारत मंत्री की हैसियत से भारत को जल्दी आजादी दिलाने के लिए प्रयासरत थे। 1946 में कैबिनेट मिशन के सदस्य के रूप में भारत आये।

- **शेख मुहम्मद अब्दूल्ला (1905-1982)**
  इन्हें कश्मीर का शेर कहा जाता है। ये भारत में कश्मीर के विलय में महत्वपूर्ण भूमिका अदा की। इन्होंने 'नेशनल कांफ्रेंस' की स्थापना की व आजादी के बाद जम्मू-कश्मीर के प्रथम मुख्यमंत्री बने।

- **मदर टेरेसा (1910-1997)**
  जात-पात धर्म व राष्ट्रीयता का भेदभाव किये बिना इन्होंने जरुरतमंदों व बिमार लोगों की सेवा की। इन्हें 'अब तक की महानतम् समाज सेविका' कहा गया। इन्हें शान्ति के लिए नोबेल पुरस्कार व भारत रत्न से सम्मानित किया गया।

- **मणि मेखलई**
  सतनार द्वारा लिखित पुस्तक जिसमें मणि मेखलई नामक महिला के शील के रक्षा राजकुमार उदय कुमार ने की। यह संगम काल का एक महाकाव्य है।

- **मिनहाज-उस-शिराज**
  सल्तनत काल के प्रसिद्ध इतिहासकार जिन्हें नासिरुद्दीन के शासन में प्रमुख काजी के पद पर नियुक्त किया गया। इन्होंने अपनी किताब *तबकात-ए-नासिरी* में सल्तनत काल के राजनीतिक इतिहास की विवेचना की है।

- **मिर्जा हैदर दोगलत**
  ये बाबर के चचेरे भाई थे जो कश्मीर के शासक बने। इन्होंने मध्य एशिया व मुगल के इतिहास के बारे में एक किताब लिखी जिसका नाम *तारिख-ए-रशीदी* था।

- **नूरजहाँ**
  इनका विवाह 1611 ई. में मुगल बादशाह जहांगीर से हुआ था। ये मुगल दरबार की राजनीति में भाग लेती थी। भारतीय फैशन को बहुत-सी चीजें इन्होंने दीं।

- **नामदेव**
ये पेशे से दर्जी थे जो महाराष्ट्र में भक्ति मार्ग के एक महान कवि हुए। गुरु ग्रन्थ साहिब में इनके कृतियों से कई पद्य लिये गये हैं।
- **पाउलो दी वार्टोलोम्यु एवीटेबिल (1791-1880)**
नेपल्स युद्ध व पर्सियन सेना में काम करने के बाद रणजीत सिंह के यहाँ नौकरी की। 1934 में पेशावर के गवर्नर नियुक्त हुए तथा जब अफगान युद्ध हारकर ब्रिटिश सेना वापस लौट रही थी तो उनकी मदद की।
- **राबर्ट क्लाईव (1725-1774)**
प्लासी के युद्ध में सिराजुद्दौला को पराजित कर इन्होंने भारत में ब्रिटिश शासन को सुनिश्चित किया। भारत में बहुत अधिक धन इकट्ठा करने के कारण इन पर ब्रिटेन में संसदीय जांच बिठायी गई। इन्होंने 1774 में आत्महत्या कर ली।
- **रैम्से मैकडोनाल्ड**
ये ब्रिटेन के कंजर्वेटिव पार्टी से प्रधानमंत्री थे। द्वितीय गोलमेज सम्मेलन के बाद इन्होंने साम्प्रदायिक अधिनिर्णय की घोषणा की जिसमें भिन्न-भिन्न सम्प्रदायों व धर्मों तथा जातियों के लिए पृथक निर्वाचक मंडल की व्यवस्था थी।
- **राजशेखर**
प्रतिहार राजा महेन्द्रपाल के दरबार में प्रसिद्ध कवि व नाट्यकार थे। इन्होंने संस्कृत में तीन तथा प्राकृत में एक नाटक की रचना की।
- **रामानन्द**
रामानन्दी पंथ की स्थापना की। इन्होंने जातीय भेदभाव का पुरजोर विरोध किया और अपने पंथ में सभी जातियों, सम्प्रदायों व लिंगों के लिए खोल दिया। रामानन्दी पन्थ उत्तर भारत में और कई पन्थों व आन्दोलनों को जन्म देने में मदद की।
- **रविदास**
ये मोची जाति के थे। इन्होंने 'सतनामी पंथ' की स्थापना की। इन्होंने ईश्वर को समर्पित भजन की रचना की जो कि हिन्दी साहित्य से काफी प्रभावित था और इनमें से कुछ भजन गुरु ग्रंथ साहेब में भी संकलित किया गया। मीराबाई इनकी शिष्या थी।
- **सर स्टफोर्ड रिचर्ड क्रिप्स (1859-1956)**
लेबर पार्टी के नेता थे जो भारत में संवैधानिक सुधारों के लिए प्रतिबद्ध थे। ये 1942 में राष्ट्रवादियों व सरकार के बीच उत्पन्न कठिन परिस्थितियों को सुलझाने भारत आये। इनके सुझावों को नकार दिया गया।
- **सिकन्दर जिन्ना पैक्ट**
1942 में सिकन्दर हयात खान और जिन्ना के मध्य यह समझौता हुआ कि जिन्ना सिकन्दर का पंजाब में समर्थन करेंगे तथा सिकन्दर पाकिस्तान की मांग में जिन्ना का।
- **शंकराचार्य**
9वीं सदी में इन्होंने हिन्दुत्व को पुनर्जीवित किया तथा इसे अद्वैत वेदान्त द्वारा एक दार्शनिक आधार प्रदान किया। उपनिषद ब्रह्मसूत्र व गीता पर भाष्य लिखे तथा भारत में चारों दिशाओं (शृंगेरी, बद्रीनाथ, पुरी द्वारका) में चार मठों की स्थापना की।
- **सुश्रुत**
ये एक चौथी शताब्दी ई. पूर्व के चिकित्सक थे जिन्होंने 'सुश्रुत संहिता' की रचना की जिसमें लगभग 1100 बिमारियों तथा उनके लक्षणों का वर्णन किया गया है।
- **सूरदास (1436-1533)**
इन्होंने भगवान कृष्ण की भक्ति गीतों को गाकर उत्तर प्रदेश में कृष्ण भक्ति की धारा को प्रवाहित किया। इनकी कृतियां 'सूर सागर' व 'सूर सरावली' आदि है।
- **तुकाराम**
ये शिवाजी के समकालीन व पन्ढारपुर के विट्ठल महाराज के परमभक्त थे। मराठा राष्ट्रवाद की पृष्ठभूमि तैयार करने का श्रेय इन्हीं को जाता है।
- **विष्णु दिगम्बर पुलस्कर**
इन्होंने गन्धर्व महाविद्यालय की स्थापना की। ये महान संगीतज्ञ थे, जिन्होंने संगीत की स्थिति को सुधारने में महत्वपूर्ण योगदान दिया।
- **वराहमिहिर**
उज्जैन के निवासी व प्रसिद्ध खगोलशास्त्री जिन्होंने खगोलशास्त्र पर *पंचसिद्धान्तिका, लघुजातक, वृहदसंहिता* आदि पुस्तकों को लिखा।
- **सर विलियन कनिंघम**
ये भारतीय पुरातत्व विज्ञान के जनक कहे जाते हैं। 1862 में भारत सरकार ने पुरातत्व सर्वेक्षक पद को सृजन किया जिस पर इनको नियुक्त किया गया।
- **विलियम कैरी (1761-1833)**
ये वापिस्ट मिशनरी से जुड़े रहे तथा इन्होंने बंगाली एवं अन्य भारतीय भाषाओं में *बाईबल* का अनुवाद किया। बाद में ये फोर्ट विलियम कॉलेज में संस्कृत व बंगाली के प्राध्यापक रहे।
- **विलियम जोन्स**
ये कलकत्ता उच्चतम न्यायालय के न्यायाधीश तथा भारतीय संस्कृति व सभ्यता के विद्वान थे। इन्होंने कालिदास के '*अभिज्ञान शाकुन्तलम्*' तथा '*गीत गोविन्द*' व मनु के धर्मशास्त्र का भी अंग्रेजी में अनुवाद किया था। इन्होंने 'एशियाटिक सोसायटी ऑफ बंगाल' की भी स्थापना की।
- **वॉवेल (1883-1950)**
फील्ड मार्शल लॉर्ड आर्चीबल्ड पर्सिवल वॉवेल 1934 से 1947 तक भारत के वाइसराय रहे। ये ये एक अच्छे सैनिक थे। इन्होंने कांग्रेस व मुस्लिम लीग के बीच समझौते के लिए एक योजना भी दी थी, परन्तु लीग के कठोर रुख के कारण यह सफल नहीं हो सकी।
- **वेबमिलर**
एक अमेरिकी पत्रकार जिन्होंने नमक सत्याग्रह के दौरान गांधीजी के साथ कार्य किया। इन्होंने '*धरसाना*' में पुलिस द्वारा कांग्रेसी कार्यकर्ताओं पर किये गये अत्याचारों के बारे में लिखा था।

- **जिया-उद्दीन बरनी**
ये सल्तनत काल के प्रसिद्ध इतिहासकार थे जो मोहम्मद-बिन-तुगलक और खलजी शासन में महत्वपूर्ण पदों पर रहे। इनकी प्रमुख पुस्तकें '*तारीख-ए-फिरोशाही*' तथ '*फुतुहात-ए-जहाँगीरी*' हैं।
- **नागार्जुन**
इन्होंने बौद्ध दार्शनिक विचारों में नया अध्याय जोड़ा। आपने माध्यमिक मार्ग का प्रतिपादन किया, जो शून्यवाद के नाम से भी विख्यात है।
- **अलवर**
छः से नौवीं सदी के बीच दक्षिण भारत में वैष्णव धर्म का भक्ति एवं प्रेम के द्वारा प्रचार करने वाले संतगण।
- **हेमचंद्र**
बारहवीं सदी के महान जैन विद्वान, जिन्हें गुजरात के चालुक्य राजा कुमारपाल के दरबार में आश्रय प्राप्त था।
- **धम्म महामात्र**
सम्राट अशोक द्वारा सृजित इस शासकीय पद पर नियुक्त अधिकारी का कार्य था। जनता के मध्य नैतिक मूल्यों एवं धार्मिक सौहार्द को बढ़ावा देना। इस अधिकारी का एक मुख्य कार्य धम्म का प्रचार करना भी था।
- **असंग**
गुप्तकाल के प्रख्यात बौद्ध संत, विद्वान एवं लेखक। बौद्ध धर्म के योगाचार दर्शन पर इनकी प्रसिद्ध कृति है 'योगाचार भूमिशास्त्र'।
- **अश्वालायन**
प्राचीन काल के लेखक जिनकी रचना '*ग्रहसूत्र*' से इस जमाने में ब्राह्मण धर्म में प्रचलित विभिन्न कर्मकांड एवं रिवाजों के बारे में जानकारी मिलती है।
- **बादरायन**
प्राचीन भारत के धर्मसूत्र लेखक। बाद के काल में शंकराचार्य द्वारा प्रतिपादित वेदांत दर्शन इन्हीं की कृति '*ब्रह्मसूत्र*' पर काफी हद तक आधारित है।
- **बहलोल लोदी**
लोदी वंश का संस्थापक एवं दिल्ली पर शासन करने वाला पहला अफगान राजा। इसी के शासनकाल में जौनपुर दोबारा दिल्ली सल्तनत का हिस्सा बना। इसके समय (1451-1489) बहुत से अफगानी भारत में आकर बसे।
- **भद्रबाहू**
श्रुतकेवलिन का पद प्राप्त करने वाले अंतिम जैन संत। इन्होंने मगध सम्राट चन्द्रगुप्त मौर्य को जैन धर्म में दीक्षित किया था एवं दक्षिण भारत में जैन धर्म के विस्तार में अहम भूमिका निभाई थी।
- **भाष**
प्राचीन भारत के प्रसिद्ध संस्कृत नाट्य लेखक, इन्होनें करीब 13 संस्कृत नाटकों की रचना की—चारुदत्ता, 'स्वप्न-वासवदत्ता' आदि। इनकी लेखन शैली बहुत ही भव्य थी जिसे आज भी संस्कृत विद्वान अपनाते हैं।
- **भास्कराचार्य**
सन् 1114 A.D. जन्में प्रसिद्ध खगोलशास्त्री एवं गणितज्ञ। इनकी प्रसिद्ध रचना है *सिद्धांत शिरोमणि*।
- **भवभूति**
संस्कृत के प्रसिद्ध कवि एवं नाट्कार, इनकी प्रमुख रचनाएँ हैं—*उत्तररामचरित* एवं *मालतीमाधव*। वे कन्नौज के राजा यशोवर्धन के राजकवि भी थे।
- **विल्हण**
वे कल्याणी के चालुक्य नरेश विक्रमादित्य षष्टम् के राजकवि थे, जिनकी प्रशंसा में उन्होनें *विक्रामांक चरित* की रचना की।
- **चक्रपानी**
ग्यारहवीं सदी में बंगाल में निवास करने वाले संस्कृत के विद्वान एवं औषधी विज्ञान के ज्ञाता, इन्होनें चरक एवं सुश्रुत पर टीकाएँ लिखी।
- **चार्वाक**
वे भारतीय दर्शन के भौतिकवाद शाखा के लोकायत के प्रतिपादक थे। इन्होनें वेदों की शिक्षा एवं आत्मा की सत्यता को नकार दिया एवं पुर्नजन्म में भी अविश्वास प्रकट किया। उन्होनें प्रतिपादित किया कि जीवन का ध्येय है सिर्फ आराम एवं मौज-मस्ती।
- **मनु**
प्रसिद्ध संत एवं स्मृतिकार, इनकी कृति मनुसमाहिता था। मनुस्मृति परंपरवादी हिन्दू जीवन के सभी अंगों पर व्याख्या प्रस्तुत करती है।
- **नागसेन**
बौद्ध दार्शनिक, पालि ग्रंथ मिलंद पन्हो में उनके व यवन नरेश मिनांडर के मध्य बौद्ध सिद्धान्तों के वाद विवाद का विवरण है।
- **घनानंद**
अंतिम नंद वंशीय सम्राट जो सिकंदर के भारत अभियान के समय मगध के सिहांसन पर विराजमान था। बाद में इसकी हत्या कर चंद्रगुप्त मौर्य मगध सम्राट बना।
- **शाह मिर्जा (मीर)**
कश्मीर का प्रथम मुस्लिम शासक। सूरत से आकर कश्मीर राज्य में अपनी कार्यक्षमता के बल पर हिन्दू राजा के यहाँ प्रधानमंत्री बना और बाद में सिंहासन हथिया कर 1346 में शम्शुद्दीन के नाम से कश्मीर का सुल्तान बना।
- **हुएन् सांग**
प्रसिद्ध चीनी बौद्ध भिक्षु, जो सम्राट हर्ष के समय भारत भ्रमण पर आए। अपने लंबे प्रवास के दौरान इन्होनें विश्व प्रसिद्ध नालंदा विश्व विद्यालय में शिक्षा ग्रहण की।
- **निकोलो कोंटी**
एक इतावली और यूरोपियन यात्री जिसने सर्वप्रथम विजयनगर का दौरा किया। समकालीन विजयनगर सम्राट देवराय-I (1420-21)

के राज्य एवं वहाँ प्रचलित सती प्रथा का रोचक विवरण प्रस्तुत किया है।

- **ज्ञानदेव**
  तेरहवीं सदी के महाराष्ट्र के शुरूआती भक्ती संत, मराठी भाषा में गीता के ऊपर '*ज्ञानेश्वरी*' नामक टीका की रचना की।

- **नरसिंह मेहता**
  पन्द्रहवीं सदी में गुजरात के प्रख्यात संत, जिन्होनें '*वैष्णव जन तो तैनौ कहिए*' भजन की रचना की, जो बाद में महात्मा गाँधी का प्रिय भजन बना।

- **दादू**
  कबीर की विचारधारा का पालन करने वाले प्रसिद्ध संत। इनके जीवन का मकसद था जगत के सभी धर्मों एवं सम्प्रदायों के प्रेम एवं भाइचारे के बंधन में बाँधना, आपने ब्रह्म सम्प्रदाय की स्थापना की।

- **मलिक मुहम्मद जायसी**
  प्रसिद्ध मुस्लिम कवि जिन्होनें हिन्दी में '*पद्मावत*' की रचना की।

- **महमूद गवाँ**
  ईरानी व्यापारी जो अपनी कार्य क्षमता के बल पर बहमानी साम्राज्य में प्रधानमंत्री के पद तक पहुँचा। इनके कार्यकाल में बहमानी राज्य अपने चरमोत्कर्ष पर पहुँचा एवं इनके बीदर में एक विशाल मदरसे का निर्माण करवाया गया।

- **मालधर बसु**
  इनके द्वारा रचित '*श्रीकृष्ण विजयम्*' मध्यकाल की बंगाली भाषा में प्रसिद्ध रचना है। इन्हें बंगाल के सुल्तान द्वारा 'गुणराज खान' की उपाधि से विभूषित किया गया।

- **वासब्**
  बारहवीं सदी में कर्नाटक मे लिंगायत या वीरशैव धर्म की स्थापना इनके द्वारा की गई, एवं उनके अनुयायी उन्हें भगवान शिव का अवतार मानते थे। इस धर्म ने जातिवाद एवं दूसरी सामाजिक कुरीतियों का विरोध किया।

- **अबदुर रहीम, खान-ए-खाना**
  ये बहरम खान के पुत्र थे एवं अकबर के समय अपने कार्यकौशल की वजह से प्रमुख मनसबदार के रूप में उभरे। उन्होंने बाबरनामा का फारसी में अनुवाद किया।

- **अहिल्या बाई**
  ये मल्हार राव होलकर की विधवा पुत्रवधु थी, एवं उनकी मृत्यु के बाद अहिल्या बाई ने राज्यभार संभाला। अपनी तीस वर्ष के कार्यकाल में (1765-95) इन्होनें बखूबी राज्य का संचालन इंदौर से किया।

- **अलाउद्दीन खिलजी**
  ये जलालउद्दीन खिलजी का भतीजा एवं दामाद था और उसी की हत्या कर दिल्ली का सुल्तान बना (1296-1316)। अलाउद्दीन ने ही पहला सफल मुस्लिम आक्रमण दक्कन पर किया था (1295)

- **मलिक अम्बर**
  ऐबसीनिया का गुलाम जो अपनी कार्यक्षमता की वज से अहमदनगर राज्य में प्रधानमंत्री के पद तक पहुँचा। गुरिल्ला युद्ध पद्धति का उपयोग कर मुगल आक्रमण से अपने राज्य की सुरक्षा की, इसी गुरिल्ला युद्ध पद्धति का उपयोग शिजी बाद में वृहत् स्तर पर किया।

- **अनंत वर्मन चोद गंग**
  पूर्वी गंग वंश के सबसे विश्यात राजा जिन्होनें कालिंग पर 71 वर्ष तक शासन किया। पुरी का जगन्नाथ मंदिर और कोणार्क का सूर्य के निर्माण का श्रेय भी इन्हीं को दिया जाता है।

- **बाजी राव-I**
  अपने पिता बालाजी विश्वनाथ के बाद बाजी राव-I दूसरे पेशवा बने, इन्होंने हिन्दू पद पादशाही के सिद्धांत का प्रतिपादन किया।

- **बंदा बहादुर**
  गुरू गोविंद सिंह की हत्या के बाद वे सिखों के नेता बने। उन्हें मुगल सम्राट फारूखसियार के समय बंदी बनाया गया और फिर बेरहमी से कत्ल कर दिया गया।

- **बाज बहादुर**
  मालवा का शासक जिसे अकबर की सेना ने 1561-62 पराजित किया। इनका रानी रूपमती के साथ प्रेम-प्रसंग प्रसिद्ध है। बाद में इन्हें अकबर के दरबार में उचित स्थान प्राप्त हुआ, वे अपने समय के प्रसिद्ध संगीतज भी थे।

- **बेबादल खान**
  आगरा का प्रसिद्ध जौहरी जिसके मार्गदर्शन में शाहजहाँ के मयूर सिंहासन का निर्माण हुआ।

- **भीम सेन**
  औरंगजेब के समकालीन फारसी भाषा के हिन्दू इतिहासकार, जिनकी प्रसिद्ध रचना है '*बुश्का-ए-दिलकुशा*'।

- **चंदबरदाई**
  ये पृथ्वीराज चौहान III के राजकवि थे। इनकी प्रसिद्ध रचना है *पृथ्वीराज रासो* या *चन्द्रारइसा*, इसमें पृथ्वीराज की विजयों एवं उसका राजकुमारी संयोगिता के प्रति प्रेम का वर्णन है।

- **मीराबाई**
  राजपूत राजकुमारी जो भगवान कृष्ण की सेवा में पूर्ण समर्पित थी, इन्होंने ब्रज भाषा एवं राजस्तानी खड़ी बोली को मिलाकर कृष्ण को समर्पित भजनों की रचना की।

- **मुमताज महल**
  वास्तविक नाम अर्जुमंद बानो बेगम, इनका मुगल सम्राहट शाहजहाँ से निकाह हुआ। इन्हीं के मकबरे पर ताजमहल का निर्माण हुआ।

- **निजामुद्दीन औलिया**
  ये चिश्ती सम्प्रदाय के प्रसिद्ध सूफी संत थे, इनकी खानकाह दिल्ली में थी। मृत्यु उपरांत इनके मकबरे के नजदीक एक मसजिद का निर्माण हुआ।

- **पद्मिनी**

मेवाड़ के राणा रतन सिंह की पटरानी थी। वे अपनी खूबसूरती के लिए विख्यात थी। राजस्थानी लोकगीतों के अनुसार सुल्तान अलाउद्दीन खिलजी ने रानी पद्मिनी को पाने के उद्देश्य से चित्तौड़ पर हमला किया था।

- **रोशनआरा बेगम**

मुगल बादशाह शाहजहाँ की छोटी बेटी, जिसने उत्तराधिकार के युद्ध में दारा शिकोह का विरोध कर औंगजेब का साथ दिया।

- **तानसेन**

बचपन का नाम रामतनु बाद में तानसेन के नाम से विख्यात। अखबर के नवरत्नों में से एक एवं अपने समय के प्रसिद्ध कवि एवं गायक। बहुत नई रागों की रचना की एवं *रूद्रवीणा* का अविष्कार किया।

- **बलपुत्रदेव**

स्वर्णदीप पर शैलेन्द्र वंश के शासक, जिसने नालंदा में बौद्ध बिहार का निर्माण करवाया। इन्होंने बंगाल के राजा देवपाल के पास दूत मंडल भेजा ताकि बौद्ध बिहार के लिए पाँच गाँवों का राजस्व अनुदान प्राप्त हो सके।

- **आजाद दस्ता**

भारत छोड़ो आन्दोलन के दौरान नेपाल में जय प्रकाश नारायण द्वारा इसकी स्थापना की गयी। इसके अन्तर्गत लोगों को भूमिगत होकर बम बनाने का प्रशिक्षण दिया जाता था। इसके गतिविधियों का केन्द्र बिहार था।

- **अलीगढ़ आन्दोलन**

यह एक उदार, सामाजिक धार्मिक आन्दोलन था जिसकी स्थापना सैय्यद अहमद द्वारा 1875 में अलीगढ़ में की गयी। इसका लक्ष्य मुस्लिमों में पश्चिमी शिक्षा का प्रसार, तथा सामाजिक कुरितियों जैसे बहुविवाह आदि का विरोध था।

- **ब्रह्म आन्दोलन**

इसकी शुरुआत 1828 में राजा राम मोहन राय द्वारा की गयी। इसके अन्तर्गत एकेश्वरवाद का प्रचार तथा धर्म व जाति द्वारा जनित असमानता का विरोध किया गया। इसके मुख्य लक्ष्य हिन्दू धर्म में व्याप्त कुरीतियों जैसे जाति व्यवस्था, पर्दा एवं सती प्रथा का उन्मूलन था।

- **भारत धर्म महामण्डल**

यह शिक्षित परम्परावादियों का एक संगठन था। यह संगठन आर्य समाज थियोसाफिस्ट व रामकृष्ण मिशन की शिक्षाओं के विरुद्ध हिन्दुत्व की रक्षा करने का कार्य करता था।

- **फरैजी आन्दोलन**

यह पश्चिम बंगाल में मुस्लिम का एक सुधार आन्दोलन था जो जमींदारों के विरुद्ध भी था। 1809 में हाजी शरियत उल्लाह द्वारा यह आन्दोलन चलाया गया।

- **हरिजन सेवक संघ**

इसकी स्थापना 1933 में गांधी जी के द्वारा की गयी। इसका उद्देश्य सृजनात्मक सामाजिक कार्य और दलितों का उत्थान था।

- **नील आन्दोलन**

1859-60 में बंगाल के कृषकों द्वारा चलाया गया आन्दोलन जो उन ब्रिटिश ठेकेदारों के खिलाफ था जो कृषकों को कम दरों पर नील की खेती करने के लिए मजबूर करते थे।

- **नामधारी आन्दोलन**

यह एक सुधारवादी आन्दोलन था जिसका उद्देश्य सिखों में जातिगत विभेदों को दूर करना तथा समाज में व्याप्त अन्य कुरीतियों जैसे—सती प्रथा शिशु हत्या, बाल विवाह और बालश्रम की समाप्ति करना था।

- **सत्य शोधक आन्दोलन**

1873 में महाराष्ट्र में ज्योतिबा फूले द्वारा प्रारम्भ किया गया। यह ब्राह्मणवाद के विरुद्ध तथा दलितों के उत्थान के लिए चलाया गया।

- **शुद्धि आन्दोलन**

पूर्व में इस्लाम या इसाई धर्म को अपनाने वाले हिन्दुओं को वापस हिन्दू धर्म में लाने वाला आर्य समाजियों का आन्दोलन था। इसने साम्प्रदायिकता को बढ़ावा दिया।

- **मन्दिर प्रवेश आन्दोलन**

इसकी शुरुआत 1923 में कांग्रेसी टी.के. माधवन द्वारा की गयी। यह अस्पृश्यों को हिन्दु मन्दिरों में प्रवेश दिलाने के लिए किया गया।

- **ताना भगत आन्दोलन**

1914 में जात्र उरांव द्वारा इसे चलाया गया। यह एक सामाजिक धार्मिक सुधार आन्दोलन था जो बिहार के उरांव जनजातियों द्वारा चलाया जा रहा था। बाद में यह राष्ट्रीय आन्दोलन में विलीन हो गया।

- **थियोसाफिकल सोसायटी**

मैडम ब्लाटावस्की और कर्नल ऑलकाट द्वारा 1875 में अमेरिका में स्थापित किया गया। इसका लक्ष्य पूर्व के धर्म दर्शनों की गुप्त विद्याओं का अध्ययन करना है। अड़यार में मुख्यालय स्थापित किया गया एवं श्रीमती एनी बेसेंट ने इसे मजबूत आधार दिया।

- **बहावी आन्दोलन**

1819 में सैय्यद अहमद के द्वारा इस्लाम की पवित्रता वापस पाने हेतु इस आन्दोलन को चलाया गया। इस आन्दोलन के अनुयायियों ने जब पंजाब में सिक्ख शासकों तथा बंगाल के ब्रिटिशों को हटाकर मुस्लिम शासन लाने का प्रयास किया तो यह आन्दोलन सामाजिक आन्दोलन नहीं रहकर राजनैतिक आन्दोलन का रूप ले लिया।

- **युवा बंगाल आन्दोलन**

इस प्रगतिशील रेडिकल आन्दोलन के प्रेरणा स्रोत हेनरी विवियन डेरोजियो थे जिन्होंने 1820 के दशक में कलकत्ता के हिन्दु कालेज में अध्यापन का कार्य किया। इसका लक्ष्य बंगाल के युवाओं में राष्ट्र प्रेम की भावना जागृत करना था।

- **अर्थशास्त्र**

राजनीतिक सिद्धान्तों पर चाणक्य द्वारा लिखित किताब थी। यह मौर्य साम्राज्य के राजनैतिक व आर्थिक प्रयासों और सिद्धान्तों का प्रारम्भिक स्रोत हैं।

- **अलीपुर षडयंत्र कांड**

  वरिन्द्र घोष और अरविन्द घोष सहित (34) चौतिस युगान्तर दल के क्रान्तिकारियों को इस कांड के लिए गिरफ्तार कर लिया गया और सजा दी गयी। सजा काटने के बाद अरविन्द ने राजनीति से संन्यास लेकर पाण्डिचेरी को अपना निवास बनाया।

- **सर आरदेशीर दलाल**

  ये टाटा समूह से सम्बन्धित थे। उद्योगपतियों में से एक इन्होंने भारत को 15 वर्षों में आधुनिकता की तरफ ले जाने वाले 'बाम्ब प्लान' को प्रस्तावित किया था।

- **साम्प्रदायिक अधिनिर्णय**

  गोलमेज सम्मेलन में लिया गया निर्णय कि चुनाव साम्प्रदायिक आधार पर सम्पनन कराये जायेगें जिसकी घोषणा ब्रिटिश प्रधानमंत्री रामसे मैकडोनाल्ड द्वारा की गयी, साम्प्रदायिक अधिनिर्णय था।

- **चालुक्य स्थापत्य कला**

  चालुक्य स्थापत्य नागर व द्रविड़ दोनों शैलियों से प्रभावित है। मन्दिरों की अधिक सुसज्जा की गयी है। एहोल के 'दुर्गा' और 'लखान' मन्दिर अत्यधिक प्रसिद्ध हैं।

- **दीन-ए-इलाही**

  1582 में अकबर द्वारा चलाया गया, जिनका एकेश्वरवाद में विश्वास था। इसके अनुयायियों के लिए सामाजिक सुधारों के सिद्धान्तों व 10 गुणों को मानने का प्रावधान था। यह सुलह-ए-कुल या सार्वभौमिक सौहार्द पर आधारित था।

- **महाभाष्य**

  200 ई. पूर्व में विरचित '*पतंजलि*' की रचना है। जो पाणिनी की 'अष्टाध्यायी' पर टीका है। यह उत्तर मौर्य काल के बारे में जानकारी का एक महत्वपूर्ण स्रोत है।

- **मुद्राराक्षस**

  यह विशाखादत्त द्वारा लिखित एक ऐतिहासिक नाटक है। यह नन्द साम्राज्य को पराजित कर मौर्य साम्राज्य की स्थापना करने में चाणक्य के प्रयासों को दर्शाता है।

- **मथुरा स्थापत्य**

  मथुरा स्थापत्य की प्रमुख विशेषता मध्य एशिया के प्रारम्भिक स्थापत्य की नकल, लाल बलुआ पत्थर का प्रयोग, राजाओं की मानवाकार आकृति का निर्माण और काली मृण्मूर्ति का निर्माण था।

- **पल्लव स्थापत्य**

  पल्लवों द्वारा 4 तरीके की स्थापत्य, कला 'महेन्द्रा, मामल्ल, राजसिम्हा और अपराजिता' विकसित की गयी। पल्लवों के मूर्ति बनाने की कला गुप्तकला की नकल थी।

- **आर.के. लक्ष्मण**

  इन्होंने भारत में कार्टून बनाने की विधि को परिपक्वता दी। ये प्रथम भारतीय कार्टूनिस्ट थे, जिनकी कार्टूनचित्रकारी को अन्तर्राष्ट्रीय प्रदर्शन में शामिल किया गया। इनका 'कॉमन मैन' खुद में सर्वप्रिय पात्र बन गया जो कि दुनिया भर के व्यक्तियों का प्रतिनिधित्व करता है।

- **संगम साहित्य**

  यह कई 'तमिल कविताओं का संग्रह' है जिनका संकलन संगम काल में मदुरई में हुई कवियों की 3 क्रमिक सभाओं में हुई।

- **ऋगवेद**

  चारों वेदों में प्रसिद्ध इसलिए '*मानव का पहला साहित्य*' भी कहा जाता है। ये न तो ऐतिहासिक है और न ही व्याख्यानिक, वस्तुतः सूक्त संकलन है।

- **ब्राह्मण**

  ये वेदों की गद्य रूप में व्याख्या है एवं इनमें कर्मकांड पर जोर दिया हैं इनकी रचना उत्तर वैदिक काल की मानी जाती है।

- **उपनषिद**

  ये मुख्यतः दर्शन एवं आध्यात्म शिक्षा पर आधारित है, इन्हें वेदांत भी कहते हैं। इन्हें प्राचीन भारत के दार्शनिक विचारों का सम्पूर्ण आधार माना जाता है, ये संख्या में 108 हैं।

- **भारतीय दर्शन की छः विचारधाराएँ**

  इन्हें षड दर्शन भी कहते हैं—न्याय, वैशेषिक, सांख्य, योग, पूर्व एवं उत्तर मिमांसा। ये भौतिक जीवन पर बल देते हैं और कर्मकांड का विरोध करते हैं।

- **विद्थ**

  आर्य जनों की प्राचीनतम् जनसभा जिसमें धार्मिक, सामाजिक एवं सैन्य विषयों पर चर्चा होती थी। इसमें महिलाएँ भी हिस्सा लेती थी।

- **पचंड़ मार्क सिक्के**

  ये भारत में प्रचलन में आने वाले प्राचीनतम् सिक्के हैं। ये लगभग 500 B.C. में प्रचलन में आए और मुख्यतः चाँदी और ताँबे के होते थे तथा इन पर विभिन्न प्रकार की आकृतियाँ पचंड् की होती थी।

- **त्रिपिटक**

  पाली भाषा में रचित ये बौद्ध धर्म की सबसे प्रमुख ग्रंथ है, इनमें महात्मा बुद्ध के आख्यान, दर्शन एवं संघ के नियमों का उल्लेख है। ये संख्या में तीन हैं:

  1. विनय पिटक
  2. सुत्त पि़टक
  3. अभिधम्म पिटक

- **अमरावती कला**

  पूर्वी दक्कन क्षेत्र में करीब छः सौ वर्षों तक विद्यमान रही इस कला की उत्पत्ति करीब 200 B.C. मानी जाती है। सातवाहन एवं इक्क्षाकू राजवंशों द्वारा इस कला को प्रोत्साहन दिया गया।

- **नाडू**

  संगम काल में इस शब्द के विभिन्न अर्थ थे। जैसे: देश, क्षेत्र एवं साम्राज्य। परंतु बाद के काल में इस शब्द का निश्चित अर्थ जिला निर्धारित होता है।

- **अनुलोम विवाह**

  अर्न्तजातीय विवाह जिसमें वर उच्च जाति का होता है, वधु की जाति की तुलना में। शुरू में यह प्रतिबंधित था परंतु बाद के स्मृतिकारों ने इस प्रतिलोम विवाह के मुकाबले इस मान्यता प्रदान की।

- **म्लेच्छ**

  शाब्दिक अर्थ होता है अपवित्र परंतु इसका उपयोग प्राचीन समय में विदेशियों एवं ऐसे जन समूहों के लिए होता था जो ब्राह्मण धर्म या रीति रिवाजों का पालन नहीं करते थे। इसलिए प्राचीन समय में विदेशियों से संबंध या रिश्ते स्वीकार्य नहीं होते थे।

- **शिल्पादिकारम**

  इलांगो आदिगल द्वारा दूसरी सदी में रचित यह संगम काल का महान महाकाव्य है। इसमें कोवलन की पत्नी कन्नगी महान चरित्र एवं बलिदान की गाथा है, जिसकी वजह से पत्नी पूजा की पद्धति दक्षिण भारत में शुरू हुई।

मध्य काल

- **पैरीटल्स ऑफ द ऐरिथ्रियन सी**

  एक ग्रीक नाविक द्वारा रचित किताब, जिसने लगभग 80 A.D. में भारत का दौरा किया। इसमें दक्षिण भारत के समकालीन बंदरगाहों का विस्तृत उल्लेख है।

- **फुतुछुत-ए-फिरोजशाही**

  सुल्तान फिरोज शाह तुगलक द्वारा रचित इस 32 पृष्ठीय लघु रचना के शीर्षक का मतलब है 'फरोजशाह की विजय गाथा'। यह एक राजनैतिक पर्चा था, जिसके द्वारा सुल्तान फिरोजशाह अपने स्वधर्मियों का सहयोग एवं समर्थन प्राप्त करना चाहता था।

- **फतह-नुस-सलातीन**

  महाकाव्य के रूप में रचित इस ग्रंथ की रचना इसामी द्वारा की गई। यह दिल्ली सल्तनत का राजनैतिक इतिहास है जिसमें गजनबी वंश के उदय से लेकर मुहम्मद बिन तुगलक तक के समय का विवरण है।

- **तुजुक-ए-जहाँगीरी**

  मुगल सम्राट जहाँगीर द्वारा रचित फारसी भाषा में आत्मकथा।

- **सरदेशमुखी**

  10% का अतिरिक्त कर शिवाजी अपने पड़ोसी राज्यों से वसूलते थे। उनका तात्पर्य था कि वे इस क्षेत्र के वंशानुगत सरदेश मुख हैं इसलिए यह उनका नैसर्गिक अधिकार है।

- **चौथ**

  यह एक प्रकार का सैन्य सुरक्षा शुल्क था, जो मराठा अपने पड़ोसी राज्यों से उनकी बाह्य आक्रमण से रक्षा करने के बदले लेते थे। यह शुल्क उन राज्यों को मराठा सरदारों की लूट से भी बचाता था।

- **तकावी**

  एक प्रकार का कृषि ऋण जो राज्य के द्वारा किसानों को प्रदान किया जाता था। इस का वितरण दीवान नामक अधिकारी के कार्यालय द्वारा होता था।

- **सूबेदार**

  यह प्रान्त का सर्वोच्च अधिकारी (गर्वनर/राज्यपाल) होता था। इसकी नियुक्ति सुल्तान के द्वारा लगभग तीन वर्ष के लिए होती थी एवं इसका प्रमुख कार्य सेना का रख-रखाव और जनता की देखभाल था।

- **सरकार**

  मुगल प्रांत/सूबे का विभाजन जिलों में किया जाता था जिन्हें सरकार कहते थे। जिले/सरकार का जो विभाजन तहसील स्तर पर होता था उसे परगना कहते थे।

- **मुकद्दम**

  गाँव का मुखिया जो की राज्य एवं ग्रामीण जनता के बीच एक मुख्य कढ़ी का कार्य करता था। ये आमतौर पर वंशानुगत होते थे एवं इन्हें राज्य की ओर से बहुत से विशेषाधिकार प्राप्त थे।

- **मनसब**

  मनसब का शाब्दिक अर्थ है जगह या ओहदा। इसलिए मुगल शासन व्यवस्था में यह शब्द अधिकारियों के पद को दर्शाता है। उक्त अधिकारियों का कर्त्तव्य होता था कि वे निर्धारित मनसब के अनुसार घोड़े एवं सैनिकों का बन्दोबस्त रखें और जरूरत पड़ने पर सम्राट की सेवा में हाजिर रहें।

- **इक्ता**

  सल्तनत काल में अधिकारियों को वेतन के बदले निर्धारित क्षेत्र से कर वसूलने का अधिकार प्रदान किया जाता था। इक्ता प्रथा ने सल्तनत को शुरूआती वर्षों में स्थापित होने में मजबूती प्रदान की।

विषयवार अभ्यास प्रश्न

पूर्व हड़प्पाकालीन व हड़प्पाकालीन संस्कृति

1. सुमेलित कीजिए-

सूची-I	सूची-II
A. हैण्ड एक्स व पेबल्स	1. मध्य पाषाण काल
B. फ्लैक औजार	2. मध्य पुरा पाषाण काल
C. ब्लेड एंड ब्यूरिन औजार	3. उच्च पुरा पाषाण काल
D. लघु पाषाणिक औजार	4. निम्न पुरा पाषाण काल

	A	B	C	D
(a)	1	2	3	4
(b)	4	2	3	1
(c)	2	3	4	1
(d)	3	4	1	2

2. महदहा नामक स्थान पर किस काल की हड्डी की मातृ देवी की प्रतिमा मिली है ?
(a) निम्न पुरा पाषाण काल
(b) उच्च पुरा पाषाण काल
(c) मध्य पाषाण काल
(d) नव पाषण काल

3. किस स्थान से पाषाण कालीन युद्ध के साक्ष्य मिले हैं ?
(a) भीम बेटका (b) बेलन घाटी
(c) सराय नाहर (d) महदहा

4. सुमेलित कीजिए-

सूची-I	सूची-II
A. बर्जुहोम	1. गर्त आवास
B. नागार्जुनीकोंड़ा	2. मधुमक्खी के छत्ते आकार के घर
C. कोल्डिहवा	3. सर्वप्राचीन चावल की खेती का साक्ष्य
D. मेहरगढ़	4. सर्वप्राचीन गेहूं की खेती का साक्ष्य

	A	B	C	D
(a)	1	2	3	4
(b)	2	1	4	3
(c)	4	3	1	2
(d)	3	4	2	1

5. 'चकमक उद्योग' (FLINT) से संबंधित काल कौन सा है ?
(a) मध्य पुरापाषाण काल
(b) उच्च पुरापाषाण काल
(c) मध्य पाषाण काल
(d) नवपाषाण काल

6. हल जुते खेत जिन्हें Furrow Technique से जोता गया है। कहाँ से प्राप्त हुए हैं ?
(a) हड़प्पा (b) कालीबंगा
(c) राखीगढ़ी (d) रोपड़

7. हड़प्पा-संस्कृति के विभिन्न स्थलों में एक तथ्य एकरूपता का है-
(a) कृषि संबंधी व्यवसाय (b) मोहरे
(c) नगर नियोजन (d) गढ़ी

8. हड़प्पा सभ्यता में किस फसल का उत्पादन नहीं होता ?
(a) सरसों (b) गेहूँ
(c) गन्ना (d) तिल

9. सिन्धु सभ्यता में सबसे अधिक प्रयुक्त धातु कौन-सी थी ?
(a) काँस्य (b) स्वर्ण
(c) चाँदी (d) टिन

10. कौन से देवी-देवता पर सिन्धुवासियों का विश्वास नहीं था ?
(a) मातृदेवी (b) बलि
(c) अग्नि/यज्ञ (d) प्राकृतिक शक्तियाँ

11. हड़प्पा की मोहर पर किस पशु की आकृति सबसे अधिक है ?
(a) हाथी (b) बैल
(c) एकशृंगी (यूनीकॉर्न) (d) बाघ

12. किस स्थान से हवन बेदियाँ एवं बलि के साक्ष्य मिले हैं ?
(a) कालीबंगा
(b) लोथल
(c) आलमगीरपुर
(d) रायमातार

13. सिन्धु सभ्यता के सर्वाधिक संभावित स्थापक कौन थे ?
(a) आर्य
(b) प्रोटो ऑस्ट्रेलॉयड
(c) द्रविड़ एवं भूमध्य सागरीय
(d) सुमेरियाई

14. सुमेलित कीजिए-

सूची-I	सूची-II
A. घोड़े का जबड़ा	1. सुरकोटदा
B. घोडे का कंकाल	2. राणा घुण्डई
C. नॉद पर सूती कपड़े की छाप	3. इनामगाँव
D. पक्के कमरों का साक्ष्य	4. आलमगीरपुर
E. तीन नगरों की क्रमबध्य प्राप्ति	5. लोथल
F. अग्नि पूजा के साक्ष्य	6. धौलावीरा

	A	B	C	D	E	F
(a)	2	1	4	3	6	5
(b)	2	3	4	5	6	1
(c)	1	2	3	4	5	6
(d)	4	3	2	1	5	6

15. सुमेलित करें–

सूची-I	सूची-II
A. मोहनजोदड़ो	1. रावी
B. हड़प्पा	2. सिन्धु
C. लोथल	3. घग्घर
D. कालीबंगा	4. भोगवा
E. आलमगीरपुर	5. चिनाब
F. माण्डा	6. हिण्डन

	A	B	C	D	E	F
(a)	1	2	3	4	5	6
(b)	2	1	4	3	6	5
(c)	6	5	1	3	2	4
(d)	3	4	5	6	1	2

16. एन.सी.ई.आर.टी. के अनुसार सिंधु सभ्यता का वास्तविक तिथि क्या है ?

(a) 2500–2100 BC ±
(b) 2350–1750 BC ±
(c) 2800–2200 BC ±
(d) 2600 BC–1900 BC ±

17. भारत की आजादी के तत्काल उपरांत भारतीय सीमा के अंतर्गत शेष रह गये सिन्धु कालीन स्थल–

(a) रंगपुर + कोटलानिहंग खाँ
(b) धौलावीरा + देसलपुर
(c) कोटदीजी + रहमानढेरी
(d) राणाघुंडई + आलमगीरपुर

18. सिन्धु सभ्यता का विशालतम भवन कौन सा है ?

(a) सभागार (b) अन्नागार
(c) गोदी बाड़ा (d) स्नानागार

19. हड़प्पा सभ्यता का कुल क्षेत्रफल–

(a) 1200000 km^2
(b) 1299600 km^2
(c) 1310000 km^2
(d) 1410000 km^2

20. युगल शवाधान का साक्ष्य कहाँ से प्राप्त हुआ है ?

(a) मोहनजोदड़ों (b) कालीबंगा
(c) लोथल (d) हड़प्पा

उत्तर माला

1. (a)	**2.** (b)	**3.** (c)	**4.** (a)	**5.** (b)	**6.** (b)	**7.** (c)	**8.** (c)	**9.** (a)	**10.** (d)
11. (c)	**12.** (a)	**13.** (c)	**14.** (a)	**15.** (b)	**16.** (b)	**17.** (a)	**18.** (b)	**19.** (b)	**20.** (c)

वैदिक सभ्यता (1500 ई.पू.—600 ई.पू.)

1. ऋग्वेद की कौन सी संहिताएं हैं ?

1. शाकल 2. वाष्कल
3. आश्वलायन 4. पिप्पलाद

(a) 1, 2 (b) 1, 2, 3
(c) 3, 4 (d) 1, 2, 3, 4

2. ऋग्वेद के किस मण्डल में गायत्री मंत्र सबसे पहले आया है ?

(a) 2 (b) 4 (c) 3 (d) 5

3. ऋग्वेद में वर्णित नदी वितस्ता किससे संबंधित है ?

(a) झेलम (b) चिनाब
(c) रावी (d) व्यास

4. उचित क्रम में लगायें–

	सूची-I	**सूची-II**
A.	ऋग्वेद	शतपथ ब्राह्मण
B.	सामवेद	कौषतकीय ब्राह्मण
C.	यजुर्वेद	गोपथ ब्राह्मण
D.	अर्थववेद	पंचविश ब्राह्मण

	A	**B**	**C**	**D**
(a)	2	4	1	3
(b)	4	3	2	1
(c)	1	2	3	4
(d)	3	2	1	4

5. सुमेलित कीजिए–

	सूची-I	**सूची-II**
A.	ऋग्वेद	1. मुण्डकोपनिषद
B.	सामवेद	2. कठोपनिषद
C.	यजुर्वेद	3. छान्दोग्य उपनिषद
D.	अर्थववेद	4. ऐतेरेयोपनिषद

	A	**B**	**C**	**D**
(a)	1	2	3	4
(b)	2	1	4	3
(c)	2	4	1	3
(d)	4	3	2	1

6. उत्तरवैदिक काल में अनार्यों को आर्य समाज में प्रवेश पाने के लिये कौन-सा यज्ञ करना होता था ?

(a) अग्नि अष्टोम यज्ञ (b) व्रात्स्योम यज्ञ
(c) अग्निहोत्र यज्ञ (d) बाजपेय यज्ञ

7. सुमेलित कीजिए–

	सूची-I	**सूची-II**
A.	वरूण	1. न्याय का देवता
B.	इन्द्र	2. युद्ध का देवता
C.	अग्नि	3. शक्ति का देवता
D.	मरूत	4. आंधी का देवता
E.	सोम	5. वनस्पति का देवता

	A	**B**	**C**	**D**	**E**
(a)	2	1	3	4	5
(b)	5	4	3	2	1
(c)	1	2	3	4	5
(d)	4	3	2	1	5

8. सुमेलित कीजिए–

	सूची-I	**सूची-II**
A.	शिक्षा	1. पाणिनी
B.	न्याय	2. गौतम
C.	निरूक्त	3. पिंगलमुनि
D.	ज्योतिष	4. प्रतिशाष्य
E.	छन्द	5. यास्क
F.	व्याकरण	6. मगधमुनि

	A	**B**	**C**	**D**	**E**	**F**
(a)	4	2	5	6	3	1
(b)	6	5	4	3	2	1
(c)	4	2	6	3	5	1
(d)	4	6	5	2	1	3

9. सुमेलित कीजिए–

	सूची-I	**सूची-II**
A.	वैशेषिक	कपिल
B.	योग	पतञ्जलि
C.	न्याय	कणाद
D.	साँख्य	गौतम
E.	पूर्व मीमांसा	बादरायण
F.	उत्तर मीमांसा	जैमनीय

	A	**B**	**C**	**D**	**E**	**F**
(a)	3	2	4	1	5	6
(b)	2	4	1	5	6	3
(c)	2	1	4	5	6	3
(d)	5	4	3	2	1	6

10. ऋग्वेद के नदी सूक्त में वर्णित नदियों का आधुनिक नाम सुमेलित कीजिए–

	सूची-I	**सूची-II**
A.	शतुद्री	1. व्यास
B.	विपाशा	2. झेलम
C.	अस्किनी	3. चिनाब
D.	वितस्ता	4. सतलज
E.	परूष्णी	5. रावी

	A	**B**	**C**	**D**	**E**
(a)	1	2	3	4	5
(b)	4	1	3	2	5
(c)	2	3	4	5	1
(d)	3	5	2	1	4

11. कौन सा वेद चम्पू शैली अर्थात गद्य एवं पद्य दोनों में लिखा गया है ?

(a) ऋग्वेद (b) सामवेद
(c) यजुर्वेद (d) अथर्ववेद

12. 1400 B.C. पूर्व के किस अभिलेख में वैदिक देवी-देवताओं का उल्लेख मिलता है ?

(a) हिट्टाइट (b) बोगजकोई
(c) हम्बूरावी (d) यूफ्रेटाइड

13. ऋग्वेद के आठवें मंडल को संकलित करने वाली महिला स्त्रियों में कौन नहीं है ?

(a) आपाला (b) लोपामुद्रा
(c) विश्ववारा (d) गार्गी

14. सुमेलित कीजिए-

सूची-I	सूची-II
A. अघन्या	1. एक प्रकार की गाड़ी
B. दुहित्रा	2. गाय
C. ज्येष्ठक	3. पुत्री
D. आपाया	4. जल
E. उदर	5. पुत्र
F. नृप्त	6. अनाज नापने का बर्तन

	A	B	C	D	E	F
(a)	2	3	5	4	6	1
(b)	3	4	1	2	5	6
(c)	6	5	4	3	2	1
(d)	5	6	3	3	2	4

15. मुण्डको परिषद किस वेद से संबंधित है ?

(a) ऋग्वेद (b) यजुर्वेद
(c) सामवेद (d) अर्थर्ववेद

16. सुमेलित कीजिए-

सूची-I	सूची-II
A. ऋग्वेद	1. कौषीतिकी
B. सामवेद	2. केनोपनिषद
C. यजुर्वेद	3. माण्डुक्योपनिषद
D. अथर्ववेद	4. वृहदारण्यकोपनिषद

	A	B	C	D
(a)	1	2	4	3
(b)	2	3	4	1
(c)	4	3	2	1
(d)	2	1	4	3

17. सुमेलित कीजिए-

सूची-I	सूची-II
A. ऋग्वेद	1. ऐतरेय
B. सामवेद	2. राणायनीय
C. यजुर्वेद	3. वाजसनेयी संहिता
D. अथर्ववेद	4. पिप्पलाद

	A	B	C	D
(a)	1	2	3	4
(b)	2	1	4	3
(c)	4	3	2	1
(d)	2	3	4	1

18. वैदिक काल में किस यज्ञ का उल्लेख नहीं हुआ है ?

(a) बाजपेय
(b) अश्वमेघ यज्ञ
(c) राजसूय यज्ञ
(d) अग्निहोत्र यज्ञ

19. ऋग्वेद कालीन चित्रित धूसर मृदभाण्ड (PGW) कहाँ से प्राप्त हुये हैं ?

(a) गाँधार
(b) कपिशा
(c) भगवान पुरा (हरियाणा)
(d) कुरूक्षेत्र (हरियाणा)

20. वैदिक कालीन राजस्व को क्या कहा जाता था ?

(a) कर (b) भाग
(c) बलि (d) भागदुध

उत्तर माला

1. (b)	**2.** (c)	**3.** (a)	**4.** (a)	**5.** (d)	**6.** (b)	**7.** (c)	**8.** (a)	**9.** (a)	**10.** (b)
11. (c)	**12.** (b)	**13.** (d)	**14.** (a)	**15.** (d)	**16.** (a)	**17.** (a)	**18.** (d)	**19.** (c)	**20.** (c)

छठी शताब्दी ई.पू. (600 ई.पू.—300 ई.पू.)

1. पाली साहित्य में महात्मा बुद्ध से संबंधित कौन सी घटना अमावस्या को हुई ?
   (a) प्रथम सम्बोधि निर्माण (b) महाभिनिष्क्रमण
   (c) धम्मचक्क प्रवर्तन (d) महापरिनिर्माण

2. दूसरी बौद्ध संगीति का अध्यक्ष कौन था ?
   (a) महाकस्सप (b) सर्वकामी
   (c) तिश्य (d) वसुगुप्त

3. इरानी आक्रमणकारी सायरस (कुरूष) ने भारत का कौन–सा नगर फूंक दिया ?
   (a) गंधार (b) कपिशा
   (c) तक्षशिला (d) पुष्कलावती

6. महावीर स्वामी ने कितने माह पश्चात वस्त्र त्याग दिए थे ?
   (a) 10 (b) 11 (c) 12 (d) 13

7. बुद्ध ने सर्वाधिक वर्षावास कहाँ किये ?
   (a) काशी (b) वैशाली
   (c) श्रावस्ती (d) कौशल

8. आजीवक सम्प्रदाय के संस्थापक किसे माना जाता है ?
   (a) नागार्जुन
   (b) मक्खलीपुत्त गोशाल
   (c) नागसेन
   (d) जमाली

9. जैन धर्म के अंतर्गत कर्मों का जीव की ओर प्रभाव कब रुक जाता है ?
   (a) आस्त्रव (b) सम्बर
   (c) बांधव (d) निर्जरा

10. सिकन्दर ने भारत में कितने माह निवास किया ?
   (a) 18 माह (b) 19 माह
   (c) 21 माह (d) 20 माह

11. सुमेलित कीजिए–

सूची–I	सूची–II
A. चंद्रगुप्त मौर्य	1. सैन्ड्रोकोटस
B. धननन्द	2. अग्रमिस
C. बिन्दुसार	3. अमित्राचेट्स
D. दारा	4. डेरियस

	A	B	C	D
(a)	1	2	3	4
(b)	4	3	1	2
(c)	2	3	1	4
(d)	3	4	2	1

12. नन्द शासक महापद्मनन्द कलिंग से किस देवता की मूर्ति पाटलिपुत्र ले आया था ?
   (a) विष्णु (b) जिन
   (c) बुद्ध (d) शिव

13. निम्न दर्शन को सुमेलित करें–

सूची–I	सूची–II
A. पकुध काच्चायन	1. अणुवाद
B. अजित केशकम्बलिन	2. भौतिक वाद
C. संजय बेलट्ठिपुत्त	3. संशयवाद
D. पूरन कस्सप	4. अक्रियावाद

	A	B	C	D
(a)	1	2	3	4
(b)	2	3	4	1
(c)	3	4	1	2
(d)	4	3	2	1

14. किसने कर्म के सिद्धांत का विरोध किया और स्पष्ट करा कि मनुष्य प्रकृति के नियमों के आधीन है ?
   (a) भागवत (b) बौद्ध
   (c) जैन (d) आजीवक

15. चतुर्थ बौद्ध संगीत में किस संस्कृत साहित्य का संकलन हुआ ?
   (a) दिव्यावदान (b) वैपुल्य सूत्र
   (c) ललितविस्तर (d) विभाषा सूत्र

16. बौद्ध धर्म की गीता कहा जाने वाला धम्मपद नामक ग्रंथ किसका अंग है ?
   (a) विनय पिटक (b) सुत्त पिटक
   (c) अभिधम्म पिटक (d) विभाषा सूत्र

17. वैपुल्य सूत्र को महायान सम्प्रदाय का साहित्य संग्रह माना जाता है। इनमें से कौन–सा ग्रंथ विशेष वैपुल्य सूत्र का अंग नहीं है ?
   (a) ललितविस्तर (b) अवदान कल्पलता
   (c) लंकावतार (d) सुवर्ण प्रभास

18. निम्न वक्तव्यों को सुमेलित करें–

सूची–1

A. महायान संप्रदाय का अत्यंत महत्वपूर्ण दार्शनिक ग्रंथ
B. जातक कथाओं का बौद्ध साहित्य में महत्व
C. प्रारंभिक बौद्ध धर्म का लघु विश्वकोश
D. सर्वप्राचीन संस्कृत नाट्य ग्रंथ
E. माध्यमिका शाखा का प्रचारक
F. बौद्ध धर्म का सर्वप्रचलित गैर धार्मिक ग्रंथ जो भारत श्रीलंका के संबंधों से ओतप्रोत है

सूची-2

1. प्रज्ञापारमिता सूत्र
2. खुद्दकनिकाय
3. विसुद्धिमग्ग
4. शारिपुत्र प्रकरण
5. कुमारजीव
6. महावंश

	A	B	C	D	E	F
(a)	1	2	3	4	5	6
(b)	2	1	4	3	6	5
(c)	6	5	3	4	1	2
(d)	3	4	z	6	1	2

19. जैन धर्म से संबंधित निम्नलिखित तथ्यों को सुमेलित करें-

सूची-I	सूची-II
A. चौदह पूर्वा	1. महावीर की शिक्षाओं के प्राचीनतम ग्रंथ जिसे भद्रबाहु दक्षिण ले गये
B. बारह अंग, 12 उपाँग	2. पाटिलीपुत्र में आयोजित संगीति में संकलित
C. छेद सूत्र	3. जैन भिक्षुओं के संघ नियमों की व्याख्या
D. मूल सूत्र	4. जैन धर्म के सूत्र सिद्धांतों का विवेचन
E. प्रकीर्ण	5. भिक्षुणियों के जैन संघ में प्रवेश के नियम

	A	B	C	D	E	F
(a)	1	2	3	4	5	6
(b)	2	1	4	3	6	5
(c)	6	5	3	4	1	2
(d)	3	4	5	6	1	2

20. भागवत संप्रदाय में चतुर्व्यूह की उपासना होती थी किंतु कालांतर में देव समूह में से एक की उपासना अनार्य से जन्म होने के कारण वर्जित हो गयी ?

(a) संकर्षण (b) साम्ब
(c) प्रद्युम्न (d) अनिरुद्ध

उत्तर माला

1. (b) **2.** (b) **3.** (b) **4.** (a) **5.** (c) **6.** (d) **7.** (c) **8.** (b) **9.** (b) **10.** (b)
11. (a) **12.** (b) **13.** (a) **14.** (d) **15.** (d) **16.** (b) **17.** (b) **18.** (a) **19.** (a) **20.** (b)

मौर्य काल (322 ई.पू.–185 ई.पू.)

1. किस यूनानी इतिहासकार ने स्पष्ट किया है कि चंद्रगुप्त ने दक्षिण को जीत लिया था?
   (a) जस्टिन (b) स्ट्रैबो
   (c) प्लूटार्क (d) एरियन

2. इन नामों को सुमेलित कीजिए–

सूची-I	सूची-II
A. सैन्ड्रोकोट्स	1. जस्टिन
B. एण्ड्रोकोट्स	2. एरियन
C. सैन्ड्जोकोपट्स	3. फिलार्कस
D. बृषल	4. मुद्राराक्षस

	A	B	C	D
(a)	1	2	3	4
(b)	4	3	1	2
(c)	2	3	1	4
(d)	3	4	2	1

3. कौटिल्य के अर्थशास्त्र के अंतर्गत आया शब्द वार्ता अपने भीतर क्या-क्या समाहित किए हुए है?
   (a) पशुपालन (b) व्यवसाय-वाणिज्य
   (c) कृषि (d) उपरोक्त सभी

4. मेगस्थनीज ने भारतीय समाज को कितने वर्गों में बांटा है?
   (a) 5 (b) 6 (c) 4 (d) 7

5. चन्द्रगुप्त मौर्य और सेल्युकस के बीच हुए युद्ध का वर्णन किस यूनानी इतिहासकार ने किया है?
   (a) जस्टिन (b) स्ट्रैबो
   (c) एप्पियानस (d) प्लूटार्क

6. अर्थशास्त्र में वर्णित अध्यक्षों को सुमेलित कीजिए–

सूची-I	सूची-II
A. अंकाराध्यक्ष	1. खान
B. पौतवाध्यक्ष	2. उद्योग
C. बंधनागाराध्यक्ष	3. काराग्रह
D. सूना अध्यक्ष	4. बूचड़खाना

	A	B	C	D
(a)	1	2	3	4
(b)	4	3	1	2
(c)	2	3	1	4
(d)	3	4	2	1

7. चन्द्रगुप्त मौर्य ने अपने जीवन के अंतिम काल में जैन धर्म ग्रहण करके किस संत के साथ दक्षिण पलायन किया?
   (a) स्थूलभद्र (b) नागसेन
   (c) भद्रबाहु (d) नागार्जुन

8. पिन्गलवास नामक आजीवक भविष्यवक्ता किसके राजमहल में रहता था?
   (a) चंद्रगुप्त मौर्य (b) अशोक
   (c) बिन्दुसार (d) कुणाल

9. सुमेलित कीजिए–

सूची-I	सूची-II
A. कुणाल	1. शैव
B. दशरथ	2. बौद्ध
C. जालौक	3. जैन
D. सम्प्रति	4. आजीवक

	A	B	C	D
(a)	1	2	3	4
(b)	3	4	2	1
(c)	4	3	2	1
(d)	2	4	1	3

10. अशोक के किस वृहद् शिलालेख में साम्प्रदायिक सौहार्द की बात कही गयी है?
    (a) 10वां शिलालेख (b) 12वां शिलालेख
    (c) 11वां शिलालेख (d) 13वां शिलालेख

11. सुमेलित कीजिए–

सूची-I	सूची-II
A. द्वितीय शिलालेख	1. साम्प्रदायिक सौहार्द्र
B. 10वां शिलालेख	2. दक्षिण के राज्य
C. 12वां शिलालेख	3. यूनानी राज्य
D. 13वां शिलालेख	4. समाजों का वर्णन

	A	B	C	D
(a)	1	2	3	4
(b)	2	3	4	1
(c)	2	4	1	3
(d)	4	3	2	1

12. अशोक के द्वारा निम्नलिखित बौद्ध भिक्षुओं को अमुख स्थानों पर भेजा गया?

सूची-I	सूची-II
A. मझिम	1. हिमाचल प्रदेश
B. मझान्तिक	2. गान्धार प्रदेश
C. धर्मरक्षित	3. अपरान्त
D. महारदु	4. महिषमंडल

	A	B	C	D
(a)	1	2	3	4
(b)	2	3	4	1
(c)	2	4	1	3
(d)	4	3	2	1

13. मौर्यकाल में प्रयुक्त होने वाले मृद्भांड-

(a) लाल व काले मृद्भांड
(b) गेरूवर्णी मृद्भांड
(c) चित्रित धूसर मृद्भांड
(d) उत्तरी काले चमकीले मृद्भांड

14. मौर्यकाल में प्रयुक्त होने वाला सबसे छोटी आहत मुद्रा-

(a) शतमान (b) कार्षापण
(c) काकणी (d) पुराण

15. अशोक ने किस स्थान के स्तूप को दुगना करवाया और वहां के राजस्व को 1/6 से 1/8 कर दिया?

(a) सारनाथ (b) गया
(c) लुम्बिनी (d) साँची

16. अशोक के स्तम्भों में प्रयोग होने वाली लिपियां-

1. ब्राम्ही 2. यूनानी
3. खरोष्ठी 4. अरामाइक

(a) 1 (b) 2 एवं 3
(c) 3 एवं 4 (d) 1, 2, 3, 4

17. अशोक के स्तम्भ पर दक्षिण के किन राज्यों का उल्लेख है?

1. चेर 3. चोल
3. पाण्ड्य 4. सातयेपुत्र

(a) 1 (b) 2 एवं 3
(c) 3 एवं 4 (d) 1, 2, 3, 4

18. अशोक ने कितनी रातों की अनविक्षिका करी?

(a) 254 (b) 256 (c) 255 (d) 257

19. (A): अशोक ने बौद्ध धर्म के सैद्धान्तिक दर्शन को अपना लिया।
(R): अशोक कभी भी बौद्ध भिक्षुक नहीं बना।

(a) A सही है।
(b) R सही है।
(c) A और R दोनों सही है A, R की सही व्याख्या है।
(d) A और R दोनों सही है A, Rकी सही व्याख्या नहीं है।

20. अर्थशास्त्र में वर्णित कौन सा दास सम्पत्ति के रूप में प्राप्त होता था?

(a) ध्वजाहर्त (b) दण्डप्रणीत
(c) उदरजात (d) दायागत

उत्तर माला

1. (c) **2.** (a) **3.** (d) **4.** (d) **5.** (c) **6.** (a) **7.** (c) **8.** (c) **9.** (d) **10.** (b)
11. (c) **12.** (a) **13.** (d) **14.** (c) **15.** (c) **16.** (d) **17.** (d) **18.** (b) **19.** (d) **20.** (d)

मौर्योत्तर काल (185 ई.पू.—319 ई.)

1. भारत में हिंद-यूनानीय आक्रमण का उल्लेख सबसे पहली बार कहाँ आया है?
   (a) मालविकाग्निमित्रम (b) मुद्राराक्षस
   (c) दिव्यावदान (d) गार्गी संहिता

2. सुमेलित कीजिए-

सूची-I	सूची-II
A. पुष्यमित्र शुंग	1. शुंग
B. सिमुक	2. सातवाहन
C. मगस	3. शक
D. कजुल कडफिसेस	4. कुषाण
E. डेमेट्रियस	5. हिन्द यूनानी

	A	B	C	D	E
(a)	2	1	3	4	5
(b)	1	2	3	4	5
(c)	1	3	4	2	5
(d)	2	3	4	1	5

3. भारत में ढलवा स्वर्ण मुद्राएं चलाने का श्रेय निम्नलिखित में से किसे जाता है?
   (a) कुषाण (b) सातवाहन
   (c) शक (d) हिन्द यूनानी

4. विशिष्ट मुद्राओं को विशिष्टा वंशों से सुमेलित करें-

सूची-I	सूची-II
A. कुषाण	1. शुद्ध स्वर्ण मुद्राएं
B. सातवाहन	2. रजत मुद्राएं
C. शक	3. सीसे की मुद्राएं
D. गुप्त	4. कौड़ियों का मुद्रा के रूप में प्रयोग

	A	B	C	D
(a)	1	2	3	4
(b)	1	3	2	4
(c)	4	3	2	1
(d)	3	4	1	2

5. किस शासक को वृहस्पतिमित्र की संज्ञा खारवेल के हाथी गुम्फा अभिलेख में दी गयी है?
   (a) पुष्यमित्र शुंग
   (b) कनिष्क
   (c) गौतमीपुत्र शातकर्णी
   (d) गौण्डो फर्नीज

6. खारवेल के हाथी गुम्फा अभिलेख में किस यूनानी शासक का उल्लेख है?
   (a) मेनाण्डर (b) सिकन्दर
   (c) डेमेट्रियस (d) यूक्रेटाइडीज

7. सुमेलित कीजिए-

सूची-I	सूची-II
A. बैसीलस	1. कुषाण
B. देवभूति	2. हिन्द यूनानी
C. महाक्षत्रप	3. पुष्यमित्र शुंग
D. सेनानी	4. शक

	A	B	C	D
(a)	1	2	3	4
(b)	2	1	4	3
(c)	3	4	1	2
(d)	3	2	1	4

8. 'अग्रहारा' प्रणाली किसने प्रारंभ की थी?
   (a) सातवाहन (b) शुंग
   (c) कुषाण (d) शक

9. महारथिक, महारठिक प्रणालियाँ किनकी थी?
   (a) सातवाहन (b) शक
   (c) कण्व (d) कुषाण

10. गौल्मिक प्रणाली किस वंशावली से संबंधित है?
    (a) सातवाहन (b) शक
    (c) कण्व (d) कुषाण

11. निम्न में से कौन-सी वंशावली मातृसत्तात्मक थी?
    (a) कुषाण (b) कण्व
    (c) पहलव (d) सातवाहन

12. सातवाहनों का किस बंदरगाह से रोम से व्यापार होता था?
    (a) करीमनगर (b) अरिकामेडु
    (c) विशाखापट्टनम (d) प्रतिष्ठान

13. भारत में रोम एवं चीन के बीच व्यापार में मध्यस्थ की भूमिका किस वंशावली ने निभाई?
    (a) हिन्द यूनानी (b) पहलव
    (c) कुषाण (d) शक

14. सबसे अधिक स्वर्ण शुद्धता वाले सिक्के किसके हैं?
    (a) कुषाण (b) हिन्द-यवन
    (c) सातवाहन (d) गुप्त वंश

15. भारत में दो राजधानियां बनाने वाला पहला शासक कौन था?
    (a) गौतमीपुत्र शातकर्णी
    (b) कनिष्क
    (c) वशिष्ठपुत्र पुलमावी
    (d) पुष्यमित्र शुंग

16. चौथी बौद्ध संगीति किस शासक ने करवायी ?

(a) यज्ञश्री शातकर्णी (b) मेनाण्डर
(c) कनिष्क (d) अग्निमित्र

17. सुमेलित कीजिए–

सूची-I	**सूची-II**
A. संस्कृत	1. अशोक के अभिलेख
B. पैशाची	2. मिलिन्दपन्हो
C. पाली	3. गाथासप्तशती
D. प्राकृत	4. दिव्यावदान

	A	**B**	**C**	**D**
(a)	4	3	2	1
(b)	1	2	3	4
(c)	3	4	1	2
(d)	2	4	1	3

18. रेह अभिलेख किससे संबंधित है ?

(a) कजुल कडफिसेस (b) मेनाण्डर
(c) विम कडफिसेस (d) शातकर्णी

19. 'धम्मशीड़' उपाधि किसकी थी ?

(a) कनिष्क (b) हुविष्क
(c) वासुदेव (d) कजुल कडफिसेस

20. भारत में पहली बार 'कैसर' की उपाधि किसने ली ?

(a) कनिष्क (b) कनिष्क-II
(c) हुविष्क (d) वासुदेव

उत्तर माला

1. (d) **2.** (b) **3.** (d) **4.** (b) **5.** (a) **6.** (c) **7.** (b) **8.** (a) **9.** (a) **10.** (a)
11. (d) **12.** (b) **13.** (c) **14.** (a) **15.** (b) **16.** (c) **17.** (a) **18.** (b) **19.** (d) **20.** (b)

संगम काल

1. संगम कालीन परिषदों का उल्लेख कहाँ हुआ है ?

(a) तेलकापियम् (b) शिल्लपादिकारम्
(c) इरैयनार अगप्पोरूल (d) मणिमेकलै

2. संगमकालीन मुख्य व्याकरण ग्रंथ कौन सा है ?

(a) जीवक चिंतामणि तरूतक्कदेवर
(b) तोलक्कापियम्
(c) कुरल
(d) इरैनार अगप्पोरूल

3. प्रथम संगम के अध्यक्ष कौन थे ?

(a) तोलकापियम् (b) नक्कीरर
(c) ऋषि अगस्त्य (d) तिरूवल्लूर

4. सुमेलित कीजिए-

सूची-I	**सूची-II**
A. कुरिंजी	1. समुद्रतट
B. पालै	2. जुते हुए खेत
C. मुलैय	3. जंगल
D. नरूदम	4. निर्जन स्थान
E. नेयतल	5. पर्वत

	A	B	C	D	E
(a)	5	4	3	2	1
(b)	2	1	3	4	5
(c)	4	5	2	1	3
(c)	1	2	3	4	5

5. दूसरे संगम का आयोजन कहाँ हुआ था ?

(a) मदुरा (b) वांजि
(c) कपाटपुरम (d) पुहार

6. सुमेलित कीजिए-

सूची-I	**सूची-II**
A. तोलकापियर	1. तोलकापियम
B. सीत्तलेसत्तनार	2. शिल्लपादिकारम्
C. इंलगोअदिगल	3. मणिमेकलै
D. तिरूतक्कदेवर	4. जीवक चिंतामणि
E. तिरूवल्लुवर	5. कुरल

	A	B	C	D	E
(a)	1	3	2	4	5
(b)	2	3	4	5	1
(c)	5	4	3	2	1
(d)	3	4	5	1	2

7. तमिल साहित्य का बाइबिल किसे कहा जाता है ?

(a) कुरल (b) पत्तुप्पात्तु
(c) मेल्कनकु (d) ऐतुतौके

8. 'कन्नगी' अथवा 'पत्नी' पूजा का उल्लेख कहाँ है ?

(a) शिल्लापादिकारम् (b) परित्रुपत्तु
(c) मणिमेखलै (d) एट्टुटोगई

9. पाण्ड्य राज्य कालीन प्रमुख बंदरगाह कौन—कौन थे जिनका उल्लेख तमिल साहित्य में हुआ है ?

1. कोरकोई 2. पुहार
2. शालियूर 4. मुजरिस

(a) 1 (b) 1, 2
(c) 1, 3, 4 (d) 1, 2, 3, 4

10. किस शासक ने कावेरी नदी के तट पर 'पुहार' नामक बंदरगाह बनवाया ?

(a) नेडुंजेलियन (b) उदियंजीरल
(c) करिकाल (d) शेनगुट्टुवन

11. किस चेर शासक ने महाभारत के सैनिकों को भोजन कराया ?

(a) उदियंजीरल (b) शेनगुट्टुवन
(c) नेदुंरजीरल अदन (d) आढिगइमाम

12. किस चेर शासक ने दक्षिण में गन्ने की खेती प्रारंभ की ?

(a) कुडक्कोइलंजोराल इरम्पोई
(b) शेनगुट्टुवन
(c) आढिगईमाम
(d) नेदुंजीरल आदन

13. चेर का राजकीय चिह्न क्या था ?

(a) मछली (b) बाग
(c) धनुष (d) अश्व

14. मेगस्थनीज ने किस दक्षिण भारतीय राज्य का उल्लेख किया है ?

(a) चेर (b) पाण्डय
(c) चोल (d) सतियेपुत्र

15. सुमेलित कीजिए-

सूची-I	**सूची-II**
A. करई/कदगई	1. कृषिकार
B. इरई	2. लूट का माल
C. उलगू	3. सीमा शुल्क
D. इराबु	4. जबरन वसूला गया अतिरिक्त कर
E. पदु	5. राजा को दिया गया उपहार

	A	B	C	D	E
(a)	1	2	3	4	5
(b)	2	1	3	4	5
(c)	5	4	3	2	1
(d)	2	5	4	3	1

16. सुमेलित कीजिए-

सूची-I	सूची-II
A. पुलैयन	1. रस्सी की चारपाई बनाने वाले
B. मलवर	2. उत्तरी सीमा पर बसने वाले जिनके पेश डाका डालना था
C. एनियर	3. शिकारियों की जातियाँ
D. विनैल्लार	4. खेत मजदूर

	A	B	C	D
(a)	1	2	3	4
(b)	4	3	2	1
(c)	2	1	4	3
(d)	2	3	4	1

17. सुमेलित कीजिए-

सूची-I	सूची-II
A. कोरनवाई	1. पशुचारकों का देवता
B. मुरूगन	2. बहेलिया जाति के उपासक
C. कोर्रलै	3. शिकारियों का देवता
D. कृष्ण	4. विजय की देवी

	A	B	C	D
(a)	4	3	2	1
(b)	1	2	3	4
(c)	3	4	1	2
(d)	3	1	2	4

18. सुमेलित कीजिए-

सूची-I	सूची-II
A. ऐनाड़ि	1. खेत मजदूर
B. बल्लाल	2. निचले वर्ण के खेत मजदूर
C. अरसर	3. शासक वर्ग
D. कडैसिपर	4. धनी किसान
E. विनैवल्लार/अटियोर	5. सेनानायकों की उपाधियाँ

	A	B	C	D	E
(a)	5	4	3	2	1
(b)	3	2	1	5	4
(c)	3	4	5	2	1
(d)	5	3	1	2	4

19. संगम काल में भूमि पैमाइश के लिए प्रयुक्त संज्ञा-

(a) पाणर
(b) 'या' या बेलि
(c) विडैलियर
(d) नाली

20. संगमकालीन विशिष्ट क्षेत्र के विशिष्ट देवता की समीक्षा करें-

सूची-I	सूची-II
A. कुरंजी	1. मरूगन (शिव)
B. नयत्तरम	2. वरूण
C. मरूदम	3. इन्द्र
D. पर्लै	4. कोरनवाई
E. मुलै	5. विष्णु

	A	B	C	D	E
(a)	1	2	3	4	5
(b)	2	1	4	3	5
(c)	5	3	2	4	1
(d)	3	2	5	4	1

उत्तर माला

1. (c)	**2.** (b)	**3.** (c)	**4.** (a)	**5.** (c)	**6.** (a)	**7.** (a)	**8.** (a)	**9.** (c)	**10.** (c)
11. (a)	**12.** (c)	**13.** (c)	**14.** (b)	**15.** (a)	**16.** (a)	**17.** (a)	**18.** (a)	**19.** (b)	**20.** (a)

गुप्त काल (319 ई.—550 ई.)

1. गुप्तकाल का प्रथम स्वतंत्र शासक कौन था ?

(a) श्रीगुप्त (b) घटोत्कच

(c) चंद्रगुप्त प्रथम (d) चंद्रगुप्त द्वितीय

2. गुप्तकालीन प्रथम मुद्रा को क्या कहते हैं ?

(a) सिंहनिहन्ता प्रकार (b) कुमार देवी प्रकार

(c) पराक्रम प्रकार (d) वीणा प्रकार

3. लिच्छिवि दौहित्र की उपाधि किसकी है ?

(a) चंद्रगुप्त प्रथम (b) चंद्रगुप्त द्वितीय

(c) गोविन्द गुप्त (d) समुद्रगुप्त

4. समुद्रगुप्त का समकालीन गुप्त शासक कौन था ? जिसकी मुद्राऐं गुप्त निधि में प्राप्त हुई हैं।

(a) चन्द्रगुप्त (b) काच

(c) गोविन्दगुप्त (d) बुद्धगुप्त

5. प्रयाग प्रशस्ति का लेखक कौन है ?

(a) रविकीर्ति (b) बाणभट्ट

(c) हरिषेण (d) भरतमुनि

6. सुमेलित कीजिए-

सूची-I	**सूची-II**
A. प्रसभोद्धरण	1. आर्यावर्त
B. परिचारिकृत	2. दक्षिणवृत
C. ग्रहणमोक्षानुग्रह	3. आटविक शासक
D. प्रणाभागमन	4. विदेशी शासक

	A	**B**	**C**	**D**
(a)	1	3	2	4
(b)	4	3	2	1
(c)	1	2	3	4
(d)	4	1	2	3

7. 'यूप प्रकार' समुद्रगुप्त की किस मुद्रा से संबंधित है ?

(a) अश्वमेध प्रकार (b) देवी प्रकार

(c) वीणा प्रकार (d) सिंह निहन्ता प्रकार

8. चंद्रगुप्त द्वितीय ने किस शक शासक को हरा कर विक्रमादित्य की उपाधि धारण की थी ?

(a) रूद्रदामन प्रथम (b) रूद्र सिंह तृतीय

(c) रूद्र सिंह तृतीय (d) रूद्रसेन

9. सुमेलित कीजिए-

सूची-I	**सूची-II**
A. समुद्रगुप्त	1. लिच्छवि दौहित्र
B. चंद्रगुप्त द्वितीय	2. विक्रमादित्य
C. कुमारगुप्त	3. महेन्द्रादित्य
D. स्कन्दगुप्त	4. शक्रादित्य

	A	**B**	**C**	**D**
(a)	1	2	3	4
(b)	2	1	4	3
(c)	4	3	2	1
(d)	3	4	1	2

10. फाह्यान किसके शासनकाल में भारत आया, किन्तु उसने अपनी कृति में उस शासक का नाम नहीं लिखा ?

(a) समुद्रगुप्त (b) कुमारगुप्त

(c) चंद्रगुप्त विक्रमादित्य (d) स्कन्दगुप्त

11. गुप्तकाल में ग्राम समूह को क्या कहा जाता था ?

(a) भुक्ति (b) उपरिक

(c) वीथिका (d) पैठ

12. नालान्दा विश्वविघालय बनवाने का श्रेय किसे प्राप्त है ?

(a) समुद्रगुप्त

(b) कुमारगुप्त

(c) चंद्रगुप्त विक्रमादित्य

(d) स्कन्दगुप्त

13. 'श्रीधन' का उल्लेख किस स्मृति साहित्य में किया गया है ?

(a) याज्ञवल्क्य स्मृति (b) विष्णु स्मृति

(c) नारद स्मृति (d) वृहस्पति स्मृति

14. सती प्रथा का प्रारंभिक अभिलेखीय उल्लेख कहाँ प्राप्त होता है ?

(a) रूद्रदामन का जूनागढ़ अभिलेख

(b) प्रयाग प्रशस्ति

(c) सारनाथ अभिलेख

(d) भानुगुप्त का एरण अभिलेख

15. पुराणों के रचनाकार कौन थे ?

(a) लोमहर्ष, उग्रश्रवा (b) वराहमिहिर

(c) कात्यायन (d) विज्ञानेश्वर

16. सुमेलित कीजिए-

सूची-I	**सूची-II**
A. विष्णु मन्दिर	1. देवगढ़
B. शिव मन्दिर	2. नचना कुठार
C. पार्वती मन्दिर	3. भूमरा
D. दशावतार	4. तिगवा

	A	**B**	**C**	**D**
(a)	4	3	2	1
(b)	3	4	1	2
(c)	1	2	3	4
(d)	2	3	4	1

17. मेहरौली का लौह स्तंभ किससे संबंधित है ?

(a) चन्द्रगुप्त प्रथम
(b) कुमारगुप्त
(c) चन्द्रगुप्त द्वितीय
(d) स्कन्दगुप्त

18. गुप्तकालीन साहित्य को साहित्यकारों से सुमेलित करें–

	सूची-I		सूची-II
A.	चंद्रगोमिन	1.	चंद्र व्याकरण
B.	अमर सिंह	2.	अमर कोष
C.	कामन्दक	3.	नीति शास्त्र
D.	वात्स्यायन	4.	कामसूत्र
E.	भास	5.	प्रतियोगन्धरायणभ
F.	शूद्रक	6.	मृच्छकटिकम
G.	विशाखदत्त	7.	मुद्राराक्षस

	A	B	C	D	E	F	G
(a)	1	2	3	4	5	6	7
(b)	2	1	3	4	5	6	7
(c)	5	6	7	1	2	3	4
(d)	4	5	6	7	2	1	3

19. गुप्तकालीन आर्थिक व्यवस्था यद्यपि प्रतिबंधित अर्थव्यवस्था में परिवर्तित हो गयी थी, तथापि भूमि विभाजन अपने आप में गुप्त काल की पहचान है। अमरकोष में 12 प्रकार की भूमि दी गयी है। निम्नलिखित को सुमेलित करें–

	सूची-I		सूची-II
A.	वास करने वाली भूमि	1.	वास्तु
B.	खेती योग्य भूमि	2.	क्षेत्र
C.	चारागाह भूमि	3.	भूमि
D.	जोती नहीं जाने वाली	4.	सीलभूमि
E.	जंगली भूमि	5.	अप्रहत

	A	B	C	D	E
(a)	1	2	3	4	5
(b)	2	1	4	3	5
(c)	3	4	1	2	5
(d)	4	1	5	3	2

20. गुप्तकालीन विशिष्ट कर प्रणाली जो विकेन्द्रीय व्यवस्था का मेरूदंड थी। सुमेलित करें–

	सूची-I		सूची-II
A.	उद्रंग	1.	भूमिकर का प्रकार
B.	वैष्ठिका	2.	बलात श्रम
C.	भत/भठ	3.	आंतरिक सुरक्षा
D.	प्रणय	4.	अनिवार्य कर
E.	चाट	5.	लुटेरों के उत्पीड़न से सुरक्षा
F.	दसापराध	6.	दस अपराधों पर जुर्माना
G.	हलदण्ड	7.	हल पर लगने वाला कर

	A	B	C	D	E	F	G
(a)	1	2	3	4	z	6	7
(b)	2	1	4	3	6	7	5
(c)	3	4	5	6	7	1	2
(d)	4	z	6	7	1	2	3

उत्तर माला

1. (c) **2.** (b) **3.** (d) **4.** (b) **5.** (c) **6.** (a) **7.** (a) **8.** (c) **9.** (a) **10.** (c)
11. (d) **12.** (b) **13.** (a) **14.** (d) **15.** (a) **16.** (a) **17.** (c) **18.** (a) **19.** (a) **20.** (a)

गुप्तोत्तर काल (550 ई.—800 ई.)

1. हर्षवर्धन ने किस स्थान की विजय की जिसे बाणभट्ट ने पंचजन्य विजय कहा है ?

1. थाणेश्वर 2. कान्यकुब्ज
3. मिथिला 4. गौड़ राज्य
5. उत्कल 6. वल्लभी
7. बादामी

(a) 1, 2 (b) 4
(c) 1, 2, 3 (d) 1, 2, 3, 4, 5
(e) 1, 2, 3, 4, 5, 6, 7

2. निम्न किन पुस्तकों की रचना हर्ष ने की ?

1. नागानन्द 2. प्रियदर्शिका
3. रत्नावली 4. कादम्बरी

(a) 1 (b) 1, 2
(c) 1, 2, 3 (d) 1, 2, 3, 4

3. बाणभट्ट किन पुस्तकों का रचयिता है ?

1. हर्षचरित 2. कादम्बरी
3. पार्वती परिणय 4. प्रियदर्शिका

(a) 1 (b) 1, 2
(c) 1, 2, 3 (d) 1, 2, 3, 4

4. हर्ष के काल में कौन-सी आर्थिक व्यवस्था विघमान थी? जो प्रतिबंधित अर्थव्यवस्था का पर्याय थी।

(a) आत्मनिर्भर नगरीय अर्थव्यवस्था
(b) आत्मनिर्भर ग्रामीण अर्थव्यवस्था
(c) विशुद्ध ग्रामीण व्यवस्था
(d) वाणिज्यिक अर्थव्यवस्था

5. हर्षवर्धन ने किस बौद्ध भिक्षु की मदद से अपनी बहन राजश्री को खोजा था ?

(a) बौद्ध भिक्षु मातृचेटक (b) पार्श्व
(c) असंग (d) दिवाकर मित्र

6. हर्षवर्धन द्वारा आयोजित बौद्ध महासभा का अध्यक्ष कौन था ?

(a) सुंगनु (b) चाओ जो की
(c) हवेनसांग (d) बाणभट्ट

7. हर्ष की दक्षिण की पराजय का उल्लेख कहाँ हुआ है ?

(a) एहोल प्रशास्ति
(b) बांसखेड़ा
(c) मधुबन
(d) इनमें से कोई नहीं

8. एहोल प्रशस्ति का संकलनकर्ता कौन है ?

(a) बाणभट्ट (b) हरिषेण
(c) रविकीर्ति (d) अवन्ति

9. किस शासक ने चार अश्वमेघ यज्ञ करवाये ?

(a) हर्षवर्धन (b) पुलकेशिवन
(c) प्रवरसेन (d) कीर्तिवर्मन

10. किस चालुक्य नरेश ने सत्याश्रय की उपाधि ली ?

(a) पुलकेसिन प्रथम
(b) पुलकेसिन द्वितीय
(c) कीर्तिवर्मन
(d) मंगलेश

11. मत्तविलास प्रहसन का लेखक कौन है ?

(a) सिंहविष्णु (b) महेन्द्रवर्मन प्रथम
(c) नरसिंहवर्मन (d) परमेश्वरवर्मन

12. सुमेलित कीजिए–

सूची-I	सूची-II
A. महेन्द्रवर्मन भौली	1. स्तम्भ या मंडप का प्रयोग
B. नरसिंहवर्मन या मामल्य	2. मंडप व रथ का प्रयोग शैली
C. राजसिंह शैली	3. स्वतंत्र व तटीय मंदिर
D. नन्दिवर्मन शैली	4. छोटे-छोटे मंदिर

	A	B	C	D
(a)	1	2	3	4
(b)	1	4	3	2
(c)	1	3	2	4
(d)	2	3	1	4

13. किस अभिलेख में पुलकेशिन द्वितीय ने परमेश्वर की उपाधि ली थी ?

(a) ऐहोल अभिलेख
(b) बादामी शिलालेख
(c) महाकूट शिलालेख
(d) हैदराबाद दानपत्र अभिलेख

14. निम्नलिखित गहढवाल शासकों की उपलब्धि को सुमेलित करें–

सूची-I	सूची-II
A. यशोविग्रह	1. गहढ़वाल वंश का संस्थापक
B. चंद्रदेव	2. बनारस को दूसरी राजधानी बनाया
C. गोविन्द चंद्र	3. कृत्यकल्प तरू के लेखक लक्ष्मीधर के संरक्षण दिया
D. जयचंद्र	4. नैषघचरित्र के लेखक श्रीहर्ष का संरक्षण दिया

	A	B	C	D
(a)	1	2	3	4
(b)	2	1	4	3
(c)	4	3	2	1
(d)	3	4	1	2

15. निम्नलिखित पाल वंशीय शासकों के स्थापत्य एवं राजनीति से संबंधित कार्यों को सुमेलित करें–

सूची-I	सूची-II
A. गोपाल	1. मत्स्य न्याय को समाप्त करना एवं ओदन्तपुरी विश्वविद्यालय का निर्माण।
B. धर्मपाल	2. खालिमपुर अभिलेख/विक्रमशिला एवं सोमपुर बिहार का निर्माता
C. महिपाल	3. सारनाथ की गन्धकुटी का निर्माता।
D. नयपाल	4. गठाधर में मंदिर का निर्माण।
E. रामपाल	5. कैवर्त विद्रोह का नाश करने वाला

	A	B	C	D	E
(a)	1	2	3	4	5
(b)	2	1	3	4	5
(c)	3	4	5	1	2
(d)	4	5	1	2	3

16. किस चालुक्य शासक को अजन्ता की गुफा में इरानी राजाओं का स्वागत करते दिखाया गया है?

(a) कीर्तिवर्मन (b) मंगलेश
(c) पुलकेशिन II (d) विजयादित्य

17. पल्लव शासकों की उपाधियों एवं निर्माण कार्यों को सुमेलित करें–

सूची-I	सूची-II
A. सिंह विष्णु	1. अवंति सिंह/सुत्तपुत्तोरयण
B. महेन्द्रवर्मन प्रथम	2. विचित्र-चित्र/गुणभर
C. नरसिंह वर्मन प्रथम	3. वातापि कोण्ड
D. नंदिवर्मन	4. बैंकुठ पेरूमल का मन्दिर
E. नरसिंह वर्मन द्वितीय	5. कैलाश मंदिर

	A	B	C	D	E
(a)	1	2	3	4	5
(b)	2	1	4	3	5
(c)	3	1	4	2	5
(d)	4	3	1	2	5

18. पल्लव कालीन प्रशासनिक व्यवस्था को सुमेलित करें–

सूची-I	सूची-II
A. मंडलम	1. ग्राम
B. नाडु	2. ग्राम समूह
C. कोट्टम	3. जिला
D. उर	4. राष्ट्र

	A	B	C	D
(a)	1	2	3	4
(b)	2	1	4	3
(c)	4	3	2	1
(d)	3	4	2	1

19. सुमेलित कीजिए–

सूची-I	सूची-II
A. मत्त विलास प्रहसन	1. रविकीर्ति
B. किरातार्जुनीवम्	2. दंडी
C. दशकुमारचरित्र	3. भारवी
D. ऐहोल प्रशस्ति	4. महेन्द्रवर्मन

	A	B	C	D
(a)	1	2	3	4
(b)	4	3	2	1
(c)	3	4	1	2
(d)	2	1	4	3

20. ऐहोल प्रशस्ति से ज्ञात होता है कि चालुक्यों की बेसर शैली के सैकड़ों मंदिरों में रविकीर्ति ने स्वयं एक मंदिर बनवाया था?

(a) पारस नाथ
(b) विरूपाक्ष मंदिर
(c) जितेन्द्र मंदिर
(d) अजन्ता का भित्ति चित्र

उत्तर माला

1. (d)	**2.** (c)	**3.** (c)	**4.** (b)	**5.** (d)	**6.** (c)	**7.** (a)	**8.** (c)	**9.** (c)	**10.** (c)
11. (b)	**12.** (a)	**13.** (d)	**14.** (a)	**15.** (a)	**16.** (c)	**17.** (a)	**18.** (a)	**19.** (b)	**20.** (c)

मध्यकालीन इतिहास राजपूत, दक्कन और दक्षिणापथ (800 ई.—1200 ई.)

1. सुमेलित कीजिए-

सूची-I	सूची-II
A. धर्मपाल	1. परमसौगात, उत्तरापथस्वामी
B. मिहिरभोज (प्रतिहार)	2. आदिवराह
C. महिपाल (प्रतिहार)	3. गुर्जरराजा
D. राजा भोज (परमार)	4. कविराज
E. कृष्ण प्रथम	5. शुंगतुंग, अकालवर्ष

	A	B	C	D	E
(a)	1	2	3	4	5
(b)	5	4	3	2	1
(c)	4	5	3	2	1
(d)	3	4	5	1	2

2. अलमसूरी ने 'अलबौरा' किस शासक को कहा है? साथ ही साथ उसके साम्राज्य के विकास विशेषकर सड़कों का उल्लेख करता है-

(a) महिपाल (b) महेन्द्रपाल
(c) नागभट्ट (d) मिहिरभोज

3. सुमेलित कीजिए-

सूची-I	सूची-II
A. अन्हिलवाड़ा	1. चालुक्य
B. जैजाकमुक्ति	2. चन्देल
C. मालवा	3. परमार
D. शाकम्भरी	4. चौहान
E. त्रिपुरी/डाहल	5. चेदि/कलचुरि

	A	B	C	D	E
(a)	1	2	3	4	5
(b)	5	4	3	2	1
(c)	4	5	3	2	1
(d)	3	4	5	1	2

4. तुर्कों पर किस शासक ने तुरूष्कदंड लगाया? वास्तव में यह जजिया कर का प्रतिकार था-

(a) यशोविग्रह (b) चन्देव
(c) गोविन्द चन्द्र (d) जयचन्द्र

5. किस शासक ने 'हरिकेली' नामक नाटक की रचना की? यह संस्कृत भाषा व अपभ्रंश का सम्मिश्रण है।

(a) सिंहराज
(b) अजयराज
(c) विग्रहराज-IV
(d) पृथ्वीराज तृतीय

6. रानी 'दिद्धा' किस वंश से संबंधित थी?

(a) हिन्दुवंश
(b) करकोट वंश
(c) उत्पल वंश
(d) जैजाकमुक्ति

7. सुमेलित कीजिए-

सूची-I	सूची-II
A. कृष्णमित्र	1. आल्हाखंड
B. राजशेखर	2. पृथ्वीराज रासो
C. चन्दवरदाई	3. प्रबंधकोश
D. जगनिक	4. प्रबोचन्द्रोदय

	A	B	C	D
(a)	1	2	3	4
(b)	4	3	2	1
(c)	4	3	1	2
(d)	3	4	2	1

8. सुमेलित कीजिए-

सूची-I	सूची-II
A. उपवन समिति	1. तोट्टावरियम
B. सिंचाई समिति	2. ऐनवरियम
C. स्वर्ण समिति	3. पोनवारियम
D. न्यायिक समिति	4. न्यायाट्टर
E. सन्यासी एवं विदेश समिति	5. उदासीन वरियम

	A	B	C	D	E
(a)	5	4	3	2	1
(b)	5	3	4	1	2
(c)	1	2	3	4	5
(d)	3	4	5	2	1

9. सुमेलित कीजिए-

सूची-I	सूची-II
A. वडपेर्रकैकाकोलस	1. राजा के पैदल अंगरक्षक
B. कुंजीरमल्लर	2. गजरोही सैन्य दल
C. वल्लिगढ़	3. धर्नुधारी दल
D. कड़गम	4. सैनिक छावनियां
E. वल्लैकार	5. राजा के अतिविश्वसनीय अंगरक्षक

	A	B	C	D	E
(a)	5	3	2	4	1
(b)	3	4	5	2	1
(c)	1	2	3	4	5
(d)	5	4	1	2	3

10 नटराज की मूर्ति की पूजन प्रणाली कहां विकसित हुयी और यहीं से विश्व विख्यात हो गयी ?

(a) राष्ट्रकूट (b) वेंगी
(c) चोल (d) पल्लव

11. सुमेलित कीजिए-

सूची-I	सूची-II
A. गंगईकोण्ड	1. राजेन्द्र
B. विराभिषेक	2. राजाधिराज प्रथम
C. संगुमवतर्वित	3. कुलोतुंग प्रथम
D. त्याग समुद्र	4. विक्रम चोल

	A	B	C	D
(a)	1	2	3	4
(b)	4	1	2	3
(c)	4	3	1	2
(d)	4	3	2	1

12. भूमिमापन की कदम्ब प्रणाली किसने प्रारंभ की ?

(a) राजराजा चोल
(b) राजेन्द्र प्रथम
(c) राजाधिराज प्रथम
(d) वीर राजेन्द्र

13. किस शासक ने चोलों का पुनरोद्धार करके नरकेसरी की उपाधि ली एवं निशम्भूसुदिनीदुर्गा का मन्दिर बनवाया ?

(a) विजायल
(b) आदित्य चोल
(c) करिकाल चोल
(d) परान्तक चोल

14. सुमेलित कीजिए-

सूची-I	सूची-II
A. आयम	1. राजस्व
B. कुदिमै	2. लगान
C. मरमज्जाड़ि	3. वृक्षकर
D. किडाककागु	4. नरपशु पर लगने वाला कर
E. मुनैइरै	5. भवन कर

	A	B	C	D	E
(a)	1	2	3	4	5
(b)	5	3	2	1	4
(c)	3	4	5	1	2
(d)	4	5	1	2	3

15. चोल कालीन व्यापारिक हितों के लिए निर्मित संस्था-

सूची-I	सूची-II
A. मणिग्रामम वलंजियार	1. व्यापारित हितों की रक्षा करने वाली
B. आजीवकवकाशु	2. आजीवकों पर लगने वाला कर
C. वरिमेरूक्कल	3. समिति के सदस्य
D. अलुंगनाट्टार	4. उर में गठित कार्यकारिणी
E. पाडिकावल	5. गाँव की रक्षा करने के लिये लिया जाने वाला कर

	A	B	C	D	E
(a)	1	2	3	4	5
(b)	2	1	4	3	5
(c)	4	5	3	2	1
(d)	5	4	3	2	1

16. राजपूतों की उत्पत्ति से संबंधित वक्तव्यों को सुमेलित करें-

सूची-I	सूची-II
A. विदेशियों से उत्पत्ति	1. चंद्रवरदायी/सियेद्रोणी अभिलेख
B. क्षत्रिय नायकों से उत्पत्ति	2. दशरथ शर्मा
C. भारतीय वर्णो विशेषकर ब्राह्मण	3. गौरी शंकर ओझा
D. अग्नि कुण्ड से उत्पत्ति	4. कर्नड टाड

	A	B	C	D
(a)	1	2	3	4
(b)	4	3	2	1
(c)	1	4	3	2
(d)	3	4	2	1

17. गुर्जर प्रतिहार वंशीय शासकों को सुमेलित कीजिए-

सूची-I	सूची-II
A. प्रतिहार वंश का	1. महेन्द्रपाल संस्थापक
B. अरबों को भारतीय सीमा से खदेड़ने वाला व नारायण की उपाधि धारण करने वाला	2. मिहिर भोज
C. कन्नौज को राजधानी बनाने वाला	3. नागभट्ट II
D. पंजाब तक विस्तार कर पेहोबा अभिलेख लगवाया	4. नागभट्ट I
E. राजशेखर का शिष्य	5. हरिश्चंद्र

	A	B	C	D	E
(a)	1	2	3	4	5
(b)	5	4	3	2	1
(c)	4	5	2	3	1
(d)	3	2	4	5	1

18. पालों के निम्न अभिलेखों को सुमेलित करें-

सूची-I	सूची-II
A. खालिमपुर अभिलेख	1. महीपाल
B. मुंगेर अभिलेख	2. नारायण पाल
C. बादल स्तंभ अभिलेख	3. देवपाल
D. नालन्दा तथा मुजफ्फरपुर अभिलेख	4. धर्मपाल

	A	B	C	D
(a)	1	2	3	4
(b)	2	1	4	3
(c)	4	3	2	1
(d)	2	1	4	3

19. निम्नलिखित राजपूत कालीन ग्रंथों को सुमेलित करें-

सूची-I	सूची-II
A. राजशेखर	1. काव्य मिमाँसा
B. हेमचंद्र	2. द्वाश्रय काव्य
C. विल्हण	3. विक्रमांकदेव चरित
D. जीमूतवाहन	4. दायाभाग
E. विज्ञानेश्वर	5. मिताक्षरा

	A	B	C	D	E
(a)	1	2	3	4	5
(b)	2	1	4	3	5
(c)	3	4	5	1	2
(d)	5	4	3	2	1

20. निम्न स्थलों को मध्यकालीन नामों से सुमेलित करें-

सूची-I	सूची-II
A. माध्यमिका	1. चित्तौण
B. दर्शाण	2. मालवा
C. प्राग्ज्योतिषपुर	3. असम
D. महोदयश्री	4. कन्नौज
E. उत्कल	5. उड़ीसा

	A	B	C	D	E
(a)	1	2	3	4	5
(b)	2	1	4	3	5
(c)	3	4	1	2	5
(d)	5	4	3	2	1

उत्तर माला

1. (a) **2.** (d) **3.** (a) **4.** (b) **5.** (c) **6.** (c) **7.** (b) **8.** (c) **9.** (c) **10.** (c)
11. (a) **12.** (a) **13.** (a) **14.** (a) **15.** (a) **16.** (b) **17.** (b) **18.** (c) **19.** (a) **20.** (a)

सल्तनत काल (1206 ई.–1526 ई.)

1. महमूद गजनवी से पराजित होकर किस शासक ने आत्म हत्या कर ली थी? इस घटना ने व उसके उपरांत की राजनैतिक अव्यवस्था में राजपूतों की झूठी शान का खुलासा कर दिया–

(a) जयपाल (b) आनन्द पाल
(c) देवपाल (d) धर्मपाल

2. महमूद के काल के प्रमुख भारतीय योद्धाओं और उनकी पराजय को सुमेलित करें–

सूची-I	**सूची-II**
A. मुल्तान	1. मूल राज प्रथम
B. वैहिन्द	2. गण्ड
C. कन्नौज	3. राज्यपाल
D. कालिंजर	4. आनन्द पाल
E. सोमनाथ	5. फतेह दाउद

	A	**B**	**C**	**D**	**E**
(a)	5	4	3	1	2
(b)	5	4	3	2	1
(c)	5	4	1	2	3
(d)	5	1	2	3	4

3. पृथ्वीराज के किस सिक्के को देहलीवाल कहा जाता है? जिन पर मोहम्मद बिन साम लिखा है–

(a) शिव आकृति वाले
(b) पृथ्वीराज देवनागिरि लिपि वाले
(c) लक्ष्मी की आकृति वाले
(d) घोड़े पर सवार मोहम्मद गोरी का आकृति

4. कुतुबुद्दीन ऐबक के दरबार में कौन से रचनाकार रहते थे?

1. हसन निज़ामी 2. फख-ए-मुदबिर
3. मिनहाजुद्दीन सिराज़ 4. अलमसूदी

(a) 1, 2 (b) 1, 3
(c) 1, 4 (d) 2, 4

5. इल्तुतमिश 1229 में बगदाद के किस खलीफा से खिल्लत प्राप्त करके सुल्तान की उपाधि ली?

(a) अल-मुत्तसिह-विल्लाह
(b) अल मुहल्लत
(c) अल हज्जाम
(d) उमर

6. सुमेलित कीजिए–

सूची-I	**सूची-II**
A. चहगानी दल का निर्माण	1. इल्तुतमिश
B. लाखबख्श की उपाधि	2. कुतुबुद्दीन ऐबक
C. नायब-ए-मम्लिकात	3. एतगीन
D. जुनैदी का विद्रोह	4. रजिया
E. उलूग खाँ	5. बलबन

	A	**B**	**C**	**D**	**E**
(a)	2	1	3	4	5
(b)	1	2	3	4	5
(c)	5	4	3	2	1
(d)	4	5	3	1	2

7. किस सुल्तान ने अपने बेटे को शहीद-ए-आजम की उपाधि दी?

(a) इल्तुतमिश
(b) बलबन
(c) बुगरा खाँ
(d) अलाउद्दीन खिलजी

8. निम्नलिखित सुल्तानों एवं नायबों की उपाधियों को सुमेलित करें–

सूची-I	**सूची-II**
A. जिल्ल-ए-इलाही	1. इल्तुतमिश
B. शाइस्ता खाँ	2. खिज्र खाँ
C. रैयत-ए-आला	3. जलालुद्दीन खिलजी
D. सुल्तान	4. ग्यासुद्दीन बलबन

	A	**B**	**C**	**D**
(a)	1	2	3	4
(b)	4	2	1	3
(d)	4	3	2	1
(d)	4	1	3	2

9. किस सुल्तान ने प्लेग रोग से बचने के लिए कन्नौज के पास स्वर्गद्वारी नामक स्थान में शरण ली?

(a) गयासुद्दीन तुगलक
(b) मोहम्मद तुगलक
(c) फिरोज तुगलक
(d) नासिरूद्दीन महमूद

10. निम्नलिखित पदों को सुल्तानों के नामों से सुमेलित करें–

सूची-I	**सूची-II**
A. नायब-ए-मम्लिकात	1. फिरोज तुगलक
B. दीवान-ए-आरिज	2. मोहम्मद तुगलक
C. दीवान-ए-रियासत	3. बलबन
D. दीवान-ए-कोही	4. बहरामशाह
E. दीवान-ए-बन्दगान	5. अलाउद्दीन खिलजी

	A	**B**	**C**	**D**	**E**
(a)	4	3	5	2	1
(b)	3	4	5	1	2
(c)	5	4	3	2	1
(d)	3	5	1	2	4

11. किस सुल्तान ने हौज-ए-शम्शी एवं हौज-ए-खास की मरम्मत करवायी? दीवान-ए-खैरात, दफ्तर-ए-रोजगार, दर-उल-शफा का निर्माण किया?

(a) फिरोज तुगलक (b) बहलोल लोदी
(c) खिज्र खाँ (d) सिकन्दर लोदी

12. सुमेलित कीजिए-

सूची-I	सूची-II
A. वजह	1. फिरोज तुगलक
B. दीवान-ए-वक्फ	2. जलालुद्दीन खिलजी
C. दीवान-ए-मुस्तखराज	3. अलाउद्दीन खिलजी
D. दीवान-ए-कोही	4. मोहम्मद तुगलक

	A	B	C	D
(a)	1	3	4	2
(b)	3	1	4	2
(c)	2	4	3	1
(d)	1	2	3	4

13. सल्तनत काल में अंतिम नायब-ए-मम्मलिकात कौन था?

(a) एतगीन (b) मलिक काफुर
(c) खुसरो शाह (d) खिज्र खाँ

14. मोहम्मद तुगलक के काल में दक्षिण भारतीय विजित क्षेत्र के प्रशासन की 'सदी' नामक इकाई का उल्लेख किसने किया है?

(a) जयाउद्दीन बरनी-तारीख-ए-फिरोजशाही
(b) अफीक-तारीख-ए-फिरोजशाही
(c) मिनहाजुद्दीन 'सिराज-तबकात-ए-नासिरी'
(d) इब्नबतूता-रेहला

15. सल्तनत काल में अवकाश प्राप्त, मृतक के परिवार वालो एवं अंगभंग हुये सैनिकों को पेंशन के रूप में जो धन मिलता था, वह किस विभाग द्वारा दिया जाता था?

(a) दीवान-ए-अशरफ (b) दीवान-ए-वकूफ
(c) दीवान-ए-इश्तिकाक (d) दीवान-ए-खैरात

16. किसने मसाहत में खेत बटाई, लंक बटाई, रास बटाई तथा वफा-ए-बिस्वा प्रारंभ किया?

(a) ग्यासुद्दीन तुगलक (b) अलाउद्दीन खिलजी
(c) मोहम्मद तुगलक (d) सिकन्दर लोदी

17. सुमेलित कीजिए-

सूची-I	सूची-II
A. अबुल फजल अलबहरी	1. चचनामा
B. अबु सईद	2. फुतुह-उस-सलातीन
C. यायि बिन अहमद सरहिन्दी	3. तारीख-ए-मुबारकशाही
D. इसामी	4. जैन-उल-अखबार
E. अली कूफी	5. तारीख-ए-मसूदी

	A	B	C	D	E
(a)	5	4	3	2	1
(b)	5	4	2	3	1
(c)	1	2	3	4	5
(d)	2	1	3	4	5

18. सुमेलित कीजिए-

सूची-I	सूची-II
A. किला-ए-रायपिथौड़ा	1. कुतुबुद्दीन ऐबक
B. सुल्तानगढ़ी का मकबरा	2. इल्तुतमिश
C. हजार सितून (सिइन)	3. अलाउद्दीन खिलजी
D. दुर्ग छप्पनकोट (तुगलकाबाद)	4. ग्यासदुद्दीन तुगलक
E. जहाँपनाह नगर	5. मौहम्मद तुगलक
F. कुश्क-ए-शिकार	6. फिरोज तुगलक

	A	B	C	D	E	F
(a)	5	2	3	4	1	6
(b)	1	2	3	4	5	6
(c)	6	5	3	4	2	1
(d)	3	4	5	6	1	2

19. मोती मस्जिद, बड़े खाँ तथा छोटे खाँ की समाधियाँ कवनी गुम्बद, पोती की गुम्बद का निर्माण किसने करवाया?

(a) खिज्र खाँ (b) बहलोल लोदी
(c) सिकन्दर लोदी (d) इब्राहिम लोदी

20. विठोवा की पूजा किसने प्रारंभ की?

(a) कबीर (b) नामदेव
(c) वल्लभाचार्य (d) तुकाराम

उत्तर माला

1. (a)	**2.** (b)	**3.** (c)	**4.** (a)	**5.** (a)	**6.** (b)	**7.** (b)	**8.** (c)	**9.** (b)	**10.** (a)
11. (a)	**12.** (d)	**13.** (c)	**14.** (d)	**15.** (c)	**16.** (b)	**17.** (a)	**18.** (b)	**19.** (c)	**20.** (b)

विजय नगर एवं बहमनी राजवंश

1. विजय नगर राज्य की स्थापना किसने की? जो पहले काकतीय वंश से संबंधित थे बाद में मोहम्मद तुगलक उन्हें दिल्ली ले गया था।

(a) कृष्णदेव राय (b) संगम
(c) हरिहर और बुक्का (d) देवराय

2. हरिहर और बुक्का को शुद्ध करके पुन: हिन्दू धर्म में वापस लाने का श्रेय किसे दिया जाता है?

(a) ऋषि सायण (b) विघारण्य
(c) हेमाद्रि (d) लक्ष्मीधर

3. विजय नगर राज्य के अंतर्गत आने वाले किस वंश ने विजय नगर राज्य को विकसित किया था?

(a) अराविडु वंश (b) तुलुव वंश
(c) संगम वंश (d) सालुव वंश

4. सुमेलित कीजिए–

सूची-I	सूची-II
A. राजनाथ	1. अमुक्त माल्यदा
B. गंगाधर	2. मनुचरित्रम
C. पेघन	3. गंगादास प्रलाप विलास
D. कृष्णदेव राय	4. सालुवाभ्युदय

	A	B	C	D
(a)	4	3	2	1
(b)	3	4	2	1
(c)	3	1	2	4
(d)	1	2	3	4

5. गरूड़ का प्रतीक किसके सिक्कों पर मिला है?

(a) कृष्णदेव राय (b) अच्युतदेव राय
(c) सदाशिव देव राय (d) इमादि देवराय

6. वराह का प्रतीक किसके सिक्कों पर मिला है?

(a) हरिहर प्रथम (b) बुक्का प्रथम
(c) तिरूमल (d) देवराय प्रथम

7. ओनेगोंडी को किसने अपने राजधानी बनाया?

(a) हरिहर प्रथम (b) बुक्का प्रथम
(c) देवराय द्वितीय (d) हरिहर द्वितीय

8. सुमेलित कीजिए–

सूची-I	सूची-II
A. हरिहर प्रथम	1. चन्द्रगिरी
B. बुक्का प्रथम	2. पेनगोण्डा
C. रामराय	3. गुट्टी
D. तिरूमल	4. अनेगुण्डि

	A	B	C	D
(a)	1	2	3	4
(b)	4	3	2	1
(c)	3	4	2	1
(d)	2	3	1	4

9. विजयनगर के शासक अधिकतर कौन-सी उपाधि लेते थे?

(a) राजा (b) सम्राट
(c) महाराजाधिराज (d) दिग्विजय

10. विजयनगर में कर्णिकम का कार्य क्या था?

(a) सेनापति (b) सचिव
(c) लेखपाल (d) अंगरक्षक

11. इमादिदेव राय, प्रौढ़देव राय और गजबेटकार उपाधियाँ किसकी हैं?

(a) देवराय प्रथम (b) देवराय द्वितीय
(c) कृष्णदेव राय (d) अच्युतदेव राय

12. नायकर प्रथा किससे संबंधित है?

(a) भूमि अनुदान से (b) प्रशासन से
(c) सामंतों से (d) न्यायपालिका से

13. आयंगर व्यवस्था किससे संबंधित है?

(a) ग्रामीण प्रशासन से (b) नाडुओं के प्रशासन से
(c) बलनाडुओं के प्रशासन से (d) कोट्टम के प्रशासन से

14. सुमेलित कीजिए–

सूची-I	सूची-II
A. सेनतेआवा	1. गाँव की सभा का संचालन करने वाला
B. महानायकाचार्य	2. नाडु का अध्यक्ष
C. परिपत्यागार	3. क्षेत्र विशेष में राजा का प्रतिनिधि
D. नट्टनायांकार	4. शासक व गांव वालो के बीच मध्यस्थ व शासक का प्रतिनिधि
E. अन्त्रीभार	5. गाँव का हिसाब-किताब रखने वाला

	A	B	C	D	E
(a)	5	4	3	2	1
(b)	1	2	3	4	5
(c)	4	3	2	1	5
(d)	3	4	2	1	5

15. गण्डपेन्द्र किसका प्रतीक है?

(a) बाल विवाह का (b) सती प्रथा का
(c) अष्टदिग्गजों का (d) परमवीर योद्धा का

16. बहमनियों की प्रारंभिक राजधानी कौन सी थी?
(a) गोलकुण्डा (b) गुलबर्गा
(c) बरार (d) बीदर

17. किसने अपने सिक्कों पर द्वितीय सिकन्दर खुदवाया?
(a) अलाउद्दीन बहमन शाह
(b) फिरोजशाह
(c) अहमदशाह
(d) महमूदशाह

18. किस बहमनी शासक ने विजयनगर के शासक देवराय की पुत्री से विवाह किया?
(a) मोहम्मदशाह प्रथम (b) निजामशाह
(c) हुमायूँ (d) फिरोजशाह

19. कौनसा शासक अपनी पत्नियों से अलग-अलग भाषा में बात करता था और जिसने दौलताबाद में वेदशाला बनवायी?
(a) निजामशाह (b) अहमदशाह
(c) कलीमुल्लाशाह (d) फिरोजशाह

20. सुमेलित कीजिए-

सूची-I	सूची-II
A. बहमनशाह	1. वलि
B. अहमदशाह	2. हसनगंगू
C. हुमायूँ	3. जालिमशाह
D. कलीमुल्लाशाह	4. बाबर का याचक

	A	B	C	D
(a)	2	1	3	4
(b)	1	2	3	4
(c)	4	3	2	1
(d)	2	4	1	3

उत्तर माला

1. (c)	**2.** (b)	**3.** (b)	**4.** (a)	**5.** (b)	**6.** (c)	**7.** (a)	**8.** (b)	**9.** (d)	**10.** (c)
11. (b)	**12.** (c)	**13.** (a)	**14.** (a)	**15.** (d)	**16.** (b)	**17.** (a)	**18.** (d)	**19.** (d)	**20.** (a)

भक्ति आंदोलन एवं सूफी सम्प्रदाय

1. दक्षिण की मीरा किसे कहा जाता है ?

(a) अण्डाला (b) गार्गी
(c) विश्ववारा (d) मैत्रायणी

2. सुमेलित कीजिए-

सूची-I	सूची-II
A. विशिष्ट अद्वैतवाद	1. शंकराचार्य
B. द्वैताद्वैतवाद	2. रामानुजाचार्य
C. द्वैतवाद	3. निम्बकाचार्य
D. शुद्ध अद्वैतवाद	4. माधवाचार्य
E. अद्वैतवाद 5.	बल्लभाचार्य

	A	B	C	D	E
(a)	2	3	4	5	1
(b)	2	4	3	1	5
(c)	5	4	3	2	1
(d)	3	4	5	1	2

3. बौद्ध धर्म के 'माध्यमिका' व 'शून्यवाद' को अपने अद्वैत दर्शन में स्थान देने के कारण शंकराचार्य को क्या कहा गया ?

(a) बौद्ध सत्व (b) अर्हत
(c) प्रच्छन्न बुद्ध (d) तथागत

4. सुमेलित करें-

सूची-I	सूची-II
A. श्री सम्प्रदाय	1. रामानुजाचार्य
B. निर्गुण ज्ञानमार्गी	2. कबीरदास/नानक
C. निर्गुण प्रेममार्गी	3. मलिक मोहम्मद जायसी
D. ब्रह्म संप्रदाय (निरपेक्ष आंदोलन)	4. दादू दयाल
E. सतनामी सम्प्रदाय	5. जगजीवन दास

	A	B	C	D	E
(a)	5	4	3	2	1
(b)	1	2	3	4	5
(c)	2	1	4	3	5
(d)	4	3	2	1	5

5. निगुर्ण सन्त होने के बावजूद कृष्ण भक्ति को मान्यता देते थे एवं 'करण दास' और 'उलन' उनके परम शिष्य थे, ये सतनामी सम्प्रदाय के संस्थापक थे-

(a) सेना (b) जाट
(c) दादू (d) जगजीवन दास

6. 'सिद्धी घोष' नामक ग्रंथ के रचयिता कौन थे ?

(a) नानक (b) फकीर
(c) रहीम (d) रैदास

7. चैतन्य के विषय में कौन से कथन उचित है ?

1. इन्हें गौराँग प्रभु कहा जाता है।
2. इन्होंने संकीर्तन प्रणाली प्रारंभ की।
3. अचिन्त्य भेदभेदभाव दर्शन विकसित किया।
4. उनके गुरू का नाम ईश्वरपुरी था।
5. इन्होंने कुछ मुस्लिम को भी दीक्षित किया।

(a) 1, 2, 3 (b) 1, 2, 3, 4, 5
(c) 4, 3, 5 (d) 1, 2, 3, 4

8. पार्वती मंगल एवं जानकी मंगल किसके ग्रंथ हैं ?

(a) तुलसीदास (b) वल्लभदास
(c) केशव (d) बिहारी

9. किस मराठी सन्त ने मूर्ति पूजा को विशेष मान्यता दी ?

(a) ज्ञानेश्वर (b) तुकाराम
(c) नाम देव (d) चक्रधर

10. सुमेलित करें-

सूची-I	सूची-II
A. शंकर देव	1. शरण/महापुरूषीय
B. ज्ञान देव	2. ज्ञानेश्वरी गीता
C. एकनाथ	3. बरकरी सम्प्रदाय
D. तुकाराम	4. विट्ठल की उपासना
E. रामदास बोध	5. धरकरी सम्प्रदाय

	A	B	C	D	E
(a)	1	2	3	4	5
(b)	2	1	4	3	5
(c)	5	4	3	2	1
(d)	3	4	1	2	5

11. पुष्टिमार्ग के संस्थापक कौन थे ?

(a) निम्बकाचार्य (b) रामानुजाचार्य
(c) माधवाचार्य (d) वल्लभाचार्य

12. भक्ति आंदोलन के मुख्य कारक परिणाम क्या थे ?

1. भक्ति ही अराधाना का माध्यम
2. लोक भाषा में साहित्य
3. इस्लाम के साथ सहयोग कर सहिष्णुता का माध्यम
4. जाति प्रथा का प्रत्यक्ष व अप्रत्यक्ष विरोध
5. कर्म को श्रेष्ठ बताना

(a) 1, 2, 3, 4, 5 (b) 2, 1, 4
(c) 2, 3 (d) 4, 3

13. सुमेलित करें-

सूची-I	सूची-II
A. शैव विशिष्टा द्वैत	1. श्री कंठ
B. वीर शैव निशिष्ठा द्वैत	2. श्री पति
C. भेदा भेदवाद	3. भास्कराचार्य
D. अविभाग द्वैत	4. विज्ञान भिक्षु

	A	B	C	D
(a)	2	1	3	4
(b)	1	2	3	4
(c)	4	3	2	1
(d)	3	1	4	2

14. सुमेलित करें-

A. उदासी सम्प्रदाय — 1. माधवाचार्य
B. हरिदासी सम्प्रदाय — 2. श्री चंद्र (नानक के पुत्र)
C. सनक सम्प्रदाय — 3. निम्बकाचार्य
D. सुखी सम्प्रदाय — 4. दादू मियां
E. निपख सम्प्रदाय — 5. स्वामी हरिदास

	A	B	C	D	E
(a)	2	1	3	5	4
(b)	3	2	1	4	5
(c)	5	4	3	2	1
(d)	3	4	1	2	5

15. दक्षिण में शैव नयनार सन्तों द्वारा भक्ति आंदोलन प्रज्जवलित हुआ। उनका प्रमुख ग्रंथ कौन-सा था?

(a) प्रबन्धन (b) तेवरम्
(c) कुरल (d) अगप्पोकल

16. सुमेलित करें-

सूची-I	सूची-II
A. गुरूमुखी लिपि का निर्माण	1. गुरू अमरदास
B. 22 गद्दियों की स्थापना	2. गुरू अंगद
C. गुरू ग्रंथ साहब का संकलन	3. गुरू अर्जुन देव
D. अकाल तख्त की स्थापना	4. गुरू गोविंद सिंह
E. खालिसा की स्थापना व पाहुल नामक त्योहार	5. गुरू हरदास

	A	B	C	D	E
(a)	2	1	3	5	4
(b)	2	1	3	4	5
(c)	1	2	5	3	4
(d)	1	2	4	3	5

17. सुमेलित कीजिए-

सूची-I	सूची-II
A. चिश्ती सिलसिला	1. शेख मुउनुद्दीन
B. सुहरावर्दी सिलसिला	2. बहाऊद्दीन जकारिया
C. फिरदौसी सिलसिला	3. सरफुद्दीन याहिया
D. नक्शबंदी सिलसिला	4. ख्वाजा बाकी बिल्लाह
E. कादरी सिलसिला	5. शेख अब्दुल कादिर

	A	B	C	D	E
(a)	1	2	3	4	5
(b)	2	1	4	3	5
(c)	5	4	1	2	3
(d)	4	5	3	1	2

18. अबुल फजल ने अकबरनाम में 14 सूफी सिलसिलों का वर्णन किया है। निम्नलिखित सूफियों को उनकी उपाधियों से सुमेलित करें-

सूची-I	सूची-II
A.चराग-ए-दिल्ली	1. शेख नासिरूद्दीन महमूद
B. महबूब-ए-इलाही	2. निजामुद्दीन औलिया
C. बन्दा नवाज	3. शेख हुसैनी गेसूदराज
D. शेख-उल-इस्लाम	4. बहाउद्दीन जकारिया
E. हमीद्दुद्दीन नागौरी	5. सुल्तान तापीकीन

	A	B	C	D	E
(a)	1	2	3	4	5
(b)	2	1	4	3	5
(c)	4	3	1	2	5
(d)	3	4	2	1	5

19. फरीदुद्दीन गंज-ए-शिकार जो बाबा फरीद के नाम से जाने जाते हैं। ये व इनके गुरू की वाणी गुरू ग्रंथ साहब में संकलित है। बाबा फरीद किसके शिष्य थे?

(a) कुतुबुद्दीन बख्तियार काकी
(b) शेख मुनुद्दीन चिश्ती
(c) ख्वाजा बाकी बिल्लाह
(d) शेख अबुल कादिर

20. कौन-सा सिलसिला रहस्यवादी पंथ पर आधारित था?

(a) चिश्ती सिलसिला (b) सुहरावर्दी सिलसिला
(c) फिरदौसी सिलसिला (d) नक्शबंदी सिलसिला
(e) कादरी सिलसिला

उत्तर माला

1. (a) **2.** (a) **3.** (c) **4.** (b) **5.** (d) **6.** (a) **7.** (b) **8.** (a) **9.** (b) **10.** (a)
11. (d) **12.** (a) **13.** (b) **14.** (a) **15.** (b) **16.** (a) **17.** (a) **18.** (a) **19.** (a) **20.** (e)

मुगल काल (1526 ई.—1707 ई.)

1. भारत पर पहली बार बाबर ने कब और कहाँ आक्रमण किया?

(a) भेरा पर 1519
(b) पेशावर पर 1520
(c) पंजाब पर 1523
(d) पानीपत पर 1526

2. तजुक-ए-बाबरी किस भाषा में संकलित किया गया?

(a) फारसी
(b) अरबी
(c) तुर्की
(d) उर्दू

3. यह कहाँ वर्णित है कि बाबर की मृत्यु विष दिए जाने से हुई?

(a) बाबरनामा
(b) हुमायूँनामा
(c) अकबरनामा
(d) आलमगीरीनामा

4. प्रारंभिक मुगल शासकों ने कौन-सा पद सृजित किया?

(a) दीवान-ए-वजारात
(b) वकील-ए-मुत्तलक
(c) दीवान-ए-मुस्तखराज
(d) नायब-ए-ममलिकात

5. शेरशाह सूरी ने किस विजय के उपरांत मुगलों को अफगान नेतृत्व के साथ चुनौती देना प्रारंभ कर दिया?

(a) चुनार पर कब्जे के उपरांत
(b) कन्नौज पर कब्जे के उपरांत
(c) रोहतासगढ़ पर विजयोपरांत
(d) सूरजगढ़ की लड़ाई के उपरांत

6. शेरशाह और हुमायुँ के बीच कौन-सा युद्ध निर्णायक माना जाता है?

(a) बिलग्राम का युद्ध
(b) चौसा का युद्ध
(c) रोहतासगढ़ का युद्ध
(d) सूरजगढ़ का युद्ध

7. अकबर का जन्म किस स्थान पर हुआ था?

(a) थट्टा
(b) अमरकोट
(c) मुल्तान
(d) सिन्ध

8. शिकदार-ए शिकदारान पद शेरशाह के प्रशासन की किस इकाई से संबंधित था?

(a) सूबा
(b) सरकार
(c) परगना
(d) मौजा

9. विलायत नामक प्रशासनिक इकाई किसकी है?

(a) शेरशाह सूरी
(b) हुमायूँ
(c) इस्लामशाह सूरी
(d) बाबर

10. शेरशाह के काल का कौन महान साहित्यकार था?

(a) अब्दुर्रहीम खानखाना
(b) मलिक मौहम्मद जायसी
(c) रसखान
(d) दादू मियाँ

11. सुमेलित कीजिए-

	सूची-I	**सूची-II**
A.	हुमायूँनामा	1. हमीदुद्दीन लौहोरी
B.	पादशाहनामा	2. गुलबदन बानो बेगम
C.	जहाँगीरनामा	3. मोत मिद खाँ
D.	बाबरनामा	4. अब्दुर्रहीम खानखाना

	A	**B**	**C**	**D**
(a)	1	2	3	4
(b)	2	1	3	4
(c)	4	3	2	1
(d)	2	1	4	3

12. अकबर की किस विजय को विश्व के तेज आक्रमणों में गिना जाता है?

(a) गुजरात विजय
(b) काबुल विजय
(c) बंगाल विजय
(d) खानदेश विजय

13. सुमेलित करें-

सूची-I	**सूची-II**
A. मीर-ए-बख्शी	1. रक्षा व सैन्य
B. वकील-ए-मुत्तलक	2. दरबार की संपूर्ण देखभाल
C. मीर-ए-साँमा	3. सर्वोच्च अधिकारी
D. मीर-ए-वयूतात	4. कोषाधिकारी
E. अमलगुजार	5. लेखाधिकारी

	A	**B**	**C**	**D**	**E**
(a)	1	2	3	4	5
(b)	1	3	2	4	5
(c)	1	4	3	2	5
(d)	1	5	3	2	4

14. अकबर ने मजहर जिसकी घोषणा 1579 में की थी। उसका ब्यौरा किसने तैयार किया था?

(a) फैजी
(b) बदायुँनी
(c) अबुल फजल
(d) उमर शेख

15. सुमेलित करें-

	सूची-I	**सूची-II**
A.	पोलज	1. प्रत्येक वर्ष उपज देने वाली
B.	परती	2. पाँच वर्षोंपरांत उपज देने वाली
C.	चाँचर	3. एक वर्ष छोड़कर उपज देने वाली
D.	बंजर	4. 2 से 3 वर्ष छोड़कर उपज देने वाली

	A	**B**	**C**	**D**
(a)	1	3	4	2
(b)	3	1	2	4
(c)	4	3	2	1
(d)	3	4	1	2

16. अकबर द्वारा संचालित करोड़ी प्रथा किसकी थी ?

(a) मुनीम खाँ
(b) बीरबल
(c) टोडरमल
(d) मंसूर खाँ

17. 'जर्रीकलम' की उपाधि अकबर ने किसको दी ?

(a) अस्मद खाँ
(b) मुहम्मद हुसैन
(c) चैतन्य
(d) गौस मोहम्मद

18. मुगल कालीन मनसबदारी कितनी श्रेणियों में विभक्त थी ?

(a) 32 (b) 33
(c) 34 (d) 35

19. सुमेलित कीजिए-

सूची-I	सूची-II
A. लीलावती	1. बदाँयुनी
B. महाभारत (रज्यनामा)	2. फैजी
C. राजतरंगिणी	3. शाह मोहम्मद शाहाबादी
D. तजुक-ए-बाबरी	4. अब्दुल रहीम खानखाना

	A	B	C	D
(a)	2	1	3	4
(b)	1	2	3	4
(c)	5	3	4	2
(d)	3	4	5	2

20. किस साहित्यकार ने अकबर को पूर्वजन्म का ब्राह्मण बताया है ?

(a) बदायुँनी
(b) याहिया बिन अहमद सरहिन्दी
(c) महेश ठाकुर
(d) खफी खाँ

उत्तर माला

1. (a)	**2.** (c)	**3.** (b)	**4.** (b)	**5.** (d)	**6.** (a)	**7.** (b)	**8.** (b)	**9.** (a)	**10.** (b)
11. (b)	**12.** (a)	**13.** (b)	**14.** (d)	**15.** (a)	**16.** (c)	**17.** (b)	**18.** (b)	**19.** (a)	**20.** (a)

आधुनिक भारतीय इतिहास

1. किस पुर्तगाली गवर्नर ने राजधानी परिवर्तन के उपरांत कोचीन से गोवा 1530 में स्थानांतरण किया?

(a) वास्कोडिगामा
(b) फ्रांसिसको डी अलबुर्क
(c) नीनू डी कुन्हा
(d) पंड्रो अलबरेज केबेल

2. डचों ने अपनी पहली फैक्ट्री कहाँ स्थापित की है?

(a) मुसलीपट्टनम (b) नेगापट्टनम
(c) पुलीकट (d) सूरत

3. किस अंग्रेज व्यक्ति को जहाँगीर ने 400 का मनसब-जात दिया था?

(a) कैप्टन हॉकिन्स (b) टोमस रो
(c) कैप्टन बेस्ट (d) चार्ल्स I[st]

4. ईस्ट इंडिया कंपनी को गोल्डन फरमान कब प्राप्त हुआ?

(a) 1623 (b) 1632
(c) 1640 (d) 1661

5. गैरॉल्ड अंगियार किस प्रेसीडेन्सी की न्यायपालिका से संबंधित है?

(a) बंगाल (b) बंबई
(c) सूरत (d) मद्रास

6. सुमेलित कीजिए-

सूची-I	**सूची-II**
A. टोमस रो	1. गोल्डन फरमान प्राप्त करना
B. जॉन सुरमन	2. सूरत में वैधानिक फैक्ट्री की स्थापना
C. फ्रांसिस डे	3. 400 का मनसब-जात
D. कैप्टन हॉकिंस	4. डायमण्ड फरमान प्राप्त करना

	A	**B**	**C**	**D**
(a)	2	4	1	3
(b)	4	3	1	2
(c)	1	2	3	4
(d)	4	2	1	3

7. सुमेलित कीजिए-

सूची-I	**सूची-II**
A. फ्रांस	1. वास्कोडिगामा
B. डच	2. जेन्टलमेन XVII
C. अंग्रेज	3. मर्चेन्ट एडवेन्चर्स
D. पुर्तगाली	4. डेस-इण्डेस ओरियण्टल्स

	A	**B**	**C**	**D**
(a)	1	2	3	4
(b)	2	3	1	4
(c)	4	1	2	3
(d)	4	2	3	1

8. भारत में किलाबंदी करने, मुद्रण करने एवं सेना रखने का अधिकार ईस्ट इंडिया कंपनी को किस चार्टर में मिला?

(a) 1600 (b) 1623
(c) 1661 (d) 1720

9. बंगाल प्रेसीडेंसी की स्थापना का श्रेय किसे दिया जाता है?

(a) जॉब चॉरनॉक (b) फ्रांसिस डे
(c) गैरॉल्ड अंगियार (d) टोमस रो

10. मर्चेन्ट, राइटर्स, फैक्टर्स एवं एजेन्ट कहाँ की प्राथमिक प्रशासनिक व्यवस्था के पद थे?

(a) बंबई (b) सूरत
(c) मद्रास (d) बंगाल

11. किस घटना को कंपनी का मैग्नाकार्टा कहा जाता है?

(a) टोमस रो द्वारा वैधानिक अनुमति
(b) फ्रांसिस डे द्वारा मद्रास पट्टनम् की प्राप्ति
(c) फरूखसियर द्वारा कंपनी को दिया जाने वाला डायमंड फरमान
(d) चार्ल्स बून द्वारा बंबई की किले बंदी

12. सबसे पहली बार किस प्रेसीडेन्सी का विभाजन श्वेत एवं अश्वेत बस्ती में हुआ था?

(a) सूरत (b) बंबई
(c) मद्रास (d) बंगाल

13. किस आयोग एवं संस्था द्वारा पहली बार संक्षिप्त करारोपण करके अश्वेत बस्तियों को तुच्छ सुविधाएं दी गयीं?

(a) गवर्नर एवं कौंसिल (b) मेयर कोर्ट
(c) चौउल्ट्री कोर्ट (d) एडमिरल्टी कोर्ट

14. किस मुगल शासक के द्वारा कंपनी को एक 'निशान' दिया गया जिससे कंपनी को विशेष अधिकार दिया गया?

(a) मुराद
(b) बहादुरशाह प्रथम
(c) शुजा
(d) जहाँदार शाह

15. कंपनी को चार्ल्स II ने बंबई द्वीप कब 10 पाउण्ड सालाना पर सौंप दिया?

(a) 1661 (b) 1664
(c) 1668 (d) 1669

16. बंगाल की ब्लैक होल की घटना का वर्णन किसने किया है?

(a) हालबेल (b) स्मिथ
(c) मिल (d) आर्नेस्ट सीले

17. प्लासी के युद्धोपरांत अंग्रेजों को हर्जाने में क्या प्राप्त हुआ?

(a) ढांका का राजस्व
(b) सुतानती का राजस्व
(c) मुर्शिदाबाद का राजस्व
(d) 24 परगना क्षेत्र का राजस्व

18. मीर अली मीर मदान का संबंध किससे है ?

(a) प्लासी (b) बक्सर
(c) सालबाई (d) श्रीरंगपट्टनम

19. रेग्यूलेटिंग एक्ट 1773 में पारित हुआ जिसमें बंगाल के किस गवर्नर को विशेष दर्जा प्राप्त हुआ ?

(a) वारेन हेस्टिंग्स (b) कार्नवालिस
(c) लार्ड वेलेजली (d) राबर्ट क्लाइव

20. एक्स-लॉ शापेल की संधि किसके बीच में हुयी ?

(a) मुगल + आंग्ल (b) डच + आंग्ल
(c) फ्रांसिसी + आंग्ल (d) पुर्तगाली + आंग्ल

उत्तर माला

1. (c) **2.** (a) **3.** (a) **4.** (b) **5.** (b) **6.** (a) **7.** (d) **8.** (c) **9.** (a) **10.** (b)
11. (c) **12.** (c) **13.** (b) **14.** (c) **15.** (c) **16.** (a) **17.** (d) **18.** (a) **19.** (a) **20.** (c)

राष्ट्रवाद का उदय, भारतीय राष्ट्रीय कांग्रेस, इसका प्रारंभिक स्वरूप

1. भारतीय राष्ट्रवाद को विकसित करने में रिपन की उदारवादी छवि का विशेष योगदान था। निम्न में से उनसे संबंधित क्या है?

1. *The Duty of the Age* नामक पुस्तक में लोकतंत्र के गुण बतायें।
2. फ्लोरेन्स नाइटऐंग्ल ने लिखा है वे भारत के उद्धारक थे।
3. अर्नल्ड व्हाइट ने कहा— उन्होंने भारत के खो देने के द्वार खोल दिये।
4. सुरेन्द्र नाथ बनर्जी एवं मदन मोहन मालवीय ने 'उन्हें भारतीयों का प्रिय व सच्ची आत्म वाला कहा।

(a) 1, 2 (b) 1, 2, 3
(c) 2, 3, 4 (d) 1, 2, 3, 4

2. किस संस्था का उद्देश्य भारतीय राष्ट्रवाद की भावना को जगाना था?

(a) इण्डियन एसोसिएसन
(b) ब्रिटिश इण्डियन सोसाइटी
(c) बाम्बे नेटिव एसोसिएसन
(d) इण्डियन लीग

3. डफरिन ने भारतीय असंतोष को संतुष्ट करने के लिये तथा इसे राष्ट्रवाद में परिवर्तित होने से को रोकने के लिये 'सुरक्षा वाल्व' व 'अभय कपाट' के रूप में कांग्रेस का गठन किया–

(a) सुरेन्द्र नाथ बनर्जी (b) लोकमान्य तिलक
(c) लाला लाजपत राय (d) विपिन चंद्र पाल

4. यूनाइटेड इंडियन कमेटी (1883) का गठन किसने किया?

(a) शिशिर कुमार घोष (b) W.C. बनर्जी
(c) सुरेन्द्रनाथ बनर्जी (d) लाला लाजपत राय

5. भारतीय राष्ट्रीय कांग्रेस की स्थापना से संबंधित तत्व क्या थे?

1. 28 दिसंबर 1885 में स्थापना हुयी।
2. इसका पहला अधिवेशन पूना में निर्धारित था।
3. अधिवेशन बंबई के गोकुल दास संस्कृत पाठशाला में हुआ।
4. अध्यक्ष डब्ल्यू.सी. तथा बनर्जी महासचिव ए.ओ. ह्यूम को मिलाकर 72 सदस्य थे।

(a) 1, 4 (b) 3, 2
(c) 2, 4 (d) 1, 2, 3, 4

6. भारतीय राष्ट्रीय कांग्रेस के निर्माता, महासचिव ए.ओ. ह्यूम की जीवनी 1913 में किसने लिखी?

(a) वेडरबर्न (b) जार्ज यूरे
(c) अर्नल्ड व्हाइट (d) फ्लोरेन्स नाइटएेन्गिल

7. राष्ट्रीय सम्मेलन एवं भारतीय संघ के संस्थापक कौन थे?

(a) आनन्द मोहन बोस (b) शिशिर कुमार घोष
(c) सुरेन्द्रनाथ बनर्जी (d) a एवं c

8. नेशनल स्कूल, नेशनल सोसाइटी, नेशनल पेपर, नेशनलज़िम खाना क्लब की स्थापना व 19वीं सदी के अंत में नेशनल संज्ञा को प्रख्यात करने वाले राष्ट्रवादी कौन थे?

(a) दादा भाई नौरोजी (b) बदरूद्दीन तैयबजी
(c) नब गोपाल मित्रा (d) विलियम डेरोजियो

9. किस ब्रिटिश सम्राट ने भारत में अपना भव्य दरबार आयोजित किया?

(a) जेम्स द्वितीय (b) एडवर्ड सत्यम
(c) जेम्स द्वितीय (d) जेम्स पंचम

10. ब्रिटिश हाउस ऑफ कामन्स में दादाभाई नौरोजी किस दल के सदस्य मनोनीत हुये?

(a) लेबर पार्टी (b) लेबर एंड लिबरल पार्टी
(c) लिबरल पार्टी (d) कंज़रवेटिव पार्टी

11. भारतीय राष्ट्रीय कांग्रेस के ऐसे कौन–से नेता थे जो तीन बार अध्यक्ष बने?

(a) सुरेन्द्रनाथ बनर्जी (b) फिरोजशाह मेहता
(c) गोपाल कृष्ण गोखले (d) दादाभाई नौरोजी

12. सुमेलित कीजिए–

सूची-I	**सूची-II**
A. आर. सी. दत्त	1. भारत का आर्थिक इतिहास
B. विलियम डिग्बी	2. समृद्ध ब्रिटिश भारत
C. दादाभाई नौरोजी	3. पावर्टी एंड अनब्रिटिश रूल इन इंडिया
D. रजनी पाम दत्त	4. इंडिया टुडे

	A	**B**	**C**	**D**
(a)	1	2	3	4
(b)	1	2	4	3
(c)	2	3	4	1
(d)	4	1	3	2

13. भारतीय कांग्रेस की स्थापना की पृष्ठभूमि किसने तैयार की थी?

(a) इंडियन ऐसोसिएशन
(b) अखिल भारतीय राष्ट्रीय सम्मेलन
(c) इंडियन लीग
(d) ब्रिटिश इंडियन सोसाइटी

14. स्वराज पर व्यंग करते हुए किसने कहा–पागल खाने के बाहर केवल पागल व्यक्ति ही स्वतंत्रता की बात सोच सकता है?

(a) लोकमान्य तिलक (b) जायकर
(c) गोपालकृष्ण गोखले (d) फिरोजशाह मेहता

15. किस क्रांतिकारी दल में युवा महिला क्रांतिकारियों की संख्या सर्वाधिक थी?

(a) अनुशीलन समिति
(b) अभिनव भारत
(c) भारत माता सोसाइटी
(d) इंडियन रिपब्लिक आर्मी (IRA)

16. बंगाली पत्रिका 'युगान्तर' तथा 'बसुमित्र' का संपादक कौन था?

(a) बंकिम चंद्र चटर्जी (b) बरीन्द्र घोष
(c) आनन्द मोहन बोस (d) सचिन्द्र सान्याल

17. जर्मनी विश्वविघालय के प्रोफेसर एवं अंतिम समय में फिलाडेल्फिया में सन्यासी के रूप में देह त्यागने वाले-

(a) वी.डी. सावरकर (b) अजीत सिंह
(c) खुदीराम बोस (d) लाला हरदयाल

18. आधुनिक भारत की पहली राजनैतिक सार्वजनिक संस्था जिसकी स्थापना 1837 में हुई-

(a) ब्रिटिश इंडियन ऐसोसिएशन
(b) ब्रिटिश इंडिया सोसाइटी
(c) मद्रास नेटिव ऐसोसिएशन
(d) लैण्ड होल्डर्स सोसाइटी

19. कांग्रेस शब्द की उत्पत्ति कहाँ से हुई?

(a) ट्रेड यूनियन कांग्रेस से
(b) शिकागो की धर्मसभा
(c) अमेरिकी इतिहास के जनसभा में
(d) इंग्लैंड से

20. 1885 में कांग्रेस के पहले अधिवेशन में कुल कितने सदस्यों ने भाग लिया?

(a) 72 (b) 308
(c) 556 (d) 1500

उत्तर माला

1. (d) **2.** (a) **3.** (c) **4.** (b) **5.** (d) **6.** (a) **7.** (d) **8.** (c) **9.** (d) **10.** (c)
11. (d) **12.** (a) **13.** (b) **14.** (c) **15.** (d) **16.** (a) **17.** (d) **18.** (d) **19.** (c) **20.** (a)

19वीं व 20वीं शताब्दी का भारतीय राष्ट्रवाद

1. किसने पूना सार्वजनिक सभा में रानाडे एवं गोखले के अधिकार को चुनौती देकर उसे समाप्त कर दिया?

(a) तिलक (b) लाला लाजपत राय
(c) विपिन चंद्रपाल (d) अरविन्दो घोष

2. गोखले ने कौन सा पृथक राजनैतिक संगठन बनाया?

(a) पूना सार्वजनिक सभा
(b) दक्कन सभा
(c) बंबई प्रेसीडेन्सी ऐसोसिएशन
(d) मद्रास नेटिव ऐसोसिएशन

3. तिलक ने किसे 'क्षमा याचना' करने वाला एक कच्चा नरकट कहा?

(a) गोपालकृष्ण गोखले (b) फिरोजशाह मेहता
(c) मोहम्मद अली जिन्ना (d) रानाडे

4. किसने कांग्रेस के लोगों को 'पदलोलुप' कहा?

(a) तिलक (b) बंकिम चंद्र चटर्जी
(c) अरविन्दो (d) लाला लाजपत राय

5. 'कृष्ण चरित्र' नामक ग्रंथ किसने लिखा?

(a) रोमेश चंद्र दत्त (b) महादेव गोविन्द रानाडे
(c) बंकिम चंद्र (d) गोखले

6. सुमेलित कीजिए-

	सूची-I		सूची-II
A.	कांग्रेस चापलूसों का सम्मेलन, छुट्टियों का मनोरंजन	1.	बंकिम चंद्र चटर्जी
B.	शिक्षित भारतीयों का वार्षिक राष्ट्रीय मेला	2.	तिलक
C.	कांग्रेस के लोग पदों के भूखे हैं	3.	तिलक
D.	प्रत्येक वर्ष एक बार मेंढक की तरह टर्र-टर्र करने वाले	4.	लाला लाजपत राय

	A	B	C	D
(a)	2	4	1	3
(b)	2	1	3	4
(c)	1	2	3	4
(d)	4	3	2	1

7. 1902 के दरबार के विषय में किसने कहा निर्धन जनता पर भारी कर लगाकर सरकार आतिशबाजी के भव्य दृश्यों पर रुपया व्यय कर रही है। इससे ज्यादा हृदयहीनता क्या हो सकती है?

(a) तिलक (b) अरविन्दो
(c) लाल मोहन घोष (d) गोखले

8. किसका काल शिष्ट मंडलों, आयोगों और भूलों के लिए प्रसिद्ध है?

(a) लिटन (b) डफरिन
(c) लैंसडाउण्ड (d) लार्ड कर्जन

9. बंगभंग के विरोध में प्रकाशित पत्रिकाओं में कौन-सी नहीं थी?

(a) बंगाली (b) हितवादी
(c) संजीवनी (d) कॉमन व्हील

10. बंगाल का विभाजन हमारे ऊपर 'वज्रपात' है किसने कहा?

(a) रविन्द्रनाथ टैगोर (b) कृष्ण कुमार मिश्र
(c) तिलक (d) सुरेन्द्र नाथ बनर्जी

11. 7 अगस्त 1905 में कहाँ पर 'स्वदेशी' एवं बहिष्कार प्रस्ताव पारित हुये?

(a) कलकत्ता के टाउन हाल में
(b) विक्टोरिया गार्डन में
(c) फिरोजशाह कोटला में
(d) दिल्ली के लोदी गार्डन में

12. बंगभंग के विरोध में खड़े स्वदेशी आंदोलन से संबंधित स्थान व संस्थाओं को व्यक्तियों को सुमेलित करें-

	सूची-I		सूची-II
A.	सैय्यद हैदरअली	1.	दिल्ली में आंदोलन
B.	चिदंबरम पिल्लै	2.	मद्रास में आंदोलन
C.	अश्वनी कुमार दत्त	3.	स्वदेश बान्धव समिति
D.	पी. सी. राय	4.	बंगाल कैमिकल एवं फर्मास्युस्टिकल

	A	B	C	D
(a)	1	2	3	4
(b)	2	1	4	3
(c)	4	3	1	2
(d)	4	3	2	1

13. 1906 में 'इंडियन सोसाइटी ऑफ ओरियन्टल आर्टस' के अंतर्गत किसे छात्रवृत्ति मिली-

(a) कृष्ण कुमार मित्र (b) नन्दलाल बोस
(c) अश्विनी कुमार दत्त (d) पी. सी. राय

14. सुमेलित करें-

	सूची-I		सूची-II
A.	1905	1.	सूरत में कांग्रेस का विभाजन
B.	1906	2.	बंगभंग की घोषणा
C.	1907	3.	मुस्लिम लीग की स्थापना
D.	1908	4.	उग्रवादियों को दंडित किया जाना

	A	B	C	D
(a)	1	2	3	4
(b)	2	1	4	3
(c)	2	3	1	4
(d)	2	4	3	1

15. कांग्रेस के उग्रवादी दल के चार प्रमुख नेताओं के वक्तव्यों को सुमेलित करें–

सूची-I	सूची-II
A. तिलक	1. स्वराज्य मेरा जन्म सिद्ध अधिकार है, इसे लेकर रहूँगा।
B. विपिन चंद्रपाल	2. देश में नया सुधार नहीं अपितु पुनर्गठन की आवश्यकता है।
C. अरविन्दो	3. प्राचीन भारतीय परिस्थितियों का परिपूर्ण होना राष्ट्रीय गौरव का सतयुग है।
D. लाजपत राय	4. दास की आत्मा नहीं होती इसी प्रकार दास जाति की भी कोई आत्मा नहीं होती।

	A	B	C	D
(a)	1	2	3	4
(b)	2	1	4	3
(c)	4	3	1	2
(d)	3	4	2	1

16. हम लोगों ने राज निवास से मुंह मोड़ लिया है और निर्धनों की झोपड़ियों की ओर कर लिया है। यही है इस बहिष्कार आंदोलन की मनोवृत्ति, नीति और आत्मिक महत्व। यह कथन किसका है?

(a) लाला लाजपत राय
(b) लोकमान्य तिलक
(c) अरविन्द घोष
(d) विपिन चंद्र पाल

17. उग्रवादियों के मुख्य कार्यक्रम–

1. गुरूदास बनर्जी द्वारा—बंगाल राष्ट्रीय शिक्षा परिषद
2. मद्रास में—पछैप्पा राष्ट्रीय कॉलेज
3. पंजाब में—डी.ए.वी. आंदोलन
4. दीवानी मामलों में—पंच निर्णय समितियाँ

(a) 1
(b) 1, 2
(c) 1, 2, 3
(d) 1, 2, 3, 4

18. 1918 की विद्रोह समिति की रिपोर्ट में कहा गया था कि भारत में क्रांतिकारी आंदोलन को प्रथम प्रयास महाराष्ट्र में चितपावन ब्राह्मण तिलक से हुआ। इससे संबंधित प्रथम घटना–

(a) 1993 गणेश महोत्सव
(b) 1895 शिवाजी त्यौहार
(c) व्यायामशाओं की स्थापना
(d) प्लेग समिति के प्रमुख रैण्ड की चापंकर बंधुओं द्वारा हत्या

19. सुमेलित कीजिए–

सूची-I	सूची-II
A. श्यामजी कृष्ण वर्मा	1. अहमदाबाद बंग कांड
B. वी.डी. सावरकर	2. कर्नल विलियम एवं कर्जन वाइली की हत्या
C. भरतलाल ढींगरा	3. 1857 की स्वर्ण जयंती मनाना
D. अभिनव भारत सभा	4. भारत स्वशासन समिति/ India House

	A	B	C	D
(a)	1	2	3	4
(b)	4	3	2	1
(c)	1	2	4	3
(d)	4	3	1	2

20. बंगाल में क्रांतिकारी आंदोलन का सूत्रपात कहाँ से हुआ?

(a) अनुशीलन समिति
(b) संध्या युगान्तर के सम्पादन से
(c) भद्रलोक समाज
(d) भवानी मन्दिर नामक पत्रिका

उत्तर माला

1. (a) **2.** (b) **3.** (a) **4.** (b) **5.** (c) **6.** (a) **7.** (c) **8.** (d) **9.** (d) **10.** (d)
11. (a) **12.** (a) **13.** (b) **14.** (c) **15.** (a) **16.** (a) **17.** (d) **18.** (d) **19.** (b) **20.** (c)

भारत में वामपंथी आंदोलन

1. वामपंथियों में कौन-से विचार उचित हैं?

1. मार्क्स के क्रांतिकारी विचार से प्रभावित थे।
2. प्रथम विश्वयुद्ध के उपरांत आर्थिक परिस्थितियों से उत्पन्न
3. गांधी के उदारवादी स्वदेशी व स्वराज्य के प्रति उदासीन थे
4. गांधी के क्रांति तथा तरल सुधारवाद से असंतुष्ट अतिवादी थे।

(a) 1, 2 (b) 2, 3
(c) 2, 3, 4 (d) 1, 2, 3, 4

2. भारत में साम्यवादी विचारधारा के पोषकों को सुमेलित करें-

सूची-I	**सूची-II**
A. नवयुग	1. मुजफ्फर अहमद
B. सोशलिस्ट	2. रूस का क्रांतिकारी दल
C. इन्कलाब	3. गुलाम हुसैन
D. कमिन्टन	4. एम.ए. डांगे

	A	**B**	**C**	**D**
(a)	1	4	3	2
(b)	4	3	1	2
(c)	2	3	4	1
(d)	1	2	3	4

3. ताशकन्द में एम. एन. राय ने कुछ भारतीय के साथ साम्यवादी दल की स्थापना कर दी। तो वहीं 1924 में किसकी घोषणा से साम्यवादी दल की स्थापना हुयी?

(a) लाला लाजपत राय
(b) पी. सी. जोशी
(c) जोसेफ वेपटिस्टा
(d) सत्य भक्त

4. कौन-सा षड्यंत्र साम्यवादियों से संबंधित नहीं है?

(a) लाहौर व पेशावर षडयंत्र
(b) कानपुर षड्यंत्र मुकदमा
(c) मेरठ षड्यंत्र मुकदमा
(d) दिल्ली षड्यंत्र मुकदमा

5. मेरठ षडयंत्र मुकदमें में कौन प्रतिवादी नहीं था?

(a) सुभाष चंद्र बोस
(b) जवाहर लाल नेहरू
(c) कैलाश नाथ काटजू
(d) डॉ. एम. एच. अन्सारी

6. रजनी पाम दत्त तथा बैन बैडल ने कौन-सा निबंध लिख कर साम्यवाद का महत्वपूर्ण चरण प्रारंभ किया?

(a) भारत में साम्यवाद
(b) साम्यवादी (वामपंथी)
(c) भारत में साम्राज्यवाद विरोधी जनता का मोर्चा
(d) ब्लीड्स

7. हिटलर के द्वारा रूस पर आक्रमण करने से साम्यवादियों की स्थिति विचित्र हो गयी और साम्यवादी साम्राज्यवादी युद्ध को कहने लगे-

(a) जन युद्ध
(b) लोक युद्ध
(c) प्रजा युद्ध
(d) साम्य युद्ध

8. किस भारतीय आंदोलन में साम्यवादियों ने अंग्रेजी हुकूमत का सहयोग किया?

(a) क्रांतिकारी आंदोलन
(b) असहयोग आंदोलन
(c) सविनय अवज्ञा आंदोलन
(d) भारत छोड़ों आंदोलन

9. भारतीय साम्यवादी आंदोलन में मार्क्सवाद की कौन सी विचार धारा भारतीय परम्परा के विरुद्ध थी?

1. वर्ग द्वेष
2. आतंकवाद
3. उत्पादन पर समग्र का अधिकारी
4. साम्राज्यवादी को उखाड़ फेकना

(a) 1, 2, 3, 4
(b) 3, 4
(c) 1, 2
(d) 2, 3, 4

10. बिहार समाजवादी दल नींव किसने डाली?

1. जयप्रकाश नारायण
2. फूलन वर्मा
3. राम मनोहर लोहिया
4. आचार्य नरेन्द्र देव

(a) 1, 2
(b) 2, 3, 4
(c) 3, 4
(d) 1, 4

11. आचार्य नरेन्द्र देव का संबंध किस समाजवादी दल से था?

(a) पंजाब
(b) बंगाल
(c) उत्तर प्रदेश
(d) बिहार

12. कांग्रेस का समाजवादी दल किन्हें रूस का उपग्रह कहते थे?

(a) समाजवादी दल
(b) फारवर्ड ब्लाक
(c) साम्यवादी दल
(d) रेडिकल दल

13. सुमेलित करिये–

सूची–I	सूची–II
A. फॉरवर्ड ब्लॉक	1. एम. एन. राय
B. क्रांतिकारी समाजवादी दल	2. अजीत राय, इन्द्र सेन
C. भारतीय बोलशेविक दल	3. एन. दत्त मजुमदार
D. भारतीय बोलशेविक लेनिन दल	4. सौमेन्द्रनाथ टैगोर
E. अतिवादी लोकतंत्र दल (1940)	5. सुभाष चंद्र बोस

	A	B	C	D	E
(a)	5	4	3	4	1
(b)	4	3	1	2	5
(c)	1	2	3	4	5
(d)	2	3	4	5	1

उत्तर माला

1. (d) **2.** (a) **3.** (d) **4.** (d) **5.** (a) **6.** (c) **7.** (b) **8.** (d) **9.** (c) **10.** (a)
11. (a) **12.** (c) **13.** (a)

भारतीय शिक्षा एवं विकास

1. डेविड हेअर ने कलकत्ता में हिंदू कॉलेज की स्थापना की जो आगे चलकर क्या कहलाया?

(a) प्रेसीडेन्सी कॉलेज
(b) डी. ए. वी. कॉलेज
(c) संस्कृत कॉलेज
(d) बनारस हिंदू महाविघालय

2. फोर्ट विलियम कॉलेज की स्थापना किसने की?

(a) वारेन हेस्टिंग्स
(b) सरजान शोर
(c) कार्नवालिस
(d) लार्ड वेलजली

3. भारतीय 'शिक्षा का मैग्नाकार्टा' कहा जाने वाला आयोग–

(a) मैकाले
(b) वुड डिस्पैच
(c) हण्टर आयोग
(d) सैव्लर

4. सुमेलित करें–

	सूची-I		**सूची-II**
A.	1833-35 का चार्टर	1.	मैकाले
B.	1854-55 का चार्टर	2.	चार्ल्स वुड
C.	1904 यूनीवर्सल अधि.	3.	रैल आयोग
D.	1927 का आयोग	4.	सैडलर
E.	1929 का आयोग	5.	हार्टोग समिति

	A	**B**	**C**	**D**	**E**
(a)	1	2	3	4	5
(b)	2	1	4	3	5
(c)	4	5	3	2	1
(d)	5	3	4	2	1

5. निम्न में क्या उचित नहीं है?

1. 1854 के वुडस डैस्पैच को शिक्षा का मैग्नाकार्टा कहा जाता है।
2. 1855 में लोक शिक्षा विभाग स्थापित हुआ।
3. 1857 में बंबई कलकत्ता।
4. श्री बैटन ने महिला पाठशालाओं की स्थापना की।

(a) 1
(b) 1, 2
(c) 3, 4
(d) 1, 2, 3, 4

6. हण्टर कमीशन के अंतर्गत क्या उचित नहीं था?

1. प्राथमिक शिक्षाओं की जिम्मेदारी संस्थाओं पर छोड़ी जाये।
2. उच्च शिक्षा में सरकार केवल संस्थाओं को वित्तीय सहायता दे।
3. स्त्री शिक्षा को बढ़ावा दिया जाये।
4. वर्नाकुलर से संबंधित हाईस्कूल कॉलेज खोले जाये।
5. विश्वविघालय को कई प्रकार के पाठ्यक्रम बनाने चाहिए।

(a) 1, 2 (b) 4
(c) 3, 5 (d) 2

7. रैले कमीशन की सिफारिश पर स्थापित निम्न में क्या नहीं था–

1. विश्वविघालय पर सरकारी नियंत्रण अधिक हो।
2. शोध एवं उच्च अध्ययन में वरिष्ठ प्रवक्ताओं की नियुक्ति।
3. 1904 का विश्वविघालय अधिनियम पारित हो।
4. कम से कम तीन सरकारी सदस्यों का सिंडीकेट बने।
5. उच्च शिक्षा संस्थाओं में वित्तीय सहायता।

(a) 1, 2 (b) 3
(c) 4 (d) 5

8. निम्न कथन पर विचार करें–

(A) : 1882 में W.W. हण्टर कमीशन रिपन के काल में शिक्षा के संबंध में गठित आयोग था।

(R) : 1854 अर्थात वुड्स डेस्पेच के पश्चात हुयी प्रगति की समीक्षा करने के लिए गठित थी।

(a) केवल A
(b) केवल R
(c) A एवं R दोनों सही किंतु R, A की व्याख्या नहीं है।
(d) A एवं R दोनों सही है R, A की उचित व्याख्या है।

9. किस शिक्षा आयोग में दो भारतीय सदस्य आशुतोष मुखर्जी और जियाउद्दीन अहमद थे?

(a) वुड्स (b) हण्टर
(c) रैले (d) सैडलर

10. सुमेलित करें–

सूची-I	**सूची-II**
A. विश्वविघालयों में दाखिला माध्यमिक के उपरांत हो और प्रवीण्य की उपाधि	1. सार्जेंट योजना 1944
B. शिक्षा लोक निर्वाचित मंत्रि का विभाग हो	2. हंटर आयोग 1822
C. वुड्स के सिफारिशों की समीक्षा	3. माण्टेग्यु चेम्सफोर्ड संधि 1919
D. 6 से 11 वर्षों के बच्चों के लिए केंद्रीय योजना के अनुसार नि:शुल्क शिक्षा	4. सैडलर आयोग

	A	**B**	**C**	**D**
(a)	4	3	2	1
(b)	4	3	1	2
(c)	4	2	3	1
(d)	4	1	3	2

11. सुमेलित करें–

सूची-I	सूची-II
A. हार्टोग	1. 1964
B. वर्धा योजना	2. 1937
C. राधाकृष्णनन	3. 1949
D. कोठारी	4. 1929

	A	B	C	D
(a)	4	2	3	1
(b)	1	2	3	4
(c)	3	4	2	1
(d)	4	3	2	1

उत्तर माला

1. (a) **2.** (d) **3.** (b) **4.** (a) **5.** (d) **6.** (b) **7.** (d) **8.** (d) **9.** (d) **10.** (a)
11. (a)

भारतीय पत्रकारिता का इतिहास

1. भारत में छापा खान का श्रेय किसे दिया जाता है?

(a) चीनी (b) पुर्तगाली
(c) डच (नीदरलैंड) (d) अंग्रेज

2. ईस्ट इंडिया कपंनी किस महानुभाव ने *Bengal Gazette* तथा *The Calcutta General Advertiser* नामक पत्र छपवाया?

(a) राबर्ट क्लाइव (b) वेरेलस्ट
(c) वारेन हेस्टिंग्स (d) जेम्स आगस्टस हिस्की

3. सुमेलित कीजिए-

	सूची-I		**सूची-II**
A.	पत्रेक्षण अधिनियम 1799	1.	लार्ड लिटन
B.	अनुज्ञप्ति अधिनियम 1823	2.	लार्ड वेलेजली
C.	मुक्ति अधिनियम 1835	3.	लार्ड कैनिंग
D.	पंजीकरण अधिनियम 1857	4.	मैटकाफ
E.	वर्नाकुलर पत्र अधिनियम 1878	5.	जान एडम्स

	A	**B**	**C**	**D**	**E**
(a)	2	5	4	3	1
(b)	2	5	3	4	1
(c)	2	5	3	4	1
(d)	2	5	4	3	1

4. एडम्स द्वारा लागू अनुज्ञप्ति पत्र के कारण राजा राम मोहन राय को कौन-सा पत्र बंद करना पड़ा?

(a) बंगाली (b) हिंदू
(c) मिरात-उल-अखबार (d) संवाद कौमुदी

5. भारतीय समाचार पत्र का मुक्तिदाता किसे कहा जाता है?

(a) चार्ल्स मैटकाफ (b) लार्ड विलियम बैंटिक (Bentick)
(c) ऑकलैंड (d) हार्डिंग

6. 1857 के पंजीकरण अधिनियम में कौन-सी धारा नहीं थी।

(a) समाचार पत्रों एवं मुद्राणलयों को नियमित करना था।
(b) मुद्रित पत्र पर प्रकाशक का नाम, पता आवश्यक होना था।
(c) पुस्तक की एक प्रतिलिपि स्थानीय सरकार को देनी होगी।
(d) यह केवल संकटकालीन व्यवस्था से संबंधित थे।

7. निम्न पर दृष्टिपात करें-

1. देशी भाषा समाचार पत्र अधिनियम द्वारा भारतीय पत्रों पर नियंत्रण।
2. जिला मजिस्ट्रेट को आज्ञा थी प्रकाशकों से बॉण्ड पेपर करवाये।
3. इसे मुंह बंद करने वाला अधिनियम कहा जाता है।
4. भारतीय दंड संहित 124 में धारा 124 बनायी गयी।
5. अधिनियम से बचने के लिये इक्ष्य भाषी (Proof reading) कापी देनी होगी।

(a) केवल 1 एवं 2 (b) केवल 3 एवं 4
(c) केवल 4 (d) सभी

8. समाचार पत्र अधिनियम 1908 में निम्न में क्या नहीं था?

(a) आपत्तिजनक लेख पर मुद्राणालय जब्त का।
(b) किसी भी मुद्रण अथवा प्रकाशक को दिए गए आदेश रद्द किये जा सकते हैं।
(c) मुद्रणालय जब्त होने पर प्रकाशक को 15 दिन के भीतर हाईकोर्ट में अपील करने का अधिकार था।
(d) धारा 124, 124 A में 153 A जोड़ दी गयी।

9. सबसे पहला उग्र राष्ट्रवाद का भारतीय समाचार पत्र कौन था?

(a) संवाद कौमदी (b) बंग दूत
(c) अभ्युदय (d) उदंत मार्तण्ड

10. 1921 में स्थापित-समाचार पत्र समिति के अध्यक्ष कौन थे?

(a) लार्ड रीडिंग (b) तेज बहादुर सप्रू
(c) लाला लाजपत राय (d) जान बैप्टिस्ट

11. भारतीय समाचार पत्र अधिनियम 1931 के प्रावधान पर विचार करें। कौन उचित नहीं?

(a) अधिनियम 1910 के प्रावधान पुन: लागू हो गये।
(b) प्रांतीय सरकारों को अधिक अधिकार देकर सविनय अवज्ञा आंदोलन दबाया गया।
(c) अधिनियम की धारा 4 के अनुसार सरकार को अपराध के अंदेशे से ही कार्यवाही प्रारंभ करने का अधिकार
(d) समाचार पत्र समिति का गठन के संबंध में

12. समाचार पत्र जाँच समिति (1947) में क्या उचित है?

1. 1931 में अधिनियम को समाप्त कर दिया गया।
2. पत्र पंजीकरण के अधिनियम में संशोधन।
3. दंड संहिता की धारा 124 A-153 A में परिवर्तन।
4. 1931 में देशी राज्य व 1934 में देशी राज्य अधिनियम रहा।

(a) 1, 2 (b) 2, 3
(c) 3, 4 (d) 1, 2, 3, 4

उत्तर माला

1. (b) **2.** (d) **3.** (a) **4.** (c) **5.** (a) **6.** (d) **7.** (d) **8.** (d) **9.** (d) **10.** (b)
11. (d) **12.** (d)

भारतीय अकाल नीति

1. कंपनी राज्य में भीषण अकाल त्रासदी से जन्मा पहला आंदोलन कौन था?

(a) सन्यासी विद्रोह (b) अहोम विद्रोह
(c) नील विद्रोह (d) सन्थाल विद्रोह

2. कब अकाल समस्या के अंतर्गत पहली बार दरिद्रशालाओं के निर्माण का कार्य किया गया?

(a) 1769-70 (बंगाल)
(b) 1803 (उत्तर भारत)
(c) दिल्ली एवं आगरा (1860-61)
(d) 1792 का मद्रास

3. 1865-66 में उड़ीसा एवं आधुनिक तेलंगाना एवं सीमान्त आंध्र प्रदेश में भीषण अकाल के चलते ब्रिटिश सरकार ने-

(a) अकाल संहिता
(b) अकाल कमीशन
(c) दरिद्रशालाएं खुलवाई
(d) सर जार्ज कैम्पबेल की अध्यक्षता में अकाल सीमांत का गठन

4. 19वीं सदी का सबसे भीषण एवं वृहत्त क्षेत्र पर अकाल पड़ा। जिसके चलते सर रिचर्ड स्ट्रेची की अध्यक्षता में अकाल आयोग किसके द्वारा बनाया गया?

(a) लार्ड मेयो (b) लार्ड नार्थबुक
(c) लार्ड लिटन (d) लार्ड रिपन

5. स्ट्रेची आयोग की प्रमुख सिफारिश-

1. प्रभावित लोगों को रोजगार।
2. निर्धनों एवं असहाय लोगों को सरकार अनाज दे।
3. प्रभावित क्षेत्र में अन्न भंडारण।
4. अकाल सहायता में व्यय प्रांतीय एवं केंद्र सरकार करेगी।
5. दुधारू पशुओं को हरे भरे क्षेत्रों में स्थानांतरण।

(a) 1, 2, 3 (b) 2, 3, 4
(c) 2, 3, 4, 5 (d) 1, 2, 3, 4, 5

6. लार्ड रिपन के समय अकाल की समस्या के लिये क्या किया गया?

(a) आयोग का घटना
(b) दरिद्र शालाओं का गठन
(c) अकाल संहिता का निर्माण
(d) सरकारी भांडारण पर जोर

7. लार्ड कर्जन के काल में गठित मैकडॉनेल आयोग से संबंधित मुख्य कथन पर विचार दे-

(A) : सर एण्टनी मैक्डोनल की अध्यक्षता में आयोग गठित।
(R) : इसकी मुख्य सिफारिश अकाल प्रभावित क्षेत्रों में अकाल आयुक्त की नियुक्ति।

(a) केवल A सही।
(b) केवल R सही।
(c) A एवं R दोनों गलत।
(d) A एवं R दोनों सही A, R की उचित व्याख्या है।

8. स्वतंत्र भारत में अकाल की दुर्भिक्ष के लिये क्या कदम नहीं उठाया-

(a) अन्न के मामले नें आत्मनिर्भर।
(b) पंचवर्षीय योजना का लागू होना।
(c) विदेशों से आयात बढ़ाना।
(d) हरित क्रांति जैसे विचार को पोषित करना।

उत्तर माला

1. (a) **2.** (c) **3.** (d) **4.** (c) **5.** (d) **6.** (c) **7.** (d) **8.** (c)

**अधिक अभ्यास प्रश्न ऑनलाईन उपलब्ध हैं।*

लॉग इन करें: www.pearsoned.co.in/SamanyaAdhyayan/Paper1

अभ्यास प्रश्न
व्याख्यात्मक हल सहित

व्याख्यात्मक प्रश्न

1. निम्नलिखित में से कितने भारत में केन्द्रीय प्रशासन की आधारशीला रखी ?
   (a) पिट्स का भारत अधिनियम, 1784
   (b) रेग्यूलेटिंग एक्ट, 1773
   (c) भारत सरकार अधिनियम, 1858
   (d) चार्टर अधिनियम, 1833

2. निम्नलिखित घटनाओं को सही कालानुक्रम में व्यवस्थित कीजिए-
   1. हिन्दू विधवा पुनर्विवाह अधिनियम
   2. सती प्रथा उन्मूलन
   3. वुड्स डिसपैच
   4. मैकाले मिनट/माइन्यूट

   सही कूट है-
   (a) 1, 2, 3, 4 (b) 2, 4, 3, 1
   (c) 1, 3, 4, 2 (d) 4, 1, 2, 3

3. निम्नलिखित में से कौन-सी चार्ल्स वुड विज्ञप्ति की सिफारिश नहीं है ?
   (a) प्रत्येक राज्य में एक शिक्षा विभाग स्थापित किया जाए।
   (b) प्रत्येक जिले में कम से कम एक सरकारी स्कूल खोला जाए।
   (c) भारतवासियों को आंग्ल भाषा में प्रशिक्षण देना चाहिए।
   (d) सम्बद्ध निजी विघालयों को अनुदान के रूप में सहायता देना चाहिए।

4. व्यपगत सिद्धांत के अनुसार, जब किसी संरक्षित राज्य का शासक बिना किसी उत्तराधिकारी के मर जाता था, तब उस राज्य को दत्तक उत्तराधिकारी को नहीं दिया जाता था, जो कि देश में प्राचीन समय से प्रचलित प्रथा थी। निम्नलिखित राज्यों को इस सिद्धांत के प्रयोग से अधीन किया गया-
   1. नागपुर 2. सतारा 3. सम्बलपुर
   4. बालाघाट 5. झांसी

   उपर्युक्त राज्यों के विलय को कालक्रम के अनुसार व्यवस्थित कीजिए।
   (a) 2-3-4-5-1 (b) 2-3-1-5-4
   (c) 3-1-2-4-5 (d) 3-1-4-5-2

5. अल्फांसों डी अब्बुकर्क के सन्दर्भ में निम्नलिखित कथनों पर विचार कीजिए-
   1. पूर्व में पुर्तगाली अधिकृत क्षेत्र का वह प्रथम गवर्नर था।
   2. उसने पांडिचेरी को भारत में पुर्तगाली साम्राज्य का मुख्यालय बनाया।
   3. अल्बुकर्क ने पुर्तगालियों को भारतीय महिलाओं से वैवाहिक संबंध बनाने को बढ़ावा मिला।

   उपर्युक्त कथनों में से कौन से कथन सही हैं ?
   (a) केवल 1 और 3 (b) केवल 1 और 2
   (c) केवल 1 (d) केवल 3

6. ब्रिटिश ईस्ट इंडिया कंपनी के बारे में निम्नलिखित कथनों पर विचार कीजिए-
   1. सोलहवीं शताब्दी के उत्तरार्द्ध में इसने इंडोनेशिया, भारत, श्रीलंका और मलाया के व्यापार पर नियंत्रण प्राप्त कर लिया।
   2. बंबई का द्वीप कंपनी ने ब्रिटिश सरकार से वर्ष 1668 में प्राप्त किया था।

   उपर्युक्त कथनों में से कौन-सा/से कथन सही है/हैं ?
   (a) केवल 1 (b) केवल 2
   (c) 1 और 2 दोनों (d) न ही 1 न ही 2

7. राजा राममोहन रॉय भारतीय पत्रकारिता के प्रवर्तक थे। वह लोगों में जागरूकता फैलाना चाहते थे। उन्होंने निम्नलिखित भाषाओं में से कौन-सी पत्रिकाएं आरंभ की ?
   1. बंगाली 2. फारसी
   3. अंग्रेजी 4. फ्रेंच

   कूट:
   (a) केवल 1, 2 और 3 (b) केवल 1, 2 और 4
   (c) केवल 1, 3 और 4 (d) केवल 2, 3 और 4

8. निम्नलिखित में से किस वायसराय के कार्यकाल में भारत और पाकिस्तान (अब पाकिस्तान और अफगानिस्तान) के मध्य सीमा परिभाषित करने के लिए डूरंड रेखा का निर्धारण किया गया था ?
   (a) लार्ड डफरिन (b) लार्ड इलगिन II
   (c) लार्ड लैन्सडोन (d) लार्ड रिपन

9. **कथन (A):** वैदिक एवं पूर्व वैदिक काल में सरस्वती एक विशाल नदी थी किंतु कालांतर में संभवत: मरूस्थल के विस्तार के कारण लुप्त हो गयी।

   कारण (R): वर्तमान में ऐसी मान्यता है कि घग्घर नदी ही सरस्वती की परवर्ती नदी है।

   कूट:
   (a) A और R दोनों सही हैं, और R, A की सही व्याख्या करता है।
   (b) A और R दोनों सही हैं, लेकिन R, A की सही व्याख्या नहीं करता है।
   (c) A सही है, परतु R गलत है।
   (d) A गलत है, परंतु R सही है।

10. निम्नलिखित समाचार पत्रों/पत्रिकाओं को उनके प्रकाशन प्रारंभ वर्ष के क्रम में लगाइए–

1. सम्वाद कौमुदी
2. दिग्दर्शन
3. रास्त गोफ्तार
4. मद्रास मेल

कूट:

(a) 4-3-1-2
(b) 2-1-3-4
(c) 4-3-2-1
(d) 2-4-3-1

11. निम्नलिखित कथनों में से कौन–सा सही नहीं है ?

(a) स्थायी बन्दोबस्त ने ईस्ट इंडिया कंपनी के लिए स्थायी आय सुनिश्चित कर दिया।
(b) स्थायी बन्दोबस्त की वजह से कृषि उत्पादन बढ़ने की आशा थी।
(c) स्थायी बन्दोबस्त के अंतर्गत कंपनी की आय, कृषि में आय बढ़ने के साथ और बढ़ी।
(d) केन्द्रीय भारत के कुछ हिस्सों और अवध में ब्रिटिशों द्वारा अस्थायी जमींदारी व्यवस्था शुरू किया गया था, जिसके अंतर्गत जमींदारों को भूमि का स्वामी बना दिया गया था, लेकिन भू-राजस्व दर को समय-समय पर पुर्ननिर्धारित किया जाता था।

12. अठारहवीं शताब्दी के दो प्रसिद्ध लड़ाइयों से संबंधित निम्नलिखित कथनों पर विचार कीजिए: '..........................' ने यह निर्णय तो नहीं किया कि भारत पर कौन राज करेगा, किंतु वस्तुत: इसका निर्णय कर दिया कि भारत पर कौन राज नहीं करेगा। और '............................' भारतीय इतिहास का सर्वाधिक निर्णायक युद्ध था जिसने दो भारतीय-शक्तियों की संयुक्त सेना के ऊपर अंग्रेजों की श्रेष्ठता सिद्ध कर दी। दो प्रसिद्ध लड़ाइयों पर क्रमश: विचार करते हुए, निम्नलिखित दिए गए विकल्पों में से कौन सा सही विकल्प है जो कि दिए गए खाली स्थानों को उपयुक्त रूप से भरेगा ?

(a) प्लासी का युद्ध, बक्सर का युद्ध
(b) बक्सर का युद्ध, प्लासी का युद्ध
(c) बक्सर का युद्ध, पानीपत का तृतीय युद्ध
(d) पानीपत का तृतीय युद्ध, बक्सर का युद्ध

13. आगरा के मोती मस्जिद को शाहजहाँ ने बनवाया था, जिसकी स्थापत्य विशेषतायें बिल्कुल, मास्को स्थित सेंट बेसिल के प्रधान गिरजाघर से मिलती है। नई दिल्ली के लालकिले में स्थित मोती मस्जिद को किसने बनवाया था ?

(a) शाहजहाँ
(b) औरंगजेब
(c) अकबर
(d) हुमायूँ

14. बाद के मुगलों में से निम्नलिखित में से किसको सैय्यद बंधुओं द्वारा पकड़ कर कालकोठरी जेल में डाला गया, अंधा किया गया और जहर देकर अंतत: मार डाला गया ?

(a) फर्रूखसियार
(b) जुल्फिकार खान
(c) मुहम्मद शाह
(d) जहाँदार शाह

15. निम्नलिखित कथनों पर विचार कीजिए–

1. द्वितीय अंग्ल-मैसूर युद्ध में मराठों और निजाम ने हैदर अली का साथ दिया।
2. प्रथम अंग्ल-मैसूर युद्ध में, मराठे और निजाम हैदर अली के विरुद्ध अंग्रेजों के साथ चले गए।

उपर्युक्त कथनों में से कौन-सा/से सही है/हैं ?

(a) केवल 1
(b) केवल 2
(c) 1 और 2 दोनों
(d) न ही 1 और न ही 2

16. भू-राजस्व के स्थायी बंदोबस्त के संदर्भ में निम्नलिखित कथनों पर विचार कीजिए–

1. यद्यपि इस प्रणाली से संबंधित कार्य वारेन हेस्टिंग्स द्वारा शुरू किया गया, किंतु लॉर्ड कॉर्नवालिस ने इसे पूरा किया।
2. सर जॉन शोर ने इस बंदोबस्त को लाने में लॉर्ड कॉर्नवालिस की मदद की।
3. इस बन्दोबस्त के अंतर्गत, जमींदारों को भूमि का स्वामी माना गया।
4. लॉर्ड कॉर्नवालिस ने यह बंदोबस्त भारत के किसानों को सबक सिखाने के लिए अपनाया था।

उपर्युक्त कथनों में से कौन-सा/से कथन सही नहीं है/हैं ?

(a) केवल 1
(b) केवल 2 और 3
(c) केवल 4
(d) केवल 2 और 4

17. दादा भाई नौरोजी द्वारा निम्न में से किस उद्देश्य को पूरा करने के लिए 'ईस्ट इंडिया एसोसिएशन' का गठन किया गया था ?

(a) भारतीय किसानों के बीच राष्ट्रवाद को बढ़ावा देने के लिये।
(b) भारतीय मामलों पर चर्चा कर एवं ब्रिटिश जनता भारतीय को बढ़ावा देने के लिए।
(c) सभी राष्ट्रवादी नेताओं को एक संगठन के अंतर्गत लाने के लिये।
(d) कांग्रेस से अलग एक स्वतंत्र संगठन प्रारंभ करने के लिए।

18. 18वीं सदी के दौरान भारत के व्यापार के संदर्भ में निम्नलिखित कथनों में से कौन-सा एक सही नहीं है ?

(a) इस काल में भारत के औघोगिक एवं कृषिजन्य उत्पादों हेतु विदेश में अच्छा बाजार था।
(b) समुद्री व्यापार में वृद्धि हुई परंतु अफगानिस्तान और ईरान के रास्ते होने वाला स्थलीय व्यापार बाधित हुये।
(c) कई क्षेत्रों में निरंतर होने वाले संघर्षों ने देश के आंतरिक व्यापार को हानि पहुंचायी।
(d) 1757 ई. से ईस्ट इंडिया कंपनी का बंगाल में व्यापार का विशेष युग प्रारंभ हुआ जिसे आर. पी. दत्त द्वारा स्वतंत्र व्यापारिक पूंजीवाद का काल कहा गया।

19. यद्यपि वे अमानवीय क्रूरता एवं अराजकता में लिप्त रहे तब भी भारत पर पुर्तगालियों का आधिपत्य एक शताब्दी तक बना रहा। निम्नलिखित घटकों में से कौन-सा एक उनके आधिपत्य के कारणों में नहीं था?

(a) दक्षिण पूर्व एशिया से उनके अच्छे व्यापारिक संबंध।
(b) उन्होंने खुले समुद्र पर नियंत्रण रखा।
(c) उनके सैनिकों और प्रशासकों ने कड़ा अनुशासन बनाये रखा।
(d) उन्हें शक्तिशाली मुगल साम्राज्य का सामना नहीं करना पड़ा, क्योंकि दक्षिण भारत मुगल प्रभाव से बाहर था।

20. भारत में ब्रिटिश शासन की सामाजिक एवं सांस्कृतिक नीति के संबंध में निम्नलिखित कथनों पर विचार कीजिए-

1. प्रारंभ से ही, भारत में अधिकांश ब्रिटिश अधिकारियों की धारणा प्रगतिशील थी।
2. प्रारंभ में अंग्रेजों ने देश के साम्प्रदायिक, सामाजिक एवं सांस्कृतिक जीवन में हस्तक्षेप न करने की नीति का अनुसरण किया किंतु बाद में उन्होंने भारतीय समाज को बदलने के लिए सक्रिय कदम उठाए।
3. कई ब्रिटिश अधिकारियों, व्यापारियों एवं राजनीतिज्ञों ने भारत के आधुनिकीकरण को प्रोत्साहित किया क्योंकि इससे भारतीयों को ब्रिटिश उत्पादों का बेहतर ग्राहक तथा विदेशी शासन से सामंजस्य स्थापित करने की अपेक्षा की गई।

उपर्युक्त कथनों में से कौन-से कथन सही हैं?

(a) केवल 1 और 2 (b) केवल 2 और 3
(c) केवल 1 और 3 (d) 1, 2 और 3

21. मुगल सम्राट 'बहादुरशाह I' संबंध में निम्नलिखित कथनों पर विचार कीजिए-

1. उन्होंने राजा जय सिंह और अजित सिंह की, ऊँचे मनसबों एवं मालवा और गुजरात जैसे महत्वपूर्ण प्रान्तों के लिए सूबेदारों के पदों की माँग को स्वीकार कर लिया।
2. उन्होंने बुन्देला सरदार, छत्रसाल के साथ शांति स्थापित की।

उपर्युक्त कथनों में से कौन-सा/से कथन सही है/हैं?

(a) केवल 1 (b) केवल 2
(c) 1 और 2 दोनों (d) न तो 1 और न ही 2

22. अंग्रेजों और फ्रांसीसियों के बीच लड़ी गई वाण्डीवाश की लड़ाई के बारे में निम्नलिखित कथनों में से कौन-सा कथन असत्य है?

(a) युद्ध के बिल्कुल प्रारंभ में अंग्रेज बंगाल पर नियंत्रण पाने में सफल रहे।
(b) अंग्रेज सेनापति आयर कूट ने फ्रांसीसी सेनापति लाली को हराया।
(c) युद्ध का अन्त एक्स-ला-शापेल की संधि पर हस्ताक्षर करने के साथ हुआ।
(d) वाण्डीवाश युद्ध के पश्चात फ्रांसीसी भारत में ब्रिटिश संरक्षण में बने रहे।

23. **कथन (A):** प्रारंभ में भारतीय शासकों ने, भारत में ईस्ट इंडिया कंपनी की फैक्ट्रियों की स्थापना को सहन किया एवं इसे प्रोत्साहित भी किया।

कारण (R): कंपनी के व्यापार ने शुरुआत में भारतीय उत्पादकों के माल का निर्यात बढ़ाया तथा इस प्रकार उनके उत्पादन को प्रोत्साहित किया।

कूट:

(a) A और R दोनों सही हैं, और R, A की सही व्याख्या करता है।
(b) A और R दोनों सही हैं, लेकिन R, A की सही व्याख्या नहीं करता है।
(c) A सही है, परतु R गलत है।
(d) A गलत है, परंतु R सही है।

24. निम्नलिखित में से कौन 1857 से पहले ब्रिटिश शासन के विरुद्ध अधिकतर नागरिक विद्रोहों का एक प्रमुख कारण था?

(a) साहूकारों के साथ-साथ अंग्रेजों द्वारा ग्रामीण कृषकों एवं शिल्पकारों का शोषण।
(b) अंग्रेजों द्वारा अर्थव्यवस्था, प्रशासन एवं भू-राजस्व व्यवस्था में शुरू किया गया तीव्र परिवर्तन।
(c) भू-राजस्व बढ़ाते रहने की औपनिवेशिक नीति और अधिकतम संभव धनराशि का दोहन।
(d) बढ़ाए गए राजस्व का एक भी हिस्सा कृषि के विकास या कृषकों के कल्याण के लिए खर्च नहीं किया गया।

25. भारत में मुगल साम्राज्य के पतन का सर्वाधिक महत्वपूर्ण परिणाम यह रहा कि-

(a) क्षेत्रीय शक्तियां अपने हितों को पूरा करने के लिए उठ खड़ी हुईं।
(b) अंग्रेज भारत को जीतने में समर्थ हो गए।
(c) भारतीयों को प्रभुता के लिए पश्चिमी शक्तियों का सामना करना पड़ा।
(d) भारतीय शक्तियों में से कोई भी मुगलों का स्थान लेने में सक्षम नहीं हुई।

26. भारत में ईस्ट इडिया की प्रारंभिक प्रशासनिक नीति के संबंध में निम्नलिखित कथनों पर विचार कीजिए-

1. ब्रिटिश समाज के प्रभावशाली वर्ग चाहते थे कि इंडियन सिविल सर्विस और दूसरे प्रतिष्ठित सेवाओं पर उनका एकाधिकार बना रहे जिससे वे पद उनके बच्चों की नियुक्ति के लिए सुरक्षित रहे।
2. कॉर्नवालिस ने ब्रिटिश एवं भारतीय अधिकारियों को ईमानदार एवं आज्ञाकारी बनाए रखने के लिए उन्हें उच्च वेतन देने का प्रस्ताव रखा।

उपर्युक्त कथनों में से कौन-से कथन सही हैं ?

(a) केवल 1 (b) केवल 2
(c) 1 और 2 दोनों (d) न तो 1 और न ही 2

27. भारत में ब्रिटिश शासन के अंतर्गत भू-राजस्व की प्रणाली रैयतवारी व्यवस्था के संबंध में निम्नलिखित कथनों पर विचार कीजिए-

1. रैयतवारी व्यवस्था के अंतर्गत काश्तकार भू-राजस्व के भुगतान के लिए अपनी जमीन का मालिक मान लिया गया।
2. रैयतवारी व्यवस्था ने भूमि पर कृषक स्वामित्व की व्यवस्था को जन्म दिया।

उपर्युक्त कथनों में से कौन-सा/से कथन सही है/हैं ?

(a) केवल 1 (b) केवल 2
(c) 1 और 2 दोनों (d) न तो 1 और न ही 2

28. भारत में ब्रिटिश शासन के अंतर्गत साहूकारों द्वारा कृषकों के शोषण के संबंध में निम्नलिखित कारकों में से किस एक ने सहायता नहीं की ?

(a) ब्रिटिश द्वारा प्रारंभ किया गया नया कानूनी और भू-राजस्व नीति।
(b) भूमि हस्तांतरणीयता का प्रारंभ।
(c) कृषि का बढ़ता वाणिज्यीकरण।
(d) लंबे अरसे से प्रचलित साहुकारी परम्परा का समर्थन।

29. मैसूर के शासक टीपू सुल्तान के बारे में निम्नलिखित कथनों में से कौन सही नहीं है ?

(a) उसने एक आधुनिक नौसेना गठित करने का प्रयास किया और दो बंदरगाहों की स्थापना की।
(b) मंगलोर की संधि में टीपू सुल्तान ने अंग्रेजों को शर्ते मानने पर विवश किया।
(c) टीपू सुल्तान की सेना में कुशुन नामक एक रॉकेट टुकड़ी थी।
(d) उसके शासन काल में मैसूर की अर्थव्यवस्था उस समय के आर्थिक पिछड़ेपन से मुक्त थी।

30. ब्रिटिश गवर्नर जनरल लॉर्ड डलहौजी ने भारत के अधिकतम क्षेत्र पर अंग्रेजी शासन का विस्तार करने के लिए घोषणा की, कि भारत के सभी देशी राज्यों का खात्मा केवल समय की बात है। भारत में ब्रिटिश शासन की इस विस्तार नीति का अंतर्निहित कारण था-

(a) भारत में ब्रिटेन में बने सामानों के निर्यात को बढ़ाना।
(b) भारत की अर्थव्यवस्था को ब्रिटिश अर्थव्यवस्था के माध्यम से तात्कालीन वैश्विक बाजार से जोड़ना।
(c) कानून एवं व्यवस्था बनाए रखने के लिए भारत के अधिकतम भाग पर समान शासन अधिरोपित करना।
(d) भारत को एक एकीकृत आर्थिक इकाई के रूप में बदलना।

31. **कथन (A):** 19वीं सदी के दूसरे दशक से कई ब्रिटिश अधिकारियों, राजनीतिक नेताओं और व्यापारियों ने भारत में ब्रिटिश सरकार से भू-राजस्व घटाने की वकालत की।

कारण (R): वे सभी किसानों की स्थिति में सुधार करना चाहते थे।

कूट-

(a) A और R दोनों सही हैं, और R, A की सही व्याख्या करता है।
(b) A और R दोनों सही हैं, लेकिन R, A की सही व्याख्या नहीं करता है।
(c) A सही है, परतु R गलत है।
(d) A गलत है, परंतु R सही है।

32. भारत में ब्रिटिश शासन काल के दौरान आधुनिक शिक्षा प्रणाली के संबंध में निम्नलिखित कथनों पर विचार कीजिए-

1. अंग्रेजी शिक्षा प्रणाली ने जन शिक्षा की उपेक्षा की।
2. अंग्रेजी माध्यम वाली शिक्षा ने शिक्षित व्यक्तियों तथा आम लोगों के बीच भाषायी और सांस्कृतिक दूरी पैदा की।
3. डी.के. कर्वे द्वारा पुणे में स्थापित बेथुन स्कूल भारत में लड़कियों को आधुनिक शिक्षा प्रदान करने वाला अग्रणी संस्थान था।

उपर्युक्त कथनों में से कौन-से कथन सही हैं ?

(a) केवल 1 और 2 (b) केवल 2 और 3
(c) केवल 1 और 3 (d) 1, 2 और 3

33. बंगाल भू-राजस्व की स्थायी प्रणाली के संदर्भ में निम्न में से कौन-सा कथन सही नहीं है ?

(a) जमींदारों के कार्यकाल की सुरक्षा की गारंटी दी गई।
(b) यह ब्रिटिश सरकार द्वारा मिट्टी की उपज में वृद्धि हेतु शुरू किया गया था।
(c) इसने भूमि के व्यावसायीकरण को बढ़ावा दिया।
(d) इस प्रणाली के तहत, छोटे जमीन धारकों को नए जमीन धारकों द्वारा निष्कासित किया जा सकता था।

34. 'लार्ड मैकॉले के मिनट' के संबंध में निम्नलिखित कथनों पर विचार कीजिए-

1. इसने पारंपरिक भारतीय शिक्षा की अपेक्षा पश्चिमी विज्ञान तथा साहित्य को वरीयता दी।
2. इसमें स्कूल अथवा कालेजों में अंग्रेजी की शिक्षा के माध्यम के रूप में रखने का प्रस्ताव दिया गया।
3. इसने निस्यंदन के सिद्धांत (डाउनवर्ड फिल्ट्रेशन थियोरी) को अग्रसारित किया।
4. इसके तहत बड़ी संख्या में प्राथमिक विघालय खोले गए।

उपर्युक्त कथनों में से कौन-से कथन सही हैं ?

(a) केवल 1 और 2 (b) केवल 1, 2 और 3
(c) केवल 2 और 3 (d) 1, 2, 3 और 4

35. निम्नलिखित में से कौन-सी घटना लॉर्ड लिट्टन से संबंधित है ?

(a) यूरोप के साथ टेलिग्राफ संचार सेवा शुरू हुई।
(b) कलकत्ता, मुंबई एवं मद्रास में उच्च न्यायालयों की स्थापना हुई।
(c) व्यपगत का सिद्धांत निरस्त कर दिया गया।
(d) जब देश भयंकर अकाल की चपेट में था, दिल्ली में भव्य दरबार का आयोजन किया गया।

36. कथन (A): वर्ष 1813 में, ब्रिटिश सरकार ने ईस्ट इंडिया कंपनी के भारतीय व्यापार पर एकाधिकार को समाप्त कर दिया।

कारण (R): अंग्रेज व्यापारी, जो ईस्ट इंडिया कंपनी में हिस्सेदार नहीं थे, ने भारत के साथ अधिक लाभकारी व्यापार में हिस्सा पाने के लिए, कंपनी के एकाधिकार के विरुद्ध सशक्त अभियान चलाया।

कूटः

(a) A और R दोनों सही हैं, और R, A की सही व्याख्या करता है।
(b) A और R दोनों सही हैं, लेकिन R, A की सही व्याख्या नहीं करता है।
(c) A सही है, परतु R गलत है।
(d) A गलत है, परंतु R सही है।

37. निम्नलिखित कथनों पर विचार कीजिए-

1. लॉर्ड कॉर्नवालिस ने ब्रिटिश भारत में दीवानी और फौजदारी कचहरियों के श्रेणीबद्ध संगठन से एक नई न्यायिक व्यवस्था की नींव रखी।
2. लॉर्ड कॉर्नवालिस ने ब्रिटिश कालीन भारत में जिलों के दीवानी जज और राजस्व कलक्टर के पदों को अलग-अलग कर दिया।

उपर्युक्त कथनों में से कौन-सा/से कथन सही है/हैं ?

(a) केवल 1
(b) केवल 2
(c) 1 और 2 दोनों
(d) न तो 1 और न ही 2

38. कथन (A): अठारहवीं शताब्दी के प्रथमार्ध में भारतीय लोगों का जीवन उन्नीसवीं शताब्दी के अंत में लोगों के जीवन की तुलना में बेहतर था।

कारण (R): अठारहवीं शताब्दी के प्रथमार्ध के दौरान भारत में लोगों के आर्थिक जीवन में बहुत अधिक असमानता नहीं थी।

कूटः

(a) A और R दोनों सही हैं, और R, A की सही व्याख्या करता है।
(b) A और R दोनों सही हैं, लेकिन R, A की सही व्याख्या नहीं करता है।
(c) A सही है, परतु R गलत है।
(d) A गलत है, परंतु R सही है।

39. कथन (A): अठारहवीं शताब्दी में भारत में वर्ण व्यवस्था एक प्रमुख सामाजिक विघटनकारी तत्व था।

कारण (R): किसी व्यक्ति के लिए, उच्च पद अथवा शक्ति हासिल कर लेने पर, उच्च सामाजिक प्रस्थिति हासिल कर लेना संभव था।

कूटः

(a) A और R दोनों सही हैं, और R, A की सही व्याख्या करता है।
(b) A और R दोनों सही हैं, लेकिन R, A की सही व्याख्या नहीं करता है।
(c) A सही है, परतु R गलत है।
(d) A गलत है, परंतु R सही है।

40. कथन (A): भारत में अंग्रेजी शासन की प्रारंभिक शिक्षा नीति (1813 से 1857 के दौरान) की एक प्रमुख कमी, बालिका शिक्षा की लगभग पूरी तरह से अनदेखी करना थी।

कारण (R): 19वीं शताब्दी तक ब्रिटेन में भी लिंग आधारित सामाजिक विषमता प्रचलित थी और यहाँ तक कि ब्रिटिश महिलाओं के साथ भी दूसरे दर्जे की प्रजा की भांति व्यवहार होता था।

कूटः

(a) A और R दोनों सही हैं, और R, A की सही व्याख्या करता है।
(b) A और R दोनों सही हैं, लेकिन R, A की सही व्याख्या नहीं करता है।
(c) A सही है, परतु R गलत है।
(d) A गलत है, परंतु R सही है।

41. निम्न में से किन भारतीय शासकों ने 1857 के विद्रोह के दौरान अंग्रेजों का समर्थन किया?

1. ग्वालियर के सिंधिया
2. बरेली के राजा खान बहादुर खान
3. जगदीशपुर के राजा कुंवर सिंह
4. कानपुर के नाना साहेब
5. हैदराबाद के नवाब

कूटः

(a) केवल 1 और 2
(b) केवल 2 और 3
(c) केवल 1 और 5
(d) केवल 2 और 4

42. निम्न में से कौन ब्राह्मण विरोधी आंदोलन थे?

1. नायर आंदोलन
2. आत्म सम्मान आंदोलन
3. नादर आंदोलन
4. शुद्धि आंदोलन

कूटः

(a) केवल 1, 2 और 4
(b) केवल 2, 3 और 4
(c) केवल 1, 2 और 3
(d) केवल 1, 3 और 4

43. निम्नलिखित में से कौन-सा कथन सही नहीं है?

(a) डब्ल्यू. सी. बनर्जी ने दिसंबर 1885 में पहले भारतीय राष्ट्रीय कांग्रेस के अधिवेशन की अध्यक्षता की, जिसमें 72 प्रतिनिधियों ने भाग लिया था।
(b) सुरेन्द्रनाथ बनर्जी भारतीय राष्ट्रीय कांग्रेस के संस्थापक सदस्यों में से एक थे।

(c) दादाभाई नौरोजी ने लंदन में भारतीय मुद्दों पर चर्चा करने और ब्रिटिश नागरिकों को भारतीय हितों के प्रोत्साहन के लिए ईस्ट इंडिया संघ का गठन किया था।
(d) फिरोजशाह मेहता, के.टी. तेलांग, बदरुद्दीन तैय्यब जी तथा अन्य द्वारा 1885 में बॉम्बे प्रेसीडेंसी सभा का गठन किया गया था।

44. भारत में पोर्टफोलियो प्रणाली किसके द्वारा शुरू की गयी थी?

(a) लॉर्ड कर्जन (b) लॉर्ड कैनिंग
(c) लॉर्ड मेयो (d) लॉर्ड रिपन

45. भारत में परम्परागत न्याय व्यवस्था परम्पराओं और प्रचलन पर आधारित थी। अंग्रेजों ने न्याय प्रदान करने के लिए सिविल और क्रिमिनल कोर्ट की पदसोपान आधारित नवीन व्यवस्था की आधारशिला रखी। निम्नलिखित में से किस गवर्नर-जरनल ने भारत में नयी न्याय व्यवस्था को प्रारंभ किया?

(a) लॉर्ड कॉर्नवालिस (b) लॉर्ड रिपन
(c) वारेन हेस्टिंग्स (d) विलियम बेंटिक

46. सुरेन्द्रनाथ बनर्जी जो कि भारतीय आन्दोलन के संस्थापकों में से एक थे। एक पत्रकार की भूमिका निभाने के लिए जेल जाने वाले पहले भारतीय थे। निम्नलिखित में से कौन-सी पत्रिका उनके जेल जाने की घटना से संबंधित है?

(a) अमृत बाजार पत्रिका (b) वंगानिवासी
(c) बंगाली (d) इंडियन मिरॅर

47. निम्नलिखित में से कौन-सा कथन सही नहीं है?

(a) रोमेश चन्द्र दत्ता ने '*द इकानॉमिक हिस्ट्री ऑफ इंडिया*' प्रकाशित किया और इसमें वर्ष 1757 से औपनिवेशिक शासन के संपूर्ण आर्थिक अभिलेखों का गहन सूक्ष्म अध्ययन किया।
(b) जी.वी. जोशी, जी. सुब्रमन्यम अय्यर और गोपाल कृष्ण गोखले ने औननिवशिक आर्थिक नीतियों का विश्लेषण किया।
(c) शुरुआती राष्ट्रवादी मानते थे कि सर्वउपस्थित गरीबी भारत में प्राकृतिक है, इससे बचा नहीं जा सकता है।
(d) शुरुआती राष्ट्रवादियों ने महत्वपूर्ण आधिकारिक आर्थिक नीतियों के विरुद्ध सशक्त बौद्धिक विरोध संगठित किया।

48. निम्नलिखित में से किस संवाददाता ने 1857 के विद्रोह के समय भारत की यात्रा की और विद्रोह के लोकप्रिय समर्थन का वर्णन किया और कहा कि यद्यपि लोग विद्रोह में शामिल नहीं हुए लेकिन उन्होंने व्रिदोहियों के प्रति अत्यधिक सहानुभूति रखी?

(a) वॉब मिलर (b) डब्ल्यू. एम. रसेल
(c) सैमुअल (d) पी. एच. थामस

49. केन्द्रीय वित्त से प्रांतीय वित्त को अलग करने की दिशा में वर्ष 1877 में कुछ निश्चित व्यय मदों जैसे भू-राजस्व, उत्पाद, सामान्य प्रशासन, विधि और न्याय को प्रांतों को स्थानांतरित कर दिया गया था। निम्नलिखित में से कौन-सा गवर्नर जनरल इस घटना के लिए जिम्मेदार था?

(a) लार्ड मेयो (b) लार्ड लिटन
(c) लार्ड रिपन (d) लार्ड नॉर्थब्रुक

50. भारतीय राष्ट्रीय कांग्रेस के निम्नलिखित में से किस अधिवेशन में भू-राजस्व को स्थायी रूप से निश्चित करने की मांग की गयी थी?

(a) नागपुर अधिवेशन, 1891
(b) मद्रास अधिवेशन, 1894
(c) अमरावती अधिवेशन, 1897
(d) लखनऊ अधिवेशन, 1899

51. निम्नलिखित को सुमेलित कीजिए-

सूची-I (संगठन/आंदोलन)	**सूची-II (व्यक्ति)**
A. सेवा समिति	1. बहराम जी मालाबारी
B. सेवा सदन	2. हृदयनाथ कुंजरू
C. महार आन्दोलन	3. के. राम
D. नायर आंदोलन	4. बी. आर. अंबेडकर

कूट:

	A	B	C	D
(a)	4	3	1	2
(b)	2	1	4	3
(c)	4	3	2	1
(d)	1	2	4	3

52. निम्न में से किस संगठन ने समाज में अंधविश्वास का विरोध किया तथा सत्य, स्वतंत्रता और तार्किकता में विश्वास रखते हुये एक 'सोसायटी फॉर द एक्वीजीशन ऑफ जनरल नॉलेज' की स्थापना की?

निम्नलिखित विकल्पों में से संगठन को चुनिए-

(a) स्टूडेंट लिटरेरी एंड साइंटिफिक सोसायटी
(b) इंडियन रिफार्म एसोसिएशन
(c) डेक्कन ऐजुकेशन सोसायटी
(d) यंग बंगाल मूवमेन्ट

53. नरमपंथियों का भारतीय राष्ट्रीय आंदोलन के लिए प्रमुख योगदान क्या था?

(a) लोक सेवा आयोग की वर्ष 1886 में नियुक्ति।
(b) भारतीय परिषद अधिनियम, 1892 का पारित होना।
(c) भारतीय व्यय के लिए वेल्बी कमीशन की नियुक्ति।
(d) भारत में ब्रिटिश शासन के आर्थिक प्रभाव का आकलन।

54. निम्नलिखित में से कौन-सी पुस्तकें 1857 के विद्रोह पर लिखी गयी थी?

1. द इंडियन वॉर ऑफ इंडिपेंडेंस
2. फ्री हिन्दुस्तान

3. द सेपॉय म्युटिनी एंड द रिवोल्ट ऑफ 1857
4. सिविल रेबिलिएंस इन द इंडियन म्युटिनीज

कूटः

(a) केवल 1, 2 और 3 (b) केवल 1, 2 और 4
(c) केवल 1, 3 और 4 (d) केवल 2, 3 और 4

55. निम्नलिखित कथनों पर विचार कीजिए-

1. मुहम्मद कासिम नानोतवी और राशीद अहमद गंगोही ने देवबन्द स्कूल की स्थापना की थी।
2. देवबन्द स्कूल का उद्देश्य मुस्लिम समाज के लिए धार्मिक नेताओं को प्रशिक्षित करना और अंग्रेजी शिक्षा का विरोध करना था।

उपर्युक्त कथनों में से कौन-सा/से कथन सही है/हैं ?

(a) केवल 1 (b) केवल 2
(c) 1 और 2 दोनों (d) न तो 1 न ही 2

56. ईस्ट इंडिया एसोसिएशन की स्थापना लंदन में वर्ष 1866 में लोगों के हितों के लिए काम करने और भारतीयों के कल्याण के उद्देश्य से की गयी थी। अपनी स्थापना के समय ईस्ट इंडिया एसोसिएशन ने निम्नलिखित में से किन दो भारतीय शहरों में अपनी शाखाएं खोलने का प्रस्ताव रखा था?

1. बंबई 2. मद्रास
3. कलकत्ता

कूटः

(a) केवल 1 और 2 (b) केवल 2 और 3
(c) केवल 1 और 3 (d) 1, 2 और 3

57. निम्नलिखित को सुमेलित कीजिए-

सूची-I (आन्दोलन)	**सूची-II (संस्थापक/मुख्य नेता)**
A. इंडियन बुमेन्स एसोसिएशन	1. धोन्दो केशव कार्वे
B. सोशल सर्विस लीग	2. सरलवाला देवी चौधरानी
C. भारत स्त्री मंडल	3. नरायण मल्हार जोशी
D. निष्काम कर्म मठ	4. ऐनी बेसेन्ट

कूटः

	A	B	C	D
(a)	4	3	1	2
(b)	2	4	3	1
(c)	4	3	2	1
(d)	2	4	1	3

58. एका आन्दोलन के बारे में निम्नलिखित कथनों पर विचार कीजिए-

1. मदारी पासी अन्य निम्न जाति के नेताओं ने इस आंदोलन का नेतृत्व किया।
2. बंधुआ मजदूरी से इंकार करने और पंचायत के निर्णयों को न मानने के लिए एक प्रस्ताव पारित किया गया।

उपर्युक्त कथनों में से कौन-सा/से कथन सही है/हैं ?

(a) केवल 1 (b) केवल 2
(c) 1 और 2 दोनों (d) न तो 1 न ही 2

59. भारतीय कांग्रेस की स्थापना को प्रोत्साहन देने में ह्यूम का मुख्य उद्देश्य, शिक्षित भारतीयों में बढ़ रहे असंतोष के सुरक्षित निस्तारण के लिए एक सेफटी वाल्व उपलब्ध कराना था। उपरोक्त सूचना पर विचार करते हुए, निम्न में से कौन सा विकल्प असत्य है, की पहचान कीजिए?

(a) ए. ओ. ह्यूम असंतुष्ट प्रबुद्ध भारतीयों को असंतुष्ट कृषक वर्ग से मिलने से रोकना चाहते थे।
(b) सेफटी वाल्व का सिद्धांत पूर्णतया स्पष्ट एवं साफ था।
(c) यदि ह्यूम कांग्रेस का प्रयोग एक सेफटी वाल्व के रूप में करना चाहते थे तो शुरुआती कांग्रेसी राजनीतिज्ञ उन्हें एक तड़ित चालक के रूप में प्रयोग करना चाहते थे।
(d) भारतीय राष्ट्रीय कांग्रेस उन माध्यमों में से एक ऐसा माध्यम थी जिसमें से होकर राष्ट्रभावना की धारा प्रवाहित हुई।

60. ब्रिटिश राज के दौरान निम्नलिखित में से कौन भारत में हस्तशिल्प के ह्रास के कारण थे?

1. अंग्रेजों की विरोधी नीतियां।
2. रजवाड़ों के प्रोत्साहन का अभाव।
3. संयुक्त हिन्दू परिवार व्यापार का आर्विभाव।
4. मशीन से बने उत्पादों से प्रतिस्पर्धा।

कूटः

(a) केवल 1 और 2 (b) केवल 1, 3 और 4
(c) केवल 1, 2 और 4 (d) उपरोक्त सभी

61. निम्नलिखित में से कौन-से वर्ष 1885 में, भारतीय राष्ट्रीय कांग्रेस की स्थापना के समय उसके उद्देश्य एवं लक्ष्य थे?

1. लोकतांत्रिक एवं राष्ट्रवादी आंदोलन की स्थापना।
2. लोगों की राजनैतिक शिक्षा
3. भारतीय राष्ट्रीय कांग्रेस के लिए संविधान का निर्माण।
4. भारतीय राष्ट्रवाद को प्रोत्साहित करना एवं विकसित करना।

कूटः

(a) केवल 1, 2 और 3 (b) केवल 1, 2 और 4
(c) केवल 1, 3 और 4 (d) केवल 2, 3 और 4

62. निम्नलिखित में से किस गवर्नर जनरल ने व्यपगत का सिद्धांत वापस ले लिया था?

(a) लार्ड मेयो (b) लार्ड जॉन लारेंस
(c) लार्ड नार्थब्रुक (d) लार्ड कैनिंग

63. कथन (A): वर्नाक्यूलर प्रेस अधिनियम 1878 को सरकारी नीतियों की आलोचना को रोकने के उद्देश्य से लाया गया था तथा यह अधिनियम अंग्रेजी भाषा के प्रकाशनों पर लागू नहीं था।

कारण (R): लॉर्ड रिपन ने वर्नाक्यूलर प्रेस अधिनियम 1878 को निरस्त कर दिया।

कूटः

(a) A और R दोनों सही हैं, और R, A की सही व्याख्या करता है।
(b) A और R दोनों सही हैं, लेकिन R, A की सही व्याख्या नहीं करता है।
(c) A सही है, परतु R गलत है।
(d) A गलत है, परंतु R सही है।

64. निम्नलिखित कथनों पर विचार कीजिए-

1. बंगाल विभाजन का उद्देश्य राष्ट्रवाद की उभरती भावना को कमजोर करना था।
2. बंगाल विभाजन ने भारतीय राष्ट्रीय कांग्रेस को मध्यमवर्गीय दबाव समूह से राष्ट्रव्यापी जनआंदोलन में रूपांतरित करना प्रारंभ कर दिया।
3. बंगाल विभाजन ने राष्ट्रवाद की उभरती भावनाओं को दबा दिया।

उपर्युक्त कथनों में से कौन-सा/से सही है/हैं ?

(a) केवल 1 (b) केवल 2
(c) केवल 1 और 2 (d) 1, 2 और 3

65. कथन (A): प्रारंभिक कांग्रेसी नेताओं ने अंग्रेजी सरकार के खिलाफ आक्रामक तरीकों को नहीं अपनाया एवं नरम रूख का अनुपालन किया।

कारण (R): प्रारंभिक कांग्रेसी नेता अपने कार्यकलाप के दायरे को जानते थे।

कूटः

(a) A और R दोनों सही हैं, और R, A की सही व्याख्या करता है।
(b) A और R दोनों सही हैं, लेकिन R, A की सही व्याख्या नहीं करता है।
(c) A सही है, परतु R गलत है।
(d) A गलत है, परंतु R सही है।

66. मुस्लिम सामाजिक-धार्मिक आंदोलन के संदर्भ में निम्नलिखित कथनों पर विचार कीजिए-

1. फैराजी आंदोलन, हाजी शरियतुल्लाह एवं दूधी मियाँ के द्वारा प्रारंभ किया गया था, जिन्होंने एकेश्वरवाद एवं ब्रिटिश विरोधी विचारधारा पर जोर दिया।
2. तैयुनी आंदोलन ने, जो ढाका में मौलाना शिबली नूमानी द्वारा शुरू किया गया था, फैराजी आंदोलन का विरोध किया एवं ब्रिटिश शासन का समर्थन किया।

उपर्युक्त कथनों में से कौन-सा/से कथन सही है/हैं ?

(a) केवल 1 (b) केवल 2
(c) 1 और 2 दोनों (d) न तो 1 और न ही 2

67. कथन (A): भारत में 1857 की क्रांति के बाद, अंग्रेजों ने ब्रिटिश भारतीय सेना में पंजाबी, गोरखा एवं पठान समुदायों से बड़े पैमाने पर सैनिकों की भर्ती की और उन समुदायों को लड़ाकू समुदाय घोषित किया।

कारण (R): इन समुदायों के सैनिकों ने, भारत के बाहर बड़े पैमाने पर, अंग्रेजी हितों की निष्ठापूर्वक सुरक्षा की।

कूटः

(a) A और R दोनों सही हैं, और R, A की सही व्याख्या करता है।
(b) A और R दोनों सही हैं, लेकिन R, A की सही व्याख्या नहीं करता है।
(c) A सही है, परतु R गलत है।
(d) A गलत है, परंतु R सही है।

68. भारत में थियोसॉफिकल सोसायटी आंदोलन के संबंध में निम्नलिखित कथनों पर विचार कीजिए-

1. थियोसॉफिकल सोसायटी आंदोलन का नेतृत्व उन पश्चिमी लोगों (यूरोपीय और अमेरिकी) द्वारा किया गया, जिन्होंने भारतीय धार्मिक और दार्शनिक परम्पराओं का गौरवगान किया था।
2. यह आंदोलन, भारतीयों में अपने अतीत की महानता के प्रति झूठे गर्व का भाव जगाने में प्रवृत्त हुआ।
3. इस आंदोलन ने भारत के भीतर तथा बाहर उल्लेखनीय सफलता प्राप्त की।

उपर्युक्त कथनों में से कौन-से कथन सही हैं ?

(a) केवल 1 और 2 (b) केवल 2 और 3
(c) केवल 1 और 3 (d) 1, 2 और 3

69. कथन (A): भारतीय परिषद अधिनियम 1861 ने, गवर्नर जनरल की कार्यकारी परिषद में भारतीय विचारों का प्रतिनिधित्व करने के लिए, भारतीयों को शामिल किए जाने की व्यवस्था की।

कारण (R): ब्रिटिश सरकार द्वारा वर्ष 1859 में, चार्ल्स वुड की अध्यक्षता में गठित एक वैधानिक आयोग ने गवर्नर जनरल की कार्यकारी परिषद में भारतीयों को नियुक्त करने की सिफारिश की थी।

कूटः

(a) A और R दोनों सही हैं, और R, A की सही व्याख्या करता है।
(b) A और R दोनों सही हैं, लेकिन R, A की सही व्याख्या नहीं करता है।
(c) A सही है, परतु R गलत है।
(d) A गलत है, परंतु R सही है।

70. भारतीय राष्ट्रीय आंदोलन के दौरान प्रारंभिक नरमपंथी राष्ट्रवादियों के बारे में निम्नलिखित टिप्पणियों में से कौन-सी टिप्पणी गलत है ?

(a) वे ब्रिटिश अधिकारियों द्वारा विद्रोही ब्राह्मण घोषित किए गए।
(b) उन्होंने बंगाल में, इसके विभाजन के विरुद्ध खड़े हुए आंदोलन पर अपना नियंत्रण खो दिया।
(c) वे आम भारतीय लोगों के साथ समुचित संचार विकसित नहीं कर सके।
(d) वे तत्कालीन युवा पीढ़ी को अपने साथ नहीं रख सके।

71. कथन (A): भारतीय राष्ट्रीय आंदोलन के दौरान 1905 से पहले, राष्ट्रीय नेताओं ने भारत के श्रमिक वर्ग के हितों के प्रति उदासीन रवैया दिखाया।

कारण (R): प्रारंभिक राष्ट्रीय नेता या तो समाज के मध्यवर्ग से थे या फिर उच्च वर्ग से थे और वे श्रमिक वर्ग के कल्याण के प्रति बहुत संवेदनशील नहीं थे।

कूटः

(a) A और R दोनों सही हैं, और R, A की सही व्याख्या करता है।
(b) A और R दोनों सही हैं, लेकिन R, A की सही व्याख्या नहीं करता है।
(c) A सही है, परतु R गलत है।
(d) A गलत है, परंतु R सही है।

72. भारत में 1859-60 के नील विद्रोह के संबंध में निम्नलिखित टिप्पणियों में से कौन-सी टिप्पणी सही नहीं है ?

(a) यह 1857 की क्रांति के ठीक बाद हुए किसान आंदोलनों में सर्वाधिक उग्र एवं व्यापक था।
(b) हिन्दू और मुस्लिम किसानों में पूर्ण एकता, विद्रोह की सफलता के प्रमुख कारणों में से एक थी।
(c) ईसाई मिशनरियों ने नील किसानों के संघर्ष में उनका विरोध किया।
(d) विद्रोह के प्रति सरकार का रवैया उतना कठोर नहीं था, जितना कि नागरिक विद्रोह के मामले में।

73. भारत में अंग्रेजी शासन द्वारा किए गए अकाल राहत उपायों के संबंध में निम्नलिखित कथनों पर विचार कीजिए-

1. लॉर्ड रिपन ने रिचर्ड स्ट्रेची की अध्यक्षता में एक अकाल आयोग गठन किया।
2. स्ट्रेची अकाल आयोग ने अकाल प्रभावित क्षेत्र में राहत कार्यक्रमों को संचालित करने के लिए एक अकाल आयुक्त नियुक्त करने की अनुशंसा की।

उपर्युक्त कथनों में से कौन-सा/से कथन सही है/हैं ?

(a) केवल 1
(b) केवल 2
(c) 1 और 2 दोनों
(d) न तो 1 और न ही 2

74. निम्न में से कौन-से युग्म सुमेलित है-

	सूची-I **प्रावधान**		**सूची**-II **अधिनियम**
(a)	नियंत्रण बोर्ड का गठन	:	भारत सरकारअधिनियम, 1858
(b)	पूर्व नागरिक एवं सैन्य शक्ति भारत के गवर्नर जनरल में निहित की गई	:	चार्टर अधिनियम, 1833
(c)	भारत के राज्य सचिव के नए कार्यालय का गठन	:	भारत सरकार अधिनियम, 1861
(d)	सिक्खों के लिए पृथक निर्वाचन क्षेत्र	:	भारत सरकार अधिनियम,1919

कूटः

(a) केवल 1, 2 और 3 (b) केवल 2 और 4
(c) केवल 1 और 3 (d) केवल 2, 3 और 4

75. डॉ. मुख्तार अहमद अंसारी एक भारतीय राष्ट्रवादी एवं राजनेता थे तथा भारतीय स्वतंत्रता संग्राम के दौरान भारतीय राष्ट्रीय कांग्रेस और मुस्लिम लीग के पूर्व अध्यक्ष थे। वे निम्न में से किस विश्वविघालय के संस्थापक सदस्य थे ?

(a) जामिया मिलिया इस्लामिया विश्वविघालय
(b) अलीगढ़ मुस्लिम विश्वविघालय
(c) बरकतउल्ला विश्वविघालय
(d) जवाहर लाल नेहरू विश्वविघालय

76. 'मानवता के लिए एक धर्म, एक जाति और एक ईश्वर' का नारा किसने दिया था—

(a) महात्मा गांधी (b) भीम राव अंबेडकर
(c) श्री नारायण गुरू (d) राजा राममोहन राय

77. निम्नलिखित समाचार पत्रों में से किसके मस्तूल शिखर पर 'अंग्रेजी राज का दुश्मन' (An Enemy of British Rule) अनुशीर्षक छपा था?

(a) गदर (b) केसरी
(c) सोमप्रकाश (d) उदंत मार्तंड

78. निम्न में से कौन-सी महिला भारतीय राष्ट्रीय कांग्रेस की अध्यक्षा कभी नहीं रही?

(a) ऐनी बेसेंट (b) सरोजिनी नायडू
(c) नेली सेन गुप्ता (d) विजया लक्ष्मी पंडित

79. ऐनी बेसेंट एक प्रसिद्ध थियोसोफिस्ट, महिला अधिकार कार्यकर्ता तथा आयरिश और भारत के स्वशासन की समर्थक थी, वे निम्न में से किस स्थान पर जन्मी थी?

(a) जर्मनी (b) स्कॉटलैंड
(c) इंग्लैंड (d) आयरलैंड

80. निम्नलिखित कथनों पर विचार कीजिए-

1. कांग्रेस के लखनऊ अधिवेशन में, भारतीय राष्ट्रीय कांग्रेस और मुस्लिम लीग ने अपने पुराने मतभेदों को भुलाते हुए ब्रिटिश सरकार के समक्ष साझा राजनैतिक मांगे रखीं।
2. ब्रिटिश सरकार ने 1916 में अबुल कलाम आजाद के 'अल-हिलाल' और मौलाना मोहम्मद अली के 'कॉमरेड' के प्रकाशन को हतोत्साहित किया था।
3. लोकमान्य तिलक और मोहम्मद अली जिन्ना ने कांग्रेस-मुस्लिम लीग द्वारा हस्ताक्षरित लखनऊ समझौते में योगदान दिया था।
4. भारतीय राष्ट्रीय कांग्रेस के लखनऊ अधिवेशन में कांग्रेस के उदारवादी और चरमपंथी गुट एकजुट हो गये थे।

उपर्युक्त कथनों में से कौन से कथन सही हैं?

(a) केवल 1 और 2 (b) केवल 2, 3 और 4
(c) केवल 1, 2 और 3 (d) केवल 1, 3 और 4

81. सूची I को सूची II से मिलाये तथा सूचियों के नीचे दिए गए कूट का उपयोग करते हुए सही उत्तर का चुनाव करें-

सूची-I	**सूची-II**
A. मुजफ्फर अहमद	1. नवयुग
B. श्रीपाद अमृत डांगे	2. दि सोशलिस्ट
C. गुलाम हुसैन	3. इन्कलाब
D. एम सिंगार वेलु	4. लेबर किसान गजट

कूट:

	A	B	C	D
(a)	1	2	4	3
(b)	4	3	2	1
(c)	1	2	3	4
(d)	4	3	1	2

82. भारत में होम रूल आन्दोलन के सन्दर्भ में निम्नलिखित में से कौन-सा कथन सत्य है?

(a) ऐनी बेसेन्ट ने भारत को स्व-शासन का दर्जा दिलाने के लिए 'कॉमनवील' और 'यंग इंडिया' दो समाचार पत्रों के माध्यम से आन्दोलन चलाया।
(b) ऐनी बेसेन्ट होमरूल लीग स्थापित करने के लिए कांग्रेस और मुस्लिम लीग को सहमत करने में सफल रही।
(c) लोकमान्य तिलक ने अप्रैल 1916 में बंबई में आयोजित बाम्बे प्रांतीय सम्मेलन में होमरूल लीग की स्थापना की।
(d) तिलक की लीग ने महाराष्ट्र (बंबई शहर को छोड़कर) कर्नाटक, केन्द्रीय प्रांत और वेरार में कार्य किया।

83. स्वदेशी आंदोलन से संबंधित निम्नलिखित कथनों पर विचार कीजिए-

1. ठाकुरमर झुली की रचना दक्षिणरंजन मित्रा मजूमदार ने किया।
2. रवीन्द्रनाथ टैगोर ने भारतीय कला के ऊपर विक्टोरियन प्रकृतिवाद का प्रभुत्व समाप्त किया और अपनी कलाकृतियों में मुगल, राजपूत और अजंता के चित्रकला को समाहित किया।

उपर्युक्त कथनों में से कौन-सा/से कथन सही है/हैं?

(a) केवल 1 (b) केवल 2
(c) 1 और 2 दोनों (d) न ही 1 न ही 2

84. गदर पार्टी भारत से बाहर गठित एक क्रांतिकारी दल था, जिसे क्रांतिकारी गतिविधियों को करने के लिए बनाया गया था। निम्नलिखित में से कौन-सी घटनाएं/संगठन इसके गठन के लिए जिम्मेदार थे?

1. प्रथम विश्व युद्ध
2. सिएटल में यूनाइटेड इंडिया हाऊस की स्थापना
3. कामागाटामारू की घटना
4. वैंकूवर में स्वदेश सेवक होम की स्थापना

उपर्युक्त कथनों में से कौन-सा/से सही है/हैं?

(a) केवल 1, 2 और 3 (b) केवल 1, 2 और 4
(c) केवल 1, 3 और 4 (d) 1, 2, 3 और 4

85. नेहरू समिति भारतीयों द्वारा संविधान बनाने का प्रथम प्रमुख प्रयास था। नेहरू समिति की सिफारिशें किस एक मामले को छोड़कर सर्वसम्मति पर आधारित थी?

(a) पृथक निर्वाचन क्षेत्र को अस्वीकृत करना
(b) केन्द्र और प्रांतों में जिम्मेदार सरकार
(c) पूर्ण स्वतंत्रता
(d) मूल अधिकार

86. निम्नलिखित युग्मों पर विचार कीजिए-

1. भारतीय क्रांति की जननी-सरोजिनी नायडू
2. 19वीं शताब्दी में उत्तर भारत के हिंदू लूथर-ईश्वर चंद्र विघासागर

3. पश्चिमी भारत में पुनर्जागरण के पिता-एम. जी. रानाडे
4. मुस्लिम फकीर के संस्थापक-दादू मियां

उपरोक्त युग्मों में से कौन सही सुमेलित हैं ?

(a) केवल 1, 2 और 3
(b) केवल 2 और 3
(c) केवल 3 और 4
(d) केवल 1, 3 और 4

87. निम्नलिखित पर विचार कीजिए-

1. पश्चिमी उदारवादी विचार
2. यह विश्वास कि ब्रिटिश-राजसत्ता भारतीय निष्ठा के अयोग्य हैं।
3. जनमानस की क्षमता में अपार श्रद्धा
4. संविधान में संशोधन एवं नौकरियों में हिस्सेदारी की मांग

उपर्युक्त विचारों एवं गुणों में से कौन-से चरमपंथियों द्वारा अपनाए गए ?

(a) केवल 1, 2 और 4 (b) केवल 2 और 4
(c) केवल 2 और 3 (d) 1, 2, 3 और 4

88. निम्नलिखित पर विचार कीजिए-

1. क्रांतिकारी आतंकवाद भारत में सशस्त्र-राष्ट्रवाद में वृद्धि की प्रक्रिया का सह-परिणाम था।
2. स्वदेशी आंदोलन एवं बहिष्कार के परिणामस्वरूप क्रांतिकारी आतंकवाद को अधिक स्फूर्ति मिली।

उपर्युक्त दिए गए कथनों में से कौन-सा/से सही है/हैं ?

(a) केवल 1 (b) केवल 2
(c) 1 और 2 दोनों (d) न ही 1 और न ही 2

89. ब्रिटिश सत्ता और भारतीय रजवाड़ों के संबंधों का विकास निम्नलिखित विस्तृत अवस्थाओं में खोजा जा सकता है-

1. सुरक्षित घेरे की नीति
2. अधीनस्थ पृथक्करण की नीति
3. अधीनस्थ संघ की नीति
4. बराबरी के संघ की नीति

इन दी गई अवस्थाओं का सही कालानुक्रम क्या है ?

(a) 1, 2, 4, 3 (b) 2, 4, 1, 3
(c) 1, 2, 3, 4 (d) 4, 3, 2, 1

90. निम्नलिखित कथनों पर विचार कीजिए-

1. दांडी नमक सत्याग्रह के पश्चात् महात्मा गांधी ने मैसूर में धरसना सत्याग्रह को ब्रिटिश शासन के विरुद्ध एक अहिंसक प्रदर्शन के रूप में चुना।
2. पूर्वी भारत में सविनय अथवा आंदोलन के दौरान लोगों ने चौकीदारी कर देने से मना कर दिया।

उपर्युक्त कथनों में से कौन-सा/से सही है/हैं ?

(a) केवल 1 (b) केवल 2
(c) 1 और 2 दोनों (d) न तो 1 और न ही 2

91. निम्नलिखित में से कौन सी घटना/घटनाएं, असहयोग आंदोलन के संभव कारणों में से थी/थीं ?

1. प्रथम विश्वयुद्ध 2. रौलट अधिनियम
3. हंटर आयोग की रिपोर्ट

कूटः

(a) केवल 1 (b) केवल 2
(c) केवल 1 और 2 (d) 1, 2 और 3

92. सूची-I को सूची-II के साथ सुमेलित कीजिए और सूचियों के नीचे दिए गए कूट का प्रयोग कर सही उत्तर चुनिए-

सूची-I (अधिनियम)

A. भारतीय परिषद अधिनियम-1892
B. भारतीय परिषद अधिनियम-1909
C. भारतीय परिषद अधिनियम-1919
D. भारतीय परिषद अधिनियम-1935

सूची-II (प्रावधान)

1. केन्द्र में परिषद के सदस्यों का चुनाव प्रारंभ किया गया।
2. परिषदों को बजट पर चर्चा करने की शक्ति प्रदान की गयी।
3. प्रशासन के विषयों का केन्द्र तथा प्रांतों के मध्य विभाजन किया गया।
4. विधायी शक्तियों का केंद्र एवं प्रांतों के मध्य वितरण किया गया।

कूटः

	A	B	C	D
(a)	1	2	3	4
(b)	1	2	4	3
(c)	2	1	3	4
(d)	2	1	4	3

93. निम्नलिखित को सुमेलित कीजिए-

सूची-I (उत्तर-पूर्व के आदिवासी आंदोलन)	**सूची-II** (नेता)
A. नागा आंदोलन	1. जेमी
B. हेरेका आंदोलन	2. नुनक्लो
C. जेलियनसगोग आंदोलन	3. जदोनंग
D. खासी विद्रोह	4. गिडीनलू

कूटः

	A	B	C	D
(a)	4	3	1	2
(b)	3	4	2	1
(c)	4	3	2	1
(d)	3	4	1	2

94. 1940 में महात्मा गाँधी ने व्यक्तिगत स्तर पर सीमित सत्याग्रह प्रारंभ किया क्योंकि-

(a) वे राष्ट्रीय आंदोलन के दौरान अखिल भारतीय राष्ट्रीय कांग्रेस के वामपंथी एवं दक्षिणी पंथी धड़ों को संयुक्त करना चाहते थे।

(b) वे अंग्रेजी शासन के विरुद्ध सांकेतिक विरोध अभिव्यक्त करना चाहते थे, क्योंकि ब्रिटेन यूरोप में फासीवादी शक्तियों का तुष्टीकरण कर रहा था।

(c) वे अंग्रेजी शासन को, भारतीयों की स्वतंत्रता तथा तत्काल अंतरिम भारतीय सरकार के गठन की मांगों को शांतिपूर्वक स्वीकार करने के लिए एक अवसर देना चाहते थे।

(d) वे यूरोप में फासीवादी शक्तियों का विरोध करने के लिए अंग्रेजी शासन को अपना सक्रिय सहयोग प्रदान करना चाहते थे।

95. ऑल इंडिया स्ट्टेस पिपल्स कांफ्रेंस (AISPC) के संबंध में निम्नलिखित कथनों पर विचार कीजिए-

1. इसका गठन रियासतों में राजनैतिक गतिविधियों का समन्वय करने के लिए किया गया था।
2. इसने रियासतों से लोकतांत्रिक प्रतिनिधि सरकार की स्थापना का आग्रह किया था।
3. इसने 'प्रथम गोल मेज सम्मेलन' में रियासतों की जनता का प्रतिनिधित्व किया था।
4. इस संगठन ने आजादी के बाद रियासतों के भारतीय अधिराज्य में विलय में एक प्रमुख भूमिका निभायी थी।

उपर्युक्त कथनों में से कौन-से कथन सही है ?

(a) केवल 1 और 3 (b) केवल 1, 3 और 4
(c) केवल 1, 2 और 4 (d) 1, 2, 3 और 4

96. निम्नलिखित कथनों पर विचार करें-

1. प्रारंभ में इंडियन नेशनल आर्मी (NIA), जर्मनी द्वारा कैद किए गए 'भारतीय युद्ध बंदियो' से बनी थी।
2. NIA के रेजीमेंटल मार्च के गीत 'कदम-कदम बढ़ाए जा' का संगीत राम सिंह ठाकुर ने तैयार किया था जिन्होंने स्वतंत्रता के उपरांत राष्ट्रगान की धुन भी तैयार की।
3. सुभाष चंद्र बोस को 1992 में मरणोपरांत 'भारत रत्न' से सम्मानित किया गया था, परंतु बाद में उनकी मृत्युगत परिस्थितियों पर उठे विवाद स्वरूप यह पुरस्कार वापस ले लिया गया।

उपर्युक्त में से कौन-सा/से कथन सही है/हैं ?

(a) केवल 1 (b) केवल 3
(c) केवल 1 और 2 (d) 1, 2 और 3

97. निम्नलिखित ऐतिहासिक घटनाओं को सही कालानुक्रम में व्यवस्थित करें-

1. एटली का घोषणापत्र
2. माउंटबेटन योजना
3. संविधान सभा का गठन
4. अंतरिम सरकार

कूटः

(a) 4-3-2-1 (b) 4-3-1-2
(c) 1-2-3-4 (d) 1-2-4-3

98. दो मुख्य उदारवादी, जो कि स्वतंत्रता के पश्चात मुस्लिम बाहुल्य प्रांतों के अधिकारों को स्वीकार करने के लिए जनमत संग्रह द्वारा उनके अलगाव के पक्ष में थे, ने जुलाई 1942 में अखिल भारतीय कांग्रेस कार्यसमिति से इस्तीफा दे दिया, वे थे-

1. अब्बास तैय्यब जी
2. सी. राजगोपालाचारी
3. युसुफ मेंहर अली
4. भूलाभाई देसाई

कूटः

(a) केवल 1 और 3 (b) केवल 1 और 2
(c) केवल 2 और 4 (d) केवल 2 और 3

99. निम्न को सुमेलित करें-

	सूची-I **जैन धार्मिक स्थल**	सूची-II **स्थान**
1.	दिलवारा मंदिर	राजस्थान
2.	पलिताना मंदिर	गुजरात
3.	श्री दिंगबर जैन	दिल्ली
4.	सित्तनवासल	कर्नाटक

कूटः

(a) 1, 2, 3 और 4 (b) केवल 2, 3 और 4
(c) केवल 1, 3 और 4 (d) केवल 1 और 2

100. निम्नलिखित को सुमेलित कीजिए-

सूची-I **(स्मारक)**	सूची-II **(वंश)**
A. अलाई दरवाजा	1. गुलाम वंश
B. हौज खास	2. मुगल वंश
C. शालीमार बाग	3. खिलजी वंश
D. अढ़ाई दिन का झोपड़ा	4. तुगलक वंश

कूटः

	A	B	C	D
(a)	1	3	2	4
(b)	1	2	3	4
(c)	3	4	2	1
(d)	4	3	1	2

उत्तरमाला

1. (b)	**2.** (b)	**3.** (c)	**4.** (a)	**5.** (d)	**6.** (b)	**7.** (a)	**8.** (c)	**9.** (b)	**10.** (b)
11. (c)	**12.** (d)	**13.** (b)	**14.** (a)	**15.** (a)	**16.** (c)	**17.** (b)	**18.** (d)	**19.** (a)	**20.** (b)
21. (b)	**22.** (c)	**23.** (a)	**24.** (b)	**25.** (b)	**26.** (a)	**27.** (a)	**28.** (d)	**29.** (d)	**30.** (a)
31. (c)	**32.** (a)	**33.** (d)	**34.** (b)	**35.** (d)	**36.** (c)	**37.** (b)	**38.** (c)	**39.** (b)	**40.** (b)
41. (c)	**42.** (c)	**43.** (b)	**44.** (c)	**45.** (c)	**46.** (c)	**47.** (c)	**48.** (b)	**49.** (b)	**50.** (d)
51. (b)	**52.** (d)	**53.** (d)	**54.** (c)	**55.** (c)	**56.** (c)	**57.** (c)	**58.** (a)	**59.** (b)	**60.** (c)
61. (b)	**62.** (d)	**63.** (b)	**64.** (c)	**65.** (a)	**66.** (a)	**67.** (b)	**68.** (a)	**69.** (c)	**70.** (b)
71. (b)	**72.** (c)	**73.** (d)	**74.** (b)	**75.** (a)	**76.** (c)	**77.** (a)	**78.** (d)	**79.** (c)	**80.** (d)
81. (c)	**82.** (d)	**83.** (a)	**84.** (d)	**85.** (c)	**86.** (b)	**87.** (c)	**88.** (c)	**89.** (c)	**90.** (b)
91. (d)	**92.** (c)	**93.** (d)	**94.** (c)	**95.** (c)	**96.** (c)	**97.** (b)	**98.** (c)	**99.** (d)	**100.** (c)

व्याख्यात्मक हल

1. (b) रेग्युलेशन एक्ट, 1773 ने वारेन हेस्टिंग्स को बंगाल के गवर्नर के पद से ऊपर उठाते हुए बंगाल का गवर्नर जनरल घोषित किया तथा मद्रास और बंबई प्रेसीडेंसियों को बंगाल के नियंत्रण में लाते हुए केंद्रीय प्रशासन की नींव रखी।

2. (b) हिन्दू विधवा पुनर्विवाह अधिनियम — 1856
सती प्रथा उन्मूलन — 1829
वुड्स डिस्पैच — 1854
मैकाले मिनट — 1835

3. (c) चार्ल्स वुड विज्ञप्ति के अनुसार अंग्रेजी भाषा उच्च शिक्षा के लिए सबसे उपयुक्त माध्यम थी।

4. (a) नागपुर — 1854
सतारा — 1848
सम्बलपुर — 1849
बालाघाट — 1850
झांसी — 1853

5. (d) 1509 में अलफांसो डी अल्बुकर्क पूर्व में पुर्तगाली अधिकृत क्षेत्र का दूसरा गवर्नर बना। उसने गोवा को भारत में पुर्तगाली साम्राज्य का मुख्यालय बनाया था।

6. (b) सोलहवीं शताब्दी के उत्तरार्द्ध में पुर्तगालियों ने, न कि ब्रिटिश ईस्ट इंडिया कंपनी ने, इंडोनेशिया, भारत, श्रीलंका और मलाया के व्यापार पर नियंत्रण प्राप्त किया था।

7. (a) वर्ष 1813 के चार्टर अधिनियम ने कंपनी को निर्देश दिया था कि वह आधुनिक विज्ञान को बढ़ावा देने के लिए एक लाख रूपये तुरंत व्यय करे परंतु अंग्रेजी शिक्षा अधिनियम 1835 के अंतर्गत ही ईस्ट इंडिया कंपनी ने भारत में शिक्षा और साहित्य के क्षेत्र में धन व्यय किया।

8. (c) लार्ड लैन्सडाउन (1888–94) तक भारत का वायसराय था जो डफरिन के बाद भारत का वायसराय बना था इसी समय में ही मणिपुर मणिपुर विद्रोह हुआ जिसे इसने बड़ी आसानी से से शान्त किया। 1891 में इसी के शासनकाल में द्वितीय फैक्ट्री एक्ट लाया गया। इसमें स्त्रियों को 11 घण्टे प्रतिदिन से अधिक काम करने पर प्रतिबन्ध लगाया गया।

9. (b) घग्घर नदी राजस्थान में प्रवाहित होती थी। जो सरस्वती नदी का रूप मानी जाती थी। वर्तमान में घग्घर नदी भी सूख चुकी हैं।

10. (b) सम्वाद कौमुदी — 1821
दिग्दर्शन — 1818
रस्त गोफ्तार — 1854
मद्रास मेल — 1868

11. (c) स्थायी बन्दोबस्त को जागीदारी, मालगुजारी, व वीसवेदारी नाम से भी जाना जाता था। 1793 में इस व्यवस्था को बंगाल, बिहार, उड़ीसा में स्थायी तौर लागू किया गया। सरकार को लगान की दर बढ़ाने का कोई अधिकार नहीं था परन्तु जमींदार इसमें वृद्धि कर सकते थे। इस व्यवस्था में व्याप्त कमियों के कारण कम्पनी की आय में कमी, भूमि की उवराशक्ति का ह्रास एवं जमींदारों के अधिक शक्तिशाली होने में सहायोग मिला।

12. (d) पानीपत का तृतीय युद्ध 1761 में हुआ था। यह युद्ध अहमदशाह अब्दाली तथा मराठा सैनिकों के बीच हुयी। मराठा उस समय अधिक शक्तिशाली थे जो अंग्रेजों को कड़ी टक्कर दे रहे थे। लेकिन इस युद्ध में मराठों की परायज के बाद ब्रिटिश सत्ता उदय का रास्ता करीब-करीब साफ हो गया क्योंकि कि मराठा पराजित हुए एवं मुगल सम्राट भी। इस युद्ध से लगभग निर्जीव सा हो गया। बक्सर का युद्ध 1964 ई. में हुआ था। इसमें 'मुगल सम्राट + बंगाल का नवाब + अवध का नवाब तीनों पराजित कर दिये गए तथा यही निर्णायक युद्ध साबित हुआ।

13. (b) नई दिल्ली के लाल किले में स्थित श्वेत संगमरमर से बनी मोती मस्जिद को मुगल बादशाह औरंगजेब ने सन् 1659–1660 के बीच बनवाया था।

14. (a) फर्रूखसियर 11 जनवरी 1713 को मुगल राज सिंहासन पर बैठा। सिंहासनारूढ़ होते ही इसने जुल्फिकार की हत्या करवा दी। सैदय बंधुओं के खिलाफ षडयंत्र करने के कारण इसको गिरफ्तार कर 1719 में मराठा नेता साहू के सहयोग से हत्या कर दी गई।

15. (a) प्रथम आंग्ल- मैसूर युद्ध में हैदर अली और हैदराबाद के निजाम का अंग्रेजों के विरुद्ध संघ था। जबकि मराठा लड़ाके किसी के भी साथ संघ में नहीं थे।

16. (c) सबसे पहले स्थायी बंदोबस्त व्यवस्था को लाने का प्रयास वॉरेन हेस्टिंग्स द्वारा वर्ष 1772 में किया गया, लेकिन 1776 में उसने इस व्यवस्था को त्यागकर वार्षिक बंदोबस्त को अपनाया। कॉर्नवालिस ने 1790 में स्थायी बंदोबस्त व्यवस्था को लागू किया, इसलिए यह कहा जाता है कि लॉर्ड कॉर्नवालिस ने वॉरेन हेस्टिंग्स के कार्य को पूरा किया। इस व्यवस्था के अंतर्गत जमींदार को भूमि का स्वामी माना गया। वे तब तक भू-स्वामी के रूप में रह सकते थे जब तक निर्धारित रेन्ट (लगान) देते रहते। लॉर्ड कॉर्नवालिस का उद्देश्य किसानों को सबक सिखाना नहीं बल्कि लगान उगाहना था।

17. (b) दादा भाई नौरोजी ने ईस्ट इंडिया एसोशिएसन की स्थापना लंदन में वर्ष 1866 में, भारतीय मामलों पर चर्चा करने तथा ब्रिटेन के आम आदमी को भारतीय मामलों पर सहयोगपूर्ण बनाने के उद्देश्य से किया।

18. (d) 1757 से ईस्ट इंडिया कंपनी का बंगाल पर अधिपत्य के साथ व्यापार तथा लूट के एक विशेष युग का आरंभ हुआ। इस युग को आर.पी.दत्त ने वाणिज्यवाद का काल (1757 से 18वीं शताब्दी के अंत तक) कहा है। उन्होंने 19वीं शताब्दी के काल को स्वतंत्र व्यापारिक पूंजीवाद का काल या औद्योगिक पूंजीवाद का काल कहा है।

19. (a) दक्षिण पूर्व एशिया के साथ अच्छे व्यापारिक संबंध, पुर्तगालियों के भारत में आधिपत्य का, उत्तरदायी कारण नहीं था।

20. (b) प्रारंभ से ही भारत में ब्रिटिश अधिकारियों का बहुमत सामान्यत: रूढ़िवादी धारणा का था और वे सामाजिक अथवा सांस्कृतिक सुधार के पक्ष में नहीं थे।

21. (b) मुगल बादशाह बहादुरशाह I ने बुन्देला सरदार छत्रसाल के साथ शांति स्थापित की। लेकिन उन्होंने राजा जय सिंह और अजीत सिंह की ऊँचे मनसबों और महत्वपूर्ण प्रांतों जैसे मालवा व गुजरात के लिए सूबेदारों के पदों की मांग को स्वीकार नहीं किया।

22. (c) वाण्डीवाश युद्ध का अन्त यूरोप में 1763 में पेरिस की संधि पर हस्ताक्षर करने के साथ हुआ। एक्स ला शापेल की संधि 1748 में हुई थी, जिसने अंग्रेजों एवं फ्रांसीसियों के बीच प्रथम युद्ध का अंत किया था।

23. (a) प्रारंभ में भारतीय शासकों ने न सिर्फ भारत में ईस्ट इंडिया कंपनी की फैक्ट्रियों की स्थापना को सहन किया, बल्कि उसे प्रोत्साहित भी किया। प्रारंभ में कंपनी ने भारतीय उत्पादों के निर्यात को बढ़ाया और इस प्रकार उनके उत्पादन को प्रोत्साहित किया।

24. (b) विकल्पों में दिए गए सभी कारण 1857 से पूर्व अंग्रेजी शासन के विरुद्ध नागरिक विद्रोहों के निमित्त बने लेकिन सर्व प्रमुख कारण आर्थिक, प्रशासनिक एवं भू-राजस्व प्रणाली में अंग्रेजों द्वारा लागू किया गया त्वरित परिवर्तन था।

25. (b) भारत में मुगल साम्राज्य के पतन का सबसे महत्वपूर्ण परिणाम यह हुआ कि अंग्रेज भारत को जीतने में समर्थ हो गये। मुगल साम्राज्य के पतन के बाद बड़ी संख्या में क्षेत्रीय शक्तियां, जो कि साम्राज्य को नष्ट करने के लिए पर्याप्त सक्षम थीं, उठ खड़ी हुई लेकिन उनमें से कोई भी मुगलों का समुचित विकल्प नहीं थी। इसने अंग्रेजों के लिए भारत पर आधिपत्य स्थापित करने का मार्ग खोल दिया।

26. (a) कॉर्नवालिस ने ब्रिटिश अधिकारियों को लालच से दूर रखने तथा ईमानदार एवं आज्ञाकारी बनाये रखने के लिए उन्हें ऊँचे वेतन देने का प्रस्ताव रखा था लेकिन उसने वेतन भुगतान का वही उपाय भारतीय अधिकारियों के बीच से भ्रष्टाचार दूर करने के लिए लागू नहीं किया।

27. (a) रैयतवारी व्यवस्था में काश्तकार भू-राजस्व का भुगतान करने के लिए अपने खेत का मालिक मान लिया गया था, लेकिन इसने कृषक स्वामित्व की व्यवस्था को जन्म नहीं दिया क्योंकि किसान ब्रिटिश सरकार के केवल किरायेदार थे जैसा कि बाद में सरकार ने खुलकर दावा किया कि भू-राजस्व किराया था, न कि कर।

28. (d) नयी कानूनी व्यवस्था महंगी थी और गरीब कृषक उसे बर्दाश्त नहीं कर सकते थे। भूमि की हस्तांतरणीयता के प्रारंभ ने साहूकारों को किसान की जमीन हड़पने में समर्थ बनाया। कृषि के बढ़ते वाणिज्यीकरण ने भी साहूकार की सहायता की। गरीब किसानों को फसल तैयार होते ही जो भी कीमत मिले उसी पर अपनी पैदावार बेचने के लिए मजबूर कर दिया जाता था क्योंकि उन्हें सरकार, जमींदार तथा साहूकार की मांगों को समय पर पूरा करना पड़ता था। यद्यपि साहूकारी से संबंधित प्राचीन काल से प्रचलित परम्पराएं किसानों के पक्ष ने थी लेकिन अंग्रेजों द्वारा प्रारंभ की गई नई व्यवस्था ने किसानों के विरुद्ध साहूकारों का पक्ष लिया।

29. (d) यद्यपि टीपू सुल्तान के शासन के दौरान मैसूर की अर्थव्यवस्था फली-फूली लेकिन यह समसामयिक पिछड़ेपन से मुक्त नहीं थी। फिर भी उसने यूरोपियन व्यापारिक कंपनियों के ढांचे पर एक व्यापारिक कंपनी स्थापित करने का प्रयास किया और बंदरगाह वाले नगरों में राजकीय व्यापारिक संस्थाओं की स्थापना की।

30. (a) जब लॉर्ड डलहौजी भारत आया ब्रिटेन में औद्योगिक क्रांति हो रही थी और ब्रिटेन के औद्योगिक हितों को पूरा करने के लिए, उसने भारत में ब्रिटिश शासन के विस्तार के लिए हड़प नीति का अनुसरण किया। भारत में ब्रिटेन में निर्मित सामानों का निर्यात बढ़ाना हड़प नीति का अन्तर्निहित कारण था।

31. (c) भारतीय व्यापार पर ईस्ट इंडिया कंपनी के एकाधिकार की समाप्ति के बाद कई अंग्रेज अधिकारियों, राजनीतिक नेताओं और व्यापारियों ने भारत में ब्रिटिश सरकार द्वारा भू-राजस्व घटाने की मांग की ताकि भारतीय किसान, अंग्रेजी सामानों को खरीदने के लिए, बेहतर स्थिति में हो सकें।

32. (a) बेथुन स्कूल की स्थापना ईश्वरचंद्र विघासागर द्वारा कलकत्ता में, लड़कियों को आधुनिक शिक्षा प्रदान करने के लिए की गई थी। अंग्रेजी माध्यम में शिक्षा ने भारतीयों के बीच आधुनिक शिक्षा के प्रसार को सीमित किया। इसने महिला शिक्षा पर ध्यान नहीं दिया क्योंकि महिलाएं सरकारी दफ्तरों में कर्मचारी नहीं बन सकती थी।

33. (d) बंगाल की स्थायी भूमि कर व्यवस्था अंग्रेजों द्वारा जमींदारों को प्रोत्साहित करने के लिए लायी गयी थी जिसकी वजह से जमीन में सुधार हो सके हालांकि छोटे जमीन धारक अपनी जमीन बेच

नहीं सकते थे पर वे नए जमीन धारकों द्वारा निष्कासित भी नहीं किए जा सकते थे।

35. (d) (a) एवं (b) सर जॉन लॉरेन्स के कार्यकाल के दौरान घटित हुए जबकि व्यपगत का सिद्धांत लार्ड कैनिंग द्वारा निरस्त किया गया।

36. (c) वर्ष 1813 में, अंग्रेजी सरकार ने ईस्ट इंडिया कंपनी के भारतीय व्यापार पर एकाधिकार को समाप्त कर दिया क्योंकि अंग्रेज उत्पादकों (औघोगिक क्रांति के कारण ब्रिटेन में उभरता एवं सक्षम एक नया वर्ग) ने कंपनी के एकाधिकार के विरुद्ध सशक्त अभियान चलाया। अंग्रेज उत्पादक भारतीय संसाधनों का व्यापार के माध्यम से अपने हित में शोषण करना चाहते थे।

37. (b) भारत में दीवानी एवं फौजदारी न्यायालयों के श्रेणीबद्ध संगठन द्वारा नयी न्यायिक व्यवस्था का प्रारंभ सर्वप्रथम लॉर्ड वॉरेन हेस्टिंग्स द्वारा किया गया।

38. (c) अठारहवीं शताब्दी के दौरान, भारत में अतिशय दरिद्रता एवं अतिशय सम्पन्नता और विलासिता साथ-साथ विघमान थी। सामंत, विलासिता एवं आराम के साथ रह रहे थे लेकिन पिछड़े, उत्पीड़ित और निर्धन किसान बड़ी मुश्किल से जी रहे थे और उन्हें सारी कठिनाइयों, अन्यायों एवं असमानताओं का सामना करना पड़ रहा था।

40. (b) भारत में अंग्रेजी शासन की प्रारंभिक शिक्षा नीति ने बालिका शिक्षा की लगभग पूरी तरह से अनदेखी की तथा बालिका शिक्षा के लिए कोई भी निधि आवंटित नहीं की गयी थी क्योंकि सरकार पुरातन पंथी भारतीयों, जोकि महिलाओं की सार्वजनिक शिक्षा के पक्ष में नहीं थे, की भावनाओं को चोट पहुंचाना नहीं चाहती थी और इसके अतिरिक्त भारतीय महिलाएं सरकारी कार्यालयों में किरानी के रूप में नियोजित नहीं की जा सकती थी।

41. (c) 1857 के क्रान्ति में राष्ट्र भावना का अभाव था। पटियाला, जीन्द, ग्वालियर एवं हैदाराबाद के राजाओं ने अंग्रेजों का साथ दिया। विद्रोह के समय केनिंग ने कहा था कि 'यदि सिन्धिया भी विद्रोह में सम्मलित हो जाए तो मुझे कल बिस्तर समेटना गोल करना पड़ेगा।'

42. (c) शुद्धि आंदोलन, स्वामी दयानंद सरस्वती द्वारा सन् 1875 में स्थापित आर्य समाज द्वारा हिंदू धर्म से इस्लाम एवं इसाई धर्म अपना चुके लोगों की हिन्दू धर्म में पुनः वापसी हेतु, आरंभ किया गया था।

43. (b) सुरेन्द्रनाथ बनर्जी, इंडियन नेशनल एसोसिएशन के संस्थापक थे, वे भारतीय राष्ट्रीय कांग्रेस के सन् 1895 के पूना और सन् 1902 के अहमदाबाद के वार्षिक अधिवेशन के अध्यक्ष चुने गए थे।

44. (c) भारत में पोर्टफोलियो (विभाग) प्रणाली लॉर्ड कैनिंग द्वारा सन् 1859 में शुरू की गई थी।

45. (c) हेस्टिंग्स ने न्याय सुधारों के अन्तर्गत जमींदारों से न्यायिक अधिकार तथा एक दीवानी अदालती की स्थापना की। दीवाली न्यायालय कलेक्टरों के अधीन थे जहां पर 500 रु. के मामलों का निपटारा किया जाता था। 500 रु. के ऊपर के मुकदमें की सुनवायी सदर दीवानी अदालत करती थी।

46. (c) 1876 में भारतीयों में 'जागरूकता फैलाने एवं उन्हें सार्वजनिक, राजनैनिक, एवं सामाजिक समस्याओं पर संगठित करने के लिए सुरेन्द्रनाथ ने इण्डियन एसोसिएशन की स्थापना की। इन्होंने बंगाली नामक दैनिक समाचार पत्र का सम्पादन किया। 1895 एवं 1902 में कांग्रेस के अध्यक्ष 1902 में कांग्रेस के अध्यक्ष रहे। तथा कांग्रेस की स्थापना के समय प्रस्तुत घोषणा पत्र उनके निर्देशन में तैयार किया गया।

47. (c) शुरुआती राष्ट्रवादी मानते थे कि भारत की गरीबी अंग्रेजों के भारत में खराब शासन की देन थी।

49. (b) लिटन ने मुक्त व्यापार को प्रोत्साहन देते हुए इग्लैण्ड की सूती मिलों को लाभ पहुंचाने के उद्देश्य से कपास पर लगे आयात शुल्क को कम कर दिया। इसमें 29 वस्तुओं पर से आयकर हटा लिया। मेयो द्वारा प्रारम्भ की गई वित्तीय विकेन्द्रकरण की नीति चलती रही तथा इस दिशा में प्रान्तीय सरकारों को साधारण प्रानतीय सेवाओं जिनमें भूमिकर, उत्पादनकर, आबकारी टिकटें इत्यादि सम्मलित थी। पर व्यय का अधिकार दिया गया।

50. (d) 1899 कांग्रेस का 15वां अधिवेशन था जिसके अध्यक्ष रमेश चन्द्र दत्त थे। इसी अधिवेशन में भू-राजस्व की स्थायी रूप से निश्चित करने की मांग उठी थी।

52. (d) हेनरी विवियन डेरोजियो (1809-31) जो 'हिन्दू कालेज' के अध्यापक थे तथा वे फ्रांस की महान क्रान्ती से बहुत प्रभावित थे। इन्होंने ही 'एकेडमिक एसोसिएशन' एवं 'सोसाइटी फॉर द एक्वीजीशन ऑफ जनरल नॉलेज' की स्थापना की। डेरोजियो ही यंग बंगाल आंदोलीन के संस्थापक थे। बंगाल की स्थापना 1828 में बंगाल में किया गया था।

53. (d) दादा भाई नौरोजी ने अपनी किताब 'पावर्टी एंड अनब्रिटिश रूल इन इंडिया' द्वारा भारत में ब्रिटिश शासन के आर्थिक प्रभाव का आकलन किया था।

54. (c) फ्री हिन्दुस्तान नामक पत्रिका तारक नाथ दास द्वारा अंग्रेजी एवं पंजाबी भाषा (गुरूमुखी लिपि) में शुरू की गई थी।

55. (c) मुहम्मद कासिम ननौरबी (1832-80) एवं रशीद अहमद मंगोही (1828-1905) द्वारा स्थापित देवबन्द विघार्थियों को सरकारी

नौकरी के लिए शिक्षित न कर उनमें इस्लाम धर्म के प्रभाव को फैलाने के लिए शिक्षा देता था। 1888 में देवबन्द संस्था के उल्माओं ने सैय्यद अहमद खां की संयुक्त भारतीय राजभक्त सभा के खिलाफ फतवा जारी किया था।

56. (c) EIA (ईस्ट इंडिया एशोशिएशन) की स्थापना 1866 में लंदन में समस्त भारतीयों को एक करने के उद्देश्य से खोली गयी थी तथा भारत में बम्बई व कलकता में इसकी शाखाएं खोलने की बात कहीं गयी थी। दादाभाई नौरोजी इसके संस्थापक थे।

58. (a) 'एका' आंदोलन का मदारी पासी द्वारा नेतृत्व किया गया था। बटाई का नकद में रूपांतरण इस आंदोलन की मुख्य मांग थी।

59 (b) भारतीय राष्ट्रीय कांग्रेस की स्थापना ह्यूम ने की तथा उसे भारतीयों द्वारा मुख्य संगठनकर्ता भी स्वीकार्य किया गया, क्योंकि उस समय भारतीय सीधे अंग्रेजों से विद्रोह करने के पक्ष में नहीं थे। संगठन का मुख्य कार्यकर्ता एक अंग्रेज अधिकारी होने के कारण इस संगठन को अंग्रेजी सरकार से एक होने वाले हमलों से सुरक्ष मिल गयी क्योंकि वह इस संगठन पर वे हमला नहीं करते यदि करते भी तो अंग्रेज अधिकारी (ह्यूम) बचाव करता। लेकिन यह पूरी तरह सुरक्षित नहीं था।

60. (c) व्याख्या आवश्यक नहीं

61. (b) व्याख्या आवश्यक नहीं

62. (d) कैनिंग कम्पनी द्वारा नियुक्त अंतिम गवर्नर जनरल तथा भारत का प्रथम वायसराय था। इसके समय ममें ही 1857 का विद्रोह हुआ था। विधवा पुनर्विवाह अधिनियम 1856 कैनिंग के समय में ही पास हुआ। इसने ही व्यपगत का सिद्धान्त वापस ले लिया था।

63. (b) वर्नाक्यूलर प्रेस अधिनियम, 1878 भारतीय भाषाओं में प्रकाशित होने वाले समाचार पत्रों के खिलाफ लाया गया था ताकि देशी भाषा में अंग्रेजी नीतियों की आलेचना को रोका जा सके। अंग्रेजी भाषा के समाचार पत्र इस अधिनियम के प्रतिबंधों से मुक्त थे। लॉर्ड रिपन ने वर्नाक्यूलर प्रेस अधिनियम, 1878 को निरस्त कर दिया।

64. (C) बंगाल विभाजन का असली उद्देश्य राष्ट्रवाद की उभरती भावनाओं को कमजोर करना था एवं यह विभाजन प्रशासनिक नियंत्रण में हो रही कठिनाइयों से निपटने के बहाने से किया गया था। किंतु यह राष्ट्रवाद की उभरती भावनाओं को नहीं दबा सका बल्कि इसने लोगों के एकीकरण में योगदान दिया। साथ ही इस विभाजन ने भारतीय राष्ट्रीय कांग्रेस के स्वरूप को मध्यवर्गीय दबाव समूह से बदलकर राष्ट्रव्यापी जनआंदोलन के रूप में परिवर्तित कर दिया।

65. (a) प्रारंभिक कांग्रेस नेता नयी-नयी अस्तित्व में आयी हुई कांग्रेस की वास्तविकता एवं अंग्रेजों की शक्ति को जानते थे। उन्हें आक्रामक गतिविधि अपनाने पर दमित किये जाने का डर था। अत: उन्होंने नरम रूख अपनाया।

66. (a) करामत अली जौनपुरी एक धार्मिक एवं समाज सुधारक थे। उन्होंने तैयुनी आंदोलन की शुरुआत की।

67. (b) भारत में वर्ष 1857 की क्रांति के बाद, अंग्रेजों ने ब्रिटिश सेना में पंजाबी, गोरखा और पठान समुदायों से बड़े पैमाने पर सैनिकों को भर्ती किया और उन्हें लड़ाकू समुदाय घोषित किया, क्योंकि इन समुदायों के सैनिकों ने क्रांति का दमन करने में अंग्रेजी शासन की बहुत अधिक सहायता की थी और जिन समुदायों ने अंग्रेजों के विरुद्ध क्रांति में हिस्सा लिया, उन्हें अंग्रेजों द्वारा गैर लड़ाकू घोषित कर दिया गया था। इस प्रकार अंग्रेजों ने भारतीय समाज को, उस पर शासन करने के लिए, लड़ाकू और गैर लड़ाकू के रूप में भी बाँटा। इसका कारण भी सही है किंतु यह कथन की व्याख्या नहीं करता है।

68. (a) थियोसॉफिकल सोसायटी आंदोलन भारतीयों में अपने अतीत की महानता के प्रति झूठ गर्व का भाव जगाने में प्रवृत्त हुआ, यद्यपि यह आंदोलन भारत में या भारत के बाहर बहुत सफल नहीं था।

69. (c) भारतीय परिषद् अधिनियम 1861 ने गवर्नर जनरल की कार्यकारी परिषद में भारतीय विचारों का प्रतिनिधित्व करने के लिए भारतीयों को शामिल करने की व्यवस्था की क्योंकि कई अंग्रेज अधिकारियों और राजनीतिज्ञों को यह विश्वास हो गया था कि सन् 1857 की क्रांति का एक कारण यह था कि अंग्रेज शासकों को भारतीय विचारों की जानकारी नहीं थी, लेकिन अंग्रेजी सरकार द्वारा ऐसा कोई वैधानिक आयोग नहीं नियुक्त किया गया था जिसने भारतीयों को गवर्नर जनरल के कार्यकारी परिषद में नियुक्त करने की सिफारिश की थी।

70. (b) भारतीय स्वतंत्रता आंदोलन के दौरान प्रारंभिक नरमपंथी राष्ट्रवादियों ने बंगाल में इसके विभाजन के विरुद्ध खड़े हुए आंदोलन पर अपना नियंत्रण बनाए रखा यद्यपि उन्होंने शेष भारत में इसी आंदोलन पर अपना नियंत्रण खो दिया।

71. (b) भारतीय स्वतंत्रता आंदोलन के दौरान 1905 से पहले राष्ट्रीय नेताओं ने भारत के श्रमिक वर्ग के हितों के प्रति उदासीन रवैया अपनाया क्योंकि प्रारंभिक राष्ट्रवादी भारतीय जनता में वर्ग विभाजन करके अंग्रेजी शासन के विरुद्ध साझा संघर्ष को कमजोर करना नहीं चाहते थे।

72. (c) ईसाई मिशनरियों ने नील किसानों का उनके संघर्ष में सक्रिय सहयोग किया।

73. (d) रिचर्ड स्ट्रेची की अध्यक्षता में अकाल आयोग लॉर्ड लिटन द्वारा गठित किया गया था और अकाल प्रभावित क्षेत्र में राहत कार्यक्रमों को कार्यान्वित करने के लिए अकाल आयुक्त की नियुक्ति की अनुशंसा लॉर्ड कर्जन द्वारा गठित मैक्डोनॉल आयोग द्वारा की गई थी।

74. (b) नियंत्रण बोर्ड का गठन ईस्ट इंडिया कंपनी अधिनियम (पिट्स इंडिया अधिनियम) 1784 और भारत के राज्य सचिव के नए कार्यालय का गठन भारत सरकार अधिनियम, 1858

77. (a) गदर समाचार पत्र अंग्रेजी में सान फ्रांसिस्को से प्रकाशित होता था। इसका प्रकाशन गदर पार्टी द्वारा 1913 से किया जा रहा था।

78. (d) कांग्रेस की प्रथम महिला अध्यक्ष 1917 में कलकता में एनी बेसेन्ट थी। पुनः 1925 में कानपुर में श्रीमती सरोजनी नायडू अध्यक्ष नियुक्त हुई। 1933 कलकत्ता में श्रीमती नेली सेनगुप्ता ने अध्यक्षता की थी। विजया लक्ष्मी पण्डित कभी अध्यक्ष नहीं रहीं।

79. (c) ऐनी बेसेन्ट का जन्म इंग्लैण्ड में 1848 में हुआ था। इनके राजनीतिक जीवन की शुरुआत 'इंग्लैण्ड होमरूल लीग' आन्दोलन से हुई थी। 1893 में वे भारत 'थियो सॉफिकल सोसायटी' के लिए काम करने हेतु भारत आयी थी।

80. (d) ब्रिटिश सरकार ने प्रेस अधिनियम 1914 के तहत अब्दुल कलाम आजाद के 'अल-हिलाल' और मौलाना मोहम्मद अली के 'कॉमरेड' के प्रकाशन को बंद कर दिया गया।

82. (d) तिलक ने स्वराज्य प्राप्ति हेतु 28 अप्रैल 1916 को बेलगांव में होमरूल लीग की स्थापना की। इसका प्रभाव कर्नाटक, महाराष्ट्र (बम्बई छोड़कर) मध्यप्रान्त एवं बरार में फैला। तिलक ने 1917 में नासिक में इसकी पहली वर्षगांठ मनायी। ऐनीबेसेन्ट ने कामनवील तथा न्यू इंडिया नामक दैनिक पत्र का प्रकाशन 1914 से किया था।

83. (a) अबनीन्द्र नाथ टैगोर ने भारतीय कला के ऊपर विक्टोरियन प्रकृतिवाद का प्रभुत्व समाप्त किया और अपनी कलाकृतियों मे मुगल, राजपूत और अजंता की चित्रकला को समाहित किया। उन्होंने भारतीय चित्रकला की एक नई शैली विकसित की जो बंगाल कला स्कूल के नाम से प्रसिद्ध हुई।

84. (d) नवम्बर 1913 में सोहन सिंह भाकना ने हिन्द एसोसिएशन ऑफ अमरीका की स्थापना की। यही संगठन बाद में गदर आन्दोलन कहलाया। इसी के द्वारा सैन फ्रांसिस्को में 'युगांतर आश्रम' की स्थापना किया गया। इसकी स्थापना उपरोक्त उपरोक्त प्रश्न में दिये विकल्पों का ही परिणाम थी।

85. (c) 1925 में भारत सचिव लार्ड बर्केनहैड ने कांग्रेसी नेताओं को संविधान मसौदा तैयार करने की चुनौती दे डाली। मोती लाल नेहरू की अध्यक्षता में 2 सदस्यीय समिति गठित हुई। 1928 में नेहरू रिपोर्ट सौंपी गयी जिसमें डोमिनियन स्टेट का पहला लक्ष्य एवं पूर्ण स्वराज्य को द्वितीय लक्ष्य रखा गया था।

86. (b)

भारतीय क्रांति की जननी	:	श्रीमती भीकाजी कामा
मुस्लिम फकीर के संस्थापक	:	चिराग अलीशाह

89. (c)

सुरक्षित घेरे की नीति	:	1765-1813
अधीनस्थ पृथक्करण की नीति	:	1813-1858
अधीनस्थ संघ की नीति	:	1858-1935
बराबरी के संघ की नीति	:	1935-1947

90. (b) धरासना सत्याग्रह मई 1930 में अंग्रेजी सरकार द्वारा लागू नमक कर के खिलाफ एक विरोध प्रदर्शन था। दांडी के नमक आंदोलन के पश्चात महात्मा गांधी ने गुजरात के धरासाना नमक कारखाने को अंग्रेजी नीति के विरुद्ध अहिंसक विरोध प्रदर्शन के लिए चुना। पूर्वी भारत में इस आंदोलन के दौरान लोगों ने चौकीदारी कर देने से मना कर दिया था। अतः केवल (1) गलत है एवं (2) सही है अतः सही उत्तर केवल (b) होगा।

91. (d) हंटर आयोग का गठन जलियावाला बाग नरसंहार की जांच के लिए किया गया था। इसने जनरल डायर के खिलाफ किसी भी दंडात्मक कार्रवाई की अनुशंसा नहीं किया।

93. (d) जेलियांगरोंग आन्दोलन 1931 में गैडिनलियु ने जदोनांग द्वारा आरम्भ हेकीपंथ में शामिल होकर इसे आगे बढ़ाया। खाली विद्रोह 1832-33 में हुआ। जयंतिया व गारो तथा ब्रह्मपुत्र घाटी में निवास करने वाली खासी जनजातियों द्वारा किया गया। अंग्रेजों द्वारा ब्रह्मपुत्र घाटी तथा लिलहट को जोड़ने के लिए एक सैनिक मार्ग के निर्माण हेतु योजना बनायी थी जिसका विरोध इन लोगों ने किया।

94. (c) व्यक्तिगत अथवा सीमित सत्याग्रह का उद्देश्य भारतीय लोगों की तत्कालीन सशक्त राजनीतिक चेतना को अभिव्यक्त करना और अंग्रेजी शासन को भारतीय मांगों, स्वतंत्रता तथा तत्काल एक अंतरिम भारतीय सरकार का गठन, को शांतिपूर्वक स्वीकार करने के लिए एक अवसर देना था।

95. (c) आल इंडिया स्टेट्स पीपल्स कांग्रेस रियासतों के लोगों का प्रतिनिधित्व, प्रथम गोल मेज सम्मेलन में, करना चाहती थी लेकिन उसका यह अनुरोध स्वीकार नहीं किया गया।

96. (c) सुभाष चंद्र बोस को वर्ष 1992 में मरणोपरांत 'भारतरत्न' से सम्मानित किया गया था, पंरतु बाद में पुरस्कार के मरणोपरांत प्रकृति के कारण वापस ले लिया गया। पुरस्कार समिति बोस की मृत्यु का निर्णायक सबूत नहीं दे पाई जिसके कारण इस पुरस्कार को मरणोपरांत प्रदान करना अवैध था।

97. (b)

एटली का घोषणापत्र	:	20 फरवरी, 1947
माउंटबेटन योजना	:	3 जून, 1947
संविधान सभा का गठन	:	2 सितंबर, 1946
अंतरिम सरकार	:	2 सितंबर, 1946